国家社科基金
后期资助项目
GUOJIA SHEKE JIJIN HOUQI ZIZHU XIANGMU

南部吴语韵母读音层次比较研究

A Comparative Study on Strata of Finals in Southern Wu Dialect

施俊 著

ZHEJIANG UNIVERSITY PRESS
浙江大学出版社

图书在版编目（CIP）数据

南部吴语韵母读音层次比较研究／施俊著. 一杭州：
浙江大学出版社，2020.10
ISBN 978-7-308-20480-4

Ⅰ．①南… Ⅱ．①施… Ⅲ．①吴语－韵母－方言研究
Ⅳ．①H173

中国版本图书馆 CIP 数据核字(2020)第 152165 号

南部吴语韵母读音层次比较研究

施　俊 著

责任编辑	蔡圆圆
责任校对	许艺涛　黄梦瑶　张培洁
封面设计	春天书装
出版发行	浙江大学出版社
	（杭州市天目山路 148 号　邮政编码 310007）
	（网址：http://www.zjupress.com）
排　　版	杭州朝曦图文设计有限公司
印　　刷	杭州钱江彩色印务有限公司
开　　本	710mm×1000mm　1/16
印　　张	26
字　　数	453 千
版 印 次	2020 年 10 月第 1 版　2020 年 10 月第 1 次印刷
书　　号	ISBN 978-7-308-20480-4
定　　价	78.00 元

浙江大学出版社市场运营中心联系方式：0571-88925591；http://zjdxcbs.tmall.com

国家社科基金后期资助项目

出版说明

后期资助项目是国家社科基金设立的一类重要项目,旨在鼓励广大社科研究者潜心治学,支持基础研究多出优秀成果。它是经过严格评审,从接近完成的科研成果中遴选立项的。为扩大后期资助项目的影响,更好地推动学术发展,促进成果转化,全国哲学社会科学工作办公室按照"统一设计、统一标识、统一版式、形成系列"的总体要求,组织出版国家社科基金后期资助项目成果。

全国哲学社会科学工作办公室

序

　　施俊是 2010 年 9 月到浙江大学攻读博士学位的，读博期间，较早确定以"南部吴语的读音层次"作为学位论文的选题。虽然选题难度较大，但是一方面，该选题符合当前学界的热点，另一方面，施俊硕士期间的研究方向也是汉语方言，在《中国语文》上也发表过学术论文，有一定的研究基础，因此，我颇为看好该选题的研究。最近，施俊把书稿寄给我，嘱我写序，我是很乐意谈谈我的感受的。

　　随着汉语方言研究的不断深入，人们发现直接套用历史比较法的弊端越来越明显，这是因为系统性的一字多音、文白异读现象复杂，因此，直接进行历史比较就会出现对应错乱的结果。近年来，学界对汉语方言演变模式的认识也有了较大的转变，即由一分为二的谱系分类模式向由语言接触引起的层次渗透模式转变，本书就是在这个背景下所做的成功尝试。

　　本书是施俊在其博士论文基础上修改而成的，与论文相比，本书在行文、章节安排、重要观点等方面都做出了较大的调整。本书以南部吴语上丽、瓯江、金衢片十八个方言点的韵母为研究对象，以十六摄为纲，离析多个层次读音，结合汉语音韵史，分析其中的自然音变机制，考察读音层次及对应关系，概括演变过程，有较高的学术价值。阅读后，有几点让我感受颇深。

　　首先，在具体的研究方法上，作者先分析一个点，再由片及区，从而完成整个南部吴语韵母读音层次分析，这对大片区域的音韵层次分析是一次有益的尝试与探索。目前，对历史层次研究的文章不能算少，本书能合理地利用学界的研究成果，在文中能做出恰当的评价，或支持，或质疑，或修正。

　　其次，本书有较统一的分析原则，不囿于成说，时有独到的见解。作者通过梳理南部吴语各摄的读音层次，探讨相关层次分析的理论问题，这些有益的讨论都是对层次分析法的重要补充。本书对文白异读的成因及其在读音层次分析中的作用做了新的探索，提出有一些文白异读不能看成是读音层次的观点，如高元音裂化等自然音变形成的读音对立，相同读音因词汇新旧而分的文白差别等，加深了对文白异读的认识。

再次，提出因声母不同而出现的变体可能是"假互补"的观点，如金衢片有的方言谈韵的两个韵母读音以见系/非见系声母为条件形成的"假互补"，通过层次比较发现，这种"假互补"实为层次关系。"假互补"的形成归结为材料的缺失或是不同层次读音相互竞争的偶然结果，这些观点体现出作者观察的细致，富有启发。

此外，相同的层次特征能反映出不同的语音特征，音变的结果是创新而层次的结果是趋同等等观点均富有创新性。总的来说，本书是一本比较扎实、细致的著作，对南部吴语读音层次的研究有推进之功，有助于学界对相关问题的进一步探索与发展。

施俊把这些观察与思考写成学术论文，积极参加各种学术会议，本书的部分成果相继发表在《中国语文》《方言》《语言科学》《语言研究》等核心刊物上。

当然，施俊要做的事情还有很多，一是完善自己做的工作，本书涉及的一些论题还需进一步充实和提高。二是要扩大层次比较的范围，以增强理论的普适性并做出进一步的修正。施俊近期开展吴闽语层次比较的新课题，我认为又迈出了可喜的一步。

学无止境，施俊当谨记，希望他在今后的研究中戒骄戒躁，取得更好的成绩，是为序。

黄笑山

2019 年 11 月 9 日

目 录
CONTENTS

第1章 绪 论

1.1 研究现状

汉语方言的语音层次研究是近二三十年汉语方言学研究的一个重要方面。随着汉语方言研究的不断深入,人们发现在运用历史比较法分析方言时会遇到对应错乱的情况。这是因为共时的音系中叠置了多个层次读音。系统性的一字多音、文白异读现象复杂,简单地套用历史比较法会发生错乱的对应。同时,对汉语方言演变模式的认识逐渐从一分为二的谱系分类模式向由语言接触引起的层次渗透模式转变:汉语方言的共时系统是一个不断受到不同时期权威方言影响而成的复杂系统。出于历史与地理的原因,汉语南方方言的复杂性和层次性表现得尤为突出。方言自身不断地演变分化与已分化的方言(或权威方言)因接触而不断趋同这两种性质不同的过程在历史的时空中并行不悖,如何分清相同语素所具有不同读音的性质,以及如何在方言比较中对应这些读音,就成为当前我们需要解决的迫切问题。在运用历史比较法之前,需要对各个读音进行分层,确定比较的单位应是"对等形式"。因此,区分方言中的层次,便成为当前方言研究的重要课题之一。只有厘清读音层次才能重建汉语南方方言的真实历史,从而揭示汉语发展的独特面貌。

谱系树理论和历史比较法是19世纪历史语言学研究印欧语所取得的巨大成就,从原始母语不断分化成各子语言,各种音变就是解释从原始母语到各子语言的分化过程,格里姆定律(Grimm's law)、维尔纳定律(Verner's law)及格拉斯曼定律(Grassmann's law)等音变规则的发现,促成了"新语法学派"(Neogrammarian)的"语音演变无例外"的铁律。它们认为,"语音的变化是渐进的、连续的,而变化在词汇中的反映却是突然的、离散的",同时,"只要条件相同,某一形式就会机械地、盲目地同时突然地发生变化,即包含这一音位的全部语素的读音都发生变化,表现出音变规律无例外的特点"(徐通锵,2008:125)。这是典型的语言直线发展模式的观点。

事实上,语言现象远比这种模式复杂。语言除了自身发展外,还会受到周边语言的影响,这种影响都会在语言中留下痕迹,以异源的形式叠置在共时的语言系统中。因此,布龙菲尔德(Bloomfield)说:"比较法既不考虑母语内部存在分歧,也不考虑亲属语言间发生共同的变化,所以只能带领我们走很有限的一段路。"(布龙菲尔德,1997:393)基于此,施密特(J. Schmidt)提出波浪说,指出语言演变是从一个地区向另一个地区的扩散(diffusion)。与"新语法学派"相比,"波浪说"其实也是语言直线发展的观点,只是两者的着眼点不同,前者着眼于时间,后者着眼于空间,从某种意义上讲,两者并不矛盾,而是互补。

需要强调的是,历史比较法的运用始终要求在同一语音层次中进行,所强调的"对应形式"实际上是排除因接触造成的异源读音。正如历史语言学学者梅耶所说的:"但是事实上语言的符号是任意规定的:它只有靠传统的力量才能有意义……这些相符之点不能用各语言间的互相借用来解释,可以假设它们有一个共同的来源。"(梅耶,2008:2—7)即"语言符号音义结合的任意性和亲属语言之间的语音对应的规律性,如果以任意性为基础的语言符号之间表现出有规律的语音对应关系,那么就可以肯定,这绝非偶然,而是同源成分的分化"(梅耶,2008:F25)。因此,只有确定符合语音对应规则的分化才是历史比较的对等形式。

对于汉语研究而言,运用各地方言材料构拟中古音的第一人当属高本汉,他把谱系理论及历史比较方法用于《切韵》音系的构拟,并以此为基础,上推上古音,下推各汉语方言,这种研究模式影响深远,但在具体操作上存在较大的缺陷,即在构拟中古音时所采用的方言层次不分或材料不全,选择的往往是对自己有利的音类,而有的音类并不属于中古(戴黎刚,2007)。而20世纪六七十年代美国普林斯顿学派利用历史比较法研究汉语方言的历史,先构拟出原始官话、原始吴语、原始闽语、原始粤语等原始方言,然后利用这些构拟的"原始方言"构拟出原始汉语。"其实普林斯顿学派关于汉语演化的模式跟高本汉的并无二致,都是把印欧语系语言不断分化的谱系树说模式移植到东方语言。"(陈忠敏,2013b:85)这样的做法实质上违反了历史比较法"对等形式"的要求,之所以会出现这种情况,主要是因为没有考虑到汉语方言的实际,即汉语方言历代不断受到权威官话的影响,这种影响超越时空,在各方言的共时音系中形成叠置,其表现就是一字多音,不同时期的读音在共时的方言中形成叠置,因此,运用历史比较法进行构拟之前,首先需要对这些读音进行分层,只有同一层次的读音才能用来构拟,才是经典历史比较法所要求的"对等形式"。

对于汉语的这种实际情况,国内许多学者提出了汉语方言的演变模型,比较有代表性的有陈保亚(2005)、沈钟伟(2007、2013)、潘悟云(2004a、

2009a)、陈忠敏(2008)、王洪君(2009)、麦耘(2009)等。陈保亚(2005)指出民族语言在和汉语的接触中通过两种方式影响汉语。首先是汉语民族方言通过母语干扰有规则、有系统地影响汉语,导致方言的形成;其次是汉语民族方言通过母语转换变成汉语方言,而这两种方式的关键就是对话状态。

沈钟伟(2007)根据人的语言能力的单语性的特点,指出"母语干扰"是第二语言习得的一个基本事实,而南方方言的形成就是以非汉语为母语的少数民族学习汉语的过程,这种语言转换必然会形成底层干扰,在方言中的音系模式或语音特点上留下痕迹。沈钟伟(2013)指出,汉语方言的形成不是"纵向传递"的结果,也不是"纵向—横向传递"的综合结果,而是"横向传递"的结果。

潘悟云(2004a)认为魏晋以前中国南方还是非汉族居民占大多数,随着汉移民与汉文化的不断影响,这些非汉族语最后变成汉语的一种方言,同时不断地受到中原权威方言的影响,他把这种演变称为"多源型演变",即南方方言在不同时期均会受到中原方言的影响。他(潘悟云,2009a)提出了语言接触的两种重要模式:海口模式与上海模式。海口模式指的是原住民在学习北方移民的强势语言过程中形成的一种石化了的中介语,这种中介语成为后代学习的语言。上海模式就是移民接受、学习原住民的语言,吴语形成的历史就是海口模式加上海模式,而整个南部方言的形成模式也不外如此。

陈忠敏(2008)指出语言演变三种类型模式的得失,认为汉语及东南亚地区诸语言的演变类型是"一中心多层次"类型,指出权威语言会以自身为中心,多层次地向外扩张和渗透。

王洪君(2009)综合历史比较法的研究成果和音韵文献研究的成果,重建了汉语方言自身演化分裂、扩散推平、叠置分层同时并行的复杂进程,提出了一个更为具体的汉语方言的演变模式——兼顾演变、推平和层次的汉语方言历史关系模型。麦耘(2009)通过对粤语的产生和发展的研究,指出粤语类型的汉语方言形成的历史轨迹在大模样上近似谱系树,细节上则往往呈网状,这是汉语通语的波形扩散及其导致的区域性语言聚变。通语在不同时代对方言施以影响,会造成不同的层次,而该区域的多个源语言的现状又会使其变得更为复杂,所以在细节上呈网状。

从他们的论述中我们可以清楚地看到,方言的形成特别是南方方言的形成过程非常复杂,各种变化交织,千丝万缕,有纵向的谱系树也有横向的扩散波,有自身的变化同时又会受到不同时期标准语的影响,虽然不同的学者侧重点有所不同,但有一点是共同的,即均认为中原权威方言^①对南方方言的不断渗透与影响,也即汉语方言的演变不是直线的,而是既有方言自身演变又有互相接触这两种性质不同的过程的复杂综合体,这就为我们进一步分析方言中出现的"一语素多音"、文白异读等现象提供了理论支持,分析方言语音史的方法也出现了改变。

从 20 世纪 80 年代到 90 年代,学界开始关注南部吴语的语音层次问题。郑张尚芳(1983)讨论温州话歌韵的历史层次及其分化,指出温州话歌韵分为两大层五小层,这是早期单一方言单韵层次分析的典范。潘悟云(1995a)利用吴语"女儿"一词把读音分为前中古层、后中古层和近代层,并反思历史比较法在汉语方言研究中的不足。

梅祖麟(2001)利用处衢片材料说明鱼、虞韵和支、脂韵之别,并结合闽语,构拟出南朝江东方言的支韵和鱼韵。对此,秋谷裕幸(2002b)提出关于处衢吴语支脂之韵和鱼韵层次问题的不同意见。鲁国尧(2002、2003)利用"谈覃寒桓"韵及文献提出南朝通语为江淮方言之源而非现代吴方言。对此,王洪君(2004)指出古吴语的谈覃与寒桓并非如鲁文(鲁国光,2002、2003)所说的平行关系。郑伟(2011a)则指出北部吴语、南部吴语和闽语寒韵字相当于《切韵》分类格局的层次,强调在探讨吴闽语关系时,还要关注北部吴语的情况。至此,对部分韵摄的讨论继续深入。

层次比较替代传统的语音比较,这是方言历史音韵研究的一大进步。随着研究的进一步深入,单点的层次比较逐渐扩展到成片区域。陈忠敏(2003a)利用开化方言讨论吴语及其邻近方言鱼韵的读音层次,指出开化鱼韵有四个层次,其中前三层是鱼虞有别层,属于白读层,后一层是鱼虞相混层,是文读层,同时系联江淮官话、赣语、徽语及闽语的层次对应关系,此文堪称吴语层次分析的典范。潘悟云(2009b)则指出吴语鱼韵有三个历史层次:鱼虞有别层、鱼虞无别层和鱼韵读入麻韵层。陈忠敏(2006a,2013)分别讨论了衢州片效摄的三个读音层次、吴闽语虞韵的读音层次和衢州片吴语齐韵的读音层次,分析细致,观点独到。

在关注浙南吴语的同时,对北部吴语的研究也在深入。郑伟(2008)讨论太湖片吴语的音韵结构及其演变,重点讨论果摄、鱼虞韵、麻佳韵、齐韵、侯尤韵及蟹摄合口诸韵的音韵层次及其演变,兼论声母及声调的演变,该文是迄今为止较为全面地论述成片音韵演变的成果。在此基础上,郑伟(2013)又增加了对寒韵、曾梗摄等韵及支微入虞现象的讨论,使用资料丰

---

① 事实上,标准语的基础方言在不同时代可能会发生变化,因此,中原权威方言是多源的。

富,论证过程细致,给我们的讨论提供了新的观察视角。

　　从上述各家的讨论可以看出,各家选择的研究对象均为部分韵摄,如果摄、鱼虞韵、支脂之韵、麻佳韵等,虽然有以南部吴语为分析起点讨论相关韵摄的读音层次,但未能从整体上梳理,缺乏系统研究。因此,我们研究各个不同韵摄的读音层次,尝试从整体上总结出南部吴语韵母读音层次的规则或规律来。

1.2　研究范围

1.2.1　南部吴语的范围

　　20 世纪 80 年代初期,对吴语内部分片有两种意见:一分为二的两分法和一分为多的多分法。

　　在 1982 年召开的"第一次吴语研究学术会议"上,与会学者一致认为吴语区内部可以分为两大片。颜逸明和傅国通在会上"以'张'字的不同读音(声母 tɕ 或 ts,韵母洪细)和'筷子'的不同叫法(筷或箸),把吴语分为南北两区,界线划在钱塘江南岸桐庐、诸暨、嵊县、新昌一带"(颜逸明,1994),从那时起吴语南北两大片的说法开始流行。蔡勇飞(1984)谈到吴语南北分片的语音及词汇区别,如南北古见溪群三母今发音部位不全相同,同时,认为南片包括金华、台州、丽水及温州四地区。后傅国通等(1985)把浙江省境内吴语分为二区九片,浙北区包括嘉兴片、湖州片、杭州片、临绍片、明州片,浙南区包括台州片、温州片、婺州片、丽衢片。以上两分法都将台州片作为南片的一部分。在《中国语言地图集》(1987)中,郑张尚芳将吴语分为三区六片:北区太湖片,南区台州片、东瓯片、婺州片、处衢片,西区宣州片。

　　游汝杰在 1984 年的无锡吴语会上提出吴语分片的多分法,理由主要基于南片几种方言差别较大,相互不能通话,并需要与汉语方言第一层次分区取得逻辑上的一致,因此吴语第一层次的分区也应该是多分的。讨论的结果是将吴语区分为五片:太湖片、台州片、温州片、婺州片及丽衢片,这一成果发表在 1984 年第 4 期的《方言》杂志上,题目为"吴语的边界和分区"。

　　傅国通等(1986)把吴语分为六片:太湖片、台州片、瓯江片、婺州片、处衢片和宣州片,取消第一次层次分区的南北对立,其中太湖片分布最广。

　　南北两分明确各地都是吴语,但又不能反映内部的复杂情况,南部的内部一致性要远远差于北部,也需要多分法进行补充。因此,多分法的提出并不是否定两分,正如游汝杰(2006:73)指出的:"这绝不是说两分法是错误的。"因此,无论是两分法还是多分法,都是为了更深刻地认识吴语的特点,两者不对立,而是互相补充。

尽管多分法在某些正式出版物中使用较多,但习惯上我们仍首先称南部吴语或北部吴语,可见两分观念已深入人心。如潘悟云(1995a:154)在文章的注中指出,吴语"粗分为南北两大片,南部吴语指的是温州、丽衢、婺州片"。郑张尚芳(1998)在《吴越文化志·吴语章》中也提出了南部吴语、北部吴语的区分。我们采用南部吴语的说法只是在名称上较为便利,并不认为南部吴语是一个相对独立的"方言区",正如游汝杰在给《南部吴语语音研究》(曹志耘,2002a:295)一书的评审意见中指出的,"本书书名中的'南部吴语'是地理概念,而非方言区概念"。曹志耘(2002a:4)也提到,"'南部吴语'这个名称的作用实际上主要是作为'地理概念'来使用,它的意思就是'吴语南部地区的方言'或'浙江省南部及其邻近地区的吴语'",同时,他也认为"南部吴语只是一个'方言地区',而不是一个相对独立的'方言区'"(曹志耘,2002b:65)。原因在于内部过于复杂,相对于北部吴语而言,南部吴语内部统一性差。

南部吴语相对于北部吴语而言,只是一个"方言地区",更多的是一个地理概念,是指浙江省南部及其邻近地区的吴语,其分布区域大致包括浙江省金华市、衢州市、丽水市和温州市四个地级市,以及江西省东部上饶地区的部分县市、福建西北角浦城县的部分地区,即包括原来的瓯江片、处衢片和婺州片(曹志耘,2002a、2002b)。

也有学者(阮咏梅,2010)通过对台州方言内部各点与南、北吴语的语音、词汇、语法的比较,指出台州方言与南部吴语的相似度超过了与北部吴语的相似度。本书不讨论分区问题,本书所讨论的南部吴语的范围依曹志耘(2002a,2002b)的说法,包括上丽片、瓯江片和金衢片。各片选取若干代表点作为讨论的对象,分别是:上丽片的常山、江山、开化、丽水、遂昌、庆元、广丰、云和;瓯江片的温州、平阳、永嘉、乐清;金衢片的东阳、兰溪、义乌、浦江、永康、武义。

由于文白异读或者语音层次的叠置是以音类(声韵调)为单位而不是以整个音节为单位的,即层次分析的对象是音类(即声母、韵母或声调的某一方面),而向来研究汉语语音史最重视韵母的演变,因此,我们以韵母为分析对象考察南部吴语的读音层次。为叙述方便,书中以读音特指韵母读音,而不是整个音节。

1.2.2　本书材料来源

本书所讨论的各方言点的材料来源如下。

常山、开化、庆元、遂昌、云和:《吴语处衢方言研究》(曹志耘、秋谷裕幸、太田斋、赵日新,2000)。

江山、广丰:《吴语江山广丰方言研究》(秋谷裕幸,2001a)。

丽水:郑张尚芳的调查材料。

温州:《温州方言志》(郑张尚芳,2008),同时也参考《温州方言词典》(游汝杰、杨乾明,1998)。

平阳:《平阳方言记略》(陈承融,1979)。

永嘉:《浙南瓯语》(颜逸明,2000)。

乐清:《浙江乐清方言音系》(蔡嵘,1999)、《乐清音系再探》(蔡嵘,2006),同时也参考《乐清方言词典》(包文朴,2004)。

东阳、兰溪:《吴语兰溪东阳方言调查报告》(秋谷裕幸、赵日新、太田斋、王正刚,2002)。

义乌、浦江、永康、武义为本人调查的材料。武义和永康的材料同时参考傅国通(2010)的《武义话的同音字汇》(原载1990年《武义县志》,为县城壶山镇中老派音)及《入声归上的吴语永康方言音系》(原载1991年《永康县志》,为城关老派音)。

同时,本书还参考《吴语婺州方言研究》(曹志耘等,2016)中关于浦江、永康、东阳、武义等材料。

其他引用的材料将随文作注。

1.3　研究方法

本书以南部吴语上丽片、瓯江片和金衢片十八个方言点的韵母为研究对象,利用语音层次分析法,结合汉语语音史及闽语等其他南方方言,以中古十六摄为纲,逐一离析各韵在南部吴语中的读音层次及其对应关系,并概括其演化过程。

我们区分语音层次的目的是更好地进行方言比较,因为只有"对等形式"才能进行历史比较,如果把不同来源的读音放在一起进行比较,就会产生对应错乱的结果,也不符合汉语的历史发展规律,不利于运用历史比较法对汉语进行构拟。所以,这样的材料处理是非常必要的。

1.3.1　语音层次的界定

关于语音层次的讨论很多,以下择要概述。王福堂(2003,2005,2007)把层次分为语音层次、词汇层次和语法层次,指出语音层次是具体表现在同一古音来源的字(一个字或一组字)在方言共时语音系统中有不同语音形式的若干音类,并把语音层次分为同源层次和异源层次,异源层次一般是文读音,是外来的,底层也是一种异源。王洪君(2006b)认为层次是"指在一个共时语言系统中成系统地共存着的不同语言(或方言)来源的成分",包括音韵层次、词汇层次和语法层次,有时专指"一个汉语方言共时音系中共存的不同方言来源的音韵层次",这相当于王福堂(2003)的"异源层次"。潘悟云(2004a,2006a)则把汉语方言的历史层次分为三种类型:外来借用层、音变滞后层和主体层,前两个层次也可分别称为外源性层次和内源性层次。陈忠敏(2003b,2005a,2007)认为语言学的层次是"不同语言(方言)系统的叠置,是语言接触的产物"。各家表述虽有所不同,不过就语音层次而言指的就是方言共时系统中叠置了不同时期的读音形式。

就语音层次的分类,学界大致可分为两派。一派认为语音层次分为两类,一类是异源层次,由语言接触产生,也叫外源层次;另一类是同源层次,是滞后音变或词汇扩散造成的层次,也叫本源或内源性层次,以王福堂、郑张尚芳、潘悟云等为代表。如潘悟云(2004a,2006a)指出要先分清楚内源性层次与外源性层次,认为外源性层次是由语言接触形成的,比如借词,同时指出借词与同源词的重要区分标志是所比较的词属于基本词还是文化词,借词大多属于文化词。同时,把内部音变(包括条件音变和词汇扩散)也看成是层次,称为内源性层次。

另一派则认为层次均是由语言接触产生的,而内部音变可以用音理解释,不看成是层次,这里的层次相当于潘氏提到的外源性层次(具体判定方法有所区别),以丁邦新、陈忠敏等为代表。如陈忠敏(2003b)指出滞后性音变(相当于同源层次)不属于语音层次,因为这些都是可以用音变规律来解释的。同时,还要排除训读、误读、避讳、形态音变等非语音层次的因素。

两派关于语音层次的区分实质为广狭之别。前者把内源与外源统一都称为层次,可以说是广义上的层次,但必须对内源与外源进行区分,因为它们性质不同。而后者也要判定哪些属于内源,哪些属于外源,然后把外源称为层次,可以说是狭义上的层次。因此,两派对层次的看法实质是殊途同归。

李小凡(2010)综合当前学界对层次的看法,梳理历史层次分析的理论渊源,提出包括主层、变层和借层的历史层次分析框架。

由于汉语方言受到的是具有亲属关系的权威官话的影响，因此，内源还是外源在性质上有时很难区分。语言年代学认为基本词汇消失率在不同语言里基本相同，是一个不断降低的过程。陈保亚(1996)通过对傣语和汉语接触的追踪研究，提出语言接触的"无界有阶性"，即语言接触可以深入语言的各个层面，是"无界"的，社会因素及结构因素使接触产生"有阶性"。也就是说，随着接触的深入，基本词汇也是会借入的。

我们知道，语言(或方言)本身就是不同时期权威方言或其他方言在共时层面上的叠置，如果某个时期一个语言社团变化较大，就会出现新派与老派对文白读音的截然相反的看法，如杭州话(施俊，2014a)。"如果把考察对象细化，纵观老中青三代，我们会发现语言态度显示出有趣的渐变趋势。相当一部分白读，老年人认为是外地口音，不是杭州话，故而不使用；中年人有争议，但在日常生活中使用自如；年轻人频繁使用，且认为白读才是杭州土话的发音。"(赵庸，2012:56)这种情况在早期应该也会发生，因此，我们无法根据某个韵读音收字多寡判定此层读音为本源层或外源层。由于缺乏文献，历史上发生的语言接触或方言转换的具体过程无法重现，因此，强行区分内源还是外源并非上策。

本书所指的语音层次不包括同源层读音，同源层读音是以语音为条件的自然演化，属于演变的不同阶段。但是，这并不意味着所分出来的语音层次都是外源的，除非有确切的证据，否则某个语音层次不必都是因语言接触而产生的。区分的目的是强调同一个语音层次的读音具有相同的来源，它们是"对等形式"。只有这样，不同方言的同层读音才可以进行历史比较，才可以勾勒出演变链。如果是这样的话，那么很自然地，我们就可以把内部音变产生的不同读音(音变的快慢)看成相同语音层次，也就是说，演变阶段的差异是属于同一层次的。王洪君(2006a)强调"析层必须严格区分层次的早晚和演变阶段的先后"，说的正是这个道理。另外，只有系统的读音才能称为"层"，离散的、个别的只能是读音，比如，滞后读音和滞后读音层，两者有本质区别。

1.3.2 研究方法及原则

本书主要利用语音层次分析法分析南部吴语韵母的读音层次。学者们结合方言实例提出语音层次分析的方法，这为我们的分析提供了借鉴。如陈忠敏(2003b，2005a，2005b，2007)提出了判定语音层次的方法：第一，在一个语言(方言)内部，一个语音层次所具有的语音特征在相同语音条件下或来源于相同的音类时会重复出现；第二，在同类或邻近方言里可以找到对应的语音层次。据此,先梳理单点的层次,然后根据层次关系特字由近及远地与邻近方言做层次比较和层次对应。

潘悟云(2006a,2006b)则着重提出由词汇扩散引起的滞后音变即内源性层次的判定方法,关键是找出这种竞争性音变引起词汇扩散的语音条件,认为可以通过将音变率加以量化,看它们与主体层次之间是否存在音变关系以及语音条件。

王洪君(2006a)总结其多年的研究成果,将其"析层拟测法"总结为三大五小步骤:第一步,确定"有(文白)异读音类"的古音条件和有异读音类所有字音的文白层次,然后把"有异读音类"与"无异读音类"配合成几套字音分合关系,从而离析单点方言的层次;第二步,通过对单点方言运用内部拟测法和对多点方言运用历史比较法,分层重建区域方言原始语;第三步,确定各层次原始语在汉语中的历史方言支派。

秋谷裕幸、韩哲夫称之为通语层次分析法,并认为"历史比较法着眼于纵向演变,通语层次分析法则着眼于横向渗透"(2012:290)。这样的观点似把两者对立起来了。我们不认为着眼于横向渗透的通语层次分析法与着眼于纵向演变的历史比较法是对立的。关键在于如何处理自然演变与外来接触,当两个读音的对立既可用自然演变解释,又可用语言接触解释,哪种解释更能符合历史事实。由于分出的语音层次不包括自然演变形成的读音阶段,似乎层次分析法确定着眼于横向渗透。其实在确定语音层次之前,就已经分析了哪些是纵向成分,哪些是横向成分。因此,层次分析法是包括纵横两方面的分析的。这也是秋谷裕幸、韩哲夫所期望的"协调两种方法,使它们结合起来更好地为汉语方言音韵史服务"(2012:277)。

我们的做法是以中古韵母十六摄为纲,详尽揭示十六摄在南部吴语的韵类分合关系,着力分析其中自然音变的音理机制,并在此基础上确定各摄的读音层次和各方言的对应关系。先从一个方言点入手,然后由点及片,再由片及区,从而完成整个南部吴语韵母的语音层次分析。

语音层次分析最重要的依据是读音的对立关系。如果在相同音韵条件下有两个或两个以上的读音,而且这种现象在周边方言中也能找到对应,那么,就有可能是不同的读音层次。当然,首先要排除自然演变形成的对立。

综合各家有关语音层次判定的方法,我们根据南部吴语的读音层次实际就如何判定语音层次提出以下原则。

第一,有三种文白异读不能看成是语音层次的差别。

其一,某些自然音变由于词汇扩散的过程也会形成同一语素的不同读音的对立,而这种对立也会形成文白异读的差别,这类文白异读显然不是语音层次。

施俊(2014a)讨论南部吴语模韵的读音时指出模韵的文白异读对立是自然音变形成的。

常山模韵有 u 和 uə 两个读音的对立，如表 1.3.1 所示。

表 1. 3. 1

| 模韵 | uə | 布₁puə⁵,簿 buə⁴,步 buə⁶,都₁tuə¹,赌 tuə³,图₁duə²,苏₁suə³,古₁kuə³ 牯 kuə³,苦 kʰuə³,糊 guə² |
| | u | 布₂pu⁵,菩 bu²,都₂tu¹,图₂du²,苏₂su¹,枯 kʰu¹,湖 ɦu² |

方言调查者一般会把表 1.3.1 中所示的对立看成是文白读的不同，把 uə 看成白读，把 u 看成文读，这种观念多源于本地人的主观感受。事实上，本地语感在判断文白读时是有局限的。本地语感是从共时角度判断的，而语音是历时的产物。如果在某个时期一个社团语言变化较大，就会出现年轻人与老年人对文白读看法不一致的状况，如杭州话(赵庸,2012:56)。这说明本地人对语言的看法会随语言的变化(无论是接触造成的还是自然音变引起的)而变化，需要我们去辨别。

我们认为 uə 是由 u 裂化而来的，两者属于同一层次，这是自然音变形成的读音对立。其结果就成为以常山方言为代表的上丽片方言区别于瓯江片及金衢片方言的标志之一，如表 1.3.2 所示。

表 1. 3. 2

上山小片					丽水小片			
常山	开化	江山	广丰	玉山	丽水	遂昌	云和	庆元
uə(u)	uo(u)	uə(u)	uɤ(u、o)	uə(u)	u	uɤ(u)	u	uɤ(ɤ、u)

可以说，读音 u 发生后裂化音变，这是上丽片方言的创新音变。

而以温州方言为代表的瓯江片方言的 u 发生前裂化音变而形成了读音对立。如表 1.3.3 所示。

表 1. 3. 3

瓯江片			
温州	乐清	平阳	永嘉
øy (ɤu、u)	y(ou、u)	y(u)	əy (ʮ、əu、u)

而金衢片方言模韵只有一个读音 u。从层次对应的角度看，模韵只有一个读音层次的对应，只是各片音变方向不同。因此，自然音变会以词汇扩

散的方式形成文白读的对立。因此,要注意区分哪些才是真正的语音层次。

其二,没有必要把同一个读音因词汇新旧而分文白层次①。施俊 (2016a)讨论齐韵读音时已指出这种区分是没有必要的,以下转述其观点。

王福堂(2003、2005)在讨论苏州方言歌韵读音时就把同一个读音分成文白层次的差别。如"多拖"有 əu_文 和 ɒ_白 两个读音,"大"有 əu_白 和 ɒ_文 两个读音,指出 ɒ_白 和 ɒ_文 分属两个不同的层次,同时认为"有必要把这种不同的层次区分开来。根据分析,ɒ_文 是借自异方言(官话)的层次,ɒ_白 则是本方言原有的口语音,是在离散式音变中断后保留下来的古老读音"(王福堂,2005:50)。"但就性质来看,前者是语言接触造成的,后者是方言自身演变造成的,二者完全不同。"(王福堂,2005:50)瞿建慧(2010)认为这种借贷形式一般是拿本方言音系中与被借方最接近的音值去对译,没有超出本方言语音系统。这话本身是不错的,但又认为"同一语音形式 æ 实际上有不同的文白异读归属"(瞿建慧,2011:292),因为它们分属异源层次和同源层次两个不同的层次,这一结论我们认为就值得商榷。

我们认为这种区分是没有必要的,而且也不符合语言实际。这一区分实际上是把词汇风格与语音层次混为一谈。我们讨论语音层次而不是词汇层次,如果按词汇的风格差异把同一读音根据标准语进行区分,实质是用词汇标准解决语音层次问题。我们知道,某方言从权威方言中借入新词,往往会折合成与本方言相同或相近的读音②,如淳安威坪镇话③"大"的韵母有 əu 和 ɔ 两个读音,在"大学"这一较新词中,"大"的韵母为 ɔ,此读音与"拖"(单念,拖来拖去)韵母 ɔ 读音相同,可以代表早期的读音层次。义乌话"大学"一词中"大"的韵母为 ɑ,与"拖"(单念,拖来拖去)的韵母 ɑ 读音相同,代表的也是早期的读音层次。单纯从音值上看,两个读音是不同的,但显然两个方言的借入源是相同的。之所以不同,原因就在于淳安威坪镇话歌韵字本无 ɑ 类读音,所以在借入标准语"大学"一词时把"大"的韵母折合成较接近的 ɔ 读音,这个读音是威坪镇话歌韵自身就有的。虽然"大学"一词是从标准语借入的,但我们不能认为这个读音也是从标准语借入的,它是经过借

---

① 要注意的是,此处主要指接触引发的变化。如果是音变造成的同形则必须分开。

② 借入的往往是声母、韵母和声调的一类或几类,即所谓音类相似,这也是为什么借入的新词说起来还是像本地方言,借入的是音类,感知的是整个音节。这里借入的读音大致可分为两种情况,一种是如果受语音系中没有从源语中借入的词的读音,那么受语就会将其吸收到自身的音系里,如义乌话系以词汇形式从标准语借入 an、ian、uan 等韵母读音。另一种则是受语音系里具有从源语中借入词相同或相似的读音。本文讨论后者。

③ 笔者调查。

入方言改造的,从这个角度看,这个读音仍属于同源层次,因此,没有必要区分 ɑ(白)和 ɑ(文),可以说"词是新词,但音是旧音"①。

这也是为什么我们听起来还是方言,而不像普通话,借入的是声、韵或调的某一类,而感知的却是整个音节。

方言借入新词时,往往先匹配本音系中已有或相近的读音,如果没有,则会增加新的音位。如兰溪话"痰"的韵母有 ua 和 æ 两个读音,义乌话有 ɔ 和 an 两个读音,正好与兰溪话对应。兰溪话的 æ 是音系中本来就有的,而义乌话的 an 则是原来共时音系中没有的。

因此,我们不把这类文白异读看成是层次的差别。

其三,在共时层面,邻近方言间的借用也会产生类似文白异读的现象,我们把这类文白异读也剔除出语音层次分析。这类异读的特点在于影响范围一般限于某片方言。同时,这类异读往往是白读音。

如温州话麻韵三等字"车""卸"两字有一个异读来自上海话。"车"的韵母除了 ei 读音外还有 o 韵一读。游汝杰(1992)指出"'汽车、黄包车、裁缝车、脚踏车'中的'车'字,读'tsʰo⁴⁴'"。这些现代诞生的新事物是从上海输入的,它们把"车"字的上海音"tsʰo⁵³"也带进温州话,从而造成此字韵母读音的例外。也就是说,这个"车"有读 ei,也有读 o,形成读音的对立。

"卸"字除了 ei 读音外还有 a(ia)韵一读,即在"装卸"和"卸货"中读"ɕa",这个 a(ia)读音也是近代从上海口语输入的(游汝杰,1992)。温州开埠以后,从上海而来的货轮的船主、船工多为上海人,温州籍搬运工经常听到上海人说"ɕia 下来",于是此读音就在搬运业传开(潘悟云 2004)。

又如止摄的脂和之韵。郑张尚芳说"'狮'读 ʂʅ¹,白读 sai¹(~子),'驶'ʂʅ³ 白读 sa³,应亦闽音影响"(郑张尚芳,2008:106)。这说明温州脂、之韵的 ai 和 a 读音是受闽语影响的个别读音。

对于这类来源明确的地域性读音,我们将其排除在语音层次之外。

同时,我们还将排除势均力敌方言间的借用而形成的异读,我们倾向于将其看成同一层次,主要根据不同区片方言层次对应情况。假设某地 A 某韵字均读 ɑ,邻近地对应地读 ɔ,从地域上看本属相同层次。因两地相距较近,交流频繁。若 A 地某人向 B 地借 ɔ 读音,借入时以词为单位,这样该韵就有可能与 A 地的 ɑ 读音形成叠置。若从性质上来看,这应该属于语言接触,这一事实会有两种结果,一则这仅是个别现象。二则此现象涉及了大多

---

① "词是新词,音是旧音"针对新旧词使用同一音类(声母、韵母或声调)这种情况,但也不绝对,有时也会倾向于接受源语的音值,大概与说话者态度有关,通常无法预测,需要具体分析。

数人。无论哪种结果,对于 A 地而言,我们仍把这种由局部接触造成的叠置看成相同层次,这种接触造成的读音叠置一般只发生在局部地区。

此外,我们还设想将处于音变链上的某些读音变体的对立看成是语音层次的对立,比如某语素有两个韵母读音 ɑ 和 ɔ 的对立,除非有确切的证据显示,一般我们将其看成是语音层次的对立。尽管处于音变链上,但我们认为这种音变似乎很难在同一代人身上看到,或是几代人的变化难免不受语言接触的影响。

第二,把高元音裂化形成的读音对立看成是自然音变的结果。

比如,南部吴语支韵的读音问题。前人提到南部吴语支韵的 ie 或 ei 是区别脂之韵的标志,指出这是《切韵》时代支韵的古老读音。施俊(2014a)指出 ie 或 ei 是由 i 裂化音变而来,不能看成早期读音的遗留,南部吴语支脂之三韵在这个层次上读音已经合流,支韵与脂之韵的区别是后来的音变造成的。从读音表现上看,常山等上丽片方言是 i 和 ie 读音的对立,有的读 ie,有的读 i,基本上是杂乱的,没有明显规律。这体现的是自然音变的词汇扩散过程。

温州则是 i 和 ei 的读音对立,从传教士记录的百年前的温州话中可知,现代读 ei 的以前都是 i。可见,由 i 到 ei 的裂化音变不过百年间。到了婺州片则基本未变,大多读 i,极少数字有的点变 ie。

所以在这个层次上,三片是一致的,只是音变的方向不同。齐韵的情况与支韵相近。同样地,刚才提到的模韵的层次亦是如此。各地层次读音原是 u。u 的裂化读音成为不同小片的创新音变,尽管在共时上表现为文白读音的对立,都属于高元音的裂化音变形成的读音对立,但我们不看成是语音层次的对立。

第三,因声母不同而出现的读音变体,有的是"假互补",而非真互补。而"假互补"的形成归结于材料的缺失或是不同层次读音相互竞争而造成的偶然结果。

如金衢片谈韵有这样的规律。如表 1.3.4 所示。

表 1.3.4

方言点	谈韵
义乌	甘 kuɤ¹,敢 kuɤ³;胆 nɔ³,谈 dɔ²,暂 dzɔ⁶,三 sɔ¹
东阳	胆 tʌ³,谈 dʌ²,暂 dzʌ⁶,三 sʌ¹;甘 kɤ¹,敢 kɤ³
兰溪	甘 kɤɯ¹,敢 kɤɯ³;胆 tã³,谈 dã²,暂 dzã⁶,三 sã¹,鏨 zɤɯ⁶

续　表

方言点	谈韵
浦江	甘 kuɯ¹,敢 kuɯ³;胆 tɔ³,谈 dɔ²,三 sɔ¹,暂 dzɔ⁶
武义	甘 kuɤ¹,敢 kuɤ³;胆 nuo³,谈 duo²,三 suo¹,暂 dzuo⁶
永康	甘 kuɤ¹,敢 kuɤ³;胆 na³,谈 da²,暂 dzɑ⁶,三 sa¹

从表 1.3.4 中可以看到,古谈韵在金衢片方言里大致以声母为条件形成两个不同的读音,见系声母与非见系声母形成语音条件,于是人们会认为这是一种互补。通过对这种互补条件的分析,我们认为这是"假互补"。

事实上,金衢片有的点也不是完全的互补,如兰溪"鏨"(非见系)与见系声母下韵母读音相同。永康见系字"喊"却与非见系声母后读音相同。此外,同属金衢片方言,有的方言点谈韵见系与非见系的读音很难用条件音变来解释。如兰溪谈韵白读有ã和ɯɯ 两个读音,其中ã只出现在非见系声母下,ɤɯ出现在见系声母下(除"鏨"字),就读音而言,一个是鼻化元音,一个是非鼻化元音,如果看成互补,则较难用音理解释。

从层次对应来看,谈韵的这两个读音属于不同的读音层次,而不是同一层次的变体。上丽片谈韵读音没有声母条件的限制。江山方言谈韵读音如表 1.3.5 所示。

表 1.3.5

谈韵	ã	担 tã¹,胆 tã³,淡 dã⁴,蓝 lã²,暂 dzã⁴,三 sã¹,敢 kã³,喊 hã³
	ɔ̃	毯 tʰɔ̃³,鏨 zɔ̃⁴,甘 kɔ̃¹,柑 kɔ̃¹

谈韵的两个读音可以出现在任何声母组后,也就是说两个读音在谈韵中是对立的。其中ã读音是一、二等韵合流后的读音,ɔ̃读音是覃谈合流而与二等韵相区别的读音。上山小片多数方言均是如此。从层次对应来看,婺州片各方言也应该是这样的。瓯江片及金衢片谈韵的"假互补"格局应当是不同层次读音相互竞争而造成的偶然结果。这两个不同层次读音的竞争在覃韵也有发生。

当然也有一种可能就是调查材料的不够深入造成的误察。比如王洪君(1999)认为吴、赣、徽语为覃谈有别,湘、粤、客家为覃谈无别。吴瑞文(2004)则认为湘语内部有差异,一部分湘语应归为覃谈有别。随着对口语材料的进一步发掘,严修鸿、余颂辉(2013)认为客家话在口语词汇里保留了覃谈之别,且在声母条件上也见于见系,与吴语、赣语那样仅局限于端系不同。同时,余颂辉(2013)认为粤语也存在覃谈有别的层次,声母条件与吴语、赣语、徽语一样限于端系。所以,要进行层次对应的比较,认清"假互补"的真面目。

第四,把语音特点与层次特点分开。

语音特点说的是某方言与中古音比较后得出的音韵特点。层次特点说的是经过层次分析后把相关读音纳入相应层次后的结果。语音特点与层次特点既有交叉又有区别。

一方面,相同的层次特点能反映出不同的语音特点。以咸山摄三四等的问题为例。过去大家都关注三四等韵有别的方言,因为这种音类格局与《切韵》相合,这似乎是为了给《切韵》音系作注脚,或者说这样的方言是古老的或是值得研究的。我们认为,要重新审视方言自身的历史,方言与《切韵》音系并不是一一对应的,要揭示方言自身的历史。三四等合并的问题是就语音特点而言。如果从层次对应的角度来说,无论是分立还是合流,都宜看成一个读音层次,这说明相同的层次特点能反映出不同的语音特征来。即层次特点具有一致性,语音特点具有创新性、区域性。另一方面,音变的结果是创新,层次的结果是趋同。如果不同方言片具有相同的层次对应,那么,这一层次在不同方言片会有不同的读音表现,这一读音就成为某方言片区别于其他方言片的创新特征之一。如南部吴语模韵的读音,上丽片方言多发生后裂化音变,瓯江片多发生前裂化音变,婺州片则仍读 u,没有发生音变。

第五,在没有方言文献记载的情况下,以《切韵》的音类分合关系作为依据来判断语音层次的时间顺序可能会出现错误。

我们在进行方言历史比较时往往以《切韵》系标准语韵书作为历史比较的起点,这本身并无问题。因为需要有一个共同的标准作为参照,但如果我们把它们看成是各方言音变的起点,那就有问题了。事实上,这一认识早已为学界所弃。我们大概都承认这样的一个事实:汉语方言的共时系统是一个不断受到不同时期权威方言影响而成的复杂系统。对此,潘悟云(2009a)、陈忠敏(2008)和王洪君(2009)等学者做了详细的论述。也就是说方言不是由《切韵》发展而来的,而是受到不同时期类似《切韵》这样的权威方言的影响而形成的,方言中通过词汇形式叠置了不同时代的读音。换句话说,方言与《切韵》的音类有可能不会完全对应。比如我们把齐韵开口读如咍灰韵看成是此区域的共同保留,而形成的原因是早期本地区方言与标准语音系不对等造成的读音错位。

因此,在没有方言文献记载的情况下,以《切韵》的音类分合关系作为依据来判断读音层次的时间顺序可能会出现错误。如常山、开化三等祭韵和四等齐韵读音不对等,《切韵》时代标准语祭韵和齐韵读音不同,后来两韵合并,以此来判断两韵不同的读音代表早期读音层次,两韵合流的则代表后期读音层次。运用这种方法进行相对时间的划分虽然简便,但其逻辑起点是所有方言均与《切韵》的音类分合一致。事实上,即使是现代方言,同一小片内的音类分合都有可能不同。与常山、开化同属上山小片的江山话祭韵和齐韵读音均合流,我们不能得出这样的结论:江山话齐韵或祭韵的读音均为三四等合流后的层次读音。

文白异读指"一个方言里相同来源的语素读音,由于文言和口语的区别,而造成的系统的层次又音现象"(陈忠敏,2003b:45)。文白异读在语音层次分析中作用很大,被认为是语音层次分析的利器,可用来分层,还能用来确定层次的时间先后(陈忠敏,2003b、2005a)。

目前学界将文白异读的形成原因多归结于语言接触。刘勋宁(2003)从口语受书面语影响的角度讨论文白异读的形成。王洪君(2007)从历时的角度把汉语的文白异读称为"叠置式音变",其性质是本地土语音系受到外地权威方言影响。杨秀芳(2007)指出古今语之异和方言之异产生了两种不同类型的文白异读。陈忠敏(2003b)着重指出文白异读其实是语言(方言)跟语言(方言)接触所产生的现象,具有系统性。李蓝(2013)归纳汉语方言文白异读形成的几种模式,如互相借用、权威方言影响、强势外来语覆盖及方言混合。综合上述学者所述,无论是权威方言还是强势外来语抑或是方言之间的混合,文白异读都是由语言接触产生的。因此,把文白异读用于语音层次分析也就顺理成章了。

但从文白异读的形成来看,南部吴语至少有三种文白异读不能直接用于语音层次的分析:一是自然音变形成的文白异读;二是同一读音因词汇新旧而分的文白异读;三是区域权威方言的影响形成的文白异读。这三类文白异读不能直接判定是层次的区别,有的是音变关系,有的是同层关系,而有的则需要先排除在层次对应之外。

事实上,有的学者也指出文白异读的成因不同于语言接触,如刘勋宁(2003)、王临惠(2006)就有过文读产生于本方言、自然音变导致文白异读的简单说明。汪化云(2009)则以湖北东部的团风方言为例,讨论了"离散式音变"导致文读产生于本方言的问题。因此,文白异读形成的读音对立并非全因语言接触,自身音变也可能会产生文白异读式的读音对立。也就是说,在处理文白异读的材料时,首先要排除非语言接触形成的读音对立,而不能一律看成是语音层次的差别。

基于此,为了更好地将"文白"这两个概念用于语音层次分析,我们认为有必要区分"文白异读"和"文白异层"这两个概念,我们把文白异读看成是共时的文白两个读音,文白异层是历时的文白两个层次。

文白异读的读音对立有的是自然音变形成的,有的是语言接触形成的,文白异层只能是语言接触形成的,直接可以用于语音层次分析。因此,从形成原因来看,文白异读不一定是文白异层,而文白异层的读音肯定是文白异读。

文白异读是本地人对本方言直觉和感性上的认识,是方言调查者对一字两读现象的直观感受。文白异层是对这种直觉和感性认识做出系统阐述的结果,是对一字两读现象的理性认识。

我们经常说:白读是本地的,文读是外来的。这种说法是针对文白异层的,更准确地说应该是白读层是本地的,文读层是外来的。

1.4 体例说明

一、本书语音符号采用国际音标。除文中有特殊说明外,本书标调一律采用调类标调,将数字直接标在韵母后并上标,即:1 阴平、2 阳平、3 阴上、4 阳上、5 阴去、6 阳去、7 阴入、8 阳入、0 轻声,如义乌方言:"皮 bi² │ 敢 kɯɤ³ │ 骨 kuəʔ⁷"等,如果某方言的调类发生合并,就按合并以后的调类标,如义乌方言古阴入部分字归阴上,古阳入部分字归阳上,相应地也标为"3"或"4",如"脚 tɕiɔ³ │ 嫡 dʼai³ │ 食 zai⁴ │ 择 dʐɑ⁴"。

二、国际音标中的送气符号一律在右上角用"ʰ"表示。写不出本字的音节用方框"□"表示,如义乌方言"□yɑ¹:浪费"。

三、在列举方言材料时,有些字(或词)有多个读音的,通常在右下角用数字标识,1 表示最常用的,2 表示次常用的,依次类推。有的若在不同的词中而出现不同的韵母读音,也会相应地标出。

四、在表示层次读音时,一般把属于同一层次的"同层异等"[①]或开合韵或因声母条件不同而出现的读音变体等写在一起,为更清楚地显示其条件,特作如下规定:第一,以《方言调查字表》中所规定的古开合口关系用"[ ]"来表示,"同层异等"的关系用"/"来表示。如假设麻韵二等读 ɔ,麻韵三等读 ie,麻韵二等合口读 uɑ,此三个读音属于同一层次,其中 ɔ 和 ie 构成"同层异等"的关系,ɔ 和 uɑ 构成开合口关系,我们表示为:ɔ[uɑ]/ie。

第二,由于音变而形成的互补或对立的表示方法。有两类音变均用此

[①] "同层异等"指属同一层次但不同等,如麻韵二等与三等就是"同层异等"。

表示法,一类是高元音引起的裂化,一类是因声母条件而出现的读音变体。如果以上两类音变均以相同古韵为条件,我们用"( )"来表示,如假设麻韵二等唇音后读 ɯɑ,其他声母后读 ɔ,则可表示为 ɯɑ(ɔ)。如果声母条件有三个或三个以上的,则以"( )"中"/"隔开,如假设麻韵二等唇音后读 ɯɑ,庄组读 ɑ,其他声母后读 ɔ,如果这三个读音属同一层次,则表示为 ɯɑ(ɑ/ɔ)。

五、本书表格较多,为方便查找,本书表格序号从节开始编号,如"表 3.2.1"表示第 3 章第 2 节第 1 张表。

第 2 章　果摄的读音层次及其演变

　　20 世纪 80 年代初,郑张尚芳(1983)利用城区和郊区的温州话材料分析讨论歌韵的历史层次及其演变,把温州话分为两大层五小层,其层次分析的方法于今仍有启发。本章拟以吴语上丽片常山方言入手,讨论果摄一等韵的读音层次,从而确定南部吴语果摄的层次对应及其演变。

2.1　上丽片果摄的读音层次

2.1.1　常山方言果摄一等韵的读音层次[①]

　　我们先列出常山方言歌、戈韵常用读音如表 2.1.1 所示:

表 2.1.1

o	多 to^1,拖$_2$tʰo^1,大$_1$do^6,萝$_1$lo^2,锣 lo^2,哥$_2$ko^1,做 tso^5,蛾 ŋo^2,河 ɦio^2,波 po^1 脶 lo^2,祸 ɦio^6,果$_2$ko^3,火$_3$ho^3,个$_3$ko^5,锁 so^3
ɛ	拖$_1$tʰɛ^1,大$_2$dɛ^6,笋 lɛ^2,个$_1$kɛ^5,破 pʰɛ^5
uɛ	饿 uɛ^6 / ŋuɛ^6
ɑ	他 tʰɑ^1,拿 nɑ^2,大$_3$dɑ^6,哥$_1$kɑ^1,我 ŋɑ^6
iɑ	茄 tɕiɑ^3
ɔ	驼 dɔ^2,驮 dɔ^2,蓑 sɔ^1,窝 ɔ^1,魔 mɔ^2
i	磨$_动$ mi^2,唾 tʰi^5,坐 zi^4
ie	磨 mie^6,婆 bie^2
ye	果$_1$tɕye^3,棵 tɕye^3,过 tɕye^5,窠 tɕʰye^1,伙 ɕye^3,火$_2$ɕye^3,货 ɕye^5,和 ɦye^6,靴 ɕye^1
ui	裹 kui^3,火$_1$hui^3
uə	可$_1$kʰuə^3,菠 puə^1
aʔ	萝$_2$laʔ^8
ʌʔ	可$_2$kʰʌʔ^7,个$_2$kʌʔ^7

---

　　① 本节内容曾以"论南部吴语果摄一等韵的读音层次"为题发表于《中文学术前沿》第十一辑,2018 年。

从表 2.1.1 可以看出,有两个带喉塞尾的韵母读音比较特殊:aʔ 和 ʌʔ。读音 ʌʔ 只见于"个"和"可"两字。"个"在"一个、这个、□moʔ 个(那个)"中读入声 ʌʔ,而在"两个、几个、三个"中读舒声 ε。因常山的入声字都带喉塞尾,"一、这"等均为入声字带喉塞尾,表示"那个"义的"那"读为 moʔ,也带喉塞尾。因此,我们可以设想"个"的促声读音的条件:如果前字是带喉塞尾的促声,"个"也带喉塞尾;若前字为舒声时,"个"亦读舒声,这是一种同化现象。这种现象在"可"字上也有表现,"可"字有两读,一为舒声 uə,一为入声 ʌʔ,其中"可"字读舒声出现在"可怜"一词,入声读音出现在"可惜"一词,"可"的入声读音可能受到后字的促声影响。我们再来看 aʔ,这个读音只有一个字:萝。"萝"字也有两读:o 和 aʔ,前者出现在"天萝丝(油条)"一词,后者出现在"萝卜"一词,"卜"是入声字,读促声 boʔ,受后字促声的影响,"萝"也读入声了。

由以上分析看出,常山歌、戈韵促声读音字是受到读促声的前字或后字影响,是一种"促声同化"现象,这与我们平常说的"舒声促化"现象(郑张尚芳,1990a;贺巍,1996)有所区别,这是非语音层次的个别变异现象,所以我们首先将其剔除。

我们再来看"大"的读音,从与"大"有关的几个词中,我们能看到不同的读音层次。如"大 deε⁶(大蒜)、daɑ⁶(大家)、doo⁶(形容词,大小的大)、daɑ⁶(巨大)",我们认为 ε、ɑ 和 o 这三个读音属不同的读音层次,这种层次关系还可以从表 2.1.2 中的字音中看出:

表 2. 1. 2

例字	ε	ɑ	o
拖	tʰε¹	—	tʰo¹
哥	—	kɑ¹	ko¹
个	kε⁵	—	ko⁵
他	—	tʰɑ¹	
拿		nɑ²	

从以上读音的分布来看,它们可以在不同的声母组下同时出现,形成对立关系。按历史语言学的原则,如果在相同条件下出现读音对立,有可能有不同的来源,排除训读、误读等,我们认为这三个读音是不同的读音层次。"他"和"拿"的读音属于读字音,常山第三人称单数和表示"拿"义的读音分别是 ŋə¹(渠)和 pue³(本字未明)。根据上文讨论的原则,没必要把同一个韵

母读音因词汇新旧而分为不同的文白层次,因此,"他""拿"的ɑ读音没必要另立ɑ文层次。三等韵"茄"寂读iɑ,与"ɑ"构成"同心层异等"的关系。

再看uɛ读音。uɛ只有"饿"字,与"个kɛ⁵"在同一个古音类来源下有对立,不过我们注意到,uɛ读音只出现在见组声母后,而ɛ读音并不受此限制,这表明uɛ读音的分布是有条件的,但uɛ、ɛ两种读音可以同时出现在见组声母后,既对立又有条件,似乎矛盾。我们认为两者不矛盾,这是ɛ读音在见组声母下向uɛ读音演化过程中出现的词汇扩散现象,可表示如下:

$$\varepsilon > u\varepsilon / 见组声母\_\_$$
$$> \varepsilon / 其他声母\_\_$$

见组声母下-u-介音的增生还没完成,没有扩散到所有的见组声母字。因此,我们认为ɛ、uɛ属同一个层次。事实上,常山话读uɛ的字只出现在见系声母后,如表2.1.3所示:

表 2.1.3

果摄	歌韵	拖 tʰɛ¹	笥 lɛ²	破 pʰɛ⁵	饿 uɛ²/ŋuɛ²
止摄	支韵	锤 dʑɛ²	蚁 ŋɛ²	骑 guɛ²	—
蟹摄	泰韵	带 tɛ⁵	太~公 tʰɛ⁵	艾 ŋɛ⁴	盖 kuɛ⁵
	皆韵	埋 mɛ²	排 bɛ²	界 kɛ⁵	怪 kuɛ⁵
	佳韵	派 pʰɛ⁵	摆 pɛ³	街 kɛ¹	歪 ŋuɛ²
	夬韵	败 bɛ⁶	—	—	快 kʰuɛ⁵

从表2.1.3可以看出,uɛ只出现在见系声母后,但并不是见系字都有-u-介音。从这里也可以看出,读音对立并非判定层次的充分条件,并非所有的读音对立都应该看成是语音层次的对立,因为音变会引起词汇扩散,音变剩余也会形成对立,关键还是要看这种对立是否有条件,有条件的是音变,无条件的是层次。事实上,梅祖麟(2001)已指出浙南吴语支韵读如歌韵的"蚁、骑"等为秦汉层次。因此,我们把常山的ɛ和uɛ看成同一语音层次,时间上应属上古读音层。

再看ui和i读音。读音ui只有两个字:"火 hui³"①和"裹 kui³",都是戈韵见系字。《毛诗·汝坟》:"鲂鱼赪尾,王室如燬。"孔颖达正义:"燬,音

---

① ui韵在常山方言中只有果摄是白读,蟹摄合口、止摄合口读ui韵则文白夹杂。

毁,《说文》同。一音火尾反,或云:楚人名曰燥,齐人曰熄,吴人曰焜,此方俗讹语也。"①"焜"《广韵》许伟反,"火""毁"同音,戈韵读如止摄合口,反映的是"上古方音层"。但 ui 韵只在戈韵见组声母后出现,其中隐含了一定的音变条件,如果把-u-介音去掉,就是 i 读音,i 读音有"磨_动 mi² | 唾 tʰi⁵ | 坐 zi⁴"三字,均不出现在见组声母后。因此,我们把 ui 和 i 看成是同一层次的读音。上文提到 uɐ 和 ɛ 亦属上古读音层,也有-u-介音出现在见组声母后,与 ui 和 i 一样,反映的应该是上古时期的读音,不过来源可能有所差异,按古人的说法,我们暂将 ui(i)这一层读音称为"上古方音层"。事实上,通过考察周边方言,我们也能发现 ui 和 i 的关系很密切,如表 2.1.4。

表 2.1.4

常山	火 hui³	裹 kui³	唾 tʰi⁵	坐 zi⁴
开化	火 hui³ 伙 hui³	—	唾 tʰui⁵	坐 zui⁶ 座 zui⁶
江山	火 huɐ³	—	唾 tʰi⁵	坐 ɕi⁴
广丰	—	裹 ky³	唾 tʰi⁵	
玉山	火 huei³②	—	唾 tʰi⁵	坐 zi⁴

如表 2.1.4 所示,常山 ui 韵只出现在见组声母后,其他声母后读 i。广丰见组声母后 ui>y,其他声母后仍为 i。江山见组声母后 ui>uɐ,玉山则 ui>uei,到了开化,所有声母后均读 ui。如果把 ui 看成是早期形式,在地理上的演变过程表述如下:

ui(常山、开化)> y(广丰) 见组声母后＿

>uɐ(江山) 见组声母后＿

>uei(玉山) 见组声母后＿

>i(常山、江山、广丰、玉山)/其他声母后＿

再来看 ye 和 ie 读音。ye 读音只出现在见系声母后,ie 读音只出现在唇音声母后,分布上的互补告诉我们其源头可能是一个。同时,历代标准语的文献中并无果摄一等读细音的记载,因此,我们认为这也可能是后来音变

---

① 《毛诗正义》,清·阮元校刻《十三经注疏》(1980:283)。段玉裁认为"熄""焜"实为一字,俗乃强分二字二音。若如此,则吴、齐两地均是"火、毁"同音。

② uei 拼 k 组声母时为 uě i,参见曹志耘、秋谷裕幸等(2000:112)。可见,这个读音近 ui,但又略有区别。

的结果。我们注意到,i、ie 和 ye 这三个读音在戈韵中的分布基本是互补的,如表 2.1.5。

表 2.1.5

古声母组	i	ie	ye
帮组	+	+	−
端组	+	−	−
精组	+	−	−
见组	−	−	+
晓组	−	−	+

从表中我们可以看到,ye 只出现在见组、晓组后,ie 只出现在帮组后,只有 i 既出现在帮组,又出现在端组和精组声母后,但帮组读 i 只有一个"磨"(mi^2)字,是一个动词,和名词的"磨"(mie^6)韵母不同,这是两个层次还是同一个语素因语法作用的不同而产生的分化呢? 先看周边方言的情况,我们把上丽片方言"磨"的读音列表 2.1.6 如下:

表 2.1.6

例字	常山	江山	开化	玉山	庆元	广丰	遂昌	云和	龙游
磨动	mi^2	$miə^2$	me^2	me^2	mai^2	mie^2	mu^2	$\underset{l}{m}^2$	$\underset{l}{m}^2$
磨名	mie^6	$miə^6$	mie^6	mie^6	mo^6	mie^6	mu^6	$\underset{l}{m}^6$	$\underset{l}{m}^6$

"磨"字读音可以分为两类:一类是韵母读音不同,如常山、开化、玉山、庆元;一类是韵母读音相同,如广丰、遂昌、云和、龙游、江山。云和、龙游等地是声化韵读法,鼻音声母遇高元音韵母容易发生声化,这种现象在吴语中也较常见(郑张尚芳,1983;陈忠敏,1999)。事实上,开化、玉山和庆元"磨"字的两个读音属于两个不同层次,其他点属同一层次,因为它们各自的读音均不是孤立的(下文我们将讨论)。也就是说,这些点的两个"磨"要么读音相同,要么不同层次,没有语法因素的作用。我们认为,常山"磨"ie 读音是由 i 发生后裂化音变而来,它们本来是相同的。帮组读 ie、端、精组读 i,见组读 ye,三者互补,而 i 又与 ui 读音构成互补,双重互补显示出了音变的复杂性,其推测过程如下:

ui ＞* y＞ye/见组声母＿

＞i/端、精组声母＿

＞ie/帮组声母＿

其中 ui 向 ye 音变过程中出现了词汇扩散,少数字读 ui,部分字读 ye,从音变过程来看,ui 可看成"滞后读音"(滞后读音不是层,因其不具有系统性,而是离散性)。在从 ui 向 ye 的音变过程,我们构拟了一个 y 作为中间状态,这个中间状态在广丰方言中得到证实,如表 2.1.4 所示。下文我们还将讨论层次对应。

这个音变在上丽片方言的上山小片也有发生,但同属上丽片方言的丽水小片则没有发生这个音变,可见,创新音变具有区域性特征。如上山小片的读音,如表 2.1.7 所示。

表 2.1.7

方言点	帮组	端精组	见晓组
常山	婆 bie² 磨_名 mie⁶ 磨_动 mi²	唾 tʰi⁵ 坐 zi⁴	果 tɕye³ 窠 tɕʰye¹ 过 tɕye⁵ 火 ɕye³ 货 ɕye⁵
开化	婆 bie² 磨_名 mie⁶ 磨_动 mɛ²		餜 tɕye³ 窠 tɕʰye¹ 过 tɕye⁵ 货 ɕye⁵
江山	婆 biə² 磨_名 miə⁶ 磨_动 miə²	唾 tʰi⁵ 坐 ɕi⁴	果 tɕyə³ 餜 tɕyə³ 窠 tɕʰyə¹ 过 tɕyə⁵ 货 ɕyə⁵
广丰	婆 bie² 磨_名 mie⁶ 磨_动 mie²	唾 tʰi⁵	果 kye³ 餜 kye³ 窠 kʰye¹ 过 kye⁵ 货 hye⁵
玉山	婆 bie² 磨_名 mie⁶ 磨_动 mie²	唾 tʰi⁵ 坐 zi⁴	果 kuɑ³ 餜 kuɑ³ 窠 kʰuɑ¹ 过 kuɑ⁵ 火 huɑ³

玉山的见晓组则发生另外的音变,来源不同。

再看 ɔ 和 o,这两个读音可以在不同的声母组后出现,如表 2.1.8 所示。

表 2.1.8

端组	驮 dɔ²	大 do⁶
精组	蓑 sɔ¹	锁 so³
影组	窝 ɔ¹	祸 ɦo⁶

从词的使用情况看,读音 ɔ 大多用于非常用词,似应分为两个层次。但关键在于,读音 ɔ 在周边方言中没有对应。按我们的原则,不分两个层次,此读音可能是词汇借入时音值相似匹配产生的(豪韵白读为 ɔ)。

最后看 uə 读音,这个读音只有"可"和"菠"两个字。从条件上看,这两个字的韵母读音只出现在唇音和牙音声母后,从词的使用情况来看,应属文读的范畴。我们认为这个 uə 是 ɔ 的读音变体,在唇音和牙音声母后产生音变,产生词汇扩散。由 ɔ 变成 uə 是常见的音变,因常山方言音系中没有 uə 音位,因此容易并入相近的模韵 uə。

综上所述,我们认为常山方言果摄读音共四个层次,音变与读音层次造成的对立杂糅在共时层面上,如表 2.1.9 所示。

表 2.1.9

ui(i/ie/ye)读音层	ε(uε)读音层	ɑ 读音层	o 读音层

2.1.2 各读音层的时间先后

读音层次确定后,需要确定其时间先后顺序。我们先来看 ε(uε)读音层、ɑ 读音层和 o 读音层三者的时间顺序。

如表 2.1.2 中"拖"的文白关系所示,ε(uε)读音层早于 o 读音层,上文提到 ε(uε)读音为上古读音层,像"骑、蚁"等支韵字上古属歌部,若读音与歌韵一致,说明两者可能未分化。

我们来看常山歌韵 ε 读音层字和泰、支韵部分字的读音,如表 2.1.10 所示。

表 2.1.10

歌韵	拖 tʰε¹	大 de⁶	箩 lε²	个 kε⁵	破₍ pʰε⁵
泰韵	带 tε⁵	泰 tʰε⁵	艾 ŋε⁴	太 ~公 tʰε⁵	—
支韵	蚁 ŋε⁴	—	—	—	—

泰韵上古属月部,歌部与月部有相同的主元音,有时会通转。"汏"在吴语区很常用,意为"在水中漂洗"。《广韵》泰韵"徒盖切",《集韵》戈韵"唐何切"。常山"汏"读音与"贷"同,汏=贷=dε²⁴,阳去,与《广韵》"徒盖切"读音相合,北部吴语大部分地区如宜兴、江阴、常州、无锡、苏州、上海、昆山等地均读"徒盖切"(钱乃荣,1992),金衢片的金华、东阳、兰溪、义乌等方言"汏"字也属"徒盖切"。但温州话的"汏"字声调为阳平,与《集韵》"唐何切"读音相合(郑张尚芳,1983)。歌韵和泰、支韵的混同,反映的正是上古音层次,如表 2.1.11 所示。

表 2.1.11

歌韵	饿 uε⁶/ŋuε⁶	—
泰韵	盖 kuε⁵	外 uε⁶/ŋuε⁶
支韵	骑 guε²	—

综上所述,借助语音史分期[①],ε(uε)读音层反映的是汉魏之前的读音。

---

① 关于语音史上的分期,采用黄笑山(1995)《〈切韵〉和中唐五代音位系统》一书中的分期,即,汉魏以前为上古,齐梁陈隋至初唐为中古前期,中唐五代为中古后期,宋代开始为近古。

再看 ɑ 读音层,此读音层表现的是歌韵与麻佳鱼韵相混的格局,如表 2.1.12 所示。

表 2.1.12

歌韵	大 dɑ⁶	歌 kɑ¹	我 ŋɑ⁴	茄 tɕiɑ³	—
麻韵	巴 pa¹	茶 dza²	诈 tsa⁵	家 ka¹	牙 ŋa²
佳韵	买 ma⁴	稗 ba⁶	簿 ba²	解 kɑ³	画 ɦua⁶
鱼韵	猪 ta¹	女 na⁴	梳 sa¹	锄 za²	—

从表 2.1.12 可知,此读音层反映歌麻佳鱼等韵相混的特点,但又与支韵读音不同。因此,应晚于上古读音层。冯蒸(1989)结合文献及方言证据指出果假二摄合流反映的是中古时期的语音特点,其实质是前 a 与后 ɑ 的混同。这里要注意的是,鱼韵只是部分字与歌麻韵相混,从鱼韵的角度来看,ɑ 读音保留的是较早期的读音,而对歌韵来说,与麻佳鱼等韵相合,反映的是后来的变化。前人在给歌韵拟中古音时基本拟为 * ɑ。如《歌戈鱼虞模古读考》一文利用文献中的梵汉对音和西域地名等,证明《广韵》里的歌戈二韵在唐宋以前的韵母是 ɑ,而不是 o(汪荣宝,1923);后汉三国时期的梵汉对音材料表明当时的歌韵字为 a(俞敏,1979、2008);反映魏晋南北朝时期的日译吴音材料也显示歌韵是 a(李香,2005)。诸家利用各种材料如对音、方言等构拟中古音歌韵的读音为 * ɑ(李荣,1956;董同龢,1977;王力,1987;黄笑山,1995;潘悟云,2000;等),此层读音与中古拟音正好相合。

再看 o 读音层,这一层次读音所辖字最多,也有学者称之为主体层(潘悟云,2004a)。就汉语语音史而言,歌韵读 o 的层次大约产生于宋代,罗常培的《唐五代西北方音》利用四种藏汉对音材料和注音本《开蒙要训》整理果摄的对音,其主要母音均为 a,只有《大乘中宗见解》中的“可、我”变作 o 韵(罗常培,1961),日译汉音材料显示当时歌韵是读 a,“汉音”反映的是唐代北方音(范淑玲,2009),可见唐五代有极少量的歌韵字变为 o,但主体仍读 a。

《广韵》虽是宋代编撰的“官韵”,但并非以实际语音为准,而是以《切韵》为基础,反映的是隋唐语音。周祖谟(1966b:581—600)认为北宋邵雍《皇极经世书声音图》的“分声析韵与《广韵》大相径庭”,反映的是当时北宋的实际语音——汴洛音。经研究,“可知北宋洛阳歌戈二韵仍读 a、ua,与《切韵》相同”。李新魁(1988)利用能反映宋代实际语音的《四声等子》《切韵指掌图》和宋代诗歌用韵等材料构拟歌韵为 ɑ,戈韵为 ɔ。周祖谟则认为《四声等子》以“铎韵为歌韵之入声,其音始变。即读为 o、uo 二音”(周祖谟,1966b:

600)。王力(1982)研究南宋时期朱熹反切将歌戈韵拟为ɔ。11世纪的回鹘文汉字译音表明歌戈韵开口一等也有部分变为o了,如"罗 lo"(聂鸿音,1998),到了12世纪《番汉合时掌中珠》的汉字注音,a韵已逐渐被o韵所代替(李范文,1994)。苏联著名汉学家龙果夫利用八思巴字①碑文研究元代汉字读音,显示"可、我、河、何、贺、那、罗"等字韵母均为o(龙果夫,1931、1959)。

综上,我们可知宋代是歌戈韵全面由ɑ变o的时期,因此,我们把o读音层的时间来源定在宋代。

上文提到,吴地、齐地"火""毁"同音,因此,我们把ui(i/ie/ye)读音层看成是"上古方音层"。就性质而言,此读音层也可能是此区域方言的底层。此层读音有复杂的音变,一方面因声母不同而产生互补读音,另一方面在同一个声母组下又产生扩散式音变。从文白性质来看,该层读音及其变体均属白读层。

由于"上古方音层"与"上古读音层"均为上古层次,两者孰早孰晚的判定似乎成了问题。事实上,虽然两者都是上古层次,但性质来源似有所不同,古人明确记载"火""毁"同音表现的是某地方言特点而非雅言。就本地方言而言,其时间应早于外来读音层,而"上古读音层"表现的是上古文献所记载的汉语标准读音,就本地方言而言,应晚于"方音层"。

最后看看ɔ这个文读音,该读音读如豪韵。常山效摄一等豪韵白读ɤw和uə,文读为ɔ,如"刀 tɤw¹/tɔ¹ | 讨 tʰuə³/tʰɔ³ | 嫂 suə³/sɔ³ | 告 kɤw⁵/kɔ⁵"等,而歌韵读ɔ的层次也以文读为主。歌豪通押在闽语里较常见,除闽北方言歌豪不混外,闽语的其他方言都是歌豪相混(戴黎刚,2005b)。鲁国尧(1989)研究宋代福建词人用韵,指出歌豪合用为宋代福建词人用韵的重大特点。宋人笔记如《老学庵笔记》《欧公诗话》《履斋示儿编》《齐东野语》《四朝闻见录》《二老堂诗话》《贡父诗话》等都有记述:"闽人以歌为高。"并特别指出此为"闽人"之语音(刘晓南,1998,2001)。可见,歌豪相混是闽语的一大特点,其源可至宋代。但歌豪通押也非闽语专利,歌豪通押在宋代四川词韵中有1例(鲁国尧,1989),江浙诗韵中也有3例(张令吾,1998),后又发现川籍诗人用韵中有10多例,这是同时期其他地区诗文用韵中少有的现象(丁治民,2005)。后江浙诗韵中又发现7例(钱毅,2008)。不过文献中反映的闽语歌豪相押指的是白读音,而常山歌韵的ɔ与豪韵的ɔ均为文读音,两者性质不同。对比周边方言,该文读音在其他方言并未形成对应。可见,此读音还不能看成是层次,只能作为零星的读音看待,尚不能看成文读层。

---

① 有关八思巴字的论述可参见照那斯图《论八思巴字》(1980)。

综上所述,我们把常山果摄一等韵各语音层按时间顺序总结如表 2.1.13 所示:

表 2.1.13

层次 Ⅰ	ui(i/ie/ye)	上古方音层
层次 Ⅱ	ε(uε)	上古读音层
层次 Ⅲ	ɑ	中古读音层
层次 Ⅳ	o	近古读音层

2.1.3　上丽片方言果摄的层次对应

2.1.3.1　上山小片的层次对应

先看层次 Ⅰ 的对应。层次 Ⅰ 读音为"上古方音层",该层特点为戈韵读如止摄合口,同时还有相应的内部音变发生。综合表 2.1.4、表 2.1.6 和表 2.1.7 可知,常山、江山、开化、广丰和玉山五点均有些层次读音的对应,所发生的音变过程大体相同。

再看层次 Ⅱ 的对应。层次 Ⅱ 读音为"上古读音层"。常山该层次读音的关系特字有"拖大个破箩"和"饿",我们先顺着这几个字来梳理一下周边方言的读音,如表 2.1.14 所示:

表 2.1.14

方言点	拖	大	个	破	箩	饿
开化	$t^h ε^1$	$dε^6$	ke^5	$p^h ε^5$	$lε^2$	$ŋue^6$
江山	$t^h æ^1$	$dæ^6$	$kæ^5$	$p^h æ^5$	$læ^2$	$ŋuæ^6$
广丰	$t^h a^1$	da^6	ka^5	$p^h a^5$	la^2	$ɦiua^6$
玉山	$t^h ai^1$	dai^6	kai^5	$p^h ai^5$	lai^2	$ɦuai^6$

我们知道,该层特点为歌泰支等韵读音相混。我们来看看各点读音,见表 2.1.15:

表 2.1.15

开化	带 $tε^5$ 泰 $t^h ε^5$ 艾 $ŋe^6$ 盖 $kuε^5$	骑 gue^2 蚁 $ŋe^6$
江山	带 $tæ^5$ 泰 $t^h æ^5$ 艾 $ŋæ^4$ 盖 $kuæ^5$	蚁 $ŋæ^4$ 锤 $dzæ^2$
广丰	带 ta^5 泰 $t^h a^5$ 艾 $ŋa^4$	蚁 $ŋa^4$
玉山	带 tai^5 泰 $t^h ai^5$ 艾 $ŋai^4$ 盖 $kuai^5$	蚁 $ŋai^4$

由表 2.1.15 可知,开化、江山、广丰、玉山这几个字的音类分合关系与常山相同,综合表 2.1.14 可知,它们有层次Ⅱ即上古读音层的对应。

共时的地理分布能勾勒出此读音层的历时音变过程[①],我们把上山小片层次Ⅱ读音的演化过程表示如下:

$$(u)ai(玉山) > (u)ɛ(常山、开化[②]) > (u)æ(江山) > (u)a(广丰)$$

再看层次Ⅲ的对应。该层次反映的是中古时期读音。根据层次关系特字,我们先列出该小片方言例字及读音,如表 2.1.16 所示。

表 2. 1. 16

常山	大 da⁶ 哥 ka¹ 我 ŋa⁴
开化	大 dɔ⁶ 哥 kɔ¹ 我 ŋɔ⁶ 阿 ɔ¹
江山	茄 gɒ⁴ 我 ŋɒ⁴
广丰	我 a⁴
玉山	我 ŋa⁴

从表 2.1.16 可以看出,各点收字相对一致。广丰和玉山只剩一个"我"字,却也反映了歌麻佳鱼韵混读的特征,如表 2.1.17 所示。

表 2. 1. 17

方言点	歌韵	麻韵	佳韵	鱼韵
常山	a	巴 pa¹ 茶 dʑa² 诈 tsa⁵ 家 ka¹ 牙 ŋa²	簰 ba² 稗 ba⁶ 蟹 ha³	猪 ta¹ 女 na⁴ 锄 za² 梳 sa¹
开化	ɔ	巴 pɔ¹ 茶 dʑɔ² 诈 tsɔ⁵ 家 kɔ¹	簰 bɔ² 稗 bɔ⁶ 蟹 hɔ³	猪 tɔ¹ 女 nɔ⁶ 锄 zɔ² 梳 sɔ¹
江山	ɒ	巴 pɒ¹ 茶 dʑɒ² 诈 tsɒ⁵ 家 kɒ¹	稗 bɒ⁶ 蟹 hɒ³	猪 tɒ¹ 女 nɒ⁴ 锄 zɒ² 梳 sɒ¹
广丰	a	巴 pa¹ 茶 dʑa² 诈 tsa⁵ 家 ka¹ 牙 ŋa²	簰 ba² 稗 ba⁶ 蟹 ha³ 佳 ka¹	猪 ta¹ 女 na⁴ 锄 za² 梳 sa¹
玉山	a	巴 pa¹ 茶 dʑa² 诈 tsa⁵ 家 ka¹ 牙 ŋa²	簰 ba² 稗 ba⁶ 解 ka³	猪 ta¹ 女 na⁴ 锄 za² 梳 sa¹

---

① 但是,我们也必须承认这种由地理上构成的演变链未能够完整地表现于某一个方言的具体演变中,共时的地理分布只是为某一读音提供音变的可能性而不是必然性。

② 江山的"ɛ、uɛ 两韵老派有时也读作 a、ua,新派已经都读作 a、ua",参见参见曹志耘、秋谷裕幸等著《吴语处衢方言研究》(2000:46)。可见 ɛ>a、uɛ>a 的低化音变有事实的依据,在地理上广丰是这个音变的最后一站。

我们通过地理上的分布勾勒出演化过程：

$$α(常山、玉山、广丰) > ɒ(江山) > ɔ(开化)$$

再看层次 Ⅳ 对应。该层读音是常山收字最多的，亦可称之为主体层。从收字数量最多这一层次区别特征入手，我们可以很快地确定各方言点的读音对应，见表 2.1.18。

表 2.1.18

方言点	歌韵	戈韵
常山	o	o
开化	o	o
江山	o	o
广丰	o	uɤ①
玉山	o	o

各方言点主体层读音都是 o，广丰歌韵为 o，戈韵则进一步高化并裂化，两者开合同层，从对发音的描述来看，其主元音仍是 u，高元音后容易引出后滑音，发高元音时，气流相对较强，当舌位回复到正常位置时，声带仍然振动，从而产生后滑音，引发音变。

综上所述，现将上山小片歌韵的语音层次总结如下，见表 2.1.19：

表 2.1.19

层次	常山	开化	江山	广丰	玉山
层次 Ⅰ	ui(i/ie/ye)	ui(ie/ye)	uɛ(iə/i/yə)	y(ie/i/ye)	uei(ie/i)
层次 Ⅱ	ɛ(uɛ)	ɛ(uɜ)	æ(uæ)	a(ua)	ai(uai)
层次 Ⅲ	α	ɔ	ɒ	α	α
层次 Ⅳ	o	o	o	o(uɤ)	o

2.1.3.2　丽水小片的层次对应

我们先列出丽水果摄常用字读音如下，见表 2.1.20：

---

① "uɤ韵的实际音值接近 u·ɤ"，参见秋谷裕幸(2001:44)。可见 u>uɤ，主元音仍是 u。

表 2.1.20

ei	饿$_1$ŋuei^6，胴 lei^2，瘰 lei^2
i	唾 tʰi^5
ɻ	左 tsɻ^3
u	多 tu^1，拖$_2$tʰu^1，驮 du^2，大$_2$du^6，歌 ku^1，箩 lu^2，饿$_2$ŋu^6，河 ɦu^2，波 pu^1 坐 zu^2，锅 ku^1，裹$_1$ku^3
uo	挪 nuʊ^2，那 nuo^2，我 ŋuo^3，过 kuo^5，科 kʰuo^1，窠 kʰuo^1，货 huo^5，祸 ɦuo^6
cɤ	拖$_1$tʰcɤ^1，大$_1$ducɤ^6，个 kucɤ^5，破 pʰcɤ^5
ɔ	他 tʰɔ^1
ɦm̩	磨 ɦm̩^{2}
ŋcɔŋ	糯 nɔŋ^6

"磨"读声化韵 m̩，吴语鼻音与高元音相拼容易发生鼻化，人称代词这种情况更普遍（郑张尚芳，1983；陈忠敏，1999），因此，"磨"的韵母读音可能是 u。

"糯"字的阳声韵读法由来已久，除了戈韵读法外，《集韵》还有一个反切"奴乱切"。这属于鼻尾增生现象，这种现象在方言中很常见。张燕芬（2010）利用"汉语方言地图数据库"中 930 个方言点的材料总结了古阴声韵增生鼻尾的规律，一是鼻音声母；二是韵腹为央、高元音韵母（前两条也参看丁邦，1987、2008）；三是鼻音韵尾产生的次序是 ŋ:n(m)。这与古阳声韵尾的弱化规律大致相反：一是低元音的鼻韵尾容易变；二是鼻韵尾变化的次序是 m:n:ŋ（陈渊泉，1972；张琨，1983；丁邦新，1987、2008；王洪君，1991）。由此可见，鼻尾增生的读音不能作为独立的读音层次。读音 ɔ 仅"他"一字，为读字音，排除在层次读音之外。

读音 ɻ 只有一个"左"字。我们先来看看吴语表示"左右手"的读音情况①，见表 2.1.21。

表 2.1.21

词项	吴语表示法				
左手	借	反	口 tsi、tsɻ/tɕi、tɕie	假	小/细
右手	顺	正/顺	顺	正	大

---

① 秋谷裕幸、汪维辉（2015）讨论吴语表示"左"的本字，指出读"TSI"类的本字为"济"，可参阅。

各地吴语大多不以"左右"这两个语素表示左右的概念。如有的[①]以"借"表"左"的如:湖州 tɕiɑ｜杭州 tɕiɑ｜绍兴 tɕiɑ｜余姚 tɕiʌ｜宁波 tɕia/tɕia tsɐʔ(借手/借只手)｜金华 tɕiɑ｜义乌 tsiɑ｜武义 tɕiɑ｜遂昌 tɕiɑ｜江山 tɕiə 等。

有的以"反"表"左"的如:金坛 fæ̃｜衢州 fæ̃｜永康 fʌ｜广丰 pã｜开化 pã｜常山 pã｜玉山 bã 等。

本字未明的,如以"□(tsi、tsʅ/tɕi、tɕie)"表"左"的如:宜兴 tɕij｜溧阳 tɕiᴢ｜金坛 tɕiᴢ｜丹阳 tɕiᴢ｜靖江 tɕij 江阴 tsij｜苏州 tsij｜常熟 tsi｜松江 tɕi｜吴江黎里 tsij｜黄岩 tɕij｜路桥 tɕi｜温州 tsii｜云和 tsʅ｜庆元 tɕie｜东阳 tsi 等。

以"假"表"左"的如:上海 kʌ｜嘉兴 kɑ｜诸暨 tɕiʌ｜金华 kuɑ 等。

以"小或细"表"左"的如:兰溪 si/siɑ｜龙游 ɕiɑ 等。

从以上举例可以看到,吴语表示"左"的概念使用多个不同的语素,以"左"作为本字也不无可能。上文提到果摄"上古方音层"就有读 i 的,我们认为丽水的"tsʅ³"本字就是"左",与"唾 tʰi⁵"的 i 读音一样对应"上古方音层",齿音声母字发生 i>ʅ 的音变,丽水不仅齿音发生类似音变,牙音也发生 i>ʅ 的音变,如"寄 tsʅ⁵｜骑 dzʅ²｜器 tsʰʅ⁵｜记 tsʅ⁵"等。温州的"上古方音层"也有与丽水相同的"左"字,只是音变不同,下文我们将提到。

再看 ei 和 uei 读音的层次归属,uei 只出现在见组,ei 出现在非见组,两者互补。我们认为 ei(uei)及 i(ʅ)对应的是层次Ⅰ即"上古方音层"。该层读音发生了舌尖化和前裂化的音变,如下所示:

$$
i \longleftarrow
\begin{cases}
\text{ʅ/ 齿音声母} \\
\text{ei/ 非见组} \\
\text{uei/ 见组}
\end{cases}
$$

事实上,整个丽水小片包括遂昌、云和、庆元均是如此,我们把丽水小片该层读音列表 2.1.22 如下:

表 2.1.22

丽水	饿 ŋuei⁶,脢 lei²,瘰 lei²,唾 tʰi⁵,左 tsʅ³
遂昌	饿 ŋei⁶,个 kei⁵

———————————

①　以下各例多取自钱乃荣的《当代吴语研究》(1992),具体不一一指出,特此谢忱。

续　表

云和	胹 lei², 个₂kei⁵, 个₁ki⁵, 左 tsʅ³
庆元	多 dʼai¹, 螺 lai², 胹 lai², 蛾 uai², 个 kai⁵, 簸 ɓai⁵, 磨 mai², 火 huai³

遂昌该层读音只有 ei。庆元的主元音进一步低化,ei>ai,其中见组声母读 uai,非见组为 ai,两者互补。

云和和丽水一样,i 有两个方向的音变。同时,"个"有两读 i 和 ei,在"一个"这个词中"个"既可读 ei,又可读 i,这个事实也告诉我们,i 和 ei 是音变关系。

再看层次 Ⅱ 的对应。

层次 Ⅱ 的特点是歌韵与支韵部分字相混。施俊(2014a:430)在讨论上丽片支韵的读音层次时,已指出支韵读如歌韵的读音。如表 2.1.23 所示:

表 2.1.23

例字	丽水	遂昌	庆元	云和
蚁	ŋuɔ⁴	ŋɑ⁴	ŋɑ⁴	ŋɑ⁴
骑	—	—	倚 uɑ³	—
拖	tʰuɔ¹	—	tʰɑ¹	tʰɑ¹
饿	—	—	歌 kuɑ¹	—

支韵的"蚁"与歌韵的"拖"均读为 uɔ,因此,uɔ 读音对应层次 Ⅱ。

遂昌"蚁"字读 a,与歌韵的"哪箩簸破"一样也读 a,不过由于遂昌话音系中有前 a 和后 ɑ 的对立,歌韵"大我"两字读为后 ɑ 韵。我们认为,ɑ 大概是 a 的读音变体,两个读音应属同一层次,"我"字读 ɑ 韵,大概因为常用,受声母 ŋ 的影响较大,从而变成后 ɑ。"大"字读音从"大家"一词中得出,"大"的读音大概受到后字"家"的舌根音而产生的语流音变的影响,由于遂昌音系中有前 a 和后 ɑ 的对立,因此,可能出现混同。

庆元、云和("夥"读 uɑ)见系声母后有 uɑ 读音,是舌根音后增生-u-介音出现的变体,丽水小片这四个方言点层次 Ⅱ 读音在地理上的演变情况如下:

a(遂昌)>ɑ(庆元、云和)>uɔ(丽水)

最后再看 u 和 uo 这两个读音,这两个读音是互补的,其中 uo 读音见于合口戈韵见系声母字,其他读为 u 韵,这两个读音收字最多,为主体层读音,对应层次 Ⅳ。见表 2.1.24。

表 2.1.24

方言点	歌韵	戈韵	
		非见系	见系
丽水	u	u	uo
遂昌	u	u	u
云和	u	u	o
庆元	o	o	o

丽水小片主体层读音一致,不过在戈韵见系声母后则有不同表现。丽水 uo 只出现于戈韵见系声母后,这是 u 韵在戈韵见系声母后发生破裂化的创新音变,其中第一人称代词"我"也加入这个行列。云和戈韵见系声母后读 o 韵,事实上,这个 o 读音有轻微的 -u- 介音①,因此我们也将云和方言戈韵见系声母后的读音称为主体层读音的创新音变,其中"我"字也加入这个音变的行列。

遂昌方言歌戈韵主体层均为 u 韵,庆元方言则为 o 韵,较整齐。各方言点主体层读音演化过程如下:

o(庆元)＞u(丽水、云和、遂昌)

综上所述,我们把上丽片果摄读音层次总结如下,见表 2.1.25:

表 2.1.25

层次	上山小片					丽水小片			
	常山	开化	江山	广丰	玉山	丽水	遂昌	云和	庆元
层次 Ⅰ	ui（i/ie/ye）	ui(ie/ye)	uɛ（iə/i/yə）	y（ie/i/ye）	uei(ie/i)	ei(uei)/i(ɿ)	ei	ei/i(ɿ)	ai(uai)
层次 Ⅱ	ɛ(ɜu)	ɛ(ɜu)	æ(uæ)	a(ua)	ai(uai)	ɔu	a(ɑ)	a(uɑ)	ɑ(uɑ)
层次 Ⅲ	ɑ	ɔ	ɒ	ɑ	ɔ	—	—	—	—
层次 Ⅳ	o	o	o	o(uɤ)	o	u(uo)	u	u(o)	o

从表 2.1.25 可以看出,上山小片果摄一等韵有四个层次,而丽水小片只有三个层次。丽水小片没有层次Ⅲ的对应。事实上,从表 2.1.16 可以看出,层次Ⅲ读音的字数很少,广丰、玉山仅一字,可见层次Ⅲ读音消失较快。

两小片在层次内部也有不同的创新音变。如在层次Ⅰ的读音对应中,

---

① "[o]韵,有时读作[ᵘo]",参见曹志耘、秋谷裕幸等《吴语处衢方言研究》(2000:193)。

上山小片主要是 i 的后裂化音变,而丽水小片多为前裂化。在层次 II 的读音对应中,上山小片主要是前低化音变,丽水小片则是后高化音变。层次 IV 两小片的读音相对一致。

2.2 瓯江片果摄的读音层次

本节我们讨论瓯江片果摄的层次对应,先列出温州果摄常用字读音如下,见表 2.2.1:

表 2.2.1

ai	簸₁ pai⁵,唾₁ tʰai⁵,接 nai²,脧 lai²,裸₁lai⁴,瘰 lai⁴,个₁kai⁵,蛾₁mai²,饿₁ŋai⁶,琐 sai³
ei	大₁~家娘 dei⁶,裸₂出身~体 lei⁴,左 tsei⁵
e	诃 he¹,个₂ ke⁵
i	个这 ki⁷
a	菠₁ pa¹,破₁ pʰa⁵,磨₁ ma²,那 na²,拖₁tʰa¹,大₂da⁶,何 ga²,他₁tʰa¹,它₁tʰa¹
ɤu	多 tɤu¹,拖₂tʰɤu¹,大₃dɤu⁶,躲₂tɤu³,糯 nɤu⁶,萝₂lɤu²,裸₃lɤu⁴,佐 tsɤu⁵,梭₂sɤu¹
o	朵 to³,躲₁ to³,萝₁lo²,糯 no⁶,梭₁so¹,锁 so³,坐 zo⁴,鹅 ŋo²,哥 ko¹,阿 o¹
u	波₂ pu¹,簸₂ pu⁵,菠₂ pu¹,何 vu²,河 vu²,阿~胶 u¹,歌 ku¹,哥 ku¹,果 ku³,窠 kʰu¹
øy	波₂ pøy¹,播 pøy¹,破₂pʰøy⁵,婆 bøy²,磨₂møy²,魔 møy²
ŋ̍	鹅₂ŋ̍²,蛾₂ŋ̍²,我₁ŋ̍⁴,饿₁ŋ̍⁶
oŋ	糯 noŋ⁶

先看层次 I 的对应。

根据上文讨论,层次 I 为"上古方音层",其特点是读如止摄合口,即"火""毁"同音,读音 ai 符合此特点。再看 ei、e 和 i 这三个读音。郑张尚芳(1983)指出,"大裸左"三字早期读 i,今复化读作 ei,并从"个"字读音的演变(kai﹥ke﹥ki),认为 ai、i(ei)和 e 同属 ai 层次。我们同意郑张尚芳的看法,这几个读音属相同层次,对应的是"上古方音层"。少数字还发生这样的音变:ai﹥e﹥i﹥ei。

"饿"白读有两个读音:ŋai⁶、vai⁶,温州早期音 k 系声母可带唇化成分,即ŋvai 脱落其中任一个特征就成就今天的两个读音,这也是古疑母字"蛾"字鼻音唇化的原因(郑张尚芳,1983),而这个 v 就是从-u-介音唇化而来的。由此可见,与常山等上丽片方言一样,温州在这一读音层见组声母后也产生过-u-介音。

瓯江片其他方言在这个层次的对应如下,见表 2.2.2:

表 2.2.2

温州	簸 pai⁵，唾 tʰai⁵，脶 lai²，裸 lai⁴，瘰 lai⁴，个 kai⁵，饿 ŋai⁶
乐清	簸 pai⁵，唾 tʰai⁵，瘰 lai⁴，个 kai⁵，饿 vuai⁶
永嘉	唾 tʰai⁵，脶 lai²，裸 lai⁴，个 kai⁵，饿 ŋai⁶
平阳	个 kai⁵，饿 ŋai⁶

从表 2.2.2 中可知,四个方言点层次 I 的读音非常一致,除了温州、乐清两地见组字还有-u-介音的痕迹,永嘉、平阳则无。此外,乐清、永嘉和平阳层次 I 的读音没有发生类似温州那样的音变。

再看层次 II 读音的对应。

层次 II 特点歌韵读如支韵部分字,我们只要找出支韵与歌韵相同的读音,即可判断其读音归属。先看表 2.2.3 支韵读如歌韵的读音:

表 2.2.3

方言点	歌韵	支韵
温州	菠 pa¹ 破 pʰa⁵ 磨 ma² 拖 tʰa¹ 大 da⁶ 何 ga²	蚁 ŋa⁴
乐清	破 pʰe⁵ 大 te¹① 拖 tʰe¹ 河 he¹	蚁 ŋe⁴
永嘉	破 pʰa⁵ 大 da⁶ 阿 a¹ 茄 ga²	—
平阳	破 pʰa⁵ 大 da⁶ 阿 a¹	蚁 ŋa⁴

永强(离温州城区五十里)层次 II 读 ε,如"破 pʰε⁵ | 拖 tʰε¹ | 汏 dε² | 大 dε⁶"(郑张尚芳,1983)。瓯江片层次 II 读音走上了低化的道路。

e(乐清)＞ε(永强)＞a(温州、永嘉、平阳)

与丽水小片一样,温州也无层次 III 读音的对应。

最后看层次 IV 的层次对应。收字最多是这一读音层的区别性特征,我们先顺着这一特征梳理温州这一读音层的音变情况。

ɣu、u 读音收字最多,不过 u 前只跟帮组、见晓组声母相拼,ɣu 前只跟端组、精组声母相拼,两者互补,实为同一读音的分化。郑张尚芳(1983)利用早期音、永强音只有 u 韵而无 ɣu 韵证明两者互补,真实可信。发生的条件音变表示如下:

---

① 此读音的"大"表示"父亲"。

u＞ɤu/端组、精组声母_
＞u/帮组、见晓组声母_

我们注意到,øy韵和u韵只在唇音声母后有对立,可见øy韵的出现是有条件的。永强音和《温州音识字捷法》(张兆麟,1913。代表城南郭的音)歌模韵都读u(郑张尚芳,1983),可知现代温州话歌韵唇音声母后读øy韵也就近几十年的事。早期温州教会记录的罗马音歌韵唇音字记为u,u＞u＞øy,这个裂化音变在模韵字的演变中也可以得到验证,显然温州话模韵字的变化更快,舌齿音和部分唇音都读øy韵,潘悟云(2004a,2006a)曾指出模韵的这种变化是词汇扩散引起的竞争性音变,并在音理上进行了解释。元末明初刘基《郁离子》:"东瓯之人谓火如虎,其称火与虎无别也。"①可见,元末之前温州话歌韵主体层读音进一步高化,读同模韵。这是属于同一层次内部的音变,因为音变发生的语音条件及生理条件都能很清楚地解释。ɤu、øy都是u韵的变体,其中øy韵是最新的条件音变,这几个读音属同一层次。

u＞ɤu/端组、精组声母_
＞u/帮组、见晓组声母_
u＞u/帮组、见晓组声母_
＞øy/帮组声母_

再来看o韵,郑张尚芳(1983)利用早期音、永强音及老派温州音的对比,指出u韵由o韵变来,o韵多在端、精组声母,o读音出现滞后。因此,我们把它们也看成是同一层次的变体,即:

o＞u＞ɤu/端组、精组声母_
＞u/帮组、见晓组声母_
u＞u/见晓组声母_
＞øy/帮组声母_

乐清主体层读音也是u,不过这个u只出现在帮、见晓组声母后,端、精组声母后则读ou,因此乐清的主体层u、ou属同一层次。

---

① 明·刘基《郁离子》,中华书局影《丛书集成初编》(1991:30)。

　　u ＞u/帮组、见晓组声母_
　　　＞ou/端组、精组声母_

　　永嘉主体层读音是 o 和 u,o 韵出现在端、精组声母后,u 韵出现在帮、见晓组声母后,戈韵的分布相当整齐。歌韵见组声母还有少数字读 o 的,可见音变产生了剩余,这和温州表现一致均属同一层次,即 o 读音层。

　　o ＞u/帮组、见晓组声母_
　　　＞o/端组、精组声母_

　　平阳方言的主体层读音是 u,还有少数几个端组、精组声母后读 o,如"朵 to³｜躲 to³｜坐 zo⁴｜座 zo⁶",这也是条件变体产生的剩余。

　　综上所述,我们将瓯江片层次Ⅳ总结如下,见表 2.2.4:

表 2.2.4

层次	温州	乐清	永嘉	平阳
层次Ⅳ	u(o、ɤu、øy)	u(ou)	o(u)	u(o)

　　与上丽片主体层读音相比,瓯江片主体层读音进一步高化,有的复元音化,说明瓯江片方言主体层读音变化较剧烈。

　　综上所述,瓯江片果摄有三个读音层次,与上丽片的对应总结如下,见表 2.2.5:

表 2.2.5

方言片	方言点	层次Ⅰ	层次Ⅱ	层次Ⅲ	层次Ⅳ
上山小片	常山	ui(i/ie/ye)	ε(uε)	ɑ	o
	开化	ui(ie/ye)	ε(uε)	ɔ	ɒ
	江山	uɛ(iə/i/yə)	æ(uæ)	ɒ	o
	广丰	y(ie/i/ye)	a(ua)	ɑ	o(uɤ)
	玉山	uei(ie/i)	ai(uai)	ɑ	o
丽水小片	丽水	ei(uei)/i(ๅ)	uɔ	—	u(uo)
	遂昌	ei	a(ɑ)	—	u
	云和	ei//i(ๅ)	ɑ(uɑ)	—	u(o)
	庆元	ai(uai)	ɑ(uɑ)	—	o

续 表

方言片	方言点	层次 Ⅰ	层次 Ⅱ	层次 Ⅲ	层次 Ⅳ
瓯江片	温州	ai(i/e/ei)	a	—	u(o/ɤu/øy)
	乐清	ai(uai)	e	—	u(ou)
	永嘉	ai	a	—	o(u)
	平阳	ai	a	—	u(o)

2.3 金衢片果摄的读音层次

相比上丽片和瓯江片,金衢片果摄读音不复杂,没有层次Ⅰ。我们知道,层次Ⅱ的读音可以从支韵"蚁"的读音推出,如东阳读"ŋɑ⁴",兰溪读"ŋɑ⁴",武义读"nia⁴",义乌读"ɦɔ⁴",浦江、永康两地虽无"蚁"字读音,但我们通过东阳、兰溪、武义和义乌等地此层读音的特字也能推断其对应的读音,如表2.3.1所示:

表 2.3.1

义乌	破 pʰɑ⁵,拖 tʰɔ¹,大 dɔ⁶,笋 lɔ²,个 kɑ⁵,饿 ɦɔ⁶,茄 gɔn⁴
东阳	破 pʰɑ⁵,拖 tʰɑ¹,笋 lɑ²,个 kɑ⁵,饿 ŋɑ⁶,茄 gɑ²
兰溪	破 pʰɑ⁵,拖 tʰɑ¹,大 dɑ⁶,我 ŋɑ⁴,簸 pɑ⁵
金华	破 pʰɑ⁵,拖 tʰɑ¹,大 dɑ⁶,哥 kɑ¹,个 kɑ⁵,我 ɑ³
浦江	破 pʰɔ⁵,大 dɔ⁶,笋 lɔ²,我 ɔ³,个 kɔ⁵
永康	破 pʰia⁵,拖 tʰia¹,大 dia⁶,簸 pia⁵
武义	破 pʰia⁵,拖 tʰia¹,大 dia⁶,个 tɕia⁵,簸 pia⁵

从表2.3.1可以看到,除义乌外,其他点均只有一个读音,义乌有两个读音:ɑ和ɔ。从"蚁"字的读音来看,这一层读音应该对应的是ɔ,而不是ɑ。那么,这个ɑ看成是不同层次还是相同层次?从金衢片其他方言的层次对应来说,应该只有一个层次,且对应的应该是ɔ,问题就在于ɑ的读音性质是什么。如果两者是音变关系,ɑ>ɔ更加合理,不过"蚁"在义乌往往读成儿化"ɦɔn⁶"。也就是说这个ɔ读音是否应该看成是读如歌韵的早期读音也需要打上问号。我们推测,此层读音义乌原本读ɑ,后来自身发生ɑ>ɔ的音变,"蚁"字大概也发生这样的音变,但这个音变并未扩散到每个词,在一些词中产生叠置,如"拖"作动词时,"萝"在"槽萝"一词中,都是读ɑ,"拖"在"拖鞋"

一词中,萝在"萝卜"一词中均读 ɔ。我们把这两个读音看成同一个层次。

从表面上看,永康、武义的细音读音与其他点的洪音读音相差较大,但从音类分合角度看,这一读音层和其他片一样具有歌泰皆佳韵相混的特征。如表 2.3.2 所示:

表 2.3.2

方言点	歌韵	蟹摄泰、皆、佳韵
义乌	ɑ	带 tɑ⁵,排 bɑ²,界 kɑ⁵,柴 zɑ²,牌 bɑ²,解 kɑ³,鞋 ɦɑ²
东阳	ɑ	带 tɑ⁵,排 bɑ²,界 kɑ⁵,柴 zɑ²,牌 bɑ²,解 kɑ³,鞋 ɦɑ²
兰溪	a	带 ta⁵,排 ba²,界 ka⁵,牌 ba²,解 ka³,鞋 ɦa²
浦江	ɔ	带 tɔ⁵,排 bɔ²,界 kɔ⁵,柴 zɔ²,牌 bɔ²,解 kɔ³,鞋 ɦɔ²
永康	ia	带 tia⁵,排 bia²,界 kia⁵,柴 zia²,牌 bia²,解 kia³,鞋 ɦia²
武义	ia	带 lia⁵,排 bia²,界 tɕia⁵,柴 zia²,牌 bia²,解 tɕia³,鞋 ɦia²

这说明该层次读音在金衢片发生两个方向的音变,一为后高化,一为前化并增生-i-介音。构拟音变过程如下:

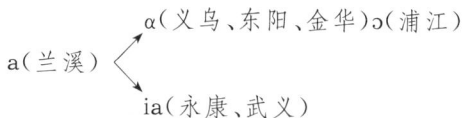

$$\text{a(兰溪)} \begin{cases} \text{ɑ(义乌、东阳、金华)ɔ(浦江)} \\ \text{ia(永康、武义)} \end{cases}$$

与丽水小片、瓯江片一样,金衢片也没有层次Ⅲ读音的对应。

最后看层次Ⅳ的对应。收字最多是这一读音层的显著特征,我们列出各点常用字读音,如表 2.3.3 所示:

表 2.3.3

义乌	多 tuo¹,驮 duo²,哥 kuo¹,河 ɦuo²,婆 buɤ²,簸 puɤ³,唾 tʰu⁵,锁 suo³,果 kuo³
东阳	多 tʊ¹,驮 dʊ²,哥 kʊ¹,河 ɦʊ²,婆 bʊ²,磨 mʊ²,唾 tʰʊ⁵,锁 sʊ³,果 kʊ³
兰溪	多 tu¹,驮 du²,哥 ku¹,河 ɦu²,婆 bu²,磨 mɔ²,波 pɔ¹,朵 tu³,脶 lu²,锁 su³,果 ku³
浦江	多 tɯ¹,驮 dɯ²,哥 kɯ¹,河 ɦɯ²,婆 bɯ²,磨 mɯ²,簸 pɯ⁵,锁 sɯ³,果 kɯ³
永康	多 tɵu¹,驮 dɵu²,哥 kɵu¹,河 ɦɵu²,婆 bɵu²,磨 mɵu²,波 pɵu¹,锁 sɵu³,果 kɵu³
武义	多 tuɵ¹,驮 duɵ²,哥 kuɵ¹,河 ɦuɵ²,婆 buɵ²,磨 ɡuɵ⁶,波 puɵ¹,锁 suɵ³,果 kuɵ³

义乌唇音声母后读 uɤ,其他声母组后读 uo,两者互补,为同一层次读音。即:

uo＞ɯɤ/唇音声母后

＞uo/其他声母后

　　兰溪该层读音有两个变体:ɔ 和 u,除歌韵"佐左何贺"部分字读 ɔ 外,戈韵读 ɔ 的只有唇音声母字,如"波菠磨魔玻坡"等,我们把这两个读音看成同一层次,第一,"婆婆"一词有 u 和 ɔ 两读,但两者没有风格差异,所指也相同,应是 ɔ＞u 过程中出现的扩散。第二,戈韵的 ɔ 读音只出现在唇音声母后,说明该读音的出现是有条件的,虽然歌韵的 ɔ 没有声母条件,但从歌韵收字看,多非口语常用字。第三,兰溪城区果摄主体层唇音声母后仍读 ɔ,而其他声母后读音进一步高化裂化读 uɔ,两者也互补。因此,我们把两者看成同一层次。

　　义乌、兰溪有读音变体,东阳、浦江、永康、武义则没有条件变体,所有声母后的读音均相同。

　　我们把金衢片主体层读音在地理上的演变总结如下:

ʊ(东阳)＞u(兰溪)＞uɔ(义乌、永康、武义)

＞ɯ(浦江)

　　综合上丽片、瓯江片和金衢片各点语音层次的讨论,我们把南部吴语果摄各读音层次总结如下,见表 2.3.4:

表 2.3.4

方言片	方言点	层次 Ⅰ	层次 Ⅱ	层次 Ⅲ	层次 Ⅳ
上山小片	常山	ui(i/ie/ye)	ɛ(uɛ)	ɑ	o
	开化	ui(ie/ye)	ɛ(uɛ)	ɔ	o
	江山	uᴇ(iə/i/yə)	æ(uæ)	ɒ	o
	广丰	y(ie/i/ye)	a(ua)	ɑ	o(uɤ)
	玉山	uei(ie/i)	ai(uai)	ɑ	o
丽水小片	丽水	ei(uei)/i(ʅ)	ɤ	—	u(uo)
	遂昌	ei	a(ɑ)	—	u
	云和	ei//i(ʅ)	ɑ(uɑ)	—	u(o)
	庆元	ai(uai)	ɑ(uɑ)	—	o

续　表

方言片	方言点	层次 I	层次 II	层次 III	层次 IV
瓯江片	温州	ai(i/e/ei)	a	—	u(o/ɤu/øy)
	乐清	ai(uai)	e		u(ou)
	永嘉	ai	a		o(u)
	平阳	ai	a		u(o)
金衢片	义乌	—	ɑ(ɔ)	—	uo(uɤ)
	兰溪	—	a		u(ɔ)
	东阳	—	ɑ		ʊ
	浦江	—	ɔ		ɯ
	永康	—	ia		ɔu
	武义	—	ia		ɔu

2.4　小　结

通过对南部吴语果摄读音层次的梳理,我们总结以下几点。

①上丽片和瓯江片均有层次 I 的对应,而金衢片无,这说明"上古方音层"地区性特征较强。上丽片、瓯江片及金衢片均有层次 II 的对应,通过与支韵的"蚁"或泰韵等读音的对比发现,三片方言均有此读音层的对应。层次 III 读音在各片方言中保留最少,只有上山小片几个方言点有此层读音,且收字数量很少,可见,此层读音的萎缩比较严重。层次 IV 读音各片均有对应。从层次对应的角度看,丽水小片、瓯江片及金衢片没有上山小片层次 III 的对应,却有层次 IV 的对应,这种情况较少见。

从各片内部层次保留的数量来看,上山小片有四个层次,丽水小片和瓯江片有二个层次,从这个角度看米,丽水小片与瓯江片更接近,金衢片最少,只有两个层次。

②相同层次在同一片区域内具有相似的创新音变。不同语音层次的读音有的会发生创新音变,有的则不变,与时间早晚似乎无必然联系,不过可以肯定的是,属于同一语音层次的相近的几个方言点具有趋同性。比如层次 I 在上山小片各方言点中均有相类似的音变发生。如层次 II 在上山小片及丽水小片见组声母后均有增生-u-介音的一种扩散式音变。

无论是语音层次还是自然音变都会以词汇扩散的形式展开。如温州方言果摄 øy 读音只在唇音声母后出现,这是 u 韵的创新音变,有些是又读,有些是在某些特定的词中。读音层次的扩散式音变更丰富,一字多音现象大部分都是在某些特定的词中出现,且没有声母条件的限制。

③从地理上看,各层读音普遍发生后高化音变。高化是世界语言演化的普遍规律。比如层次Ⅲ读音,上山小片处于浙江西部,大部分读 o;丽水小片地处浙西南,大部分高化为 u,处于浙江最南端的庆元则仍读 o;瓯江片各方言大部分高化为 u,有的声母后出现裂化,显示高化后再裂化的演化方向;金衢片位于浙江中部,离北部发达地区最近,大部分方言均已裂化。可见,浙西最保守,浙西南次之,浙南次之,浙中变化最快。

④读音相似不能作为判断层次对应的依据。从表 2.3.4 可以看到,上山小片层次Ⅲ读音与丽水小片、瓯江片及金衢片部分点读音相近,却是属于不同的层次,因为它们有不同的音类分合关系,这才是读音层次对应的关键。

第 3 章　假摄的读音层次及其演变

中古假摄包括麻韵二等和三等,上古来源鱼部、歌部及少数铎部字。本章讨论南部吴语假摄读音层次及其演变。

3.1　上丽片假摄的读音层次

3.1.1　常山假摄的读音层次

我们先列出常山假摄常用读音如下,见表 3.1.1:

表 3.1.1

开口二等	ɑ	疤 pɑ¹,琶 bɑ²,耙₂bɑ²,麻₂mɑ²,马₂mɑ³,茶 dzɑ²,叉 tsʰɑ¹,沙₂sɑ¹,家 kɑ¹,加₁kɑ¹,牙₁ŋɑ²,夏 ɦɑ⁶,虾₁hɑ¹,丫 ɑ¹,哑₂ɑ³
	ie	耙 pie³,爬 bie²,耙₁bie⁶,麻₁mie²,蟆 mie⁴,马₁mie⁴,骂 mie⁶
	ɛ	沙₁sɛ¹,洒 sɛ³
	o	虾₁ho¹,霞₁ho¹,下₁ɦo⁴
	ɔ	桠 ɔ¹,鸦₁ɔ¹,哑₁ɔ³
	iɑ	加₂tɕiɑ¹,嘉 tɕiɑ³,贾 tɕiɑ³,驾 tɕiɑ⁵,牙₂ɦiɑ²,虾₃ɕiɑ³,霞₂iɑ³,下₂ziɑ⁶,鸦₂iɑ¹,亚 iɑ³
开口三等	ie	借 tɕie⁵,写 ɕie³,谢 zie⁶,蔗 tɕie³,车 tɕʰie¹,社 zie⁴,射 zie⁶,野 ɦie⁴,爷₂ɦie²
	ue	蛇 dzue²
	ye	爷₁ɦye²
合口二等	ɑ	傻 sɑ³
	uɑ	瓜₂kuɑ¹,夸 kʰuɑ¹,瓦 ɦuɑ⁴,花 huɑ¹,化 huɑ⁵,蛙 uɑ¹
	ye	瓜₁tɕye¹
	ɔ	蜗 ɔ¹

麻韵开口二等字共有六个不同的韵母读音:ɑ、ie、ɛ、o、ɔ 和 iɑ。其中,唇音声母字有较多一字两读现象,如"耙、麻、蟆、马"等有 ie 和 ɑ 的读音对立,这是在相同古音韵条件下出现的读音对立,虽然自然音变形成的词汇扩散也会形成读音对立,但两者可以看出音变的连续性,而 ie 和 ɑ 之间音变跨度

较大,用音变规律解释显得有点牵强,因此我们先把 ie 和 ɑ 看成是两个不同层次的读音。

我们再来看 ɔ、o 和 ɑ 这三者之间的关系。从材料上看,读音 o 出现在晓、匣母,读音 ɔ 出现在影母,而 ɑ 则较少出现在晓、匣母和影母,可知三者大致是互补的。我们也发现这三者有对立的情况,如"虾"有 ho¹（□ $k^h\tilde{o}^{44}$ ～：虾）和 hɑ¹（～ p^hi^{52}：虾皮）两种读音,"哑"有 ɔ³ 和 ɑ³（～巴子）两种读音。

我们认为 ɔ、o 和 ɑ 这三个读音是同一层次因不同声母条件而出现的变体,"虾""哑"之所以有两个读音是因为 ɑ 在后高化过程中出现的残留,两者是音变关系而不是层次关系。理由是:ɔ 和 o 不会对立,可知它们之间的声母出现条件是严格的;以 ɔ 或 o 为韵母的常用字均以 ia 作为文读。因此这三者属于同一层次,其互补关系表示如下:

$$ɑ > o / 晓、匣母\_$$
$$> ɔ / 影母\_$$
$$> ɑ / 其他声母\_$$

读音 ɛ 只有"沙"和"洒"两字,均是庄组字。事实上,"洒"有"砂下、所蟹"二切,也可能属佳韵读音。因此,我们只讨论"沙"。我们认为麻韵读 ɛ 反映的是中古前期的一个读音层次,当然也不是所有庄组字都读 ɛ,大部分庄组字已经读 ɑ,如"又沙（又读）"读 ɑ,可见 ɑ 的层次读音已经扩散到大部分庄组字。

郑伟(2015)指出南部吴语麻二庄组字"沙"的韵母读同佳韵,是中古金陵音系的反映。来自公元五六世纪中国江南的日译吴音和与南朝相当的古汉语越语借词均显示麻韵读音为前高元音 e,而反映中古后期的日译汉音和汉越语中的麻韵借词读音为低元音 a。

我们从常山麻开二的读音中可以清楚地看到这两个不同时代层次读音在本地的叠置。其中 ie 读音只出现在唇音声母后,是该层读音在唇音后的变体,庄组的"沙"读 ɛ,我们假设以 ɛ 作为音变的起点,把该层次读音在常山不同声母组后的读音变体表示如下:

①* ɛ > * iɛ > io / 帮组声母_

---

① 常山方言音系中没有 iɛ 和 yɛ,只有 ie 和 ye,因此 ɛ 裂化后产生的是 ie 和 ye。

　　＞ε/庄组声母_（麻二开口）

　　＞uiε＞*yε＞ye/见系声母_

　　即，麻开二 ε(ie)读音层代表的是中古前期的层次。而低元音 ɑ(ɔ/o)代表的则是中古后期的层次。

　　事实上，常山果摄戈韵也有读 ie 的，也出现在唇音声母后，虽与麻韵同形，但两者产生过程不同。前者从 i 后裂化而来，后者从 ε 前裂化而来，可见，这是后来的音变造成的同形。事实上，麻韵与佳韵的 ε 形同实异，因为佳韵的 ε 没有在唇音声母后发生前裂化音变，下文我们还将讨论。

　　从这个音变公式中我们可以看到，该层见系声母字会变成 ye 读音，如常山的"爷瓜"便属此类，下文讨论。

　　读音 iɑ 是文读层读音。见系二等字的腭化是北方方言在汉语语音史上的重要现象之一。朝鲜借音及汉越语材料中已有二等牙喉音腭化的现象（黄笑山，1995）。在对朱熹叶音的研究中（王力，1982），有肴韵牙喉音与宵萧韵相通的例子。到了元代，二等韵中见系声母字普遍产生了-i-介音，这个变化在宋末元初就已经完成了（李新魁，1984）。如《蒙古字韵》里用 eˑ 表示二等牙喉音韵母，《中原音韵》把这类字与三等字混同。不过，汉语南方方言二等牙喉音白读一般不腭化，可以说，北方官话二等韵的腭化形式是各南方方言文读音的来源。从地理上看，二等见系文读在北部吴语中较为常见，在南部吴语中往往只出现在一些较新的词里。因此对南部吴语来说，这是一个新的文读层。

　　综上所述，我们把常山麻韵开口二等三个层次总结如下，见表 3.1.2：

表 3.1.2

	层次 Ⅰ	ε(ie)	中古前期
麻韵二等开口	层次 Ⅱ	ɑ(o/ɔ)	中古后期
	层次 Ⅲ	iɑ	文读层

　　我们再来看麻韵三等的层次情况。麻三有三个不同的韵母读音：ie、ue 和 ye。先看 ie 读音，此读音与二等唇音声母后 ie 韵具有相同的语音形式，但两者本质不同。二等唇音声母后的 ie 读音是中古前期层 ε 发生前裂化音变而成，而三等的 ie 是主体层读音，与二等的 ɑ 韵构成同层异等的关系，其音变关系表示如下：

$$^*i\alpha① > ^*i\varepsilon > i e$$

"爷"有 ie 和 ye 两个读音的对立,且两者有词汇意义的区别,ie 表示"祖父"义,ye 表示"父亲"义。纵观上丽片方言"爷"字读音,大多数有两读且意义有所不同。我们认为 ie 和 ye 是两个不同的层次,ie 是主体读音层,对应的是层次Ⅱ读音。ye 是中古前期层,对应层次Ⅰ,上文我们提到的见系声母后的音变即是。先来看上丽片各地"爷"字的读音及意义,见表 3.1.3。

表 3.1.3

例字	上山小片				丽水小片			
	开化	江山	广丰	玉山	丽水	遂昌	云和	庆元
爷₁②	yo²:父亲	—	ye²:父亲	ye²:老爷③	—	iu²:父亲	—	io²:父亲
爷₂	ie²	iə²	ie²	ie²:老天爷	yo²	ia²:老爷	io²:父亲	ia²:老爷
麻三	ie	iə	ie	ie	yo	ia	io	ia

从表 3.1.3 中可以看出,上山小片的爷₁(除江山外)均为撮口且主元音与爷₂相同,而丽水小片的爷₁(除丽水、云和外)均为齐齿且主元音与爷₂相异,可见两个小片同一层次读音的创新音变有所不同,下文将详细讨论。除江山、丽水、云和的"爷₁"和"爷₂"两层次读音合流外,其他上丽片方言均有两个层次,且"爷₂"层次与麻韵三读音相合。(广丰、玉山)合口二等"瓜"字的读音(ye¹)与"爷₁"(ye²)相同,对应层次Ⅰ。

再看"蛇"的 ue 读音,这个读音在常山麻韵三等中较特殊,章组声母只此一字读 ue,其他均为 ie,从上丽片其他方言看,上山小片(除广丰外)"蛇"字读音与麻三主体读音不同,而丽水小片则与麻三主体读音相同。我们先把上丽片各点关于"蛇"的读音列表 3.1.4 如下:

---

① ＊表示拟测,是为了说明音变的过程,实际也可能没有经历过这一阶段。
② 这里"爷₁"对应层次Ⅰ,"爷₂"对应层次Ⅱ。
③ "老爷"指义父。

表 3.1.4

例字	上山小片					丽水小片			
	常山	开化	江山	广丰	玉山	丽水	遂昌	云和	庆元
蛇	dʑue²	dʑue²	dʑyɐ²①	ɕie²	dʑø²②	zyo²	ziɑ²	ʑio²③	ɕiɑ²
麻三	ie	ie	iə	ie	ie	yo	iɑ	io	iɑ

从表 3.1.4 可以看出,上山小片"蛇"的特殊读音就在于它的合口介音(广丰除外)。秋谷裕幸(1999b)指出处衢方言常山话与玉山话的"蛇"字读音与闽语类似,读的是支韵开口字。黄典诚(1982)、周长楫(1991)列举了在厦门话中读 ʦ、ʦʰ、s 的以母字。庄初升(2002)指出属闽南方言平和话的"蛇"的读音不是来自麻韵食遮切,而是支韵弋支切,其塞擦音声母 ʦ- 和韵母读音与以母支韵有对应关系,而不同于麻韵三等。

事实上,常山、开化、江山、玉山等地以母今读与闽南话一样,也有读塞擦音或擦音的例子,如常山"叶 dʑiəʔ⁸、痒 zõ⁴、蝇 sɪŋ¹",开化"叶 dʑiəʔ⁸、痒 zioŋ⁶、蝇 ɕiŋ¹"等。同时,这几个点"蛇"的韵母读音与支韵的一个层次相同。施俊(2014a)讨论支韵时指出有一个层次读如咍、灰韵,这个层次属方言自身的读音而非权威方言影响所致。因此,这几个点"蛇"的读音不属于麻韵。

综上,常山三等麻韵有两个层次,见表 3.1.5:

表 3.1.5

麻韵三等	层次 Ⅰ	ye	中古前期
	层次 Ⅱ	ie	中古后期

最后我们看合口二等的读音。常山麻合二共有四个读音:ɑ、uɑ、ye 和 ɔ,其中 ye 读音上文已提及属层次 Ⅰ。uɑ 为主体层读音,与开口二等的 ɑ 读音构成同韵开合关系。

中原语音史麻韵自《切韵》以来均读 a,到了《中原音韵》时期,麻二为家

① 陶寰记为 dʑue²,大概属内部差异。
② 秋谷裕幸在音系说明中提到"[ø]韵母有时接近[yø]"[曹志耘、秋谷裕幸等(2000:112)]。我们认为 ø 韵的形成,大概其主元音 ɛ(e)受撮口-y-介音的影响而圆唇化,如江山"蛇"字的读音。在说明中秋谷裕幸同时还提到,另一个发音人读成 ue 韵,可见"蛇"字读音或撮或合,不是特别稳定,地域甚至个人差异较大。
③ [io]韵有人读作[yo]。同上,第 193 页,仍与麻三主体层读音相同。介音由齐齿变为撮口显然是由主元音 o 的圆唇化作用所致。

麻韵,麻三为车遮韵①,家麻韵主元音仍为 a,而车遮韵的主元音则受-i-介音的影响高化为 ε(杨耐思,1981)。到了《西儒耳目资》时期,章组后的-i-介音受卷舌声母影响脱落,从而发生进一步的合流与分化。常山塞擦音声母没有卷舌音,因此麻三精组和章组声母后韵母演变相同。事实上,常山 ɑ 读音层麻二为 ɑ,麻三为 ie,与中古后期的官话语音大致相合。而 iɑ 读音层为文读层,时间最晚。

综上所述,我们把常山麻韵各个层次按时间顺序总结如下,见表 3.1.6:

表 3.1.6

层次	麻二开	麻三	麻二合
层次 Ⅰ	ε(ie)	ye	ye
层次 Ⅱ	ɑ(o/ɔ)	ie	uɑ
层次 Ⅲ	iɑ		

3.1.2 上丽片方言假摄的层次对应

3.1.2.1 上山小片假摄的层次对应

我们先来看层次 Ⅰ 在上山小片各方言中的层次对应。上文提到层次 Ⅰ 的变体主要分布在"麻开二帮组、庄组""麻开三、合二见系",我们顺着此条线索寻找层次对应,见表 3.1.7。

表 3.1.7

方言点	开二帮组	开二庄组	开三、合二见系
开化	ie(把 pie³ 爬 bie² 麻 mie²)	ε(洒 sε³)	yo(爷 ɦiyo²)
江山	ɛ(笆 pɛ¹)	æ(沙 sæ¹ 洒 sæ³)	yə(爷 ɦiyə² 瓜 kyə¹)
广丰	ie(把 pie³ 蟆 mie²)	—	ye(爷 ɦiye²)
玉山	ie(把 pie³ 爬 bie² 骂 mie⁶)	ai(洒 sai³)	ye(爷 ɦiye²)

开化层次 Ⅰ 的读音变体在帮组、庄组声母后与常山相同,只是"爷"字读音不同,我们认为这是在-y-介音的影响下,主元音由不圆唇变成圆唇:ye>yo。

江山层次 Ⅰ 的读音变体在帮组声母下为 ɛ,且只有一字有此读音,显得

---

① 事实上,车遮韵自宋代即已形成。如南宋毛居正在《增韵》平声微韵末加案语云:"所谓一韵当析而为二者,如麻字韵自'奢'字以下;马字韵自'写'字以下;祃韵自'藉'字以下,皆当别为一韵,但与之通可也。盖麻马祃等字皆喉音,奢写藉等字皆齿音,以中原雅声求之,夐然不同矣。"此段话转引自董建交《明代官话语音演变研究》(2007:123)。这段话表示南宋时家麻韵与车遮韵已分开。

较为特殊,是 E 韵丢失-i-介音而产生的变体。开二庄组声母后、开三合二见系声母后读音变体与常山相同。

广丰帮组读音与常山一致,均为 ie。开二庄组声母后的读音被层次Ⅱ读音覆盖,因此这个声母条件下没有层次Ⅰ读音。"爷"字读音与常山相同,属于层次Ⅰ。

玉山麻二庄组声母后读 ai 韵,对应层次Ⅰ。

再看层次Ⅱ的对应。层次Ⅱ为麻韵主体读音层,收字最多为该层读音显著特点,我们先列各点读音如下,见表 3.1.8:

表 3.1.8

方言点	开二	开二晓匣母	开二影母	开三	合二
开化	ɔ(把 pɔ³ 茶 dzɔ² 家 kɔ¹)	o(虾 hoˡ 下 fio⁶)	o(鸦 oˡ 哑 o³)	ie(写 ɕie³ 社 zie⁶ 车 tɕʰieˡ)	uɔ(瓜 kuɔˡ 花 huɔˡ)
江山	ɒ(爬 boˡ 茶 dzɒ² 家 kɒˡ)	o(虾 hɒˡ 下 fioˡ)	o(鸦 oˡ 哑 o³)	iɐ(写 ɕiɐ³ 社 ziɐ⁴ 车 tɕʰieˡ)	ua①（花 huaˡ 瓦 ŋua⁴）
广丰	ɑ(把 paˡ 茶 dzɑ² 家 kaˡ)	o(虾 haˡ 下 fio⁶)	o(哑 o³)	ie(写 ɕie³ 社 ɕie⁴ 车 tɕʰieˡ)	ua(瓜 kuaˡ 瓦 ua⁴)
玉山	ɑ(把 paˡ 茶 dzɑ² 家 kaˡ)	ɑ(虾 haˡ 下 fia⁶)	o(鸦 oˡ 哑 o³)	ie(写 ɕie³ 社 zie⁴ 车 tɕʰieˡ)	ua(瓜 kuaˡ 瓦 ua⁴)

从表 3.1.8 我们可以清楚地看到,上山小片各方言该层次的对应也非常整齐,条件音变的结果大体相同。不过有些点条件音变出现对立,我们认为这是音变过程中出现的词汇扩散所致。比如江山唇音声母后有 ɒ 和 o 的对立,这是 ɒ>o 过程中出现的对立。再如广丰、玉山晓匣母、影母后也有 ɑ 和 o 的对立,同样地,这也是 ɑ>o 过程中出现的扩散,是方言内部的音变。从地理上看,我们能看到第二语音层在各地的演变。如下所示:

　①开口二等　　ɑ(常山、广丰、玉山)>ɒ(江山)>ɔ(开化)

　②开二晓匣母　ɑ(玉山)>o(常山、开化、江山、广丰)

　③开二影母　　ɔ(常山)>o(开化、江山、广丰、玉山)

　④开三　　　　*iɑ>iɐ(江山)>ie(常山、开化、广丰、玉山)

　⑤合二　　　　uɑ(常山、江山、广丰、玉山)>uɔ(开化)

---

　①　秋谷裕幸把麻二开合主元音记为不同的音值,并在音系说明中提到"[ɒ iɐ]韵和[ua]韵的主元音音值不同",事实上,ua 韵所有字均为麻韵合口二等字,因此就从音位上来说,ua 和 uɒ 并无实质区别。陶寰所记江山方言则把麻二开合主元音记为相同。

层次 Ⅲ 为文读层读音,各点一致性高,唯开化该语音层读 iɔ,与常山、广丰和玉山的 ia 不同,与江山的 ɑi 也不同。为什么相同的来源会有不同的读音表现? 我们认为,方言往往以词的形式从标准语借入,把读音折合成与本方言相同或相近的读音,而这部分字在开化方言音系中没有与标准语相同的读音,所以借入了一个相近的 iɔ,尽管这三个读音看起来可以是一个后高化的音变过程,不过显然这并不是自然音变形成的。

3.1.2.2　丽水小片假摄的层次对应

上山小片和丽水小片的层次对应特点略有不同。我们先列出丽水麻韵常用字读音如下,见表 3.1.9:

表 3.1.9

开口二等	uo	把 puo^1、爬 buo^2、琶 buo^2、马 muo^3、茶 dzuo^2、榨 tsuo^5、沙 suo^1、家 kuo^1 假 kuo^3、牙 ŋuo^2、稼$_1$ kuo^5、雅$_1$ ŋuo^3、霞$_1$ ɦuo^2、鸦$_1$ uo^1
	a	芭 pa^1、爸 pa^5
	uɔ	洒 suɔ^3
	yo	嫁 yo^5、下 yo^3
	iɔ	稼$_2$ tɕiɔ^5、雅$_2$ iɔ^3、霞$_2$ ɕiɔ^2、鸦$_2$ iɔ^1、亚$_2$ iɔ^1
开口三等	yo	姐 tɕyo^3、借 tɕyo^5、写 ɕyo^3、卸 ɕyo^5、遮 tɕyo^1、车 tɕʰyo^1、社 zyo^3 爷 ɦiyo^2、野 yo^3
合口二等	uo	瓜 kuo^1、寡 kuo^3、剐 kuo^3、瓦 uo^3、花 huo^1、化 huo^5、划 ɦuo^2、蛙 uo^1
	uɔ	夸 kʰuɔ^1、跨 kʰuɔ^5、洼 uɔ^1

从整体来看,丽水麻韵开口三等、合口二等读音较简单,开口二等相对复杂。不过,在进行层次分析之前,首先要排除误读、训读、避讳等非语音层次的个别变异现象。

先看麻韵开口二等字的读音。读音 a 有两字,“芭”和“爸”,其中“芭”读 a 为读字音,这种个别读音应排除层次分析之外。“爸”作为称呼语在全国各地读音中具有很大普遍性,《集韵·祃韵》“吴人称父曰爸”,王念孙《广雅疏证》“爸者,父之声转”,是为不易之论(萧泰芳,1993)。不过,这种封闭类词不适宜作为层次分析的代表字,我们也将其排除在外。

再看“洒”字读音,与上山小片各方言相比,丽水的“洒”为后元音,读音差别较大。“洒”字又见于蟹摄佳韵,我们先来看上山小片和丽水小片“洒”字与佳韵之间的读音关系,从而判断该字属哪一个层次,见表 3.1.10:

表 3.1.10

例字	上山小片					丽水小片			
	常山	开化	江山	广丰	玉山	丽水	遂昌	云和	庆元
洒	$sɛ^3$	$sɛ^3$	$sæ^3$	—	sai^3	$suɔ^3$	sa^3	so^3	$sɑ^1$（沙）
佳韵	ɛ	ɛ	æ	a	ai	—	—	—	—
	ɑ	ɔ	ɒ	ɑ	ɑ	ɘu	ɑ	ɑ	ɑ

从表 3.1.10 可以看出,在上山小片各方言佳韵有两个层次,前元音一个层次,低(后)元音一个层次。两个层次的读音没有声母条件的互补,是完全对立的。从音值上看,这两个层次正好对应日译吴音、古汉越语和日译汉音、汉越语佳韵的读音。而丽水小片佳韵也有两个层次读音,但这两个层次与上山小片不同,表现在:一是从音值上看,丽水小片佳韵只有低(后)元音,而无前元音读音层次;二是佳韵另一层次读音(表 3.1.10 中未列出的读音)只出现在唇音声母后,而丽水小片的两个层次读音无声母条件限制。

除遂昌有前后 a 的对立外(ɑ 读音只有少数几个字),均只有后元音一个层次的读音,庆元、云和的"洒"读音已读入麻韵主体层。

我们知道,"洒"有"砂下、所蟹"二切,既有可能读麻韵,也有可能读佳韵。从表 3.1.10 的比较中发现,上山小片和丽水小片"洒"的读音音值不同,层次归属也有异。我们认为丽水小片的"洒"归佳韵可能更合适。上山小片虽然有麻佳同韵的现象,但麻韵前元音的层次似乎与佳韵不同,麻韵前元音唇音声母后发生裂化音变,而佳韵却没有,可见,两者同韵可能只是历史巧合,只是这种巧合发生较早,于文献可征。

再看 uo 读音。uo 韵收字最多,是丽水主体层读音,且开合同韵,与三等 yo 韵构成"同层异等"关系。

二等"嫁""下"等字读如三等 yo 韵,且声母零化。陈忠敏(1989)比较汉语方言、侗台语、东南亚一些国家语言中的先喉塞音(现在一般叫内爆音)的性质及其演变情况,指出舌面音 ʔʝ 或 ʔʥ 是汉语见母开口二等读 j 的原因。郑张尚芳(1995a)曾指出浙西南广大区域普遍存在 tɕ 母零化现象,并认为这种现象是由先喉塞而导致的零化演变。我们将其构拟的演变过程转录如下:

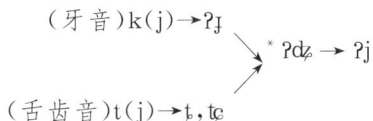

（牙音）k(j)→ʔʝ
　　　　　　＼ ＊ʔʥ → ʔj
（舌齿音）t(j)→ȶ,tɕ

我们从这个声母演变过程可以看到,腭化是其主要的音变,即产生了-i-介音,喉塞加腭化最后导致声母脱落,且不论脱落的动因为何,腭化的结果是产生了-i-介音,从而读如三等韵,因此二等"嫁""下"的 yo 韵与三等 yo 韵为同一层次读音。事实上,丽水小片其他方言凡出现声母零化现象的字韵母均读如三等。如表 3.1.11 所示:

表 3.1.11

方言点	二等	三等
丽水	嫁 yo⁵,下 yo³	借 tɕyo⁵,写 ɕyo³,车 tɕʰyo¹,社 zyo³
遂昌	榨 tɕia⁵,嫁 ia⁵,下 ia⁴	借 tɕia⁵,写 ɕia³,车 tɕʰia¹,社 zia⁴
云和	嫁 io⁵,下 io³	借 tʃio⁵,写 ʃio³,车 tʃʰio¹,社 ʒio⁴
庆元	榨 tɕia⁵,家 ia¹,嫁 ia⁵,下 ia⁴	借 tɕia⁵,写 ɕia³,车 tɕʰia¹,社 ɕia⁴

由于这些二等字读入三等的读音与二等主体层读音相差较大,从而形成与麻二主体层对立的局面,如:庆元"嫁""下""家"有 ia 和 o 两个韵母读音,我们认为这并不是两个读音层次的对立,可以看成是自然音变形成的"同层异等"关系。

丽水麻韵开二的 iɔ 属文读层。合口二等见系声母组下有 uo 和 uɔ 两种读音的对立,从收字来看,uɔ 韵多非常用,而 uo 韵多常用,因此,我们认为 uɔ 韵与 iɔ 韵同属文读层读音。

综上所述,我们认为丽水与常山等上山小片有两个层次的对应,列表 3.1.12 如下:

表 3.1.12

层次	麻二开	麻三	麻二合
层次 I	—	—	—
层次 II	uo(uɔ)	yo	uo
层次 III	iɔ	—	uɔ

确定好丽水的读音层次后,我们根据其层次特点,系联丽水小片其他方言的层次对应,表 3.1.13 列出了丽水小片各方言的层次对应:

表 3.1.13

方言点	层次 I	层次 II	层次 III
丽水	—	uo[uo]/yo	iɔ[uɔ]

方言点	层次 Ⅰ	层次 Ⅱ	层次 Ⅲ
遂昌	—	ɑ(u)[uɑ]/iɑ①	iɑ
云和	—	o[o]/io	iɑ[uɑ]
庆元	—	o[o]/iɑ	iɑ

各点均无与上山小片层次 Ⅰ 对应的读音。

层次 Ⅱ 是丽水方言的主体层,此读音层在丽水小片各方言中的演化过程(以麻二为例)如下:

ɑ(遂昌)＞o(庆元、云和)＞uo(丽水)

其中丽水、云和该读音层开二、开三、合二主元音均相同,遂昌方言主元音亦相同,只是唇音声母后、影母部分字高化为 u。庆元方言开三主元音未发生高化。

见系二等的腭化是官话方言的普遍音变,同时也是南方各方言文读层的来源,虽然具有同一来源,但此层读音在不同的方言点表现有异,如遂昌、庆元、云和读 iɑ,丽水读 iɔ,表面上看,发生 ɑ 变 ɔ 的高化音变,但我们认为这是借入时读音匹配形成的,不是后期的音变。

最后,我们把上山小片和丽水小片读音层次总结如下,见表 3.1.14:

表 3.1.14

方言片	方言小片	方言点	中古前期	中古后期	近代
			层次 Ⅰ	层次 Ⅱ	层次 Ⅲ
上丽片	上山小片	常山	ɛ(ie/ye)	ɑ[uɑ]/ie	iɑ
		开化	ɛ(ie/yo)	ɔ[cɔ]/ie	iɔ
		江山	æ(ɛ/yə)	ɒ[uɑ]/iə	iɒ
		广丰	ie(ye)	ɑ[uɑ]/ie	iɑ
		玉山	ai(ie/ye)	ɑ[uɑ]/ie	iɑ

---

① 遂昌括号中的 u 读音表示唇音声母后、影母部分字高化为 u,我们认为两者为同一层次读音,是部分字发生后高化音变的结果,如"把、麻、蟆、虾、哑"等韵母读音为 u。

续　表

方言片	方言小片	方言点	中古前期	中古后期	近代
			层次 I	层次 II	层次 III
	丽水小片	丽水	—	uo[oo]/yo	iɔ[uɔ]
		遂昌	—	ɑ(u)[uɑ]/iɑ	iɑ
		云和	—	o[o]/io	iɑ[uɑ]
		庆元	—	o[o]/iɑ	iɑ

3.2　瓯江片假摄的读音层次

我们先列出温州假摄常用字读音,如表 3.2.1 所示:

表 3. 2. 1

开口二等	o	把 po³,爬 bo²,麻 mo²,茶 dzo²,榨 tso⁵,沙 so¹,家 ko¹,假 ko³,价 ko⁵,牙 ŋo²,下 fio⁶,鸦 o¹,哑 o³,叉₂ tsʰo¹,差₂ tsʰo¹
	a	叉₁ tsʰa¹,差₁ tsʰa¹,洒 sa³
	uɔ	搭 kʰuɔ⁵
开口三等	ei	借 tsei⁵,筐 tsʰei⁵,写 sei³,谢 zei⁶,蛇 zei²,社 zei⁴,车₁ tsʰei¹,卸₁ sei⁵
	o	车₂ tsʰo¹
	a	卸₂ ɕa⁵
	i	夜 ji⁶,爷 ji²,野 ji⁴
合口二等	o	瓜 ko¹,瓦 ŋo⁴,花 ho¹,剐₁ ko³
	u	蜗 ˀvu¹①,剐₂ ku³
	uɔ	夸 kʰuɔ¹,跨 kʰuɔ¹,胯 kʰuɔ¹

温州麻开二只有三个不同的韵母读音:a、o 和 uɔ。"叉"有两读,一为 a,一为 o,读 a 韵的在"叉烧包、叉烧肉"等词中,这个食品在当地较流行,不过也可能是从广东传过去的,如上海、宁波等地这个词中的"叉"均读 a,与粤语相同。事实上,"差"亦有两个读音,作动词的读 a,作"使唤"义,如"渠差(tsʰa¹)我走出买包香烟"②。事实上,"差"字有多个反切,其中作"派遣"义的

① 温州话音系中"零声母实际带有轻微喉塞 ʔ。齐齿呼、撮口呼为ˀj,合口呼为ˀu,摩擦都较重,故另立声母",见郑张尚芳(2008:91)。

② 此例见李荣主编,游汝杰、杨乾明编纂《温州方言词典》(1998:106)。

"差"属佳韵(楚佳切),如《三国志·吴书·陆逊传》:"前乞精兵三万,而至者循常,未肯差赴。"唐代元稹的《缚戎人》:"边头大将差健卒,入抄擒生快于鹘。"[1]因此,温州话"差"的 a 读音属于佳韵。

读音 o 为麻韵主体层读音,且开合同韵。但另有读音 uɔ 在开口二等的读音中显得较为特殊,只"搭"一例且是口语常用读音。我们注意到麻韵合口也有 uɔ 读音,与开口 uɔ 相比,均出现在溪母。而见母均读 o,可见,uɔ 读音的出现是有条件的,是 o 在见组送气特征的影响下而发生的分化。即:

$$o > o / 其他声母\_\_$$
$$> uɔ / 溪母(见组送气)\_\_$$

因此,o 与 uɔ 为同一层次读音。

麻韵开口三等有四个不同的韵母读音:ei、o、a 和 i。下面我们来一一解读。先看 ei 韵,该韵属三等主体层读音,高本汉在其成名作《中国音韵学研究》中记录的温州方言麻韵三等韵母读音为 i,如"社 zi[4] │车 tsʰi[1] │借 tsi[5] │写 si[3] │夜 i[6]"[2]。我们知道,高本汉所用温州方言材料来自 P. H. S. Montgomery 在 1893 年著的 *Introduction to the Wenchow Dialect*,后经赵元任等确定,标音更加精确,可信度更高。这表明,近百年来温州方言的麻韵三等主体层读音发生 i>ei 的裂化音变。

从共时的角度看,三等读 i 的只在以母(喻四)后,其他声母后均读 ei 韵,可知,ei 和 i 是互补关系。从经济原则看,i>ei 的裂化音变更合理,以母后的 i 之所以没裂化,很可能是 i 韵母和声母 j-相配更和谐,因此没有发生 i>ei 的裂化音变。

如果说以母字更能反映麻三早期读音面貌的话,那么我们也可以从周边方言的读音找到反映其早期读音的例证。如表 3.2.2 所示:

表 3.2.2[3]

方言点	写	谢	蛇	社	野	夜	车
枫林 永嘉	sɿ[3]	zɿ[6]	zɿ[2]	zɿ[4]	jɿ[4]	zɿ[6]	tsʰo[1]
虹桥 乐清	sei[3]	zei[6]	zei[2]	zei[4]	ji[4]	ji[6]	tsʰo[1]

① 以上两例转引自《汉语大字典》(第二版,九卷本)(2010:544)。
② 引自高本汉《中国音韵学研究》,赵元任、罗常培、李方桂译(2003:550—551)。
③ 以下材料引自[波兰]帕维尔·玛突来维切《吴语瓯江方言韵母演变研究》(2005:16)。

续 表

方言点	写	谢	蛇	社	野	夜	车
湖岭瑞安	φi^3	zei^6	zei^2	zei^4	jie^4	jie^6	$tsʰo^1$
瞿溪瓯海	sei^3	zei^6	zei^2	zei^4	jie^4	jie^6	$tsʰo^1$
黄华乐清	$s^eɿ^3$	$z^eɿ^6$	$z^eɿ^2$	$z^eɿ^4$	$jɿ^4$	$jɿ^6$	$tɕʰio^1$
黄坦文成	φio^3	$ʑio^6$	$ʑio^2$	$ʑio^2/zɿ^3$	jio^3	jio^6	$tɕʰio^1$
碧莲永嘉	φi^3	$ɦii^6$	zi^2	zi^4	ji^4	zi^6	$tsʰo^1$

　　温州麻三主体层更早读音为 *ia，在温州地区发生了两个方向的音变，其中前高化再单元音化然后裂化（分为前裂化和后裂化）的音变过程为主流，后高化的音变过程是支流，结合表 3.3.2，我们把这个音变过程表达如下：

$$*ia > ie（湖岭、瞿溪的以母字）> i（碧莲、枫林）> ^eɿ（黄华）>$$

$$ei（虹桥、瞿溪、湖岭）$$

$$> io（黄坦）$$

　　上文提到，以母字能更好地与 i 元音或以-i-介音开头的韵母相拼，因此以母字韵母读音易于保留 i 介音。湖岭、瞿溪的以母字读 ie，而其他声母字读 ei，正说明 i 裂变的两个方向。

　　综上所述，我们认为温州麻韵三等 ei(i) 和开口二等的 o 韵为"同层异等"的关系，两者属于同一层次。

　　麻韵三等还有 o 和 a 两个读音。"车"字除 ei 读音外还有 o 韵一读，游汝杰（1992）指出："'汽车、黄包车、裁缝车、脚踏车'中的'车'字，却读 $tsʰo^{44}$。这些现代诞生的新事物是从上海输入的，它们把'车'字的上海音 $tsʰo^{53}$ 也带进温州话，从而造成此字韵母读音的例外。""卸"字除读 ei 读音外还有 a 韵一读，即在"装卸"和"卸货"中读 φa①，这个 a 读音也是近代从上海口语输入的（游汝杰，1992）。温州开埠以后，从上海而来的货轮的船主、船工多为上海人，温州籍搬运工经常听到上海人说"φia 下来"，于是这个读音就在搬运业传开（潘悟云，2004a）。因此，温州话麻三的 o 和 a 读音是从上海话借过

---

　　① "温州i-介各韵母除 ie 外都是辅音性短 i，只出现于 tɕ 组及零声母，u-介各韵母也只出现于零声母，因此，在声母另立 ʔ,ʲ,ʷ 三母"，这样可省去一些韵母，使韵系更简洁。详见郑张尚芳（2008：91）。事实上，赵元任（1934/1985）曾经说过"音位标音的多种可能性"，这里只是音系的一种处理，因为和舌面音声母相拼，必会有一个腭介音。

来的。上海话麻三精组读 iɑ，章组读 o，如"卸"ɕiɑ³⁵"车"tsʰo⁵³①，也就是说，上海话麻三的 iɑ 和 o 读音是由于声母不同而发生的分化，两者原本属同一层次。借入温州话后，这两个零星的读音看不出声母的条件。

潘悟云（2004a）把这类借用看成是"方言口语借用"造成的层次。不管是借自中原标准语还是其他方言，从性质上说都是属于外源性的，即是由语言接触所引起的。但是这类借用所形成的读音的覆盖面没有权威官话来得深、来得广，这两个读音在其他地区受到的影响很小。因此，我们把这类借音剔除出语音层次的序列。从表 3.3.2 可以看到，各点"车"的读音均不同于麻三其他读音，均来自上海话的借用。黄华、黄坦两地还带有 i 介音，这是由于在借用过程中要符合本地人的语感或遵从本地音系的制约而产生的变化。

最后看麻韵二等合口的读音，该韵有三个不同的韵母读音：o、uɔ 和 u，前两个读音上文已有所述及，属同一层次，此不赘述。以下我们主要讨论 u 读音，读 u 的字如"蜗""剐"等，温州把"蜗牛"叫作"蜒蚰螺"（ji³¹⁻⁴ jau³¹⁻¹¹ løy³¹⁻¹²），并不使用"蜗"字，因此我们认为"蜗"字应为读字音，大概受"锅"字半边的影响，读如歌韵 u，这种读音也应排除在层次分析之外。"剐"与"蜗"类似，不赘述。

综上所述，我们把温州麻韵各层次读音总结如下，见表 3.2.3：

表 3.2.3

层次	麻二开	麻三	麻二合
层次 I	—	—	—
层次 II	o(uɔ)	ei(i)	o(uɔ)
层次 III	iɑ	—	—

确定好温州方言的读音层次后，我们根据其层次特点和读音分布系联瓯江片其他方言的层次对应，表 3.2.4 列出瓯江各方言的层次对应：

表 3.2.4

方言点	层次 I	层次 II	层次 III
温州	—	o(uɔ)/ ei(i)	iɑ
永嘉	—	o/ei(i)	iɑ

---

① 上海话材料引自李荣主编，许宝华、陶寰编纂《上海方言词典》（1997）。

续 表

方言点	层次Ⅰ	层次Ⅱ	层次Ⅲ
平阳	—	o(uo)/i	ia
乐清	—	ɯ(ou、uɯ)/i	ia[ua]

层次Ⅱ温州、永嘉读音基本相同,仅永嘉溪母仍读 o 与温州溪母读 ɔu 有别。平阳层次Ⅱ读音与温州略有差异,因为自身发生了音变,在唇音声母后及合二见系声母后发生 o>uo 的裂化音变,其他声母后则不变,即:

      o>uo/唇音声母或合二见系声母__
        >o 其他声母__

从"瓦"字仍读 o 可知,二等合口见系变 uo 应是后来的演变。

乐清麻二读音较多,读音虽复杂,但都能找到语音条件。如果以温州的 o 为音变起点,乐清在唇音声母后继续高化且展唇化,甚至产生后滑音。蔡嵘(2006)在对在乐清方言音系的补充说明中提到,ɯ 韵实际有一个后滑音,可记为 ɯˠ。我们知道,高元音容易产生后滑音从而产生裂化音变,发高元音较低元音气流强,当舌位恢复初始状态,声带振动还没有停止,从而产生一个后滑音。在其他声母后则裂化为 ou,即:

      *o>ɯ>ɯˠ/唇音声母__
        >ou/其他声母__

乐清麻二合口见系则读 uɯˠ,多了一个合口的-u-介音。

最后,我们把瓯江片及上丽片各方言的层次对应做表3.2.5如下:

表 3.2.5

方言片	方言小片	方言点	上古	中古	近代
			层次Ⅰ	层次Ⅱ	层次Ⅲ
上丽片	上山小片	常山	ɛ(ie/ye)	ɑ[uɑ]/ie	iɑ
		开化	ɛ(ie/yo)	ɔ[ɔ]/ie	iɔ
		江山	æ(ɛ /yə)	ɒ[ua]/iə	iɒ
		广丰	ie(ye)	ɑ[uɑ]/ie	iɑ
		玉山	ai(ie/ ye)	ɑ[uɑ]/ie	iɑ

续　表

方言片	方言小片	方言点	上古	中古	近代
			层次 I	层次 II	层次 III
	丽水小片	丽水	—	uo[uo]/yo	iɔ[ɯɔ]
		遂昌	—	ɑ(u)[uɑ]/ia	ia
		云和	—	o[o]/io	ia[au]
		庆元	—	o[o]/ia	ia
瓯江片		温州	—	o(uo)/ ei(i)	ia
		永嘉	—	o/ei(i)	ia
		平阳	—	o(uo)/i	ia
		乐清	—	ɯ(ou、ɯu)/i	ia[ua]

3.3　金衢片假摄的读音层次

本节我们以东阳方言为基础，讨论金衢片假摄的读音层次。先列出东阳方言常用字读音如下，见表 3.3.1：

表 3.3.1

开口二等	uo	把 puo³、爬 buo²、麻 muo²、茶 dzuo²、叉 tsʰuo¹、纱 suo¹、家₂kuo¹、假 kuo³、牙 ŋuo²、鸦 uo¹、哑 uo³
	ɑ	沙 sɑ¹、家₁kɑ¹
	ua	家₃kua¹
	ɑu	琶 bɑu²、杷 bɑu²
	ia	榨 tɕia⁵、贾 tɕia³、雅 ia³、霞 ɦia²、亚 ia³
开口三等	ia	借 tɕia⁵、写 ɕia³、谢 zia⁶、社 zia⁴、爷 ɦia²、夜 ɦia⁶
	ɑ	蔗 tsɑ⁵
合口二等	ua	瓜 kua¹、寡 kua³、垮 kʰua³、花 hua¹、化 hua⁵
	ʊ	蜗 ʊ¹
	uo	瓦 ŋuo¹

东阳麻韵开口二等有五个不同的韵母读音：ɑ、uo、ua、ɑu 和 ia。其中 ɑ 读音读入佳韵，如"派 pʰɑ⁵｜柴 zɑ²｜解 kɑ³"，麻入佳韵是中古金陵音的特征。主体层为 uo 韵，相当于上丽片和瓯江片的层次 II。

我们来看 ua 读音应属哪个层次，"家"有三个读音：ɑ、uo 和 ua，前两个读音的层次均已划分清楚。读音 ua 在"内家"一词中，表示"妇女"义。综观金衢片其他方言，表示"妇女"义的"家"读音均读如主体层，如兰溪诸葛镇"女人"称为"□人家 ɕy³³ȵi³³ ku⁴³⁴"或"□侬家 ɕy³³ noŋ³³ ku⁴³⁴"，其"u"读音为开二主体层语音；兰溪城关称为"□人家 ɕy⁵³ ȵiȵ²² kua³³⁴"，其"ua"读音为其主体层读音，再如义乌称为"女劳家 nɑ⁵³ lo²² kɔ⁵³"，其"ɔ"读音亦属主体层。因此，读音 ua 也可能来自城关。

见系二等读 ia 是受官话影响的文读层读音，"榨"字读如三等 tɕia⁵，显得较为特殊，大概和声母有关。"耙、杷"两字读 ɑu，与效摄豪韵同，相当特殊，是否立一层次，需看周边方言情况，不过从目前调查材料来看，并无读入豪韵的情况，因此，此读音可能另有来源，暂时存疑。

三等 ia 为主体层读音，与 uo 构成同层异等之关系。"蔗"读 ɑ 大概和声母有关，丢失-i-介音使声母未腭化，为例外音变，亦与 ia 属同一层次。合口二等 ua 为主体层读音。

"蜗"字读如歌韵 o，与瓯江片相同，为读字音，不另立层次。

综上所述，我们把东阳方言麻韵读音层次总结如下，见表 3.3.2：

表 3.3.2

层次	麻二开	麻三	麻二合
层次 I	—	—	—
层次 II	uo(ua)	ia	ua
层次 III	—	ia	—

确定好东阳方言的读音层次后，我们根据其层次特点、读音分布及层次特字，系联金衢片其他方言的层次对应，表 3.3.3 列出了金衢各方言的层次对应：

表 3.3.3

方言点	层次 I	层次 II	层次 III
东阳	—	uo[uɑ]/ia	ia
义乌	—	uɑ(uɑ,ɔ)[uɑ]/ia	ia
金华	—	ɣa(uɑ)[uɑ]/ia	ia
永康	—	uɑ[uɑ]/ia	ia
武义	—	uɑ/[uɑ]/ia	ia
浦江	—	ia(ia,ɕi,yɔ)[ɕu]/ia(ɕi)	ɔ/ɕi

　　层次Ⅱ读音变体相对较多,较为复杂,涉及"同层异等"及开合关系,下面我们分别讨论。

　　在讨论层次Ⅱ读音之前,我们来回顾一下二等韵介音的问题。目前学界普遍的观点是,中古二等韵见系声母腭化是由于二等韵前有/-r-/介音,这个介音来自上古复辅音声母 Cr-,到了中古以后,其具体音值可能发生了变化,而与韵母变得更加紧密,成为介音。比如郑张尚芳(1981)指出,上古的这个介音后来经历了 Cr->Cɣ->Cɯ->Ci->Ci 的发展,中古时期就成为 -ɣ-。许宝华、潘悟云(1994)则利用大量方言材料二等韵有介音支持郑张尚芳的观点。赵克刚(1984)认为《切韵》时代的二等韵介音应该是 -ɯ-。麦耘(1990)则拟为 -rɯ-。总之,各家拟音虽各有不同,但都为更好地解释汉语中二等韵见系声母的腭化提供了可能。

　　在金衢片各方言中,二等韵的介音表现相对丰富,有 -u-、-i-、-ɯ-、-y- 四种。许宝华、潘悟云(1994)把 -u- 和 -i- 两个介音的共同来源定为 -ɯ-。ɯ 元音是有标记的后不圆唇元音,不够稳定,容易演变为 -u-、-i- 或 -y- 等介音。东阳开二主体层为 uo,经过如下的演变:*ɯa>ua>uɑ>uo。永康、武义的演变轨迹与东阳相同。具体可表示为:uɑ(永康、武义)>uo(东阳)。

　　义乌麻开二主体层因声母条件而产生三个不同的韵母。条件音变表示如下:

$$^*\text{ɯa}>\text{ɯɑ/帮组声母}\_\_$$
$$>\text{uɑ/知系声母}\_\_$$
$$>\text{ɔ/见系声母}\_\_$$

　　唇音声母后元音大概在 -ɯ- 介音的影响下后化,据调查,义乌帮、端母今读是内爆音(implosive)。发内爆音时,喉头下沉,因此会有一个喉部的紧张点。并、明母的发声特征在吴语里属"清音浊流",按现代语音学解释,这种"清音浊流"实为"breathy voice",其声带振动时的闭合阶段有气流溢出,从听感上就会有浊流的印象。因此,唇音声母的喉部特征强化了韵母 [+back] 的特征,使得唇音声母后仍保留 -ɯ- 介音。而知系声母在早期大概近舌叶音,舌叶音往往伴随一个 [+round] 的特征,因此后高不圆唇介音 -ɯ- 就变成合口 -u- 介音了。我们推测见系声母后的 ɔ 原来也应是 *uɑ,发生了 *uɑ>*ɔu>ɔ 的高化音变。

　　金华开二主体层韵母读音也因声母不同而产生分化,条件音变表示如下:

$$^*\text{ɯa} > \text{ɤa}\ /\ \text{帮组声母}\_\_$$
$$> \text{uɑ}\ /\ \text{其他声母}\_\_$$

金华的唇音声母是普通爆破音,无内爆音影响,喉部放松,-ɯ-介音就没有那么紧而高了,即 $^*\text{ɯa} > \text{ɤa}$。其他声母后则变为 uɑ,过程与义乌同,兹不赘述。

浦江开二主体层读音看似较复杂,主要由于因声母不同而产生的条件变体较多。具体表示如下:

$$^*\text{ɯa} > \text{ia}\ /\ \text{帮组、见组声母}\_\_$$
$$> \text{iɔ}\ /\ \text{影组、喻组声母}\_\_$$
$$> \text{yɔ}\ /\ \text{知系声母}\_\_$$

介音 *-ɯ-在浦江发生 ɯ>i 的前化音变,见系声母后由于-i-介音发生腭化音变,不过影组、喻组声母后主元音有后高化音变。知系声母由于[+round]特征而产生-y-介音。需要注意的是,浦江帮组声母后的 ia 与常山的 ie 并不对应。

麻韵合口二等读音多相同,仅浦江发生后高化音变。过程表示如下:

uɑ(东阳、义乌、金华、永康、武义) > uɔ(浦江)

麻开三各地读音对应严整,除浦江因声母条件产生一些音变外,其他各点均读 ia。浦江开三喻母字读 iɔ,其他声母后读 ia,变化类似开口二等。少数章组字读 yɔ,如"车",我们认为属同一层次。

层次Ⅲ是文读层读音,条件是开二见系声母字,各地差异小。浦江见组声母后文读为 iɔ,主要是"雅、贾"两字,白读为 ia。由于官话麻韵二等见系字韵母也读 ia,为与原来白读相区别,文读音就变为 iɔ。极少数唇音字如"坝"读 ɔ,我们认为这也是文读层读音,对应于官话的 a 读音。

综上所述,我们把整个南部吴语假摄的层次对应总结如下,见表 3.3.4:

表 3. 3. 4

方言片	方言小片	方言点	中古前期	中古后期	近代
			层次Ⅰ	层次Ⅱ	层次Ⅲ
上丽片	上山小片	常山	ε(ie/ye)	ɑ[uɑ]/ie	iɑ
		开化	ε(ie/yo)	ɔ[uɔ]/ie	ɕɔ
		江山	æ(ɛ/yə)	ɒ[uɑ]/iə	iɒ
		广丰	ie(ye)	ɑ[uɑ]/ie	iɑ
		玉山	ai(ie/ ye)	ɑ[uɑ]/ie	iɑ
	丽水小片	丽水	—	uo[ou]/yo	iɔ[ɕu]
		遂昌	—	ɑ(u)[uɑ]/iɑ	ɑi
		云和	—	o[ɔ]/io	iɑ[uɑ]
		庆元	—	o[ɔ]/iɑ	iɑ
瓯江片		温州	—	o(uɔ)/ ei(i)	iɑ
		永嘉	—	o/ei(i)	iɑ
		平阳	—	o(uo)/i	iɑ
		乐清	—	ɯ(ou、uɯ)/i	iɑ[uɑ]
金衢片		东阳	—	uo[uɑ]/iɑ	iɑ
		义乌	—	ɯɑ(uɑ、ɔ)[uɑ]/iɑ	iɑ
		金华	—	ɣɑ(uɑ)[uɑ]/iɑ	iɑ
		永康	—	uɑ[uɑ]/iɑ	iɑ
		武义	—	uɑ/[uɑ]/iɑ	iɑ
		浦江	—	ia(iɑ、iɔ、yɔ)[ɕu]/iɑ(iɔ)	ɔ/iɔ

3.4　小　结

通过上文的讨论,我们知道,上丽片上山小片有三个层次:层次Ⅰ、层次Ⅱ和层次Ⅲ,丽水小片、瓯江片及金衢片有层次Ⅱ和层次Ⅲ的对应,没有层次Ⅰ,因此,从层次对应的角度来看,丽水小片与瓯江片、金衢片更接近。层次Ⅰ为中古前期读音层,层次Ⅱ则为中古后期读音层。

层次Ⅲ为文读层读音,来源为近代以来标准语发生的腭化音变,尽管来源相同,但各地读音略有差异,如开化、丽水、浦江读 iɔ,与标准语的 iɑ 不同,我们认为这种差异不是演变形成的,而是各地方言在折合过程中往往会选择与本方言相同或相近的读音,这个相同或相近的读音是折合的结果,换句话说就是来源具有客观性,折合具有一定主观性,与本地人的语言态度也有一定关系。

麻开二无论是层次Ⅰ还是层次Ⅱ都与佳韵有一定联系,但需要注意的是,层次Ⅰ在麻韵的变体与佳韵不同,可见这个层次读音在更早期或许也是不同的。

第 4 章　遇摄的读音层次及其演变

中古遇摄包括一等模韵、三等鱼韵和虞韵,上古来源于鱼部、侯部及部分铎部、少数屋部字。模、虞韵为合口,争议不大,社科院语言所编的《方言调查字表》把鱼韵作为合口,应该是南宋以后的读音,陆游的《老学庵笔记》中所说当时吴语鱼韵"一韵皆开口"。诸多证据表明,早期鱼韵应属开口(陆志韦,1947;周法高,1948;李荣,1956;黄笑山,1995;平山久雄,1995)。

鱼虞韵的分合关系历来是汉语语音史、方言史关注的重点。我们认为,要认清两者之间的分合关系,首先应把各自的层次分清。相较而言,关于吴语模韵的层次问题,讨论相对较少,不过讨论少并不等于没有讨论价值,本章我们将按韵目次序讨论南部吴语遇摄的读音层次及演变。

4.1　模韵的读音层次

反映宋时汴洛语音的《皇极经世书声音倡和图》"鱼虞模三韵以屋沃烛三韵相承",结合汴洛文士诗词用韵,证模韵为 u(周祖谟,1942)。李新魁(1988)研究宋代汉语韵母系统时亦拟模韵为 u。而在《切韵》时期,诸家拟模韵主元音大多为 o[①](高本汉,1926;李荣,1956;邵荣芬,1963;董同龢,1965;黄笑山,1995,郑张尚芳,2003;潘悟云,2000),唐代模韵由 o 变 u(李荣,1956),可见,标准语模韵读 u 是晚唐以后至宋初之间。直到现代,普通话模韵仍读 u。

南部吴语瓯江片、金衢片方言多读 u,而上丽片多数方言发生后裂化音变。我们先来看上丽片方言模韵的读音情况。

4.1.1　上丽片模韵的读音层次

我们先以常山为例,列出模韵读音如下,见表 4.1.1:

---

① 中古早期模韵高本汉拟为 * uo,李荣拟 * o,邵荣芬拟 * o,董同龢拟 * uo,黄笑山拟 * uo,郑张尚芳拟 * uo,潘悟云拟 * uo。模韵主元音多为 * o。

表 4.1.1

模韵	uə	布₁ puə⁵，簿 buə¹，步 buə⁶，都₁tuə¹，赌 tuə³，图₁duə²，苏₁suə¹，古₁kuə³牯 kuə³，苦 kʰuə³，糊 guə²
	u	布₂pu⁵，菩 bu²，都₂tu¹，图₂du²，苏₂su¹，枯 kʰu¹，湖 fiu²
	ɔ	错 tsʰɔ⁵
	ʌʔ	都₃副词，表"也、都"又 tʌʔ⁷ 或 tɔʔ⁷
	uʌʔ	五 ŋuʌʔ⁸

观察表 4.1.1,我们发现,"都"有两个促声读音:tʌʔ⁷ 或 tɔʔ⁷,义为"也",是一个副词。数字"五"有一个促声读音:ŋuʌʔ⁸。从历史来源上看,此二字无入声的反切,也就是说,它们的促声读音是后来形成的,这是一种"舒声促化"现象,这种现象一般是非语音因素制约下的例外音变,因此,我们把这几个促声读音排除在层次分析之外。

因此,常山模韵有三个不同的韵母读音:uə、u 和 ɔ。读音 ɔ 仅"错"一字,"错"有铎韵和模韵两个来源,铎韵反切仓各切,义为"错,乖也"。模韵反切仓故切,与"错误"义无关。《洪武正韵·暮韵》"错,同措"。可见,模韵的读音并非表"错误"义的"错",表"错误"义的"错"属铎韵。从各地方言看,"错"字多与模韵读音相异,而与歌韵或铎韵读音相同,如表 4.1.2 所示:

表 4.1.2①

例字	北京	济南	西安	太原	成都	扬州	长沙	广州	建瓯
错	tsʰuo⁵	tsʰuɤ⁵	tsʰuo¹	tsʰuɤ⁵	tsʰo⁵	tsʰo⁵	tsʰo⁵	tʃʰɔ⁵	tsʰɔ⁵
布模	pu⁵	pu⁵	pu⁵	pu⁵	pu⁵	pu⁵	pu⁵	pou⁵	piɔ⁵
蓑歌	suo¹	suɤ¹	suo¹	suɤ¹	so¹	so¹	so¹	ʃɔ¹	sɔ¹
索铎	suo³	suɤ³	suo¹	saʔ⁷	so²	saʔ⁷	so⁷	ʃɔk⁷	sɔ⁷

观察表 4.1.2,我们发现,各地"错"的读音与古代记录情况基本吻合,即"错"多读如铎韵(或歌韵),而不读如模韵。

另外,有的方言表示"错误"义的读音既不是模韵也不是铎韵,如金衢片义乌读"ʥɔ⁶",兰溪城关读"ʥuɐ⁶",读的是咸摄二等"仜陷切",《说文新附》曰:"错也。"由此可见,在有的方言里,表"错误"义的读音还有咸摄二等一读,只是本字不是"错"。

---

① 表中材料来自《汉语方音字汇》(第二版重排本)(2003),表中标音略有改动,如把送气符号转为ʰ,把调类转成数字。

但，上丽片各方言"错"的读音与歌韵相同，我们列出上丽片"错"及模、铎、歌韵的读音如下，见表4.1.3：

表 4.1.3

例字	常山	开化	江山	广丰	玉山	丽水	遂昌	庆元	云和
错	$tsʰɔ^5$	$tsʰo^5$	$tsʰo^5$	$tsʰo^5$	$tsʰo^5$	$tsʰu^5$	$tsʰu^5$	$tsʰo^5$	$tsʰu^5$
布 模	$puɔ^5$	puo^5	$puə^5$	$puɤ^5$	$puə^5$	pu^5	$puɤ^5$	$ɓɤ^5$	pu^5
蓑 歌	$sɔ^1$	so^1	so^1	so^1	so^1	su^1	su^1	so^1	su^1
索 铎	$sʌʔ^7$	$sɔʔ^7$	$sɔʔ^7$	—	$sʌʔ^7$	$sə ʔ^7$	$sɔʔ^7$	$so ʔ^7$	$so ʔ^7$

观察表4.1.3可知，上丽片各点铎韵字有喉塞尾ʔ，读的是短调，可见，"错"不可能读如铎韵。事实上，从表4.1.3可以看到，各点"错"的读音与歌韵读音是相同的，不过，韵书中并未记载"错"的歌韵读音，因此，"错"似也不太可能有歌韵的来源。因此，只可能属于模韵，从声母及调类看，与"仓故切"更接近，把它看成是模韵是合适的。

我们认为常山模韵的ɔ读音是滞后音变，其特点是混入歌韵。在《切韵》以后，麻_歌模侯豪五韵发生这样的音变：$^*ra>^*a>^*o>^*u>^*ou>^*au$（朱晓农，2005），当歌韵发生由a变o的后高化音变时，推动模韵由o变u，这种推动依次进行，形成链移，于是，模韵的ɔ没有参与高化音变而混入歌韵，成为滞后音变的剩余，因此，它代表的是音变的早期阶段，而不是一个独立的读音层次。

再看uə和u读音，这在常山方言中是有对立的文白异读，白读uə，文读u。如表4.1.4所示：

表 4.1.4

白读 uə	布 $puə^1$　都 $tuə^1$　徒 $duə^2$　度 $duə^6$　租 $tsuə^1$　苏 $suə^1$　古 $kuə^3$　呼 $huə^1$
文读 u	布 pu^5　都 tu^1　徒 du^2　度 du^6　租 tsu^1　苏 su^1　古 ku^3　呼 hu^1

按学界一般的看法，如果方言里有文白异读，那么，白读和文读就可以看成是两个不同的读音层次，其中白读音是本地的，文读音是外来的。我们认为，自然音变也能引起读音的对立。这时，两个对立的读音就会被看成是文读和白读的区别，这是调查者根据读音对立和本地人语感归纳出来的，这种自然音变形成的对立应该看成是相同的层次。

其中，高元音裂化音变形成的读音对立就是这种文白异读的体现。从材料上看，白读uə是以u为主元音，以ə为后滑音的复合元音。事实上，

"[uə]韵的实际音值接近[uɤ]"（曹志耘、秋谷裕幸，2000：75），可见，作为后滑音的音素还不稳定，因为 u 是主元音，ə 是由高元音 u 发生后裂化音变而来的。朱晓农（2004）将此类裂化过程称为"后显裂化"，指出后裂化增生一个后滑音是与回归初始态有关，即"维持高元音到后来稍一松劲而发声依然未停，就拖上一个向中央滑动的滑音，也就是回归发音的初始状态"（朱晓农，2004：449）。

这种回归初始态，每个人都容易发生，这是一种非常自然的现象，和人的发音特性有关。同时，王士元的词汇扩散理论告诉我们，词汇在音变过程中是渐变的，在一定时间内只能影响到部分词。也就是说，并不是所有词都会立刻发生音变，这种过程是渐变的，于是就会形成读音对立。

基于以上理论，我们就可以理解为什么同属模韵字（或词），有的变成了 uə，而有的仍读为 u，如表 4.1.1 中所示的常山模韵读音，原因就在于语音是突变的，而词汇是渐变的。

施俊（2014a、2016a）指出南部吴语支韵和齐韵 ie 和 ei 读音就是由 i 裂化而来的。这个结构也适用于模韵。

综上所述，常山模韵只有一个层次：uə(u)层次。

我们再看上丽片其他方言点模韵的层次对应情况。江山模韵的两个读音与常山相同，但江山 u 读音较少，只有"吐卢酥"等字，可见江山的这个裂化音变读音已扩散到大部分词。

广丰模韵有三个读音：uɤ、u 和 o，其中 o 只出现在鼻音声母后，可见此读音的出现是有条件的，是因声母不同而产生的条件变体。读音 uɤ 和 u 是音变关系，广丰模韵大多读 uɤ，只有"部菩薄"等读 u。音变过程表示如下：

$$^*u > uɤ / 其他声母\_\_$$
$$> o / 泥、疑母\_\_$$

此外，"浒"读 ye，与"许"字同音，大概读的是半边"许"，是非层次读音。

玉山模韵有 uə 和 u 两个读音，其中 u 仅"菩"字，裂化音变已扩散到大部分字。

开化的读音略为复杂，与常山对应的有 uo 和 u·两个读音。但还有 ie 和 e 两个读音是常山没有的。其中 ie 读音出现在"模子"一词，e 读音出现在"蜈蚣"一词（可能原来为 *ŋie，后来丢失了 -i-介音，下文讨论），两者属同一层次。歌韵唇音声母字"婆磨"与麻韵唇音字"爬麻"读 ie，与歌韵唇音字对应的牙音"过馃窠"等读 ye。结合语音史上关于鱼、歌两部的关系，歌鱼侯幽四部发生如下后高化音变：*ai＞*a＞*o＞*u＞*ou,而"模"与"蜈"上古均属鱼部字,在歌部由 ai 变 a 的过程中,小部分鱼部字没有高化而混到歌韵去了,由于这个变化在周边方言里找不到对应,暂不作为一个独立的层次。

我们通过各点"蜈"字读音发现了音变的蛛丝马迹,此读音大多与模韵主元音相同,只是失去了-u-介音,可以说是合口变成了开口,也就是说这个字易丢失介音,因此,我们设想开化的 e 读音也是丢失-i-介音所致,如表 4.1.5 所示：

表 4.1.5

例字	江山	玉山	广丰	庆元	遂昌	云和
蜈	ŋə²	ŋə²	ŋɤ²	ŋɤ²	ŋɤ²	ŋ̍¹²

云和"蜈"字读声化韵：ŋ̍²。我们知道,鼻音和高元音相拼时容易发生这种音变,说明云和声化音变前韵母元音可能还是 u,还未发生裂化音变。

开化还有两个读音 o 和 əɯ。如"募、模(模范)"读 o,这几个字非口语常用,读音半边的可能性较大,如具有相同声旁的铎韵"摸、莫、膜"等字,两者主元音相近,铎韵为 ɔʔ。又如"墓、慕、暮、姥"读如豪韵 əɯ,这些字也不在口语中常用,前三个读音大概是受"冒"字形近影响而产生的豪韵读音,"姥"则受"老"的读音影响,这些自然不属层次分析的范畴。

云和、丽水模韵只有一个 u 读音,没有异读,可见没有发生裂化音变。遂昌有 uɤ 和 u 两个读音,分布与常山类似,兹不赘述。庆元有三个读音：u、ɤ 和 uɤ,仅"菩部"两字读 u。ɤ 和 uɤ 互补,见系声母后读 uɤ,非见系声母后则读 ɤ,可以表示为：

　　　　u ＞uɤ/见系声母＿＿

　　　　　＞ɤ/非见系声母＿＿

综上所述,我们把上丽片模韵的层次对应总结如下,见表 4.1.6：

表 4.1.6

		常山	uə(u)
上丽片	上山小片	开化	uo(u)
		江山	uə(u)
		广丰	uɤ(u、o)
		玉山	uə(u)

071

续 表

		丽水	u
上丽片	丽水小片	遂昌	uɤ(u)
		云和	u
		庆元	uɤ(ɤ、u)

4.1.2　瓯江片模韵的读音层次

本小节我们先以温州方言为例讨论模韵的层次对应情况,列出温州模韵的常用读音,如表 4.1.7 所示:

表 4.1.7

模韵	øy	补 pøy³,布 pøy⁵,赌 tøy³,徒₁døy²,奴₁nøy²,炉 løy²,路 løy⁶ 租 tsøy¹,素₁søy⁵
	ɤu	徒₂dɤu²,奴₂nɤu²,鲁 lɤu⁴,组 tsɤu³,错₁tsʰɤu⁵,素₂sɤu⁵
	o	错₂tsʰo⁷
	u	菩 bu²,部 bu⁶,姑 ku¹,古 ku³,虎 fu³,呼 fu¹,胡 vu²
	ŋ̍	吴 ŋ̍²,五 ŋ̍⁴,误 ŋ̍⁶

关于温州方言模韵的历史演变过程,吴安其(2005)、潘悟云(2006a)等都曾做过探讨。潘悟云(2006a)通过对百年前由传教士记录的温州话与现代温州话的比较,认为百年来温州话的模韵发生了裂化音变:u＞əu＞øy,u＞ɤu[1],认为 ʉ[2]与 u 是因声母条件而产生的读音变体。齿音声母后多读ʉ,软腭音声母后读 u,唇音则介于二者之间。吴安其(2005)认为见晓组和影母字读 u,帮端精组和来母字读 øy,精组的 əu 读音是文读。事实上,温州模韵的读音变体虽多,却属同一层次,与上丽片模韵有对应关系。以下我们具体讨论。

"错"有 o 和 ɤu 两个读音,意义上没有区别。其中读音 o 与"措厝"等铎韵字同音,一般认为这是文读音,如《汉语方音字汇》(第二版重排本)认为 o 为文读,ɤu[3]为白读。事实上,表示"错误"义的读音应是咸摄二等字,即上文提到的"仵陷切",该读音与金衢片相同。

再看 øy、ɤu 及 u,这三个读音有两种音变关系:一是因声母不同而出现

---

① 郑张、潘悟云、游汝杰等记为 ɤu,吴安其记为 əu,指同一韵。

② 潘悟云(2006)将温州的 øy 改作 u,ɤu 改作 u,以利于方言比较。

③ 原文记为 əu,实则一类。参见《汉语方音字汇》(第二版重排本)(2003:37)。

的条件音变,二是前裂化音变。前者如见系声母后读 u,帮端精组声母后多裂化为 øy,少部分裂化为 ɤu。后者如 øy 和 ɤu 都由 u 前裂化而来,与上丽片相同,均发生高元音 u 的裂化音变,只是音变方向略有不同,上丽片的 u 发生的是后裂化音变,瓯江片则是前裂化音变,体现出音变的区域创新性。

先看唇音声母,温州话古帮组韵母今读主要有二:øy 和 u。郑张尚芳(1983)指出永强音和《温州音识字捷法》(张兆麟,1913。代表城南郭的音)歌模韵都读 u。可见,现代温州话歌模韵唇音声母后读 øy 也就近几十年的事。早期温州教会记录的罗马音歌韵唇音是 u,可知 u>ʉ>øy,这个裂化音变在模韵字的演变中也可以得到验证。温州话歌韵只在唇音声母后读 øy,而模韵字的舌齿及部分唇音都读 øy,可见,模韵字的变化更快,即温州话模韵唇音声母后也发生 u>ʉ>øy 的音变。我们从一些字的两个读音可知 u 的前化、裂化音变过程是通过词汇扩散进行的,如"蒲、浦、模、葡"等有 øy 和 u 两读,有些只有 øy 一读,如"铺、步、补、埠、谱"等。通过对上丽片的讨论,我们已经知道,高元音裂化形成的读音对立应是相同层次内部的读音对立。因此,无论两读还是一读,都属于同一层次。

端、精组及来母后有两个读音:øy 和 ɤu。上文提到,读音 øy 是由 u 前化、裂化而来的。与唇音及牙喉音相比,舌齿音(端、精、来母)的舌位较为靠前,因此,端、精组及来母字已无 u 读音,前舌位的声母使 u 前化的概率大增。潘悟云(2006a)认为 ɤu 也由 u 变来,和 øy 属同一层次,是由声母不同而产生的读音变体,我们同意潘悟云(2006a)的看法。我们认为端、精组及来母字的两个读音变体都由 u 裂化而来,说明温州话模韵的 u 同时受到两个音变的制约,一是 u>øy,一是 u>ɤu,前者先由 u 前化再前裂化,后者则直接前裂化。

最后看见组、晓组和影母字。这些声母字均读 u,没有发生裂化音变,大概因为牙喉音声母舌位靠后,与 u 相拼和谐,不需通过音变来调节。

通过上述讨论,可知 øy、ɤu 与 u 是互补的,属于同一语音层次。

从上丽片及温州模韵的对应关系来看,上丽片模韵发生的是后裂化音变,而温州模韵发生的是前裂化音变,这一前一后的裂化音变正是两地音变具有区域创新性特点的体现。大概是因为后裂化音变与声母的关系没有前裂化音变来得紧密,因此,我们能在前裂化音变中找到音变过程的痕迹,而后裂化音变的痕迹就相对不明显了。

还有一个声化韵读音 ŋ̍,鼻音声母和高元音相拼容易发生声化韵音变,可知其原来读音也是 u。

综上所述,温州模韵的读音层次为:øy(ɤu、u)。

瓯江片其他方言与温州均有对应。乐清的帮、见、晓及影组声母后读 u,端、精及泥组有 y 和 ou 两个读音,收字正好分别与温州的 øy 和 ɣu 读音相同,即乐清的 y 相当于温州的 øy,乐清的 ou 相当于温州的 ɣu。可见乐清的 u 在端、精、泥组声母后发生前化音变 u>y 和 u>ou 的裂化音变。

平阳模韵有两个读音变体:u 和 y,在端、精及泥组声母后发生前化音变 u>y,与其他声母后的 u 形成互补。

永嘉帮、见、晓及影组后读 u。端、精及泥组后有三个读音:ʮ、əy、əu,其中端、泥组声母后读 əy,少数字读 əu,齿音声母后读 ʮ,这些读音均是有声母条件的分布,同属一个层次。

综合以上讨论,我们把瓯江片模韵的读音层次总结如下,见表 4.1.8:

表 4.1.8

	温州	øy（ɣu、u）
瓯江片	乐清	y（ou、u）
	平阳	y（u）
	永嘉	əy（ʮ、əu、u）

金衢片各方言的模韵只有一读 u。综上所述,我们可以把南部吴语上丽、瓯江及金衢三片模韵的层次对应总结如下,见表 4.1.9:

表 4.1.9

		常山	uə(u)
		开化	uo(u)
	上山小片	江山	uə(u)
		广丰	uɣ(u、o)
上丽片		玉山	uə(u)
		丽水	u
	丽水小片	遂昌	uɣ(u)
		云和	u
		庆元	uɣ(ɣ、u)
		温州	øy (ɣu、u)
瓯江片		永嘉	y (ou、u)
		平阳	y(u)
		乐清	əy (ʮ、əu、u)

	东阳	u
	义乌	u
	金华	u
金衢片	永康	u
	武义	u
	浦江	u
	兰溪	u

4.2　鱼、虞韵的读音层次

鱼、虞韵的分合关系,历来为音韵、方言学者所重视,古人已就两者之关系留下线索。《颜氏家训·音辞篇》谈到"北人以庶为戍,以如为儒",并说"如此之例,两失甚多"。又说"北人之音,多以举、莒为矩""然则莒、矩必不同呼,此为知音矣"。《切韵·序》中说"支脂鱼虞,共为不韵"。凡此种种,都是为了说明南方鱼虞有别。鱼虞有别是古江东方言的重要特征之一(梅祖麟,2001)。

近年来,随着各地方言材料的不断发表,再加上语言史观的转变,对方言历史层次的研究逐渐增多。下面我们简单介绍各家对于吴语鱼虞历史层次的主要观点。潘悟云(1995a)利用"囡"(即女儿的合音)在各地吴语的读音,将"女"分为三个层次:前中古层次、后中古层次[①]和近代层次,其中"前中古层次"特征为读如"佳韵","后中古层次"特征为读如"麻韵"。梅祖麟(2001)利用吴语处衢片材料把吴语鱼虞韵各分为三个层次,其中鱼韵层次Ⅰ为秦汉时代读音,拟为 *ɑ;层次Ⅱ为鱼虞有别层,拟为 *iə,反映的是《切韵》时的读音;层次Ⅲ则是鱼虞相混层。随即秋谷裕幸(2002b)针对梅文,提出不同意见,把梅文中提到的鱼韵两个层次拟为相同的 *iə。潘悟云(2002)把吴语鱼韵分为三个层次:鱼虞无别、鱼虞有别和读入麻韵层[②]。陈忠敏(2003a)利用层次分析法详细讨论了鱼韵的层次,把各大方言(包括吴语、江淮官话、徽语、闽语等)的鱼韵分为两大层四小层,鱼虞有别层(鱼韵白读层)包括两个层次 *ua 和 *ɯ,鱼虞相混层(鱼韵文读层)包括两个层次 *i 和 *y。本节将在前人的基础上讨论南部吴语鱼虞韵的读音层次。

---

① 潘氏所说的"前中古层次"与"后中古层次"实为同一层次在各地的演变。
② 读入麻韵层也属于鱼虞有别。

4.2.1 鱼韵的读音层次

从上古到中古《切韵》时代，鱼虞韵均有所区别，直到中古后期晚唐五代才开始混同。现代南方方言如吴语、闽语、徽语、赣语等均有鱼虞有别层。我们先从常山方言鱼虞有别的读音说起。

4.2.1.1 鱼虞有别层

先列出常山鱼虞有别层常用字读音如下，见表 4.2.1：

表 4.2.1

ɑ	女 nɑ4，猪 tɑ1，锄 zɑ2，疏1 sɑ1，梳 sɑ1
ie	驴 lie2，除 die2，苎2 die4，箸 dʑie6，煮 ie3，书 ɕie1，鼠 tɕʰie3，齿 tie5
ə①	徐 zɿə2，苎1 dɯə4，锯名词 gɯə6，去 kʰɯə5，渠 ŋɯə2，鱼 ŋɯə4，许 hɯə3
i	初 tsʰi1，疏2 si1

梅祖麟(2001)利用处衢片吴语“猪锄梳女”四字读音将其定为层次Ⅰ，并认为层次Ⅰ的这几个字的韵母保存着秦汉时代的* ɑ 读音。秋谷裕幸(2002b)提出反驳，认为梅文(2001)所说层次Ⅰ读音“都是知庄组，没有其他声母的例子，表示[* ɑ]韵可能是以声母为条件的读音”②。我们把秋谷裕幸文中所用的材料转录如下，见表 4.2.2：

表 4.2.2

江山	知组	庄组	章组	见组
[ɒ]韵	猪 tɒ1 女~婿 nɒ-33	梳 sɒ1 锄 sɒ2		
[ə]韵	齿盛饭 tə1 除脱衣 də2 苎 də4			居~世:节约 kə-24 琚姓 gə2 锯 kə5 去 kʰə5 渠 ŋə1 鱼 ŋə2 墟 xə1 许 xə3
[iə]韵	箸 dʑiə6		煮 iə3 鼠 tɕʰiə3 藷白薯 dʑiə2 书 ɕiə1	

秋谷裕幸认为正因为“庄组、章组、见组都只有一种读音”，所以江山的“[ɒ、ə、iə]”是以声母为条件的变体。但又说“知组则有三种不同的读音，表

① 这里的 ə 是较粗略的音位归纳，正如调查者在说明中所说：“[ə]韵拼[k]组声母时接近[ɯ̆ə]，拼其他声母时接近[ɿ̆ə]。”音位归纳利于音系简洁，但不利于说明演变的过程。在具体讨论中，我们倾向于用音位变体标音，于是把[ɯ̆ə]改为 ɯə，[ɿ̆ə]改为 ɿə，即舌尖塞擦音后用 ɿə，其他声母后用 ɯə。我们认为，ɯ 是 ɿ 的变体。

② 参见秋谷裕幸(2002b)，秋谷裕幸利用江山、庆元的材料进行讨论。

明存在着三种层次"。既然"[ɒ、ə、iə]"是以声母为条件的读音,那么这三个韵母理应属同一层次。正好,知组的这三个读音分别与庄、章、见组韵母相同。因此,秋谷裕幸所说的"知组存在着三种层次"只能理解为演变而形成的三种不同的读音变体。

秋谷裕幸提到的这三个读音的演变似乎缺乏普遍性。事实上,[ə]韵是一个较粗略的音位标音,它由两个音位变体组成:ɯə和iə。层次和音变需要理清楚,否则就会对应错乱。

为更清楚地表示常山鱼虞有别层几个读音的互补分布,我们列出表 4.2.3:

表 4.2.3

读音	泥组	精组	知组	庄组	章组	见组	影、喻组
ɑ	＋	－	＋	＋	＋	－	－
ie	＋	－	＋	－	＋	－	－
ə	－	＋	＋	－	－	＋	＋
i				＋			

正如秋谷裕幸指出江山知组声母后有三个韵母的读音对立,常山知组声母后也有三个读音的对立:ɑ、ie 和 ə。如:猪 tɑ¹ ｜ 箸 dʑie⁶ ｜ 苎 də⁴～die⁴。至于这三个读音是否分属三个不同的层次,还需要进一步讨论。

常山"疏"字有 ɑ 和 i 两读,两者读音差别较大,演变的可能性较小。因此,我们暂将 ɑ 和 i 看成两个不同的读音层次。

再看 i 和 ie、ə 的关系。表面上看,i 与 ie、ə 形成双重互补。先看 i 和 ie,读音 i 有"初 tsʰi¹"和"疏₂si¹"两字,同样是齿音声母,读音 ie 有"箸 dʑie⁶""书 ɕie¹""鼠 tɕʰie³"等字。从声母上看,读音 i 的声母没有腭化,而 ie 的声母均腭化,也就是说,ie 和 i 是互补的,因此,两者属同一层次。读音 ɿ 和 ə 也是互补的,事实上,ə 读音是由 i 发生舌尖化再裂化音变而来,即 i＞ɿ＞ɿə(ɯə),因此,也是同一层次。

再看 ie 和 ə,两者也呈互补之势,只在知组后有对立,且只"苎"字有两读。秋谷裕幸认为常山的"苎"die⁴ 是由 də² 音变而来。先看江山的情况,观察表 4.2.2,江山知组有 ə 和 iə 的对立,实际上这两个韵母读音与声母有关,"齿 tə² ｜ 除 də² ｜ 苎 də⁴"三字读如端组声母,与"箸 dʑiə⁶"字读塞擦音声母实际上是互补的,前者韵母实际读音近 ɿə,是由 i 发生舌尖化再裂化的音变,而"箸 dʑiə⁶"的 iə 读音是由 i 裂化而来的。

我们认为常山的 ie 和 ə 以及江山的 ə 和 iə 都是同一层次读音。我们假设以*ɯ作为音变的起点，ɯ为非正则元音，容易发生相应的音变。我们把上述讨论的音变过程表示如下：

$$^*ɯ>i>iə>ie/泥、知、章组声母\_\_ \quad （前化、裂化）$$
$$>ɿ>ɿə/精组声母\_\_ \quad （舌尖化、裂化）$$
$$>ɯə/见、晓组声母，端组声母\_\_ \quad （裂化）$$

因此，常山鱼虞有别层可分为两个读音层次 ɑ 和 ie（ə、i）。

从时间上看，ɑ 读音层要早于 ie（ə、i）读音层。一方面，"疏"字的两读 ɑ 和 i，读 ɑ 时指的是事物之间的空间距离较远，而读 i 时则引申为人与人之间的关系疏远。从具体到抽象，是具有普遍意义的词义引申。读 ɑ 时的意义更原始，因此 ɑ 读音要早于 i 读音。另一方面，从中原语音史的角度来看，上古鱼部主元音为*a，正如梅祖麟（2001）所说，此读音"保存着秦汉时代的*ɑ 读音"。从保留的这几个读 ɑ 的字看，如"猪锄疏女梳"等，与农业生产关系较密切，较易保留早期读音。潘悟云（1995a，2002，2009b）提到此读音属于读如麻韵或佳韵的层次。因此，ɑ 读音层要早于 ie（ə、i）读音层。见表4.2.4：

表 4.2.4

层次 Ⅰ	ɑ
层次 Ⅱ	ie（ə、i）

我们以常山鱼虞有别这两个层次读音为基础，来观察整个南部吴语的层次对应情况。层次 Ⅰ 的五个层次特征字"女猪锄疏梳"在上山小片分布相当整齐，如表4.2.5所示：

表 4.2.5

方言点	女	猪	锄	疏	梳
常山	nɑ⁴	tɑ¹	zɑ²	sɑ¹	sɑ¹
开化	nɔ⁶	tɔ¹	zɔ²	sɔ¹	sɔ¹
江山	nɒ⁴	tɒ¹	zɒ²	sɒ¹	sɒ¹
广丰	nɑ⁴	tɑ¹	zɑ²	—	sɑ¹
玉山	nɑ⁴	tɑ¹	zɑ²	—	sɑ¹

这一层次读音在上山小片的演变可表示为：

α(常山、广丰、玉山) ＞ɒ(江山) ＞ɔ(开化)

　　鱼虞有别层次Ⅱ为 ie（ə、i）读音层，此层次读音涉及音变较多，但各点亦有相同的层次关系特字，如表 4.2.6 和表 4.2.7 所示：

表 4.2.6①

方言点	徐	苧	去	渠他	鱼	许	锯
常山	zɿə²	dɯə⁴	kʰɯə⁵	ŋɯə²	ŋɯə⁴	huɯə³	guɯə⁶
开化	zɿə²	die⁶	kʰie⁵	ge²	ŋe⁶	hie³	kɯ⁵
江山	zɿə²	dɯə⁴	kʰɯə⁵	ŋɯə¹	ŋɯə⁴	huɯə³	kuɯə⁵
广丰	—	—	kʰɯɤ⁵	ŋɯɤ²	ŋɯɤ⁴	huɯɤ³	ke⁵
玉山	zɿə²	dɯə⁴	kʰɯə⁵	ŋɯə²	ŋɯə⁴	huɯə³	kuɯə⁵

表 4.2.7

方言点	除	箸	煮	书	去~年	鼠	齿
常山	die²	dʑie⁶	ie³	ɕie¹	kʰe⁵	tɕʰie³	tie⁵
开化	die²	dʑie⁶	ie³	ɕie¹	kʰie⁵	tɕʰie³	tie⁵
江山	—	dʑiə⁶	iə³	ɕiə¹	—	tɕʰiə³	—
广丰	—	dʑie⁶	ie³	ɕie¹	kʰe?⁷	tɕʰie³	tie⁵
玉山	—	dʑie⁶	ie³	ɕie¹	kʰɐi⁷	tɕʰie³	—

　　此层读音的音变关系上文已述，且各点相当一致，不赘述。

　　开化见系声母后有 e、ie 和 ɯ 三个读音，其中"锯"有两读：ɯ 和 ie。是否由此划分为两个层次？我们认为没有必要，关键在于周边方言亦只有一个层次。开化的见系声母后与章组相同，均发生前化、前裂化音变，有的则丢失 -i- 介音，其过程为 ˟ɯ＞i＞ie＞e。

　　陈忠敏（2003a）发现开化话鱼韵见组、晓匣组声母后一些字有 ɤ②和 ie 的对立，且这种对立在整个上山小片均有表现，因此将两者划为两个不同的层次，现将表格转录如下，见表 4.2.8：

---

　　① 此表读音我们用音位变体标出，以利讨论演变。
　　② 开化话此读音秋谷裕幸、陶寰记为 e，假设两者是同一地区的内部差异或发音人差异，那么这种差异更像是音变造成的。

表 4.2.8

古声母组	开化	广丰	常山	玉山	江山	龙游
知组	猪 ta¹ 除 die² 箸 dʑie⁶	猪 ta¹ 除 dʏ² 箸 dʑie⁶	猪 ta¹ 苎 də⁴ 箸 dʑie⁶	猪 ta¹ 苎 də⁴ 箸 dʑie⁶	猪 ta¹ 苎 dɯə⁴ 箸 dʑie⁶	猪 tua¹ 苎 dʐ̩⁴ 箸 dʐ̩⁶
见晓匣组	鱼 ŋʏ² 锯 kʏ⁵ 许 hʏ³ 渠 gie⁶ 去 kʰie⁵	鱼 ŋʏ² 许 hʏ³ 去 kʰʏ⁵ 渠 ŋʏ⁶ 锯 ke⁵	鱼 ŋə² 锯 kə⁵ 许 xə³ 渠 ŋə¹ 去 kʰe⁵	鱼 ŋə² 锯 kə⁵ 去 kʰə⁵ 许 xə³ 渠 ŋə¹	鱼 ŋɯə² 锯 kɯə⁵ 去 kʰɯə⁵ 许 hɯə³ 渠 ŋɯə¹	鱼 ŋəɯ² 锯 kəɯ⁵ 许 xəɯ³ 渠 gəɯ⁶ 去 kʰie⁵

从表 4.2.8 中可以看到,常山、玉山等知组声母后似乎有 ə 和 ie 的对立,上文我们已有所提及,这实际上是与声母有关的音变。假设层次Ⅱ读音早期为 *ɯ。广丰、常山、玉山、江山等读 ʏ、ə 或 ɯə 的均为端组定母字,塞音与 *ɯ 相配和谐,因而像广丰、常山、玉山、江山等地没有发生前化音变,而是在此基础上发生后裂化音变 *ɯ>ɯə>ɯə 或低化音变 *ɯ>ʏ>əʏ。而开化则发生前化、裂化 *ɯ>i>ie。龙游知组声母读舌尖塞擦音,使得发生央化进而舌尖化的音变 *ɯ>i>ʐ̩,有些则进一步发生裂化,如表 4.2.6 中所列"徐"的读音。"箸"在各点的读音均为 ie,其声母均为舌面塞擦音,大概在 *ɯ 前化过程中声母也发生了腭化音变,而龙游"箸"声母没有发生腭化,却使韵母进一步舌尖化变成 ʐ̩。我们知道,音变有时也能造成对立,因为音变是通过词汇扩散方式逐步扩散的。音变还要看声韵配合,我们发现,知组声母后的对立实际上互补的(仅指层次Ⅱ),因此,它们属同一读音层次。

我们再来看见、晓组声母后读音是否对立。我们注意到,玉山、江山无对立。开化的内部差异似乎可以给我们一些启示,"鱼锯许"等字韵母读音,陈忠敏记为 ʏ,秋谷、陶寰记为 e,这显然不是层次的差别,而是音变造成的内部差异(或者是不同发音人)。从表 4.2.6 和表 4.2.7 可以看出,开化见、晓组声母后大部分已变成 ie 或 e 读音,其中"锯"字有两个读音,作名词时为 ie,作动词时为 ɯ,这种对立,我们认为是音变,而不是层次。常山、龙游的"去"在"去年"一词中与作为动词时的"去"读音不同,常山的"去"在"去年"一词中读"kʰe⁵",作动词时读"kʰə⁵"。龙游的"去"在"去年"一词中读"kʰie⁵",作动词时读"kʰəʔ⁷"。

我们认为看成音变较妥当。在见系声母下广丰、常山、龙游 e 或 ie 的读音极少,我们认为在"去年"一词中"去"的韵母就是 *ɯ,受到"年"声母的发音部位[-back](非后)特征影响，使得 *ɯ 发生前化音变 *ɯ>i，有的甚至裂化 i>ɐi，如玉山大部分前化并裂化。因此，我们倾向于把 ə 与 ie、i 看成同一个语音层。这层读音有较多的读音变体，在音变过程中出现较多剩余。

再来看丽水小片鱼虞有别这两个层次的对应情况。我们先把丽水、庆元、云和、遂昌四点鱼虞有别层读音列表 4.2.9 如下：

表 4. 2. 9

方言点	层次 I	层次 II
丽水	女~儿 nɔŋ^4 锄 zuo^2 疏 suo^1	去 kʰɤɯ^5 锯 kɤɯ^5 渠 gɤɯ^2 鱼 ŋɤɯ^2 猪 ti^1 箸 dʑ̩^{6} 梳 sʅ^1 薯 ʑ̩^{6} 鼠 tsʰʅ^3
庆元	女~儿 nã^3 猪 do^1 锄 so^2 疏 so^1	去 kʰɤ^5 锯 kɤ^4 渠 kɤ^2 鱼 ŋɤ^5 许 hɤ^3 吕 li^4 滤 lie^6 煮 ie^3 杵 tɕʰie^3 鼠 tɕʰie^3 薯 ie^5 齿 dʑie^5
云和	女~婿 no^4 锄 zo^2 疏 so^1	猪 ti^1 煮 i^3 薯 i^5 齿 ti^5 去 kʰi^5 渠 gi^2 鼠 tsʰʅ^3 箸 dʑ̩^{6} 梳 sʅ^1
遂昌	女~儿 na^4 猪 ta^1 锄 za^2 梳 sa^1 疏 sa^1	去 kʰɤ^5 锯 kɤ^5 渠 gɤ^2 鱼 ŋɤ^2 许 hɤ^3 去~年 kʰei^5 苎 dʑie^4 箸 dʑie^6 煮 ie^3 鼠 tɕʰie^3 齿 tie^5

先看层次 I。丽水有两个读音 ɔ 和 uo，ɔ 读音只在"女儿"一词中，已与"儿"合并成一个音节。在有鼻音尾的音节里元音变化相对闭音节要慢，因此此读音层其他字已经变为 uo，独"女儿"中的"女"仍为 ɔ，可知 ɔ 裂化为 uo。庆元的"女儿"一词中的"女"字已随阳声韵发生共同的音变，如咸摄的"贪、南、男、甘、感"等其韵母均读 ã。遂昌的"女儿"读为"na^{13}ɲie^{221}"，儿尾自成音节，"女"字读 a 只出现在"女儿"这个词中，我们认为"女"字可能原读 ɑ，受自成音节"儿"的声母（舌面前鼻音）的影响，使后 ɑ 变成前 a，因此，女的 a 读音是 ɑ 的一个读音变体。我们把丽水小片四个方言点层次 I 的演变表示如下：

ɑ(遂昌)＞o(庆元、云和)＞uo(丽水)

层次 II 由于各方言内部有读音变体，略显复杂。上文提到，上山小片层次 II 各读音变体均由 *ɯ 元音发生裂化、前化而来，这在丽水小片各方言点中也可得到解释。不同的是，上山小片见系声母后的变体大多由 *ɯ 元音发生后裂化音变，即 *ɯ>ɯə，而丽水小片则往往发生前裂化的音变。如丽水见系声母后读 ɤɯ，庆元、遂昌见系声母后先低化再前裂化读 ɤ（实际读音为 əɤ）。

非见系声母则大多发生前化的音变，有的进一步舌尖化，如丽水的"箸

dʑ̩⁶｜梳s̩¹｜薯z̩⁶｜鼠tsʰ̩³"等,云和的"鼠tsʰ̩³｜箸dʑ̩⁶｜梳s̩¹"等,有的则前化、裂化,如庆元的"滤lie⁶｜煮ie³｜杵tɕʰie³"等,遂昌的"苎dʑie⁴｜箸dʑie⁶｜煮ie³"等。云和见系声母后与开化一样均发生前化的音变,即*ɯ>i,如"去kʰi⁵｜渠gi²"等,只是开化进一步发生i>ie的裂化音变。总之,丽水小片层次Ⅱ与上山小片有严整的对应,各音位变体的音变大体相同。

我们再来看瓯江片各方言鱼虞有别层与上丽片的对应情况。陈忠敏(2003a)认为温州地区没有对应于开化的A层次或B层次①的读音。我们认为瓯江片不仅有与上丽片层次Ⅱ的对应,而且还有层次Ⅰ的对应,只不过层次Ⅰ收字较少。瓯江片大多仅有表"女儿"义的"女"字读音保留层次Ⅰ的读音,如表4.2.10所示:

表 4.2.10

词项	温州	平阳	乐清	永嘉
女儿	naŋ	naŋ	ne	naŋ

温州"女儿"读"na³⁴⁻⁴²ŋ³¹⁻²¹",儿尾的存在使得元音变化较慢,仍保留着原来的读音。瑞安、平阳、永嘉等地与温州话相同。乐清"女儿"义中的"女"读"ne",其韵母读音与古阳声韵"男南"等同音,表明经历了鼻韵尾脱落的过程,且韵母发生前高化的音变。潘悟云(1995a)曾就"囡"字所反映的历史层次做过探讨,指出其性质是读如佳韵或麻韵。总之,瓯江片具备与上丽片对应的层次Ⅰ读音。

再看层次Ⅱ的对应。温州见系声母后有i和øy两个读音,先看i韵,中派读ei,可见在共时语音系统中还发生了i>ei的裂化音变。这是能在共时中观察到的音变,如"去kʰi⁵｜渠ₜₐgi²｜居ki¹"等,有的人已读为ei。乐清、平阳这三个字也读i,上文我们提到,这个i读音是由*ɯ前化而来。另外,在瓯江片各方言中,*ɯ在前化音变过程中,出现中断,只到一半就发生另一个音变,即*ɯ>ʉ>øy,如温州"锯køy⁵｜鱼ŋøy⁴"均读øy。有的点则发生圆唇化音变,如永嘉、永强的"锯"就读u韵,这个u,我们认为也是由早期的*ɯ韵变化而来。因此,温州话在见系声母下发生了两个音变,一是*ɯ韵前化为i进而裂化为ei,另一是*ɯ前化为ʉ进而裂化为øy。

事实上,øy读音只出现在见系声母后,且收字仅限"锯鱼"两字,显然此读音的产生是有条件的。如果我们因为两者在见系声母后有对立就将其划

---

① 开化的A层次相当于本部分层次Ⅰ。陈忠敏(2003a)把本部分层次Ⅱ再分B层次和C层次。

为两个层次，显然有失偏颇，因为音变也会形成对立。所以见系声母后 øy 和 ei 是同一层次读音，对应于上丽片层次Ⅱ。

温州非见系声母后鱼虞有别层的读音有 ei 和 ʅ。如表 4.2.11 所示：

表 4.2.11

ei	滤 lei⁶ 蛆 tsʰei¹ 徐 zei² 猪 tsei¹ 苧 dzei⁴ 杵 tsʰei³ 鼠 tsʰei³ 薯 zei²
ʅ	础 tsʰʅ³ 锄 zʅ² 梳 sʅ¹

据 Montgomery 记录的百年前温州话显示，"猪、箸"的韵母读音为 i，现代读 ei，可见百年来发生了裂化音变 i＞ei。ei 韵可以出现在来母、精知章、见系声母后，独无庄组字，而白读 ʅ 韵只出现在庄组，可知 ei 和 ʅ 两者互补，说明庄组字发生了舌尖化音变，即 i＞ʅ。事实上，ʅ 读音在温州话鱼韵里是文白同形的，即 ʅ 既是文读又是白读。如：

庄组声母：ʅ白读　　　　ɣu文读
其他声母：ei白读　　　　ʅ文读（见系声母除外）

如"滤"白读 ei，文读 ʅ；"蛆"白读 ei，文读 ʅ；"薯"白读 ei，文读 ʅ。而庄组"础锄梳"等字白读 ʅ，文读 ɣu，这里的文白读与文白层是一致的。需要注意的是，这与"音是旧音，词是新词"的原则情况不同，这里庄组 ʅ 的出现是有条件的，它与 ei 是同一层的，而 ɣu 和其他声母后的 ʅ 是同一层次的。对此，我们讨论鱼虞相混层的鱼韵读音时再详述。

我们知道这个 i 是由早期的 *ɯ 前化而来，在庄组声母后进一步舌尖化，而在其他声母后则发生裂化音变。即：

$$^*ɯ ＞ i ＞ ʅ/庄组声母\_\_$$
$$＞ ei/其他声母\_\_$$

这就是层次Ⅱ读音在温州话中的演变。

乐清、平阳层次Ⅱ庄组声母后读 ʅ，其他声母则读 i。永嘉庄组读 ʅ，见系读 u，其他则读 ei。因此我们把瓯江片各点层次Ⅱ对应表示如下，见表 4.2.12：

表 4.2.12

温州	永嘉	平阳	乐清
ei(ʅ)	ei(u、ʅ)	i(ʅ)	i(ʅ)

最后我们再来看金衢片鱼虞有别层的对应情况。层次Ⅰ在金衢片各方言的保留情况差异较大，收字情况多寡不一，如表 4.2.13 所示：

表 4. 2. 13

例字	金华	兰溪	东阳	义乌	武义	浦江	永康
女~婚	na³	nu⁵	nuo⁴	na⁴	nua⁴	nɔ⁴	na⁴
猪	—	—	tsuo¹	tsua¹			
锄	—	—	zuo²	zua²	zua²		zua²
疏	—	—	suo¹	sua¹	sua¹		sua¹
梳	—	—	—	sua¹	sua¹		

金华、兰溪、浦江等地层次Ⅰ收字少，只在"女"字中有所保留，其他字已被层次Ⅱ读音所覆盖，而东阳、义乌、武义、永康等地则有较多字保留了此读音。共时的分布能展现历时的演变，可总结为：

$$a（金华）>ɔ（浦江）>u（兰溪）>uo（东阳）>ua（义乌、武义、$$

永康）

金衢片各方言层次Ⅱ也有严整的对应，如表 4.2.14 所示：

表 4. 2. 14

金华	驴 li² 滤 lie⁶ 徐 zi² 猪 tsʅ¹ 锄 zʅ² 煮 tsʅ³ 鼠 tsʰʅ³ 锯 kɤ⁵ 去 kʰɯ⁵ 许 hɤ³
兰溪	驴 li² 滤 li⁶ 絮 si⁵ 徐 zi² 猪 tsʅ¹ 苎 dʑʅ⁴ 箸 dʑʅ⁶ 锄 zʅ² 鼠 tsʰʅ³ 锯 kɤɯ⁵ 渠 gəʔ⁸ 去 kʰəʔ⁷ 许 hɤɯ³
东阳	驴 li² 滤 li⁶ 絮 si⁵ 箸 dʑi⁶ 齿 tsi⁵ 梳 sʅ¹ 鼠 tsʰi³ 锯 kəɯ⁵ 去 kʰəɯ⁵ 渠 gəɯ²
义乌	驴 li² 滤 li⁶ 絮 si⁵ 徐 zi² 猪 tsʅ¹ 箸 dʑi⁶ 齿 tsi⁵ 鼠 tsʰi³ 锯 kəɯ⁵ 去 kʰəɯ⁵ 渠 gəɯ²
武义	滤 lie⁶ 徐 zi² 絮 ɕi⁵ 猪 li¹ 箸 dʑi⁶ 鼠 tɕʰi³ 薯 ɕi⁵ 锯 ku⁵ 渠 gu² 去 kʰu⁵
浦江	驴 li² 吕 li⁴ 滤 li⁶ 徐 dʑi² 絮 si⁵ 猪 tsi¹ 箸 dʑi⁶ 锄 zʅ² 礎 tsʅ⁵ 梳 tsuɯ¹ 疏 sʅ¹ 鼠 tsʰʅ³ 锯 ku⁵ 许 huɯ³ 渠 dʑi² 去 tɕʰi⁵
永康	滤 lie⁶ 蛆 tɯʰi¹ 絮 ɕi⁵ 猪 tɕi¹ 箸 dʑi⁶ 梳 sʅ¹ 疏 sʅ¹ 鼠 tɕʰi³ 锯 ku⁵ 夫 kʰu⁵ 渠 gu²

从表 4.2.14 中可以看出，金衢片层次Ⅱ读音的互补分布条件大致相同，只是音值略有差别。金华见系声母后有 ɤ 和 ɯ 两读，上山小片如开化（陈忠敏调查）、广丰等见系声母后的 ɤ 由 ɯ 变来，且 ɤ 和 ɯ 只在见系声母后出现，显然两者不是层次关系，ɯ 读音是 ɯ>ɤ 过程中出现的遗留。

金华非见系声母后有 i 和 ʅ 两读，呈互补关系，来母（有的裂化为 ie）、精

084

组声母读 i,知庄章声母后的 i 进一步舌尖化,其互补关系可以表示为(ᵘ ɯ 作为音变起点):

$$^*ɯ＞ɯ(ɤ)/见系声母\_\_$$
$$＞i(ie)/来母、精组声母\_\_$$
$$＞i＞ɿ/知庄章声母\_\_$$

　　兰溪与金华音变过程相同,只在见系声母后的具体音值略有不同,发生前裂化音变 $^*ɯ＞ɤɯ$,还有"渠、去"读 əʔ 韵,为"舒声促化"现象,与层次无关。

　　东阳见系声母后也发生前裂化音变 $^*ɯ＞əɯ$,非见系声母后均读 i,少数如"梳、杵"等发生 $i＞ɿ$ 的舌尖化音变。

　　武义、永康的见系声母后均读 ɯ。浦江见系声母后有 ɯ、i 两种读音,读 i 的声母发生腭化,可见发生 $ɯ＞i$ 的扩散音变式音变,同时,声母也发生腭化。

　　浦江非见系声母后有三种读音:i、ɿ 和 ɯ。庄、章组大部分读 ɿ,其中"梳"字读 ɯ,我们之前说到,层次 Ⅱ 读音是由 $^*ɯ$ 音变而来,但各方言读音除见系声母后有 ɯ 读音的遗留外,非见系声母后较少见到 ɯ,浦江"梳"字读 ɯ 表明非见系声母后的共时读音也是由 $^*ɯ$ 音变而来的。

　　按共时分布可以体现历时演变的原则,我们把金衢片层次 Ⅱ 读音的演变表示如下:

　　① 在见系声母下的演变:

$$^*ɯ＞ɯ(武义、永康)＞əɯ(ɤɯ)(东阳、义乌、兰溪)$$
$$＞ɤ(ɯ)(金华)$$
$$＞ɯ(i)(浦江)$$

　　② 在非见系声母下的演变

$$^*ɯ＞i/泥组、精组声母\_\_$$
$$＞ɿ/知组、庄组、章组声母\_\_　(金华、兰溪)$$
$$^*ɯ＞i(ɿ)(武义、义乌、东阳)$$
$$^*ɯ＞i/其他声母\_\_$$
$$＞ɿ/庄组声母\_\_　(永康、浦江)$$

综上所述,南部吴语鱼虞有别层可以分为两个读音层次,在上丽片、瓯江片和金衢片均有对应。其中层次Ⅰ在上山片各方言中的收字最多,浙西南地区多山,自古交通不便,正是这样的地理位置使其保留了不少古老读音而不易被影响。从该片内部各方言读音来看,发生了后高化的音变。

相比之下,瓯江片层次Ⅰ读音保留最少,东瓯名城温州早在春秋战国时期就是沿海九个港口之一,南宋时被辟为对外通商口岸,有"一片繁荣海上头,从来唤作小杭州"之称,可见当时之繁荣,独特的地理位置造就了温州地区对外交流的紧密,层次Ⅰ保留较少也就可以理解了。而金衢片正处于两者中间,有的点如金华、兰溪、浦江等地保留的少,而其他如义乌、永康、武义、东阳等地则保留较多,金华历来为金衢府治之所在,兰溪历史上水路发达,有"三江之汇""六水之腰""七省通衢"之称。从内部差异来看,同一层次内的音变差异大致也能反映出不同片方言的特点来。

层次Ⅱ在南部吴语三个片的读音相对复杂,主要在于不同声母组后的读音差异,在见系声母下大多在 ɯ 的基础上产生裂化音变,或后裂化,如上山小片,或前裂化,如丽水小片。与上丽片不同的是,瓯江片则在 ɯ 基础上前化为 i 再裂化为 ei,或圆唇化为 u 再发生裂化为 øy。也就是说,前裂化是瓯江片音变的重要特点。金衢片似介于两者之间,大多在 ɯ 基础上发生前裂化音变,有的则发生前化。非见系声母后大多为 i,有的声母组后进一步舌尖化为 ɿ,上丽片、金衢片均如此,瓯江片则由 i 进一步裂化为 ei,音变较快。总的来说,不管是 i 还是 ɿ,均是由 ɯ 前化而来。浦江的"梳"读音还保留了 ɯ 读音。

4.2.1.2　鱼虞相混层

鱼韵还有读音与虞韵相同。《颜氏家训》记载,南方普遍鱼虞有别,北方则相混。可见,南方的鱼虞相混读音可能受到北方的影响,且方言中鱼虞相混读音往往是文读音。就南部吴语而言,鱼韵中属于鱼虞相混的读音大多为合口,正如陆游在《老学庵笔记》中说:"四方之音有讹者,则一韵尽讹……吴人讹鱼字,则一韵皆开口。"可知合口文读音至少在南宋以后才形成,我们还是以常山为例,将其作为讨论的基点。

常山鱼虞相混层有些读音有两读,如"女":ȵye⁴～ȵy⁴,"书":suə¹～ɕy¹,淤:ye¹～y¹。其中"书、淤"的第一个读音是作为地名的读音,地名往往由官方确定,因此,其读音有的也能反映出标准语的痕迹,uə 可能由 u 裂化而来。从"淤"字的读音来看,ye 读音应该也是由 y 裂化而来。

庄组"蔬"读"suə¹",其他庄组字读 u,如"助、楚"等。从词汇的口语化程度来看,"助、楚、础"等字的口语化程度较弱。从反映中原语音史的文献来看,遇摄三等庄组在中古后期就开始失去-i-介音,所以《中原音韵》和《洪武正韵》将其归入洪音韵,其他三等字则归为细音韵。我们把元高元音裂化形成的读音对立都看成是音变关系,因此,ye 和 uə 可能也是由 y 和 u 裂化而来的。

读音 ui 只出现在来母,如"吕、旅、虑"等均读 ui 韵,与 u(uə)和 y(ye)形成互补。因此,常山的鱼韵里的鱼虞相混层只有一个层次:u(uə)/y(ye)/ui。

江山庄组为 u(uə),其他声母后读 y(yə),两者互补。开化庄组后读 u,其他声母后读 y(yo),yo 读音仅"序、余"两字。广丰、玉山没有裂化后的读音变体,广丰庄组后读 o,其他声母读 ye,玉山庄组后读 uə,其他声母则读 ye。

丽水小片的丽水泥组后读 y,庄组后读 u,精知章组、见系声母后读 ʮ。不过古见系声母后似有 ʮ 和 y 的对立,如"巨 dʑʮ⁶│距 dʑʮ⁶│虚 sʮ¹│语 nʮ⁴│余 ɦy²"。事实上,从读音中我们可以清楚地看到,ʮ 和 y 是互补的,ʮ 只出现在舌尖前塞擦音或擦音声母后。由于见组声母发生舌尖化音变,于是韵母由 y 也变成 ʮ,变得与精知章组韵母相同了。庆元庄组声母后读 ɤ,其他声母后均读 ye。云和庄组读 u,其他声母后读 y。遂昌庄组读 uɤ,其他声母后读 y(yɤ)。

瓯江片的温州话鱼虞相混层读音很多,不过都是互补关系。为更清楚地看出这种互补关系,我们列表 4.2.15 如下:

表 4.2.15

声母组	泥组	精知章组	庄组	见组	影组
读音	øy	ɿ	ɤu	y	u

上文提到过温州来母 ei 和 øy 的对立,且前者为白读,后者为文读。查百年前记录的温州话,"吕"记为 lʉ⁴,可知 øy 读音应由 ʉ 裂化而来,结合温州模韵的演化过程,ʉ 是由 u 前化而来的。

精知章组文读为 ɿ,早期记为 y,应该是受到声母的影响逐渐由 y>ɿ/[＋舌尖],声母塞擦音或擦音具有舌尖特征,使得舌面元音 y 发生舌尖化音变。上文提到,ɿ 读音既可以是白读又可以是文读,关键在于这是有声母条件的。ɿ 在庄组为白读,ɤu 在庄组是文读。上丽片各方言文读层读音均为精知章为一组,庄为一组,两者的分化表现出相当的一致性。早期记录的庄组文读为 u,可知,ɤu 为 u 前裂化而来。见系声母后读 y,并且声母发生腭化,早期记录也是 y。影组声母后读 u,与早期记录相同。

乐清文读层庄组后读 ou,其他声母后读 y。庄组"锄"白读为 ɿ,此 ɿ 读音为鱼虞有别层的层次 Ⅱ 读音。文读为 ou,"阻、初、助"等庄组字均为 ou 读音。显然庄组后的 ou 由 u 裂化而来。平阳庄组后读 u,其他则为 y。永嘉和温州情况较相似,泥组后永嘉读 əy,和温州相同,也是由 u 前化、裂化而来,精知章组、见组声母后读 ʮ,庄组后读 o,影组后读 u。

金衢片各点鱼虞相混层大多相同,如义乌、兰溪、武义、浦江、永康等地庄组后读 u,其他声母后读 y①,均只有一个读音。东阳的读音变体相对较多,如表 4.2.16 所示:

表 4.2.16

声母组	泥组、见系	精知章组	庄组
读音	iʉ	ʮ	u

4.2.1.3 小 结

综上所述,我们把南部吴语鱼韵的读音层次分析清楚了,现把层次对应总结如下,见表 4.2.17:

表 4.2.17

方言片	方言小片	方言点	鱼虞有别层		鱼虞相混层
			层次 Ⅰ	层次 Ⅱ	层次 Ⅲ
上丽片	上山小片	常山	ɑ	ɯə(ɻə/ie/i)	u(uə)/y(ye)/ui
		开化	ɔ	ie(e/ɻə/ɯ)	u/y(yo)
		江山	ɒ	ɯə(eɻə/iə)	u(uə)/y(yə)
		广丰	ɑ	uɤ(ie/e)	o(ye)
		玉山	ɑ	ɯə(ɻə/ie)	uə(ye)
	丽水小片	丽水	uo(ɔ)	ɤɯ(i/ʅ)	u/(y/ʮ)
		遂昌	ɑ(a)	ɤ(ie)	uɤ/y(yɤ)
		云和	o	i(ʅ)	u(y)
		庆元	o	ɤ(i/ie)	ɤ(ye)
瓯江片		温州	a	ei(ʅ)	ɤu(øy/ʅ/y/u)
		永嘉	a	ei(u/ʅ)	ɒ(əy/ʮ/u)
		平阳	a	i(ʅ)	u(y)
		乐清	e	i(ʅ)	ou(y)

① 永康、浦江鱼韵的 y 读音近央 ʉ。

续　表

方言片	方言小片	方言点	鱼虞有别层		鱼虞相混层
			层次 Ⅰ	层次 Ⅱ	层次 Ⅲ
婺州片		东阳	uo	əɯ(i/ɿ)	u(iʉ/ɥ)
		义乌	uɑ	əɯ(i/ɿ)	u(y)
		金华	ɑ	ɣ(ɯ/ie/i/ɿ)	u(y)
		永康	uɑ	ɯ(i/ɿ/ie)	u(y)
		武义	uɑ	ɯ(ie/i)	u(y)
		浦江	ɔ	ɯ(i/ɯ/ɿ)	u(y)
		兰溪	u	ɣɯ(i/ɿ)	u(y)

4.2.2　虞韵的读音层次

关于虞韵的层次问题,已有多位学者论及。秋谷裕幸(1999)指出处衢片方言虞韵舌齿音部分字读如尤韵,表现与闽语相同。梅祖麟(2001)利用处衢片方言材料指出浙南吴语开化、常山虞韵有三个层次,其他方言有两个层次,并与闽语虞韵的两个层次相对应。陈忠敏(2002)把开化话划分为三个读音层次,并以此为基点讨论吴闽语虞韵的层次对应。郑伟(2011b)则从北部吴语常熟话读入尤韵的"鬏 siɣɯ¹"字入手,认为北部吴语该层次具有两种演变类型,一类与尤韵合并,如常熟话;另一类与模韵合并,即苏州型。

虞韵第一个层次的显著特点是虞尤合韵,这个层次读音反映了南朝江东方言的音韵特点,这种现象在当时的文献中即可得到线索,如南朝江东地区很多诗人将虞、尤互押①,这些与尤韵相押的虞韵字上古均属候部。虽说押韵并不能表示两者完全同音,但至少表明它们具有相同的韵基,正如日译吴音虞、尤舌齿音有混同但并未完全同音。②

不过历史文献毕竟不是直接记录当时语言,还不够直观。现代活语言中虞尤相混的音类分合事实则给我们提供了更为直观的证据。许多证据表明,浙西南地区的方言保留了更多古江东方言的音韵特点,虞尤相混即是其中之一。在南部吴语上丽片、瓯江片和金衢片均有不同程度的保留,其中上丽片和瓯江片虞尤相混收字较多,而金衢片由于离北部吴语最近,从地理上受到的冲刷更明显,因而仅个别方言有所保留。我们把各地虞、尤同韵读音列表 4.2.18 如下:

①　具体参见郑伟《吴语音韵史中白读音的保守与创新》(2011b:22)。
②　同上。

表 4.2.18

方言片	方言点	虞韵	尤韵
上丽片	常山	缕 liɯ⁴ 取 tɕʰiɯ¹ 鬏 ɕiɯ¹ 树 dʑiɯ⁶	留 liɯ² 秋 tsʰɯ¹ 收 ɕiɯ¹ 旧 dʑiɯ⁶
	江山	取 tɕiɯ³ 鬏 ɕiɯ¹/sɯ¹ 树 dʑiɯ⁶/dzɯ⁶	留 lɯ² 秋 tsʰɯ¹ 收 ɕiɯ¹ 旧 gɯ⁶
	开化	取 tɕʰiɯ³ 鬏 ɕiɯ¹ 树 dʑiɯ⁶	留 liɯ² 秋 tsʰiɯ¹ 收 ɕiɯ¹ 旧 dʑiɯ⁶
	广丰	取 tɕʰiɯ³ 鬏 ɕiɯ¹ 树 dʑiɯ⁶	留 leɯ² 秋 tsʰeɯ¹ 收 ɕiɯ¹ 旧 giɯ⁶
	玉山	缕 lœi⁴ 取 tsʰˠei³ 鬏 sœi¹ 树 dʑœi⁶	留 lœi² 秋 tsʰˠei¹ 收 sœi¹ 旧 gœi⁶
	丽水	缕 lɤ̃u⁴ 取 tɕʰɯ	留 liɤu² 秋 tɕʰiɤu¹ 收 ɕiɤu¹ 旧 dʑiɤu⁶
	庆元	取 tɕiɯ³ 鬏 ɕiɯ¹ 树 tɕiɯ¹	留 liɯ² 秋 tɕiɯ¹ 收 ɕiɯ¹ 旧 tɕiɯ¹
	遂昌	取 tɕʰiɯ³ 枢 dʑiɯ⁶ 树 dʑiɯ⁶	留 liɯ² 秋 tɕʰiɯ¹ 收 ɕiɯ¹ 旧 dʑiɯ⁶
	云和	取 tʃʰy³ 鬏 ʃy¹ 树 ʒy⁶	留 liu² 秋 tʃʰiu¹ 收 ʃiu¹ 旧 dʒiu⁶
瓯江片	温州	缕 lau⁴ 取 tɕʰau³ 娶 tɕʰau³ 跑 gau⁷	楼 lau² 愁 zau² 九 tɕau³ 狗 kau³
	永嘉	缕 lau⁴	楼 lau² 愁 zau² 九 tɕiau³ 狗 kau³
	乐清	缕 lau⁴ 娶 tɕʰiau³	楼 lau² 愁 zau² 九 tɕiau³ 狗 kau³
	平阳	取 tɕʰiau³	楼 lau² 愁 zau² 九 tɕiau³ 狗 kau³
金衢片	兰溪	取 tɕʰiɤu³	留 liɤu² 秋 tsʰiɤu¹ 收 ɕiɤu¹ 旧 dʑiɤu⁶
	浦江	缕 lʌ⁶ 株 tsiʌ¹	留 lʌ² 秋 tsʰiʌ¹ 收 siʌ¹ 旧 dʑiʌ⁶
	义乌	缕 lə̃u⁶	留 lə̃u² 秋 tsʰiə̃u¹
	汤溪①	取 tɕʰiə̃u³ 树 dʑiə̃u⁶	丑 tɕʰiə̃u³ 旧 dʑiə̃u⁶

从表 4.2.18 中可以看出,上丽片除云和外,大部分方言点都有虞韵读如尤韵的读音层次,瓯江片大部分方言也具有该层次读音,相比之下,金衢片只有部分方言点有虞韵读如尤韵的读音。读如尤韵的这些虞韵字上古均属侯部,可以认为是上古侯部字读音的残留层(陈忠敏,2002)。

但尤韵字上古大部分属于幽部字,似乎与虞韵无关,从虞韵读如尤韵的读音中似乎无法推出属于上古侯部读音的残留,两者并无因果关系。所以郭必之(2004:596)认为:"我们发现开化话的虞韵'特字'只跟幽部字同韵(如'忧''幽'皆读 iɯ),不跟侯部字同韵(如'狗'ku、'豆'du)。开化话虞韵'特字'读入尤韵的现象,反映了江东方言的格局,而不是上古侯部的残留。"同时,郭文列举了许多六朝时期江东地区诗人的情况所反映的虞韵读如尤韵的例子,而且反映当时吴方言色彩的日本吴音②也能显示出相同的音类

---

① 汤溪的材料取自曹志耘《南部吴语语音研究》(2002a:68)。
② 吴音大概借自五六世纪的江南地区。见平田昌司《日本吴音梗摄三四等字的读音》(1995:125)。

分合关系,据此认为这便是今日处衢方言、闽方言虞韵"特字"流向尤韵的源头。但陈忠敏(2002)认为侯韵的 u 与虞韵的 iɯ 不对立,并将虞韵的 iɯ 转写成 iu,这样两者就形成同层异等关系,都是上古侯部字读音的残留。

事实上,开化侯韵还有一个层次读音也读 iɯ,这个读音与虞韵相同,如果把虞韵 iɯ 读音和侯韵 u 读音当作同一层次读音,那么侯韵的 u 和 iɯ 也是同一层次,这与事实不符。当虞韵一些字仍然留在侯部时,就会与侯韵或尤韵一同变化,而不一定非得读 u。尽管开化话侯韵读 u 是较早层次,但不能说读 iɯ 的就不是侯韵字了。我们把各方言侯韵读音列表 4.2.19 如下(仅列虞韵与侯韵相同的读音):

表 4.2.19

古韵部	常山	江山	开化	广丰	玉山	丽水	庆元	遂昌	云和
侯韵	iɯ	ɯ	ɯ	iɯ	əɯ	ɣɯ	iɯ	ɣɯ	əu
古韵部	温州	永嘉	乐清	平阳	兰溪	浦江	义乌	汤溪	
侯韵	au	au	au	au	ɣɯ	ʌ	əɯ	əɯ	

结合表 4.2.18 与表 4.2.19 中虞韵与侯韵的比较可以看出,大部分读音相同,不同的只是介音的有无,总之它们具有相同的主元音,可见虞、侯两韵关系紧密。江山"取、鬃、树"等字有两读:iɯ 和 ɯ,这两个读音不太可能是层次关系,周边方言一般无此两读。结合声母情况考察发现,有-i-介音的则声母腭化,无-i-介音的则声母不腭化,因此是互补的。由于-i-介音的产生,声母发生腭化的音变,从江山尤韵的韵母分布也能看出-i-介音是后起的,凡是有介音的,其声母必腭化,无介音的声母不腭化。音变过程可表示如下:

$$[+\text{apical}]塞擦或擦音+ɯ>[+\text{palatal}]塞擦或擦音+iɯ$$

从这个音变亦能看出,虞韵与侯韵、尤韵的关系均相当紧密。因此仅用古江东地区诗人的押韵材料来说明闽、粤语等虞韵读如尤韵的层次读音是由江东方言传播所致,恐欠妥当。"事实上,南方方言分布的地理格局在先秦时期已奠定基础,其后地方文化与北来的移民文化相互接触、发生融合甚至语言换用,形成现代南方汉语方言的基础。"①只有当时的标准语才有可

---

① 邓晓华、王士元《古闽、客方言的来源问题及其历史层次问题》(2003:9)。

能具备传播的功能。不过,标准语的基础方言也会在不同时代发生转移,如"周秦汉代(公元前 1122—公元 220)的文学语言基础是北方方言;而在齐梁陈代(480—587)是南方方言;到了唐宋元明清(618—1911)复以北方方言为基础。魏晋宋时期(220—479)是个过渡阶段,中心由北南移"①。我们认为现代方言虞韵读如侯、尤韵的读音层次是上古侯部读音层的体现,具体地说就是当时标准语原属侯部的虞韵字向鱼部合流而形成的剩余,侯韵析出与尤幽合为一部,而当时的江东方言正体现了此种变化。

关于鱼侯两部的分合问题,罗常培、周祖谟(1958)曾提出:"鱼侯两部合用是西汉时期普遍的现象,这是和周秦音最大的不同。""鱼侯两部到了西汉合为一部,可是到了东汉又和西汉不同了。东汉鱼侯也是合为一部的,但是鱼部麻韵一系的字已转歌部去了。"②周祖谟(1948、1981)指出东汉鱼部包括鱼模虞侯四韵,到魏晋宋时期,侯韵字析出与尤幽两韵合为一部。张琨(1987)认为侯鱼两部在魏晋南北朝时,汉语北部方言与南部方言存在差异。邵荣芬(1982)运用数理统计方法对古鱼部与古侯部在两汉时期的分合问题进行深入讨论,认为汉代鱼侯两部并未合为一部,前汉时两部分立,后汉时两部仍分立,但侯部的虞韵字已转入鱼部。简启贤(2003)利用晋代音注材料讨论当时的鱼部,认为在晋代,"北方方言(中原和齐鲁)古侯部中的虞韵字已经和古鱼部中的虞韵字合并,江东方言的这种合并还正在进行之中"③。由此可见,侯部中的虞韵字与鱼部有区别反映的是两汉之前的读音。

也有学者如郑张尚芳(2002b)认为吴闽语虞韵读如尤韵的字,应是"中古后期虞韵 io 高化为 iu 以后生成的层次"。对此,郑伟(2011b)则认为南部吴语、闽语虞韵所辖字大体相同,不可能是中古后期的接触,而是继承自南朝吴语。但他又说"对于南朝的雅言来说,它是例外音变;对于现代吴、闽语来说,却是共同保留"。

之所以会出现南部吴语、闽语虞韵读如尤韵辖字如此一致的情况,除了说明两者关系密切,还可能由于早期受到通语虞韵属侯部读音的影响。从共时上看,也可以说是当时的文读战胜了白读,造成文白转换而形成的读音层次。自古以来的通语的强势读音往往超越时空,是政治、战争、文教习传等种种非自然因素造成的读音层次,这种读音层次具有跨域性。当然我们

---

① 参见张琨《汉语音韵史中的方言差异》(1987:35)。
② 罗常培、周祖谟《汉魏晋南北朝韵部演变研究》(1958:21—22)。
③ 简启贤《晋代音注中的鱼部》(2003:23)。

也不否认一些音变所造成的一致性。

我们发现,在很多方言里,虞韵还有一些与其主体层相异的读音。从共时的演变类型上看,这些读音或读鱼韵或读模韵。从历时上看,读模韵或鱼韵的这些读音或许是例外音变,虽然这些字无一例外地属上古侯部字,也是上古侯部字读音的残留,只不过在共时的系统中它们脱离了侯韵或尤韵的读音,成为例外。我们把这些读音列表 4.2.20 如下:

表 4. 2. 20

江山	庆元	遂昌	金衢片各方言
芋 fiu⁶	句 kɣ⁵	句 kɣ⁵,数 ɕiu³①	鬏 su¹

这几个虞韵字读音和其他字读音均不同,且各自的音类分合关系及各方言点的分布亦无统一模式。江山的"芋"字读如侯韵早期的一个层次。庆元、遂昌读如鱼韵,金衢片各方言则读如模韵。这些读音缺乏普遍性,并不是每个方言都有,不像读如侯、尤韵那样分布广,显然看成该层次读音的例外音变更合适。江山的"芋"读如侯韵早期层 u,可能发生 ɯ>u 的音变。观察江山此层读音有两读:iɯ 和 ɯ。早期的 ɯ 由于声母的舌尖作用产生-i-介音进而使声母腭化,而喻组下的"芋"则变圆唇化,这是由于音变而造成的合流,与侯韵的 ɯ 和 u 的文白对立有本质不同。庆元、遂昌的"句"字读如鱼韵层次 II 读音,大概也发生了类似鱼韵的 ɯ>ɣ 的音变。遂昌的"数"读 iɯ 与鱼韵的"初"字同音,两字均属庄组,大概发生了 iɯ>iu 的音变。金衢片各方言"鬏"字读 u② 亦属例外。事实上,是不是例外音变只能从周边方言去考察确定,有的方言如遂昌既有读如尤韵的,又有读如鱼韵、模韵的,如 ɣ、iu、uɣ(鬏),从周边方言看,读如尤韵显然是共同的。

从共时上看,虞韵的演变类型至少有四种,一是读如侯或尤韵,二是读如模韵③,三是读如鱼韵,四是读如侯韵早期层。读如侯韵或尤韵是分布最广的读音,相对其他来说,这是一种保守。这种保守表现在上丽片、瓯江片及金衢片部分方言点。而其他则是创新,这种创新是零星的,是一种方言区别于另一种方言的标志。总之,共时的方言系统是保守与创新的统一体。我们把此读音层称为虞韵层次 I,该读音各方言中的演变表示如下:

---

① "数"的这个读音用于"数农"一词,指说别人坏话。

② 梅祖麟(2001:14)指出"鬏"字在北部吴语读入模韵来自层次 I 的 * siu,与开化、常山等层次的"鬏"* siɯ 字属同一层次。

③ 郭必之(2004:595)指出虞韵"特字"在吴、闽、粤诸方言中的演变模式包括两类,一类是与尤韵合并,一类是与模韵合并。参郭必之《从虞支两韵"特字"看粤方言跟古江东方言的关系》。

ɯ(江山)＞iɯ(常山、江山、开化、广丰、庆元、遂昌)＞iɣɯ(丽
水、兰溪)＞iəɯ(汤溪)＞*iaɯ＞iau(瓯江片各方言)

əɯ(玉山、义乌)

ʌ(iʌ)(浦江)

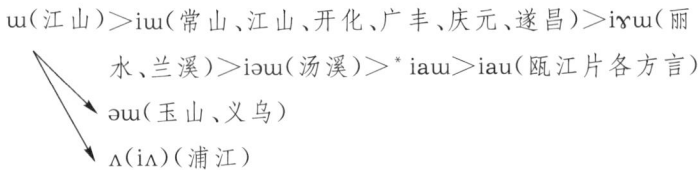

关于虞韵层次Ⅱ，陈忠敏(2002)讨论开化话时，指出第二层次读音为
uːə(yːə)，两者条件互补，为同一层次读音，并指出"这一层的读音是侯部和
鱼部字合流以后的读音层"①。"侯部和鱼部合流"实质上指的是侯部的虞
韵字与鱼部的虞韵字合流(上文我们已提到)，之后就基本奠定《切韵》虞韵
的格局。同时陈认为这一读音层反映的是早期鱼虞有别层。我们认为这一
读音层应属鱼虞无别层。

各方言中这个读音层读音大多与鱼韵读音相混，以下我们略举数例，见
表4.2.21：

表 4.2.21

古韵部	江山	玉山
鱼韵	吕 lyə¹ 除 ʥyə² 舒 ɕyə¹ 据 kyə⁵ 许 hyə³	吕 lye¹ 除 ʥye² 舒 ɕye¹ 据 kye⁵ 许 hye³
虞韵	需 ɕyə¹ 拄 ʥyə⁵ 朱 ʨyə¹ 句 kyə⁵ 雨 ɦyə⁴	需 ɕye¹ 拄 tye⁵ 朱 ʨye¹ 句 kye⁵ 雨 ɦye⁴

上文我们讨论了鱼韵中鱼虞无别层读音，指出上述读音均由 y 或 u 裂
化而来。而虞韵此读音层与鱼韵的鱼虞无别层读音相同。常山虞韵见系声
母后读 ye，其他声母后读 uə，两者互补，相关讨论可参见鱼韵。

若假设虞韵层次Ⅱ早期为*iu，有的方言点丢失了-i-介音，由 u 裂化为
uə，有的没有丢失-i-介音，而是由*iu 合并为 y，再由 y 裂化为 yə。这也可以
从声母的腭化与否看出这种变化，有-i-介音的往往声母腭化，无-i-介音的声
母则不腭化，如江山(除见系外)、开化等齿音声母均腭化，有的因声母条件
不同而产生互补。如常山：

*iu ＞u＞uə/非见系声母＿＿

＞y＞ye/见系声母＿＿

我们把上丽片部分方言点的演变表示如下：

_____

① 陈忠敏《方言间的层次对应——以吴闽语虞韵的读音为例》(2002：74)。

$$*iu \longrightarrow y > yə（江山、遂昌）> yo（开化）> ye（广丰、玉山、庆元、常山见系）$$

$$u > uə（常山非见系）$$

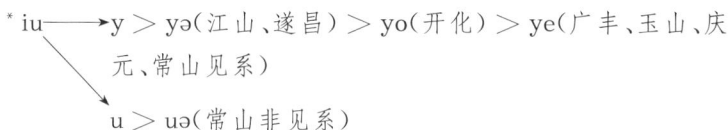

不过,同属上丽片的丽水小片与上山小片有所不同。对此,陈忠敏(2002:75)曾指出"同属处衢片的衢州、龙游、云和、丽水、缙云和青田则没有这一现象"。这一现象是指没有类似上述 y 或 u 的裂化韵母。这与模韵的裂化是一致的,即如果该方言模韵有高元音的裂化韵母的,则虞韵如果是高元音的也会有裂化韵母,如遂昌、庆元均有裂化韵母。不过由于 yə 或 uə 本身就是从 y 或 u 裂化而来的,如果把 yə 和 y 或 uə 和 u 的对立看成是一种音变关系,也未尝不可。不过问题的关键在于,无论是否裂化,都不能看成是层次的差异,因为我们认为"没有这一现象"的实质不是层次的差异,而是该方言没有发生类似的音变。丽水舌尖塞擦或擦音读 ʮ,古见、溪、群母由于声母舌尖化为读塞擦音或擦音,韵母读 ʮ,其他声母后则读 y。云和没有裂化均读 y。

虞韵的非组字和模韵的帮组字联系紧密,合口三等非组声母发生轻唇化音变后-i-介音脱落而与一等模韵合流,因此,虞韵非组读音是跟着模韵帮组字共同变化的,按 4.1 中讨论的内容,非组后的 uə 和 u 是同一层次的两个读音变体,兹不赘述。

温州虞韵层次Ⅱ与鱼韵层次Ⅲ表现相同,即精知章组声母后读 ɿ,庄组后读 ɣu,见晓组后读 y,影组为 u。乐清、平阳均读 y。永嘉虞韵精知庄章组、见溪群母读 ʮ(其声母均为舌尖音),疑母后读 y,影组后读 u。

金衢片东阳虞韵层次Ⅱ精知章后为 ɿ,见系声母后为 iu。其他方言均为 y。

综上所述,我们把各点虞韵的读音层次小结如下,见表 4.2.22:

表 4.2.22

方言片	方言小片	方言点	鱼虞有别层	鱼虞相混层
			层次Ⅰ	层次Ⅱ
上丽片	上山小片	常山	iu	uə(ye)
		开化	iu	yo
		江山	iu/u	yə
		广丰	iu	ye
		玉山	əu	ye

续　表

方言片	方言小片	方言点	鱼虞有别层	鱼虞相混层
			层次Ⅰ	层次Ⅱ
	丽水小片	丽水	ɣɯ(iɣɯ)	ɥ(y)
		遂昌	iɯ	yə
		云和	—	y
		庆元	iɯ	ye
瓯江片		温州	au	ɣu(ɿ/y/u)
		永嘉	au	ɥ(y/u)
		平阳	(i)au	y
		乐清	(i)au	y
婺州片		东阳	—	y
		义乌	əɯ	y
		永康	—	y
		武义	—	y
		浦江	ʌ(iʌ)	y
		兰溪	iɣɯ	y
		汤溪	məɯ	y

　　虞韵的鱼虞相混层与鱼韵的鱼虞相混层大致是对应的,只是鱼韵的读音变体更加丰富。

第 5 章　蟹摄的读音层次及其演变

　　中古蟹摄读音复杂,不仅四等俱全,有些韵还分开合口,再加上二等重韵,共计十六个韵目。蟹摄的复杂性还在于上古来源的多样性,来自上古之、支、微、脂、月部。此外,祭、泰、夬、废四个独立去声韵的上古来源亦有所争议。不过,就南部吴语而言,有些韵目的收字并非口语常用字,如废韵仅有"刈"字,可以略去不论。

　　关于蟹摄今读在吴语中的特点,赵元任较早提到单元音化倾向。"复合元音大半变单元音,例如 ɑi、eu、ɑu、ou 往往变为ä、é、ò、e,这是去古音很远的。"(赵元任,1956:87)这种单元音化趋向包括蟹摄咍、灰、皆等韵吴语今音的单音节化(游汝杰,2008)。此后郑张尚芳(1987)进一步提出蟹摄二等不带 i 尾,读为开尾韵为吴语语音主要特点之一。颜逸明(1994:35)亦指出"蟹摄合口二等字读开尾韵"是吴语语音的主要特点之一。总之,吴语大部分地区蟹摄今读为单元音韵母。本文将讨论南部吴语蟹摄各韵的读音层次及其演变,以一等开合、二等开合、三四等开合为顺序依次讨论。

5.1　咍泰灰三韵的读音层次[①]

　　中古蟹摄一等韵包括咍、泰韵两个开口重韵和合口灰韵,按《切韵》的分韵原则,即"同韵的元音一定是相同的,而重韵的元音一定是不同的"(黄笑山,1995:71)。潘悟云(2000:62)亦指出《切韵》同一个韵目下的韵类,主元音和韵尾相同。两个韵类如果分置不同韵目,要么是主元音不同,要么是韵尾不同"。因此,若咍、泰两韵在方言中有异读且能够互相区分,则可能反映出早期的读音格局。

5.1.1　上丽片咍泰灰三韵的读音层次

　　我们先列出常山咍泰灰三韵的常用读音如下,见表 5.1.1:

---

　　① 本小节内容曾以"论南部吴语蟹摄一等韵的读音层次"为题发表于《语言研究集刊》2019 年第二十四辑。

表 5.1.1

哈韵	i	来₁li², 栽 tɕi¹, 菜₁tɕʰi⁵
	e	戴₁te⁵, 待₁de⁴, 代₁de⁶, 彩 tsʰe³, 开 kʰe¹, 呆 ŋe²
	ɛ	戴₂te⁵, 待₂de⁴, 代₂de⁶, 来₂le², 菜₂tsʰe⁵, 凯 kʰɛ³
泰韵	e	害 ɦie⁶
	ue	沛 pʰue⁵
	ɛ	带 te⁵, 泰 tʰɛ⁵, 赖 lɛ⁶, 蔡 tsɛ⁵, 艾 ŋɛ⁶, 汰 dɛ⁶
	uɛ	盖 kuɛ⁵
	以上泰韵开口	
	ue	兑 due⁶, 会开~ ŋue⁶
	ɛ	会~计 kʰuɛ⁵
	以上泰韵合口	
灰韵	i	杯 pi¹
	ue	配 pʰue⁵, 梅 mue², 堆 tue¹, 推₁tʰue¹, 退₁tʰue⁵, 雷₁lue², 灰₁hue¹, 悔₁hue⁵, 回 ɦue², 汇 ɦue⁶, 跌 lue⁶
	e	罪 ze⁴, 碎₁se⁵
	ui	推₂tʰui¹, 退₂tʰui⁵, 内 nui⁶, 雷₂lui², 碎₂sui⁵, 灰₂hui¹, 悔₂hui⁵

　　常山哈韵有三个读音:i、e、ɛ。其中前两者为白读音,后者为文读音。"来"有"i"和"ɛ"读音的对立,读 i 的一般单念,读 ɛ 的在"将来"等较新的词中出现,两者具有明显的文白色彩差异。"菜"字也有"i"和"ɛ"读音的对立,其中读 i 的一般单念,读 ɛ 的在"黄花菜"一词中,但在"菠菜""包心菜"中仍读 i。"待"有"e"和"ɛ"读音的对立,其中前者在"待农①"一词中,这是较土白的词,后者在"招待"一词中,这是较文雅的说法。"代"字也有类似的分化读音,读 e 韵的在"朝代"一词中,读 ɛ 的在"交代"一词中,文白色彩明显。同时,我们发现,只有 ɛ 韵一读的词大多属于文读性质。可见,e 与 ɛ、i 与 ɛ 的对立是语音层次的对立。

　　但 i 和 e 读音似乎看不出明显的对立,且两者呈互补分布,如表 5.1.2所示:

――――――――――

① 意为"对待人"。

表 5.1.2

声母组	i	e	例字
ts 组	—	+	彩 tsʰe³ 再 tse⁵ 材 ze²
tɕ 组	+	—	栽 tɕi¹ 菜 tɕʰi⁵

表 5.1.2 所示的互补关系似乎表明 e 和 i 是相同层次的读音变体。但事实并非如此,我们认为 i 和 e 是层次关系而非音变关系。事实上,在上丽片各方言中均不同程度地保留着 i 读音的哈韵字,且大多集中于"来栽菜"等字,如表 5.1.3 所示:

表 5.1.3

例字	常山	开化	江山	广丰	玉山	丽水	庆元	遂昌	云和
来	li²	li²	li²	li²	li²	li²	lie²		li²
栽	tɕi¹	—	tɕi¹		tɕi¹			—	
菜	tɕʰi⁵	tɕʰi⁵	tɕʰi⁵						
苔		tʰi¹							
腮							sɿ¹		sɿ¹
鰓	—	—	—	—	—	—	sɿ¹	—	sɿ¹

其中"来"字读 i 最具统一性,几乎所有点均有此读音。庆元的"来"字还发生 i>ie 的裂化音变,瓯江片、金衢片各方言也大多具有"来"字的 i 读音。哈韵中读音 i 的字均来源于上古之部字,而 e 读音字有之部、微部、物部等不同来源。因此,我们认为哈韵的 i 读音属于上古读音层,时间较早。而 e 读音则是各部合流后的结果,时间较 i 读音晚。与南部吴语关系密切的闽语也有类似哈韵 i 读音的上古音层次,且收字也相当统一,福州话[1]有"苔 tʰi¹ | 来 ni² | 鰓 tsʰi¹"。

对此,袁碧霞(2011)曾对闽东地区哈韵的历史层次做过探讨,指出闽东地区哈韵的 i(ei)[2]读音与蟹摄四等齐韵、止摄开口三等文读层同韵[3],并通

---

[1] 福州话材料来自陈泽平《福州方言研究》(1998),福清话材料来自冯爱珍《福清方言研究》(1993)。

[2] 哈韵的 i 和 ei 读音因声调不同而分化,ei 读音只在阴去、阳去后出现,i 读音则在其他声母后出现,两者呈互补分布。不过例字并无 ei 读音字。参见袁碧霞《闽东方言开口哈韵的历史层次》(2011),"汉语方言语音历史层次研讨会"(上海,复旦大学 2011 年 10 月)。文章最后提到上古之部在闽东各方言的演变拟为 * ɯ>i(闽东其他方言)>e>ei(福安),我们倒认为福安的 ei 读音应由 i 直接前裂化而来,即 i>əi>ei,因为南部吴语 i 和 e 是对立的,不是音变关系。

[3] 把白读层与文读层放在一起,似不妥。

过吴语的相关讨论看闽语此音读的性质,其中重点引用了游汝杰(2008)的论证过程。游汝杰指出吴语、闽语哈韵的 i 读音是"元音简约"即双元音弱化的结果,即 *ai→ɛ→e→i。

我们认为双元音弱化的分析反映的是直线发展的语言史观。从各个方言看,我们看不到 e→i 过程中的音变条件。我们知道,语音演变总在一定条件下发生,新语法学派所谓的"同条件同音变"原则在"e→i"的过程中看不到音变的条件。事实上,赵元任提出的吴语元音的简约性指的是吴语方言与中古音的主体层比较而言,即吴语大多数方言哈韵中古层读音发生了单元音化的过程: *əi①→ə→e。上文我们提到,常山话 i 读音的字均来源于上古之部字,而 e 读音的字来自上古之部、微部、物部等不同部,i 读音要早于 e 读音。从词汇上看,i 读音所属字均是口语常用字,而 e 读音也包括一些不常用字,如常山话"耐、再、采、才、在、爱"等读 e 韵的字。因此,若从音变角度看,应该是 i→e,而不是倒过来。有关 ɛ 文读层的性质,我们下文再讨论。

《切韵》蟹摄一等哈韵和灰韵,前者属开口,后者属合口。按分韵原则,韵目不同,其主元音应有所区别。这两个韵上古属之微两部,到南北朝时已完全合为一韵,只是开合不同而已(王力,1936),后来,这种开合区别逐渐发展为主元音的区别。潘悟云、朱晓农(1982)认为这种区别可能在《切韵》时代就已发生,哈灰韵唇音字的对立正反映了哈灰分韵的过程。不过,《切韵》时代反映吴音实际情况的"原本玉篇音系"则显示哈灰主元音是相同的(周祖谟,1966),但长安方言中可能哈灰已分韵(周法高,1948),说明当时南北方言的这种差异原本就已存在,当然这是就整体而言,具体到各地方言,又会显出一些差异来。

常山灰韵有四个读音:i、e、ue 和 ui。其中 ui 读音属文读,与普通话读音接近。读音 i 只"杯"一字,"杯"为上古之部字。因此,灰韵的 i 与哈韵的 i 为同一层次。

常山灰韵的 e 和 ue 互补,齿音声母后读 e,其他声母后读 ue。灰韵的 ue 与哈韵的 e 构成开合关系。为更清楚地显示此层次读音在上丽片各言的分合情况,我们做表 5.1.4 如下:

---

① 中古拟音据黄笑山(1995)。

表 5.1.4

古韵部		常山	江山	开化	广丰	玉山	丽水	遂昌	庆元	云和
哈韵	读音	e	ɛ	e	ɐi	ɐi	ɛ	ei	ai	a
灰韵	读音	ue	ɛ	e	uɐi	uɐi	ei	ei	ai	ei
	条件	罪碎 e	端组 uɛ	见系 ue	—	唇音 ɐi	见系 uei	见系 uei	见系 uai	见系 uei

从表 5.1.4 中可以看到,除丽水、云和两地外,其他点两个韵的主元音相同。常山、广丰、玉山等地哈灰韵开合基本相配。江山、开化、遂昌、庆元等地哈灰韵韵母基本相同。对于灰韵的条件变体,上山小片各方言无统一模式,而丽水小片各方言均是见系声母后有-u-介音,此特点在金衢片中更是统一。

再看泰韵。泰韵主元音也有 e 和 ɛ 两个读音,与哈韵相同,可见两者关系密切。但文白关系正好与哈韵相反,如表 5.1.5 所示:

表 5.1.5

古韵部	e	ɛ
哈韵	白	文
泰韵	文	白

这种交错的文白杂配,正反映了哈、泰这两个一等重韵之间相互渗透的历史事实。从白读层来看,哈韵 e≠泰韵 ɛ,反映《切韵》时代一等重韵的对立。泰韵开口"盖"读如合口 uɛ,是早期见系声母后增生-u-介音所致,与歌韵这一层次读音相同,兹不赘述。

北方权威方言,中唐时期一等重韵哈泰(包括覃谈)便开始合并,慧琳的反切里已覃谈合一,哈泰无别了(黄笑山,1995)。对于哈韵的 e 读音来说,ɛ读音是异源的。对于泰韵的 ɛ 读音来说,e 读音是异源的。哈韵和泰韵同时受到两个相反的文白力量的制约,为更清楚地表示这种关系,我们用下面的示意图来表示这种制约关系:

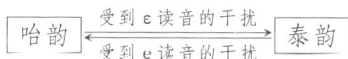

$$\boxed{哈韵} \xleftrightarrow[\text{受到 e 读音的干扰}]{\text{受到 ɛ 读音的干扰}} \boxed{泰韵}$$

哈泰两韵的这种制约,在上丽片各方言的共时系统中表现出程度的差异。我们把这种差异制表 5.1.6 如下:

表 5.1.6①

古韵部		常山	开化	江山	广丰	玉山	丽水	庆元	遂昌	云和
哈韵	白	e 8	e 8	ɛ 39	ʋi 36	ʋi 45	ɛ 45	ai 34	ei 44	a 37
	文	ɛ 39	ɛ 39	æ 4	a 3	ai 3	ʊɔ 3	ɑ 10	a 5	ɑ 3
泰韵	白	ɛ 14	ɛ 11	æ 13	a 11	ia 10	ʊɔ 9	ɑ 11	a 10	ɑ 8
	文	e 4	e 2	ɛ 5	ʋi 7	ʋi 11	ɛ 4	ai 8	ei 8	a 3

从表 5.1.6 中我们可以看到,哈泰两韵的这种互相干扰的制约关系在各个方言中的表现程度不同。先看哈韵,常山、开化的文读音 ɛ(来自泰韵白读)所辖字远多于白读音 e,可见这两地的文白竞争文读暂时占优,泰韵的白读音已渗入哈韵了。而江山、广丰、丽水、庆元、遂昌、云和等地哈韵白读仍占优势。

再看泰韵,广丰、玉山、庆元、遂昌等地文白所辖字大致相当,可见文读音(来自哈韵白读)的渗入比较严重。而其他点如常山、开化、江山、丽水、云和等地泰韵白读音仍占优势,可见,哈泰两韵的这种双向制约的发展是不平衡的。

从以上分析,我们似乎可以得出这样的一个结论:文读层读音的来源除了权威方言(外部的),方言内部的读音也可能成为文读层读音的来源。

我们认为事实并非如此。从中唐开始,北方权威方言的哈泰韵便开始合并,而南方仍有区别。由于北方权威话的不断渗透,异读音开始进入哈韵和泰韵,此时各方言选择了泰韵和哈韵的读音作为权威话的相近异读音,因此,这是一种偶合。异读来源相同但借入后读音不同是基于不同方言音值转换时产生的差异,这种差异是很常见的,如施俊(2016a)认为"词是新词,但音是旧音"。因此,总的来说,哈泰韵的这种双向制约关系起因于权威话的渗透,但这种格局的形成则受制于自身的音系结构。

事实上,泰韵还受到蟹摄二等读音的制约,下节我们再具体讨论。

综上所述,我们把常山哈泰灰三韵的读音层次总结如下,见表 5.1.7:

---

① 此表统计数字包括哈韵和泰韵(统计数字包括开合口,表中只列出开口读音),有些字有两读的,均重复计算在内。不同方言的哈韵或泰韵总字数出于调查的原因可能不同,但不影响比较。我们注重的是哈韵或泰韵的文白对比,而不是方言之间的对比。左边为读音,右边为该读音总数。

表 5.1.7

层次Ⅰ(白)	哈韵	i	灰韵	—①	泰韵	—
层次Ⅱ(白)		e		ue(e)		ε(uε)
层次Ⅲ(文)		ε		ui		e(ue)

下面我们来看各读音层在上丽片各方言的对应情况。先看哈韵层次
Ⅰ,开化哈韵层次Ⅰ具体收字与常山略有不同,多出"苔""每"两字亦读 i。
江山、广丰、玉山等层次Ⅰ读 i。相比上山小片,丽水小片哈韵层次Ⅰ读音
有一些变化。各地除"来"字仍读 i 外,"鳃""腮"两字在庆元、云和两地读舌
尖音 ɿ,丽水"碎"读 ɿ,发生 i>ɿ 的舌尖化音变。

关于灰泰韵在各方言的表现,上文已有所论述,其层次的划分与常山表
现一致。江山灰韵"块"字读 ø,或是 uε 的合音。结合上文,我们总结各方言
的层次对应如下,见表 5.1.8:

表 5.1.8

方言片	方言小片	方言点	层次Ⅰ	层次Ⅱ			层次Ⅲ		
			哈韵	哈韵	灰韵	泰韵	哈韵	灰韵	泰韵
上丽片	上山小片	常山	i	e	ue(e)	ε(uε)	ε	ui	e(ue)
		开化	i	e	e(ue)	ε(uε)	ε	ui	ue
		江山	i	ɛ	ɛ(uɛ)	æ(uæ)	æ	ui	ɛ(uɛ)
		广丰	i	ʁi	uʁi	a(ua)	a	ui	ʁi(uʁi)
		玉山	i	ʁi	uʁi	ai	ai	uei	ʁi(uʁi)
	丽水小片	丽水	i(ɿ)	ε	ei(uei)	cɔ	ɿɔ,cu	ei	ε,ei(uei)
		遂昌	—	ei	ei(uei)	a(ua)	a		ei(uei)
		云和	i(ɿ)	a	ei(uei)	ɑ(uɑ)	ɿɑ,ei		ɑ,ei(uei)
		庆元	ie(ɿ)	ai	ai(uai)	ɑ(uɑ)	ɑ		ai(uai)

注:①丽水、云和两地哈韵还受到灰韵的影响,文读层读音有 ei 韵一读,使得泰韵也有相
应的 ei(uei)读音。
②丽水小片四个方言点灰韵只有一种读音,大概是因为灰韵白读与权威读音相近。

5.1.2　瓯江片哈灰泰三韵的读音层次

瓯江片各方言与上丽片方言的三个层次有对应关系。先来看哈灰两韵
白读层的关系,两者关系见表 5.1.9:

---

① 灰韵的"杯"读 i 韵,属上古之部字,由于哈灰开合相配,因此我们把这个层次的读音放到哈
韵中。

表 5.1.9

古韵部		温州	乐清	平阳	永嘉
哈韵	读音	e	e(ie①)	e	e
灰韵	读音	ai	ai(iai)	ai	ai
	条件	—	见系 uai		

比较表 5.1.4 和表 5.1.9 可知,与上丽片不同的是,瓯江片哈灰韵两韵主元音不同。乐清哈韵塞擦音声母后有 ie 读音,是前元音 e 增生-i-介音而使声母腭化,与 e 读音互补。如"灾 ʨie¹|猜 ʨʰie³|采 ʨʰie³|菜 ʨʰie⁵"等,灰韵塞擦音后还有 iai 一读,如"催 ʨʰiai¹|崔 ʨʰiai¹"等,道理也相同。

乐清灰韵见系声母后均有-u-介音,而其他点无。从严格意义上讲,温州、平阳、永嘉晓匣母、影母后也有-u-介音。瓯江片各方言晓匣母、影母读 f 或 v,实际是由-u-介音唇齿化而来。因此,瓯江片灰韵的实际区别在于见、溪、群母是否有合口介音。

再看哈泰灰三韵之间的关系。瓯江片和上丽片一样,哈韵和泰韵之间的文读层读音也来自两者之间的相互制约。但哈韵的文读还受到灰韵读音的影响,表现出与上丽片方言的差异。我们先将这种关系制成表 5.1.10:

表 5.1.10

古韵部		温州	平阳	永嘉	乐清
哈韵	白	e 50	e 40	e 42	e 47
	文	a 2	a 3	a 2	a 0/ ai 1
泰韵	白	a 9	a 7	a 7	a 0
	文₁	e 5	e 3	e 3	e(ue) 13
	文₂	ai 12	ai 6	ai 9	ai(uai) 11
灰韵	白	ai	ai	ai	ai(uai)

---

① 乐清方言 ʨ 组声母与开口呼相拼时,"声母与韵母之间出现一过渡音,可记作 i,但这个 i 不是介音,发音时不能延长,而且与-i-介音韵母在音位上是对立的"。如"盏 ʦe³≠剪 ʨie³",参见蔡嵘《浙江乐清方言音系》(1999),其他声母后读 e,与 ie 互补。这种情况在兰溪关话中也有表现,如宕摄三等读音精与知、章组声母的对立,"将 ʦiaŋ¹≠张 ʨiaŋ¹=章 ʨiaŋ¹",又如兰溪城关话效摄三等宵韵精组与知、章组声母的对立,"焦 ʦiɔ¹≠朝~ʨɔ¹=招 ʨɔ¹"。我们倒是倾向于认为造成这种对立的原因是声母,表示精组与知章组声母在细音面前仍有区别。不过就音系的处理而言,将其表示成韵母的差异也无不可,但正是这个介音的出现,才使得声母腭化,此处列出 ie,表明发生了 e 元音增生-i-介音而使声母腭化的音变过程。

从表 5.1.10 可以看出,瓯江片各方言哈韵受泰韵的影响相对较少,乐清甚至一例都没有。而泰韵受哈韵的影响相对较大,乐清甚至已无泰韵原来的读音。与上丽片各方言显著不同的是,瓯江片方言泰韵还受到灰韵的影响,即泰韵部分字与灰韵读音相同,具体如表 5.1.11 所示:

表 5.1.11

方言点	泰韵	灰韵
温州	贝 pai⁵ 盖 kai⁵ 兑 dai⁶ 会开~ vai⁶	杯 pai¹ 对 tai⁵ 块 kʰai⁵ 回 vai²
平阳	贝 pai⁵ 兑 dai⁶ 会开~ vai⁶	杯 pai¹ 对 tai⁵ 块 kʰai⁵ 回 vai²
永嘉	贝 pai⁵ 兑 dai⁶ 会开~ vai⁶	杯 pai¹ 对 tai⁵ 块 kʰai⁵ 回 vai²
乐清	贝 pai⁵ 兑 dai⁶ 盖 kuai⁵ 会开~ vuai⁶	杯 pai¹ 对 tai⁵ 块 kʰuai⁵ 回 vuai²

因此,瓯江片方言哈泰灰三韵的关系可表示如下:

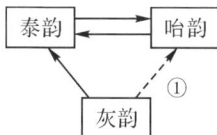

温州哈韵还有 ei 读音,泰韵和灰韵均无此读音。同时,ei 读音所辖字为上古之部字,如"来 lei²₋去 | 载 tsei²₋年半~ | 赛 sei⁵ | 鳃 sei¹"等。瓯江片其他点只有"来"字读 i 韵。我们认为温州哈韵的 ei 读音对应层次 Ⅰ,乐清的"来鳃②"等字读 i 韵,可见温州话层次 Ⅰ 读音发生前裂化音变 i>ei。

温州话的这个裂化音变很常见,在支、齐韵也有发生(施俊,2014a、2016a)。

综上所述,我们把瓯江片各方言哈泰灰三韵的读音层次列表 5.1.12 如下:

表 5.1.12

方言片	方言点	层次 Ⅰ	层次 Ⅱ			层次 Ⅲ		
		哈韵	哈韵	灰韵	泰韵	哈韵	灰韵	泰韵
瓯江片	温州	ei(ɿ)	e	ai	a	a	—	e/ai
	平阳	i	e	ai	a	a	—	e/ai
	乐清	i	e(ie)	ai(uai)		a	—	e/ai(uai)
	永嘉	i	e	ai	a	a	—	e/ai

注:乐清哈泰韵层次 Ⅱ 读音合流,泰韵已被哈韵完全占领,因此哈韵无泰韵的文读层读音。

___

① 虚线表示当哈泰两韵合韵时,灰韵的读音进入哈韵,如乐清有一例"该",此字有 e 和 ai 两读,其中 ai 读音大概来自灰韵。不过"该"的 ai 读音是一个指示代词,用于如"该下:此刻;该面:这面"等词项,代词的读音有其特殊性,并不适合作为层次划分的代表读音,此处暂按蔡嵘(1999)和包文朴(2004)等的记录。这个指示代词本字也可能是"个"。

② 乐清"鳃"读 i。参见包文朴(2004:588)。

5.1.3 金衢片哈泰灰三韵的读音层次

金衢片哈泰灰三韵的读音层次与上丽片和瓯江片有对应关系。不过就层次Ⅰ而言,有的地方保留了,有的地方没有保留,出现了分化。比如义乌有的地方"来"读 i 韵,有的地方读层次Ⅱ的 e 读音,无明显的地理分布规律,可见层次Ⅰ读音在金衢片中消失较快。具体地看,又可以分为不同情况,先看各地保留层次Ⅰ的读音情况,见表 5.1.13:

表 5.1.13

兰溪	永康	浦江
鳃 su^1	鳃 sᴢ^1	鳃 sia^1

另有,义乌、兰溪"逮"字读 i,"逮"有四等齐韵的反切:苏计切,因此这个 i 未必属于哈韵。从表 5.1.13 可知,永康的 ᴢ 读音与温州或丽水小片读音类似。兰溪的"鳃"读 u 较特殊,暂时存疑。浦江读 ia,浦江蟹摄其他韵无此读音,可能发生前裂化、低化音变:* i>ie>ia。由此可见,在金衢片各方言里,蟹摄一等韵层次Ⅰ读音有两个方向的音变,一是舌尖化,如永康,一是后裂化,如浦江。

而哈灰泰三韵之间的关系亦有不同于上丽、瓯江两片的特点,先来看哈灰两韵层次Ⅱ的读音,见表 5.1.14:

表 5.1.14

古韵部		东阳	兰溪	义乌	浦江	武义	永康
哈韵	读音	e	e	e	ɑ	ɑ	ei
灰韵	读音	e	e	e	ɑ	ɑ	ei
	条件	见系 ue	见系 ue	见系 ue	见系 uɑ	见系 ui	见系 ui

从表 5.1.14 可以看出,金衢片各方言哈、灰韵两韵以见系声母为条件与其他声母读音形成互补。这是和上丽片、瓯江片相比,金衢片所表现出的最大特点。

再看哈泰灰韵之间的关系,哈韵受泰韵的影响较小,但泰韵受哈韵或灰韵的影响则较大。大概是哈灰两韵韵母读音相同所造成的合力使两者的影响力增加。灰韵对泰韵的影响主要表现在见系声母后的读音。我们先把三者的比较列表 5.1.15 如下:

表 5.1.15

古韵部		东阳	兰溪	义乌	浦江	武义	永康
哈韵	白	e 41	e 35	e 40	a 40	ɑ 37	ei 39
	文	ɑ 2	a 2	ɑ 1	ɔ 1	iɑ 1	iɑ 1
泰韵	白	ɑ 9	a 8	ɑ(ɔ) 6	ɔ 6	ɑi 8	iɑ 7
	文$_1$	e(ue) 6	e(ue) 9	e(ue) 8	a(ua) 6	ɑ(uɑ) 6	ei 7
	文$_2$	uei 4	—	uai 1	ue 2	ui 2	ui 2

泰韵的文$_2$读音与普通话读音相近,蟹摄其他韵中均无此读音,且此读音均在泰韵合口如"会~计、绘、刽"等字中,而武义、永康此读音刚好与灰韵见系声母后同形,形成合流。

再看哈泰两韵文白读音的关系,哈韵对泰韵的影响要比泰韵对哈韵的影响大得多,从而形成泰韵中的哈韵层次,这与瓯江片各方言表现较为一致。但瓯江片泰韵同时还受到灰韵的影响,金衢片无此特点,倒是与上丽片各方言表现较为一致。

"外"字的读音似乎是例外,先看"外"在各点的读音,见表 5.1.16:

表 5.1.16

词项	东阳	兰溪	义乌	浦江	武义	永康
外公/外婆	ŋe⁶	ŋa⁶	ɑ⁶	ŋɑ⁶	n̠iɑ⁶	n̠iɑ⁶
外头	ŋɑ⁶	ŋa⁶	ɦɔ⁶	ŋɔ⁶	ɦuɑ⁶	ɦui⁶

除兰溪外,"外"字在各点均有两个读音。结合表 5.1.16,我们发现,各点两个读音所属层次并不相同。上文我们提到,泰韵的文$_1$层部分字已成为常用口语读音,因此无法通过词的常用与否来判断读音的早晚。

通过哈泰两韵之间的动态变化判断两韵读音关系是较为可取的,东阳"外婆/外公"的"外"韵母读音属于泰韵文$_1$层,"外头"的"外"的韵母读音属泰韵白读层。义乌的 ɑ 和 ɔ 读音均为泰韵白读层,"赖癞"等也读 ɔ。浦江和义乌读音虽相同,但所属层次却不同,反而和东阳一样,"外婆/外公"的"外"韵母读音属于泰韵文$_1$层,"外头"的"外"的韵母读音属泰韵白读层。武义、永康则刚好相反,"外婆/外公"的"外"的韵母读音两地均属泰韵白读层,但"外头"的"外"的韵母读音武义属泰韵文$_1$层,永康属泰韵文$_2$层。

综上所述,我们把金衢片各方言读音层次总结如下,见表 5.1.17:

表 5.1.17

方言片	方言点	层次Ⅰ	层次Ⅱ			层次Ⅲ		
		哈韵	哈韵	灰韵	泰韵	哈韵	灰韵	泰韵
金衢片	东阳	—	e	e(ue)	ɑ	ɑ	uei	e(ue)
	兰溪	u	e	e(ue)	ɑ	a	—	e(ue)
	义乌	—	e	e(ue)	ɑ	ɑ	uai	e(ue)
	浦江	ia	a(ua)	a(ua)	ɔ	ɔ	ue	a(ua)
	武义	—	ɑ	ɑ(ui)	iɑ	iɑ	ui	ɑ(uɑ)
	永康	ɿ	ei	ei(ui)	ɑi	ɑi	ui	ei

5.1.4 小 结

通过对南部吴语哈泰灰三韵的讨论,我们得出以下两点认识。

①南部吴语上丽、瓯江及金衢片方言哈泰灰三韵均有三个读音层次的对应。其中哈韵有三个层次,灰、泰韵各有两个层次。哈韵层次Ⅰ均为上古之部字,反映的是较早的读音层次,上丽片和瓯江片均有较完整的保留,而金衢片分布不均衡,有的地方保留,有的地方消失。

无论层次Ⅱ还是层次Ⅲ,哈韵与泰韵均不同音,可以说,南部吴语蟹摄一等重韵保留了中古时期对立的读音格局。因此,我们也得出一个推论:层次的早晚并不是古音韵格局保留的必要条件。

②南部吴语哈、泰、灰三韵关系密切,主要表现在哈、泰两韵成为各自文读层读音的来源,各方言正好选择了泰韵和哈韵的读音作为权威话的相近异读音,本质上这是一种偶合。其中泰韵受哈韵影响较深,相比之下,上丽片和金衢片哈、泰韵关系紧密,瓯江片泰韵还受到灰韵的影响,原因在于哈、灰韵韵母读音不同。

哈泰韵之间的双向制约关系似乎表明文读音的来源除了权威官话外还来自方言内部读音,这显然是一种错觉。我们认为,哈泰韵的这种双向制约关系起因于权威话的渗透,但这种格局的形成则受制于自身的音系结构。异读来源相同但读音不同是基于不同方言音值转换时产生的差异。

我们以开化、江山蟹摄二等见系字为例讨论这种文读音借入时的匹配。

开化皆、佳韵见系文读有两类,一类读 ɔi,如"佳介谐"等,一类读 ie,如"届谐械"等。其中 ɔi 为早期文读,ie 为晚期文读。前者读如麻韵二等喉牙音文读,即"佳＝家,介＝驾,谐＝霞"。事实上开化"佳韵读如麻韵"的层次主元音正读 ɔ,因此该读音实际读如麻韵文读,即读如现存的相近的文读。

文读 ie 则与普通话读音相同,而 ie 读音本就在开化方言音系中,为麻韵三等白读。这也是一种相近借入。

江山皆、佳韵见系文读为 iæ,如"阶介界械解"等,与开化不同的是,此文读既不是麻韵文读(麻韵二等文读为 iɒ),也不在江山话的土语音系中,但主元音 æ 是在江山话的音系中的。如:

æ	*iæ*	uæ	—

斜体 *iæ* 读音是受普通话影响而产生的新读音,普通话"阶介界械解"等读为 ie,江山的 *iæ* 读音最接近普通话的 ie,于是产生相近匹配,填补了齐齿呼韵母的空格,结果并没有超出原有的音系格局。

从以上的讨论可知,相同来源的文读音在开化和江山方言里产生了不同的读音,这不是后来的音变产生的,是在借入时便选择了与自身音系读音中相近的读音,这就是相似匹配。而咍、泰韵的这种文白交错关系正反映了这种相似匹配。

5.2　皆佳夬三韵的读音层次

5.2.1　上丽片皆佳夬三韵的读音层次

我们先列出皆佳夬韵在常山方言中的常用字读音[①],见表 5.2.1。

表 5.2.1

皆韵	ɛ	拜 pɛ⁵,排 bɛ²,埋 mɛ²,斋 tsɛ¹,介 kɛ⁵,戒 kɛ⁵,芥 kɛ⁵
	uɛ	乖 kuɛ¹,怪 kuɛ⁵,块 kʰuɛ⁵[②],怀 ɦuɛ²,槐 ɦuɛ²
佳韵	ɛ	摆 pɛ³,派 pʰɛ⁵,牌 bɛ²,罢 bɛ⁴,奶 nɛ¹,债 tsɛ⁵,差 tsʰɛ¹,街 kɛ¹,解₁kɛ³,鞋 ɦɛ²,矮 ɛ³
	ɑ	簰 bɑ²,稗 bɑ⁶,买 mɑ⁴,卖 mɑ⁶,晒 sɑ⁵,解₃kɑ³,蟹 ɦɑ³
	i	筛 si¹
	uɛ	解₂ɦuɛ⁴

以下为脚注:

① 部分读音解释:皆韵的"块"《集韵》"苦怪切",常山"块"字读音与此合。佳韵的"筛"有两个读音,作名词时读 i 韵即"筛₁",作动词时读 ɛ 韵即"筛₂"。佳韵的"解"有三个读音,作"锯、押送"义时读 ɛ 韵即"解₁",作"知道、明白"义时读 uɛ 韵即"解₂",两者读音在于开合不同,《广韵》"解"字另有一反切"胡买切",音与"解₂"同。作"解开"义时"解₃"读 ɑ 韵。

② "块"字除灰韵读音外,《集韵》另有苦怪切一读音,上丽片如上山小片的常山、开化、江山、广丰、玉山等地均有此读音,丽水小片如丽水、遂昌、庆元、云和等地则读如灰韵,亦可见两小片之间的差异。

续　表

		以上开口	
	uɛ	拐 kuɛ³，歪₂ ŋuɛ²	
	uɑ	挂 kuɑ⁵，卦 kuɑ⁵，画 ɦuɑ⁶	
	i	歪₁ i¹	
		以上合口	
夬韵	ɛ	败 bɛ⁶，寨 tsɛ⁵	
		以上开口	
	uɛ	快 kʰuɛ⁵	
	ye	话₁ ɦye⁶①	
	uɑ	话₂ ɦuɑ⁶	
		以上合口	

先看皆韵,常山皆韵只有一个主元音 ɛ,且开合相配,因此只有一个层次 ɛ(uɛ)。

再看佳韵,常山佳韵有三个主元音,分别是 ɛ、ɑ 和 i。前两个元音开合相配,后一个读音开合相同。"筛"在《广韵》除佳韵反切外,还有止摄支韵所宜切②,i 是常山止摄的常用读音之一。因此,"筛"属止摄。同时,佳韵合口"歪"字也有一个 i 读音,"歪"在《广韵》《集韵》写作"喎",均在佳韵下,不过南部吴语多数方言表示"不正"义不用"歪"。考察周边方言,此字读音若异于主体层读音,则大多读如止摄,我们把上山小片各点"筛""歪"及止摄读音列表 5.2.2 如下:

表 5.2.2

词项	常山	江山	开化	广丰	玉山
歪	i¹	ø¹	—	ui¹	ø¹③
筛	si¹	ɕø¹④	sui¹	se¹	se¹

① "话₁"读音作动词"讲"义。"话₂"读音在"电话"等词中。

② 社科院语言所编《方言调查字表》列"筛"为支韵下,取"簁"字所宜切,"筛子"乀,两者同源。《广韵》另有"筛"字脂韵一读,疏夷切。

③ 事实上,e 的合口即是 ø,调查中同一地方的另一发音人 ø 韵读为 ue,可见 e 的合口经历了这样的合音过程:ue>ɤ̃ø>ø。调查人在音系说明中提到"[ø]韵有时接近[ɤ̃ø]"。张德炜为[ue]"。参见②。

④ 读音 ø 与声母相拼时会带有较短的-ɤ-介音,陶寰所记江山话则直接按 y 介音标出。玉山的 ø 韵与此同。事实上,音系说明中也说到"[ø]韵有时接近[ɤ̃ø]"。见曹志耘、秋谷裕幸等《吴语处衢方言研究》(2000:112)。

词项	常山	江山	开化	广丰	玉山
止摄	知 tɕi[1] 移 ɦi[2]	时 zø[2] 宜 ŋø[2]	义 ŋui[6] 旗 gui[2]	泪 lui[6] 迟 dʑe[2] 师 se[1]	醉 tɕø[5] 龟 kø[1] 知 tse[1] 时 ze[2]

这种读音特点同样也反映在丽水小片的四个方言点中,我们把这个止摄读音剔除出佳韵的层次讨论中,如表 5.2.3 所示:

表 5.2.3

词项	丽水	遂昌	庆元	云和
歪	—	—	—	—
筛	sʅ[1]	ɕiu[1]	sɤ[1]	sʅ[1]
止摄	纸 tsʅ[3] 戏 sʅ[5]	时 ziu[2] 试 ɕiu[5]	时 sɤ[2] 试 sɤ[5]	时 zʅ[2] 试 sʅ[5]

再看读音 ɑ 和 ε,两个读音在佳韵各声母组下均有对立,即在古帮组、庄组、见晓组声母后均有两个读音的对立,且合口也有对立,因此我们把它们看成是两个不同的读音层次:层次 ε[uε]和层次 ɑ[uɑ],其中层次 ɑ[uɑ]读如麻韵。如表 5.2.4 所示:

表 5.2.4

佳韵	簸 ba[2] 买 ma[4] 晒 sa[5] 解 ka[3] 蟹 ha[3] 挂 kua[5] 画 ɦua[6]
麻韵	疤 pa[1] 坝 pa[5] 麻 ma[2] 榨 tsa[5] 家 ka[1] 假 ka[3] 夏 ɦa[6] 花 hua[1]

潘悟云(1995a:151)利用日译吴音、日译汉音、越南语中的汉语借音(包括现代汉越语和古汉越语)、白语及厦门话等材料指出,"在长江以南地区,麻韵的读音有两个比较大的历史层次。在前中古时期读 ε 类音,与佳同韵。日本吴音、古汉越语和白语中的麻韵 e 或 ε 就来自这个时期的借词"。日本吴音是研究南朝吴地读音的绝好材料,而汉音则是八世纪时期的长安音,如(以下材料引自潘悟云,1995a:148-149):

麻韵	家	牙	茶	沙	巴	爬	马	花	瓦
汉音	ka	ga	ta	sa	ha	ha	ba	kua	gua
吴音	ke	ge	de	se	he	he	me	ke	ge

佳韵	佳	矮	涯	柴	摆	买
汉音	kai	ai	gai	sa	hai	bai
吴音	ke	e	ge	se	he	me

在越南语的汉语借音中也能见到与日译吴音、汉音平行的现象,如:

麻韵	茶	权	遮	斜	夏	麻	研	疤	车
汉越语	tra²	xoa¹	gia²	ta²	ha²	ma¹	nha⁶	ba¹	xa¹
古汉越语	che²	che⁴	che¹	ze⁵	he⁵	me²	nghe²	ve¹	xe¹

佳韵	摆	簿	派	卦	画
汉越语	bai²	phai⁵	quai⁶	hoa⁶	—
古汉越语	be³	be²	phe¹	que³	ve⁴

从以上材料可以清楚地看到,代表早期读音的吴音和古汉越语麻韵与佳韵读音相同,而较晚的汉音和汉越语则显示麻韵与佳韵读音不同。

总之,许多材料均表明古代吴语中佳韵有读如麻韵的一个层次。据此,郑伟(2015:260)指出吴语佳韵读入麻韵的读音属于类型Ⅰ,是中古金陵音系的反映,因方言中辖字不完全一样,所以是以词汇为条件的。

但情况似乎还不是那么明朗,我们在讨论常山麻二层次Ⅰ时指出,读如佳韵的ε读音在唇音声母后发生前裂化音变,而这个音变在佳韵唇音声母后并未发生。可见,"麻佳同韵"或许只是个别字音相同。

如果简单地说佳读入麻韵的层次表示吴语早期的读音,那么常山话共时系统中佳韵的ɑ[uɑ]也应该属于佳韵早期层次的读音,这样就会有两个早期层次,大概与事实是不符的。事实上,在中古后期的演变当中,佳麻也会出现混并。如黄笑山(1995:176)提到"值得注意的是,佳韵和麻韵这个时期出现了混并……裴务齐正字本《王韵》把佳韵后移到歌、麻之间,也反映了佳韵更靠近麻韵的情况。但是从佳、麻混用的例子看,佳韵混入麻韵的,主要是唇牙喉音字"。可见,佳麻合流也可能反映的是后期的演变,需要将这两者严格区别开来。既然佳麻合流也可能是后期的演变,那我们就不能把这个合流后的读音作为早期层次的代表。

我们不妨设想,元音具有[＋front]的特征作为早期读音,因为吴音、古汉越语等域外译音佳韵元音有[＋front]特征,这种格局还能从闽南方言中看出,如表5.2.5所示(转录自郑伟,2015:260,上行表示白读,下行表示文读):

表 5.2.5

方言点	茶	家	哑	马	瓜	花	差出~	买	稗	债	解	画
厦门	te²	ke¹	e³	me⁴	kue¹	hue¹	tsʰe¹	bue³	pʰue⁶	tse⁵	ke³	—
	ta²	ka¹	a³	ma⁴	kua¹	hua¹	tsʰai¹	ma̰ĩ³	pai⁶	tsai⁵	kai³	hua⁵
潮州	te²	ke¹	e³	be³	kue¹	hue¹	tsʰe¹	boi³	pʰo̰ĩ⁶	tse⁵	koi³	ue⁶
	—	—	—	ma̰³	—	—	—	—	pai⁶	—	—	—
泉州	te²	ke¹	e³	be³	kue¹	hue¹	tsʰe¹	bue³	pʰue⁶	tse⁵	e³	ue⁶
	tsʰa²	ka¹	a¹	ma³	kua¹	hua¹	—	bai³	—	—	kai³	ua⁶

从表 5.2.5 可以清楚地看到,闽南方言麻佳两韵白读为 e,文读为 a,这一格局与吴音、古汉越语等域外译音正相对应,可见无论古代还是现代佳韵具有[+front]的元音属早期读音。因此,我们认为常山 ɛ[uɛ]读音与闽南方言一样,属于早期读音层次,而常山 ɑ[uɑ]读音属于晚期读音层次。按时间先后顺序分别为层次 I 的 ɛ[uɛ]和层次 II 的 ɑ[uɑ]。

我们认为常山佳韵层次 I 读如泰[①]、皆韵,因为它们的唇音声母字均未发生前裂化音变。而层次 II 读如麻韵。由于丽水小片佳韵的两个读音的音值特点主要是后(低)元音,因此,无法从音值特点出发确定层次对应,只能从音类分合关系入手了。

丽水小片层次 II 的收字数量较少,只零星地保留,上山小片则较多,可见,与上山小片相比,丽水小片佳韵的层次 I 读音多未被层次 II 读音覆盖。如常山层次 II[②]有"簸 bɑ² | 罢 bɑ⁴ | 买 mɑ⁴ | 卖 mɑ⁶ | 晒 sɑ⁵ | 解 kɑ³ | 蟹 hɑ³",开化有"簸 bɔ² | 罢 bɔ⁶ | 稗 bɔ⁶ | 买 mɔ² | 卖 mɔ⁶ | 晒 sɔ⁵ | 解 kɔ³ | 懈 kɔ³ | 蟹 hɔ³",江山有"稗 bɒ⁶ | 罢 bɒ⁴ | 买 mɒ⁴ | 卖 mɒ⁴ | 钗 tsʰɒ¹ | 晒 sɒ⁵ | 解 kɒ³ | 蟹 hɒ³",广丰有"簸 bɑ² | 罢 bɑ⁴ | 稗 bɑ⁶ | 奶 nɑ⁴ | 钗 tsʰɑ¹ | 晒 sɑ⁵ | 佳 kɑ¹ | 蟹 hɑ³",玉山有"簸 bɑ² | 罢 bɑ⁴ | 稗 bɑ⁶ | 买 mɑ⁴ | 卖 mɑ⁶ | 债 tsɑ⁵ | 晒 sɑ⁵ | 佳 kɑ¹ | 解 kɑ³"。丽水层次 II 只有"稗 buo⁶ | 佳 kuo¹"两字,遂昌也只有"罢 bɑ⁴ | 稗 bɑ⁶ | 晒 sɑ⁵"三字,云和有"罢 bo⁴ | 稗 bo⁶ | 佳 ko¹"三字,庆元也只有"稗 bo⁶ | 晒 so⁵"两字。由此可见,上山小片佳韵开口字层次 II 收字远多于丽水小片,读音对应见表 5.2.6:

---

① 泰韵有两个读音层次,此处应读为泰韵白读层即层次 I,见 5.1 的讨论。
② 以下举例仅举佳韵开口字,不包括合口字。

表 5.2.6①

读音		上山小片					丽水小片			
		常山	开化	江山	广丰	玉山	丽水	遂昌	云和	庆元
皆、泰韵		ɛ	ɛ	æ	a	ai	uɔ	a	ɑ	ɑ
佳韵	层次Ⅰ	ɛ	ɛ	æ	a	ai	uɔ	a		
	层次Ⅱ	ɑ	ɔ	ɒ	ɑ	ɑ	uo	o	o	o

　　一般来说,早期层次收字会比晚期层次收字少,因为时间越长,受到新的层次读音的冲刷就越厉害,也就越容易丢失早期读音。但丽水小片佳韵层次Ⅱ读音反而要远远少于层次Ⅰ。我们的解释是,佳韵读如泰、皆韵是历代标准语一贯的音类格局,而读入麻韵的特点是吴语自身的音类格局。因此,早期的层次读音反而保留了更多的字。

　　最后还有一个问题需要解决:是否以能够区别佳、皆二等重韵的 ɑ(uɑ) 作为早期读音的标志?② 上文我们提到能区别咍泰一等重韵的读音为早期读音。其实,在诗歌用韵中,泰韵是独用的,而佳皆是同用的。既是同用,那读音应该是相近的。同时,通过上文的讨论,我们发现常山 ɛ[uɛ] 读音要早于 ɑ[uɑ] 读音,但皆韵只有 ɛ[uɛ] 读音,但不能说 ɛ[uɛ] 读音是皆佳韵合流后的读音。可见,利用文献音类合流关系来判断读音早晚的方法不是一劳永逸的,需要具体问题具体分析。

　　最后再看夬韵的读音情况,夬韵收字较少,不过读音表现与佳韵相同,有 ɑ 读音也有 ɛ 读音。"话"字有"ye"和"uɑ"的读音对立,作动词"讲"义的"话"读音较特殊,为 ɦye⁶。可能发生这样的音变:uɛ＞uiɛ＞ye,与 ɛ[uɛ] 同一层次。而"话"的"uɑ"读音则用于"电话"等较新的词中,由此也可证明 ɛ[uɛ] 读音要早于 ɑ[uɑ] 读音。夬韵的两个层次分别对应于佳韵的层次Ⅰ ɛ[uɛ] 和层次Ⅱ ɑ[uɑ]。

　　综上所述,我们把常山皆佳夬三韵的读音层次总结如下,如表5.2.7所示:

表 5.2.7

层次	皆韵	佳韵	夬韵
层次Ⅰ	ɛ[uɛ]	ɛ[uɛ]	ɛ[uɛ/ye]
层次Ⅱ	—	ɑ[uɑ]	ɑ[uɑ]

① 表中暂不包括合口读音。
② 调查人在音韵特点第 10 条写道:"蟹摄开口二等皆、佳两韵有区别的痕迹。皆韵读[ɛ]韵,佳韵一部分读[ɑ]韵,另一部分读[ɛ]韵。"ɑ能区别皆佳韵,容易得出 ɑ 韵要早于 ɛ 韵的结论。

再看常山与上丽片其他方言的层次对应。先看皆韵的对应，开化皆韵白读与常山相同，有层次Ⅰ的对应，但见系二等出现两类文读[1] iɔ 和 ie，如"介"有 ɛ 韵一读音外，另有文读 iɔ，前文我们对见系二等文读的情况有所讨论，兹不赘述。江山皆韵层次Ⅱ读音为 æ[uæ]，见系文读为 iæ，方言在借入普通话读音的时候，总是会选择与本地话相似的音类进行匹配。广丰、玉山皆韵白读层读音均为层次Ⅰ，分别是 a[ua] 和 ai[uai]。丽水皆韵无论开合均读 uɔ，遂昌则开合相配读 a[ua]，庆元和云和表现相同，均为 ɑ[uɑ]。为更清晰地表示各地皆韵的读音情况，我们列表 5.2.8 如下：

表 5.2.8

层次	常山	开化	江山	广丰	玉山	丽水	遂昌	庆元	云和
层次Ⅰ	ɛ[uɛ]	ɛ[uɛ]	æ[uæ]	a[ua]	ai[uai]	uɔ	a[ua]	ɑ[uɑ]	ɑ[uɑ]
文读	—	iɔ/ie	iæ	—	—	ie	—	—	—

同一层次在不同地点的共时分布能反映历时的演变，上丽片皆韵层次Ⅰ的读音由前元音发生后化、高化的演变过程，可表示如下（以开口为例）：

ai（玉山）＞ɛ（常山、开化）＞æ（江山）＞a（广丰、遂昌）＞ɑ（庆元、云和）＞uɔ（丽水）

再看佳韵的对应，表 5.2.6 已指出上丽片佳韵的对应情况。以下分别举出各点佳韵两个对应层次读音数例，如表 5.2.9 所示：

表 5.2.9

方言点	层次Ⅰ	层次Ⅱ
常山	派 pʰɛ⁵ 债 ʦɛ⁵ 街 kɛ¹ 鞋 ɦɛ² 拐 kuɛ³	稗 ba⁶ 解 ka³ 蟹 ha³ 挂 kua⁵ 画 ɦua⁶
开化	派 pʰɛ⁵ 债 ʦɛ⁵ 街 kɛ¹ 鞋 ɦɛ² 拐 kuɛ³	稗 bɒ⁶ 解 kɒ³ 蟹 hɒ³ 挂 kuɒ⁵ 画 ɦuɒ⁶
江山[2]	派 pʰæ⁵ 债 ʦæ⁵ 街 kæ¹ 鞋 ɦiæ² 拐 kuæ³	稗 bɒ⁶ 解 kɒ³ 蟹 hɒ³ 挂 kuɒ⁵ 画 ɦuɒ⁶
广丰	派 pʰa⁵ 债 ʦa⁵ 鞋 ɦia² 拐 kua³ 解 ka³	稗 ba⁶ 蟹 ha³ 挂 kua⁵ 画 ɦua⁶
玉山	派 pʰai⁵ 街 kai¹ 鞋 ɦiai² 拐 kuai³ 蟹 hai³	稗 bɒ⁶ 解 kɒ³ 挂 kuɒ⁵ 画 ɦuɒ⁶ 债 ʦɒ
丽水	派 pʰuɔ⁵ 债 ʦuɔ⁵ 街 kuɔ¹ 鞋 ɦuɔ² 拐 kuɔ³	稗 buɒ⁶ 佳 kuɔ¹ 画 ɦuɔ⁶ 卦 kuɔ⁵

[1] 权威官话二等见系均腭化，对各地方言多少有影响，有的方言点材料中标示其文读读音，有的方言点没有标出，大概和发音人也有关系，无论有无标出，这种文读层读音始终存在。

[2] 江山另有层次Ⅱ读音为 o，只"稗"读 bo²，我们认为 o 与 ɒ 属同一层次，是该层次有些字发生 ɒ＞o 的音变，其表现与麻韵相同。

续　表

方言点	层次Ⅰ	层次Ⅱ
遂昌	派 pʰa⁵ 债 tsa⁵ 街 ka¹ 鞋 ɦia² 拐 kua³	稗 ba⁶ 挂 ka⁵ 画 ɦua⁶
庆元	派 pʰa⁵ 债 tsa⁵ 街 ka¹ 鞋 ha² 拐 kua³	稗 pɒ⁶ 挂 kɒ⁵ 画 ɒ⁶
云和	派 pʰa⁵ 债 tsa⁵ 街 ka¹ 鞋 ɦia² 拐 kua³	稗 bo⁶ 挂 ko⁵ 画 ɦo⁶

　　共时分布能表现历时演变,层次Ⅰ的演变与皆韵相同,表现了由前元音发生后化、高化的音变过程。层次Ⅱ则是由后元音发生高化的音变过程。我们把两个层次的演变过程表示如下:

　　　　层次Ⅰ:ai(玉山)>ɛ(常山、开化)>æ(江山)>a(广丰、遂昌)>ɑ(庆元、云和)>uɔ(丽水)
　　　　层次Ⅱ:ɑ(常山、广丰、玉山、遂昌)>ɒ(江山)>ɔ(开化)>o(庆元、云和)>uo(丽水)

　　见系文读大致与皆韵相同。
　　夬韵与佳韵表现基本一致,兹不赘述。
　　综上所述,我们把整个上丽片皆佳夬三韵的读音层次总结如下,见表5.2.10:

表 5.2.10

方言片	方言小片	方言点	皆韵	佳韵		夬韵	
			层次Ⅰ	层次Ⅰ	层次Ⅱ	层次Ⅰ	层次Ⅱ
上丽片	上山小片	常山	ɛ[uɛ]	ɛ[uɛ]	ɑ[uɑ]	ɛ[uɛ、yɛ]	uɑ
		开化	ɛ[uɛ]	ɛ[uɛ]	ɔ[uɔ]	ɛ[uɛ、yɛ]	uɔ
		江山	æ[uæ]	æ[uæ]	ɒ[uɑ]	æ[uæ、yə]	uɑ
		广丰	a[ua]	a[ua]	ɑ[uɑ]	a[ua、ye]	uɑ
		玉山	ai[uai]	ai[uai]	ɑ[uɑ]	ai[uai]	uɑ
	丽水小片	丽水	uɔ	uɔ	uo	uɔ	uo
		遂昌	a[ua]	a[ua]	ɑ[uɑ]	a[ua]	u
		庆元	ɑ[uɑ]	ɑ[uɑ]	o	ɑ[uɑ]	o
		云和	ɑ[uɑ]	ɑ[uɑ]	o	ɑ[uɑ]	o

5.2.2　瓯江片皆佳夬三韵的读音层次

瓯江片四个方言点皆佳夬三韵与常山有相同的层次对应。由于佳韵的读音较丰富,确定了佳韵的层次后就能较顺利地确定皆、夬韵的读音层次了。我们知道,佳韵层次Ⅰ与泰、皆韵相混,层次Ⅱ则与麻韵同音,我们把瓯江片佳韵相关读音列表如下,见表 5.2.11:

表 5.2.11

古韵部		瓯江片			
		温州	永嘉	平阳	乐清
泰、皆韵		a	a	a	e
麻韵		o	o	o(uo)	ou(ɯ)
佳韵	层次Ⅰ	a	a	a	e
	层次Ⅱ	o	o	o(uo)	ou(ɯ)

从表 5.2.11 可以清楚地看到,瓯江片四个方言点佳韵层次Ⅰ与层次Ⅱ分别与泰、皆韵和麻韵相同。层次Ⅰ温州、永嘉、平阳佳韵读 a,乐清为 e。层次Ⅱ温州、永嘉读 o。平阳佳韵层次Ⅱ有两个读音 o 和 uo,其中唇音声母后读 o,如"罢 buo⁴",非唇音声母后读 uo,如"佳 ko¹",两者互补,这两个读音出现的声母条件与麻韵完全相同。乐清佳韵层次Ⅱ也有两个读音 ou 和 ɯ,其中唇音声母后读 ɯ,如"罢 bɯ⁴",非唇音声母后读 ou,如"佳 kou¹",两者互补,与麻韵表现也相同。

事实上,瓯江片佳韵的两个层次对应还能从音值特征上看出来。上文提到,佳韵层次Ⅰ的音值具有前(高)元音的特征,层次Ⅱ具有后(低)元音的特征,瓯江片四个点均符合。因此,从这个意义上来讲,佳韵层次对应相似度更接近上山小片。

温州、永嘉、平阳皆韵开合韵同,均读 a,对应于上丽片皆韵层次Ⅰ。其中"埋"字除 a 读音外,还有表"埋怨"义的 o 读音,此读音读如麻韵,为层次Ⅱ。由于其他三个点皆韵并无麻韵异读,上丽片各方言也无皆韵的麻韵异读,且温州皆韵只有这一个麻韵异读,因此我们不另立皆韵的麻韵层次,把它归入佳韵的麻韵异读。乐清皆韵开合相配为 e[ue]①。

夬韵的层次关系与佳韵层次Ⅰ和层次Ⅱ表现相同,兹不赘述。

---

① 其中"斋"读 tɕe¹,有一个短 ι 介音,因无对立,音系处理时不标出,但这个短介音显然是有作用的,从历时上看使声母腭化,佳韵也有类似元音,恕不再次指出。

综上所述,现将瓯江片皆佳夬三韵读音层次总结如下,见表 5.2.12:

表 5.2.12①

方言片	方言点	皆韵	佳韵		夬韵	
		层次 I	层次 I	层次 II	层次 I	层次 II
瓯江片	温州	a	a	o	a	o
	永嘉	a	a	o	a	o
	平阳	a	a	uo(o)[uo]	a	uo
	乐清	e[ue]	e[ue]	ɯ(ou)[uɯ]	e[ue]	uɯ

5.2.3　金衢片皆佳夬三韵的读音层次

金衢片皆佳夬三韵的读音与上丽片和瓯江片略有不同。

同样地,我们先从佳韵的两个层次对应情况入手。我们把佳韵的两个层次与泰、皆韵和麻韵的读音对比列表 5.2.13 如下:

表 5.2.13

古韵部		金衢片					
		东阳	兰溪	义乌	浦江	永康	武义
泰、皆韵		ɑ	a	ɑ	ɔ	iɑ	iɑ
麻韵		uo	ɔ(yu)	uɑ(uɑ)	ia(yɔ)	uɑ	uɑ
佳韵	层次 I	ɑ	a	ɑ	ɔ	iɑ	iɑ
	层次 II	uo	ɔ(yu)	uɑ(uɑ)	ia(yɔ)	uɑ	uɑ

共时分布能表现历时演变。金衢片佳韵层次 I 的读音呈两条演变路径,一条是后高化,另一条是前裂化,如:

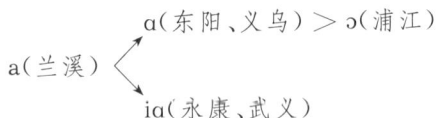

$$a(兰溪) \nearrow ɑ(东阳、义乌) > ɔ(浦江)$$
$$\searrow iɑ(永康、武义)$$

举佳韵两个层次读音数例如下,见表 5.2.14:

①　此表中"[ ]"内的读音表示皆、佳、夬韵的合口读音,如乐清佳韵层次 II"挂 kuɯ⁵",读音 uɯ 与 ɯ 为合口与开口关系,属同一层次,从读音上即可看出,故未在文中讨论,下同。

表 5.2.14

方言点	层次 Ⅰ	层次 Ⅱ
东阳	摆 pa³ 稗 ba⁶ 买 ma⁴ 债 tsa⁵ 街 ka¹	晒 suo⁵
兰溪	摆 pa³ 买 ma⁴ 债 tsa⁵① 街 ka¹ 鞋 ɦa²	稗 bɔ⁶ 晒 ɕyu⁵ 差 tɕʰyu¹
义乌	牌 ba² 派 pʰa⁵ 柴 za² 债 tsa⁵ 街 ka¹	稗 bɯa⁶ 晒 sua⁵
浦江	牌 bɔ² 派 pʰɔ⁵ 柴 zɔ² 债 tsɔ⁵ 街 kɔ¹	稗 bia⁶ 晒 ɕyɔ⁵
永康	牌 bia² 派 pʰia⁵ 柴 zia² 债 tɕia⁵ 街 kia¹	罢 bua⁴ 晒 sua⁵ 佳 kua¹
武义	派 pʰia⁵ 买 mia⁴ 柴 zia² 街 tɕia¹	罢 bua⁴ 稗 bua⁶ 晒 sua⁵ 崖 ŋua²

从表 5.2.14 可以看出,各点层次 Ⅰ 的读音没有声母条件的限制,层次 Ⅱ 则读音变体较多,其读音变体出现的声母条件与麻韵相同,兹不赘述。

再看皆韵。从表 5.2.13 可以看出,皆韵对应的是佳韵层次 Ⅰ。东阳、义乌皆韵读 a。兰溪读 a,另庄组"斋、豺"两字读 ia 且声母腭化,读音分别为"tɕia¹""zia²",二等庄组声母腭化的现象类似乐清,两者互补,属同一层次。浦江皆韵读 ɔ。永康、武义皆韵读音与其他点不同,均为细音韵,读为 ia,如:

	排	拜	斋	介	界
永康	bia²	ɕia⁵	tɕia¹	kia⁵	kia⁵
武义	bia²	pia⁵	tɕia¹	tɕia⁵	tɕia⁵

夬韵读音与佳韵的两个层次基本对应,不赘述。我们对皆佳夬三韵在金衢片的层次情况做一小结,如表 5.2.15 所示:

表 5.2.15

方言片	方言点	皆韵	佳韵		夬韵	
		层次 Ⅰ	层次 Ⅰ	层次 Ⅱ	层次 Ⅰ	层次 Ⅱ
金衢片	东阳	a[ua]	a[ua]	uo	a[ua]	—
	兰溪	a[ua]	a[ua]	yu	a[ua]	yu[u]
	义乌	a[ua]	a[ua]	ɯa	a[ua]	—
	浦江	ɔ[uɔ]	ɔ[uɔ]	ia(yɔ)	ɔ[uɔ]	—

① 兰溪佳韵层次Ⅱ庄组有两个读音,一是 ia,一是 a,前者声母腭化,如柴,后者声母不腭化,如债,因此两者互补,是同一个层次的读音,如"筛"作动词"倒茶"义时有两读:ɕia¹ 和 sa¹,两者互补。同理,兰溪佳韵层次Ⅲ庄组(佳韵读如麻韵)亦有两个读音,一是 yu,一是 u,如"差"字在作"出差"义时有两读:tɕʰyu¹ 和 tsʰu¹,两者互补,韵母有-y-介音的,其声母腭化,否则声母不腭化,也是同一层次的读音。

续 表

方言片	方言点	皆韵	佳韵		夬韵	
		层次 I	层次 I	层次 II	层次 I	层次 II
	永康	ia[ya]	ia[ya]	ua	ia[ya]	ua
	武义	ia[ya]	ia[ya]	ua	ia[ya]	—

下面我们再附带讨论一下蟹摄二等见系文读层的类型。关于二等见系文读，我们在讨论二等麻韵时已有所涉及。中原标准语二等见系声母在元代时已普遍产生-i 介音，并且伴随着声母的腭化，这一读音就成为南方方言二等见系文读的来源。据张光宇(1993b)的观察，作为文读势力，其影响范围主要是长江沿岸大部，尚未深入至东南各省全境。就吴语而言，北部吴语所受影响要远大于南部吴语，因此有的方言点没有记录这种文读读音，当然这与发音人也有一定关系。我们的讨论基于现有材料。

先来看蟹摄二等喉牙音在官话中的腭化过程。对此，董建交(2007)做了较详细的描述，我们简叙其论证过程：

皆佳夬韵喉牙音开口字在元代和明代早期官话中均有-i 介音，韵母为iai。但在现代北京话中，"揩挨骇矮隘"等部分字没有-i 介音，韵母为 ai，声母也未腭化，另一部分字"皆街解鞋"等则保留-i 介音，韵母为 ie。这是因为皆来韵二等腭化介音与-i 韵尾冲突，发生了两种竞争性的异化音变。为了摆脱 iai 之类的音，佳、皆两韵有以下两个演变的方向，或者是在韵尾的异化下失落-i 介音：

音变(1)：iai＞ai(i＞∅/ Vi)

或是在介音的异化下失落-i 韵尾：

音变(2)：iai＞ie(ai＞e/i)

我们知道，由于不同语言或方言的音位系统有差异，因此在借词的读音问题上就会存在音位的匹配。一般情况下，一种语言或方言在处理借词读音的问题上有两种处理方法，一种是和所借语言或方言的读音相同，我们称之为"同音借入"。另一种是用本族语读音相近音去替代借词读音，我们称之为"相似借入"。南部吴语各方言在借入蟹摄二等喉牙音的文读时均采用了"相似借入"，尽管有些读音看上去与权威方言相同，以下分别详述。

上丽片我们以开化、江山为例讨论这种文读的借入。开化皆佳韵见系文读有两类，一类读 iɔ，如"佳介谐"等，一类读 ie，如"届谐械"等。前者与麻韵二等见系字同音,即"佳＝家,介＝驾,谐＝霞"。开化佳韵层次 Ⅱ 读音为 ɔ,这个读音被认为是最接近当时标准语读音的,因此,就匹配为 iɔ。丽水佳韵文读亦为 iɔ,如"涯厓"等,与开化情况相同。

后者文读 ie 则与普通话读音接近,可见是属于直接借自权威方言的读音,但这种借入之所以如此顺利,是因为 ie 读音本来就存在于开化的土语方言之中,ie 也是麻韵三等白读。

江山皆佳韵见系文读为 iæ,如"阶介界械解"等。与开化所不同的是,此文读既不是麻韵文读(麻韵二等文读为 iɒ),也不是原本就存在的读音。不过主元音 æ 原本就属于土语层音系中,如:

æ	*iæ*	uæ	—

斜体 *iæ* 韵母是受权威方言影响而产生的新韵母,为了填补齐齿呼韵母的空格而产生,本质上倒也没有超出原有的音系格局。

以上方言的文读来源为音变(2),即脱落 -i 韵尾而产生。

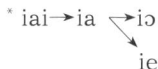

$$^{*}\text{iai} \rightarrow \text{ia} \searrow \begin{matrix} \text{iɔ} \\ \text{ie} \end{matrix}$$

再看瓯江片皆佳韵见系文读,乐清文读为 iɛ,如"楷涯懈"等,相比皆佳韵层次 Ⅱ 主元音 e,文读音的开口度略大,而 ɛ 却也是乐清土语音系中原有的音位,为咸山两摄主元音。

金衢片以义乌为例,义乌皆佳韵喉牙音文读老派读 *iai*,新派读 ie,如"街"老派读 *iai*,新派则读 ie。这两个读音的借入源是相同的,但读音不同。老派的 *iai* 读音是以填空格方式进入义乌方言的共时音系的,如:

ai	*iai*	uai	yai

读音 *iai* 是借词读音匹配本方言时产生的新读音,但 ai 韵是方言音系原本就有的音位。老派在匹配这类借词读音时,选择了以 ai 作为与借入源相近的读音配对,这个填空格方式与江山 *iæ* 读音类似。东阳读 iei,道理相同。新派在借入时却选择以 ie 作为与借入源相近的读音配对,ie 读音是方言自身就有的音位。

因此,我们认为南部吴语皆佳韵喉牙音文读在匹配权威方言读音时,均与本族语音位为基础,以相似性为途径,进入本族语的共时音系,这属于"相似借入"。

义乌的 *iai* 和 ie 这两个读音既不是音变关系,也不应该是层次关系,而是同一个读音来源在不同发音人里的不同读音变体。在同一个方言内部,发音人的语言态度对借入词读音的匹配有着直接的关系,如义乌的 *iai* 和 ie,就是老派和新派对相同来源的读音匹配产生的不同结果。对于不同方言而言,同一个来源读音的匹配也会有不同的结果,这里除了发音人态度,还与不同方言系读音有关,如开化有 iɔ 和 ie 两个读音,而江山却只有一个 *iæ* 读音,但借入源是相同的。当然这个问题较复杂,还需要今后进一步研究。

5.2.4 小 结

通过对南部吴语蟹摄二等韵的层次分析后,我们得出如下两点认识。

①各地佳韵有两个层次的对应。日译吴音和古汉越语的文献资料让我们知道当时佳韵有前(高)元音和后(低)元音的两个读音层次的对立。因此,从音值上看,上山小片和瓯江片佳韵的两个层次基本保留了当时的读音特点。丽水小片和金衢片的两个层次读音则发生了后高化音变。

从音类分合关系看,层次Ⅰ与泰(层次Ⅰ)、皆韵同音,这与学界认为的读如麻韵不同,原因在于麻韵唇音声母字出现裂化音变,而佳韵却没有,显然不能认为是读如麻韵的。层次Ⅱ则与麻韵同音,读音变体出现的条件均与麻韵相同。因此,某韵读如某韵或与某韵同音,不能只看读音是否相同,还必须看读音变体出现的声母条件是否也相同。

从收字数量上看,佳韵层次Ⅰ要多于层次Ⅱ。这与一般认为的早期层次收字会比晚期层次收字少的说法矛盾。因为时间越长,受到新的层次读音的冲刷就越厉害,也就越容易丢失早期读音。除了上山小片层次Ⅱ收字略多外,丽水小片、瓯江片及金衢片佳韵层次Ⅱ读音均少于层次Ⅰ。我们的解释是,佳韵读如泰、皆韵是历代标准语一贯的音类格局,而读入麻韵的特点是吴语自身的音类格局。因此,早期的层次读音反而保留了更多的字。

②皆佳夬韵见系文读在借入权威方言读音时,以"相似借入"为原则,通过填空格的方式进入土语的共时音系中。有的方言点新老派读音可能不同,如义乌的 *iai* 和 ie。这两个读音既不是音变关系,也不应该是层次关系,而是同一个读音来源在不同发音人里的不同读音变体。在同一个方言内部,发音人的语言态度对借入词读音的匹配有着直接的关系。

开化有 iɔ 和 ie 两个读音,而江山只有一个 *iæ* 读音,这里除了发音人态度,还与不同方言音系读音有关。这个问题还需要今后进一步研究。

5.3　蟹摄三四等韵的读音层次[①]

中古蟹摄四等齐韵主要来源于上古脂部,少数来自支部和歌部。在现代方言中,齐韵读音的复杂程度莫过于闽语,正因为如此,这引起了很多学者的研究兴趣。不过早期研究闽语齐韵读音是为了给《切韵》四等韵不带-i-介音提供活语言的证据,如李如龙(1984)。也有为《切韵》三、四等分韵提供例证的,如张光宇(1990)。单就以闽语齐韵为研究对象做历史层次分析的,大概以吴瑞文(2002)、秋谷裕幸(2002a)、陈忠敏(2006b、2006d、2013)为代表。其中吴瑞文把闽语齐韵开口分为三个层次,层次Ⅰ表现的是上古音的格局,层次Ⅱ读音来自东汉魏晋时期,层次Ⅲ则来自南朝,并且他为各层次读音构拟原始形式。其层次划分的依据及构拟主要来自罗杰瑞(1979)和梅祖麟(1999)。秋谷裕幸(2002a)在讨论闽语及南方其他方言齐韵开口字的层次时,把闽语分为 A、B 两个层次,其中 A 层次特点一是读为开口呼,二是与祭韵开口字有区别。陈忠敏(2006d)利用对厦门话齐韵开口的层次分析寻找闽南话其他方言的层次对应,他认为厦门话齐韵开口分为五个层次,在判断层次先后问题上,利用齐、祭两韵的分合关系,把厦门话齐韵的五个读音层次分为两大组,其中齐、祭两韵有别的读音层次要早于两韵相混的层次。

目前,学界对南部吴语齐韵的讨论较少。仅陈忠敏(2013)专门讨论吴语衢州片齐韵的读音层次,根据齐、祭两韵的分合情况把开化方言分为两个白读层和一个文读层。我们认为,齐、祭两韵的分合情况不适合作为判断读音层次相对时间的标准,因齐韵与止摄关系密切,因此,我们结合两者一起讨论。

由于蟹摄三等祭、废韵收字较少,且南部吴语祭、废多与四等齐韵合流,因此,我们通过四等齐韵读音层次的讨论,找出与祭、废韵对应的读音层次,就可以把蟹摄三、四等韵的读音层次搞清楚了。由于方言中蟹摄三、四等韵合口字多非口语常用,故本节暂不涉及,拟另文结合止摄合口一并讨论。

5.3.1　上丽片齐韵的读音层次

我们先来看上丽片齐韵的读音层次,以常山齐韵开口为例,列出读音如下,见表 5.3.1:

---

① 本节内容曾以"论南部吴语齐韵的读音层次"为题发表于《语言科学》2016 年第 6 期。

表 5.3.1

e	低 te^1，底$_2$下~ te^3，帝 te^5，梯 tʰe^1，替$_2$ tʰe^5，屉 tʰe^5，题$_1$~目 de^2，蹄$_1$ de^2 弟$_2$徒~ de^6，递 de^6，礼$_1$ le^4，妻 tsʰe^1，齐 ze^2，西$_1$东南~北 se^1，细$_2$粗~ se^5，婿 se^5
ue	替$_1$ tʰue^5，犁 lue^2，鐾 bue^6
ie	底$_{水~1}$ die^4，剃 tʰie^5，啼 die^2，弟$_1$~哥 die^4，泥 nie^2，荔 lie^6，细$_1$ ɕie^5，荠$_{1□koŋ1~:荠菜}$ zie^2，鸡$_1$ ie^1，溪$_1$ tɕʰie^1
i	闭 pi^5，剃 pʰi^1，题$_2$问~ di^2，蹄$_2$ di^2，礼$_2$ li^4，荠荸~$_2$ zi^2，西$_2$~藏 ɕi^1，洗 ɕi^3，鸡$_2$ ki^1 溪$_2$ tɕʰi^1，计 ki^5，契 kʰi^5，系 ɕi^5
ə	脐 zə^2

常山齐韵开口共有五个读音，其中 ə 读音只有一字"脐"，ə 的实际读音近 ɿə[1]，是 ɿ 发生后裂化音变的结果，该读音只此一例，暂留下文讨论。

先看 e、ie 和 i 这三个读音。e 和 ie 读音可以看成是两个不同的读音层次，因为"底、弟、细"各有两个不同的读音，见表 5.3.2。

表 5.3.2

例字	e	ie
底	te^3（下底：下面）	tie^3（水底）
弟	de^6（徒弟）	die^4（弟哥：弟弟）
细	se^5（粗细）	ɕie^5（细：小）

在这三组词中我们可以看到 e 和 ie 在同一语素下的对立。同时 e 和 ie 在不同的声母组下均有对立，没有互补分布出现的环境。如 e 和 ie 在端、精组后有对立，见表 5.3.3：

表 5.3.3

古声母组	e	ie
端组	低 te^1，屉 tʰe^5	剃 tʰie^5，啼 die^2
精组	妻 tsʰe^1，婿 se^5	细$_1$ ɕie^5，荠$_{1□koŋ1~:荠菜}$ zie^2

历史比较法告诉我们，如果不同韵母读音以声母的不同为条件，那么它们是互补关系而不是层次关系，反之，则可能是层次关系。因此，我们把 e 和 ie 看成是两个不同的读音层次。陈忠敏（2013:334）也认为这是不同读音

---

① "[ə]韵拼[k]组声母时接近[ɯə]，拼其他声母时接近[ɿə]。"[曹志耘、秋谷裕幸、太田斋、赵日新（2000:75）]ɿ 与 i 读音接近，我们改为 ɿ，是为下文方便比较。"脐"的声母为从母，属精组，实际读音应为 zɿə^2。

层次。

同样地,e 和 i 读音也可以看成是两个不同的读音层次,因为它们在
"西、替、溪"等相同语素中具有对立的两个读音,有的显示出较明显的文白
色彩的差异,如表 5.3.4 所示:

表 5.3.4

例字	e	i
西	se¹（东南西北）	ɕi¹（西藏）
替	tʰue⁵/tʰe⁵	tʰi⁵（代替）
题	de²	di²

表"方向"义的"西"读 se¹,在"西藏"一词中读 ɕi¹。"替"有三个读音,分
别为 ue、e 和 i,读音 i 在"代替"等相对较文雅的词中出现。事实上,很多非
口语常用词如"谜、堤、抵、济、启、计"等均读 i 韵。因此,e 和 i 读音可以看成
是两个不同的读音层次。

最后,i 和 ie 也在同一语素中具有对立的两个读音,如表 5.3.5 所示:

表 5.3.5

例字	i	ie
荠	zi²（荸荠）	zie²（□koŋ¹ 荠：荠菜）
溪	tɕʰi¹（屯溪,地名）	tɕʰie¹
鸡①	ki¹（灶鸡：一种昆虫）	ie¹（家禽）

i 和 ie 的读音对立容易使人认为两者属于不同层次读音,如陈忠敏
(2013:334)认为齐韵的 ie 属于最早的白读层,i 属于最晚的文读层。

事实上,齐韵的 i 和 ie 的读音对立现象在支脂之韵也有发生。施俊
(2014a)在讨论南部吴语支脂之韵时指出,南部吴语高元音裂化形成的读音
对立是自然音变形成的读音对立,是属于同一层次的。常山等上丽片方言
高元音多发生后裂化音变(还包括模韵),这是区别于瓯江片及金衢片方言
的区域创新音变之一。支脂之韵的这种音变也适用于齐韵,因此,我们把齐
韵的 i 和 ie 也看成同一层次读音。

这种高元音裂化音变而形成的对立现象,在音变发生初期除了会有词
语差别外,还可能经历过同一个词的自由互读阶段。如义乌的"接",在"接

----

① 需要说明的是,"鸡"的两个读音似乎不止一个音变。"鸡"读 ie¹ 属 tɕ 声母脱落现象,这种
现象在浙西南地区普遍存在(郑张尚芳,1995a)。

生婆"一词中读 tsi^{334}①,但单念时则发生裂化读 tsie^{334},单念"接"已不再读 i 韵,这是音变在不同词中的表现。还可能发生在相同的词中,同样以义乌方言为例,如"便宜"一词中的"便",既可读 i,又可读 ie,两者并无文白差异,可自由换读,但就"方便"义的"便",就大多读 ie 韵了。

由于层次与音变均表现出相同语素在词汇中的读音对立,这就给两者的区分造成困难,我们需要把类似高元音裂化等自然音变从层次读音中区别开来,使得区分的层次读音更符合历史发展的事实。

事实上,有时候本地语感在判断文白读时是有局限的。本地语感是从共时角度判断的,而语音是个历时的产物。如果在某个时期一个社团语言变化较大,就会出现年轻人与老年人对文白读看法不一致的状况,如杭州话(赵庸,2012:56)。因此,我们要把文白读与文白层次区别开来。由于 ie 由 i 裂化而来,而音变大致起于常用词,于是当地人就会认为 ie 读音更像当地人的语音,而 i 读音还有一些非常用字,同时,i 与当代标准语读音又相同。因此,很容易认为 ie 读音是白读音,而 i 读音是文读音,这种扩散式音变形成的对立可能会并存较长时间。

读音 ie 的主元音进一步低化就变成 ia。如淳安话和龙游话齐韵开口有 i 和 ia 两个读音的对立,从层次对应的角度看,它们应该看成是同一层次的读音,材料取自秋谷裕幸(2002a:102),见表 5.3.6。

表 5.3.6

方言点	低	底	涕	剃	屉	弟	第	地	泥
淳安	tia^1	tia^3	tʰia^1	tʰia^1	tʰia^1	tʰia^3	tʰia^6	tʰi^6	ia^2
龙游	ti^1	tia^3	tʰi^5	tʰia^5	tʰia^5	dia^4	di^4	dia^6	ȵia^2

方言点	批	齐	西	洗	细(小)	细(粗细)	鸡	溪	契
淳安	pʰi^1	çi^2	çi^2	çi^3	çia^1	çi^1	tçi^1	tçʰi^1	tçʰi^1
龙游	pʰi^1	zi^2	çi^2	çi^3	çia^5	çi^5	tçi^1	tçʰi^1	tçʰi^5

秋谷裕幸(2002a:102)认为,"这两个方言齐韵开口字的语音对应规律是:端组读 ia 韵,其他读 i 韵。对龙游话来说,这一特点与其他处衢方言很不一样"。事实上,这两地的 ia 读音就是常山的 ie,ie 读音进一步低化就变成 ia。这种裂化后再低化的现象在严州方言中普遍存在。

我们知道,上丽片方言支脂之韵普遍发生 ɿ>ɿə 的后裂化音变,如常山、

---

① 义乌方言有的入声读如相应的舒声韵,具体可参见施俊(2012)。

江山、开化、广丰、遂昌等，而淳安方言（淳城话）支脂之韵裂化后的元音进一步低化、显化，如"知 tʂʅa¹｜支 tʂʅa¹｜脂 tʂʅa¹｜师 sʅa¹｜自 sʅa⁶｜子 tʂʅa³｜时 sʅa²"（曹志耘，1996:24），其音变过程可表示为：ʅ＞ʅə＞ʅa。而淳安话与龙游话齐韵 ia 中的"a"读音就是 ie 中"e"读音进一步低化的结果。因此，ia 和 i 可以看成是同一层次的读音，这与上丽片方言具有对应的层次关系。

前面我们提到 ə 在常山齐韵中只"脐"一字，在整个上丽片方言中，仅常山、江山、开化、遂昌、广丰①五地"脐"字有此一读，其他地方或读 i 或读 ʅ，我们认为"脐"的读音是由 i 韵舌尖化后发生的裂化音变，与 i 实属同一层次读音，即 i 产生了两个方向的音变：i→ie；i→ʅ＞ʅə。齐韵的这个音变在支脂之韵中也有发生（施俊，2014a）。

最后还有一个 ue 读音。常山开口齐韵有三字读 ue，"鎞""替"和"犁"，无对立或互补，观察上丽片其他方言，我们发现它总是与咍、灰韵的读音构成对应关系，如表 5.3.7 所示：

表 5.3.7

古韵部	常山	江山	开化	广丰	玉山	丽水	遂昌	庆元	云和
咍韵	e	ɛ	e	ɐi	ɐi	—	ei	ei	ei
灰韵	ue	ø	e	uɐi	uɐi	ei	ei	ei	ei

以上各点齐韵开口读音均读如咍、灰韵，其中常山、江山、开化三地齐韵读如咍灰韵的字较多，其他点收字则较少，体现出区域内部层次读音收字的不平衡性。

如果咍韵和灰韵是开合相配的，那么齐韵也是开合相配，如常山、广丰、玉山三地，如表 5.3.8 所示：

表 5.3.8

方言点	开	合
常山	低 te¹ 梯 tʰe¹ 礼 le⁴ 齐 ze² 西 se¹	鎞 bue⁶ 替 tʰue⁵ 犁 lue²
广丰	犁 lɐi²	梯 tʰuɐi¹
玉山	替 tʰɐi⁵ 犁 lɐi² 齐 zɐi² 西 sɐi¹	梯 tʰuɐi¹

① 常山、江山、开化记音为 ə，实际读音近 ʅə，广丰"脐"字记音为 ʅə，遂昌读 ʅɤ，实则均从 ʅ 裂化而来。秋谷裕幸曾提到处衢片里的"脐"读音特殊（秋谷裕幸，2002:102）。我们认为并不特殊。

如果哈韵和灰韵读音相同,那么对应的齐韵也是只是一种读音[1],如江山、开化、遂昌、庆元、云和五地,如表 5.3.9 所示:

表 5. 3. 9

方言点	开	合
江山	梯 tʰɛ¹ 递 dɛ⁶ 齐 sɛ² 礼 lɛ¹ 犁 lɛ²	—
开化	低 tɛ¹ 梯 tʰɛ¹ 犁 lɛ² 齐 zɛ² 细 sɛ⁵ 替 tʰɛ⁵	—
遂昌	梯 tʰei¹ 屉 tʰei⁵	—
庆元	梯 tʰei¹	—
云和	梯 tʰei¹	—

事实上,由于哈灰同韵,我们无法确切得知这些字哪些读如哈韵哪些读如灰韵。

江山齐韵还有 ø 读音,如"闭 pø⁵"[2],从表面上看,ø 与 ɛ 读音相差较大,但综合周边方言考察,我们认为 ø 读音由 uɛ 合音而来,即 uɛ>ø。灰韵字"块"读 kʰø⁵,与其他灰韵读 uɛ 不同,亦为 uɛ>ø 的音变提供一个例证。

综上所述,我们把常山齐韵分为两分层次:e[ue]层次和 i(ie)层次。

我们再来看这两个读音层次的时间先后顺序。按古音类的分合关系来确定读音层次的先后有时较简便,如陈忠敏(2013)利用祭齐相混还是祭齐有别来确定开化方言齐韵两个读音层次的先后顺序,认为祭齐有别的读音要早于祭齐相混的。运用这一方法有时并非一本万利,如果没有确切方言文献的记载作辅证,就会出现矛盾。我们以同属一个小片的常山方言和江山方言为例来检讨这种方法的正确性。

我们先按祭韵和齐韵的分合情况,把常山齐韵的几个读音分为两大组,如表 5.3.10 所示:

---

① 开化、遂昌、庆元、云和四地哈灰韵相同但不包括见系声母字,因齐韵见系声母字已无此层次读音,因此可略去,不影响本文的讨论。

② 陶寰将此音记为-ør,如"闭 pør,细 cyør",认为此读音发音较特殊,"舌头有一些卷,但不是舌尖卷起来,而是舌头两侧往上翻卷,舌头略微后缩"(此特点由陶寰通信告知)。我们认为在发 ø 元音时,舌头两侧自然侧卷,这是由前高圆唇元音本身引起的,舌头回复到自然状态时,较易产生一个类似高元音裂化的后滑音,由于这个后滑音无辨义作用,因此,秋谷裕幸的记音未标出。当然也可能存在个体差异。

表 5.3.10

古韵部分合	祭韵	齐韵
祭齐有别组	—	ue 替犁
	—	ie 底泥
祭齐相混组	i 币际	i 闭济
	e 世势	e 细婿

《切韵》时代祭韵和齐韵分别为三等韵和四等韵,说明两者读音有别,如果祭韵和齐韵读音相同表明那是后来的合并,也就是说 ue 和 ie 要早于 i 和 e。我们认为尽管《切韵》时期祭、齐两韵分属不同读音,但并不能推导出所有方言都有祭、齐韵有别的阶段。运用古音类分合法的逻辑起点是把《切韵》看成是各方言分化的起点,但这种认识显然已为学界所弃。

我们再来看同属上山小片的江山方言祭韵和齐韵的分合情况。江山祭韵和齐韵大多数均合流,如表 5.3.11 所示:

表 5.3.11

祭韵	齐韵
i 制际毙	i 批低提西洗
iə 蔽	iə 底泥溪
ɛ 例祭际	ɛ 梯体齐
e 世势	e 细婿契

如果将祭齐有别与祭齐相混作为判断读音层次时间先后的依据,那么这种方法在这里就会遇到困难,上山小片的常山具备祭齐有别的读音,而同一小片的江山却没有祭齐有别的读音,较难信服,而事实上同一小片内部的方言应具有较高的层次相似度。因此,我们不将祭齐是否相混作为判断层次先后的依据,或许祭韵和齐韵在有的方言中本来就无区别,只是在不同时代借入标准语的时候产生了分化。

我们认为 e[ue]读音层次要早于 i(ie)层次。《切韵》系统韵书的反切有按洪、细分组的趋势,即一二四等韵为一组,三等韵为一组,到了中古后期,四等韵产生-i-介音与三等韵合流,因此,四等韵读洪音代表了早期读音。蟹摄三四等祭废齐三韵在《中原音韵》中归为齐微韵,开口为 i 类韵母,此后,i 韵母读音就成为各地方言文读层(不同于文读音)的来源。事实上,e[ue]读音层也可能是方言自身的层次读音,因为历代标准语齐韵并无读如哈灰韵的记载,即使《切韵》时代四等齐韵主元音为*e,其音类分合也与哈灰韵无关,因此,我们把齐韵读如哈灰韵这一语言事实看成是这一区域的共同保留,从这个角度看,我们也应该把e[ue]读音层看成是更早的层次。

因此,我们把常山齐韵开口的两个层次总结如下,见表5.3.12:

表 5.3.12

层次 Ⅰ	e[ue]层次
层次 Ⅱ	i(ie)层次

齐韵的读音层次分清后,就可以为祭韵和废韵的读音找到对应的层次。常山祭韵"世势祭"等读e,属于层次Ⅰ,其他读i的属于层次Ⅱ,废韵①"废肺"两字均读i,为层次Ⅱ,废韵没有层次Ⅰ读音。

综上,我们把常山蟹摄开口三四等的读音层次总结如下,见表5.3.13:

表 5.3.13

层次	齐韵	祭韵	废韵
层次 Ⅰ	e[ue]	e	—
层次 Ⅱ	i(ie)	i	i

以常山蟹摄三四等的读音层次为基础,我们可以系联周边方言的层次对应。根据表5.3.7所示,上丽片各方言均有齐韵读如哈灰韵的层次Ⅰ读音。按历史语言学的原则,共时的地理分布能反映出历时的音变过程。因此,我们可以把上丽片层次Ⅰ读音的演变过程勾勒出来(只列读如哈韵的读音),即:ɐi(广丰、玉山)>ei(遂昌、庆元、云和、丽水)>ɛ(江山)>e(常山、开化)。

再看各点齐韵层次Ⅱ的对应,开化、广丰、玉山均有与常山相同的层次Ⅱ的对应i(ie),其中ie是由i裂化而来。

江山齐韵除层次Ⅰ读ɛ外还有三个读音:i、iə、e。其中i和iə读音属层次Ⅱ。从听感上看,i和iə有时不易区分,如秋谷裕幸(2001a:7)指出,"江山的[i y]韵和[iə yə]韵听起来有点相似"。可见两者关系密切,可以把iə读音看成是由i裂化而来的。同时,从系统上看,元音ə是后裂化音变产生的后滑音,如表5.3.14(秋谷裕幸,2001a:6)所示:

---

① 废韵常用字较少,大多限于"废肺吠"三字读音,虽属合口韵,但南部吴语各点大多读如开口,因此我们放在一起讨论。

表 5.3.14

ə 字齿除鱼	iə 婆遮鼠弟纸	uə 补赌裤讨草	yə 主举篡话手
ɛ 戴海杯雷礼齐皮寄		uɛ 堆灰醉追归	yɛ 主举篡话手
e 契			

那么,读音 e 属于哪个层次呢? 读音相似不能作为判断层次对应的标准,虽然江山的这个 e 读音与常山 e 读音相同,但不能据此判断这是属于层次Ⅰ的读音。此读音收字极少,在齐韵仅四字:"帝 te⁵、细 ɕe⁵、婿 ɕe⁵、契 kʰe⁵",声调均为阴去,实际读音带短-i-介音①,我们认为这是 ɛ 发生前裂化音变产生的读音,从音系格局上可以很清楚地看到这一变化,如表 5.3.14 所示。

从分布格局看,音系中正缺 iɛ 韵母这个空位,而这一韵母正好可以由 e(e 的实际读音带有短-i-介音)充当,我们有理由相信这是音变产生的新读音②。

因此,江山齐韵 ɛ 和 e 属层次Ⅰ,i 和 iə 属于层次Ⅱ。

丽水、云和两地层次Ⅱ有 i 和 ɿ 读音,两者呈互补分布。帮组、端组声母后读 i,精组、见组、晓组声母后读 ɿ。古见、晓组声母发生舌尖化的音变过程,温州方言古见、晓组声母也有此音变,对此,郑张尚芳(1995/2008:353/75)曾指出由 tɕ->ts-的音变过程中出现过渡声母 ʧ-,其过程如下:

鸡 tɕi→tɕiɿ→ʧiɿ→tsɿ = 资知

更确切地说,声母发生了一个先舌叶化再舌尖化的过程,如"妻 tsʰɿ¹ | 齐 zɿ² | 细 sɿ⁵ | 鸡 tsɿ¹ | 溪 tsʰɿ¹"。我们可以用下面的公式来表示这种互补:

i > i / 帮、端组声母 __
　 > ɿ / 见、晓组声母 __

遂昌、庆元两地层次Ⅱ则与常山相同,i 和 ie 为同一层次,i > ie 是音变关系而非层次关系。但遂昌"泥"字读 nia²,我们认为"泥"字发生了 ie > ia

① "[e]韵和[iɛ]韵都有区别。例如:细 ɕe⁵² ≠ □鸡~窠 sɛ⁵² ≠ 细 ɕi⁵²(实际音值为[ɕiˑẽ⁵²]) | 契 kʰe⁵² ≠ 概 kʰɛ⁵² ≠ 气 kʰi⁵²(实际音值为[kʰiˑẽ⁵²])。"(秋谷裕幸,2001a:7)

② 由于此读音层特点是读如哈、灰韵,那么哈、灰韵也应有类似的音变。事实上,哈韵"菜"有两个读音:i 和 iɛʔ,前者属另一层次,此处不述。后者的 iɛʔ 读音应该也是音变产生的,而-ʔ 喉塞尾应为后起。至于为什么哈韵的-i-介音产生较少而祭、齐韵较多(相对而言),大概和整个音系有关,祭、齐韵受到层次Ⅱ中 i(ie)读音层的影响更大。

的音变,这与上文提到的淳安、龙游层次Ⅱ读音为 ia 相同,应看成同一层次的读音。秋谷裕幸(2002a:102)认为由于遂昌与龙游相邻,遂昌的"泥"字读音可能是龙游话的借词,我们认为这是遂昌方言自身所发生的音变,且这个音变在遂昌才刚开始,还未扩展到所有 ie 韵字。

各点祭、废两韵的读音均无出齐韵右者,弄清楚齐韵的读音层次,祭、废两韵读音所属的层次也就一清二楚了。从各点的读音材料看,祭、废两韵有的归为层次Ⅰ,有的归为层次Ⅱ,或两个层次兼而有之,这种差异表明不同方言接触程度的差异。

综上所述,我们对上丽片蟹摄三四等的读音层次的总结如下,见表 5.3.15:

表 5.3.15

方言片	方言点	齐韵		祭韵		废韵	
		层次Ⅰ	层次Ⅱ	层次Ⅰ	层次Ⅱ	层次Ⅰ	层次Ⅱ
上丽片	常山	e[ue]	i(ie)	e	i	—	i
	开化	e	i(ie)	e	i	e①	i
	江山	ɛ[e]	i(iə)	ɛ(e)	i(iə)	ɛ	—
	广丰	ɐi[uɐi]	i(ie)	—	i	—	i
	玉山	ɐi[uɐi]	i(ie)	ɐi	i	—	i
	丽水	ei	i(ɿ)		i(ɿ)	—	i
	遂昌	ei	i(ie)		i(ie)	—	i
	庆元	ai	i(ie)	—	i(ie)	ai②	ie
	云和	ei	i(ɿ)		i(ɿ)	—	i

5.3.2 瓯江片齐韵的读音层次

瓯江片齐韵开口字有与上丽片齐韵对应的两个读音层次。

现代温州话齐韵开口读音有两个层次,分别对应于上丽片齐韵的层次Ⅰ和层次Ⅱ。层次Ⅰ特点是读如哈灰韵。温州话哈灰两韵读音不同,哈韵读 e,灰韵读 ai,齐韵只有 ai 韵一读,无哈韵的 e 读音,如"细 sai⁶",我们把这个读音看成是层次Ⅰ的读音。

齐韵层次Ⅱ读音在温州话中呈互补分布,帮、端、精组声母后读 ei,如

---

① 开化废韵有两个层次,层次Ⅰ为 e,如"肺 fe⁵ | 吠 be⁶",层次Ⅱ为 i,如"废 fi⁵"。
② 庆元废韵有两个层次,层次Ⅰ为 ai,如"吠 pai⁴",层次Ⅱ为 ie,如"废 fie⁵ | 肺 fie⁵"。

"闭 pei⁵｜低 tei¹｜礼 lei⁴｜齐 zei²｜婿 sei⁵"，见晓组声母后读ʅ，如"鸡 tsʅ¹｜继 tsʅ⁵｜溪 tsʰʅ¹｜系～鞋带 tsʅ⁵"。

百年前温州话齐韵读 i，如"继 tɕi⁵｜泥 ȵi²｜礼 li⁴｜体 tʰi³｜齐 zi²｜闭 pi⁵"（高本汉，2003：576-578），可见，百年来温州话齐韵发生了前裂化及舌尖化的音变过程，即：

$$i > ei/帮、端、精组声母\underline{\hphantom{xx}}$$
$$> ʅ/见、晓组声母\underline{\hphantom{xx}}$$

其中，见、晓组声母还随韵母 i 的舌尖化而发生舌尖化音变。事实上，我们从现代温州话齐韵的一些读音中仍能见到这种音变的残留。如端组的"梯"有 i 和 ei 两读，属于同一层次读音，此例亦可见音变发生的中间过程。"泥"仍读 i，没发生裂化音变。

综上所述，温州话齐韵分别对应常山话齐韵的两个层次。不过，祭韵和废韵均只有一个层次，对应温州齐韵层次Ⅱ，因为祭韵和废韵均读 ei，祭韵的"艺例"等字极少数字读 i，是 i 韵发生裂化音变过程的残留，两者皆为层次Ⅱ。

乐清齐韵也有两个层次，其中 ai 读音读如灰韵，例字亦只"细"字，属于层次Ⅰ。其他读音均为 i，对应温州的 ei，属于层次Ⅱ。祭韵和废韵均读 i，对应层次Ⅱ。乐清层次Ⅱ读音没有发生裂化音变。

平阳和永嘉两地齐韵无层次Ⅰ读音，即齐韵无读如咍灰韵读音（也可能是材料失收）。平阳层次Ⅱ有 ie 和 i 两个读音，两者互补，其中 ie 读音只在鼻音声母后出现，如"泥 ȵie²｜倪 ȵie²｜艺 ȵie⁶"，其他声母后均为 i。

永嘉层次Ⅱ读音亦因声母不同而出现分化，鼻音声母后读 ie，与平阳相同，如"泥 ȵie²｜倪 ȵie²｜艺 ȵie⁶"，精组、见组声母后读 ei，如"齐 zei²｜西 sei¹｜计 tsei⁵｜溪 tsʰei¹"，其他声母后仍为 i，可用如下关系式表示：

$$i > ie/鼻音声母\underline{\hphantom{xx}}$$
$$> ei/其他声母\underline{\hphantom{xx}}$$

综上所述，我们对瓯江片各方言蟹摄三四等读音层次总结如下，见表 5.3.16：

表 5.3.16

方言片	方言点	齐韵		祭韵		废韵	
		层次Ⅰ	层次Ⅱ	层次Ⅰ	层次Ⅱ	层次Ⅰ	层次Ⅱ
瓯江片	温州	ai	ei(ʅ)	—	ei	—	ei
	乐清	ai	i	—	i	—	i
	平阳	—	i(ie)	—	i(ie)	—	i
	永嘉	—	i(ei/ie)	—	i(ei/ie)	—	i

5.3.3　金衢片齐韵的读音层次

除浦江外,金衢片大部分方言都保留了齐韵层次Ⅰ的读音,不过各点只有"梯"一字,层次Ⅰ的读音特点是读如咍灰韵,金衢片各点咍韵与灰韵读音相同,如表 5.3.17 所示:

表 5.3.17

例字	东阳①	兰溪	义乌	永康	武义
梯	tʰe¹	tʰe¹	tʰe¹	tʰei¹	tʰa¹
咍、灰韵	e	e	e	ei	a

金衢片各点层次Ⅱ的读音以 i 或 ie 读音为多,其中 ie 是由 i 后裂化而来。东阳、兰溪、义乌、浦江层次Ⅱ读音只有 i,没有发生音变。永康、武义层次Ⅱ读音有 i 和 ie,两地正发生 i>ie 的音变,如表 5.3.18 所示:

表 5.3.18

方言点	米	闭	低	泥	西	细	世	鸡	艺	迷	批
永康	mie⁴	ɓie⁵	ɗie¹	ȵie²	ɕie¹	ɕie⁵	ɕie⁵	kie¹	ȵi⁶	mi²	pʰi¹
武义	mie⁴	pi⁵	lie¹	ȵie²	ɕie¹	ɕie⁵	ɕie⁵	tɕie¹	ȵi⁶	mi²	pʰi¹

各点祭废两韵无相应的层次Ⅰ读音,只有层次Ⅱ的读音对应,并且与齐韵具有相同音变。

综上,我们对金衢片方言蟹摄三四等读音层次总结如下,见表 5.3.19:

---

① 东阳另有"莐"字读 pe¹,原应读 i,可能是避讳引起的读音改变。

表 5.3.19

方言片	方言点	齐韵		祭韵		废韵	
		层次 Ⅰ	层次 Ⅱ	层次 Ⅰ	层次 Ⅱ	层次 Ⅰ	层次 Ⅱ
金衢片	东阳	e	i	—	i	—	i
	兰溪	e	i	—	i	—	i
	义乌	e	i	—	i	—	i
	浦江	—	i	—	i	—	i
	永康	ei	ie(i)	—	ie(i)	—	ie
	武义	a	ie(i)	—	ie(i)	—	ie

5.3.4　小　结

通过以上对南部吴语十八个方言点蟹摄齐韵读音层次的比较,我们可以得出以下几点认识。

第一,南部吴语三大片方言齐韵均有两大层次的对应:层次Ⅰ和层次Ⅱ。其中层次Ⅰ读如咍灰韵,由于标准语未有记载齐韵读如咍灰韵的读音,因此,该层次读音可看成此片区域的共同保留。层次Ⅰ读音所辖字以上丽片的上山小片最多,其次是丽水小片,瓯江片及金衢片收字最少。

层次Ⅱ为 i 或 i 的读音变体,或后裂化为 ie,或前裂化为 ei,上丽片大部分方言及金衢片永康、武义等地发生后裂化音变 i>ie,而瓯江片如温州、永嘉等地发生前裂化音变 i>ei,我们用以下表达式表示南部吴语齐韵层次Ⅱ的音变方向:

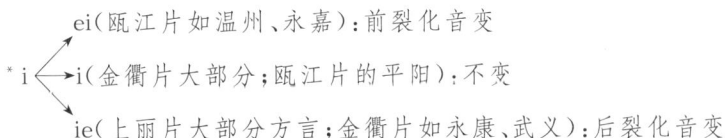

$$*i \begin{cases} ei（瓯江片如温州、永嘉）：前裂化音变 \\ i（金衢片大部分；瓯江片的平阳）：不变 \\ ie（上丽片大部分方言；金衢片如永康、武义）：后裂化音变 \end{cases}$$

我们大致可以把韵母元音的音变分为两类,一类是因声母不同而出现的读音变体,一类是因高元音裂化而形成的读音对立。我们把这两类音变均看成属于同一层次的读音变体,其中上丽片及金衢片永康、武义等方言蟹摄三、四等韵发生的是 i>ie 的后裂化音变,这种音变以词汇扩散的方式进行。而瓯江片温州、永嘉等地蟹摄三、四等韵发生 i>ei 的前裂化音变,这种音变有严格的声母条件的限制。

第二,我们知道,《切韵》系统韵书的反切有按洪、细分组的趋势,即一二四等韵为一组,三等韵为一组,因此,音韵学家把四等韵的主元音构拟为前元音﹡e,前元音容易增生-i-介音在音理上也容易解释。那么,常山的 ie 是否也可以由 e 变来,为什么不把两者看成是音变关系?

我们认为,首先,常山的 e(ue)读如蟹摄一等哈灰韵,南部吴语十九个方言点齐韵均有读如哈灰韵的层次,如果齐韵也发生 e>ie 的音变,那么哈或灰韵也会有相同的音变,而实际上哈灰韵并无此音变。同时,与常山 e(ue)对应的广丰、玉山读 ɐi,与常山 e(ue)对应的武义读为 a,均不容易增生-i-介音。其次,方言之间一致的音类分合关系是判定读音归属的重要依据,南部吴语各方言与常山 e 对应的读音有 ɐi、ei、ai 和 a,但与 ie 对应的大多为 ie(没有 ie 的点除外),也可知这个常山的 ie 并非从 e 变化而来,只不过两者正好共现。

事实上,上文中﹡i 的三个音变方向已经清楚地告诉我们,常山齐韵的 ie 读音不可能来自 e,而只能来自 i,而且不同片的方言点大致能表现出音变的不同方向,如瓯江片多数发生前裂化音变,上丽片多数发生后裂化音变,而金衢片则大多不变,显示出音变的区域创新性。或许我们可以从永嘉方言齐韵层次 Ⅱ 的读音变体中看到这种音变的渐进性,永嘉 i、ei 和 ie 呈互补分布,即:

> i＞i/帮组、端组、来母
> ＞ei/精组、见组
> ＞ie 泥母、疑母

同时,读音 i 的这种音变在南部吴语支脂之韵层次 Ⅲ 中得到证实(施俊,2014a)。综上所述,常山 ie 只能是由 i 音变而来,同时,这个结论又再次提醒我们,高元音裂化引起的读音对立应看成是音变关系,这种读音还可能会引起文白读(注意不是文白层)的差异,正因为如此,我们在运用文白异读材料判断层次时就要小心,不能一概将其归结为层次的差别。陈忠敏(2013)在运用材料时没有区分这类义白异读,一律将 i 看成是文读层,将 ie 看成是白读层,这样就把两者的关系割裂开来了。

第三,由于当代标准语齐韵读 i,于是有些读 i 的齐韵非口语常用字会被认为来自标准语,应将其看成是文读音,似乎还有必要分出 i文 和 i白。王福堂(2003、2005)在讨论苏州方言歌韵读音时就把同一个读音分成文白的差异,如“多拖”有 əu文 和 ɒ白 两个读音,“大”有 əu白 和 ɒ文 两个读音,指出

ɒ_白 和 ɒ_文 分属两个不同的层次。事实上,我们在 1.3.2 小节已经指出同一读音没必要因词汇新旧而分成不同的层次。更进一步说,至少有两类当前学界认为的文白异读应看成是同一层次的,一类是高元音裂化产生的读音对立,如 i 和 ie 或 u 和 uə 的读音对立(施俊,2014a),另一类则是同一语音形式因新旧词的差异而产生文白的不同。有了这样的一个认识后,我们就不需要担心齐韵一些非常用字的 i 读音的归属问题。

第四,我们在进行方言历史比较时往往以《切韵》系标准语韵书作为历史比较的起点,这本身并无问题,因为需要有一个共同的标准作为参照,但如果我们把它们看成是各方言音变的起点,那就有问题了。事实上,这一认识早已为学界所弃。我们大概都承认这样的一个事实:汉语方言的共时系统是一个不断受到不同时期权威方言影响而成的复杂系统。对此,潘悟云(2009)、陈忠敏(2008)和王洪君(2009)等学者做了详细的论述。也就是说方言不是由《切韵》发展而来的,而是受到不同时期类似《切韵》这样的权威方言的影响而形成的,方言中通过词汇形式叠置了不同时代的读音。换句话说,方言与《切韵》的音类有可能不会完全对应。比如我们把齐韵开口读如哈灰韵看成是此区域的共同保留,而形成的原因是早期本地区方言与标准语音系不对等造成的读音错位。

同时,我们也认为,在没有方言文献记载的情况下,以《切韵》的音类分合关系为判断读音层次的时间顺序可能会出现错误,如常山、开化三等祭韵和四等齐韵读音不对等,《切韵》时代标准语祭韵和齐韵读音不同,后来两韵合并,以此来判断两韵不同的读音代表早期读音层次,两韵合流的读音则代表后期读音层次。运用这种方法进行相对时间的划分虽然简便,但其逻辑起点是所有方言均与《切韵》的音类分合一致。事实上,即使是现代方言,同一小片内的音类分合都有可能不同,与常山、开化同属上山小片的江山话祭韵和齐韵读音均相同,我们也不能得出这样的结论:江山话齐韵或祭韵的读音均为三四等合流后的层次读音。

第五,南部吴语支韵有五个层次,其中层次Ⅱ为支韵部分字与哈、灰韵合流,层次Ⅲ则表现为读音 i 和 ɿ 的变体(施俊,2014a)。齐韵层次Ⅰ特点是与哈灰韵合流,与支韵层次Ⅱ特点相同。齐韵层次Ⅱ也表现为读音 i 和 ɿ 的变体,上丽片方言为高元音 i 后裂化为 ie 而形成读音对立,瓯江片是高元音 i 在不同声母组下的读音变体,其中一个变体为 i 前裂化为 ei,这是两片方言相区别的重要创新音变之一,金衢片基本未变,这与支韵的表现完全相同。不同的是,齐韵舌齿音只有"脐"字在上丽片的常山、江山、开化、遂昌和广丰等地发生了舌尖化与后裂化的音变,而支韵舌齿音这类音变的字较多,即使如此,我们还是可以把它们看成是相同的,因为"脐"的读音表现与支韵相同。从这里我们也可以看出,齐韵的两个层次与支韵的两个层次是合流的。

中原语音史告诉我们,止摄舌齿音的舌尖化运动在《切韵指掌图》中表露无遗,该书把"兹雌慈思词""紫此死""自寺"等字列在一等格子里,可见其韵母已发生舌尖化音变。而从朱熹反切中发现,"齐祭废并入脂微,合成支齐部。这就是说,蟹摄三四等字转入止摄去了"(王力,2008:340)①。可见,标准语齐韵与止摄合流大概发生在宋代,这两个音变井然有序,先舌尖化,再合并,因为如果先合并再舌尖化的话,那么蟹摄三四等韵舌齿音也会发生舌尖化音变。

由于南部吴语齐韵层次Ⅱ与支韵层次Ⅲ合流,尽管齐韵只有"脐"一字发生舌尖化音变,但这个音变正好说明齐韵与支韵各自发生了相同的音变,因此,它们是先合流再音变。

再看齐韵层次Ⅰ与支韵层次Ⅱ的关系。两者均读如哈灰韵,但中原语音史文献并未有此记载,那么,是否可以把它们看成是这片区域方言的共同保留呢?上文我们已经讨论,方言与《切韵》的音系格局不是完全相同的,方言自身的某些音类分合并非都能体现在《切韵》里,而许多方言缺乏历史文献记载,无法得知其历史上的音类情况,我们尝试利用层次分析的方法来探索属于方言自身的历史,齐韵层次Ⅰ与支韵层次Ⅱ可能是南部吴语区别于《切韵》的自身的音类格局,即历史上至少南部吴语中齐韵和支韵的某个层次是属于哈灰韵的。

---

① 支齐部"主要元音应该是个 i,这是和现代汉语相一致的"(王力,2008:341)。

第 6 章　止摄的读音层次及其演变①

中古止摄包括支、脂、之、微四个三等韵，上古来源于歌部、之部、支部和微部。关于止摄支、脂、之三韵的分合情况，文献中颇多记载，大致能够表明《切韵》时代的支、脂、之三韵南北各有分合。《切韵》序中说"支脂鱼虞，共为不韵"，讲的是支与脂、鱼与虞各属不同读音的语言事实。颜之推在《颜氏家训·音辞篇》中说"北人以庶为戍，以如为儒，以紫为姊"，说的是北人鱼虞不分，支脂无别，反过来就是说南人鱼虞不混，支脂有别。据研究，《切韵》时代标准语的南方变体脂之不分，支脂有别，北方变体支脂不分，脂之有别（周祖谟，1966；黄笑山，1995；梅祖麟，2001）。南方变体的这种对立在现代活语言中仍能找到大量的证据，董同龢（1959）指出闽南话里有支与脂之有别的读音痕迹。此后，随着方言材料的不断发表，这种分合特征也进一步得到揭示，如梅祖麟（2001）具体分析了浙南吴语支韵的三个层次，其中层次 II 读音能区分支韵和脂之韵，这个特点与《玉篇》所反映的南朝江东方言相符。对此，秋谷裕幸（2002b：447）进一步指出"至少对章组字来说，处衢方言还能区分脂韵和之韵"，认为章组层次 I 能区分支脂之三韵，为处衢方言的固有音韵层次，"层次 II 的情况才符合《玉篇》里的'支≠脂＝之'"，为外来层次。

"到了中唐五代时这种南方脂之：支，北方支脂：之的对立消失了，唐诗格律支、脂、之同用就暗示了这一点，有稍晚于支、脂、之合并后的某个时代，微韵也并入了支、脂、之。"（黄笑山，1995：183）文献对标准语的记载透露出了南北方变体的语言差异，也提供了音类分合变化的时间线索。鉴于文献中对支脂之三韵在南方变体中的描述，我们将重点讨论开口支脂之韵在南部吴语中的读音层次。

---

① 本章 6.1 节曾以"论南部吴语支脂之韵的读音层次"为题发表于《中国语文》2014 年第 5 期。

6.1　止摄开口的读音层次

6.1.1　上丽片支脂之韵的读音层次

我们先列出常山方言支脂之三韵的常用读音，如表 6.1.1 所示：

表 6.1.1

支		脂		之	
i	皮 bi^2 离$_2$$li_2$ 知$_2$$tsi^1$ 池$_2$$dzi^2$ 是 $dʑi^4$	i	琵 bi^2 美 mi^4 地$_2$$di^6$ 四 $ɕi^5$ 迟 $dʑi^2$ 师$_1$$si^1$ 脂 tsi^1 器 $tɕʰi^5$	i	里$_1$$li^4$ 李 li^4 持 dzi^2 治 $dʑi^6$ 使 si^3 柿 si^5 诗 $ɕi^1$ 市 zi^1 基 ki^1 欺 $kʰi^1$ 旗 gi^4 棋 $dʑi^2$
ie	避 bie^6 离$_1$$lie_1$ 枝 $tɕie^1$ 纸 $tɕie^3$ 豉 ie^6 匙 zie^2				
ə①	紫 $tsə^3$ 雌 $tsʰə^1$ 刺 $tsʰə^5$ 知$_1$$tsə^1$	ie	地$_1$$die^6$	ie	里 lie^4 记 $tɕie^5$
ɿ	刺$_2$$tsʰɿ^5$ 撕 $tsʰɿ^1$ 知$_3$$tsɿ^1$ 施 $sɿ^1$	ə	腻 $ŋə^6$ 痢 $lə^6$ 糍 $zə^2$ 死 $sə^3$	ə	子$_1$$tsə^3$ 字 $zə^6$ 丝$_1$$sə^1$ 寺 $zə^6$ 齿 $tsʰə^3$ 苔 $zə^2$
ue	碑 pue^1 徙 sue^3	ɿ	资 $tsɿ^1$ 次 $tsʰɿ^5$ 师$_2$$sɿ^1$ 视 $zɿ^6$		
e	豸 de^2 寄 ke^5 徛 ge^4	ue	霉 mue^2	ɿ	子$_2$$tsɿ^3$ 司 $sɿ^1$ 丝$_2$$sɿ^1$ 志 $tsɿ^5$ 市$_2$$zɿ^4$
ɛ	蚁 $ŋɛ^4$				
uɛ	骑 $guɛ^2$				
y	施$_1$$ɕy^1$ 椅 y^3				

从表 6.1.1 可看出，相比脂、之韵，支韵的读音较复杂，共有九个音类。先看 ɛ 和 uɛ，这两个读音所辖字较少，材料显示只有"蚁"和"骑"两字，但正如张光宇（1991:191）所言："……音韵层次的探讨，在工作性质上有如考古学者从事地下挖掘。就古迹存留而言，时代越晚近遗迹也相对减少，时代越古老遗迹也相对减少。明白这个道理，我们就无由苛求每个层次存留量的均等。"我们知道，中古支韵部分字在上古属于歌部，"蚁、骑"两字上古属歌部，常山方言歌韵也有 ɛ 和 uɛ 两个读音变体，且 uɛ 读音只出现在见系声母后，如"拖 $tʰɛ^1$｜大 $dɛ^6$｜破 $pʰɛ^5$｜个 $kɛ^5$｜饿 $ŋuɛ^6$/$ɦuɛ^6$"②。由此可知，支韵的 ɛ 和 uɛ 读音与歌韵有对应关系，而脂、之韵无此对应读音。因此，支韵的这两个读音应属上古读音层，我们称之为支韵Ⅰ层。该层次读音在上丽片

---

① 这里的 ə 是较粗略的音位归纳，正如调查者在说明中所说："[ə]韵拼[k]组声母时接近[ɯ]，拼其他声母时接近[ɿ]。"参见曹志耘、秋谷裕幸等著《吴语处衢方言研究》（2000:75）。开化方言亦记为 ə，实为 ɿə，"[ə]韵拼[ts]组声母时实际音值是[ɿə]"（同前：46）。

② 歌韵的 uɛ 读音只出现在见系声母后，虽然不是每个见系声母后均读 uɛ，但 uɛ 的出现仍隐含了见系声母这一条件，因此，uɛ 与 ɛ 可看成是互补，支韵与此相同。

各方言的表现与歌韵均相同,共时的地理分布能勾勒出此读音层的历史演变过程。我们把各点支韵读入歌韵的读音列表 6.1.2 如下:

表 6. 1. 2

例字	常山	江山	开化	广丰	玉山	丽水	遂昌	庆元	云和
蚁	ŋɛ⁴	ŋæ⁴	ŋuɛ⁶	ŋa⁴	ŋai⁴	ŋuɔ⁴	ŋa⁴	ŋa⁴	ŋa⁴
骑	guɛ²	—	guɛ²					倚 uɑ³	
拖	tʰɛ¹	tʰæ¹	tʰɛ¹	tʰa¹	tʰai¹	tʰuɔ¹	—	tʰɑ¹	tʰa¹
饿	ŋuɛ⁶	ŋuæ⁶	ŋuɛ⁶	ɦua⁶	ɦuai⁶			歌 kuɑ¹	

从表 6.1.2 可知,各点“蚁”字保留了该层次读音,我们利用“蚁”字读音勾勒出上丽片支韵 I 层读音的历史演变,即:

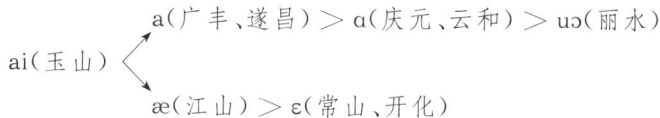

$$ai(玉山) \begin{cases} a(广丰、遂昌) > ɑ(庆元、云和) > uɔ(丽水) \\ æ(江山) > ɛ(常山、开化) \end{cases}$$

事实上,梅祖麟(2001)已指出浙南吴语支韵读如歌韵的“蚁、骑”等为秦汉层次。郭必之(2004)通过对粤语支韵“特字”的研究,认为广州话支韵“骑、奇、离”三字的 ɛ 读音能区分支与脂、之韵,称之为“A 类特字”,反映上古歌部读音①。

再看 e 和 ue 读音。之所以把这两个读音放在一起讨论,是因为它们读如哈灰韵。这种音类分合关系在上丽片各方言表现一致,如江山支韵有“碑皮被㸰寄徛”读如哈韵 ᴇ,“徙”读灰韵 uᴇ,开化有“碑渍寄徛”读如哈韵 e,“徙”读 ue,广丰、玉山有“寄徛”读如哈韵 ɐi,丽水只有支韵只有“徛”字读如哈韵 ɛ,遂昌支韵有“碑被徛”读如哈灰韵 ei,庆元支韵有“碑徛”两字读如哈灰韵 ai,云和支韵只有“徛”字读如哈韵 a。为更清楚地表现上丽片各方言支韵读如哈灰韵的读音情况,我们列表 6.1.3 如下:

---

① 尽管郭文与梅文均指出各自相关方言里支韵的上古层次读音,但依据方法似有所不同,梅文侧重于音类分合,如他指出支韵的“蚁”演变与歌韵的“拖笋个破”及蟹摄的“带蔡”一样。郭文则侧重于支韵与脂、之韵的区别。

表 6.1.3

古韵部	常山	江山	开化	广丰	玉山	丽水	遂昌	庆元	云和
支韵	e(ue)	ɛ(uɛ)	e(ue)	ʮi	ʮi	ɛ	ei	ai	a
哈(灰)韵	e[ue]	ɛ[uɛ]	e[ue]	ʮi[uʮi]	ʮi[ʮi]	ɛ[ei]	ei[ei]	ai[ai]	a[ei]

常山、江山、开化三地支韵读如哈灰韵的读音有开口与合口的互补，其他点均只有开口的读音。哈灰韵读音有开合区别的，支韵也有这两个读音的对应，哈灰韵读音相同的，支韵对应的读音也相同。更为重要的是，凡哈灰韵读音相异的点，支韵读如该层次的唇音声母字必读如灰韵，这些似乎并非偶然。从所辖字来看，有歌部字，如"寄徛"，也有支部字，如"碑徙"等。因此，从时间上来看，似不应早于支韵Ⅰ层。又由于此读音层读如蟹摄一等哈灰韵，是洪音韵，而《切韵》时代的支韵属三等韵，是细音韵。因此，此读音层次似不晚于《切韵》时代读音，我们暂且把这类读音称为支韵Ⅱ层。

值得注意的是，广丰、玉山、丽水等地支韵读如哈韵的只有歌部字，容易认为这也是上古歌部字读音在支韵的遗留，综合考察常山、江山、开化等地的情况可知实际上不仅包括歌部字，还有支韵字，因此，如果把这些读音看成是歌部字在支韵的遗留，较为不妥。

还有一点需要注意的是，或许有人会认为 e 读音与 ie 读音是互补的，e 只出现在见系声母后，ie 则是非见系声母，即：

> e ＞e/见系声母＿＿
>   ＞ie/其他声母＿＿

考察闽语或赣语能区别支与脂之韵方言的情况，似乎可以为上述互补关系找到例证，如福州话支韵"避篱池施儿寄蚁宜"等字均读如 ie 韵，如赣语建宁话支韵"披篱荔纸支匙寄骑宜蚁移"等字均读如 ie 韵[1]，ie 读音没有声母限制，所辖字也大致与常山相当。同时，多数学者认为常山等浙南吴语支韵的 ie 是区别脂之韵的鉴别韵，如梅祖麟(2001)、秋谷裕幸(2002b)均持此观点。因此，似乎很容易就可以得出常山等浙南吴语 e 和 ie 属同一个读音层次的结论，对此我们并不认同。

---

[1] 福州话材料选自陈泽平《福州方言研究》(1998)。建宁话材料选自李如龙、张双庆主编《客赣方言调查报告》(1992)。

一方面,我们发现常山、江山等地并非只有见系声母下读 e 或 ɛ,知组声母如"豸"常山读 de²,江山读 dɛ⁴。因此,并不能完全看成互补。同时,正如表 6.1.3 所示,上丽片各方言这些读音均读如哈灰韵。我们知道,一致的音类分合关系才是判断层次的重要依据。另一方面,福州话或建宁话的 ie 读音从不读如蟹摄一等哈灰韵,因此不能通过汉字(或者叫语素)的读音对应来判断层次。我们可以把这种分布看成是"假互补"。

接着我们讨论 i、ie、ɿ、ə 这四个读音的层次关系。其中 ɿ 为文读层读音,这从该读音所属词的新旧、俗雅程度可以清楚地看出,如在"刺刀"一词中"刺"读 ɿ。在"知识"一词中"知"读 ɿ,且 ɿ 读音所辖字多为书面用字。

另三个读音均为白读音,从这三个读音中我们看到这样一个语言现象:i 和 ie,i 和 ə 分别形成对立,但 ie 和 ə 没有对立的表现。如"离"有 ie 和 i 两个读音的对立,"知"有 ə 和 i 两个读音的对立,一般会把这种对立看成是两个不同的读音层次。我们则认为,音变和层次都会形成同一语素的两个或两个以上的读音对立,在判断究竟是音变还是层次的问题上有时会缺乏明确的形式标记,为此,我们尝试提出一个判断层次的原则,即由高元音造成的裂化音变与对应的高元音形成的对立,我们一般将其看成是音变而不是层次,因为这种音变造成的对立也会通过词汇扩散的形式展开。

我们把高元音裂化形成的对立看成是音变而不是层次基于以下理由。其一,高元音裂化可分为两种类型,一种是前裂化,一种是后裂化。朱晓农(2004)把前者称为"前显高裂化",指出这种裂化是出于显化,是从最大区别角度来说的,并引用 Stockwell(1978)的观点说明这是由"最佳滑音倾向于扩大滑动距离这么一条感知原理"引起的。同时,他把后一种称为"后显裂化",指出后裂化增生一个后滑音是与回归初始态有关,并从两个方面定义"发音初始状态",一方面声带处于常态、松弛的状态,另一方面则是处于调音初始状态即嘴唇微开或微闭,舌位适中。把高元音复化的原因归为"时间错配"(同时为了省力),即"维持高元音到后来稍一松劲而发声依然未停,就拖上一个向中央滑动的滑音,也就是回归发音的初始状态"(朱晓农,2004:449)。这两种裂化和人的发音特性有关,较易发生。

其二,王士元的词汇扩散理论告诉我们,"大部分(不必是全部)音韵变化的类型是语音上突变、词汇上渐变。跟 Bloomfield 的观念相反,词的语音变化是具体的、为人感知到的(即语音上是突变的)。但是这个变化在一个时间只能影响到部分词汇,而不是同性质的全部词汇(即词汇上是渐变的)"

(William S-Y. Wang,1969)[①]。

我们大致可以把韵母（元音）的音变分为两类，一类是因声母不同而出现的读音变体，这类音变我们能找到严格的声母条件，一般不易相混；另一类是因高元音裂化形成的读音对立。我们把这两类音变均看成属于同一层次的读音变体。

回到常山支韵的 i、ie、ə 三个读音，我们认为 i 读音发生了两个不同方向的音变，即 i→ie；i→ʅ>ʅə。读音 i 一部分发生后裂化音变，另一部分先发生舌尖化音变，再后裂化音变。

这个音变在蟹摄四等齐韵也有发生。如常山齐韵"荠 ʑie²/ʑi² ｜ 洗 ɕi³ ｜ 细 ɕie⁵/ɕi⁵"等，只有"脐"字读 zə²[②]，韵母由 i 发生舌尖化音变再裂化。从这里我们也可以看出，支韵的这个层次是与齐韵合流后的产物。事实上，常山等浙西南地区方言高元音普遍发生后裂化音变，可以说是该地区的重要语音特点之一。结合汉语语音史的演化过程，止摄在中唐五代时发生了两个变化，一是支、脂、之、微的合并，另一个是精庄组声母产生了"师思"韵。到了《中原音韵》时期，止摄章组字也加入"师思"而形成"支思"韵（黄笑山，1995）。常山方言支韵齿音声母（主要是精知组）后自身发生了舌尖化音变，并进而后裂化，而标准语"支思"韵并没发生后裂化音变，因此支韵文读层为 ʅ。[③]综上所述，我们认为 i、ie 和 ə 三个白读音属于同一层次，称之为支韵Ⅲ层。

观察整个上丽片方言，各点支韵Ⅲ层均有此相应的表现，我们把这一层次在各点的读音变体列表 6.1.4 如下：

表 6. 1. 4

常山	江山	开化	广丰	玉山	丽水	遂昌	庆元	云和
i	i	i	i	i	i(ʅ)	i(ʅ)	i	i(ʅ)
ie	iə	ie	ie	ie	—	ie	ie	—
ə	ə	ə	əʅ	ə	ʅ	ɤʅ	ʅ	ʅ

与常山 ə 对应的均应是齿音声母字。丽水、遂昌、云和等丽水小片古见溪群晓母字读 ʅ，如"寄企奇骑戏"等均读 ʅ，古日疑影喻母字仍读 i，如"义疑

---

① 关于词汇扩散理论可参见 Wang(1969)。本段表述录自潘悟云《词汇扩散理论评价》(1985:56)。

② 常山、江山、开化记音为 ə，实际读音近 əʅ，广丰"脐"字记音为 iə，遂昌读 ɤʅ，实则均从 ʅ 裂化而来。秋谷裕幸曾提到处衢片里的"脐"读音特殊。见秋谷裕幸(2002a:102)。我们看来其实并不特殊，只是产生了不同的音变罢了。

③ 南部吴语齿音声母没有卷舌音，因此只有一个 ʅ 读音。

易移"等读 i,即古见溪群晓母后的 ɿ 读音与古日疑影喻母字的 i 读音构成互补,两者属同一层次。同时,除遂昌外,丽水、云和两地无论 i 还是 ɿ 都没有发生后裂化音变。

事实上,脂、之韵也有相应的音变发生,相比支韵,此两韵 i 读音的后裂化音变较少,如常山、江山、广丰、玉山脂韵只有"地"字读 ie,之韵也只有"里记"两字读 ie。开化脂韵有"地"读 ie,之韵有"箕"读 ie。庆元脂韵"尼"读 ie,之韵"里起"读 ie。而 i 舌尖化再发生后裂化音变则与支韵的表现相同,如表 6.1.1 所示常山方言脂、之韵的 ə。

前人多以支韵 ie 作为与脂之韵相区别的鉴别韵,如梅祖麟(2001)指出庆元、遂昌支韵有大量的 ie 韵字,而脂之韵只有少量的 ie 韵字,得出该地区保留《切韵》时代支与脂之有别的结论,并为支韵构拟 *ie。秋谷裕幸(2002b)则从处衢方言支之脂三韵章组字读音出发,认为 ie 韵是区别三者的鉴别韵。我们认为支脂之三韵在这个层次上读音已合流,反映的是中古后期的读音层次,ie 读音是 i 后裂化音变而来,之所以支韵的 ie 读音要多于脂之韵,是因为支韵的常用字要远远多于脂之韵,下文还将讨论。

常山支韵还有一个 y 读音,只有"施"和"椅"两字,前者一般用在"布施"一词中表示"施舍"义,后者一般用在"交椅"一词中。常山支韵合口有一个白读层读音为 y,如"嘴吹垂"等均读 y,这也是我们通常所说的"支微入鱼"现象,我们认为支韵合口的 y 读音与开口 i 读音属同一层次,合口 y 来自 *ui。不过支韵开口"施"和"椅"两字也有可能受前字读音影响,前字"布"和"交"都有合口成分,从而发生顺同化音变。各地"椅"字基本读 y,玉山"骑"字也读 y,也应属同一层次。据梅祖麟(2012)研究发现,"椅骑"等读 y 韵是重纽三等读音在现代吴语中的反映,其性质是来自六朝的江东方言,但"施"字属章组,与重纽四等相配,而遂昌之韵"欺"字与"吹"字同音均读 y,似与重纽无关。我们认为 i 韵与 y 韵属同一层次,为中古后期读音层。

最后我们还要讨论常山支韵无而上丽片其他方言点有的几个读音,即江山支脂之三韵有 ø,开化支脂之三韵有 ui,广丰、玉山支脂之三韵有 e,遂昌脂之韵有 iu。这些读音所辖字一致性高。既不读如歌韵也不读如咍灰韵,属止摄读音。我们先列出这些读音,如表 6.1.5 所示:

表 6.1.5

韵	江山	开化	广丰	玉山	遂昌
支	知 tɕø¹ 骑 gø² 宜 ŋø²	知 tsui¹ 池 dzui² 义 ŋui⁶	寄 ke⁵	知 tse¹	—

续　表

韵	江山	开化	广丰	玉山	遂昌
脂	眉 mø² 师 ɕø¹ 指 tɕø³ 麂 kø¹	迟 dʑui² 师 sui¹ 指 tsui³ 尸 sui¹	眉 me² 迟 dze² 师 se¹ 指 tse³ 麂 ke¹	私 se¹ 师 se¹ 指 tse³ 麂 ke¹	师 ɕiu¹ 指 tɕiu³ 脂 tɕiu¹
之	使 ɕø³ 时 ɕø² 记 kø⁵ 意 ø⁵	使 sui³ 时 zui² 记 kui⁵ 医 ui¹	使 se³ 时 ze² 记 ke³ 齿 tsʰe³	使 se³ 时 ze² 记 ke⁵ 事 ze²	士 ziu⁴ 齿 tɕʰiu³ 时 ziu² 记 tɕiu⁵
微	气 kʰø⁵	气 kʰui⁵	气 kʰe⁵	气 kʰe⁵	—

从表 6.1.5 看,这些读音在支脂之微四韵几乎都有所表现,因此,从时间上看,至少要晚于支韵Ⅰ层和Ⅱ层。同时,这四个读音在各自音系中并不读如其他韵,均以止摄字为其主体。从各声母组的搭配看,以脂之韵的知、庄、章三组声母后居多,其他声母组也有零星表现,无明显的因声母差别而引起的读音变体,很难从音变角度解释。从分布来看,上丽片上山小片只常山一地无此读音,丽水小片则只遂昌一地有此表现。其来源性质存疑,暂列为支韵Ⅳ层。

综上所述,我们把上丽片支韵层次总结如下,见表 6.1.6:

表 6.1.6

层次	常山	江山	开化	广丰	玉山	丽水	遂昌	庆元	云和
支韵Ⅰ层	ε(uε)	æ	uε	a	ai	uɔ	a	ɑ(uɑ)	ɑ
支韵Ⅱ层	e[ue]	ɛ[uɛ]	e[ue]	ɐi	ɐi	ɛ	ei	ai	a
支韵Ⅲ层	i(ie/ə)	i(iə/ə)	i(ie/ə)	i(ie/ɿə)	i(ie/ə)	i/ɿ(ʅ)	i/ɿ(ie/ʮ)	i(ie/ɿ)	i/ɿ(ʅ)
支韵Ⅳ层	—	ø	ui	e	e	—	iu	—	—
支韵Ⅴ层	ɿ	ɯ	ɿ	ɿ	ɿ	ɿ	ɿ	ɿ	ɿ

其中支韵Ⅴ层为文读层,丽水、庆元、云和三地 ɿ 韵文白同形。支韵的层次清楚了,那么脂之韵的层次也就清楚了,脂之韵没有支韵前两层读音,对应后三个层次,如表 6.1.7 所示:

表 6.1.7

层次	脂韵	之韵
支韵Ⅰ层	—	—
支韵Ⅱ层	—	—
支韵Ⅲ层	Ⅰ	Ⅰ
支韵Ⅳ层	Ⅱ	Ⅱ
支韵Ⅴ层	Ⅲ	Ⅲ

从表 6.1.7 可以看出，支韵Ⅰ层和Ⅱ层是脂、之韵所不具备的读音层次。因此，可以说，支韵Ⅰ层和Ⅱ层是脂之韵的区别读音层。

6.1.2　瓯江片支脂之韵的读音层次

我们先列出温州方言支脂之三韵常用字读音如下，见表 6.1.8：

表 6.1.8

支		脂		之	
ai	碑 pai^1	ai	狮$_1$sai^1	a	驶 sa^3
e	徛 ge^4	ŋ̩	二 n̩^{6}	ŋ̩	耳 n̩^{4} 疑 n̩^{2}
a	蚁 ŋa^4	i	秘 pi^5 尼 ni^2 腻 ni^6 姨 ɦi^2	i	疑$_2$ni^2 医 i^1 意 i^5
ŋ̩	儿 n̩^{2} 义 n̩^{6}	ei	比 pei^3 枇 bei^2 备 bei^6 眉 mei^2 利 lei^6 地 dei^6	ei	李 lei^4 理 lei^4 鲤 lei^4
i	宜 ni^2 仪 ni^2 义$_2$ni^6 易 ɦi^6	ɿ	狮$_2$sɿ^1 次 tsʰɿ^5 四 sɿ^5 迟 dzɿ^2 指 tsɿ^3 肌 tsɿ^1 器 tsʰɿ^5	ɿ	字 zɿ^6 思 sɿ^1 柿 zɿ^6 止 tsɿ^3 诗 sɿ^1 耳$_2$zɿ^4 记 tsɿ^5 旗 dʑɿ^2 嬉 sɿ^1
ei	皮 bei^2 施$_1$sei^1 刺 tsʰei^5 纸 tsei^3 池$_1$dzei^2 匙 zei^2				
ɿ	紫 tsɿ^3 刺$_2$tsʰɿ^5 池$_2$dzɿ^2 施$_2$sɿ^1 奇 dʑɿ^2 技 dʑɿ^6 戏 sɿ^5				

温州支韵共有七个常用读音，参考上丽片支韵的层次分析，我们知道，音类分合关系是划分读音层次的重要方法，特别是对早期层次的划分。上丽片支韵Ⅰ层的特点是读如歌韵，温州支韵 a 读音读如歌韵，如歌韵“拖大何”等均读为 a，虽然支韵仅“蚁”字，但我们仍认为温州支韵 a 读音与上丽片支韵Ⅰ层对应。

支韵Ⅱ层特点为支韵读如哈灰韵，温州哈韵读 e，灰韵读 ai，两者不同韵，支韵也有 e 和 ai 两个读音，收字与常山正相吻合，其中“徛”字读音属哈韵，“碑”字读音属灰韵。因此，温州支韵的 e 和 ai 为同一层次读音，对应于上丽片支韵Ⅱ层。

上文我们提到，常山支韵Ⅲ层读音走上两条不同的音变方向，一方面是 i 后裂化为 ie，另一方面是 i 先发生舌尖化音变，再后裂化为 ɿə(记为 ə)，这两个音变方向表现出支韵Ⅲ层读音与齐韵的关系相当紧密。那么，温州支韵会是怎么样的一种情况呢？我们先来看百年前的温州话支韵的读音表现[①]，见表 6.1.9：

---

①　19 世纪的温州方言材料选自高本汉《中国音韵学研究》的中译本“方言字汇”一章，参见高本汉(2003:537-731)。高本汉在书中的温州方言材料主要选自 P. H. S. Montgomery 在 1893 年著的 *Introduction to the Wenchow Dialect*。刘镇发(2006)曾指出“后者更有一个优点：赵元任等将高本汉原著中的一些疑问解决，标明了一些高氏不肯定的音值”，这里的后者指的就是中译本《中国音韵学研究》中的温州方言材料，表中读音参见《中国音韵学研究》第 558—559 页。

表 6.1.9

寄	骑	技	戏	移	池	支	施	匙	离	皮	被
tɕi	dʑi	dʑi	ɕi	i	dʑi	tsɿ	sɿ	zi	li	bi	bi

从表 6.1.9 可以清楚地看到,百年前温州话支韵白读为 i,文读为 ɿ。现代温州话白读为 ei,文读仍为 ɿ,如"施"文读为 sɿ¹,白读在"布施"一词中读音为 sei⁵。"刺"在"刺刀"一词中读为文读,读 tsʰɿ⁵,在"鱼刺"等词中为白读,读 tsʰei⁵。"赐"在"赏赐、恩赐"等词中读 sɿ⁵,平时白读为"sei⁷牛羊"。由此可见,现代温州话支韵发生前裂化音变,由 i＞ei,如"皮被支池匙离"等字均裂化为 ei。

同时,古见溪群、晓母后读音发生舌尖化的音变过程,声母也由舌面音变成舌尖音了,如"寄 tsɿ⁵ | 骑 dzɿ² | 技 dzɿ⁶ | 戏 sɿ⁵",郑张尚芳(1995、2008)[1]曾指出由 tɕ-＞ts- 的音变过程中出现过渡声母 tʃ-,其过程如下:

鸡 tɕi→tɕiɿ→tʃiɿ→tsɿ＝资知

更确切地说,声母发生了一个先舌叶化再舌尖化的过程。古疑母、影母仍读 i 韵,如"宜 ȵi² | 仪 ȵi² | 易 ɦi⁶"。可以说,温州话支韵百年的变化呈现出因声母不同而出现的互补关系,我们可以用下面的公式来表示这种互补:

i＞ei/帮组、泥母、精知章组＿＿
  ＞ɿ/见溪群母、晓母＿＿
  ＞i/疑母、影喻母＿＿

正如与上丽片丽水小片的丽水、遂昌、云和三地一样,温州古见溪群母、晓母后读 ɿ 韵是方言自身演变,区别于精知庄章组声母后的文读 ɿ。因此,温州支韵由 i 演变而来的 ei 和 ɿ 读音是创新的结果,是上丽片与瓯江片相区别的重要语音特点之一。

从这里我们似乎可以得出这样一个推论:相同的读音层次能反映出不

---

① 郑张尚芳(1995:353)曾提到此音变过程。后郑张尚芳(2008:75)又以"温州方言内部差异及近百年变化"为题作为《温州方言志》的第二章内容,原文有所修改,本文参考后者。郑张尚芳虽举的是齐韵的例子,但也同样适用于支脂之微韵。

同的语音特点。语音特点是共时①的,是表面的,读音层次是历时的,是深层的。我们在观察、比较方言语音特点时,更需要比较读音层次,并把两者区分。因此,前人提出支韵的 ie 或 ei 是区别脂之韵的标志,认为这代表《切韵》时期或古江东方言支韵与脂之韵区别的证据,似乎将两者混淆起来了。

再看支韵与脂之韵的关系,支韵与脂之韵的区别只在精知章组声母后,举例如下,见表 6.1.10:

表 6.1.10

章组	纸 tsei³ ≠ 指止 tsʅ³
	支肢椻 tsei¹ ≠ 脂之 tsʅ¹
知组	池 dzei² ≠ 迟持 dzʅ²
精组	刺 tsʰei⁵ ≠ 次 tsʰʅ⁵
	玺 sei³ ≠ 死 sʅ³

上文我们提到,常山等上丽片方言支韵与脂之韵在精知章组声母后的区别在于前者为 ie,后者为 ʅ,前者的 ie 是由 i 后裂化音变而来,通过与温州支韵 ei 的对比,我们更能看到常山等地的 ie 是由高元音 i 音变而来。事实上,高元音的后裂化音变与前裂化音变是上丽片方言与瓯江片方言最主要的区别之一,这都是由 i 读音演变而来的,即:

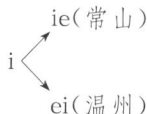

$$i \nearrow ie(常山) \searrow ei(温州)$$

温州话支韵由 i 变 ei 不过百来年的事,现代温州话支韵能区别脂之韵,显然不是《切韵》时代读音格局的遗留,ie 和 ei 是两个不同音变方向的结果。

在 Montgomery 记录的温州话中,脂之韵齿音声母均读 ʅ,而帮组、泥来母后读 i,如"比 pi³｜梨 li²｜地 di⁶｜比 pi³｜琵 bi²",现代温州话已全部裂化为 ei。脂之韵齿音声母字百年前就已读 ʅ,现代温州话仍读 ʅ,一方面表示脂之韵的齿音声母后韵母读音较早被文读音所取代,另一方面是因为脂之韵齿音声母字在温州话里大部分都是非口语常用字,可能有人会认为常用不常用的说法太过主观,但这确实是一个很重要的问题,正是这个原因,才

---

① 当然,所有的共时都是历时的结果,这里指的是我们所能见的现实的语音。

造成支韵与脂之韵的差异。

最后一个读音为声化韵母ŋ,鼻音声母拼高元音容易发生声化音变,这种现象在吴语中也较常见(郑张尚芳,1983;陈忠敏,1999),此不赘述。还原声化前读音,"儿二义"等均为*ŋi,因此这也属支韵Ⅲ层。

综上所述,我们把温州方言支韵对应于上丽片支韵的读音层次总结如下,见表6.1.11:

表 6. 1. 11

古韵部	支韵Ⅰ层	支韵Ⅱ层	支韵Ⅲ层	支韵Ⅴ层文
温州话支韵	a	e[ai]	i(ei/ŋ)	1

另外,脂韵也有ai读音,但仅"狮"字读ai韵,似乎应对应支韵Ⅱ层。之韵有a读音,仅"驶"字读a韵,似乎应该对应支韵Ⅰ层。郑张尚芳说"'狮'读sŋ¹,白读sai¹(~子),'驶'sŋ³ 白读sa³,应亦闽音影响"(郑张尚芳,2008:106)。这说明温州脂、之韵的ai和a读音是受闽语影响的个别读音,不具备层次读音的系统性,应将其排除在对应关系之外。同时,上丽片脂之韵并无对应支韵Ⅰ层或Ⅱ层。因此,脂之韵只有两个层次,对应支韵Ⅲ层和Ⅴ层。我们把温州话支脂之韵的对应关系表示如下,见表6.1.12:

表 6. 1. 12

层次	脂韵	之韵
支韵Ⅰ层	—	—
支韵Ⅱ层	—	—
支韵Ⅲ层	Ⅰ	Ⅰ
支韵Ⅴ层	Ⅱ	Ⅱ

再看乐清、平阳、永嘉三地与温州的对应。乐清"蚁"字读ɛ韵[1],对应支韵Ⅰ层次。支韵Ⅱ层有"徛 ge⁴""碑 pai¹",正读如咍灰韵,对应温州支韵Ⅱ层。支韵Ⅲ层读i,见组字没有发生舌尖音变仍读i,也没有发生类似温州的前裂化音变。支韵Ⅴ层即文读层为ŋ。

平阳支韵Ⅰ层和Ⅱ层与温州表现相同,支韵Ⅲ层大部分读i,古疑母后则发生后裂化音变由i变ie,如"宜 ŋie²｜义 ŋie⁶｜议 ŋie⁶",脂之韵疑母字均有此相同音变。

---

① 参见包文朴主编《乐清方言词典》,第477页"蚁蚁"条(儿童称蚂蚁为蚁蚁),与"徛"字读音不同,见218页。

永嘉支韵Ⅲ层 i 读音有两个不同方向的音变,精知章组声母后由 i 前裂化为 ei,与温州支韵Ⅲ层的音变表现相同,但见溪群母、晓母字后读音与温州不同,没有发生先舌叶化再舌尖化的音变,而是和齿音声母一样,发生由 i 前裂化为 ei 的音变过程,如"寄 tsei⁵｜骑 dzei²｜戏 sei⁵",古疑母字则与平阳相同,读 ie,如"宜 ȵie²｜义 ȵie⁶｜议 ȵie⁶｜蚁 ȵie⁴",我们可以用下列关系式表示 i 的这种互补关系:

$$i > ei/\text{精知章组、见溪群母、晓母}\underline{\quad}$$
$$> ie/\text{疑母}\underline{\quad}$$
$$> i/\text{帮组、来母}\underline{\quad}$$

见组(不包括疑母)由 i 裂化为 ei 这个音变,还同时发生在脂之微三韵中,使得支脂之微四韵在见组(不包括疑母)声母下具有相同的 ei 读音,如表 6.1.13 所示:

表 6.1.13

支	寄 tsei⁵ 骑 dzei² 戏 sei⁵
脂	器 tsʰei⁵ 弃 tsʰei⁵ 饥 tsei¹
之	基 tsei¹ 棋 dzei² 起 tsei³
微	机 tsei¹ 气 tsʰei⁵ 希 sei¹

永嘉帮组、来母后仍读 i,温州帮组、来母后读 ei,可见裂化先在齿音声母后发生。尽管永嘉支韵在精知章组声母后能区别脂之韵,类似表 6.1.10 所示温州支韵与脂之韵的关系,但在见组(不包括疑母)声母下又无法区别支韵与脂之韵,可见 ei 读音不能作为区分支韵与脂之韵的标准,正如上丽片 ie 读音无法作为早期区别支韵与脂之韵的标准一样。之所以能在精知章组声母后区别支韵与脂之韵,是因为精知章组声母后读音较早地被文读 ɿ 取代,而最根本的原因在于脂之韵的精知章组声母字大多为非口语常用字。

综上所述,我们把瓯江片四个方言点支韵层次读音列表如下,见表 6.1.14:

表 6.1.14

层次	温州	乐清	平阳	永嘉
支韵Ⅰ层	a	ɛ	a	—
支韵Ⅱ层	e[ai]	e[ai]	e[ai]	ai

续　表

层次	温州	乐清	平阳	永嘉
支韵Ⅲ层	i(ei/ʅ)	i(ʅ)	i(ie)	i(ei/ie)
支韵Ⅴ层_文	ʅ	ʅ	ʅ	ʅ

支韵的层次清楚了,那脂之韵的层次也就清楚了,支韵的层次蕴含脂之韵,正如表 6.1.12 中所表示的三韵之关系,我们列出瓯江片各点脂之韵的层次读音,见表 6.1.15:

表 6.1.15

层次	对应支韵	温州	乐清	平阳	永嘉
脂Ⅰ层	支Ⅲ层	i(ei/ʅ)	i(ʅ)	i(ie)	i(ei/ie)
脂Ⅱ层	支Ⅴ层_文	ʅ	ʅ	ʅ	ʅ
之Ⅰ层	支Ⅲ层	i(ei/ʅ)	i(ʅ)	i(ie)	i(ei/ie)
之Ⅱ层	支Ⅴ层_文	ʅ	ʅ	ʅ	ʅ

综合表 6.1.15 与表 6.1.7,可知瓯江片与上丽片一样,脂之韵无与支韵前两层次对应的读音。

6.1.3　金衢片支脂之韵的读音层次

金衢片支脂之韵的读音层次相对简单,除了支韵有保留较早的读音外,脂之韵读音均以 i 为白读,以 ʅ 为文读,读音相对简单的原因在于白读 i 没有发生类似上丽片、瓯江片的裂化音变,这是金衢片支脂之韵读音与上丽片、瓯江片方言相区别的重要语音特点之一。下面我们具体讨论。

上丽片支韵Ⅰ层读音特点是读如歌韵,且层次特字大多限于"蚁",如东阳读"ŋɑ⁴",兰溪读"ŋa⁴",义乌读"ɦɔ⁴",武义读"n̩iɑ⁴",浦江、永康两地"蚁"字读音无歌韵读音。

支韵Ⅱ层读音特点是读如咍灰韵,且层次特字大多限于"徛_{站立义}"和"碑"两字,如东阳、兰溪、义乌两字读音相同,即"碑 pe¹ ｜ 徛 ge⁴",浦江、武义的"徛"字分别为"ga⁴"和"gɑ⁴",永康的"徛"字读"gei⁴",各点读音虽各异,但均读如咍韵,因此对应支韵Ⅱ层。

上文提到,金衢片支韵Ⅲ层白读为 i,文读为 ʅ,有文白读音对立的主要是精知章组声母后读音,脂之韵与支韵相同。如东阳"知"白读 tsi¹,文读 tsʅ¹,"枝"白读 tsi¹,文读 tsʅ¹。义乌"刺"在"鱼刺""植物的刺"等义中为白读 tsʰi⁵,在"刺刀"等词中为文读 tsʰʅ⁵,"支是施纸"等均有文白的对立,各点表现相同,此不赘述。有两点需要特别指出,一是永康部分 i 读音开始有后裂化音变趋势,如支韵的"荔"和微韵的"毅"均读 ie 韵,可见 i 的后裂化音变在金衢片某些方言点也有发生。二是 i 读音使声母发生腭化,包括精知章组及见组声母,音变过程可表示如下:

$$tsi(义乌、东阳、兰溪)＞t\int i(永康①)＞t\varphi i(武义、浦江)$$
$$*ki＞ci(永康)＞t\varphi i(义乌、东阳、兰溪、武义、浦江)$$

上述音变也可以看成是汉语齿音声母或见组声母腭化的一般过程,上丽片多数方言也有类似过程,只是它们的韵母同时也发生了裂化,这是与金衢片相区别的语音特点之一。

综上所述,我们把金衢片支脂之韵的读音层次总结如下。

先看支韵在金衢片各点的层次读音,见表 6.1.16:

表 6.1.16

层次	东阳	义乌	兰溪	永康	武义	浦江
支韵Ⅰ层	ɑ	ɔ	a	—	iɑ	—
支韵Ⅱ层	e	e	e	ei	ɑ	a
支韵Ⅲ层	i	i	i	i(ie)	i	i
支韵Ⅴ层ₓ	ɿ	ɿ	ɿ	ɿ	ɿ	ɿ

脂之韵白读对应支韵Ⅲ层,脂之韵文读对应支韵Ⅴ层,与上丽、瓯江片相同。

6.1.4　小　结

通过对南部吴语支脂之韵读音层次的讨论,我们得出以下几点认识。

第一,除上丽片部分方言如开化、江山、广丰、玉山、遂昌等地有支韵Ⅳ层读音外,南部吴语上丽片、瓯江片、金衢片各方言均有支韵Ⅰ层、Ⅱ层、Ⅲ层、Ⅴ层ₓ这四个层次读音的对应,其中支韵Ⅰ层读如歌韵,支韵Ⅱ层读如咍灰韵,支韵Ⅲ层与Ⅴ层表现为文白对立,前者为白读层,后者为文读层,在南部吴语对应整齐。同时,三片方言脂、之韵均无支韵前两层的读音对应。

---

①　永康齿音声母逢细音近舌叶声母,因与舌面声母无对立,可看成是腭化过程的一个阶段。永康 k-组声母后可接细音,实际读音近 c-,亦可看成是腭化过程的一个阶段。

支韵Ⅰ层的层次特字以"蚁"字为主,Ⅱ层特字以"徛"字为主。支韵Ⅲ层的读音在三片方言中表现不同,上丽片方言同时发生后裂化和舌尖化再后裂化的两个不同方向的音变,瓯江片部分方言则发生由 i>ei 的前裂化音变(有的舌尖化),金衢片方言大多没有发生类似的裂化音变。

通过对南部吴语支韵Ⅲ层的讨论,我们可知,读音对立也可能会产生文白读(注意不是文白层)认识的错觉,我们以上丽片(以常山为例)、瓯江片(以温州为例)及金衢片模韵为例做进一步的讨论。常山模韵普遍有 u 和 uə[1] 两个读音变体的对立,如表 6.1.17 所示:

表 6.1.17

| 模韵 | uə | 布₁puə⁵,簿 buə⁴,步 buə⁶,都₁tuə¹,赌 tuə³,图₁duə²,苏₁suə¹,古₁kuə³,牯 kuə³,苦 kʰuə³,糊 guə² |
| | u | 布₂pu⁵,菩 bu²,都₂tu¹,图₂du²,苏₂su¹,枯 kʰu¹,湖 fiu² |

方言调查者一般把表 6.1.17 中所示的对立看成是文白读的不同,如把 uə 看成是白读,把 u 看成是文读[2],这种观念多数来源于发音人的主观感受。我们认为,文白异读带有本地人的主观性,本地人的语感认为,这个裂化后的读音是更土的,是本地人的语音,而未裂化的读音是外来的,不是本地语音,这是从本地语音优越感出发来谈本地语音的,这种具有主观性的偏见使得新读音 uə 被看成是白读,而旧读 u 被看成是文读,另外,两者在词汇风格的选择上也有一定的差异,换句话说,音变也能引起文白读的对立。

我们认为 uə 由 u 裂化而来,两者属同一层次,同时这也是中古后期模韵的标准读音。也就是说,读音 *u 是层次的结果,读音 uə 是在读音 u 基础上的音变,这是创新(这种创新并没有覆盖每一个词),其结果就成为以常山方言为代表的上丽片方言区别于瓯江片及金衢片方言的标志之一,如表 6.1.18 所示:

表 6.1.18

上山小片					丽水小片			
常山	开化	江山	广丰	玉山	丽水	遂昌	云和	庆元
uə(u)	uo(u)	uə(u)	uɤ(u、o)	uə(u)	u	uɤ(u)	u	uɤ(ɤ、u)

---

① "[uə]韵的实际音值接近[uɯ]。"参见曹志耘、秋谷裕幸等(2000:75)。
② "遇摄一等和三等非组的部分字,白读[uə]韵母,文读[u]韵母。"参见曹志耘、秋谷裕幸等(2000:80)。

从表 6.1.18 我们可以看到,上山小片各方言均发生后裂化的创新音变,丽水小片只有丽水、云和两个点没有发生这种创新音变。可以说,读音 u 发生后裂化音变是上丽片方言的创新音变。

温州模韵有 øy、ɤu 和 u 三个不同的读音变体,其中 øy 和ɤu 读音都是由 u 前裂化而来,它们都属于同一层次,如表 6.1.19 所示:

表 6.1.19

模韵	øy	补 pøy³,布 pøy⁵,赌 tøy³,徒₁døy²,奴₁nøy²,炉 løy²,路 løy⁶ 租 tsøy¹,素₁søy⁵
	ɤu	徒₂dɤu²,奴₂nɤu²,鲁 lɤu⁴,组 tsɤu³,错₁tsʰɤu⁵,素₂sɤu⁵
	u	菩 bu²,部 bu⁶,姑 ku¹,古 ku³,虎 fu³,呼 fu¹,胡 vu²

这三个读音变体有两种音变关系,一是前裂化音变,如 øy 和ɤu 都由 u 前裂化而来,二是因声母不同而出现的条件音变,如见系声母后多读 u,没有发生裂化音变,而帮组、端组及精组声母后多裂化为 øy,少部分裂化为ɤu。与上丽片相比,音变方向不同,体现出音变的"个性"强的一面。关于温州模韵的历史演变,吴安其(2005)、潘悟云(2006)等都曾对其进行过探讨。潘悟云(2006a)通过百年前 Montgomery(1983)记录的温州话与现代温州话比较,认为百年来温州话模韵发生了裂化:ʉ>əu>øy,u>ɤu[1],指出 ʉ[2] 与 u 是因声母条件而产生的变体,软腭音全是 u,齿音大多是 ʉ,唇音则介于二者之间。吴安其(2005)指出帮端精组和来母字读 øy 韵,见晓组和影母字读 u 韵,而精组读 əu 韵的是文读。我们同意潘悟云(2006a)的观点,温州模韵的读音变体是方言自身发生的创新音变,我们把它们归为同一个层次。

这里的 *u 读音是中古后期模韵的标准读音,是层次的结果,读音 øy 和ɤu 是温州自身的音变,是创新。这种创新就成为温州地区方言区别于其他片方言的标志。从瓯江片其他方言中,我们能看到这种创新的一致性,如表6.1.20 所示:

表 6.1.20

瓯江片			
温州	乐清	平阳	永嘉
øy (ɤu、u)	y(ou、u)	y(u)	əy (ʮ、əu、u)

---

[1] 郑张尚芳、潘悟云、游汝杰等记为ɤu,吴安其记为 əu,指同一韵。

[2] 潘悟云(2006a)将温州的 øy 改作 ʉ,ɤu 改作 u,以利于方言比较。

从表 6.1.20 我们可以看到,瓯江片方言模韵 * u 发生前化或前裂化的创新音变。与上丽片相比,我们可以得出两点认识。其一,两片层次的结果都是 u,这是相同的。其二,两片高元音裂化的方向是不同的,上丽片是后裂化音变,瓯江片是前裂化音变,这是创新,而金衢片各方言的模韵仍读 u,未发生音变。因此,创新音变具有区域性特征,而层次的覆盖面更广。传统上把文白读看成是划分层次的利器①,通过上述讨论,我们似乎也看到在利用方言文白读的材料时要小心,不能一概认为是文白层次的区别。

我们大致把韵母元音的音变分为两类,一类是因声母不同而出现的读音变体,一类是因高元音裂化形成的读音对立。我们把这两类音变均看成属于同一层次的读音变体,前者在以温州方言为代表的瓯江片方言支韵、模韵的读音中得到证实,后者则体现在以常山方言为代表的上丽片方言支韵、模韵中。

第二,前人提到南部吴语支韵的 ie 或 ei 是区别脂之韵的标志,指出这是《切韵》时代支韵的古老读音,通过上述讨论,我们知道,ie 和 ei 是由 i 裂化音变而来,不能看成早期读音的遗留,南部吴语支脂之三韵在这个层次上读音已经合流,支韵与脂之韵的区别是后来的音变产生的,之所以支韵的 ie 或 ei 读音多于脂之韵②,是因为支韵齿音声母的常用字要多于脂之韵②,脂之韵齿音声母字则多被文读层读音所覆盖。

第三,我们在描写方言音韵特点或进行方言历史比较的时候,一般以《切韵》为参照或作为比较的起点,如以咸山摄三四等是否有别作为此方言是否保留《切韵》特点的重要证据(金有景,1964),我们讨论支脂之韵也是以《切韵》的分类为出发点,其前提似乎是承认各方言是从《切韵》发展而来的,而这一点认识早就为学界所弃。事实上,各个方言应该有自己的历史,但由于许多方言特别是南方方言缺乏历史文献记录,无法获得直接进行比较的材料。

目前我们大概都认同这样的一个事实:汉语方言的共时系统是一个不断受到不同时期权威方言影响而成的复杂系统。对此,潘悟云(2004a)、陈忠敏(2008)和王洪君(2009)等学者做了详细的论述。也就是说方言不是由

---

① 当然,除了高元音裂化所形成的对立外,文白读在判断层次问题上仍具有重要作用。

② 以是否常用作为理由可能不够严谨,带有主观性,但目前找不到合适的原因,多和少或者是概率问题,能体现出一种倾向性。事实上,不同个体或方言对同一个字是否常用也会存有差异。比如以常山方言为代表的上丽片脂之韵 i 裂化为 ie 的读音远远少于以温州方言为代表的瓯江片脂之韵 i 裂化为 ei 的数量,但从单个方言内部还是能看出支韵的常用字多于脂之韵的这种倾向的(特别是齿音声母字)。

《切韵》发展而来的,而是受到不同时期类似《切韵》这样的权威方言的影响而成的,因此,方言与《切韵》的音类就有可能不会完全对应,《切韵》类标准语某些支韵的字在方言里或许未必属于支韵。语音层次分析的目的是把存在于共时系统之上的众多层次按顺序分开,然后在相同层次内进行历史比较,除此之外,还能发现方言(也可能某个较大片方言区)自身不同于《切韵》的音类关系。比如,南部吴语支韵Ⅱ层的特点是与咍灰合韵,但在标准语的文献中并未有此记载,那么,是否可以说南部吴语支韵Ⅱ层的读音本来就是属于咍灰韵的,而标准语中这些字属支韵,这是由于两个音系收字不同造成的,而不是接触形成的? 对于这一假设还需要做进一步的讨论。

6.2　止摄合口的读音层次

6.2.1　上丽片止摄合口的读音层次

止摄合口有支、脂、微三韵,以常山为例,支韵有四个读音:ue、ə、y、ui,脂韵有五个读音:ɛ、ue、y、i、ui,微韵有四个读音:ue、y、i、ui。

先看 ɛ 读音。常山 ɛ 只在脂韵,如"锤 dzɛ^2 | 槌 dzɛ^2 | 帅 sɛ^5 | 柜 guɛ^6"。事实上,江山、开化、广丰等部分地区支韵"捶"亦具有类似读音。可见,属支韵或脂韵并不是辨别此读音的关键。从音类分合角度看,此读音读如歌韵Ⅰ层,与支韵开口Ⅰ层有对应关系,且各点均限于以上所举的例字范围,如:

江山:捶 dzæ^2 | 锤 dzæ^2 | 槌 dzæ^2 | 帅 sæ^5

开化:捶 dzuɛ^2 | 槌 dzuɛ^2 | 帅 suɛ^5 | 柜 guɛ^6

广丰:捶 dzua^2 | 槌 dzua^2 | 衰 sua^1 | 帅 sua^5

玉山:帅 sai^5

丽水:衰 suɔ^1 | 帅 suɔ^5

遂昌:衰 sa^1 | 帅 sa^5

庆元:衰 sɑ^1 | 帅 sɑ^5

云和:帅 sɑ^5

观察以上读音,我们发现该读音与歌韵Ⅰ层、支韵Ⅰ层读音相同,有的属于上古歌部字,如"锤",有的为上古微部字,如"捶槌柜衰",或物部"帅"。古音学有所谓歌微通转(郑张尚芳,1983),因此,方言中歌部和微部保留相同的上古读音也就不奇怪了。因此,我们认为常山止摄合口 ɛ 读音对应支韵Ⅰ层。关于支韵Ⅰ层可参见第 6.1.1 节的讨论,此不赘述。

再看 ue 读音,我们仍以常山为例来说明。

　　先看支韵合口 ue 读音。"髓"字以 ə 为白读,以 ue 为文读,同时支韵合口 ue 读音所辖字多为非口语常用字,如"诡为"等。同时,"吹炊亏"等白读为 y,文读为 ui,其中 ui 读音所辖字多为非口语常用字,如"危毁虽委"等。从时间上看,白读要早于文读,即 ə 和 y 要早于 ue 和 ui,但同为文读的 ue 和 ui,孰先孰后呢?

　　我们可以从脂韵和微韵合口 ue 和 ui 的关系中看到两者的先后。脂韵合口"类"字、微韵合口"归"字均以 ue 为白读,以 ui 为文读。因此,ue 应早于 ui。

　　微韵合口 ue 似乎有两类,一是非组声母后,一是见系声母后。如,"未"字有两个读音:mue⁶ 和 vi⁶,前者表示"没有"义,后者为地支之一,很明显,前一读音要早于后一读音,即 ue 韵要早于 i 韵。但在见系声母后,时间先后正相反,如"围"有两个读音:ɦy² 和 ɦue²,前白后文,可知 y 要早于 ue。关于这两个 ue,我们下文再讨论。

　　止摄合口的 i 和 y 属于同一层次。从读音分布来看,常山支韵合口只有 y 韵而无 i 韵,如"嘴 tɕy³ | 吹 tɕʰy¹ | 炊 tɕʰy¹ | 垂 dʑy² | 亏 tɕʰy¹ | 跪 dʑy⁴"。

　　"髓"息委切,古合口字,今读支韵开口 sə³,由 i 先舌尖化再后裂化音变而来,具体参看 6.1.1 节中的相关论述。上丽片上山小片只常山、江山"髓"字读如支韵开口 ə,其他点如开化、广丰、玉山则为相应的文读。丽水小片丽水、云和读如 y,而遂昌、庆元读 ie,从 i 裂化而来。因此"髓"字读音在上丽片可分两类:一类只有文读,另一类有文白两读。白读有两小类,一是读如支韵开口,二是读如合口 y 韵,如表 6.2.1 所示:

表 6.2.1

"髓"只有文读		开化 sui³,广丰 sui³,玉山 suei³
"髓"白读	读如支韵开口	常山、江山 sə³,遂昌、庆元 ɕie³
	读如合口 y	丽水 zʮ²①,云和 ʒy²

　　常山脂韵合口有 y 韵和 i 韵,两者可以出现在相同的古声母组下,但今读声母往往互补,也不会在同一个语素下形成对立,如表 6.2.2 所示:

表 6.2.2

y	尿 ɕy¹,追 tɕy¹,水 ʮ³/ɕy³,葵 dʑy²,位 ɦy⁶
i	坠 dʑi⁶,龟 ki¹,唯 vi²

---

① 丽水方言 ʮ 和 y 虽然在零声母后有对立,但前者一般与 ts 组声母相拼,后者不与 ts 组声母相拼,ʮ 韵母可看成 y 在 ts 组声母后的进一步演变,因此也可以看成是合口 y 这一类。

"追"和"坠"同属古知组,但两个今读声母互补。"葵"和"龟"同属古见组,但两个今读声母也互补,即舌面音声母只拼撮口,舌尖音声母只拼齐齿。因此,均不构成真对立,这样的事实我们仍可以从上丽片其他方言得到证实,如表 6.2.3 所示:

表 6.2.3

方言点	y	i
江山	坠 dʑy⁶,水 y³,季 ky⁵	唯 vi²,惟 vi²
开化	水 y³/ɕy³	——
广丰	坠 dʑy⁶,锥 tɕy¹,水 ɕy³,季 ky⁵,柜 gy⁶	维 vi²,唯 vi²
玉山	穗 dʑy⁶,坠 dʑy⁶,水 y³/zy⁴	维 vi²,唯 vi²
丽水	醉 tsʮ⁵,追 tsʮ¹,锤 dʐʮ²,水 sʮ³,柜 dʑʮ⁶,季 tsʮ⁵	维 vi²,唯 vi²
遂昌	醉 tɕy⁵,穗 zy⁶,水 ɕy³,龟 tɕy¹,荽 ɕyɤ¹	维 vi²,唯 vi²
庆元	醉 tɕy⁵,水 ɕy³,穗 ye⁶,龟 tɕy¹,柜 tɕy⁶,唯 y²	——
云和	醉 tʃy⁵,穗 ɸy⁶,水 ʃy³,柜 dʑy⁶,唯 ɸy²	维 vi²,唯 vi²,泪 li⁶

从表 6.2.3 可以看到,各点脂韵合口 y 和 i 基本不对立。i 限于以母字,云和还有一个来母字"泪"也读 i,也就是说 y 和 i 是互补的,两者应看成是同一层次。云和以母字"唯维"等字既可读 y 又可读 i,也可知两者并不对立。有的点 y 韵还发生后裂化音变,如遂昌的"荽"、庆元的"穗"。

综上所述,我们认为上丽片脂韵合口 y 和 i 属同一层次。

再看微韵合口,微韵合口的 y 和 i 也是互补的,所有点均是非组声母后读 i,见系声母后读 y。

现在再来看微韵唇音后的 ue 和牙喉音声后的 ue 关系为何。据上文所述,我们把两者关系列表 6.2.4 如下:

表 6.2.4

唇音声母后的 ue	ue 早于 i
牙喉音声母后的 ue	ue 晚于 y

我们认为唇音后的 ue 和牙喉音声后的 ue 性质不同。唇音即非组后的 ue 可看成是开口的韵母读音,声母今读仍为重唇,而唇音不分开合口,韵目又相同。因此,我们把前者称为 ue_白[①],后者包括支脂韵合口的称为 ue_文,这

---

① 这与我们提出的"音是旧音、词是新词"的说法不矛盾,这种说法前提是两个读音没有声母条件的限制。有声母条件限制的则不适用。

个文读对应以苏州话为代表的北部吴语的止合三文读韵母 uɛ/ɛ,其音类分合特点与北方话相同,读如蟹合一三,如下图所示(王洪君,2006a):

苏州白读:遇合三(虞)y/ɥ＝止合三(支脂微)_白 y/ɥ≠蟹合一三 uɛ/ɛ

苏州文读:遇合三(虞)y/ɥ≠止合三(支脂微)_文 uɛ/ɛ＝蟹合一三 uɛ/ɛ

北方方言:遇合三(虞)y≠止合三(支脂微)uei＝蟹合一三 uei

这个 ue_白 实际与微韵开口层次Ⅰ相对应,即对应于支韵开口层次Ⅱ。事实上,我们发现各点与 ue_白 对应的读音大多为古开口韵,我们将各点微韵开口与合口非组和见系声母后的韵母读音列表 6.2.5 如下:

表 6.2.5

古声韵条件	常山	江山	开化	广丰	玉山	丽水	遂昌	庆元	云和
微_开①	e	ɛ	e	ɐi	ɐi	—	ei	ai	
微_{合非}	ue	ɛ	e	e	ɐi		ei	ai	
微_{合见}	ue	uɛ	ue	uɐi	uɐi	uei	uei	uai	uei

除广丰"微_开"和"微_{合非}"韵母读音不完全相同外,其他各点相同(或开合对应,或开合相同),对应的是支韵开口层次Ⅱ。"微_{合见}"为文读,其音类分合与北方方言相同,即读如蟹合一三等。

不少学者把普通话的 uei 韵在方言中读入 y 韵的现象称为"支微入鱼"。粗略地讲,就是止摄合口三等字读如遇摄合口三等字(鱼虞相混层),吴语中的这种现象较早引起人们的注意。清康熙《嘉定县志》说:"归、龟呼为居,晷、鬼呼为举。"事实上,"支微入鱼"现象并不限于吴语,闽语、江淮官话、徽语和老湘语中也有此现象(张光宇,1993a、1999;顾黔,1997),甚至在山西、陕西和甘肃的不少方言也存在此音韵现象,且其历史最晚可追溯至唐五代的西北方音(王军虎,2004),可见,"支微入鱼"现象分布很广。王洪君(2006a)通过对苏州话和北方方言止合三文读、白读与无异读音类的合流情况的考察,指出吴语这一现象更确切的说法是"止合入虞",而北方有些方言如山西方言也有不少 uei＞y 的白读,但与吴语不同,确切的说法应是"止蟹合三入遇"。

---

① "微_开"表示微韵开口,"微_{合非}"表示微韵合口非组,"微_{合见}"表示微韵合口见系。

王洪君(2006a)同时还指出苏州派入 y 类韵的白读分布在止合三各韵,但没有一个蟹合三的字,即苏州止合三白读 uei＞ui＞y 要晚于支脂微的合流而早于止蟹合口的合流。这一字音关系在唐五代西北方音中已有所反映(罗常培,1933;王军虎,2004)。

既然止摄合口 y 韵的产生要晚于支脂微三韵合流,那么 y(y＜ui*)韵应对应支韵开口Ⅲ层,而止摄合口的 i 韵由于与 y 韵互补,也对应支韵开口Ⅲ层。

综上所述,我们总结上丽片各方言止摄合口层次读音如下,见表 6.2.6:

表 6.2.6

层次	常山	江山	开化	广丰	玉山	丽水	遂昌	庆元	云和
止合Ⅰ层	ɛ	æ	ɜu	ua	ai	ɔu	a	ɑ	ɑ
止合Ⅱ层	ue	ɐ	e	e	ʁi		ei	ai	
止合Ⅲ层	y(i)	y(i)	y(i)	y(i)	y(i)	ч(i/ʅ)	y(i)	y(i)	y(i)
止合Ⅳ层		ø							
止合Ⅴ层	ue	uɐ	ue	uʁi	uʁi		ei		
止合Ⅵ层	ui	—	ui	ui	uei	ei(uei)	ei(uei)	uai(ai)	ei(uei)

说明:①止合Ⅰ层包括支脂韵合口,以脂韵合口为主。止合Ⅱ层以微韵合口帮组读音为主。止合Ⅲ层包括支脂微三韵合口。止合Ⅳ层仅江山脂韵有与止摄开口相对应的读音。止合Ⅴ、Ⅵ层为文读层。

②止合Ⅲ层、Ⅴ层、Ⅵ层为支脂微三韵合流后之读音。

6.2.2　瓯江片止摄合口的读音层次

我们以温州话为例说明瓯江片各方言止摄合口的读音层次,温州支韵合口有 ei、i、y、u、ʅ、ai 六个读音,脂韵合口有 ei、i、y、u、ʅ、ai 六个读音,与支韵相同,微韵合口有 ei、y、u、ai 四个读音,其中 ai 为文读。

上文提到,止合Ⅰ层特点是读如歌韵Ⅰ层,层次特字主要包括"捶锤槌柜衰帅"等,在瓯江片四个方言中只保留"帅"字读如歌韵Ⅰ层,如表 6.2.7 所示:

表 6.2.7

层次	温州	乐清	永嘉	平阳
止合Ⅰ层	a	e	a	a
歌韵Ⅰ层	a	e	a	a

止合Ⅱ层对应于止开Ⅱ层,其特点是读如咍灰韵,瓯江片方言有止开Ⅱ层的读音对应,但止摄合口没有相对应的读音,微韵合口非组声母后的读音

对应止合Ⅲ层。

再看 ei 读音。ei 只出现在来母、非组声母后。百年前来母、非组声母后读 i,可见,温州止摄合口 ei 韵由 i 韵演变而来。事实上,当代温州话的 ei 均由 i 裂化而来,齐韵、止摄开口等有此音变,此不赘述。同时我们也可以通过同一层次读音的横向比较来说明温州的 ei 是由 i 演变而来的。如表 6.2.8 所示:

表 6.2.8

古韵部	温州	乐清	永嘉	平阳
支合	累 lei⁶ 髓 sei³	髓 si³	髓 sei³	—
脂合	泪 lei⁶	泪 li⁶	泪 li⁶	泪 li⁶
微合	飞 fei¹ 肥 bei² 未 mei⁶ 匪 fei³	飞 fi¹ 肥 bi² 未 mi⁶ 匪 fi³	飞 fi¹ 肥 bi² 未 mi⁶ 匪 fi³	飞 fi¹ 肥 bi² 未 mi⁶ 匪 fi³

从表 6.2.8 可以看到,乐清、永嘉、平阳三地来母、非组声母后均读 i 韵,从地理上的比较也可以表明温州的 ei 韵是由 i 裂化而来的。永嘉支韵开口 ei 与 i 呈互补分布:齿音声母后读 ei,其他声母后仍读 i。上文我们提到支韵合口"髓"字读如支韵开口,瓯江片各方言也不例外。由此可见,瓯江片 i 这个层次开合口读音相同,也就是说必有一个层次开合口读音相同,这个层次就是止合Ⅲ层。上文我们提到上丽片止摄合口的 y 和 i 是互补的,结合瓯江片情况,最初可能都是 i。事实上,瓯江片止摄合口 i 这个层次也发生了条件音变,请看下文讨论。

再看温州 y、u、ɿ 这三个读音。y 只出现在见晓组后,u 仅出现在影喻母后,ɿ 仅出现在精知庄章声母后,再结合上文提到的 ei 只出现在来母、非组声母后,可知这四个读音是因声母组不同而产生的读音变体。我们以 i 来作为音变的起点,用以下公式表示各读音的关系:

$$i \longrightarrow \begin{cases} ei/\text{来母、非组声母}\_\_ \\ ɿ/\text{精知庄章声母}\_\_ \\ y/\text{见组声母}\_\_ \\ u/\text{影、喻母}\_\_ \end{cases}$$

微韵合口没有齿音声母,所以只有 ei、y 和 u 三个变体。这种条件式音变的格局在瓯江片其他方言中也能找到,如表 6.2.9 所示:

表 6.2.9

古声母组	乐清	永嘉	平阳
来母、非组声母	i	i	i
精知庄章声母	y	ʮ	y
见组声母	y	ʮ	y
影、喻母	u	u	y

结合上文讨论及表 6.2.9 可知,温州的条件变体最多,有四个变体,乐清、永嘉次之,平阳最少。毫无疑问的是,这些变体均属于同一层次,对应上丽片止合Ⅲ层。事实上,瓯江片各方言的这种格局在蟹摄合口三等字中也有表现,这与苏州话止合三白读不读如蟹合三的音类分合关系不同,瓯江片止合三白读读如蟹合三,如表 6.2.10 所示:

表 6.2.10

古声母组	止合三	蟹合三
来母、非组声母	ei	ei
精知庄章声母	ɿ	ɿ
见组声母	y	y
影、喻母	u	u

甚至与齐韵合口也相同,如"桂"读 y,"慧"读 u。方言从标准语借入时,音类分合的关系较难借入的,某方言音类分合关系格局的形成依赖于语音系统的自身调整,并不受同一个标准语的控制。因此,有时音类分合关系的对应并不是万能的。某个较小区域内的音类分合关系往往较统一,但不同区域比如上丽片与瓯江片止合三与蟹合三的关系就略有不同,上丽片的关系近于苏州话,而瓯江片的关系近于北方话。

温州止合文读为 ai,对应上丽片止合Ⅴ层。乐清文读以见系/非见系为条件呈现互补,前者为 ai,后者为 uai。永嘉、平阳则与温州相同,均为 ai。

综上所述,瓯江片止摄合口读音对应上丽片止合Ⅰ层、Ⅲ层和Ⅴ层,具体如表 6.2.11 所示:

表 6.2.11

层次	温州	乐清	永嘉	平阳
止合Ⅰ层	a	e	a	a
止合Ⅱ层	—	—	—	

续 表

层次	温州	乐清	永嘉	平阳
止合Ⅲ层	ei(ʅ/y/u)	i(y/u)	i(ɥ/u)	i(y)
止合Ⅳ层	—	—	—	—
止合Ⅴ层	ai	ai(uai)	ai	ai
止合Ⅵ层	—	—	—	—

6.2.3 金衢片止摄合口的读音层次

金衢片止摄合口读音层次没有上丽片复杂,与瓯江片相比,金衢片没有止合Ⅰ层读音,只有止合Ⅲ层和文读层止合Ⅵ层。以义乌话为例,支韵合口有 y、i、ai、uai 四个读音,脂韵合口有 y、i、ai、uai、yai 五个读音,微韵合口有 y、i、uai 三个读音。白读 y 和 i 呈互补分布,互补格局大致与上丽片一致,但无瓯江片变体丰富。义乌话止合三 i 分布于来母、精组、非组、以母声母后,而 y 则分布于知庄章组、见组、晓喻母声母后,可用如下表达式表示这种分布关系:

$$i \longrightarrow \begin{cases} i/来母、精组、非组、以母\_\_ \\ y/知庄章组、见组、晓喻母\_\_ \end{cases}$$

整个金衢片 y 与 i 的互补格局大致与此相同,只是在具体音值上略有差异,如兰溪部分 y 韵裂化为 ye 韵,武义、永康"费"字由 i 裂化为 ie 韵。我们把金衢片各点 y 和 i 的读音分布列表 6.2.12 如下:

表 6.2.12

古声母组	东阳	兰溪	义乌	武义	永康	浦江
来母、非组、以母	i	i	i	i(ie)	i(ie)	i
精组	ʅ	i	i	i	i	i
知庄章组	ʅ	ye	y	y	y	y
见组、晓喻母	iʉ	y	y	y	y	y

止合口 ai、uai、yai 三个音类是对应于上丽片或瓯江片止合Ⅴ层的读音,ai/uai 是以非见系/见系声母为条件呈互补分布,yai 只"追"字,为脂韵合口知母字。

以上文白格局与蟹合三读音相一致,白读 i 在非组、精组声母后,如"废

fi⁵｜肺 fi⁵｜岁 si⁵"。不过由于见组收字少,y 没有出现在蟹合三中,但 i 与
y 为互补分布,不能因为没有 y 而否定止合三与蟹合三两者合流之关系。
不仅白读层合流,文读层也合流。

综上所述,金衢片止摄合口共两个读音层次,对应上丽片的止合Ⅲ层和
止合Ⅴ层,其中后者为文读层。我们把各点的层次对应总结如表 6.2.13
所示:

表 6.2.13

层次	东阳	兰溪	义乌	武义	永康	浦江
止合Ⅰ层	—	—	—	—	—	—
止合Ⅱ层	—	—	—	—	—	—
止合Ⅲ层	i(ʅ/iʉ)	i(ye/y)	i(y)	i(ie/y)	i(ie/y)	i(y)
止合Ⅳ层	—	—	—	—	—	—
止合Ⅴ层	ei (uei)	e (ue)	ai (uai/yai)	ui	ei (uei/ui)	e (ue)
止合Ⅵ层	—	—	—	—	—	—

6.2.4　小　结

通过对南部吴语止摄合口支脂微三韵读音层次的讨论,我们得到以下
两点认识。

第一,就止摄合口而言,上丽片读音层次最复杂,有六个层次之多,瓯江
片有三个层次,金衢片只有两个层次。

第二,瓯江片和金衢片止摄合口白读与文读层均与蟹摄合口三等合流,
王军虎(2004)以止合三 y 读音为例说明苏州话止合三读如虞韵而文读读如
蟹合一三等,这是与北方方言不同的音类分合关系。事实上,光从 y 读音来
讨论音类分合显然不妥,y 读音只是条件式音变的一个变体,如温州话止合
Ⅲ层次有四个变体:ei、ʅ、y、u,y 读音只是其中之一。而事实上,南部吴语多
数方言蟹合三等字也有 y 读音,与止合三合流,因此讲音类分合必须把条件
音变的所有变体都考虑进去。

第7章　效摄的读音层次及其演变

中古效摄只有开口韵,但四等俱全,共有豪、肴、宵、萧四个韵目,上古来源相对单一,主要来自上古宵部和幽部及部分药部字。本章讨论南部吴语效摄四韵的读音层次及其演变。

7.1　上丽片效摄的读音层次

7.1.1　常山方言效摄的读音层次

本节以上丽片常山方言为例讨论效摄四韵的读音层次,先列出常山方言效摄豪、肴、宵、萧四韵的常用读音,如表 7.1.1 所示:

表 7.1.1

韵	读音	例字
豪韵	uə	抱 buə^4,讨 tʰuə^3,蚤 tsuə^3,灶 tsuə^5,草 tsʰuə^3,扫$_1$suə^3,嫂$_1$suə^3
	ɤɯ	宝 pɤɯ^3,毛 mɤɯ^2,刀$_1$tɤɯ^1,桃 dɤɯ^2,道$_1$dɤɯ^4,老$_1$lɤɯ^4,糟$_1$tsɤɯ^1,灶$_2$tsɤɯ^5,草$_2$tsʰɤɯ^3,造$_1$dzɤɯ^4,高 kɤɯ^1,告$_1$kɤɯ^5,好$_1$hɤɯ^3
	iɤɯ	早 tɕiɤɯ^3
	ɔ	刀$_2$tɔ^1,道$_2$dɔ^4,老$_2$lɔ^4,糟$_2$tsɔ^1,造$_2$dzɔ^4,扫$_2$sɔ^3,告$_2$kɔ^5,好$_2$hɔ^3
肴韵	uə	炮$_{爆}$ buə^2,匏$_{一种圆形的瓠}$ buə^2
	ɤɯ	泡$_{\sim货}$ pʰɤɯ^1,茅$_{\sim铺;茅草房}$ mɤɯ^2,貌 mɤɯ^6,钞 tsʰɤɯ^1,搞 kɤɯ^3
	iɤɯ	酵 ɕiɤɯ^5
	ɔ	包 pɔ^1,茅$_{\sim坑}$ mɔ^2,卯 mɔ^4,罩 tsɔ^5,抄 tsʰɔ^1,交$_1$kɔ^1,教$_1$kɔ^5,孝 hɔ^5
	ɕi	交$_2$tɕi^1,教$_2$tɕi^5,搅 tɕi^3,巧 tɕʰi^3,较 tɕi^5
	ɑ	抓 tsɑ^1,笊 tsɑ^5
宵韵	iɤɯ	标$_1$pʰiɤɯ^1,表$_1$piɤɯ^3,描 miɤɯ^2,焦 tɕiɤɯ^1,消$_1$ɕiɤɯ^1,小$_1$ɕiɤɯ^3,笑 tɕʰiɤɯ^5,朝 tiɤɯ^1,烧 ɕiɤɯ^1,桥 dʑiɤɯ^2,腰 iɤɯ^1,舀 ɦiɤɯ^4
	io	标$_2$pio^1,表$_2$pio^3,描 mio^2,消$_2$ɕio^1,小$_2$ɕio^3,超 tɕʰio^1,烧 ɕio^1,侨 dʑio^2,姚 ɦio^2
萧韵	iɤɯ	雕$_1$tiɤɯ^1,吊$_1$tiɤɯ^5,条 diɤɯ^2,萧 ɕiɤɯ^1,叫$_1$iɤɯ^5
	io	雕$_2$tio^1,吊$_2$tio^5,辽 lio^2,萧 ɕio^1,叫$_2$tɕio^5

常山效摄一等豪韵有四个不同的韵母读音:uə、ɤɯ、iɤɯ 和 ɔ。其中 uə、ɤɯ 和 ɔ 三个读音至少在三个声母组后有对立,如表 7.1.2 所示:

古声母组	uə	ɤɯ	ɔ
帮组	抱 buə⁴	宝 pɤɯ³,毛 mɤɯ²	—
端组	讨 tʰuə³	刀 tɤɯ¹,桃 dɤɯ²	岛 tɔ³,陶 dɔ²
精组	蚤 tsuə³,灶 tsuə⁵	糟 tsɤɯ¹,皂 zɤɯ⁴	扫 sɔ³,操 tsʰɔ¹
见系	—	高 kɤɯ¹,好 hɤɯ³	膏 kɔ¹,豪 ɦɔ²

从表 7.1.2 可以清楚地看出,读音 uə 与 ɤɯ 在帮、端、精三组声母后形成对立,读音 uə 与 ɔ 在端、精组声母后形成对立,读音 ɤɯ 和 ɔ 则在端、精组和见系声母后形成对立。同时,这三个读音看不出有明显的音变关系。可以说,这三个读音是三个不同的读音层次。

这种层次关系还能在以下几组一字多音中体现出来,如"灶、草"有 uə 和 ɤɯ 两个读音的对立,"讨、扫、嫂"有 uə 与 ɔ 两个读音的对立,"刀、道、老、糟、告"等均有 ɤɯ 和 ɔ 两个读音的对立。豪韵还有一个读音 iɤɯ,只"早"字读此韵,且声母腭化,读如三等韵,我们把它看成是与 ɤɯ 韵同一层次的读音。

再看三个层次读音的时间先后关系。"讨"在"讨老妈(义为娶妻)"一词中读 uə 韵,在"检讨"一词中读 ɔ 韵;"扫"表示动词义时读 uə 韵,在"扫帚星"一词中读 ɔ 韵;"嫂"在"嫂嫂"及"兄嫂"词中读 uə 韵,其文读为 ɔ 韵。从这三组词的风格色彩中,我们可以看到,读 uə 韵的词口语化程度高,读 ɔ 韵的词口语化程度较低。同时,ɔ 韵还包括许多非常用字,如"岛、陶、涛、导、恼、膏、耗"等。因此,uə 应早于 ɔ。

"道"在"味道"一词中读为 ɤɯ 韵,在"渠道"一词中读为 ɔ 韵;"告"在"告状"一词中读 ɤɯ 韵,在"广告"一词中读为 ɔ 韵;"糟"在"酒糟"一词中读 ɤɯ 韵,其文读为 ɔ 韵。同样地,ɔ 韵所包括的非常用字较多。因此,ɤɯ 韵应早于 ɔ 韵。

"灶"在"灶公灶母(义为灶神)"一词中读为 uə 韵,在"倒灶(义为倒霉)"一词中读为 ɤɯ 韵;"草"在一般单念时读为 uə 韵,在"草包(义为拦水用的泥土包)"一词中读为 ɤɯ 韵。这两个对立读音所属词中并没有明显的文白色彩差异,都是平时较为常用的词,暂时无法分辨出 uə 韵和 ɤɯ 韵的时间先后关系。

因此,我们需要借助周边方言来看这两韵的时间关系。江山豪韵主要有两个读音:uə 和 ɐɯ。其中 uə 读音的收字与常山完全相同,而 ɐɯ 读音与常山一样,均只包括效摄豪肴韵字,并无其他韵的字。因此,江山的 uə 和 ɐɯ 与常山的 uə 和 ɤɯ 是对应的。江山"讨"单用时一般读为 uə 韵,在"讨论"一词中读为 ɐɯ 韵,从这一例中,我们可以清楚地看到,uə 韵显然要早于 ɐɯ 韵,也就是说,常山的 uə 韵也应早于 ɤɯ 韵。

事实上,常山读 uə 韵的字均为上古幽部字,读 ɤɯ 韵的既有幽部字又有宵部字,如"牢保宝老道造冒好"等为幽部字,"毛刀桃逃高劳脑号"等为宵部字。可见,ɤɯ 读音是幽部和宵部字合流后的读音。从这个意义上来讲,uə 韵要早于 ɤɯ 韵。从共时的音类分合关系来看,豪韵的 uə 读音还读如模韵,我们知道,模韵的 uə 由 u 发生裂化音变而来,我们从常山模韵有 uə 和 u 两读可知,这里的 uə 就是常山方言的创新音变。那么,豪韵的 uə 是不是也属于创新? 由于豪韵的这个层次只有 uə 一读,无法单从豪韵本身知晓是不是从 u 裂化而来的。

我们认为豪韵的 uə 也是由 u 裂化而来的。我们发现,在丽水小片这个层次读音有 uə 和 u 的对立,同时,模韵没有发生裂化音变的丽水这个层次读音也是读 u,下文我们还将讨论。因此,我们认为常山豪韵的 uə 是由 *u 裂化而来的。事实上,陈忠敏(2013:315)指出开化方言"u:ə 其中的 u 是主要元音,音长,后面的 ə 是一个滑音,音色不稳定,u:ə 是 u 元音的裂化"。

综上所述,我们把常山方言豪韵的三个层次按时间顺序列表 7.1.3 如下:

表 7.1.3

层次 Ⅰ	uə
层次 Ⅱ	ɤɯ
层次 Ⅲ	ɔ

再看二等肴韵,常山肴韵有六个不同的韵母读音:uə、ɤɯ、iɤɯ、ɔ、iɔ 和 ɑ。其中 ɤɯ 和 ɔ 读音能出现在帮、精、知组及见系声母后形成对立,可知两者是不同的层次读音。结合一等豪韵的层次讨论结果,可知 ɤɯ 读音对应层次 Ⅱ,ɔ 读音对应层次 Ⅲ。iɤɯ 和 iɔ 两个读音只出现在见系声母后。我们知道,北方标准语二等韵见系声母在中古后期开始发生腭化,南部吴语各方言大多不腭化,仍保持洪音,其细音是受北方话影响的文读音。我们之前提到,二等见系文读音是一种"相似借入",由于肴韵有 ɤɯ 和 ɔ 两个层次读音,因此,在借入文读音的时候(一般以词汇形式借入)就会以这两

个层次读音为主元音进行匹配。因此,我们把 iɤɯ 和 iɔ 看成是同一性质的文读音,我们将其归为层次Ⅳ。庄组部分字如"抓笊"读为 ɑ 韵,是层次Ⅲ的读音变体。

看韵 uə 读音只有"炮匏①"两字。秋谷裕幸(2001a)结合闽语正确地指出上丽片各方言表示"南瓜"义(或其他义②)的本字是"匏",与"煨"义的"炮"字具有相同的反切:薄交切。两字均属看韵,属上古幽部字,对应层次Ⅰ③。我们把各点两字读音列表 7.1.4 如下:

表 7.1.4

例字	常山	江山	开化	广丰	玉山	遂昌	庆元
炮煨	buə²	buə²	buo²	buə²	buə²	buɤ²	pɤ²
匏	buə²	buə²	buo²	buə²	buə²	buɤ²	pɤ²

三四等宵萧韵均有 iɤɯ 和 iɔ 两个读音,在每个声母组后都能出现,分别对应层次Ⅱ和层次Ⅲ,构成"同层异等"的关系。需要注意的是,这两个读音与二等见系声母后的读音虽然相同,但性质有别,三四等的 iɤɯ 和 iɔ 韵是白读层读音,而二等见系声母后的 iɤɯ 和 iɔ 韵是文读层读音。我们提到,读音相同却有词汇新旧区别的读音不必分为文白两个层次,叫"词是新词,但音是旧音",这个结论的前提必须是在相同古韵目下的读音。

综上所述,我们把常山方言效摄四韵的层次读音总结如表 7.1.5 所示:

表 7.1.5

层次	豪韵	看韵	宵韵	萧韵
层次Ⅰ	uə	uə	—	—
层次Ⅱ	ɤɯ	ɤɯ	iɤɯ	iɤɯ
层次Ⅲ	ɔ	ɔ(ɑ)	iɔ	iɔ
层次Ⅳ	—	iɤɯ/iɔ	—	—

①　"炮"字《广韵》薄交切,《说文》:"炮,毛炙肉也。"《广韵·看韵》:"炮,合毛炙肉也,一曰裹物烧。""匏"字《广韵》薄交切,《说文》:"匏,瓠也。"关于"匏"和"瓠"的具体所指可参考李朝虹《"瓠"和"匏"辨》(2011)。

②　详参秋谷裕幸《吴语江山广丰方言研究》(2001:99)第 5 条关于"南瓜"义的讨论。不过开头讲到"江山说 buə²"。这个字的音韵地位相当于遇摄合口一等平声模韵并母,似有不妥,事实上,效摄豪看韵也有此读音。

③　陈忠敏(2006c:193)认为该层次读音"能区别豪韵和看韵"。显然看韵里也保留了此层次读音。

说明：层次Ⅰ读音收字均为上古幽部字，特点为读如模韵；层次Ⅳ为二等见系声母后的文读层。

7.1.2　上丽片其他方言效摄的层次对应

先看上山小片各方言的层次对应情况。层次Ⅰ读音大多出现在一等豪韵，收字有"抱讨蚤灶草扫嫂"，肴韵也有层次Ⅰ读音，如表7.1.4所示，均为上古幽部字，其特点是读如模韵。以下我们列出江山、开化、广丰、玉山四地符合以上特征的层次Ⅰ读音（只包括豪韵），见表7.1.6：

表 7.1.6

层次	江山	开化	广丰	玉山
层次Ⅰ	抱 buɐ⁴ 讨 tʰuə³ 草 tsʰuə³ 扫 suə³ 灶 tsuə⁵	抱 buo⁴ 讨 tʰuo³ 草 tsʰuo³ 灶 tɕyo⁵	抱 buɤ⁴ 讨 tʰɤ³ 扫 sɤ³	抱 buə⁴ 讨 tʰuə³ 蚤 tsuə³ 草 tsʰuə³ 扫 suə³
模韵	uə(u)	uo(u)	uɤ(u)	uə(u)

各点层次Ⅰ收字与常山基本相同，一致性较高。正如我们所说的，层次收字越统一，其时间就越古老，反过来，如果层次时间越古老，那么层次收字一致性就会越高。开化"灶"读如撮口 yo，与其他 uo 读音不同，不过声母腭化，可见两者还是互补的。因此，uo 与 yo 同属层次Ⅰ，原因在于齿音声母字可能产生 -i- 介音，这一音变现象也发生在开化豪韵层次Ⅱ的部分精组字，这部分字读如三四等韵，声母也是腭化的，如"早 tɕiəɯ³ | 澡 tɕiəɯ³ | 曹 dʑiəɯ²"。

层次Ⅱ读音可以出现在豪肴宵萧四韵，豪肴韵与宵萧韵构成"同层异等"的关系，前者读洪音，后者读细音。按此特征，我们来看上山小片这四个点层次Ⅱ的对应情况。

江山豪韵层次Ⅱ有 uɯ 和 iɐɯ 两个读音，其中 iɐɯ 读音只有一个"早"字。uɯ 读音包括了大部分豪韵字，如"保宝刀倒桃道老高告好号"等。肴韵也有 uɯ 和 iɐɯ 两个读音，不过 uɯ 读音对应层次Ⅱ，如"包胞泡抓抄交胶"等，iɐɯ 读音只出现在见系声母后，对应的是层次Ⅳ。宵萧韵均只有 iɐɯ 一个读音，如"标表苗焦消宵朝ɕ腰桥调萧浇晓"等，与豪肴韵的 uɯ 读音构成"同层异等"的关系，对应层次Ⅱ。

开化豪肴韵层次Ⅱ读音为 əɯ，豪韵"早澡曹"三个精组字读如三四等韵 iəɯ，对应的是层次Ⅱ。肴韵见系声母后也读 iəɯ，对应的是层次Ⅳ。三四等宵萧韵层次Ⅱ读音为 iəɯ，与豪肴韵的 əɯ 构成"同层异等"的关系。

广丰豪肴韵层次Ⅱ读音为 ɤɯ，但分布不平衡，豪韵收字较多，如"保宝报刀岛倒讨早灶扫告"等,肴韵大多被层次Ⅲ读音所覆盖,仅有"敲"一字读层次Ⅱ。三四等宵肴韵层次Ⅱ读音为 iɤi,与豪肴韵的 uɤ 读音构成"同层异等"的关系。金有景(1961:97)曾指出广丰效摄读音的一个特点,即"韵母分化以声母的清浊为条件。其中一二等跟三四等情况又略有不同。一等豪韵清声母字韵母读 ʌɤ①,浊声母(包括次浊、全浊)字韵母读音读 ɒ。二等肴韵韵母一律读 ɒ,不论声母清浊。三等宵韵和四等萧韵一律是清声母字韵母读 iɤi,浊声母字韵母读 iɑi"。秋谷裕幸(2001a:49)也指出以阴阳调区分这两个读音,具体为"豪韵和肴韵阴调有区别,豪韵读 uɤ,肴韵读 ɒ。阳调则没有区别,都读 ɒ"。相对的就是:宵萧韵清声母字读 iɤi,浊声母字读 iɑi。如果按上述观点,那么 uɤ 和 ɒ 两个读音是互补的,即属于同一个读音层次。

　　事实上,这两个读音属于不同的层次。一方面,以上规则有很多例外②。如"道"在"一道走一道远起"(义为越走越远)中读 uɤ,在一般单念时读 ɒ,两者是对立的,声母均读为浊声母 d-。"糙"是清声母字,却读 ɒ。"膏"字在"膏药"一词中读 uɤ,文读为 ɒ,也是对立的。二等肴韵不论清浊多数读 ɒ,并不是以清浊为条件分韵,仅"敲"字读 ɤu。三等宵韵"锹俏超"等字读 iɑi,与规则不符。四等萧韵"鸟"白读为 iɤi,文读为 iɑi,也是对立的。"叫"字白读为 iɤi,文读为 iɑi,同样也是对立的。"窍"字是清声母字,读的却是 iɑi,也是例外。

　　另一方面,从周边方言的层次对应看,uɤ/iɤi 读音属于层次Ⅱ,iɑi/ɒ 读音属于层次Ⅲ,两者属于不同的层次,不是同一层次的互补,这是一种"假互补"。我们认为,"假互补"实际上是从语音特点出发,是表面的,从层次角度出发才是深层的。这种"假互补"在金衢片方言中有更多的表现,下文我们再讨论。

　　玉山层次Ⅱ读音为 ɐu/uɐi,豪肴韵读 ɐu,宵萧韵读 iɐi,构成"同层异等"的关系。综上所述,我们把各点层次Ⅱ读音总结如下,见表 7.1.7:

表 7.1.7

层次Ⅱ	豪韵	肴韵	宵韵	萧韵
江山	ɐu	ɐu	iɐi	iɐi

---

① 相当于我们的 ɤu。按对应,广丰话层次Ⅱ读音为 ɤu/iɤu,层次Ⅲ读音为 iɑi/ɒ。

② 金有景(1961:97)也指出二等肴韵的"敲",三等宵韵的"锹缲俏超"及四等萧韵的"叫窍"七个字是例外。

续 表

层次Ⅱ	豪韵	肴韵	宵韵	萧韵
开化	əɯ	əɯ	iəɯ	iəɯ
广丰	ɤɯ	ɤɯ	iɤɯ	iɤɯ
玉山	ɯa	ɐa	iɐai	iɐai

再看层次Ⅲ读音。此层次读音在各点分布不平衡。如江山豪宵萧三韵无此层次读音,只肴韵如"包茅"①(此二字还有一个读音ɯa,属层次Ⅱ)两字读o,庄组"抓②笊"两字读ɒ,均属层次Ⅲ。可见,效摄层次Ⅲ还没有完全覆盖到江山方言中。开化层次Ⅲ读音收字包括四韵,豪肴韵读ɔ(肴韵庄组"抓笊"等也读ɔ),宵萧韵读ei。广丰层次Ⅲ读音收字也包括四韵,豪肴韵读ɑɔ(庄组读ɑ),宵萧韵读ɕɑi,上文已经讨论了这个读音的性质,此不赘述。玉山与江山类似,层次Ⅲ读音分布较少,仅肴韵庄组"抓笊"两字读ɑ,属层次Ⅲ。

各点层次Ⅳ读音只出现在二等肴韵见系声母后,均由层次Ⅱ或层次Ⅲ主元音加-i-介音构成,读如三四等韵读音,此不赘述。

综上所述,我们把丽水小片各方言效摄层次读音总结如下,见表7.1.8:

表 7. 1. 8

层次	常山	开化	江山	广丰	玉山
层次Ⅰ	ɐu	uo	ɐu	ɤɯ	ɐu
层次Ⅱ	ɤɯ/iɤɯ	əɯ/ɯe	ɯa/ɯai	ɤɯ/iɤɯ	ɯa/ɯai
层次Ⅲ	ɔ(ɑ)/ei	ɔ/c	o(ɒ)	ɑɔ(cɑ)	ɑ
层次Ⅳ	iɤɯ/iɔ	iəɯ/ei	iɯ	ɕɑi	iɯai

再看丽水小片四点的层次对应情况。结合表7.1.4中所示,层次Ⅰ读音在豪肴韵中均有出现,其特点是读如模韵,在具体表现上与上山小片略有不同。丽水层次Ⅰ有豪韵"抱"字和肴韵"搅"两字读u韵。遂昌层次Ⅰ有豪韵"抱讨草扫"等字读uɤ,肴韵的"炮匏"读uɤ,"饱"读u。我们知道,模韵的uɤ和u是同一层次的两个读音变体,同样地,效摄层次Ⅰ也包括uɤ和u两个读音变体。庆元层次Ⅰ读音有ɤ和u两个读音变体,与模韵表现相同,其中ɤ读音有"讨"字,u读音有"袄尻"两字,均为上古幽部字。云和没有保留

---

① "包"字在"包萝"(义为玉米)一词中读o韵,"茅"字在"茅坑"(义为厕所)一词中读o韵。

② "抓"在"抓痒"一词中读ɯa,对应层次Ⅱ,在"乌鹰抓嫩鸡儿"(义为老鹰抓小鸡)一词中读ɒ,对应层次Ⅲ。

层次Ⅰ读音。

丽水层次Ⅱ读音为ə/iə,豪肴韵读ɔ,宵萧韵读ei,构成"同层异等"的关系。肴韵见系声母后还有 iə 一读,对应层次Ⅳ。丽水没有层次Ⅲ读音。遂昌与丽水一样也没有层次Ⅲ读音,层次Ⅱ读音为 ɐɯ/uɐi,其中豪肴韵读 ɐɯ,宵萧韵读 uɐi,构成"同层异等"的关系。肴韵见系声母后还有 iɐi 一词,对应层次Ⅳ。庆元与丽水、遂昌均不同,既有层次Ⅱ又有层次Ⅲ读音,但层次Ⅱ读音只保留在豪韵部分字,如"刀倒高告好糕"等读为 ɐɯ 韵,其他豪韵字多读为层次Ⅲ读音 ɒ,肴韵只读层次Ⅲ读音 ɒ,宵萧韵读 ɑi,构成"同层异等"的关系,另有层次Ⅳ读音 iɒ 只出现在肴韵见系声母后。云和与庆元类似,层次Ⅱ读音仅限豪韵,如"到高告好烤"等,读为 əuɛ;豪肴韵的 ɑ 和宵萧韵的 iɑi 韵构成"同层异等"的关系,对应层次Ⅲ。肴韵见系声母后的 iɑi 韵对应层次Ⅳ。

综上所述,我们把上山小片各点效摄层次读音总结如下,见表 7.1.9:

表 7.1.9

层次	丽水	遂昌	庆元	云和
层次Ⅰ	u	uɣ(u)	ɣ(u)	—
层次Ⅱ	ə/ei	ɐɯ/uɐi	ɐɯ	əuɛ
层次Ⅲ	—	—	ɑ/ɒi	ɑi/iɑi
层次Ⅳ	ei	iɐi	iɒ	iɑi

7.2　瓯江片效摄的读音层次

先列出温州方言效摄各韵常用读音如下,见表 7.2.1:

表 7.2.1

豪韵	au	膏₁kau¹,薨 kʰau⁵,镐 kau¹,铐 kʰau⁵
	ɔ	保 pɔ³,报 pɔ⁵,刀 tɔ¹,桃 dɔ²,早 tsɔ³,膏₂kɔ³,好 hɔ³,熬₁ŋɔ²
	uɔ	熬₂ŋuɔ²
肴韵	a	校₁ka⁵,蛟₁ka¹,铰₁ka³
	uɔ	包 puɔ¹,爆₁puɔ⁵,泡₁pʰuɔ¹,闹 nuɔ⁴,罩 tsuɔ⁵,吵 tsʰuɔ³,交 kuɔ¹
		铰₂kuɔ³,校₂kuɔ⁵,咬 ŋuɔ⁴
	ɔ	爆₂bɔ⁶,泡₂pʰɔ¹
	u	搅 ku³

续 表

	ɜ	肇₁dʒ⁴
宵韵	iɛ	标 piɛ¹,庙 miɛ⁶,焦 tɕiɛ¹,笑 ɕiɛ⁵,肇₂dʑiɛ⁴,潮 dʑiɛ²,桥 dʑiɛ²
萧韵	ɜ	雕₁tɜ¹,铫₁dʒ²
	iɛ	雕₂tiɛ¹,铫₂diɛ²,条 diɛ²,浇 tɕiɛ¹,叫 tɕiɛ⁵

先看一等豪韵与二等肴韵。温州豪韵有三个不同的韵母读音:au、ɜ和uɔ。其中 au 读音是白读,如"膏"在"蛎膏"(义为牡蛎)、"梨膏糖"两词中读为白读 au,"镐"在"十字镐"一词中读为白读 au,蔍(小鱼干)白读为 au,它们的文读均为 ɜ。这表明 au 和 ɜ 不仅是两个不同的层次读音,而且 au 读音层要早于 ɜ 读音层。而"熬"有 ɜ 和 uɔ 两个韵母读音,在"熬夜"一词中读 ɜ,在"熬油"一词中读 uɔ,从词汇风格中很难断定两者是否属于文白异读,且 uɔ 读音在豪韵只此一字。我们注意到,uɔ 读音是二等肴韵的主体层读音,那么,ɜ 和 uɔ 的关系是什么,我们留待下文讨论。

二等肴韵有四个不同的韵母读音:u、ɜ、uɔ 和 a。其中 u 读音只"搅"一字,是白读音,读如模韵。我们知道,温州模韵见系声母后没有发生裂化音变,仍读 u。结合上文的讨论,我们认为这个 u 读音属于层次Ⅰ。uɔ 读音可以出现在肴韵任何声母组后,为主体层读音。见组声母后有 a 和 uɔ 的文白对立,如"校"在"校场"(地名)一词中读为白读 a,蛟在"蛟尾巴"(地名)一词中读为白读 a,"铰"在"铰剪"一词中读为白读 a,这三个字文读均读为 uɔ,这表明肴韵的 a 和 uɔ 是两个不同的层次,且 a 层次读音要早于 uɔ 层次读音。与豪韵一样,ɜ 和 uɔ 两个读音在肴韵也有对立,如"爆泡",两字均有 ɜ 和 uɔ 两个读音,但并无明显文白风格上的差异,从共时层面很难判断两者的关系,因此,尝试从历时角度探索两者的线索。

结合百年前温州话豪肴韵读音,我们认为 ɜ 和 uɔ 不是层次关系。ɜ 和 uɔ 分别是现代温州话豪韵和肴韵的主体层读音,百年前肴韵读音为 ɔ,如"交 kɔ¹│敲 kʰɔ¹│咬 ŋɔ⁴│爪 tsɔ³│抄 tsʰɔ¹│罩 tsɔ⁵│包 pɔ¹",这说明百年来肴韵主体层发生 ɔ>uɔ 的裂化音变。百年前温州话豪韵与现在读音相同仍读 ɜ①,没有发生变化。我们估计 ɜ 和 ɔ 读音容易相混,部分词发生一二等韵读音的混同,但并无明显的文白差异,这可能也是 ɔ>uɔ 裂化音变的动力所在。因此,我们不把这种对立看成是层次的差别。事实上,我们从永嘉豪

---

① 百年前豪韵记为 ɜ,现代温州话一般也记为 ə,如吴安其(2005)。这里的 ɜ 和 ə 可看成是记音上的差异,不表示发生音变。

看韵读音中可以清楚地看到这个变化过程,永嘉豪韵读 ə,如"保 pə³ | 刀 tə¹ | 早 tsə³ | 高 kə¹ | 好 hə³",看韵唇音声母读 uɔ,其他声母后读 ɔ,如"泡 pʰuɔ⁵ | 猫 muɔ¹ | 抓 tsɔ¹ | 吵 tsʰɔ³ | 交 kɔ¹ | 咬 ŋɔ⁴",也就是说 uɔ 和 ɔ 是互补的,这或许也是温州看韵 ɔ>uɔ 裂化音变的过程,从永嘉豪看韵的读音中可知豪韵的 ə 与看韵的 ɔ(uɔ)并不相混。

综上所述,豪韵有两个层次 au 和 ə,看韵有三个层次 u、a 和 uɔ。三四等宵萧韵主要读 iɛ,也有的如宵韵的"鹯"和萧韵的"雕铫"读如豪韵 ə,丢失-i-介音①,也应属同一层次。综上所述,我们把温州效摄各韵层次读音总结如下,见表 7.2.2:

表 7.2.2

层次	豪韵	看韵	宵韵	萧韵
层次 Ⅰ	—	u		
层次 Ⅱ	au	a	—	—
层次 Ⅲ	ə	uɔ	iɛ	iɛ

再看瓯江片其他方言的层次对应情况。各点没有记录层次 Ⅰ 和层次 Ⅱ 的读音,当然也有可能是失收所致。乐清效摄各韵只有一个层次读音,对应的是层次 Ⅲ。一等豪韵舌面塞擦音声母后读 iɤ,如"早 tɕiɤ³ | 蚤 tɕiɤ³ | 灶 tɕiɤ⁵ | 草 tɕʰiɤ³",其他声母(包括舌尖擦音)后读 ɤ,如"保 pɤ³ | 毛 mɤ² | 刀 tɤ¹ | 桃 dɤ² | 老 lɤ⁴ | 槽 zɤ² | 造 zɤ⁴ | 扫 sɤ³ | 高 kɤ¹ | 好 hɤ³",显然,iɤ 和 ɤ 是互补的。二等看韵有 a 和 ia 两个读音,其中 ia 读音只出现在知庄组塞擦音声母后,如"罩 tɕia⁵ | 抓 tɕia¹ | 抄 tɕʰia¹ | 吵 tɕʰia³",其他声母后读 a,如"包 pa¹ | 闹 na⁶ | 交 ka¹ | 胶 ka¹ | 咬 ŋa⁴",显然 ia 和 a 也是互补的。三等宵韵有三个不同读音:ɤ、iɤ 和 ɯ,也是互补的,其互补关系列表 7.2.3 如下:

表 7.2.3

古声母组	ɤ	iɤ	ɯ
帮组	+	—	—
来母	—	—	+
精知章组非擦音	—	+	—

---

① 百年前温州话一等豪韵记为 ə,三四等宵萧韵记为 iə,构成"同层异等"的关系,主元音相同。现代温州话一等与三四等韵主元音不同,一等为 ə,三四等为 iɛ,三四等主元音受-i-介音影响而前移。

续 表

古声母组	ɤ	iɤ	ɯ
精知章组擦音	+	—	—
见系	—	+	—

四等萧韵见系声母后读 iɤ,非见系声母后读 ɯ。均对应层次Ⅲ。

平阳及永嘉较少变体。平阳豪韵读 œ,看韵读 ɔ,宵萧韵读 yø。永嘉豪韵读 ə,看韵唇音声母后读 uɔ,其他声母后读 ɔ,呈互补分布,宵萧韵均读为 yə。

综上所述,我们把瓯江片效摄各韵层次Ⅲ读音总结如下,见表 7.2.4:

表 7.2.4

方言点	豪韵	看韵	宵韵	萧韵
温州	ɔ	uɔ	iɜ	iɜ
乐清	ɤ(iɤ)	a(ia)	ɤ(iɤ、ɯ)	ɯ(iɤ)
平阳	œ	ɔ	yø	yø
永嘉	ə	ɔ(uɔ)	yə	yə

综合上文,我们把瓯江片与上丽片效摄的对应层次总结如下,见表 7.2.5:

表 7.2.5

层次	温州	乐清	平阳	永嘉
层次Ⅰ	u	—	—	—
层次Ⅱ	au/a	—	—	—
层次Ⅲ	ɔ/uɔ/iɜ	iɤ(ɤ)/a(ia)/iɤ(ɤ/ɯ)	œ/ɔ/yø	ə/ɔ(uɔ)/yə
层次Ⅳ	—	—	—	—

7.3 金衢片效摄的读音层次

通过上文讨论,我们知道,上丽片效摄各韵层次复杂,共有四个层次。瓯江片的层次则相对简单,大多只有一个层次,对应的是上丽片的层次Ⅲ。从语音特点来看,上丽片除层次Ⅳ只出现在看韵见系外,其他三个层次均是一二等豪看韵合流,而瓯江片则豪看韵分立,三四等主元音与豪韵相同。相比之下,金衢片各方言效摄的读音层次同中有异,内部不平衡。下面我们以

义乌方言为例讨论该片层次读音,先列出义乌效摄各韵的常用读音如下,见
表 7.3.1:

表 7. 3. 1

豪韵	ɯɤ	毛 muɯɤ², 保 ɓuɯɤ³, 帽 muɯɤ⁶, 捞 luɯɤ²
	o	逃 do², 到 dˀo⁵, 脑 no⁴, 早 tso³, 高 ko¹, 号 ɦo⁶
	au	褒 ɓau³, 涝 lau⁶, 浩 ɦau⁶
肴韵	ɯɤ	包 ɓuɯɤ¹, 饱 ɓuɯɤ³, 炮 pʰuɯɤ⁵, 咬 ɦuɯɤ⁴
	o	吵 tsʰo³, 抄 tsʰo¹, 交 ko¹, 敲 kʰo¹, 孝 ho⁵
	io	巧 tɕʰio³
	au	跑 bau², 爆 ɓau⁵
	iau	教₍教育₎ tɕiau⁵
宵韵	ie	表 ɓie³, 票 pʰie⁵
	ɯɤ	焦 tsɯɤ¹, 消 sɯɤ¹, 超 tsʰɯɤ¹, 招 tsɯɤ¹, 烧 sɯɤ¹
	io	绕 nio⁶, 桥 dʑio², 轿 dʑio⁶, 摇 ɦio²
	iau	庙 miau⁶, 妙 miau⁶, 秒 miau⁶
萧韵	ɯɤ	雕 dˀɯɤ¹, 钓 dˀɯɤ⁵, 条 duɯɤ², 萧 suɯɤ¹
	io	浇 tɕio¹, 叫 tɕio⁵, 窍 tɕʰio⁵, 晓 ɕio³
	iau	聊 liau², 料 liau⁶

义乌豪韵有三个不同的韵母读音:ɯɤ、o 和 au。其中 au 为最新文读
层,包括肴韵的 au 和 iau(见系声母)及宵萧韵的 iau,均为同层次读音,对应
上丽片层次Ⅳ。ɯɤ读音多出现在唇音声母后,o 读音出现在非唇音声母后,
两者互补,属于同一层次读音。

肴韵的 ɯɤ和 o 也是互补的,唇音后读 ɯɤ,其他声母后读 o,表现与豪韵
相同。一二等韵的这种读音格局也影响到了三四等宵萧韵的读音情况,宵
韵唇音声母后读 ie,齿音声母后读 ɯɤ,其他声母后读 io,均互补。萧韵除无
唇音字外,其他读音与宵韵相同。虽然宵韵的这三个互补读音看起来差别
较大,但这三个读音的分布有严格的条件,同时,从义乌内部其他点的读音
来看,有的点读音相同,如表 7.3.2 所示(以宵韵为例):

表 7.3.2

古声母组	义乌①	苏溪	义亭	黄山	上社
帮组	ie	ie	ie	ie	ie
精知章组	uɣ	uɣ	uɣ/ie	ie	uɣ
见系	io	iuɣ	ie	ie	iuɣ

从上表可以看出,黄山(义亭个别不同)在三个声母组后读音相同,苏溪、上社两地只有唇音与非唇音声母的条件区别,只有义乌(继成)这三个声母组后有三个读音的区别。我们认为,这组读音对应的是层次Ⅱ。

另外,在苏溪、黄山、上社和义亭四点豪韵还有一个 u 读音,仅"抱"一字,读如模韵,对应的是层次Ⅰ读音。可见,义乌大部分地区都保留了豪韵层次Ⅰ读音。

综上所述,我们把义乌效摄读音层次总结如下,见表 7.3.3:

表 7.3.3

层次	豪韵	肴韵	宵韵	萧韵
层次Ⅰ	u	—	—	—
层次Ⅱ	o(uɣ)	o(uɣ)	io(ie/uɣ)	io(uɣ)
层次Ⅲ	au	au	iau	iau
层次Ⅳ	—	iau		

上文我们提到,金衢片各方言效摄层次内部不平衡,不同层次读音之间的竞争使读音产生变化。从武义豪肴韵的读音竞争中可以看到两个层次变化的过程。武义豪韵唇音读 uo,如"毛 muo²│帽 muo⁶",其他声母后读 uɣ,如"刀 luɣ¹│逃 duɣ²│劳 luɣ²│早 tsuɣ³│扫 suɣ³│高 kuɣ¹│好 huɣ³",两者互补。同时,另一个层次读音 au 开始蔓延,如"保 pau³│宝 pau³│报 pau⁵│考 kʰau³"等,而从肴韵我们更能看到这个新层次读音的优势,武义肴韵大部分字均读 au,只剩少数字仍读 uɣ(uo),如"茅 muo²│潲 suɣ⁵│咬 ŋuɣ⁴"。可见,肴韵原先读如豪韵的 uɣ(uo),但受到另一个层次读音 au 的影响,从而变得与豪韵不同,这正是不同层次读音竞争所引起的扩散变化,有的方言完成了层次读音的转换。因此,讨论层次对应的时候就要注意不能以读音的相似作为层次归属的标准,而是要看是否有读音的对立,如果有对立,按时间早晚可归为不同的层次,如果没有对立,则归入较早层次而不是较晚层次。

---

① 此处义乌指佛堂继成村材料。其他点均属义乌辖区内。

　　兰溪豪肴韵读 ɔ,宵萧韵读 iɔ,没有其他读音变体,对应的是层次 Ⅱ。根据上文的讨论,武义豪韵层次 Ⅱ 读音为 ɯɤ(uo),层次 Ⅲ 为 au;肴韵大部分字读的是层次 Ⅲ 读音 au,少部分还保留层次 Ⅱ 读音 ɯɤ(uo);三四等宵萧韵均读为 ie,对应的是层次 Ⅲ;宵韵的"舀"字读 ɯɤ,对应层次 Ⅱ。另有文读 iau 对应层次 Ⅳ,肴韵见系声母后的 iau 读音也对应层次 Ⅳ。

　　东阳豪肴韵均已读 au,对应层次 Ⅲ,"捞"字读 ɤ,仅此一字保留了层次 Ⅱ 读音,肴韵见系声母后读 iau,对应层次 Ⅳ。三四等宵萧韵以非见系/见系声母为条件形成互补读音,非见系声母后读 ɤ,如"标 pɤ¹｜苗 mɤ²｜焦 tsɤ¹｜小 sɤ³｜招 tsɤ¹｜条 dɤ²｜钓 tɤ⁵｜萧 sɤ¹",见系声母后读 iʊ,如"绕 n.iʊ⁶｜桥 dʑiʊ²｜妖 iʊ¹｜摇 ɦiʊ¹｜浇 tɕiʊ¹｜叫 tɕiʊ⁵",对应的是层次 Ⅱ。另有 iau 读音为宵萧韵的最新文读韵,对应的是层次 Ⅳ。

　　永康豪肴韵均读 au,宵萧韵均读 iau,没有其他读音变体,对应层次 Ⅱ。

　　浦江豪韵读 o,肴韵庄组部分字读 yɔ,如"抓 tɕyɔ¹｜抄 tɕʰyɔ¹",部分字读 iɔ,如"炒 tɕʰiɔ³",其他声母后读 o,对应层次 Ⅱ。宵韵帮组和见系声母后读 i,如"表 pi³｜票 pʰi⁵｜绕 n.i⁶｜桥 dʑi²｜摇 ɦi²｜轿 dʑi⁶｜妖 i¹",其他声母后读 ɯ,如"焦 tsɯ¹｜笑 sɯ⁵｜潮 dzɯ²｜烧 sɯ¹｜少 sɯ³"。萧韵端精组声母后读 ɯ,如"挑 tʰɯ¹｜条 dɯ²｜钓 tɯ⁵｜料 lɯ⁶｜萧 sɯ¹",其他声母后读 i,如"浇 tɕi¹｜叫 tɕi⁵｜晓 ɕi³",读音 i 和 ɯ 互补分布,对应层次 Ⅱ,层次 Ⅳ 读音为出现在肴韵见系及宵萧韵的 iɔ 读音。

　　各点未见层次 Ⅰ 的对应。

　　综上所述,我们把金衢片各点效摄读音层次总结如下,见表 7.3.4:

表 7.3.4

层次	义乌	东阳	兰溪	浦江	永康	武义
层次 Ⅰ	u	—	—	—	—	—
层次 Ⅱ	o(ɯɤ)/iɔ(ie)	ɤ	ɔ(iɔ)	o/io(yɔ)/ɯ(i)	au/iau	ɯɤ(uo)
层次 Ⅲ	au	au/iau				au/ie
层次 Ⅳ	iau	iau	iɔ	iɔ	iau	iau

7.4　小　结

　　通过对南部吴语效摄各韵层次的讨论,我们得出以下几点认识。

　　第一,效摄的读音层次在南部吴语的对应情况表现得不平衡。其中上丽片可分为四个层次,其中以上山小片五个点的对应最为完整,丽水小片有的点只有三个层次,如丽水、遂昌缺少层次Ⅲ,云和没有层次Ⅰ。瓯江片除温州外有三个层次的对应,其他点均只有一个层次。金衢片义乌有四个层次的对应,其他点有两个或有三个层次的对应。层次Ⅰ是上古幽部字的保留,读如模韵,以上丽片各方言收字最多,温州和义乌均只保留一字。

第二,与其他摄相比,效摄在同一片方言内部的层次对应是最不平衡的。以金衢片为例,义乌有四个层次的对应,可以说保留得最为完整,其他点均没有层次Ⅰ。东阳、武义有三个层次的对应,兰溪、永康和浦江只有两个层次的对应。尽管有的点有三个层次的对应,但有的早期层次读音被较晚的层次读音所覆盖。如武义肴韵层次Ⅱ读音被层次Ⅲ读音所覆盖,层次Ⅱ收字较少。而东阳层次Ⅱ读音只包括极少的字。

第三,从音类分合角度判断读音层次的方法早晚会遇到困境。以温州话为例,温州话豪肴韵分立,而上丽片各方言豪肴韵均已经合流,如果我们据此认为一二等韵分立的要早于合流的,那么就会出现与事实不符的分析结果。我们认为,无论对立还是合流,都是音系内部调整的结果。

第 8 章　流摄的读音层次及其演变

中古流摄包括一等侯韵和三等尤、幽韵,其中尤、幽两个三等韵大致构成重纽关系。幽韵系在韵图里列四等,《切韵》时代三等韵韵图列四等的,只有重纽四等。邵荣芬(1980:80)曾说:"尤、幽两韵系早期原是一个重纽韵系,就像支韵系或脂韵系那样。到了《切韵》时代,这个重纽韵的四等一类的主元音已经起了变化,所以《切韵》另立为幽韵系。"从音系结构的均衡性来看,幽韵在音系中处于重纽韵地位上比较合理,但较难解释幽韵唇音字在汉越语里为何没有发生舌齿化,只能暂时将此问题的答案看成是幽韵在汉越语中出现了不规则的发展(黄笑山,1995)。就方言语音而言,幽韵多为非口语常用字,因此本章主要讨论侯尤韵的读音层次。

8.1　上丽片侯尤韵的读音层次

8.1.1　上丽片侯韵的读音层次

先列出常山方言侯尤韵常用读音,见表 8.1.1:

表 8.1.1

侯韵	u	斗量 tu³,偷 tʰu¹,漏 lu⁶,钩₁ ku¹,狗 ku³,口₁ kʰu³,厚 gu⁴,敲 tʰu³
	iɯ	贸 miɯ⁶,抖 tiɯ³,鬥 tiɯ⁵,楼 liɯ²,走 tɕiɯ³,凑 tɕʰiɯ⁵,钩₂ tɕiɯ¹,口₂ tɕʰiɯ³,藕 ɲiɯ⁴
	əɯ	钩₃ kəɯ¹,口₃ kʰəɯ³,喉₂ ɦəɯ²,侯 ɦəɯ²,抠 kʰəɯ¹
	ɤʁ	某 mɤʁ⁴,牡 mɤʁ⁴
	oŋ	喉₁ ɦoŋ²
	m̩	母 m̩⁴
尤韵	u	富₂ fu⁵,妇₂ vu⁴,流 lu²,昼 tu⁵,阄 ku¹
	uə	富₁ fuə⁵,副 fuə⁵,浮 vuə²,妇₁ vuə⁴,酒 tsuə³,手₁ tsʰuə³
	iɯ	谋 miɯ²,刘 liɯ²,秋 tɕʰiɯ¹,修 ɕiɯ¹,抽 tɕʰiɯ¹,绸 dʑiɯ²,邹 tɕiɯ¹ 搜 ɕiɯ¹,周 iɯ¹/tɕiɯ¹,帚₂ tɕiɯ³,手₂ ɕiɯ³,球 dʑiɯ²,牛 ɲiɯ²,游 ɦiɯ²
	iɔ	皱 tɕiɔ⁵,绉 tɕiɔ⁵,愁 ɕiɔ²,馊 ɕiɔ¹,瘦 ɕiɔ⁵

续　表

	ye	帚₁ye³
	ɤɯ	臭 tsʰɤɯ⁵
	iɤɯ	阜 biɤɯ⁴，矛 miɤɯ²，宿星～ɕiɤɯ⁵
幽韵	iɯ	幼 iɯ⁵，幽 iɯ¹，纠 tɕiɯ¹
	iɔ	彪 piɔ¹

　　常山侯韵有六个读音之多，但六个读音并非全都是层次关系。我们知道，在判断对立音类之间是否存在层次关系之前，首先要排除因训读、误读、避讳、连读音变及受语法制约的音变等非语音因素造成的读音。如"喉"字有两个读音，一读阳声韵 ɦioŋ²，一读阴声韵 ɦɤɯ²，两者有对立，但阳声韵读音只此一例，也不见于周边方言。观察此字所在词中的情况，基本出现于"喉咙 ɦioŋ²⁴ loŋ⁰""喉咙管 ɦioŋ²² loŋ²² koŋ⁵²"两词中，因此我们有理由相信，"喉"字的阳声韵读音可能是受后字影响而产生的逆同化音变，这种读音显然与层次无关，需要首先排除在外。

　　再看"母"字读音。"母"字读声化韵m̩，该字通常在"舅母""做新母"①等亲属称谓词中出现。事实上，吴语鼻音声母与高元音相拼容易发生鼻化现象，亲属称谓词的这种情况更普遍（郑张尚芳，1983；陈忠敏，1999）。从侯韵各读音看，这个高元音为 u 的可能性较大。从音理上看，双唇鼻音与 u 元音在发音部位上均具有[＋bilabial]特征，在发音方法上两者均具有[＋sono-rant]特征，具备发生同化音变的条件，因此可以把此声化韵看成是 u 读音的变体。

　　以上两个读音均是由同化而引起的个别的、临时性的读音，也能分析出来源，这种读音对层次分析来说，价值不大，或者说是首先需要排除的。

　　再看 u、iɯ、əɯ、ɤɯ 四个读音。"钩"和"口"均有 u 和 iɯ 两个读音的对立，见表 8.1.2：

表 8.1.2

| 钩 | ku¹ | tɕiɯ¹ |
| 口 | kʰu³ | tɕʰiɯ³ |

　　同时，u 和 iɯ 在各声母组后面均有对立，如表 8.1.3（举例性质）：

---

① "做新母"义为坐月子。

表 8.1.3

唇	戊 mu⁵	茂 miɯ⁶ 贸 miɯ⁶
舌齿	头 du² 漏 lu⁶ 嗽 su⁵	投 diɯ² 楼 liɯ² 走 ʦiɯ³
牙喉	狗 ku³ 厚 gu⁴ 后 ɦu⁴	够 ʨiɯ⁵ 扣 ʨʰiɯ⁵ 藕 ɳiɯ⁴

由此可见,u 和 iɯ 应看成是两个不同的读音层次。接着我们讨论 u 读音层与 iɯ 读音层的时间先后关系。我们先来看日译吴音、高丽音等早期音译材料所显示的侯韵读音,如表 8.1.4 所示:

表 8.1.4①

域外点	口	侯	斗	偷	豆	走	讴
高丽音	ku	hu	tu	tʰu	tu	ʨu	ku
吴音	ku	gu	ʦu	ʦu	dzu	su	u

从表 8.1.4 中可看出,日译吴音、高丽音等早期译音材料所显示的侯韵读 u。在后汉三国对音中也有不少侯韵字读 u,如"楼、兜、头、偷"等字均读 u(俞敏,1979、2003),显示出幽、侯两部相混的趋势。从表 8.1.1 中我们还能看到尤韵也有 u(uə)的读音(唇音字除外),如"流 lu² │ 昼 tu⁵ │ 阄 ku¹ │ 酒 ʦuə³ │ 手 ʦʰuə³"。陈忠敏(2006a)在讨论吴语效摄读音层次时,曾指出开化方言中"读-u:ə(u、y:ə)的尤韵白读和读-u:ə 的豪韵白读都来源于上古幽部,可以认为是上古幽部字韵母读音的残存"。但侯韵也读 u,而侯韵上古属侯部,与幽部不同,尤韵中的"昼"上古也属侯部,方言中也读 u,笼统地把尤韵白读为 u 的读音看成是上古幽部字韵母读音的残存欠妥当。我们认为侯幽两部的 u 读音应为中古前期侯、幽两部合流相混的结果。

一般认为,开口一等字在中古是不带任何介音的,大部分汉语方言都是如此,但也不乏汉语方言中一等韵带腭介音的现象,其中以流摄侯韵为常见。郑张尚芳(1989)较早注意到一等侯韵读如尤韵的问题,如温州话老派侯韵"头豆楼漏"等字与尤韵"流手酒"等字韵母全同,均带-i-介音,19 世纪末温州教会罗马字记音也是细音。

陶寰(2003)从萧山话侯韵带-i-介音现象入手,指出由于侯韵团音字不腭化,如:狗 kio³≠走=酒 ʨio³,所以介音的出现晚于声母的腭化,-i-介音主要是前元音 e 或 ε 裂变的结果。同时利用丰富的方言材料指出侯韵带-i-介音或前元音的现象广泛分布在客赣方言、徽语、北部吴语和毗邻的江淮官话

---

① 吴音、高丽音选自高本汉(瑞典)《中国音韵学研究·方言字汇》(1940/2003:661—663)。

里,并构拟为*eu,认为*eu 很可能是宋代北方话侯韵的读音随着移民南下带来的侯韵主体层读音。

对此,彭建国(2006)在陶文(2003)的基础上进一步归纳出*eu 后来的三种演变模式:

模式一:*eu>(i)eu>(i)ɛu,这种演变模式主要存在于赣语区。

模式二:*eu>(i)eu>(i)ɛu>(i)au(韵基单元音化),这一模式主要存在于吴语和湘语中。

模式三:*eu>eɯ>ei>ei>ɛi>æi>ai,这一演变模式也在吴、湘语中常见。其中,模式二是模式一的进一步发展,模式三与模式二的区别在于韵尾的前后。

麦耘(2013)指出软腭声母与硬腭介音-i-最具有亲和性,流摄侯韵的腭化先于软腭声母。指出针对流摄侯韵的蕴含关系:在一个方言中,如果软腭声母字不带-i-介音,其他声母字也一定不带。

这样看来,u 读音层早于 iɯ 读音层是确定无疑的。至于南部吴语带前元音或-i-介音的读音的后续演变留待下文讨论。

最后再看 əɯ 和 ɣɯ 两个文读音。侯韵 ɣɯ 读音只出现在唇音声母后,读如效摄豪韵,普通话也有流摄唇音字读如效摄豪韵 au 的,如侯韵的"茂、贸"和尤韵的"矛"字。事实上,《中原音韵》时期"茂、缶"便收入萧豪韵,"掊"字兼收尤侯韵与萧豪韵。① 对此,董建交(2007:112)指出,"尤侯韵央高元音 ɨ 与唇音声母和-u 韵尾不并存的趋势,使得 ɨ 或者消失,或者低化为 a。"

以上讨论的都是标准语流摄部分唇音字读如效摄的演变,但在常山方言中并非自身演变,而是借自标准语中读如效摄的音类,这与我们之前讨论的折合相近标准语读音有所不同。侯韵的 ɣɯ 读音是借了标准语中读如效摄的音类,在折合时就自然选择自己方言中效摄的读音。而标准语中流摄唇音字读如效摄豪韵在元代就已出现,考察周边方言,我们发现,凡是有此文读的方言点,均读如效摄豪韵(尤幽韵则读如相应的宵韵),尽管读音各异,但音类分合关系相同。我们可用表 8.1.5 来表示这种关系:

---

① 参见杨耐思《中原音韵音系·同音字表》(1981),"缶、掊"属萧豪韵,第 138 页。"茂"属萧豪韵,第 139 页。"掊"又属尤侯韵,第 173 页。

表 8.1.5①

文白读	常山	江山	开化	广丰	玉山	丽水	遂昌	云和	庆元
白读	豪ɤɯ	豪ɐɯ	宵iəi	宵iɤi	宵iəi	豪ə	宵iəi	宵cai	豪ɒ
文读	侯ɤɯ	侯ɐɯ	幽iəi	幽iɤi	幽iəi	侯ə	幽iəi	cai	侯ɒ
流摄例字	某牡	牡	彪	彪	彪	牡	彪谬	彪谬	某牡茂

文读 əɯ 只出现在侯韵见系声母后。事实上,在常山方言音系中,əɯ 读音所收字只限于侯韵见系声母字,并没有其他韵的字读该读音。同时,与 u 或 iɯ 读音相比较并无音变关系。从词汇角度看,如"虎口""白喉"(一种疾病),或"侯"作为姓时读 əɯ,且这些词大多属文读词。从周边方言看,并未发现有与常山类似的读音。关键在于 ɤɯ 与 əɯ 两个文读呈互补分布,前者只出现在唇音,后者只出现在见系声母。因此,我们将其归纳为同一个层次。

综上所述,我们把常山侯韵的三个层次总结如下,见表 8.1.6:

表 8.1.6

层次Ⅰ	u	中古前期
层次Ⅱ	iɯ	中古后期
层次Ⅲ	ɤɯ(məɯ)	文读层

以下讨论上丽片其他方言侯韵的对应情况。江山侯韵有四个读音,分别为 u、uə、ɐɯ 和 ɯ。u 读音对应常山层次Ⅰ,层次代表字基本相同,均为"斗偷头豆漏狗口厚后敆"等,uə 读音只有"戊 muəu⁶ | 头 duə²"两字。

我们知道,共同语中流摄唇音字转入遇摄多从晚唐就已开始(李惠昌,1989)。王力(1957)指出尤韵"浮、妇、负、富"在变唇齿音前就已转入虞韵,总之这个音变在中古后期的北方已经普遍发生(董建交,2007:111)。对此,董建交(2007)认为尤、侯韵部分唇音字转入遇摄是因为唇音声母与流摄韵尾-w 都具有唇化特征,因而把中间的央高主元音吞没,并以此来解释效摄一等唇音字在方言变读为 u 韵母的现象。

就南部吴语而言,豪韵唇音字读 u 或 uə 是早期读音层次的残留,与流摄唇音字读为遇摄是不同的,侯韵读 u 是早期读音的保留,而侯尤韵唇音字是转入遇摄后与遇摄读音一起发生了裂化音变,时间相对较晚。也就是说,

---

① 此表仅列出侯韵或尤幽韵读如豪韵或宵韵之一种,豪韵和宵韵属同一层次,是同韵异等之关系。如常山、江山侯韵有读如豪韵的字,其尤幽韵的就省略不举。如开化侯韵无读如豪韵的字,但尤幽韵有读如宵韵的字,则举尤幽韵的例子。

侯尤韵唇音字可看成是遇摄的一部分。"头"的 uə 读音是 u 发生后裂化音变所致,这个"头"应看成早期读音的保留,对应的是层次Ⅰ。但是,为什么侯韵为 u 的韵母读音大部分都没有发生类似模韵的后裂化音变,这个问题下文我们再讨论。ɯ 读音为江山侯韵主体层,对应层次Ⅱ。ɯ 读音读如效摄,为文读,对应层次Ⅲ。

开化侯韵唇音没有收录读如效摄的文读音,只有两个白读音 u 和 ɯ,分别对应层次Ⅰ和层次Ⅱ,三等幽韵"彪"字读如效摄宵韵。

广丰侯韵有三个读音:u、eɯ、iɯ。u 对应层次Ⅰ,但广丰层次Ⅰ只有两个特字"狗、后",可见广丰的层次Ⅰ已逐渐被层次Ⅱ所替代。eɯ 和 iɯ 两个读音因声母不同而呈互补分布,钝音声母后为 iɯ,锐音声母后为 eɯ,可表示如下:

$$^* \text{eɯ} > \text{eɯ}/\text{舌齿音声母}\_\_$$
$$> \text{iɯ}/\text{喉牙唇音声母}\_\_$$

玉山层次Ⅰ和层次Ⅱ分别对应 u 和 əɯ。

丽水层次Ⅰ代表字仅"吼 xu³",层次Ⅱ为 ɤɯ。

遂昌侯韵有三个读音:u、ɤɯ 和 əŋ,其中前两个读音分别对应层次Ⅰ和层次Ⅱ。əŋ 读音主要集中在唇音声母字,如"亩 məŋ⁴ | 牡 məŋ⁴ | 茂 məŋ⁶"等,这是自身音变所致,属鼻韵尾增生现象,并非层次读音,这种现象在南北吴语中普遍存在。顺带提一下,徐越(2007)认为高元音韵母是引起鼻音韵尾增生的主要原因,而与声母无关,我们倒是认为鼻音声母同化才是引起韵尾增生的主要原因,先看徐越文章中所举例字,如表8.1.7(原表略有删减)所示:

表 8.1.7

磨~刀	平湖 moŋ³¹
糯~米	长兴 noŋ²⁴
蜈~蚣	杭州 miŋ²¹³ | 临安 meŋ¹³
芋~艿	湖州 n.iŋ³⁵文 | 海宁 iŋ³⁵
幕墓募	湖州 moŋ²⁴
莔~麻	湖州 piŋ⁴⁴
妇新~	於潜 ŋ¹¹³

观察以上所举例字,首先,原阴声韵字增生鼻韵尾的并非只限于高元音,如"磨、糯、幕"主元音为 o,"螟"临安主元音为 e,遂昌"亩、牡、茂"等主元音为 ə,均非高元音,其特征描述为[-low]为佳。其次,我们发现所有鼻音增生的例字大多与鼻音声母有关,或其声母为鼻音,或其后字声母为鼻音,前者如"磨、糯、幕"等,后者如"蓖麻"的"麻"字声母为双唇鼻音。因此,我们认为鼻韵尾增生需具备两个条件:一是元音需具备[-low]特征,二是有鼻音声母的影响。

云和层次Ⅰ和层次Ⅱ分别对应 u 和 əu,其中层次Ⅰ特字仅"口、后"两字。

庆元侯韵读音有五个之多:u、iɯ、ɐɯ、ɒ、oŋ。其中 oŋ 读音属鼻尾增生,非层次读音。u 和 iɯ 分别对应层次Ⅰ和层次Ⅱ。层次Ⅰ特字与云和类似,都较少,仅"喉、厚、后"三字。ɒ 和 ɯa 为侯韵文读,对应层次Ⅲ,其中唇音后为 ɒ,其他声母后为 ɯa,如"贸 mɒ⁶｜茂 mɒ⁶｜投 dɐɯ²｜构 kɐɯ⁵｜奏 tsɐɯ⁵"。上文提到侯韵层次Ⅲ特点为读如效摄豪韵,而 ɯa 读音在豪韵为白读,ɒ 为文读,而且文读 ɒ 大有战胜白读 ɐɯ 之势。对于侯韵来说,ɒ 和 ɯa 不管本来是白读还是文读,均属同一层次。

综上所述,我们把上丽片侯韵层次总结如下,见表 8.1.8:

表 8.1.8

层次	常山	江山	开化	广丰	玉山	丽水	遂昌	庆元	云和
层次Ⅰ	u	u(uə)	u	u 例字少	u	u 例字少	u	u 例字少	u 例字少
层次Ⅱ	iɯ	ɯ	ɯ	ɐɯ(iɯ)	mɐ	ɤɯ	ɤɯ	iɯ	əu
层次Ⅲ	ɤɯ(mɐ)	ɯa	—	—	—	ɔ	ɐɯ	ɐɯ(ɒ)	—

其中层次Ⅰ为中古前期读音。层次Ⅱ为中古后期读音。层次Ⅲ为文读层,其性质为读如效摄豪韵。

8.1.2　上丽片尤韵的读音层次及其演变

上文我们提到侯尤韵唇音字白读入模韵,因此有关唇音白读的讨论可参考模韵。常山尤韵与侯韵三个层次完全对应,只是尤韵多出了一些读音变体。

先看层次Ⅰ,上文提到层次Ⅰ为中古前期层次,体现上古侯部与幽部两部合流的语言事实。常山尤韵层次Ⅰ有三个变体读音:u、uə 和 ye,如:"流 lu²｜昼 tu⁵｜阄 ku¹｜酒 tsuə³｜手 tsʰuə³｜帚 ye³"。uə 读音由 u 裂化而来,与 u 读音形成条件音变,即:

* u ＞u/非齿音声母＿＿

＞uə/齿音声母＿＿

因此,尤韵的 u 和 uə 属同一层次。但是,为什么侯尤韵为 u 的韵母读音大部分都没有发生类似模韵的后裂化音变呢? 我们知道音变的发生具有一定的时效性,自然音变也不例外,较合理的可能性就是,当模韵的 u 发生后裂化音变时,侯部与幽部还没有完全合流,因此模韵发生 u＞uə 的后裂化音变要早于侯尤部合流为 u。由此可知,模韵的后裂化音变发生时间较早,而尤韵齿音声母后的 uə 读音变体为条件音变,似与模韵的后裂化音变关系不大(还有一种可能就是当侯部与幽部合流后,模韵后来也接近 u,在音系上为与之相区别,迫使模韵高位出顶,这样的话,模韵的后裂化音变就较晚)。

再看 ye 读音,常山只"帚 ye³"一字。"帚"字属章母,在浙西南地区,章组声母脱落读零声母的情况较为普遍(陈忠敏,1989、1995;郑张尚芳,1995b)。我们把 ye 读音也归为与 u 同一层次的变体,是由于在声母影响下 u＞y,然后发生 y＞ye 的后裂化音变。把 u 和 ye 看成是同一层次读音,主要基于周边江山、开化两地"帚"字的读音情况,如表 8.1.9 所示:

表 8.1.9

江山	昼 tu⁵ 阄 ku¹ 酒 tɕyə³ 帚 yə³ 手 tɕʰyə³
开化	流 lu² 帚 yo³ 咒 yo⁵ 手 tɕʰyo³

从表 8.1.9 可以看到,开化、江山层次Ⅰ齿音声母字(以章组为例)均读撮口。可见,撮口韵母读音与 u 是互补的。因此,我们认为常山尤韵的 ye 读音与 uə 读音属同一层次。同时也可以解释上丽片其他方言点尤韵层次Ⅰ收字不多的特点,如表 8.1.10 所示:

表 8.1.10

广丰	手 tɕʰye³
玉山	流 lu² 手 tɕʰye³
丽水	—
遂昌	昼 tu⁵ 阄 ku¹ 帚 yɤ³ 手 tɕʰyɤ³
庆元	手 tɕʰye³
云和	—

广丰、庆元两地没有读层次Ⅰ的典型读音 u 或 uə,只有 ye 读音,故其归属也变得模糊不清。但从常山、江山、开化三点我们就可以知道,广丰、庆元两地的 ye 读音应看成是层次Ⅰ的读音变体。事实上,无论是 uə 或是 yə(yo、yɤ、ye)均由 u 或 y 发生后裂化音变而来,从整个上丽片方言来看,齿音声母后的层次Ⅰ读音变体均读如撮口,只常山"酒、手"两字读如合口,其他点多读撮口,可以用如下公式表示:

$$u＞uə/齿音声母\_\_（常山）$$
$$＞y＞yə(yo、yɤ、ye)/齿音声母\_\_（江山、开化、广丰、玉山等$$
$$其他点）$$

再看层次Ⅱ,常山侯韵与尤韵在这个层次上的读音相同,可称之为一三等同韵,即尤韵层次Ⅱ与侯韵读音相同,亦为 iɯ,庄组读 iə,两者呈互补分布:

$$^*iɯ＞iə/庄组声母$$
$$＞iɯ/其他声母$$

幽韵 iɯ 读音也属层次Ⅱ,唇音 iɔ 属层次Ⅲ,为文读音,读如效摄宵韵,与尤韵庄组同形却性质不同。尤韵层次Ⅲ为 iɤɯ,与侯韵 ɤɯ 构成同层异等之关系。

江山尤韵层次Ⅱ有 ɯ 和 iɯ,两者互补分布,前者多为泥来母、庄组及见组声母后,后者多为知组、章组及晓组、影组声母后,且前者声母为舌尖音,后者声母为舌面音。

开化尤韵层次Ⅱ有 iɯ 和 iɔ,庄组声母后读 iɔ,其他声母后读 iɯ。广丰层次Ⅱ有 iɯ 和 eɯ,前者多为帮组、知组、章组及见系声母后,后者多为泥来母及精组声母后。玉山层次Ⅱ有三个读音:me、mei 和 iəɯ。其中 mei 只出现在晓组和影组声母后,iəɯ 只出现在庄组声母后,me 则出现在其他声母后,三者互补分布。丽水层次Ⅱ庄组声母后 ɤɯ,其他声母后 iɤɯ。遂昌层次Ⅱ庄组声母后读 yeɯ,其他声母后读 iɯ。庆元层次Ⅱ庄组读 mɯ,其他声母读 iɯ。云和层次Ⅱ庄组读 əɯ,其他声母读 iu。综上所述,我们可以看到庄组声母后的读音变体或丢失-i-介音或圆唇化,且看表 8.1.11 层次Ⅱ读音:

表 8.1.11

古声母组	常山	开化	玉山	遂昌	庆元	云和	江山	丽水
庄组	iɔ	iɔ	uɐi	ɣuɐɣ	ɯɐ	əuɐ	ɯ	ɯɣ
其他声母	uii	iui	əuɐ/uɐi	iui	iui	iu	iui	iɣɯ

从表 8.1.11 可看出,常山、开化、遂昌三地尤韵层次 Ⅱ 的韵母读音均有介音,而庄组声母后的读音要么主元音圆唇,要么介音为撮口,如常山、开化的 iɔ,遂昌的介音为-y-。庆元、云和、江山、丽水的庄组则丢失介音 -i-。这种差异似乎可以暗示庄组声母有圆唇特征,圆唇特征容易使-i-介音丢失,当然也能使主元音或是介音圆唇化,而舌叶音正是具备此种圆唇化特征的辅音声母。

综上所述,我们把上丽片各方言尤韵层次总结如下(幽韵的读音可归为相应层次,兹不赘述),见表 8.1.12:

表 8.1.12

层次	常山	江山	开化	广丰	玉山	丽水	遂昌	庆元	云和
层次 Ⅰ	u(uə,ye)	u(yə)	u(yo)	ye	u(ye)	—	u(yɣ)	ye	—
层次 Ⅱ	iui(iɔ)	ui(iui)	iui(yo)	iui(euɯ,ɑɯ)	əuɐ(uɐi,iɐi)	iɣui(ɣɯ)	iui(ɣuɐɣ)	iui(ɯɐ)	iu(əuɐ)
层次 Ⅲ	iɣɯ(iɔ)	iuɐi	iɣɯ	ɑɔ	iɐi	ə(iə)	ɐu(iɐi)	ɒ(iɒ)	ɑɔ(ɕɑi)

8.2 瓯江片侯尤韵的读音层次

我们先把温州方言侯尤韵常用读音列表 8.2.1 如下:

表 8.2.1

	3	牡 m3⁴,茂 m3⁶,贸 m3⁶,亩 m3⁴
	u	某 mu⁴,拇 mu⁴
	øy	篼 bøy⁴
侯韵	au	兜 tau¹,偷 tʰau¹,楼 lau²,走 tsau³,钩 kau¹,口 kʰau³,厚 gau⁴
	ɣu	头 dɣu²,豆 dɣu⁶,痘 dɣu⁶
	ŋ̍	母 ŋ̍⁴
	3	否 f3³,浮 v3²,谋 m3²,阜 v3⁴
尤韵	øy	妇 vøy⁴,负 vøy⁶
	uɔ	矛 muɔ²

续　表

尤韵	au	扭 ȵau⁴, 皱 tsau⁵, 馊 sau¹, 瘦 sau⁵, 九 tɕau³, 球 dʑau², 有 jau⁴, 右 jau⁶
	ʏu	流 lʏu², 酒 tɕʏu³, 秋 tɕʰʏu¹, 抽 tɕʰʏu¹, 绸 dʑʏu², 帚 tɕʏu³, 手 ɕʏu³
幽韵	iɛ	彪 piɛ¹, 谬 miɛ⁶
	au	幼 jau⁶, 幽 jau¹

侯尤韵唇音声母后 u 和 øy 读如遇摄,上文我们提到侯尤韵部分唇音字从中古后期已转入遇摄,其音变已与遇摄唇音字相同。侯尤韵的 ɔ 读音读如效摄豪韵,对应上丽片层次Ⅲ。"矛"的 uɔ 读音实为"茅"字读音,为效摄肴韵,幽韵 iɛ 读音读如效摄宵韵,与侯韵的 ɔ 构成同层异等之关系,亦属层次Ⅲ。

侯韵端组声母后有 au 和 ʏu 读音的对立,如:

　　　　端组　　兜 tau¹, 偷 tʰau¹, 透 tʰau⁵
　　　　端组　　头 dʏu², 豆 dʏu⁶, 痘 dʏu⁶

对此,郑张尚芳(2008:118)指出,"流摄洪音定母'头骰豆痘'等几个字不跟其他侯韵读 au,而是混同细音尤幽韵 ʏu(老派及郊区还读 eu、iu),跟'丢流'同韵,这应是侯韵 u>ɯu>əu>au 裂化初期的残留音"。即郑张尚芳认为 ʏu 与 au 属同一层次。吴安其(2005:14)也把这几个端组字与尤韵比较,认为"侯韵的定母字如'头''豆'等温州市区读 əu 韵,郊区读 iəu 韵,乐清读 iu 韵,可归尤韵"。但并未指出与其他侯韵字读音的区别。

我们同意郑张尚芳关于 ʏu 与 au 是同一层次的看法。理由在于:其一,侯韵 ʏu 只出现在定母,可见,这个读音的出现是有条件的。其二,尤韵也有 ʏu 和 au 两个读音,其中 ʏu 只出现在来母、精知章组声母后,au 只出现在庄组、见系声母后,两者不相混,是互补的,可见,ʏu 和 au 这两个读音存在演变的可能性。其三,综观瓯江片其他方言,我们发现,侯韵定母的读音都与其他声母不同,均与所在端组声母与 au① 形成对立,同时,各点收字也相当一致,如表 8.2.2 所示:

表 8.2.2

| 温州 | 头 dʏu², 豆 dʏu⁶, 痘 dʏu⁶ | 兜 tau¹, 偷 tʰau¹, 透 tʰau⁵ |
| 乐清 | 头 du², 豆 du⁶ | 兜 tau¹, 偷 tʰau¹, 透 tʰau⁵ |

---

① 除唇音外,读音 au 在侯韵各个声母组后均能出现。

续　表

平阳	头 deu², 豆 deu⁶, 痘 deu⁶	兜 tau¹, 偷 tʰau¹, 透 tʰau⁵
永嘉	头 dəu², 豆 dəu⁶, 痘 dəu⁶	兜 tau¹, 偷 tʰau¹, 透 tʰau⁵

因此,尽管侯韵端组声母后有ɤu与au的对立,我们仍将其看成是同一层次。事实上,ɤu只出现在定母,au可以出现在其他声母后,从严格意义上说,两者还是互补的。

我们知道,上丽片侯韵层次Ⅰ与模韵合流,我们把模、侯两韵在瓯江四点的读音表示如下,见表8.2.3:

表 8.2.3

方言点	模韵	侯韵
温州	øy	au (ɤu)
乐清	y	au (u)
平阳	y	au (eu)
永嘉	əy	au (əu)

可见,瓯江片侯韵并不读如模韵,因此,我们认为在温州侯韵 au(ɤu)层对应的是上丽片的层次Ⅱ。

再看温州尤韵的层次,关于唇音声母后的读音,我们已经讨论了。关键看 au 和 ɤu,此两读音在尤韵呈互补分布,属于相同层次,即层次Ⅱ。事实上,由于温州话的-i-介音除-iɛ外都是辅音性的短 i,因此在韵母描写时将其省略,但按声韵配合规律,tɕ组及零声母后均有一个短-i-,我们讨论的时候将其补出,更能发现一些规律,如表8.2.4所示:

表 8.2.4

古声母组	au	iau	ɤu	iɤu
娘母	—	+	—	—
来母	—	—	+	—
庄组	+	—	—	—
精知章组	—	—	—	+
见系	—	+	—	—

从有无-i-介音来看,娘母、见系和精知章组声母为一组,来母、庄组是一组。从韵的角度来看,来母、精知章组声母为一组,娘母、庄组、见系声母为

一组。值得注意的是,百年前温州话来母、精知章组声母后韵母为 iu,且声母均未腭化,举例如下,见表 8.2.5①:

表 8. 2. 5

流来	酒精	秋精	抽知	绸知	周章	守章
liu²	tsiu³	tsʰiu¹	tsʰiu¹	dziu²	tsiu¹	siu³

可见,百年来温州话尤韵精知章组声母发生 iu>iɤu 的音变,这种互补而不对立的读音与侯韵相同,即温州尤韵各互补读音属层次Ⅱ。以陶寰(2003)构拟*eu 为例,我们将演变过程表示如下:

$$*ieu > iu > iɤu / 来母、精知章组$$
$$> eu > au / 庄组$$
$$> iau / 见系$$

整个瓯江片尤韵读音互补条件大致相同,如表 8.2.6 所示:

表 8. 2. 6②

古声母组	乐清	永嘉	平阳
娘母	iau	iau	iau
来母	iu	əu	eu
庄组	au	au	au
精知章组	iu	ieu	eu
见系	iau	iau	iau

综上所述,我们把瓯江片侯尤韵的层次总结如下,见表 8.2.7:

表 8. 2. 7

方言点	侯韵			尤韵		
	层次Ⅰ	层次Ⅱ	层次Ⅲ	层次Ⅰ	层次Ⅱ	层次Ⅲ
温州	—	au(ɤu)	ɜ	—	au(ɤu)	ɜ(iɛ)
永嘉	—	au uu(əu)	ə	au uu(ieu、uɐ)	ə(yɐ)	
平阳	—	au (eu)	œ	au(iau、eu)	œ(yø)	
乐清	—	au (u)	ɤ	au(iu)	ɤ	

---

① 引高本汉《中国音韵学研究·方言字汇》(2003:665)。
② 为更清楚看出互补条件相同,我们把短介音作为韵母部分,以使比较有统一的基础。

193

8.3　金衢片侯尤韵的读音层次

明确了相对复杂的上丽片和瓯江片的侯尤韵的读音层次,对划分金衢片侯尤韵的层次提供了许多便利。层次Ⅱ和层次Ⅲ的读音容易确定,层次Ⅱ是主体层读音,层次Ⅲ的特点是读如效摄属文读层,且读音集中于唇音字。从金衢片各点的读音来看,上丽片、瓯江片读层次Ⅲ的唇音字,在金衢片均读层次Ⅱ,即金衢片读层次Ⅲ的字要少很多。由此可见,金衢片层次Ⅲ的读音扩散较慢。以下我们列出各点层次Ⅲ读音的例字,见表8.3.1:

表 8.3.1

东阳	彪 piau¹,谬 miau⁶
义乌	矛 mau²,彪 piau¹,谬 miau⁶
兰溪	矛 mɔ²,彪 piɔ¹
永康	矛 mau⁶,彪 piau¹
武义	—①
浦江	牡 mo⁴,彪 piɔ¹

层次Ⅱ是侯尤韵的主体层读音,各点侯韵无读音变体,除金华一等侯韵带-i-介音与三等尤韵同形外,其他点侯韵无介音。尤韵读音变体的条件分布与上丽片、瓯江片均有所不同,具体我们先看表8.3.2所示的读音:

表 8.3.2

例字	东阳	义乌	兰溪	永康	武义	浦江	金华
头端	dəɯ²	dəɯ²	dɣɯ²	dəɯ²	dau²	dʌ²	diu²
楼端	ləɯ²	ləɯ²	lɣɯ²	ləɯ²	lau²	lʌ²	liu²
走精	tsəɯ³	tsəɯ³	tsɣɯ³	tsəɯ³	—	tsʌ³	tsiu³
狗见	kəɯ³	kəɯ³	kɣɯ³	kəɯ³	kau³	kʌ³	kiu³
厚见	gəɯ⁴	gəɯ⁴	gɣɯ⁴	gəɯ⁴	gau⁴	gʌ⁴	kiu⁴
流端	lieɯ²	ləɯ²	liɣɯ²	liu²	liu²	lʌ²	liu²
酒精	tɕieɯ³	tsieɯ³	tsiɣɯ³	tɕiu³	tɕiu³	tsiʌ³	tsiu³

---

① 武义侯韵白读为au,正与效摄豪韵文读同形,显然侯韵白读并非受到效摄豪韵文读au的影响,而是自身演化所致,由于侯韵唇音也读au,无法辨别哪个字属层次Ⅲ。

例字	东阳	义乌	兰溪	永康	武义	浦江	金华
抽知	tɕʰiəɯ¹	tsʰiəɯ¹	tɕʰiɤɯ¹	tɕʰiu¹	tɕʰiu¹	tsʰiʌ¹	tɕʰiu¹
瘦庄	sɑu⁵	səɯ⁵	ɕiɤɯ⁵	ɕiu⁵	ɕiu⁵	siʌ⁵	siu⁵
手章	ɕiəɯ³	siəɯ³	ɕiɤɯ³	ɕiu³	ɕiu³	siʌ³	ɕiu³
球见	dʑiəɯ²	dʑiəɯ²	dʑiɤɯ²	giu²	dʑiu²	dʑiʌ²	dʑiu²
油见	ɦiəɯ²	ɦiəɯ²	ɦiɤɯ²	ɦiu²	ɦiu²	ɦiʌ²	ɦiu²

通过上文的讨论,我们知道,上丽片和瓯江片尤韵庄组的读音往往读如侯韵,与尤韵其他声母组读音形成互补分布,即大多丢失-i-介音,一般极少例外。瓯江片庄组还使韵母读音圆唇化。金衢片则不同,庄组声母后读音往往保留-i-介音,如表 8.3.2 所示"瘦"字大多保留-i-介音。事实上,考察金衢各点庄组常用字,发现正好介于两者之间,即有的丢失了-i-介音,有的则没有丢失,可见,庄组的这种音变在金衢片方言中表现得并不彻底,如表 8.3.3 所示:

表 8.3.3

东阳	瘦 sɑu⁵,馊 sɑu¹｜皱 tsəɯ⁵,愁 zəɯ²
义乌	瘦 səɯ⁵,皱 tsəɯ⁵,愁 zəɯ²｜馊 siəɯ¹,搜 siəɯ¹
兰溪	搜 sɤɯ¹,邹 tsɤɯ¹｜皱 tɕiɤɯ⁵,愁 ziɤɯ²,馊 ɕiɤɯ¹,瘦 ɕiɤɯ⁵
永康	愁 zəɯ²,搜 səɯ¹,皱 tsəɯ⁵｜瘦 ɕiu⁵
武义	邹 tsɑu¹,愁 zɑu²,搜 sɑu¹,馊 sɑu¹｜瘦 ɕiu⁵
浦江	均读为 iʌ
金华	均读为 iu

除浦江、金华外,东阳、义乌、兰溪、永康、武义等地庄组均不同程度地发生扩散音变。前面我们提到庄组声母有圆唇特征,容易丢失-i-介音或者使后接元音圆唇化,但金衢片的这个音变并不彻底,如义乌、兰溪、永康有的丢失了介音,有的仍保留,东阳、武义两地则除了丢失介音外,还发生圆唇化的音变。我们可以把庄组的这种音变总结如下:iəɯ→əɯ＞ɑu。

通常认为金衢片侯尤韵没有读 u(唇音字除外)的层次,即无层次Ⅰ。不过我们似乎可以从表示"猴子"一词的说法中探寻到侯韵有层次Ⅰ读音的蛛丝马迹。我们先来看金衢片各点"猴子"一词的读音,兰溪叫"ɦuɐʔ²sæ̃⁵⁵",金华叫"ɦuɐʔ²səŋ⁴⁴",武义叫"uɐʔ⁵²səŋ³³",永康叫"ɦuɐʔ³¹səŋ³³",义乌叫"ɦu²²suɤ⁵³",

磐安叫"ɦu²²suɣ³³",浦江叫"ɦʌ²²du³¹"。

从读音上看,金衢各点表"猴子"的说法大致可分两类,一类带喉塞,如兰溪、金华、武义、永康,一类不带喉塞,如义乌、磐安、浦江。

我们再来看这些读音所对应的语素,浦江的"ɦʌ²²du³¹"即"猴头",温州、乐清等地也用"猴头"表示"猴子",如①温州说"ɦiau¹¹dɣu⁵³",乐清说"ɦiau²du⁶"。义乌、磐安两地读音大体相同,对应的语素通常记为"猢狲",如方松熹所记义乌方言即写为"猢狲儿ɦu²¹¹suɣːn³³⁴"②,台州黄岩等地也叫"猢狲ɦu²⁵sɣən⁵²"③,除此之外,读得最多的就是类似兰溪、金华、武义、永康等地,前一个语素带有喉塞尾的,几乎整个北部吴语均是如此,如宜兴、溧阳、常州、无锡、松江、上海、绍兴、杭州、宁波等地④"猴子"的说法第一个语素均是带喉塞尾的,钱乃荣(1992)记为"活生"或"活孙",显然这是记同音字,其本字未知。

我们至少知道,在吴语区,"猴子"的说法大致可分四类,一是叫"猴头",二是叫"猢狲",三是叫"活生"或"活孙",四是叫"猴子",其中第四类的说法是受北方官话的影响而产生的新说。"活生"或"活孙"的说法其实就是"猢狲",第二个语素读音相同,自不必多言。"活"的入声读法实由"猢"字促化而来,四种说法均以"猴"或"猢"为第一语素,第二个语素读音与"狲"相同。因此,推测这里的"活"实际就是"猢"字促化而来。促化后混同入声韵,其音变就与入声韵相同,读音ɔ或ɐ等则是由u促化后所增生的读音。舒声促化现象自古就有,对此,郑张尚芳(1990)早有论述。这样看来,吴语区有关"猴子"的说法实际只有三种,即"猴头"、"猢狲"和"猴子"。庆元方言"猴子"叫"苦狟kʰuɣ³³ɕyan⁵⁵"⑤,实际也是"猢狲",庆元模韵字普遍发生u的后裂化音变,"狲"与"狟"为同音字。

因此,除浦江外,金衢片其他点"猴子"的说法均为"猢狲"。我们再从更大的范围来看,各地以"猴子"作语素的居多(粤语叫"ma²³lɐu⁵⁵",似另有来源),如表8.3.4所示:

---

① 温州读音来自郑张尚芳《温州方言志》(2008:265)。乐清读音来自包文朴《乐清方言词典》(2004:240),乐清另有"vu²sø¹",即"猢狲",第703页。

② 参见方松熹《义乌方言研究》(2000:190)。

③ 钱乃荣《当代吴语研究》(1992:774)。

④ 有些点有两说,此处均指"猴子"一词。

⑤ 参看吴式求《庆元方言研究》(2010:161)。

表 8.3.4①

北京	济南	太原	成都	合肥
猴儿 xour³⁵ 猴子 xou³⁵ tʂʅ³ 猴三儿 xou³⁵ sanr⁵⁵	猴子 xou⁴⁵ tʂʅ³	毛猴子 mau¹¹ xəu¹¹ ə·¹¹	猴子 xəu²¹ tʂʅ⁵³ 猴狲儿 xəu²¹ sənr⁴⁴	猴子 xɯ³⁴ tsə³

扬州	长沙	双峰	南昌	梅县
猴子 xɤɯ³⁴ tsə³	猴子 xəu¹² tʂʅ³ 巴屁股 pa³³ pʰi⁴⁵ ku³	猴子 ɣe¹² tʂʅ³¹ 猴狲 ɣe¹² suan³³	猴子 hɛu³⁴ tʂʅ³	猴哥 hɛu¹¹ kɔ⁴⁴

厦门	潮州	福州		
老猴 lau¹¹ kau²⁴	猴 kau⁵⁵	猴 kau⁵²		

从表 8.3.4 中可以看出,以"猴"作语素其读音均为侯韵主体层读音,因此"猴"的语素比较容易判定。我们再来看"猴"与"猢"的关系,"猴"字出现的时代很早,《说文·犬部》:"猴,夒也,从犬,矦声。""猴"即"猴"字。《玉篇·犬部》:"猴,猕猴也。""猴"字上古属侯部字。查"中国基本古籍库",较早的文献用例出现于春秋战国时期,《韩非子》《庄子》《列子》等先秦典籍中均有出现。如:

卫人曰:"能以棘刺之端为母猴。"(《韩非子·卷十一》)

木处则惴慄恂惧,猿猴然乎哉?(《庄子·南华真经卷第一》)

其拱把而上者,求狙猴之杙者斩之。《庄子·南华真经卷第二》

而"猢"字出现则相当晚,《说文》无,《广韵·模韵》曰:"猢狲,兽名,似猨。户吴切。"即中古时期"猢"字属遇摄模韵。查"中国基本古籍库",较早的文献用例始于唐代,如唐代的张鷟在《朝野佥载》中说:"杨仲嗣躁急,与热镂上猢狲。"此外,宋代杨万里《无题》诗中有云:"坐看猢狲上树头,旁人只恐堕深沟。"

我们认为"猢"即"猴"字,"猴"字上古为侯部字,先秦时期侯部为 *ɔ②,到了汉代,部分侯部字(主要是一等字)转入幽部,一直到魏晋时期幽部均为 *u,到了《切韵》时期,侯韵(幽部一等字)裂化为 *ou,而模韵则为 *u。南部吴语上丽片方言侯韵仍有读 u 的层次,保留了《切韵》以前的古老读音,如

---

①　以下材料取自《汉语方言词汇》(第二版),语文出版社 2004 年,第 45 页。

②　这里的拟音采用王力(2008)《汉语语音史》里的系统。

果《切韵》时期"猴"字在某些地方的读音仍为 * u,但当时的标准语已经读为侯韵 * ou,这时人们就会用当时标准语已读 * u 的模韵字另造一字来表示,这大概就是"猢"字出现时代较晚的原因。

再反过来观察表 8.3.4,表示"猴子"义的语素均为"猴"字,属于中古侯韵主体层。需要注意的是,不管何种说法,"猴"这个语素不能少,"猢"与"猴"同源的可能性也就越大。

因此,表 8.3.3 中所记录的读音(浦江除外)实为侯韵层次 I 及其变体。

综上所述,我们把金衢片侯尤韵的读音层次总结如下,见表 8.3.5:

表 8.3.5

方言点	侯韵			尤韵		
	层次 I	层次 II	层次 III	层次 I	层次 II	层次 III
兰溪	uə?	ɤɯ	—	—	iɤɯ(ɤɯ)	ɔ(iɔ)
金华	uə?	iu	—	—	iu	au(iau)
武义	uə?	ɑu	—	—	iu(ɑu)	au(uɑi)
永康	uə?	əɯ	—	—	iu(əɯ)	au(iau)
义乌	u	əɯ	—	—	iəɯ(əɯ)	au(iau)
浦江	—	ʌ	—	—	iʌ	o(iɔ)
东阳	u	əɯ	—	—	iəɯ(mei、ɑu、əɯ)	iau

层次 II 在地理上的演变以侯韵为例:

$$* eu \longleftrightarrow * eɯ \rightarrow əɯ、ɤɯ(兰溪、永康、义乌、东阳) \rightarrow ʌ(浦江)$$

其中分别指向 iu(金华) 和 ɑu(武义)

8.4 小 结

通过对南部吴语流摄读音层次的讨论,我们得出以下几点认识。

第一,南部吴语上丽片侯韵和尤韵均有三个层次,其中层次 I 属中古前期层,层次 II 属中古后期层,层次 III 为文读层。瓯江片侯韵和尤韵只有层次 II 和层次 III 的对应,没有层次 I 的对应。婺州片侯韵有层次 I 和层次 II 的对应,尤韵有层次 II 和层次 III 的对应。上丽片层次 I 保留的层次特字最多,金衢片层次 I 只在表示"猴子"义的读音中,且有的发生促化音变。

　　第二,从读音特点上看,一等侯韵读前元音或带-i-介音的以上丽片居多,瓯江片及金衢片都较少。三大片尤韵庄组均有读如一等侯韵的读音,与其他声母读音呈互补分布,这可能是因庄组的声母特点所引起韵母的变化,或脱落-i-介音或使韵母圆唇化。瓯江片两种音变都有,上丽片和金衢片则以前者音变为主。上丽片和瓯江片庄组声母大多读如侯韵一等,而金衢片多数方言既有一等读音又有三等读音,处于音变的中间阶段。

第9章 咸深两摄的读音层次及其演变

中古咸深两摄收-m尾,相比咸摄,深摄上古只侵部一源,来源单一,具体在南部吴语,深摄的层次也较单一。

中古咸摄有开口韵与合口韵两类,其中开口韵复杂,不仅四等俱全,且一二三等皆有重韵,共计"覃谈咸衔盐严添"①七个韵目。合口韵简单,只合口三等的凡韵。本章重点讨论开口韵及各重韵的关系,兼及合口韵。就南部吴语而言,一二等韵的关系较为密切,有分有合,透露出不同层次叠置的痕迹,三四等韵的关系也较紧密。

9.1 咸摄的读音层次

9.1.1 咸摄一二等韵的读音层次②

9.1.1.1 上丽片咸摄一二等韵的读音层次

我们选取江山作为本次讨论的代表方言,先列出江山覃谈韵和咸衔韵的常用读音,如表9.1.1所示:

表 9.1.1

覃韵	ã	耽 tã¹,贪 tʰã¹,男 nã²,南 nã²,惨 tsʰã³,参 tsʰã¹
	ɔ̃	探 tʰɔ̃⁵,潭 dɔ̃²,罎 dɔ̃⁶,簪 tsɔ̃¹,蚕 sɔ̃²,庵 ɔ̃¹,磡 kʰɔ̃⁵,感 kɔ̃³
	əŋ	含 gəŋ²,揞 əŋ³,龕 kəŋ³
谈韵	ã	担 tã¹,胆 tã³,淡 dã⁴,蓝 lã²,暂 dzã⁴,三 sã¹,敢 kã³,喊 hã³
	ɔ̃	毯 tʰɔ̃³,錾 zɔ̃⁴,甘 kɔ̃¹,柑 kɔ̃¹
咸韵	ã	赚 dzã⁴,站 dzã⁶,斩 tsã³,杉 sã¹,咸 ɦã²,陷 ɦã⁶
	iã	减 kiã³

---

① 举平以赅上去,下同。除非有说明,本文只讨论舒声韵。

② 本小节曾以"论南部吴语覃谈韵的读音层次"为题发表在《南开语言学刊》2019 年第 2 期上,收入本书时略有调整。

衔韵	$\tilde{a}$	挱 $ts^h\tilde{a}^1$,衫 $s\tilde{a}^1$,监$_1$ $k\tilde{a}^1$,岩 $\eta\tilde{a}^2$
	$i\tilde{a}$	监$_2$ $ki\tilde{a}^1$,舰 $ki\tilde{a}^5$

从表 9.1.1 可以看到,江山覃韵有三个不同的读音:$\tilde{a}$、$\tilde{ɔ}$ 和 $\tilde{\eta}$。其中 $\tilde{a}$ 和 $\tilde{ɔ}$ 在端组和精组声母下均有对立,如表 9.1.2 所示:

表 9.1.2

古声母组	$\tilde{ɔ}$	$\tilde{a}$
端组	探 $t^h\tilde{ɔ}^5$,潭 $d\tilde{ɔ}^2$,罎 $d\tilde{ɔ}^6$	耽 $t\tilde{a}^1$,贪 $t^h\tilde{a}^1$,男 $n\tilde{a}^2$,南 $n\tilde{a}^2$
精组	簪 $ts\tilde{ɔ}^1$,蚕 $s\tilde{ɔ}^2$	惨 $ts^h\tilde{a}^3$,参 $ts^h\tilde{a}^1$

历史比较法告诉我们,如果同一个古音类具有不同的读音而又没有条件的限制,那么这两个不同的读音可能①具有不同的来源。覃韵的 $\tilde{a}$ 和 $\tilde{ɔ}$ 在端、精等不同声母组下的读音对立,说明两者应看成是不同的读音层次。

这两个读音的对立在谈韵的两个声母组下也同样出现,谈韵的 $\tilde{a}$ 和 $\tilde{ɔ}$ 不仅在端组、精组声母下有对立,而且在见组声母下也有对立,如表 9.1.3 所示:

表 9.1.3

古声母组	$\tilde{ɔ}$	$\tilde{a}$
端组	毯 $t^h\tilde{ɔ}^3$	担 $t\tilde{a}^1$,胆 $t\tilde{a}^3$,淡 $d\tilde{a}^4$,蓝 $l\tilde{a}^2$
精组	錾 $z\tilde{ɔ}^4$	暂 $dz\tilde{a}^4$,三 $s\tilde{a}^1$
见组	甘 $k\tilde{ɔ}^1$,柑 $k\tilde{ɔ}^1$	敢 $k\tilde{a}^3$,喊 $h\tilde{a}^3$

由此可见,$\tilde{a}$ 和 $\tilde{ɔ}$ 在覃谈韵均有对立。同时,这两个读音还是覃谈韵共有的读音,是两个重韵合流后的产物。从时间上看,$\tilde{ɔ}$ 读音要早于 $\tilde{a}$ 读音,理由有二,其一,$\tilde{a}$ 读音不仅是一等重韵覃、谈韵合流的产物,而且也是一等覃谈韵和二等咸衔韵合流后的产物,如表 9.1.4 所示:

表 9.1.4

贪$_{覃}$	男$_{覃}$	三$_{谈}$	敢$_{谈}$	赚$_{咸}$	咸$_{咸}$	衫$_{衔}$	岩$_{衔}$
$t^h\tilde{a}^1$	$n\tilde{a}^2$	$s\tilde{a}^1$	$k\tilde{a}^3$	$dz\tilde{a}^4$	$h\tilde{a}^2$	$s\tilde{a}^1$	$\eta\tilde{a}^2$

---

① 之所以是"可能"是因为并不是所有的读音对立都可以看成具有不同的来源。

咸摄二等咸衔韵有一个白读音 ã①,可知,ã 不仅是覃谈韵合流的读音,也是咸衔韵合流的读音。而 ɔ̃ 只存在于覃、谈韵而不存在于咸衔韵,可知 ɔ̃ 是一等韵和二等韵的区别读音,要早于 ã 读音。

其二,ã 读音在整个上丽片方言中不仅读音一致,而且一、二等韵读音相同,如表 9.1.5 所示:

表 9.1.5

方言点	贪覃	男覃	三谈	敢谈	赚咸	咸咸	衫衔	岩衔
常山	tʰã¹	nã²	sã¹	kã³②	dzã⁴	ɦã²	sã¹	ŋã²
开化	tʰã¹	nã²	sã¹	kã³	dzã⁴	ɦã²	sã¹	ŋã²
广丰	tʰã¹	nã²	sã¹	—	dzã⁴	ɦã²	sã¹	ŋã²
玉山	tʰã¹	nã²	sã¹	—	dzã⁴	ɦã²	sã¹	ŋã²
丽水	—	—	sã¹	—	dzã⁴	ɦã²	sã¹	ŋã²
遂昌	—	—	saŋ¹	—	dzaŋ⁴	ɦaŋ²	saŋ¹	ŋaŋ²
庆元	—	—	sɑ̃¹	—	—	hɑ̃²	sɑ̃¹	ŋɑ̃²
云和	—	—	sã¹	—	dzã⁴	ɦã²	sã¹	ŋã²

从表 9.1.5 可以看到,上丽片均有与江山相同的音类分合关系。即咸摄一等覃谈韵与二等韵合流,读音较一致。但丽水、遂昌、庆元、云和等丽水小片覃韵此音类读音收字较少,一般只有"耽"一字。事实上,丽水小片覃韵大多读一、二等分立的读音。

由上可知,江山覃谈韵的 ɔ̃ 读音要早于 ã 读音。江山覃韵还有一个读音 əŋ,此读音似只出现在见系声母后,但也不与覃韵的 ɔ̃ 或 ã 读音构成互补,因此此读音与 ɔ̃ 或 ã 有对立。同时,əŋ 读音不仅与二等咸、衔韵相区别,而且与一等重韵谈韵也不同,上丽片都有此读音且层次特字比较统一,如表 9.1.6 所示:

表 9.1.6

例字	江山	常山	开化	广丰	玉山	丽水	遂昌	庆元	云和
含	gəŋ²	gəŋ²	gəŋ²	giŋ²	goŋ²	—	gəŋ²	gəŋ²	—
揞	əŋ³	—	—	iŋ³	oŋ³	—	—	əŋ³	—

---

① 事实上,二等韵还有一个文读音 iã,如"减 kiã³、舰 kiã⁵"等,该读音只出现在见系声母后。关于二等韵见系声母后文读音可看假摄等相关章节,此不赘述。

② 常山"敢"字有两个读音:ã 和 uã,其中 uã 对应江山的 ɔ̃。其他点"敢"字加"—"表示没有此层次读音,下同。

例字	江山	常山	开化	广丰	玉山	丽水	遂昌	庆元	云和
鹽_{盖子}	kəŋ³	koŋ³	koŋ³	kiŋ³	koŋ³	—	kəŋ³	kəŋ³	kəŋ³
庵	—	—	oŋ¹	—	—	—	—	—	—
暗	—	—	oŋ⁵	—	—	—	—	—	—

此读音能区别一等重韵覃谈韵,因此,我们认为 əŋ 读音要早于 ɔ̃ 和 ã。

综上所述,我们把江山咸摄一、二等韵的读音层次按时间先后顺序列表 9.1.7 如下:

表 9.1.7

层次	覃韵	谈韵	咸韵	衔韵
层次 Ⅰ	əŋ	—	—	—
层次 Ⅱ	ɔ̃	ɔ̃	—	—
层次 Ⅲ	ã	ã	ã	ã
层次 Ⅳ	—	—	iã	iã

从表 9.1.7 可以清楚地看到,层次 Ⅰ 能区分一等重韵覃谈韵,层次 Ⅱ 为一等重韵合流后的读音,层次 Ⅲ 为一、二等韵合流后的读音。层次 Ⅳ 是出现于二等韵见系声母下的文读层。

我们知道,《切韵》时期一等重韵覃韵与谈韵和二等重韵咸韵与衔韵分别属于两个不同韵目,其读音自然不同,与《切韵》差不多同时的文献如《玉篇》音系,也反映出覃、谈韵与咸、衔韵的各自分立(周祖谟,1966),因此如果合流则说明其音类特征应晚于《切韵》时代。事实上,中晚唐时期已显示出一等重韵覃、谈韵合流了,如慧琳的反切里覃、谈已合一了(黄笑山,1995)。"《广韵》覃谈合用,盐添合用,咸衔合用,严凡合用。然自唐以来盐凡已有合用者,如元结招孟武昌厌泛协韵是也。及至北宋则八韵皆通协不分,略有洪细之别而已。"(周祖谟,1966:635)

从以上汉语音韵史的演变脉络来看,我们可以清楚地看到前三个层次所属的时间序列。即层次 Ⅰ 为覃谈分立,可称中古前期。层次 Ⅱ 为覃谈合流时期,可称中古后期。层次 Ⅲ 特征为一二等合流,应属北宋时期。

综上所述,我们把上丽片覃谈咸衔四韵的层次总结如下,见表 9.1.8:

表 9.1.8

层次		江山	常山	开化	广丰	玉山	丽水	遂昌	庆元	云和
层次Ⅰ	覃	əŋ	oŋ	oŋ	iŋ	oŋ	—	əŋ	əŋ	—
层次Ⅱ	覃	ɔ̃	ũʌ	ũɑ	æ̃	æ̃	uɛ(ɛ)	ɔ̃	ã	uɛ̃(ɛ)
	谈	ɔ̃	ũʌ	ũɑ	æ̃	æ̃	uɛ(ɛ)	ɔ̃	ã	uɛ̃(ɛ)
层次Ⅲ	覃	ã	ã	ã	ã	ã	ã	aŋ	ã	ã
	谈	ã	ã	ã	ã	ã	ã	aŋ	ã	ã
	咸	ã	ã	ã	ã	ã	ã	aŋ	ã	ã
	衔	ã	ã	ã	ã	ã	ã	aŋ	ã	ã
层次Ⅳ	咸	iã	iẽ	iɛ̃	iã	iã	—	—	—	—
	衔	iã	iẽ	iɛ̃	iã	iã	—	—	—	—

9.1.1.2 瓯江片咸摄一二等韵的读音层次

我们根据上丽片各层次特点讨论瓯江片各方言的层次对应情况。

先看层次Ⅰ,层次Ⅰ的特点是能区分一等重韵覃谈韵。通过材料可知,瓯江片各方言该层次特字相当一致,只出现在一等覃韵,如表 9.1.9 所示:

表 9.1.9

温州	含 gaŋ²,憾 ɦaŋ⁴,揞 aŋ³,𥑶 kaŋ³,坎 kʰaŋ³
乐清	含 ɦaŋ²,揞 aŋ³,𥑶 kaŋ³
永嘉	𥑶 kaŋ³
平阳	含 gaŋ²,𥑶 kaŋ³

再看层次Ⅱ。层次Ⅱ的特点是覃谈韵合流但不与咸衔韵合流。我们先以温州为例讨论层次Ⅱ的读音,先列出温州覃谈韵的读音(层次Ⅰ读音除外),如表 9.1.10 所示:

表 9.1.10

覃韵	a	耽 ta¹,谭 da²,撼 ha³
	ø	贪 tʰø¹,男 nø²,簪 tsø¹,龛 kʰø¹,勘 kʰø¹,庵 ø¹
	y	感 ky³
谈韵	a	担 ta¹,胆 ta³,毯 tʰa³,蓝 la²,暂 dza⁶,喊 ha³
	ø	錾 zø⁴,蚶 hø¹,醋 hø¹,憨 hø¹
	y	甘 ky¹,柑 ky¹,泔 ky¹,敢 ky³

从表 9.1.10 可知,覃谈韵的 a 和 ø 两个音类不互补,两者在各个声母组均有对立。而 y 音类则全都出现于见组声母后,事实上,"'感'又读 ky³,包括谈韵的'甘''敢'新派读作 y 韵是声母影响下变的"(吴安其,2005:16)。百年前记录的温州方言覃谈韵见组声母下读为 œ[1],如,"感 kœ³｜勘 kʰœ¹｜男 nœ²｜贪 tʰœ¹｜甘 kœ¹｜酣 hœ¹"[2]。从 œ 到 ø,这是一个高化的过程,再从 ø 到 y(见组声母后),又是一个高化的过程,且这次高化是见母先变,属条件音变。因此,ø 和 y 是音变关系,属于同一个读音层次。

我们知道,层次 Ⅱ 是覃谈合流,层次 Ⅲ 是覃谈咸衔合流,温州咸衔韵均读 a,如咸韵"站 dza⁶｜斩 tsa³｜杉 sa¹｜咸 ɦa²",衔韵"衫 sa¹｜监 ka¹｜嵌 kʰa⁵｜岩 ŋa²",与覃谈韵 a 合流,因此 a 属层次 Ⅲ,相应地,咸衔韵没有 ø 或 y 读音。因此,ø(y)属层次 Ⅱ。

综上所述,我们把温州覃谈咸衔四韵的层次对应总结如下,见表 9.1.11:

表 9.1.11

层次	覃韵	谈韵	咸韵	衔韵
层次 Ⅰ	aŋ	—	—	—
层次 Ⅱ	ø(y)	ø(y)		
层次 Ⅲ	a	a	a	a

瓯江片其他方言均有与温州相对应的层次读音。乐清覃谈韵除层次 Ⅰ 还有三个音类:ɛ、e、ø,其中 ɛ 是覃谈咸衔合流后的读音,属层次 Ⅲ。覃韵 ø 只出现在齿音声母后,谈韵 ø 只出现在晓母后,从理论上看可以与各自的 e 韵或 ɛ 韵互补,由于 e 和 ø 不出现于咸衔韵,所以 ø 只能与 e 互补,两者同属层次 Ⅱ。

平阳覃谈韵有两个音类:ø、ɔ。其中 ɔ 读音为一二等韵合流的读音,属层次 Ⅲ,ø 属层次 Ⅱ。永嘉覃谈韵亦有两个音类:ø 和 a,其中 a 为一二等韵合流的读音,属层次 Ⅲ,ø 属层次 Ⅱ。我们把乐清、平阳、永嘉三点覃谈韵读音举例如下,见表 9.1.12:

---

① 当代温州方言"œ"已高化为"ø",而见组声母下的"ø"读音继续高化到"y"。
② 参见高本汉《中国音韵学研究·方言字汇》(2003:586—587)。

表 9.1.12

方言点	覃韵	谈韵
乐清	贪 t^he^1，男 ne^2，惨 $t\wideparen{c}^h\phi^3$①，蚕 $z\phi^2$ 感 ke^3，庵 e^1；谭 de^2，函 fie^2	甘 ke^1，酣 he^1；胆 te^3，谈 de^2，暂 $d\widetilde{ze}^6$ 三 se^1，喊 he^3
永嘉	贪 $t^h\phi^1$，男 $n\phi^2$，惨 $ts^h\phi^3$，蚕 $z\phi^2$ 感 $k\phi^3$，庵 ϕ^1；谭 da^2，函 fia^2	甘 $k\phi^1$，酣 $h\phi^1$；胆 ta^3，谈 da^2，惭 dza^2 三 sa^1，喊 ha^3
平阳	贪 $t^h\phi^1$，男 $n\phi^2$，惨 $ts^h\phi^3$，蚕 $z\phi^2$ 感 $k\phi^3$，暗 ϕ^5；谭 $d\mathfrak{o}^2$，函 $fi\mathfrak{o}^2$	甘 $k\phi^1$，敢 $k\phi^3$；胆 $t\mathfrak{o}^3$，谈 $d\mathfrak{o}^2$，暂 $d\widetilde{z\mathfrak{o}}^6$ 三 $s\mathfrak{o}^1$，喊 $h\mathfrak{o}^3$

综上所述,我们把瓯江片覃谈咸衔四韵层次总结如下,见表 9.1.13:

表 9.1.13

层次		温州	乐清	永嘉	平阳
层次Ⅰ	覃	$a\eta$	$a\eta$	$a\eta$	$a\eta$
层次Ⅱ	覃	$\phi(y)$	$e(\phi)$	ϕ	ϕ
	谈	$\phi(y)$	$e(\phi)$	ϕ	ϕ
层次Ⅲ	覃	a	ε	a	$\mathfrak{o}$
	谈	a	ε	a	$\mathfrak{o}$
	咸	a	ε	a	$\mathfrak{o}$
	衔	a	ε	a	$\mathfrak{o}$

9.1.1.3 金衢片咸摄一二等韵的读音层次

与上丽、瓯江片相比,金衢片覃韵没有层次Ⅰ②,因此,覃谈韵只有层次Ⅱ和层次Ⅲ。先列出金衢片各方言点覃谈韵及咸衔韵读音如下③,见表 9.1.14:

---

① 乐清方言一等和三等韵(止摄除外)塞擦音声母腭化,擦音声母不腭化,两者互补。

② 赵元任先生曾说"言有易,言无难",我们这里讲没有层次Ⅰ读音是从目前的材料中得出的,也许今后能发掘出这个层次的读音。

③ 金衢片覃谈韵还有一个新文读层读音,义乌、东阳、浦江、武义、永康均为 an,兰溪为 æ。多数字都可以有此文读音,有的字还可以有对应的白读,如义乌的"贪探参惨感含胆甘敢"等可以读为 an 韵,兰溪的"潭南感含敢"等可以读 æ 韵。这是受普通话影响出现的最新读音层。义乌、东阳、永康、浦江、武义直接借入,因为原音系无 an 近似读音,而兰溪选择了以 æ 作为此读音层的近似读音,这是原来音系中存在的读音。寒、桓韵也有此现象。

表 9.1.14

	覃韵	谈韵	咸衔韵
义乌	贪 tʰuɣ¹，男 nuɣ²，蚕 zuɣ²，庵 uɣ¹，含 ɦuɣ²；耽 nɔ¹	甘 kuɣ¹，敢 kuɣ³；胆 nɔ³，谈 dɔ²，暂 dzɔ⁶，三 sɔ¹	杉 sɔ¹，咸 ɦɔ²，岩 ɦɔ²
东阳	贪 tʰɣ¹，男 mɣ²，蚕 zɣ²，感 kɣ³，庵 ɣ¹，含 ɦɣ²	胆 tʌ³，谈 dʌ²，暂 dzʌ⁶，三 sʌ¹；甘 kɣ¹，敢 kɣ³	杉 sʌ¹¹，咸 ɦʌ²，监 kʌ¹
兰溪	贪 tʰɣu¹，男 mɣu²，蚕 zɣu²，庵 ɣu¹；耽 tã¹，谭 dã²，参 tsʰã¹	甘 kɣu¹，敢 kɣu³；胆 tã³，谈 dã²，暂 dzã²，三 sã¹，鉴 zɣu⁶	杉 ɕiã¹①，咸 ɦiã²，岩 ɦiã²
浦江	贪 tʰu¹，男 nu²，蚕 zu²，含 ɦu²，庵 u¹；耽 tɔ¹，惨 tsʰɔ³	甘 ku¹，敢 ku³；胆 tɔ³，谈 dɔ²，三 sɔ¹，暂 dzɔ⁶	杉 sɔ¹，咸 ɦɔ²，岩 ŋɔ²
武义	贪 tʰuɣ¹，男 nuɣ²，蚕 zuɣ²，庵 ŋuɣ⁵，含 ŋuɣ²，勘 kʰuɣ⁵	甘 kuɣ¹，敢 kuɣ³；胆 nuo³，谈 duo²，三 suo¹，暂 dzuo⁶	杉 suo¹，咸 ŋou²，嵌 kʰou⁵
永康	贪 tʰɣ¹，男 nuɣ²，蚕 zuɣ²，庵 uɣ¹，含 ɦuɣ²；耽 na¹	甘 kuɣ¹，敢 kuɣ³；胆 na³，谈 da²，暂 dza⁶，三 sa¹	杉 sa¹，咸 ɦia²，岩 ŋa²

　　从表 9.1.14 可以看出，义乌覃谈韵有两个音类：uɣ 和 ɔ，根据上文讨论，层次 Ⅱ 是覃谈韵合流，因此，uɣ 应属层次 Ⅱ，但该读音在覃谈两韵出现的条件并不平衡，覃韵无声母条件，所有声母后均能出现 uɣ，而谈韵 uɣ 只出现在见系声母后，谈韵 ɔ 出现在非见系声母后，表面上看两者互补，这也是金衢片区别于上丽及瓯江片的特点之一。

　　但我们认为 ɔ 与 uɣ 属不同层次，因为 ɔ 是一二等韵合流的产物，属层次 Ⅲ。此层次读音不仅覆盖了谈韵（非见系），而且对覃韵也有所影响，义乌仅"耽"字读层次 Ⅲ，覃韵除东阳、武义没有读层次 Ⅲ 的读音外，其他点均或多或少有覃韵字读层次 Ⅲ 的读音，如兰溪有"耽谭参"等字，永康有"耽"，浦江有"耽惨"等。

　　均读层次 Ⅲ 的读音。我们还能从覃韵入声的情况窥探出覃韵有层次 Ⅲ 读音，我们知道，南部吴语入声舒化的方言普遍有"阳入同韵"现象②，从"阳入同韵"的情况我们也能窥探出覃韵受到层次 Ⅲ 读音影响的蛛丝马迹。

　　兰溪、永康、浦江、义乌等覃韵有层次 Ⅲ 读音渗透的语言事实对谈韵两个层次读音也有一定启发。从目前看，兰溪覃韵有"耽谭参"三字读的是层次 Ⅲ 读音 ã，均为非见系字，而谈韵的 ã 读音也只出现在非见系字，是否意味着二等咸衔韵的 ã 先向谈韵非见系字渗透？不过也有漏网之鱼如非见系字"鉴"不读 ã。事实上，如果我们把视野扩大到北部吴语，层次 Ⅲ 读音的渗透

---

　　①　兰溪咸、衔韵庄组声母字多腭化，如相应的入声字读音"插 tɕʰiaʔ⁷ ｜ 闸 ziaʔ⁸ ｜ 煠 ziaʔ⁸"，非入声字如"杉 ɕiã¹"，由于具有腭化声母，所以韵母才有 -i- 介音，与其他声母后的 ã 读音是互补的。

　　②　具体可参见本书 16.4 节"南部吴语入声的演变"。

就有加剧之势，我们以绍兴话为例来说明这一趋势。

我们先列出覃谈与咸衔韵的读音如下，见表 9.1.15：

表 9.1.15

方言点	覃韵	谈韵	咸衔韵
绍兴	贪 tʰẽ¹，男 nẽ²，蚕 zẽ²，庵 ẽ¹ 含 ɦẽ²；耽 tæ¹，谭 dæ²，砍 kʰæ³	甘 kẽ¹，敢 kẽ³；胆 tæ̃³，谈 dæ̃²，暂 dzæ̃⁶ 三 sæ¹；錾 zẽ⁴；橄 kæ̃³，喊 hæ̃³	杉 sæ̃¹，咸 ɦæ̃² 岩 ɦæ̃²

绍兴话没有与上丽、瓯江片对应的层次Ⅰ读音，覃谈韵均有 ẽ 和 æ 两个读音，分别属于层次Ⅱ和层次Ⅲ，谈韵层次Ⅲ的 æ 不仅非见系字有，见系字也有，"喊"（小孩大哭义）在绍兴话里是很常用的。覃韵也有"耽谭砍"三字读æ。可见绍兴话层次Ⅲ读音的渗透更进了一步。

正因为谈韵的这两个读音是读音层次的差别，因此，两个读音层后期音变差别会很大。如兰溪谈韵白读有 ɑ̃ 和 ɣɯ，其中 ɑ̃ 只出现在非见系声母下，ɣɯ 出现在见系声母下（"錾"字也读 ɣɯ），就读音而言，一个是鼻化，一个是非鼻化，也较难用音理解释①。这是因为 ɑ̃ 和 ɣɯ 属于不同的读音层次。

永康谈韵"喊"字读层次Ⅲ的 ɑ，或许也能从中看出对立的蛛丝马迹来。金衢片谈韵的两个层次读音可以看成是读音渗透的中间阶段，使得两个层次读音表面上看起来是有条件的。如果从更大的范围来看，我们可以把这种表面互补但实质对立的现象看成是"假互补"。

综上所述，金衢片各方言谈韵的两个读音看似互补，实则为"假互补"。我们把金衢片各点的层次读音总结如下，见表 9.1.16：

表 9.1.16

层次		义乌	东阳	兰溪	永康	武义	浦江
层次Ⅰ	覃	—	—	—	—	—	—
层次Ⅱ	覃	uɣ	ɣ	ɣɯ	uɣ	uɣ	ɯ
	谈	ɣɯ	ɣ	ɣɯ	uɣ	uɣ	ɯ
层次Ⅲ	覃	ɔ		ɑ̃	ɑ	—	ɔ
	谈	ɔ	ʌ	ɑ̃	ɑ	uo	ɔ
	咸	ɔ	ʌ	ɑ̃	ɑ	uo	ɔ
	衔	ɔ	ʌ	ɑ̃	ɑ	uo	ɔ

---

① 事实上，拿现在的音值解释历史上的音变，在方法论上无法成立。此处仅说明两个不同层次读音差别可以很大，也可以很小，前提是读音层次不同。

层次		义乌	东阳	兰溪	永康	武义	浦江
层次 IV	覃谈	an	an	æ̃	—	an	an
	咸衔	ian	ien	iɛ̃	—	ian	ian

9.1.1.4　小　结

通过对南部吴语咸摄覃谈咸衔四韵的层次分析,我们发现上丽片、瓯江片覃韵保留了层次 I,金衢片则无,但有层次 II 与层次 III 的对应。层次 I 是覃谈分韵(蕴含一、二等分韵),反映的是《切韵》即中古前期的语音特点,层次 II 是中古后期的语音特点。层次 III 是一、二等韵合流,反映的是北宋时期的语音特点。

前辈学者在讨论吴语覃谈韵有别或无别的读音时,总是把端系和见系作为条件分开讨论,如果谈韵端系与覃韵读音不同,便可称为覃谈有别,不过往往忽略谈韵端系与见系读音之间的关系,这两个读音正属本文所指的层次 II 与层次 III。如王洪君(1999)在讨论吴语(选取苏州、绍兴、松阳三点)覃谈韵的读音时,归纳出特点为"覃(见系、非见系)=谈(见系)≠谈(非见系)=咸衔"。曹志耘(2002)把南部吴语覃谈二韵归纳为两种类型,一种是覃谈二韵各声母字都有别,另一种是端系有别而见系无别,后一种与王洪君(1999)归纳的类型一致。根据上文讨论,谈韵见系与非见系的"假互补"读音属不同层次。

吴瑞文(2004)指出吴语的几个方言覃谈二韵在非见系声母前有区别,在见系声母前没有分别,如表 9.1.17 所示:

表 9.1.17(转引自吴瑞文,2004:154)

古声韵条件	苏州	庆元	常山	江山	温州	云和	金华
覃非见系	ø	ã	uɐ̃	ɔ̃	ø	uə	ɤ
覃见系	ø	ã/əŋ	uã/oŋ	ɔ̃/əŋ	ø/əŋ	uɛ/əŋ	ɤ
谈非见系	ɛ	ɑ̃	ã	ã	a	ã	ɑ
谈见系	ø	ã	uɐ̃	ɔ̃	ø	ɛ	ɤ
覃文	(ɛ)	—	—	—	—	ã	ã
谈文	(ɛ)	—	—	—	—	ã	ã

表 9.1.17 中庆元、常山、江山、温州、云和五地覃韵见系有两种读音(如ã/əŋ)。事实上,秋谷裕幸(1999a)已然指出覃韵见系的这两种读音都是白

读,并推测覃韵非见系、谈韵非见系和谈韵见系必然包含着两种不同的语音层次。吴瑞文(2004)则认为这一个白读层可以理解为闽语底层的残留,因此不需要将这一层的读音纳入六朝音系中"覃谈有别"的时间层次来讨论。这一读音层也就是本文所指的层次Ⅰ。

通过对南部吴语覃谈二韵读音层次的分析,我们认为层次Ⅱ与层次Ⅲ的读音都应该看成是"覃谈无别",这一结果与上述诸家观点相左。我们先来分析前辈学者所认为的"覃谈有别",以表9.1.18读音为例,如下:

表 9.1.18①

古声母组	苏州		常山		江山		温州	
	覃韵	谈韵	覃韵	谈韵	覃韵	谈韵	覃韵	谈韵
非见系	ø	E	uʌ̃	ã	ɔ̃	ã	ø	a
见系	ø	ø	uʌ̃	uʌ̃	ɔ̃	ɔ̃	ø	ø

从表9.1.18我们可以看到,"覃谈有别"指的是"覃韵非见系≠谈韵非见系"。换句话说,如果除了覃谈韵见系相同外,"覃韵非见系=谈韵非见系",那么就可以说"覃谈无别",如王洪君(1999)所归纳的"三、四、五型"属于"覃谈无别",其表现就是"见系"与"非见系"分别均相同。这种横向比较是否能够正确地判断方言读音属于"覃谈有别"还是"覃谈无别",我们持怀疑态度。

上文我们提到,兰溪谈韵以非见系/见系区分的ã和ɤɯ为"假互补",谈韵的"假互补"在上丽片并不存在,如表9.1.1所示江山谈韵两个读音没有"非见系/见系"的区分。

因此,我们认为瓯江片及金衢州片谈韵的"假互补"可能是不同层次读音相互竞争而造成的偶然结果。另一种可能是材料的缺失,如王洪君(1999)认为吴、赣、徽语为覃谈有别,湘、粤、客家为覃谈无别。吴瑞文(2004)则认为湘语内部有差异,一部分湘语应归为覃谈有别。严修鸿、余颂辉(2013)认为客家话在口语词汇里保留了覃谈之别,且在声母条件上也见于见系,与吴语、赣语那样仅局限于端系不同。余颂辉(2013)认为粤语也存在覃谈有别的层次,声母条件与吴语、赣语、徽语一样限于端系②。寒韵也有

---

① 由于各家判断"覃谈有别"的读音依据不包括层次Ⅰ,因此本表只取层次Ⅱ与层次Ⅲ的读音。

② 此处仅说明"覃谈有别或无别"依赖于材料的进一步发掘,而不是早有定论。覃韵或谈韵的声母条件分韵其实是不同层次读音的表现,实为"假互补",也正因为如此,各个方言新材料的发现有助于说明"假互补"的真面目。

与覃谈韵类似的"假互补"。

我们分别以常山、江山、温州、义乌、兰溪的寒韵来说明这种现象,如表
9.1.19 所示:

表 9.1.19

古声母组	常山	江山	温州	义乌	兰溪
非见系	õ/ã	ɔ̃/ã	a	ɔ	ã
见系	õ/ã	ɔ̃/ã	y(ø)	uɤ	ɤɯ

以常山、江山为代表的上丽片寒韵的两个读音没有声母条件的限制,即
"见系与非见系"声母后都可以出现那两个读音,如常山"炭 tʰõ⁵ | 难 nõ² | 拦
lõ² | 伞₁sõ³ | 寒₁gõ² | 汗 gõ⁶ | 汉₁hõ⁵","弹 dã⁶ | 蛋 dã⁶ | 伞₂sã³ | 寒₂ɦã² | 汉₂hã⁵
| 干₂kã¹ | 安₂ã¹"。温州寒韵的两个读音有声母条件的分别,非见系声母后
读 a,如"单 ta¹ | 摊 tʰa¹ | 散 sa³ | 烂 la⁶",见系声母后读 y(ø),如"肝 ky¹ | 汗
jy⁶ | 看 kʰø⁵ | 刊 kʰø¹",井然不混。以义乌、兰溪为代表的金衢片寒韵的两个
读音也有声母条件的限制,如义乌"单 nɔ¹ | 摊 tʰɔ¹ | 炭 tʰɔ⁵ | 难 nɔ² | 餐 tsʰɔ¹ | 烂
lɔ⁶","肝 kuɤ¹ | 汉 huɤ⁵ | 骭 huɤ¹ | 汗 ɦuɤ⁶ | 安 uɤ¹"。同样地,这种非见系/
见系形成的读音也是"假互补",实质为两个不同的读音层次。郑伟(2011a)
已指出北部吴语、南部吴语及闽语寒韵均有这样的两个层次。

我们认为,这种横向比较不能正确指出覃韵谈的关系,应当代之以层次
比较。从层次角度来看,同一层次读音在相邻的区域内有对应关系。因此,
既然上丽片覃谈韵的两个读音是不同的层次,那么,瓯江片、金衢片"假互
补"的两个读音也是两个不同的层次,这两个层次都是"覃谈无别"。

我们认为,横向比较的"覃谈有别"存在对应错乱的问题,以吴瑞文
(2004)的文章为例(以下简称吴文),为方便讨论,我们把该文对云和和金华
的层次结果转录如下,见表 9.1.20:

表 9.1.20(转引自吴瑞文,2004:156)

代表方言	云和		金华	
韵目	覃	谈	覃	谈
层次Ⅰ非见系	uɛ	ã	ɤ	ɑ
层次Ⅰ见系	ɛ	ɛ	ɤ	ɤ
层次Ⅱ非见系	ã	ã	ã	ã
层次Ⅱ见系	ã	ã	ã	ã

吴文认为云和覃韵有两个规则对应,一个是见系 ɛ 与非见系 uɛ 互补分布,另一个是不分声母条件均读ã。吴文认为谈韵应该也有两个规则对应,谈韵见系的 ɛ 与覃韵的 ɛ/uɛ 对应,但认为"谈韵非见系声母的第一套规则对应的韵母音读应该是什么?我们认为是ã,而这个原本属于第一套谈韵非见系韵母的ã与晚近传入的第二套对应由于语音上相近而合并了"(吴瑞文,2004:156)。

既然谈韵见系的 ɛ 与覃韵的 ɛ/uɛ 对应,那么按对应规则,谈韵非见系早期也应该读为 uɛ,也就是说,至少在这个层次上覃谈韵应该是没有分别的。但吴文认为谈韵非见系早期读音应该是ã,也就是谈韵同一层次有ã和 ɛ,那么这两个读音是怎么变得不同,恐不易说明。既然覃韵同一层次的 ɛ/uɛ(见系/非见系)与谈韵的 ɛ 是对应的,那么,为什么谈韵非见系不是读 uɛ 而读ã,这一矛盾也不易解释。我们认为根源就在于横向比较,把谈韵原属两个层次看成同一层次。云和的例子能为我们说明这两个应属"覃谈无别"。另外,吴文中金华层次 II 读音应该是 ɑ 而不是ã,ã读音是最新文读层,此不赘述。

就南部吴语而言,瓯江片及金衢片各方言谈韵的两个层次多以声母为条件,但这种声母条件其实不严格,如温州、兰溪谈韵的"錾"就是例外,能说明早期这一层次没有声母条件。或者,谈韵还有更多的白读字尚未发掘出来。总而言之,瓯江片及金衢片谈韵的"假互补"格局应当是不同层次读音相互竞争而造成的偶然结果。

值得注意的是,一般来说,上丽片更存古,但上丽片覃谈韵层次 III 的读音比瓯江、金衢方言多,我们先列出各片方言层次 III 读音在覃谈韵的分布情况,见表 9.1.21:

表 9.1.21①

古韵部	常山	江山	开化	广丰	玉山	丽水	遂昌	庆元	云和
覃	3/7	5/5	3/11	6/7	7/7	8/5	11/1	12/1	12/1
谈	2/7	3/6	1/10	3/7	3/6	4/8	3/7	3/7	5/8
	温州	乐清	永嘉	平阳	义乌	兰溪	东阳	永康	浦江
覃	11/4	9/3	9/2	7/3	11/1	6/3	8/0	13/1	12/2
谈	6/8	6/8	6/8	3/8	4/9	3/6	3/6	4/11	3/12

---

① 根据材料,表中列出覃韵和谈韵层次 II 与层次 III 的实际字数,斜线左边为层次 II,斜线右边为层次 III,一字多音也分别重复记入相应层次读音。

从表 9.1.21 中,我们可以看到,开化、常山层次Ⅲ几乎扩散到整个谈韵,其他各点层次Ⅲ在谈韵的扩散基本一致。但层次Ⅲ在覃韵的扩散就很不相同,常山、江山、开化、广丰、玉山等上山小片覃韵层次Ⅲ至少占了一半以上,有的(如开化)甚至将近 80%,而丽水、遂昌、庆元、云和等丽水小片及瓯江片、金衢片层次Ⅲ读音基本没有扩散到覃韵,可以说上山小片覃谈韵层次Ⅲ读音的扩散是最快的。

事实上,一等覃谈韵同时受到层次Ⅲ与标准语读音的双重压力,而标准语读音带有鼻音成分,上山小片层次Ⅲ读音与标准语读音正好相合,因此,加速了这类读音在一等韵的扩散,这种扩散不以声母条件为制约,开化、常山等地甚至有取代层次Ⅱ之势。

金衢片层次Ⅲ读音大多没有鼻音成分,因此,在覃谈韵的扩散相对缓慢,基本未扩散到覃韵。由于标准语读音扩散的加强,覃谈韵还产生了一个新的文读层读音,这个读音正是标准语读音在覃谈韵的扩散,这是上山小片所不具有的。丽水小片及瓯江片则处于两者的中间,丽水小片层次Ⅲ读音与标准语虽然相合,不过扩散速度没有上山小片快。瓯江片层次Ⅲ读音也是脱落鼻尾,不过标准语读音尚未进入该区域音系。

以上我们讨论了南部吴语覃谈韵的读音层次,指出当前学界关注南部吴语覃谈有别时,忽略了谈韵端系与非端系两类读音之间的关系。就语音特点而言,南部吴语覃谈韵均有层次Ⅱ和层次Ⅲ的对应,瓯江、金衢覃韵层次Ⅱ与层次Ⅲ数量较少,谈韵的两个层次读音多以"假互补"出现,上丽片这两个层次没有声母条件。我们在进行方言语音比较时,一定要在同一个层次内进行,否则对应容易错乱。

9.1.2　咸摄三四等韵的读音层次

金有景(1964)发表文章指出义乌话咸山两摄三四等字有区别,立即受到音韵学及方言学界的重视。随后金(1982)利用浙江近五十个点的材料归纳出八种类型,较为详细,可参看。本书就南部吴语咸摄三四等的情况做一简单总结,先看上丽片各方言咸摄三四等的情况,如表 9.1.22 所示:

表 9.1.22

古等	舒入	常山	江山	开化	广丰	玉山	丽水	遂昌	庆元	云和
三等	舒	iɛ̃	iɛ̃	iɛ̃	iɛ̃	iɛ̃	ie	iɛ̃	iɛ̃	ie
	入	iəʔ	iɛʔ	iɛʔ	iɐʔ	iɐʔ	ieʔ	ieʔ	ieʔ	ieʔ

续 表

古等	舒入	常山	江山	开化	广丰	玉山	丽水	遂昌	庆元	云和
四等	舒	iẽ	iẽ	iɛ̃	iẽ	iẽ	ie	iẽ	iɑ̃(iɛ̃)	ie
	入	iəʔ	iɛʔ	iɛʔ	iɐʔ	iɐʔ	ieʔ	ieʔ	iɑʔ(ieʔ)	ieʔ

从表 9.1.22 中我们可以清楚地看到,上丽片各方言无论舒声还是入声三四等韵大多合流,只庆元除外。庆元三等读 iɛ̃,四等端组声母后读 iɑ̃,见组声母后读 iɛ̃,四等韵的两个读音互补。但见组字"嫌"读"hɑ̃²",也可看出庆元四等韵见组与端组声母后韵母读音相同的遗迹,如果把 iɑ̃ 看成是庆元四等韵的早期读音,端组声母后高化为 iɛ̃,是一种条件音变。

我们先以温州为例讨论瓯江片咸摄三四等的读音情况。温州咸摄三四等韵母元音已经合流,均读为 i。如盐韵为 i,"帘 li² │ 尖 tɕi¹ │ 潜 dʑi² │ 染 ȵi⁴ │ 钳 dʑi² │ 验 ȵi⁶","蟾"字读"dʑy⁶"。例外如"闪"字读"ɕa⁷",读如屑韵。盐韵入声也是读 i 的,如"聂 ȵi⁸ │ 接 tɕi⁷ │ 叶 ɦi⁸",例外如"镊 ȵa⁸","摄 sei⁷"。盐韵字读 i 的塞擦音声母大多腭化,因此 i 不会发生类似麻三的前裂化音变,而"摄"字声母未腭化,韵母自然由 i>ei,韵母读如麻三。可比较表 9.1.23 中的读音:

表 9.1.23

麻三	借 tsei⁵	写 sei³	车 tsʰei¹	蛇 zei²
盐韵	尖 tɕi³	潜 dʑi²	陕 ɕi³	接 tɕi⁷

我们知道,百年前温州麻三韵母读 i,如今韵母裂化为 ei,而声母未腭化。而百年前温州咸摄三四等读 ie,如"钳 dʑie² │ 验 ȵie⁶ │ 沾 tsie¹ │ 闪 sie³ │ 尖 tsie¹ │ 潜 dʑie²"[①],从读音中可知当时盐韵还分尖团,齿音声母均未腭化,可见齿音声母的腭化也就近百年的事。"摄"为书母字,声母没有发生腭化,使得 i 韵随麻三一起裂化,这大概就是"摄"字读音例外的原因。除此之外,韵母发生 ie>i 的合音音变。从以上可知,百年前温州话咸摄三四等元音就已经合流,均读为 ie,当代温州话均读为 i,某些例外读音如"闪镊"可能发生 ie>ia 的低化音变,可见,不规则读音可能是音变的结果,自然不能看成是读音层次的区别。

必须说明的是,不管是上丽片还是瓯江片,不管三四等是合流还是分立,都只有一个层次,没有两个层次,三四等从分立到合流,是一个方言内部

---

① 见高本汉《中国音韵学研究·方言字汇》(2003:590—592)。

音系运动的结果,对立还是合流,可以说是语音特点,而不是层次特征。比如瓯江片也有许多三四等对立的方言点,如表 9.1.24 所示:

表 9.1.24①

例字	陶山_{瑞安}	湖岭_{瑞安}	昆阳_{平阳}	蒲城_{苍南}	玉壶_{文成}	正岙_{洞头}	乌牛_{永嘉}	桥头_{永嘉}
尖_盐	tɕɪe¹	tɕɪe¹	tɕɪe¹	tsɪ¹	tɕɪe¹	tɕi¹	tɕi¹	tɕɪe¹
染_盐	ȵɪe⁴	ȵɪe⁴	ȵɪe⁴	ȵɪ⁴	ȵɪe⁴	ȵi⁴	ȵɪe⁴	ȵɪe⁴
欠_严	tɕʰɪe⁵	tɕʰɪe⁵	tɕʰɪe⁵	tsʰeɪ⁵	tɕʰɪe⁵	tɕʰi⁵	tɕʰɪe⁵	tɕʰɪe⁵
店_添	tiæ⁵	tie⁵	tyœ⁵	teɪ⁵	tiæ⁵	tɪe⁵	tɪ⁵	tie⁵
甜_添	diæ²	die²	dyœ²	deɪ²	diæ²	dɪe²	dɪ²	die²

通过表 9.1.24 我们可以清楚地看到,在温州其他地区,咸摄三四等相区别的方言点是很平常的,但温州话是合流的,可见温州变化快。其实,分立或合并只是方言内部音系的调整与运动,与层次无关。乐清三四等合流,均读为 ie。平阳三等韵读 ie,四等韵端系读 yø,见系读 ie,是互补的。永嘉三等韵读 ie,四等韵端系读 ie,见系读 ie,表现与平阳相同,均在端系声母后有别。

再看金衢片咸摄三四等的情况,如表 9.1.25 所示:

表 9.1.25

古等	舒入	义乌	东阳	兰溪	浦江	武义	永康
三等	舒	ie(ye)	i	i	e(i)	ie	ie
	入	ie	iəʔ	ieʔ	i	ie	ie
四等	舒	iɑ	i	i	iɔ	ie	iɑ(ie)
	入	iɑ	iəʔ	ieʔ	iɑ(iɔ)	iɑ	iɑ(ie)

从表 9.1.25 可以看到,咸摄三四等的关系大致可分两类,第一类完全合流,如东阳、兰溪两地;第二类三四等有别。第二类三四等有别又可以分为两小类,一是完全不同,如义乌三四等②、浦江三四等。义乌三等盐韵章组读 ye,如“蟾 dʑye⁶│闪 ɕye³”等,其他声母后读 ie,两者互补,四等韵读 iɑ。浦江三等盐韵非见系声母后读 e,见系声母后读 i,两者互补,四等舒声读 iɔ,入声见系读 iɔ,非见系读 iɑ,互补;二是部分有别,如武义四等入声韵与三等

<hr/>

① 此表材料取自[波兰]帕维尔·玛突来维切《吴语瓯江方言韵母演变研究》(2005:28)表 2-23,表格材料只取咸摄三四等字的读音,方言点有所取舍。
② 义乌咸摄四等韵读 iɑ,如“添 tʰiɑ¹│店 ȵiɑ⁵│嫌 ȵiɑ²│挟_兼 tɕiɑ³”,没有读音变体,与山摄四等韵有读音变体不同。

入声韵相区别,舒声无别。永康则四等见系无别而非见系后有别。

最后再看合口三等韵的层次归属,合口三等韵只有唇音字,上丽片均只有一个层次,读为 $\tilde{a}$,如常山、江山、开化、玉山、广丰、云和,或读 $a\eta$,如遂昌,或读 $\tilde{\alpha}$,如庆元,均属层次Ⅲ。瓯江片亦属层次Ⅲ,如温州、乐清、永嘉等读 a,平阳读 ɔ。金衢片同样属层次Ⅲ,如义乌、浦江读 ɔ,武义读 uo,永康读 ɑ,兰溪为 $\tilde{a}$,东阳读 ʌ。

9.2 深摄的读音层次

9.2.1 上丽片深摄的读音层次

本节我们以上丽片开化方言为例讨论深摄的读音层次,先列出开化方言深摄常用字读音如下,见表 9.2.1:

表 9. 2. 1

侵韵	$\tilde{\varepsilon}$	森 $s\tilde{\varepsilon}^1$,参 $s\tilde{\varepsilon}^1$,金₁ $k\tilde{\varepsilon}^1$,禁 $k\tilde{\varepsilon}^5$,音₁ $\tilde{\varepsilon}^1$,阴 $\tilde{\varepsilon}^1$
	$y\tilde{\varepsilon}$	针 $t\varepsilon y\tilde{\varepsilon}^1$,枕 $t\varepsilon y\tilde{\varepsilon}^3$,深 $t\varepsilon^h y\tilde{\varepsilon}^1$,樵 $t\varepsilon y\tilde{\varepsilon}^1$
	iŋ	品 $p^h i\eta^3$,林 $li\eta^2$,寝 $t\varepsilon^h i\eta^3$,心 $\varepsilon i\eta^1$,沉 $di\eta^2$,沈 $\varepsilon i\eta^3$,金₂ $t\varepsilon i\eta^1$,音₂ $i\eta^1$

开化方言侵韵只有三个读音:$\tilde{\varepsilon}$、$y\tilde{\varepsilon}$ 和 iŋ。其中前两个读音互补,$\tilde{\varepsilon}$ 只出现在庄组和见系声母后,$y\tilde{\varepsilon}$ 只出现在章组声母后,两者关系可表达如下:

$$\tilde{\varepsilon} > \tilde{\varepsilon}/庄组、见系声母\_\_$$
$$> y\tilde{\varepsilon}/章组声母\_\_$$

又,$\tilde{\varepsilon}(y\tilde{\varepsilon})$ 与 iŋ 在多个声母组后均有对立,如在章组、见系声母后均有对立,见表 9.2.2:

表 9. 2. 2

古声母组	$\tilde{\varepsilon}(y\tilde{\varepsilon})$	iŋ
章组	针 $t\varepsilon y\tilde{\varepsilon}^1$,枕 $t\varepsilon y\tilde{\varepsilon}^3$,深 $t\varepsilon^h y\tilde{\varepsilon}^1$	沈 $\varepsilon i\eta^3$,审 $\varepsilon i\eta^3$,甚 $z i\eta^6$
见系	金₁ $k\tilde{\varepsilon}^1$,禁₁ $k\tilde{\varepsilon}^5$,音₁ $\tilde{\varepsilon}^1$	金₂ $t\varepsilon i\eta^1$,禁₁ $t\varepsilon i\eta^5$,音₂ $i\eta^1$

同时见系"金、禁、音"等均有两读。$\tilde{\varepsilon}$ 读音为白读,iŋ 读音为文读。因此,$\tilde{\varepsilon}$ ($y\tilde{\varepsilon}$)与 iŋ 不仅是两个不同的层次,而且 $\tilde{\varepsilon}(y\tilde{\varepsilon})$ 层次读音要早于 iŋ 层次读音。

事实上,深摄与臻摄三等韵具有相同的层次读音 $\tilde{\varepsilon}(y\tilde{\varepsilon})$,因此,该读音是深臻两摄合流的产物。读音 iŋ 不仅与臻摄三等韵合流,而且与曾梗两摄的三等韵也合流。可见,iŋ 读音包含了更多的韵摄,如表9.2.3所示:

表 9.2.3

古韵摄	知组	章组	见系
ɛ̃(yɛ̃) 臻三	尘₁ dʑyɛ̃², 阵 dʑyɛ̃⁶	真₁ tɕyɛ̃¹, 身₁ ɕyɛ̃¹, 神₁ zyɛ̃²	巾₁ kɛ̃¹, 银₁ ŋɛ̃², 近 gɛ̃⁶, 筋 kɛ̃¹
iŋ 臻三①	尘₂ dʑiŋ², 陈 dʑiŋ²	真₂ tɕiŋ¹, 身₂ ɕiŋ¹, 神₂ ziŋ²	巾₂ tɕiŋ¹, 银₂ niŋ², 紧 tɕiŋ³
iŋ 曾三	惩 dʑiŋ²	称 tɕʰiŋ¹, 绳 ziŋ², 升 ɕiŋ¹	兴 ɕiŋ⁵, 鹰 iŋ¹, 蝇 ɕiŋ²
iŋ 梗三	郑 dʑiŋ⁶, 程 dʑiŋ²	正 tɕiŋ¹, 声 ɕiŋ¹, 成 dʑiŋ²	镜 tɕiŋ⁵, 轻 tɕʰiŋ¹, 赢 ɦiŋ²

从表9.2.3可知,臻摄三等韵 ɛ̃(yɛ̃) 层次读音的两个读音变体所出现的语音条件与深摄相同,只是臻摄三等韵知组声母后也读为 yɛ̃,而深摄知组由于收字少,知组后无 yɛ̃ 读音变体。同时,从表9.2.3我们还可以清楚地看到,臻摄三等韵有 ɛ̃(yɛ̃) 与 iŋ 的对立,表现与深摄相同,而 iŋ 读音是深臻曾梗四摄合流的读音,因此,ɛ̃(yɛ̃) 读音层次要早于读音 iŋ 层次。

唐末胡曾有首著名的《戏妻族语不正》,诗云:"呼十却为石,唤针将作真。忽然云雨至,总道是天因(阴)。"②"针、阴"属侵韵,"真、因"属真韵,前者收-m尾,后者收-n尾,两者同音说明已经合流。尽管这种合流可能仅是个别现象,但可表明-m向-n尾演变的事实。同时,深臻摄三等韵仅是韵尾不同,一旦韵尾变-n,则两者合流。而 ɛ̃(yɛ̃) 不见于曾梗摄,说明当时与曾梗摄仍有区别,表明 ɛ̃(yɛ̃) 是比 iŋ 要早的层次读音。

综上所述,开化方言深摄有两个层次,且 ɛ̃(yɛ̃) 早于 iŋ。我们把前者称为层次Ⅰ,特点是深臻两摄合流,把后者称为层次Ⅱ,特点是深臻曾梗四摄合流。

整个上丽片方言均有与开化方言相对应的两个层次读音,以下我们列出各点的对应读音,如表9.2.4所示:

表 9.2.4

层次	开化	常山	江山	广丰	玉山	丽水	遂昌	庆元	云和
层次Ⅰ	ɛ̃(yɛ̃)	yʌ̃	œ̃	yẽ	æ̃	—	ɔ̃(yɔ̃)	ã	—
层次Ⅱ	iŋ	iŋ	iŋ	eiŋ(iŋ)	iŋ	ɛiŋ(iŋ)	iiŋ (əŋ,yiŋ)	ɛiŋ	əŋ(iŋ)

各点仅丽水、云和两地的深摄无层次Ⅰ读音。丽水、云和两地侵韵仅有一个层次,丽水舌齿音后读 ɛiŋ,牙喉音后读 iŋ,两者互补。云和舌齿后读

① 臻、曾、梗三等韵读 iŋ 无声母限制,包括唇牙喉、舌齿诸声母,表中仅举例说明。
② 见《全唐诗》卷八七〇,中华书局1960年。

217

əŋ,牙喉后读 iŋ,两者互补。这种互补分布均与臻摄三等韵的情况相同,却与曾、梗摄三等韵保持一定差异①。从音类的分合角度看,丽水的 εiŋ(iŋ)与云和的 əŋ(iŋ)对应的是层次Ⅰ,但我们认为应该归为层次Ⅱ。

我们知道,音类的分合关系并非是判断层次对应的唯一方法,因为有些音类分合关系,或是语言接触形成,或是内部演化所致。当然,层次越古老,音类分合的方法越有效。事实上,丽水、云和侵韵读音的归属从读音上就能一目了然,应属层次Ⅱ。

我们由此可以提出一个推论,即如果是两个层次的,那么层次Ⅰ特点为深臻摄三等韵合流,层次Ⅱ特点为深臻曾梗摄三等韵合流。如果只有一个层次,那么,这个层次特点就是深臻摄三等韵合流。

常山层次Ⅰ读音收字较少,仅章组"深"字读层次Ⅰ,臻摄三等韵层次Ⅰ读音则相对较多,如"新 sʌ̃¹ | 信 sʌ̃⁵ | 近 gʌ̃⁴ | 隐 ʌ̃³"。

江山层次Ⅰ读音收字较多,如"砧 tœ̃¹ | 参 ɕœ̃¹ | 针 tɕœ̃¹ | 枕 tɕœ̃³ | 深 tɕʰœ̃¹ | 沈 ɕœ̃³ | 金 kœ̃¹ | 禁 kœ̃⁵ | 阴 œ̃¹"等,它与层次Ⅱ的 iŋ 读音构成较为系统的文白异读。

遂昌层次Ⅰ读音有两个读音变体:ə̃和 yə̃,同是章组下"枕"读"tsə̃³","深"读"tɕʰyə̃¹",见系"妗"读"dʑyə̃⁶",同属章组的"枕"和"深"两字韵母虽不同,但声韵拼合是互补的,即 ə̃读音声母非腭化,yə̃读音声母腭化。臻摄三等韵"陈"读为"dʑyə̃²","近"读为"gə̃⁴",也是同理。层次Ⅱ读音变体较多,其中精组、帮组、见系声母后读 iiŋ,庄组后读 əŋ,章组部分读 yiŋ,部分读开口 iiŋ。

广丰层次Ⅰ读音为 ỹẽ,仅"砧"字读为"tyẽ¹"。臻摄三等亦有"阵 dʑyẽ⁶ | 陈 dʑyẽ²",可相对比。广丰另有来母字,有两个层次,其中白读为 ioŋ,文读为 eiŋ(层次Ⅱ),如"林 lioŋ²/leiŋ² | 临 lioŋ²/leiŋ²",白读读为通摄合口三等,此层次读音不见于其他点,似另有来源,暂时存疑。

玉山层次Ⅰ读音为 æ̃,收字较多,如"砧 tsæ̃¹ | 沉 dzæ̃² | 森 sæ̃¹ | 针 tsæ̃¹ | 揪 kʰæ̃⁵ | 阴æ̃¹"等。臻摄三等韵有æ̃和 yæ̃两个变体,其中 yæ̃变体的声母是腭化的,因此,也是互补的,如"陈 dʑyæ̃² | 真 tɕyæ̃¹ | 身 ɕyæ̃¹ | 斤 kæ̃² | 银 ŋæ̃² | 勤 gæ̃²"。

综上所述,上丽片除丽水、云和只有一个层次外,其余各点均有两个层次的对应。其中层次Ⅰ收字不均衡,有的点多有的点少。

---

① 丽水、云和两地的曾梗三等韵均只有一个读音 iŋ,但两地深臻摄有声母条件的读音变体,没有完全合流。

9.2.2　瓯江片及金衢片深摄的层次对应

与上丽片相比,瓯江片深摄只有一个层次,特点是与臻摄三等韵合流。上文我们提到,仅一个层次的若是深臻摄三等韵合流的就归为层次Ⅱ。先看温州深臻摄三等韵读音,见表 9.2.5:

表 9.2.5

林深	心深	沉深	渗深	针深	金深	阴深	宾臻	邻臻	新臻	镇臻	真臻	巾臻	因臻
leŋ²	saŋ¹	dzaŋ²	saŋ⁵	tsaŋ¹	tɕaŋ¹	jaŋ¹	peŋ¹	leŋ²	saŋ¹	tsaŋ⁵	tsaŋ¹	tɕaŋ¹	jaŋ¹

从表 9.2.5 可以看到,温州话深摄和臻摄均有两个读音变体,互补条件均相同,即帮组、来母声母后读 eŋ,其他声母后读 aŋ。[①] 瓯江片其他方言与温州相同,对应层次Ⅱ。各点互补条件及读音均相同(以下是音位归纳,略有差异,但实质相同),现将各点读音总结如下,见表 9.2.6:

表 9.2.6

层次	温州	永嘉	乐清	平阳
层次Ⅱ	aŋ(eŋ)	aŋ(eŋ、iaŋ)	aŋ(eŋ)	aŋ(eŋ、iaŋ)

金衢片各方言深摄亦只有一个层次。多数方言点深摄与臻摄三等韵合流,而不与曾梗摄三等韵合流。少数如义乌、兰溪不仅与臻摄三等韵合流,且与曾梗摄三等韵也合流,可见,同一片方言内部的音类分合关系也不同。如兰溪深摄有如下的读音变体:

ẽi ＞ẽi/帮、泥组声母__

＞ĩ/其他声母__

兰溪的这种互补分布格局在臻曾梗摄三等韵中表现相同。以下我们列出各点深摄读音数例,见表 9.2.7:

表 9.2.7

方言点	林来	浸精	沉知	渗庄	针章	深章	金见	阴影
兰溪	lẽi²	tsĩ⁵	dʑĩ²	—	tɕĩ¹	ɕĩ¹	tɕĩ¹	ĩ¹

---

①　严格意义上讲,见组和日、影母字读 iaŋ。此处记为 aŋ 为音位标法,实则亦互补。如深摄温州与永嘉互补,读音相同,但永嘉则在见组和日、影母后记为 iaŋ,与温州无实质区别。

续　表

方言点	林来	浸精	沉知	渗庄	针章	深章	金见	阴影
义乌	lən²	tsən⁵	dzən²	sən⁵	tsən¹	sən¹	tɕiən¹	iən¹
东阳	lien²	tɕien⁵	dzən²	sən⁵	tsən¹	sən¹	tɕien¹	ien¹
浦江	lin²	tsən⁵	dzən²	sən⁵	tsən¹	sən¹	tɕin¹	in¹
武义	liŋ²	tsiŋ⁵	dzəŋ²	siŋ⁵	tsəŋ¹	səŋ¹	tɕiŋ¹	iŋ¹
永康	liŋ²	tsəŋ⁵	dzəŋ²	səŋ⁵	tsəŋ¹	səŋ¹	kiŋ¹	iŋ¹

从表 9.2.7 我们可以归纳出各点读音变体出现的条件,并将层次读音总结如下,见表 9.2.8:

表 9.2.8

层次	兰溪	义乌	东阳	浦江	武义	永康
层次Ⅱ	ĩ(ẽi)	ən(iən)	ien(ən)	in(ən)	iŋ(əŋ)	iŋ(əŋ)

9.2.3　小　结

通过对南部吴语深摄读音层次的讨论,我们得出以下认识。

第一,南部吴语深摄层次相对单一,即使层次相对复杂的上丽片深摄也只有两个层次:Ⅰ和Ⅱ。其中层次Ⅰ收字不平衡,有的点多,有的点较少。瓯江片、金衢片只有层次Ⅱ,上丽片的丽水、云和两个点也只有层次Ⅱ。

第二,两个层次和仅一个层次的音类分合关系不同。对于有两个层次的上丽片而言,层次Ⅰ的特点为深摄与臻摄三等韵合流,层次Ⅱ的特点是深臻曾梗四摄的三等韵合流。对于只有层次Ⅱ的方言来说,特点是深摄与臻摄三等韵合流,不与曾梗摄三等韵合流。

有两个层次的音类分合特点较一致。只有一个层次Ⅱ的音类分合特点一致性较弱,即使是同一片内部也会有差异,比如金衢片的多数方言点深摄与臻摄三等韵合流,而不与曾梗摄三等韵合流。少数如义乌、兰溪不仅与臻摄三等韵合流,且与曾梗摄三等韵也合流,可见,方言内部的音变会打破一些关系。

第 10 章　山摄的读音层次及其演变

南部吴语咸山两摄关系密切,其演变往往具有一致性。如义乌咸山两摄均脱落鼻尾且部分读音合流。中古山摄分韵复杂,不仅四等俱全,还各分开合,共计十二韵,大部分来自上古元部,真、文两部亦有其来源。山摄不仅分韵复杂,层次也非常复杂,以上丽片方言为最,如常山寒韵有 õ、ã、uʌ̃ 三个读音,桓韵却有 ʌ̃、ã、õ、i、uʌ̃、oŋ、yʌ̃、uã 八个读音之多,桓韵的读音远多于寒韵。可见,寒桓韵虽为开合韵,但读音不对等。二等韵读音则相对较少,层次也简单。我们以一二等韵为一组讨论山摄各韵层次读音。

10.1　山摄一二等韵的读音层次

10.1.1　上丽片山摄一二等韵的读音层次

本节我们以常山为例讨论上丽片山摄一二等韵的读音层次,先列出常山山摄一二等韵常用读音如下,见表 10.1.1:

表 10.1.1

寒韵	õ	单$_1$tõ^1,炭 tʰõ^5,难 nõ^2,拦 lõ^2,伞$_1$sõ^3,寒 gõ^2,汗 gõ^6,汉$_1$hõ^5,干$_1$kõ^1,安$_1$õ^1
	ã	单$_2$tã^1,弹 dã^6,蛋 dã^6,伞$_2$sã^3,寒$_2$ɦã^2,汉$_2$hã^5,干$_2$kã^1,安$_2$ã^1
	uʌ̃	坛 duʌ̃^{2}
桓韵	i	短$_1$ti^1,酸 ɕi^1
	ʌ̃	搬 pʌ̃^{1},半 pʌ̃^{5},判 pʰʌ̃^{5},盘 bʌ̃^{2},馒 mʌ̃^{2},满 mʌ̃^{4},拌 bʌ̃^{4}
	õ	端 tõ^1,短$_2$tõ^3,团$_1$dõ^2,缎 dõ^6,算 sõ^5,蒜 sõ^5
	uʌ̃	团$_2$duʌ̃^{2},段 duʌ̃^{6},卵$_2$luʌ̃^{4},钻 tsuʌ̃^{1},官 kuʌ̃^{1},管$_2$kuʌ̃^{3},宽 kʰuʌ̃^{1},欢 huʌ̃^{1},碗 uʌ̃^{3}
	yʌ̃	丸 ɦyʌ̃^{2}
	oŋ	断 doŋ^4,卵$_1$loŋ^4,管$_1$koŋ^3
	ã	绊 pã^5,漫 mã^6
	uã	换 ɦuã^6,腕 uã^5

续 表

		ã	扮 pã⁵,办 bã⁶,山 sã¹,产 tsʰã³,间₁kã¹,眼₁ŋã⁴,苋 hã¹
山韵	开	iɛ̃	间₂tɕiɛ̃¹,眼₂ɦiɛ̃⁴,简 tɕiɛ̃³
	合	uã	幻 ɦuã⁶
		ã	班 pã¹,板 pã³,蛮 mã²,慢 mã⁶,颜 ŋã²
删韵	开	iɛ̃	奸 tɕiɛ̃¹
		õ	晏 õ⁵
	合	oŋ	关₁koŋ¹
		uã	关₂kuã¹,惯 kuã⁵,还 ɦuã²,弯 uã¹

先看寒韵,常山寒韵有三个读音:õ、ã和 uʌ̃。其中õ和ã读音在寒韵所有声母组后面均有对立,如表 10.1.2 所示:

表 10.1.2

古声母组	õ	ã
端泥组	单₁tõ¹,炭 tʰõ⁵,难 nõ²,拦 lõ²	单₂tã¹,弹 dã⁶,蛋 dã⁶,兰 lã²
精组	伞 sõ³,散 sõ³	餐 tsʰã¹,残 dzã²
见组	肝 kõ¹,干₁kõ¹,杆 kõ³	干₂kã¹,刊 kʰã¹
影晓组	汗 gõ⁶,汉 hõ⁵,寒₁gõ²	寒₂ɦã²,汉₂hã⁵,安₂ã¹

从表 10.1.2 我们还可以看到,同一个语素具有两个不同的韵母读音,这些语素同样没有声母组的限制。因此,我们可以确定,寒韵的õ和ã是属于两个不同的读音层次,同时,õ层次要早于ã层次,理由如下。

其一,ã读音不仅存在于一等寒韵,在二等山删韵也有出现。但二等韵没有õ读音。二等删韵的“晏”常山读“õ”,是不是表示二等韵有õ这个读音层次?《广韵》“晏”有两个反切,乌涧切和乌旰切,后者反切属寒韵。常山删韵“晏”字的“õ”读音应属乌旰切,所以常山山摄二等韵没有õ这个层次。从周边方言也能找到“晏”读寒韵的证据,如表 10.1.3 所示:

表 10.1.3

方言点	晏	删韵	寒韵①
开化②	oŋ⁵	ã	oŋ
广丰	uɐ̃⁵	ã	uɐ̃
庆元	uã⁵	ɑ̃	uã

---

① 只列出不与二等韵合流的层次读音。
② 上丽片有的方言点可能不以“晏”表示“夜”,但凡以“晏”表示“夜”的,均读乌旰切。

其二,ã读音不仅是山摄一二等韵合流的读音,同时也是咸山两摄合流的读音。汉语语音史告诉我们,"汉民族共同语和官话中的[-m]尾韵普遍转化为[-n]尾韵,大约完成于 16 世纪"(唐作藩,2011:165)。õ读音不见于二等韵,ã读音是一二等韵合流的读音,可知õ层次要早于ã层次。

常山寒韵还有一个 uʌ̃读音,该读音只在"坛"字,在"米坛"一词中出现,但未见于周边方言,暂存疑。

综上所述,常山寒韵分为两个层次:õ层次和ã层次。前者为层次Ⅰ,后者为层次Ⅱ。

再看桓韵的层次情况,常山桓韵共有八个韵母读音之多,与寒韵相比,读音复杂。寒桓韵虽为开合韵,但在方言中并不对等。为简化讨论,我们把主元音相同的归为一组,即ʌ̃和 uʌ̃、yʌ̃为一组,ã和 uã为一组,此外 oŋ、õ和 i则为另一组。

第一组主元音为ʌ̃(包括ʌ̃和 uʌ̃、yʌ̃)。读音ʌ̃只出现在唇音声母后,uʌ̃出现在除唇音以外的其他声母组后。我们知道,汉语唇音不分开合口,可断定ʌ̃与 uʌ̃读音是互补的。yʌ̃读音只在"丸"一字,读如三等仙韵合口。观察上丽片其他方言,我们发现"完丸"两字各点均读仙韵三等合口,金衢片义乌、东阳等地也读仙韵三等合口。可见,这个合口读音分布较为广泛,非常山一地之音变。

江山话"完丸"的读音更能给我们启示,江山话有一个层次读音是唇音声母后读 iẽ,如"半 piẽ⁵ | 盘 biẽ² | 伴 biẽ⁴ | 瞒 miẽ² | 满 miẽ⁴"等,喉牙音声母后读 yẽ,如"官 kyẽ¹ | 棺 kyẽ¹ | 宽 kʰyẽ | 欢 hyẽ¹ | 完 ɦyẽ² | 丸 ɦyẽ²"等,这两个读音是互补的。我们认为这两个读音读的就是仙韵合口三等,应该说,江山的这个读音扩散地比较厉害。从音类分合关系看,常山等地"完丸"等字读音与江山此读音应属同一层次,既读如三等韵,那就与一等桓韵该层次读音构成同层异等之关系。因此,我们把第一组的三个读音ʌ̃、uʌ̃和yʌ̃列为同一层次读音。此外,ʌ̃和 uʌ̃还与臻摄合口一等魂韵分布条件相同(下文具体讨论),如表 10.1.4 所示:

表 10.1.4

魂韵	本	盆	顿	钝	村	存	滚	混
	pʌ̃³	bʌ̃²	tuʌ̃⁵	duʌ̃⁶	tsʰuʌ̃¹	dzuʌ̃²	kuʌ̃³	ɦuʌ̃⁶
桓韵	半	盘	段	团	钻	官	宽	碗
	pʌ̃⁵	bʌ̃²	duʌ̃⁶	duʌ̃²	tsuʌ̃¹	kuʌ̃¹	kʰuʌ̃¹	uʌ̃³

再看第二组 ã 与 uã。这两个读音与 ʌ̃ 和 uʌ̃ 读音分布条件相同,即帮组声母后读 ã,见系声母后读 uã,属同一层次。这个读音也是一二等韵合流的产物。

第三组的三个读音可分为三个层次。õ 和 i 两个读音在端组、精组声母后均有对立,且"短"有 õ 和 i 两个读音。oŋ 读音能出现在端组、泥组、见组声母后。õ、i 和 oŋ 不是以声母为条件的读音变体,且三者无法用音变解释。因此,我们认为它们是三个读音层次。

综上所述,常山桓韵共有五个读音层次。

再看各层次之间的时间关系。"管、卵"有两个读音,其中 oŋ 白读,uʌ̃ 为文读,可知 oŋ 要早于 uʌ̃。"团"有两个读音,其中 õ 白读,uʌ̃ 文读,可知,õ 要早于 uʌ̃。但 oŋ、i 和 õ 之间的时间先后关系无法用共时的文白异读来判断,因此我们借助语音史来辅证。

桓韵 i 有"短、酸"两字,陶寰(2000)指出闽语及浙西南吴语中"短"字读如歌韵,而不是读如纸韵或贿韵。上古歌月元三部主元音相同,只是韵尾不同,于是陶寰(2000:117)设想:"可能在上古的某个时期,吴闽语中的'短'等元部字韵尾或者由[-n]变成了[-l](或上古后期的[-i]),或者脱落,杂入戈韵,随着戈韵一起发展。"且这种"阴阳对转"现象在早期文献中也较常见(周祖谟,1993:144)。

这个层次读音在整个上丽片收字一致,各点不出"短酸钻"三字。一般来说,层次读音收字越少且越统一,其层次越古老。结合上丽片"短酸钻"三字读音,我们同意陶文读如歌韵的观点。除陶文中所提到的常山、江山、开化外,我们增加广丰、玉山、遂昌、庆元四点的材料进一步阐释此读音层次的特点,先列桓韵及歌韵读音,如表 10.1.5 所示:

表 10. 1. 5

例字	常山	江山	开化	广丰	玉山	遂昌	庆元
短桓	ti³	ti³	tui³	ti³	ti¹	—①	ɗai³
酸桓	çi¹	çi¹	sui¹	—	çi¹	sɿ¹	sai¹
钻桓	—	tɕi⁵	tsui⁵	—	—	—	tsai⁵
唾戈	tʰi⁵	tʰi⁵	tʰui⁵	tʰi⁵	tʰi⁵	—	—
坐戈	zi⁴	çi⁴	zui⁶	—	zi⁴	—	—

---

① 因桓韵层次读音较多,某字在不同点可能会有不同层次读音,用"—"表示此字无此层次读音,不表示这个字没有读音,下同。

从表 10.1.5 中,我们可以清楚地看到,常山、江山、开化、广丰、玉山等地的桓韵与戈韵读音相同,庆元其他戈韵字如"螺胭"读 ai,与桓韵 ai 读音相同。结合歌韵层次分析,此读音属上古读音层。遂昌齿音声母后的 i 已全部变成 ɿ,"酸"的韵母也发生 i>ɿ 的音变,虽然遂昌戈韵无层次Ⅰ读音,桓韵反而保留了读如歌韵的层次Ⅰ读音。

再看 oŋ 读音。常山桓韵读 oŋ 的字有"断卵管"等,其他点基本相同,与山摄二等删韵的"关"字读音(其中一个层次读音)相同,我们先将各点读音列出,如表 10.1.6 所示:

表 10.1.6

例字	常山	江山	开化	广丰	玉山	遂昌	庆元	云和
断_桓	doŋ⁴	dəŋ⁴	doŋ⁶	deiŋ⁴	doŋ⁴	dəŋ⁴	təŋ⁴	dəŋ⁴
卵_桓	loŋ⁴	ləŋ⁴	ləŋ⁶	—	—	ləŋ⁴	ləŋ⁴	ləŋ⁴
管_桓	koŋ³	koŋ³	—	koŋ³	koŋ³	—	kuəŋ³	—
关_删	koŋ¹	koŋ¹	koŋ¹	koŋ¹	koŋ¹	kəŋ¹	kuəŋ¹	kəŋ¹

从表 10.1.6 可以看出,常山、玉山、遂昌、云和四地桓韵与合口删韵层次读音同形。其他点有两个读音,均以见组/非见组为条件构成互补,如广丰形成 eiŋ:oŋ 的互补,庆元形成 əŋ:uəŋ 的互补,开化形成 əŋ:oŋ 的互补。但开化的"断"字读"doŋ⁶"与"卵"读"ləŋ⁶"形成对立,似与上述规律相左。事实上,开化的"断"与"卵"确属不同层次,桓韵端、精组读 oŋ(如"绊端断算蒜")与寒韵的 oŋ(如"单滩炭散肝汗"等)相同,对应常山寒韵的 õ,与"卵"读 əŋ 属两个不同层次。

再看 õ 读音。常山桓韵 õ 出现在端、精组声母后,与寒韵的 õ 相同。只是寒韵的 õ 有声母条件限制。从语音特点上看,上山小片寒韵层次Ⅰ无声母条件限制,丽水小片寒韵层次Ⅰ只出现在牙喉音声母后。先看各点读音情况,如表 10.1.7 所示:

表 10.1.7

例字	常山	江山	开化	玉山	广丰	丽水	遂昌	庆元	云和
单_寒	tõ¹	tɔ̃¹	toŋ¹	tɒ̃¹	tã¹	tã¹	taŋ¹	tã¹	tã¹
滩_寒	tʰõ¹	tʰɔ̃¹	tʰoŋ¹	tʰɒ̃¹	tʰã¹	tʰã¹	tʰaŋ¹	tʰã¹	tʰã¹
炭_寒	tʰõ⁵	tʰɔ̃⁵	tʰoŋ⁵	tʰɒ̃⁵	tʰã⁵	tʰã⁵	tʰaŋ⁵	tʰã⁵	tʰã⁵
伞_寒	sõ³	sɔ̃³	soŋ³	sɒ̃³	sã³	sã³	saŋ³	sã³	sã³

续　表

例字	常山	江山	开化	玉山	广丰	丽水	遂昌	庆元	云和
肝寒	kõ¹	kɔ̃¹	koŋ¹	kɒ̃¹	kuɐ̃¹	kuɛ¹	kuɔ̃¹	kuã¹	kuɛ¹
汗寒	gõ⁶	gɔ̃⁶	goŋ⁶	gɒ̃⁶	huɐ̃⁶	ɦuɛ⁶	guɔ̃⁶	huã⁶	ɦuɛ⁶
安寒	õ¹	ɔ̃¹	õ¹	ɒ̃¹	uɐ̃¹	uɛ¹	uɔ̃¹	uã¹	uɛ¹
端桓	tõ¹	tɔ̃¹	toŋ¹	tɒ̃¹	tã¹	tuɛ¹	tɔ̃¹	tã¹	tuɛ¹
短桓	tõ³	—	—	—	—	tuɛ³	tɔ̃³	tã³	tuɛ³
团桓	dõ²	dɔ̃²	—	dɒ̃²	dã²	duɛ²	tã²		duɛ²
算桓	sõ⁵	sɔ̃⁵	soŋ⁵	sɒ̃⁵	sã⁵	suɛ⁵	suɔ̃⁵	sã⁵	suɛ⁵
蒜桓	sõ⁵	sɔ̃⁵	soŋ⁵	sɒ̃⁵	sã⁵	suɛ⁵	suɔ̃⁵	sã⁵	suɛ⁵

从表 10.1.7 中可以清楚地看到,该读音在常山、江山、开化、玉山四地无声母条件限制。而广丰、丽水、遂昌、庆元、云和五地该读音只出现在喉牙音声母后。

事实上,广丰、丽水、遂昌、庆元、云和五地寒韵以舌齿／牙喉为条件形成"假互补",如广丰的 ã：uɐ̃,丽水、云和的 ã：uɛ,遂昌的 aŋ：uɔ̃,庆元的 ã：uã,像云和、遂昌两个读音差别较大,互补缺乏事实根据。

结合周边的常山、江山、开化、玉山等地寒韵读音,我们发现,原来广丰、丽水、遂昌、云和、庆元五地寒韵的"假互补"属两个不同层次读音,所以有的点读音差别很大。我们观察广丰、丽水、庆元、云和、遂昌五地寒韵"假互补"的结构发现,舌齿音声母后的韵母实为一、二等韵合流之读音,相当于常山寒韵层次Ⅰ。也就是说,广丰、丽水、庆元等五地的舌齿音声母后的韵母已被寒韵层次Ⅱ读音覆盖。这种"假互补"格局在瓯江片、金衢片方言中表现得更加彻底(关于瓯江片及金衢片的层次情况下文中讨论),寒韵的这种"假互补"格局与谈韵相似。我们把上丽片各点覃谈韵读音列表 10.1.8 如下:

表 10.1.8

例字	常山	江山	开化	玉山	广丰	丽水	遂昌	庆元	云和
探覃	tʰuʌ̃⁵	tʰɔ̃⁵	—	tʰæ̃⁵	tʰæ̃⁵	tʰuɛ⁵	tʰɔ̃⁵	tʰã⁵	tʰuɛ⁵
潭覃	duʌ̃²	dɔ̃²	duɑ̃²	dæ̃²	dæ̃²	duɛ²	dɔ̃²	tã²	duɛ²
蚕覃	zuʌ̃²	zɔ̃²	zuɑ̃²	zæ̃²	zæ̃²	zuɛ²	zɔ̃²	sã²	zuɛ²
暗覃	uʌ̃⁵	—	—	ɐ̃⁵	ɐ̃⁵	ɛ⁵	ɔ̃⁵	ã⁵	ɛ⁵
磡覃	kuʌ̃⁵	kʰɔ̃⁵	kʰuɑ̃⁵	kʰæ̃⁵	kʰæ̃⁵	kʰɛ⁵	kʰɔ̃⁵	kʰã⁵	kʰɛ⁵

续　表

例字	常山	江山	开化	玉山	广丰	丽水	遂昌	庆元	云和
淡_谈	dã⁴	dã⁴	dã⁶	dã⁴	dã⁴	dã⁴	daŋ⁴	tã⁴	dã⁴
三_谈	sã¹	sã¹	sã¹	sã¹	sã¹	sã¹	saŋ¹	sã¹	sã¹
毯_谈	—	tʰɔ̃³	—	—	tʰã³	tʰã³	tʰaŋ³	tʰã³	tʰã³
錾_谈	zuʌ̃⁴	zɔ̃⁴	—	zæ̃⁴	dzæ̃⁴	—	zə̃⁴	—	—
泔_谈	kuʌ̃¹	kɔ̃¹	kuɑ̃¹	kæ̃¹	kæ̃¹	kɛ¹	kə̃¹	kã¹	kɛ¹
敢_谈	kuʌ̃³	kɔ̃³	—	kæ̃³	kæ̃³	kɛ³	kə̃³	kã³	kɛ³

　　我们知道,各点覃韵层次Ⅱ读音无声母条件限制,而谈韵层次Ⅱ读音在有的方言里是"假互补"格局,如丽水、云和以锐/钝为条件形成ã:ε的"假互补",庆元以锐/钝为条件形成ã:ã的"假互补"。"錾"[1]的读音透露出谈韵两个"假互补"读音属两个层次,这与寒韵"假互补"格局一致。

　　搞清楚oŋ和õ读音的关系后,我们来回顾一下语音史上关于寒桓韵的演变过程。从上古到中古,"元部分化为寒、先、元三部,与《切韵》比较,寒部相当于寒、桓、删三韵,先部相当于山、仙、先三韵,而元部则相当于元、魂、痕三韵"(唐作藩,2011:99)。也就是说,寒桓两韵在《切韵》时期属开合关系,《广韵》寒桓同用亦可说明其主元音相同或相近。各家一般将寒韵主元音拟为后低元音,如寒为*ɑn,桓为*uɑn(王力、董同龢等),这种情况一直到金代的《五音集韵》(1208 年)还是如此(赵诚,1979)。到了元代《中原音韵》时期,寒韵与桓韵截然分立,寒韵属寒山韵,桓韵属桓欢韵。按分韵原则,凡不同韵其主元音必不相同,所以杨耐思(1981)将寒山韵拟为*an,桓欢韵拟为*on。寒山韵另有合口来自二等删山韵,桓韵为独韵。到了明代中后期,北方官话寒山与桓欢韵的区别消失(叶宝奎,2001)。因此,从《切韵》时期一直到 17 世纪,寒桓韵经历了从开合到分韵又回到开合关系的反复演变,这种反复变化或许能够在方言中留下痕迹。

　　上文提到,桓韵读音oŋ与删韵合口读音相同。我们认为,这可能是桓韵作为寒韵的合口韵时,与合口删韵共同演变时所留下的层次读音,即桓韵某些字发生如下音变:*uɑn＞uon＞oŋ。删韵"关"字也发生类似音变:*uɑn＞uon＞oŋ。而õ属寒桓合流后的读音,类似一等覃谈韵合流后的读音。从演变过程看,鼻韵尾-ŋ的读音更古老,鼻化元音应是后来的演变。因

---

　　① 秋谷裕幸将"錾"字读音看成是例外,然后将其描写成以见晓组/非见晓组为条件形成的互补。详见秋谷裕幸《吴语江山广丰方言研究》(2001:13)。

此 oŋ 读音要早于 õ。

综上所述,我们把常山寒桓韵对应层次总结如下,见表 10.1.9:

表 10.1.9

层次	桓韵	寒韵	备注
层次 I	i	—	读如戈韵。上古读音层
层次 II	oŋ	—	读如合口删韵。中古读音层
层次 III	õ	õ	读如寒韵。中古读音层
层次 IV	ʌ(uʌ̃)[yʌ]	—	读如臻摄一等魂韵。或合口仙韵
层次 V	ã(uã)	ã	一、二等同韵

为便于比较,我们把寒韵的两个层次读音以无舌齿/喉牙音为条件分化的称为 A 类,如常山、江山、开化、玉山。以舌齿/喉牙音为条件分化的称为 B 类,如广丰、丽水、遂昌、庆元、云和。

先看寒韵 A 类的层次对应。常山寒韵层次 I 读如桓韵,层次 II 为一、二等同韵,两个层次读音均无声母条件的分化,常山、江山、开化、玉山四点有严整的对应关系,如表 10.1.10 所示:

表 10.1.10

方言点	层次 I	层次 II
常山	õ	ã
江山	ɔ̃	ã
开化	oŋ	ã
玉山	ɒ̃	ã

寒韵 A 类层次 I 读音各不相同,主元音以后高元音为主。各点层次 II 读音相同,主元音为前低元音。

再看寒韵 B 类的层次对应。B 类寒韵两个层次以舌齿/喉牙音声母为条件产生分化,广丰、丽水、遂昌、庆元、云和亦有严整的对应关系,如表 10.1.11 所示:

表 10.1.11

方言点	层次 I	层次 II
广丰	uɐ̃	ã
丽水	ɜu	ã
遂昌	uə̃	aŋ

续　表

方言点	层次 I	层次 II
庆元	uã	ã̃
云和	uɛ	ã̃

　　寒韵 B 类层次 I 只出现在喉牙音声母后，多带合口介音，舌齿音声母后的读音已被层次 II 覆盖，这与谈韵情况相似。层次 II 主元音亦多为低元音。

　　A 类与 B 类层次 I 读音不与谈韵相同（江山除外），层次 II 则与咸摄一、二等韵读音相同。从这里也可以看出，层次 I 要早于层次 II，尽管 B 类层次 I 只出现在牙喉音声母后。

　　再看桓韵的层次对应。上文有关层次 I、II、III 的读音已有所讨论，此不赘述。以下讨论桓韵层次 IV 的对应情况，层次 IV 的特点是读如臻摄魂韵，顺此线索，我们列出 A 类方言点读如魂韵的例字，如表 10.1.12 所示：

表 10.1.12

方言点	本魂	钝魂	村魂	滚魂	搬桓	半桓	团桓	酸桓	钻桓	官桓	碗桓
常山	pʌ̃³	duʌ̃⁶	tsuʌ̃¹	kuʌ̃³	pʌ̃¹	pʌ̃⁵	duʌ̃²	—	tsuʌ̃¹	kuʌ̃¹	uʌ̃³
江山	pæ̃³	dæ̃⁶	tsʰuæ̃¹	kuæ̃³	pæ̃¹	pie⁵	—	—	—	kye⁷	uæ̃³
开化	pɛ̃³	duɑ̃⁶	tsʰuɑ̃¹	kuɑ̃³	pɛ̃¹	pɛ̃⁵	duɑ̃²	suɑ̃¹	—	kuɑ̃¹	uɑ̃³
玉山	pæ̃³	duɑ̃⁶	tsʰuə̃¹	kuə̃³	pæ̃¹	pie⁵	—	—	—	kuɑ̃¹	uɑ̃³

　　初看表 10.1.12，只有常山和开化桓韵读如魂韵，江山和玉山似乎并不符合此特点。事实上，江山桓韵的唇牙喉声母部分字读如合口仙韵，与桓韵构成同层异等的关系。上文我们提到南部吴语多数方言"完丸"两字读如合口仙韵，与读如魂韵的读音构成同层异等的关系。江山唇牙喉声母字均读如合口仙韵，因此，虽与读如魂韵的æ̃/ uæ̃ 构成对立，但实为同一层次。玉山与江山类似，有唇音字读如合口仙韵，但只限于部分如"半盘伴拌"及"完丸"。我们发现凡桓韵主元音为æ̃的，其相应的就有读如三等合口仙韵的读音，可见两者关系密切，绝非层次关系。我们用表 10.1.13 清楚地表明此种关系：

表 10.1.13

古声母组	江山		玉山	
唇音	æ̃	ie	æ̃	uã
牙喉音	uæ̃	ye	ie	ye①

---

　　①　只限于"完丸"两字，与其他点相同，与æ读音无直接关系。

玉山除了唇音声母与魂韵读音相同外,其他声母后读音不同。舌齿音声母后有寒桓同韵的层次,已无读如魂韵的层次。而牙喉音读 uã,与魂韵 uə̃ 亦有所不同。通过观察,我们进一步发现,玉山 uə̃ 读音只限于魂韵,uã 读音只限于桓韵(还包括二等合口山、删韵),也就是说玉山桓韵读如魂韵只限于唇音字,舌齿音声母字已被读如寒韵层次Ⅲ覆盖,牙喉音声母字已被层次Ⅴ覆盖。

B类方言点与A类略有不同,B类方言点层次Ⅲ和层次Ⅳ合流,既读如魂韵,又与寒韵层次Ⅰ合流(只出现在喉牙音声母后),如表10.1.14 所示:

表 10.1.14

方言点	本魂	钝魂	村魂	婚魂	肝寒	汗寒	半桓	团桓	酸桓	官桓
广丰	puɐ̃³	duɐ̃⁶	tsʰuɐ̃¹	huɐ̃¹	kuɐ̃¹	ɦuɐ̃⁶	puɐ̃⁵	duɐ̃²	suɐ̃¹	kuɐ̃¹
丽水	pɛ̃³	duɛ̃⁶	tsʰuɛ̃¹	huɛ̃¹	kuɛ̃¹	ɦuɛ̃⁶	pɛ̃⁵	duɛ̃²	suɛ̃¹	kuɛ̃¹
遂昌	pə̃³	də̃⁶	tsʰə̃¹	huə̃¹	kuə̃¹	guə̃⁶	pə̃⁵	də̃²	—	kuə̃¹
庆元	ɓã³	tã⁶	tsʰã¹	huã¹	kuã¹	ɦuã⁶	ɓã⁵	tã²	—	kuɑ̃¹
云和	pɛ̃³	duɛ̃⁶	tsʰuɛ̃¹	huɛ̃¹	kuɛ̃¹	ɦuɛ̃⁶	pɛ̃⁵	duɛ̃²	suɛ̃¹	kuã¹

从表10.1.14 中我们可以看到,广丰、丽水、遂昌桓韵既读如魂韵,又与寒韵层次Ⅰ合流,说明B类层次Ⅲ和层次Ⅳ已合并。庆元、云和两地桓韵牙喉音与该层次读音不同,原因与玉山类似,即两地桓韵牙喉音声母后读音被寒韵层次Ⅱ覆盖。

综上所述,我们把A、B两类寒桓韵层次读音总结如下,见表10.1.15:

表 10.1.15

古韵部	层次	常山	江山	开化	玉山	广丰	丽水	遂昌	庆元	云和
		A 类				B 类				
寒韵	层次Ⅰ	ɔ̃	ɔ̃	oŋ	ɒ̃	uɐ̃	uɛ	uə̃	uã	uɛ
	层次Ⅱ	ã	ã	ã	ã	ã	ã	aŋ	ɑ̃	ã
桓韵	层次Ⅰ	i	i	ui	i	i	—	ʅ	ai	—
	层次Ⅱ	oŋ	əŋ(oŋ)	əŋ(oŋ)	oŋ	eiŋ(oŋ)	ɛiŋ	ə̃	ə̃ŋ(uəŋ)	əŋ
	层次Ⅲ	ɔ̃	ɔ̃	oŋ	ɒ̃	uɐ̃	ɛ(uɛ)	ə̃(uə̃)	ã(uɑ̃)	ɛ(uɛ)
	层次Ⅳ	ʌ̃(uʌ̃) [yʌ̃]	æ̃(uæ̃) [ie(yæ̃)]	ɛ̃(uã) [yɛ̃]	æ̃ [ie(yɛ̃)]	[yɛ̃]	[yɛ]	[yə̃]	[yɛ̃]	[yɛ]
	层次Ⅴ	a(ua)	a(ua)	a(ua)	a(ua)	ã(uã)	ã(uã)	aŋ(uaŋ)	ɑ̃(uɑ̃)	ã(uã)

说明:①A与B两类只针对寒韵层次Ⅰ和桓韵层次Ⅲ或Ⅳ而言。A类寒韵层次Ⅰ的读音不以声母条件分化,B类层次Ⅰ只出现在牙喉音声母后。A类表示桓韵层次Ⅲ和层次Ⅳ两分,而B类则合并。
②寒韵层次Ⅱ与桓韵层次Ⅴ构成开合口关系。

再把寒桓韵的对应情况列表 10.1.16 如下：

表 10.1.16

桓韵	寒韵 A	寒韵 B
层次 Ⅰ	—	—
层次 Ⅱ	—	—
层次 Ⅲ	层次 Ⅰ	层次 Ⅰ
层次 Ⅳ	—	
层次 Ⅴ	层次 Ⅱ	层次 Ⅱ

最后再讨论上丽片山摄二等韵的层次划分。山摄二等韵的层次相对简单多了，除了上文提到的"关"字读音对应桓韵层次 Ⅱ 外，二等开合韵对应桓韵层次 Ⅴ。另有文读层即二等开口见系声母字的腭化读音，因此各点有三个层次，第一个层次对应桓韵层次 Ⅱ，第二个层次对应桓韵层次 Ⅴ，第三个层次为文读层。

10.1.2　瓯江片山摄一二等韵的读音层次

我们先列出瓯江片各点寒韵常用字读音，如表 10.1.17 所示：

表 10.1.17

方言点	单	摊	散	烂	肝	汗	安	看	刊	罕
温州	ta¹	tʰa¹	sa³	la⁶	ky¹	jy⁶	jy¹	kʰø⁵	kʰø¹	hø³
永嘉	ta¹	tʰa¹	sa³	la⁶	ky¹	ɦy⁶	y¹	kʰø⁵	kʰø¹	hø³
乐清	tɛ¹	tʰɛ¹	sɛ³	lɛ⁶	kuɤ¹	ɦø⁶	ø¹	kʰø⁵	kʰø¹	hø³
平阳	tɔ¹	tʰɔ¹	sɔ³	lɔ⁶	kø¹	ɦø⁶	ø¹	—	kʰø¹	hø³

据表 10.1.17 可知，其一，温州、永嘉、乐清三地寒韵有三个读音。温州和永嘉分别为 a、y 和 ø，乐清为 ɛ、uɤ 和 ø，平阳有两个读音 ɔ 和 ø。其二，温州和永嘉的 a 和 y、ø 以舌齿/牙喉为条件分韵，乐清的 ɛ 和 uɤ、ø 以舌齿/牙喉为条件分韵，平阳则是 ɔ 和 ø 构成舌齿/牙喉分韵。

温州、永嘉、乐清三地牙喉音声母后均有两个读音的对立，我们把这种对立看成相同层次。理由如下，其一，我们在讨论温州覃谈韵读音时已指出 y 和 ø 是音变关系。其二，从内部来看，平阳只有读音 ø，可见音变完成。其三，从层次对应来看，上丽片并无此种对立。因此，我们把牙喉音声母后的两个读音看成是音变关系，属相同层次。

通过上文讨论可知,寒韵 B 类的两个层次是以舌齿/牙喉音声母为条件的,瓯江片属 B 类。现将以上层次读音列表 10.1.18 如下:

表 10.1.18

寒韵 B 类层次		温州	永嘉	乐清	平阳
寒韵 B 类	层次 I	y(ø)	y(ø)	uɤ(ø)	ø
	层次 II	a	a	ɛ	ɔ

再看桓韵的层次读音。瓯江片桓韵无层次 I 的对应。上丽片桓韵层次 II 有"断卵乱暖管"等字,我们列出这几个字在瓯江片的读音,见表 10.1.19:

表 10.1.19

例字	温州	永嘉	乐清	平阳
断	daŋ⁴	daŋ⁴	daŋ⁴	—
卵	laŋ⁴	laŋ⁴	laŋ⁴	laŋ⁴
暖	naŋ⁴	naŋ⁴	naŋ⁴	naŋ⁴
管	kaŋ³	—	kuaŋ³①	—

除此之外,我们也可以从文白读的方言描写材料中得出此层次读音要早于其他桓韵读音,如郑张尚芳(2008:103-104)指出温州话"桓韵喉牙音读 y,白读 aŋ,如'管'ky³,白读 kaŋ³(水~𥋒水竹筒、毛~);'丸'jy²,白读 vaŋ²(柑儿丸,摸丸抓阄)。舌齿音读 ø,亦白读 aŋ,'断、暖、卵'('段'亦如此)白读 daŋ⁴、naŋ⁴、laŋ⁴"。吴安其(2005:17)亦指出温州话桓韵字读 ø、y 为文读,aŋ 韵的是白读。由此看来,温州话桓韵 aŋ 读音早于其他读音。同时,读音 aŋ 还与魂韵合流,如表 10.1.20 所示:

表 10.1.20

例字	温州	永嘉	乐清	平阳
顿	taŋ⁵	taŋ⁵	taŋ⁵	taŋ⁵
蹲	taŋ¹	taŋ¹	taŋ¹	taŋ¹
昆	kaŋ¹	kaŋ¹	kʰuaŋ¹	kʰaŋ¹
昏	faŋ¹	faŋ¹	fuaŋ¹	—
混	vaŋ⁶	vaŋ⁶	vuaŋ⁶	vaŋ⁶

① 参见包文朴《乐清方言词典》(2004:211)。乐清此层次读音见系声母后有-u-介音,此特点在魂韵中也能得到证明,下文讨论。

　　另外,温州话桓韵还有三个读音:y、ø 和 a。其中 y 只出现在牙喉音,如
"官 ky¹｜馆 ky³｜完 jy²｜碗 jy³"等,而 ø 则可出现在唇、舌齿、牙喉诸声母
组后,如"搬 pø¹｜伴 bø⁴｜满 mø⁴｜短 tø³｜钻 tsø¹｜算 sø⁵｜玩 ŋø²"等,牙
喉音声母后仅"款玩"ø 韵二字与 y 韵有对立,我们仍然认为两者是互补的。
我们知道温州话桓韵与魂韵合流,也就是说可以从魂韵的读音中反推桓韵
的这种互补关系,魂韵 y 读音只出现在喉牙音声母后,而 ø 读音只出现在唇
舌齿音声母后。永嘉、乐清、平阳等三点亦是如此,我们列出各点桓魂韵读
音数例,见表 10.1.21:

表 10.1.21

方言点	判桓	短桓	钻桓	官桓	盆魂	饨魂	村魂	昏魂
温州	pʰø⁵	tø³	tsø¹	ky¹	bø²	dø²	tsʰø¹	ɕy¹
永嘉	pʰø⁵	tø³	tsø¹	ky¹	bø²	dø²	tsʰø¹	ɕy¹
乐清	pʰɤ⁵	tø³	tɕø¹	kuɤ¹	bɤ²	dø²	tɕʰø¹	fuɤ¹
平阳	pʰø⁵	tø³	tsø¹	kyø¹	bø²	—	tsʰø¹	hyø¹

　　温州、永嘉两地均以唇舌齿/牙喉音声母为条件,前者读 ø,后者读 y,构
成互补。乐清唇/牙喉音声母后读音构成开合关系:ɤ 和 uɤ,舌齿音声母后
读 ø,且声母发生腭化音变,三者构成互补。平阳以唇舌齿/牙喉为条件,前
者读 ø,后者读 yø,构成互补。这种互补关系桓韵与魂韵相同。此为瓯江片
桓韵第二个层次。
　　瓯江片还有一二等韵合流的层次读音。如温州、永嘉读 a,平阳读 ɔ。
乐清有三个读音,ɛ、uɛ 和 yɛ,是互补的,如"绊 pɛ⁵｜攒 tɕɛ³｜换 vɛ⁶｜宽
kʰuɛ¹｜玩 vuɛ²｜完 zyɛ²｜丸 zyɛ²"。上文我们提到一二等同韵的层次读音
与寒桓韵构成开合关系,温州、永嘉此层次读音寒桓韵均读 a,既然一二等同
韵,那么,从合口二等韵中也能反证其关系。
　　事实上,温州、永嘉两地合口山删韵读 a,如"关 ka¹｜还 va²",可见两地
该层开合韵同音。平阳也是开合韵同音。乐清合口山删韵两读,ɛ 和 uɛ,如
"环 vɛ²｜患 vɛ⁶｜关 kuɛ¹｜还 vuɛ²",桓韵亦有 ɛ 和 uɛ 构成开合关系,寒韵
只有 ɛ 一读,因此乐清此层读音表现为寒桓韵为开合口关系。
　　综上所述,我们把瓯江片寒桓韵层次总结如下,见表 10.1.22:

表 10.1.22

方言点		寒韵		桓韵		
		层次Ⅰ	层次Ⅱ	层次Ⅰ	层次Ⅱ	层次Ⅲ
温州	B类	y(ø)	a	aŋ	y(ø)	a
永嘉		y(ø)	a	aŋ	y(ø)	a
乐清		uʏ(ø)	ε	aŋ(uaŋ)	uʏ(ʏ、ø)	ε(uε、yε)
平阳		ø	ɔ	aŋ	ø(yø)	ɔ

说明:①寒韵层次Ⅰ与桓韵层次Ⅱ构成重韵关系,寒韵层次Ⅱ与桓韵层次Ⅲ构成开合口关系。

以下再列出瓯江片与上丽片的层次对应。如表 10.1.23 所示:

表 10.1.23

上丽片		瓯江片		
桓韵	寒韵 A	寒韵 B	桓韵	寒韵 B
层次Ⅰ	—	—	—	—
层次Ⅱ	—		层次Ⅰ	
层次Ⅲ	层次Ⅰ	层次Ⅰ	层次Ⅱ	层次Ⅰ
层次Ⅳ	—			
层次Ⅴ	层次Ⅱ	层次Ⅱ	层次Ⅲ	层次Ⅱ

10.1.3 金衢片山摄一二等韵的读音层次

本节以义乌方言为例,讨论金衢片山摄一二等韵的读音层次。先将义乌方言山摄一二等韵常用读音列表 10.1.24 如下:

表 10.1.24

寒韵	ɔ	单 nɔ¹,滩 tʰɔ¹,难 nɔ²,兰 lɔ²,炭 tʰɔ⁵,餐 tsʰɔ¹,伞 sɔ³
	uʏ	肝 kuʏ¹,赶 kuʏ³,鼾 huʏ¹,汗 ɦuʏ⁶,安 uʏ¹
	an	丹 ɗan¹,残 ʑan²,赞 tsan⁵,韩 ɦan²,案 an⁵
桓韵	nɘ	断 ɗən⁴,卵 lən⁴,暖 lən⁴,乱 lən⁶
	uʏ	搬 ɓuʏ¹,盘 buʏ²,伴 buʏ⁴,满 muʏ⁴,短 ɗuʏ³,团 duʏ²,钻 tsuʏ¹
	uɑ	官 kuɑ¹,管 kuɑ³,灌 kuɑ⁵,换 ɦuɑ⁶,碗 uɑ³
	ye	完 ɦye²,丸 ɦye²
	an	般 ɓan¹,漫 man⁶
	uan	锻 duan⁶,冠 kuan⁵,缓 huan³,换 ɦuan⁶

续　表

山韵	开	ɔ	扮 mɔ⁵，办 bɔ⁶，山 sɔ¹，产 tsʰɔ³，盏 tsɔ⁵，间 kɔ¹，闲 ɦɔ²，苋 hɔ¹
		an	盼 pʰan⁵，铲 tsʰan³
		ian	艰 tɕian¹，限 ɦian⁶，柬 tɕian³
	合	uan	顽 ɦuan²，幻 ɦuan⁶
删韵	开	ɔ	班 mɔ¹，板 mɔ³，蛮 mɔ²，奸 kɔ¹，颜 ɦɔ²
		an	颁 ɓan¹，版 ɓan³
		ian	谏 tɕian⁵
	合	ən	关₁ kuən¹
		uɑ	关₂ kuɑ¹，还 ɦuɑ²，惯 kuɑ⁵，湾 uɑ¹
		uan	患 ɦuan⁶，惯 kuan⁵

　　义乌寒韵有三个读音：ɔ、uɤ 和 an。其中 an 为文读音。ɔ 和 uɤ 以舌齿/牙喉声母为条件构成"假互补"格局。其中 ɔ 与二等开口山删韵同音，uɤ 为与桓韵合流。因此，uɤ 为寒韵层次Ⅰ，ɔ 为寒韵层次Ⅱ，这两个层次读音与谈韵表现相同。读音 an 是受普通话影响而出现的新文读层，只出现在金衢片，我们称之为层次Ⅲ。寒韵与谈韵的这种关系在金衢片其他方言中也有出现，我们将各点寒韵与谈韵层次读音列表 10.1.25 如下：

表 10.1.25

	层次	义乌	兰溪	永康	武义	浦江	东阳
寒韵	层次Ⅰ（牙喉）	uɤ	ɤu	uɤ	uɤ	u	ɤ
	层次Ⅱ（舌齿）	ɔ	ã	ɑ	uo	ɔ	ʌ
	层次Ⅲ（文）	an	ãæ	an	ɑŋ	an	an
谈韵	层次Ⅰ（牙喉）	uɤ	ɤu	uɤ	uɤ	u	ɤ
	层次Ⅱ（舌齿）	ɔ	ã	ɑ	uo	ɔ	ʌ

　　从表 10.1.25 可以看到，寒谈韵两韵有声母条件的两层次读音完全相同。

　　义乌桓韵有六个读音：ən、uɤ、uɑ、ye、an、uan。其中 an 和 uan 为文读，其余四个为白读。ən 读如魂韵，如"门 mən² | 盾 dən⁶ | 存 dzən² | 婚 huən¹ | 混 ɦuən⁶"。由于桓韵牙喉音声母后的读音属另一个层次，因此桓韵只有 ən 读音与魂韵同，但删韵合口"关"字有一读音为"kuən¹"，上丽片桓韵层次Ⅱ的特点就是桓韵与"关"字合流，两者为同一层次读音，读如魂韵。

再看 ɯɣ 和 uɑ 读音，ɯɣ 只出现在唇舌齿音声母后，uɑ 只出现在牙喉音声母后，与寒韵类似，两者构成"假互补"格局，实为两个层次。ɯɣ 读音为寒桓同韵，同时与魂韵另一层次读音相同，如"顿 dɯɣ⁵｜钝 dɯɣ⁶｜村 tsʰɯɣ¹｜孙 sɯɣ¹｜忖 tsʰɯɣ³"，对应瓯江片层次Ⅰ。

uɑ 属桓韵层次Ⅱ，与寒韵层次Ⅱ读音 ɔ 构成开合关系。两者的开合关系还可以从二等山删韵的读音中得到证明。寒韵层次Ⅱ读音 ɔ 与开口二等山删韵读音相同，因此，如果合口山删韵读音与桓韵相同，那么，桓韵的那个读音就是寒韵 ɔ 的合口读音。事实上，删韵合口读 uɑ，如"关 kuɑ¹｜惯 kuɑ⁵｜还 ɦuɑ²｜湾 uɑ¹"，山韵合口舒声虽无常用字，但其相应的入声亦读 uɑ，如"猾 ɦuɑ⁴①｜挖 uɑ³"，它们与山删韵开口 ɔ 构成开合关系。由此看来，桓韵 uɑ 读音与寒韵 ɔ 形成互补关系，对应瓯江片桓韵层次Ⅲ。

综合桓韵层次Ⅱ和层次Ⅲ的特点，我们再简单总结一下寒桓韵之间的关系。表面上看，寒韵的 ɔ、ɯɣ 与桓韵的 ɯɣ、uɑ 是各自以舌齿/牙喉音声母为条件形成的互补，我们用下面的图示来表示这种关系：

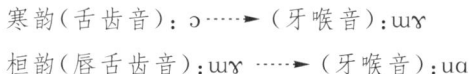

寒韵(舌齿音)：ɔ ……▶（牙喉音）：ɯɣ
桓韵(唇舌齿音)：ɯɣ ……▶（牙喉音）：uɑ

此图示表示的是语音特点，我们用虚线表示。经过上文的分析可知，寒韵的 ɔ 和 ɯɣ 属不同层次，桓韵的 ɯɣ、uɑ 也属不同层次。因此，它们的关系是相互交叉的，即寒韵的 ɔ 与桓韵的 uɑ 是互补的，寒韵的 ɯɣ 与桓韵的 ɯɣ 构成同一层次。这种关系也可以用下面的图示来表示：

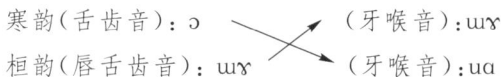

寒韵(舌齿音)：ɔ （牙喉音）：ɯɣ
桓韵(唇舌齿音)：ɯɣ （牙喉音）：uɑ

此图示表示的是层次特点，是深层次的，更能反映语言事实的特点，语音特点与层次特点有时一致，有时不一致，不一致的时候要以层次特点为准。

下面我们以兰溪为例说明这种交叉关系的有效性。兰溪寒韵以舌齿/牙喉为条件分别读为 ã 和 ɣɯ，桓韵以唇舌齿/牙喉为条件分别读为 ɣɯ 和 uã，可用以下图示表示这样的关系：

---

① 义乌(此处为继成话)入声舒化，阴入读如阴上，阳入读如阳上。具体可参见施俊(2012、2016a)。

　　寒韵(舌齿音)：ã ·····▶ (牙喉音)：ɤɯ

　　桓韵(唇舌齿音)：ɯɤ ·····▶ (牙喉音)：uã

　　如果把寒韵的两个读音看成是以舌齿/牙喉为条件的互补,即舌齿音声母后为鼻化元音,牙喉音声母后为非鼻化元音,读音差别较大,互补可能性小,实质是"假互补"。通过对比寒桓两韵的读音,我们发现,寒韵的舌齿音ã与桓韵的牙喉音 uã 正好一开一合,即ã与 uã 是以舌齿/牙喉为条件的真互补。此外,寒韵的牙喉音与桓韵的唇舌齿音读音相同,从表 10.1.25 可以看出,整个金衢片方言都具有这样的交叉格局。我们可以把这种关系用下列图示表示：

　　寒韵(舌齿音)：　ã　　　　　　(牙喉音)：ɤɯ

　　桓韵(唇舌齿音)：ɤɯ　　　　　(牙喉音)：uã

　　综合以上讨论,我们认为,兰溪寒韵ã和桓韵 uã 形成互补关系,属于层次Ⅲ。寒韵ɤɯ与桓韵ɤɯ读音相同,属于层次Ⅱ。

　　金衢片其他点与义乌、兰溪的层次特点相同,不但寒韵与谈韵合流①,而且桓韵的两个层次与魂韵也合流。将各点桓韵的三个层次列表 10.1.26如下(文读层略)：

表 10.1.26

	层次	义乌	兰溪	永康	武义	浦江	东阳
桓韵	层次Ⅰ	əne	əŋe	əŋe	əŋe	əne	ən
	层次Ⅱ(唇舌齿)	ɯɤ	ɤɯ	uo(ɯɤ)	uo(ou)(ɯɤ)	ɯ	ɤ
	层次Ⅲ(牙喉)	uɑ	uã	uɑ	uo	ɔɯ	ʌ

　　永康桓韵唇音后读 uo,舌齿音后读 ɯɤ,两者互补,如"搬 buo¹ ｜ 盘 buo² ｜ 瞒 cmu² ｜ 拌 buo⁴ ｜ 短 ɤɯb³ ｜ 团 dɯɤ² ｜ 乱 lmɯ⁶ ｜ 算 smɯɤ⁵"。ɯɤ的圆唇读音即为 uo,帮组声母后有［＋唇］特征,使得 ɯɤ 读音在唇音声母后变为圆唇的 uo。牙喉音后读为 uɑ。按上述交叉关系的讨论,唇舌齿与牙喉音声母后的两个读音属不同层次。

　　武义唇牙喉声母后均读 uo,舌齿音读 ɯɤ,如"搬 puo¹ ｜ 满 muo⁴ ｜ 判

---

① 指的是语音特点相同,即寒韵与谈韵均以舌齿/牙喉为条件,且读音也相同。如义乌寒韵、谈韵舌齿读ɔ,寒韵、谈韵牙喉读ɯɤ。

pʰuo⁵｜短 tuɯɤ³｜酸 suɯɤ¹｜钻 tsuɯɤ¹｜官 kuo¹｜管 kuo³｜碗 uo³"。单从武义的读音看,唇牙喉声母后的读音相同,均为 uo,自然属同一类。但通过上文分析,唇音的 uo 与舌齿音声母后的 uɯɤ 是互补的,牙喉音声母后的 uo 是由另一层次读音演变而来的,恰巧与唇音后的 uo 合流。

有一个问题需要注意,错位的层次读音出现的原因是什么? 层次读音是否具有选择性? 事实上,层次读音不具有选择性,它是没有声母条件的,音变才有声母条件。

对此,我们试从其他角度解释"假互补"格局出现的原因。我们假设,这种错位是由标准语与方言的音系格局不同所致,在借入标准语的读音时产生错位。南部吴语(可能还包括其他方言)寒桓韵的音类分合关系与北方官话或许不同①,从我们对南部吴语三大片的讨论结果来看,它们早期很可能是按以下排列:

①(寒韵)舌齿音:ɔ ——→(桓韵)牙喉音
②(桓韵)唇舌齿音:uɯɤ——→(寒韵)牙喉音

寒韵舌齿音与桓韵的牙喉音为同一层次,桓韵唇舌齿音与寒韵牙喉音为同一层次。南部吴语普遍是这种排列,由于北方标准语寒桓韵截然不混,与南部吴语的音类分合关系不同,因此,南部吴语在借入北方标准语的读音后发生错位,即:

①(寒韵)舌齿音:ɔ ＼ ／（桓韵）牙喉音
②(桓韵)唇舌齿音:uɯɤ ／ ＼ （寒韵）牙喉音

本来①组和②组各属同一层次,错位后,①组和②组就分属不同层次了。这就是为什么寒桓韵的两个层次读音是"以声母为条件而分韵"的。这种分韵实为"历史的误会",所以,层次读音是没有声母条件的。

综上所述,我们把金衢片寒桓韵的层次总结如下,见表 10.1.27:

① 不包括寒桓韵的所有层次,寒桓韵的文读层是开合关系,这是平行的,不是错位关系,收字与北方官话相同。这里仅指寒韵第一、第二层次与桓韵第二、第三层次。

表 10.1.27

方言点	寒韵			桓韵			
	层次Ⅰ	层次Ⅱ	层次Ⅲ	层次Ⅰ	层次Ⅱ	层次Ⅲ	层次Ⅳ
义乌	uɤ	ɔ	an	ən	uɤ	uɑ	an(uan)
兰溪	ɤɯ	ã	æ̃	əŋ	ɤɯ	uã(ã)	uæ̃
永康	uɤ	ɑ	—	əŋ	uɤ(ɔu)	uɑ	—
武义	uɤ	uo	ɑŋ	əŋ	uɤ(ou)	uo	uɑŋ
浦江	ɯ	ɔ	an	ən	ɯ	ɔu	an(uan)
东阳	ɤ	ʌ	an	nɛ	ɤ	ʌ	an(uan)

说明：① 寒韵层次Ⅰ与桓韵层次Ⅱ构成重韵关系,寒韵层次Ⅱ与桓韵层次Ⅲ构成开合韵。

表 10.1.28 列出了金衢片与上丽片、瓯江片之间的层次对应关系：

表 10.1.28

上丽片			瓯江片		金衢片	
桓韵	寒韵 A	寒韵 B	桓韵	寒韵 B	桓韵	寒韵 B
层次Ⅰ	—	—	—	—	—	—
层次Ⅱ	—	—	层次Ⅰ	—	层次Ⅰ	—
层次Ⅲ	层次Ⅰ	层次Ⅰ	层次Ⅱ	层次Ⅰ	层次Ⅱ	层次Ⅰ
层次Ⅳ	—					
层次Ⅴ	层次Ⅱ	层次Ⅱ	层次Ⅲ	层次Ⅱ	层次Ⅲ	层次Ⅱ
文读层	—	—	—	—	层次Ⅳ	层次Ⅲ

10.1.4　小　结

通过对南部吴语山摄一二等韵的层次分析,我们得出以下几点认识。

第一,南部吴语寒韵白读可分为两个层次,层次Ⅰ特点是寒桓同韵,层次Ⅱ特点是一二等同韵,即寒山删同韵。从语音特点看,可分为 A、B 两类,A 类指寒韵的两个层次读音不以舌齿/牙喉声母为条件分韵,与谈韵不同音,如上丽片上山小片常山、江山、开化、玉山。B 类指寒韵的两个层次读音以舌齿/牙喉声母为条件分韵,与谈韵同音,如广丰(属上山小片)、丽水、遂昌、庆元、云和,以及瓯江片和金衢片各点。

第二,南部吴语桓韵的层次较为复杂,以上丽片上山小片的层次为最,如常山、开化、江山、玉山共有五个层次。广丰、丽水、遂昌、庆元、云和有四个层次。瓯江片和金衢片有三个层次的对应。此外,金衢片还有一个最新文读层,是受普通话影响而产生的,这一层次是其他片所没有的。

第三,如果历史上某方言音系与标准语音系不一一对应,在借入标准语读音时就会出现错位,有时会产生"假互补"的格局。这也说明语音特点是表层的,层次特点才是深层的,只有通过层次比较,才能更深刻地揭示方言语音的历史发展事实。

以下以金衢片为例总结上述观点。金衢片寒桓韵的两个层次以舌齿/牙喉为条件分韵,南部吴语(也许是南方方言)早期寒桓韵的分合大概与标准语不同,是一种错位关系,如:

①(寒韵)舌齿音:ɔ ——→(桓韵)牙喉音
②(桓韵)唇舌齿音:uɤ——→(寒韵)牙喉音

在标准语的影响下,①组与②组桓韵与寒韵牙喉音互换,使得出现如下的情况:

①(寒韵)舌齿音:ɔ   (桓韵)牙喉音
②(桓韵)唇舌齿音:uɤ   (寒韵)牙喉音

这种错位就形成了以声母为条件的"假互补"。

第四,通过对寒桓韵的层次分析可以得知不同层次间寒桓韵之间的关系。寒桓同音的层次能反映"重韵"关系,一二等同韵的层次反映的是开合口关系。所以在南部吴语中,寒桓韵既有"重韵"关系,又有开合口关系,这种不同的关系反映在不同的时间层次。其中"重韵"关系要早于开合关系,这与之前我们讨论的层次时间的先后一致。寒桓"重韵"反映较早读音,寒桓开合关系反映较晚读音。

10.2 山摄三四等韵的读音层次

我们在讨论咸摄三四等韵的读音层次时指出,无论三四等韵合流还是分立,均是各方言音系内部运动的结果。在同一方言片的不同方言里,有的三四等合流,有的三四等分立,很难说合流的要晚于分立的。与《切韵》比较而言,在演变阶段上可以认为三四等韵分立保留了《切韵》的格局,有的点三四等韵合并是后来的变化,但从读音层次角度就没有可比性。

如果同一个方言内部三四等韵各有两个层次读音,我们能以某读音属三四等合流还是分立,来判断层次读音的时间早晚。这时,三四等韵分立还是合流的判定方法又可以起作用了。也就是说,以音类分合关系判定层次读音的相对时间针对的是方言内部,对方言间的判定作用有限。不同方言间三四等韵分立还是合流只是表层的语音特点,而非层次特点。就层次特点而言,分立还是合流,都只有一个层次,除非有读音的对立。以下分片讨论山摄三四等韵的读音层次。

10.2.1　上丽片山摄三四等韵的读音层次

常山开口仙韵有两个读音:iẽ 和 yʌ̃。其中 yʌ̃ 只有"缠 dʑyʌ̃² | 毡 tɕyʌ̃¹ | 鳝 dʑyʌ̃⁶"三字,多为知章组字,读如仙韵合口。上丽片其他方言开口读如合口的也多为这些声母字。除 yʌ̃ 外,还有 iẽ 一读,如"棉 miẽ² | 连 liẽ² | 仙 ɕiẽ¹ | 扇 ɕiẽ⁵ | 件 dʑiẽ⁶",我们把两者看成同一层次,主要基于两个读音之间是开合口关系。合口仙韵主体层为 yʌ̃,如"全 zyʌ̃² | 选 ɕyʌ̃³ | 传 dʑyʌ̃² | 软 ȵyʌ̃⁴ | 权 dʑyʌ̃²"等,也有读如开口的,如"沿 ɦiẽ2",其他方言点合口读如开口的也集中在"全旋沿"等字。我们把常山开口仙韵的 iẽ 和 yʌ̃ 看成是同一层次,两者是开合口关系。

常山元韵①主体层亦有相同的读音:iẽ 和 yʌ̃。四等先韵与三等仙韵合流,也是 iẽ 和 yʌ̃ 的开合关系。上丽片除庆元仙先韵有别外,其他点均已合流。以下列出各点主体层读音,见表10.2.1:

表 10.2.1

古韵部	常山	江山	开化	广丰	玉山	丽水	遂昌	庆元	云和
仙韵开	iẽ(yʌ̃)	iẽ(yẽ)	iɛ̃(yɛ̃)	iẽ(yẽ)	iẽ(yẽ)	ie	iẽ(yə̃)	iɛ̃(yɛ̃、iɑ̃)	ie
仙韵合	yʌ̃(iẽ)	yẽ(iẽ)	yɛ̃(iɛ̃)	yẽ(iẽ)	yẽ(iẽ)	ye(ie)	yə̃(iẽ)	yɛ̃(iɛ̃)	yɛ(ie)
元韵开	iẽ	iẽ	iɛ̃	iẽ	iẽ	ie	iẽ	iẽ	ie
元韵合	yʌ̃	yẽ	yɛ̃	yẽ	yẽ	ye	yə̃	yɛ̃	yɛ
先韵开	iẽ	iẽ	iɛ̃	iẽ	iẽ	ie	iẽ	iɑ̃(iẽ、yɛ̃)	ie
先韵合	yʌ̃	yẽ	yɛ̃	yẽ	yẽ	ye	yə̃	yɛ̃	yɛ

庆元仙韵与先韵不同,通常将其称为三四等有别,是保留《切韵》三四等有别的活语言例证。开口仙韵读 iɛ̃,部分字读如合口 yɛ̃,如"鲜 ɕyɛ̃¹ | 缠

---

① 元韵合口三等唇音字另有轻唇化音变,其读音读如二等韵,轻唇化大致发生于 8 世纪,有些读音仍保留重唇,但其韵母读音已读如二等韵,这种是由音变造成的音类调整,其发生的时间可称为演变阶段,与层次无关。

tɕyɛ̃²",这与其他点表现相同。仙韵有部分精组字读如先韵,如"剪 tɕiɑ̃³ | 溅 tɕiɑ̃⁶"。大部分三四等有别的方言点"剪"字均读如四等先韵,我们把这种区别看成互补。同时,庆元先韵也有这三个读音,其中 iɑ̃ 读音出现在帮组、端泥组、精组和影晓母后,其他声母后读 iɛ̃,两者互补分布,还有部分字读如合口 yɛ̃,也是互补的。

常山先韵除了主体层读音 iɛ̃ 外,还有一个阴声韵读音 ue,只"前"一字。上丽片"前"字均读如阴声韵,与先韵其他读音相比,显得较为特殊。常山的 ue 主要分布于蟹摄与止摄合口。

结合开化、玉山"前"字读音①,我们断定常山的 ue 读止摄合口。开化"前"读"zue²",蟹摄合口一等如"灰 hue¹ | 回 ɦue² | 汇 ɦue⁶ | 会 ɦue⁶"等读 ue,蟹摄合口一等非见系读 e,如"杯 pe¹ | 堆 te¹ | 雷 le² | 碎 se⁵",两者互补,但非见系字"前"读 ue,不符。可见,先韵的 ue 不可能读蟹摄合口一等,其他常用字读音如"醉 tsue⁵ | 徙 sue³ | 穗 zue⁶ | 归 kue¹ | 鬼 kue³ | 葵 gue²"等多为止摄合口字,且多为脂韵合口字,因此,开化的"前"也是读止摄合口。

玉山蟹摄合口一等读 uɐi,而"前"读"zø²",亦可证常山的"前"属蟹摄合口一等读音。玉山与"前"字同 ø 韵的多为合口脂韵字,如"醉 tɕø⁵ | 锤 dʑø² | 槌 dʑø² | 龟 kø¹ | 块 kʰø⁵②"。事实上,这些字属上古微部字,微部对应的阳声韵部为文部,但"前"属元部字。我们设想"前"字先发生"旁转"到文部,再发生"阴阳对转"到微部,从而在方言中遗留下痕迹。因此,上丽片"前"字读如阴声韵读音较古老。此读音不见于瓯江片及金衢片。我们列出上丽片各方言"前"字读音,如表 10.2.2 所示:

表 10.2.2

例字	常山	江山	开化	广丰	玉山	遂昌	庆元
前	zue²	ɕyɛ²/suɐ²③	zue²	zuɐi²	zø²	zyɤ²	ɕye²

常山合口仙韵还有不属主体层的两个读音:iŋ 和 uiŋ,前者如"转 tiŋ³ | 拳 giŋ²",后者如"穿 tsʰuiŋ¹ | 串 tsʰuiŋ⁵ | 船 zuiŋ²"。上文谈到桓韵有读如魂

---

① 因开化、玉山两地"前"字读音所包括的中古韵类较少,因此可作为判定标准,我们知道,一个读音包括多个中古韵类,有些韵类可能是后代演变形成合流,而有的则是自古而然。

② "块"字《广韵》苦对切,灰韵玉山读如 uɐi,因此不读苦对切。另《集韵》有苦怪切,玉山当读此音。

③ 江山另有"鳝"字读"dʑyɛ⁶",大概与"前"经历了相同的过程。

韵的层次,可知山臻两摄关系密切。通过对上丽片方言的比较,我们发现前者读如臻摄三等开口真韵,后者读如臻摄三等合口谆韵,但真谆韵各自又有不止一个层次读音,常山两个读音的区别又仅在开合,以常山为例不够典型,因此我们从江山、开化的相关读音入手。

江山合口仙韵有不同于主体层的两个读音,其所属字与常山相同,即"转 tœ³ | 拳 gœ²","穿 tɕʰyiŋ¹ | 串 tɕʰyiŋ⁵ | 船 ʑyiŋ²"。先看œ读音,臻摄三等开口白读为œ,文读为iŋ,如"陈 dʑœ² | 真 tɕœ¹ | 神 ʑœ² | 银 ŋœ² | 勤 gœ²"等。江山深臻两摄合流,白读为œ,文读也为 iŋ。臻摄合口三等读 yiŋ,与开口 iŋ 构成开合关系,从这里也可以看出œ应早于 yiŋ。

先看臻摄三等合口例字,如"准 tɕyiŋ³ | 肫 yiŋ¹ | 春 tɕʰyiŋ¹ | 纯 ʑyiŋ² | 匀 ɦyiŋ²"等。秋谷裕幸(1999b)曾指出部分闽语与吴语处衢方言里有个别山摄合口三等字的读音与臻摄合口相同。事实上,iŋ 和 yiŋ 同时也是深臻曾梗诸韵合流的读音,如曾摄"灯 tiŋ¹ | 凳 tiŋ⁵ | 惩 tɕiŋ³ | 蒸 tɕiŋ¹ | 升 ɕiŋ¹ |",如梗摄"平 biŋ² | 京 kiŋ² | 镜 kiŋ⁵ | 精 tɕiŋ¹ | 正 tɕiŋ¹ | 琼 gyiŋ² | 营 ɦyiŋ²"。此外,江山"转"以œ为白读,以其主体层 yẽ 为文读,可知œ要早于 yẽ。

开化合口仙韵有两个读音与主体层读音不同:ɛ̃和 yŋ。前者如"转tɛ̃³",后者如"穿 tɕʰyŋ¹ | 串 tɕʰyŋ⁵ | 船 ʑyŋ² | 捲 tɕyŋ³"。仙韵的ɛ̃读如深臻两摄,如深摄"金 kɛ̃¹ | 禁 kɛ̃⁵",臻摄"巾 kɛ̃¹ | 银 ŋɛ̃² | 近 gɛ̃⁶"。仙韵的 yŋ 读如臻梗两摄,如臻摄"肫 yŋ¹ | 准 tɕyŋ³ | 春 tɕʰyŋ¹ | 匀 ɦyŋ²",梗摄"永 yŋ³ | 琼 dʑyŋ²",与深臻曾梗诸韵的 iŋ 构成开合关系,实际上 yŋ 包括深臻曾梗诸韵。"捲"以 yŋ 为白读,以其主体层 yɛ̃ 为文读,可知 yŋ 要早于 yɛ̃。

综合以上两地对这两个层次读音的讨论,"转"所代表的读音为第一层次,其特点是与深臻合流。"穿"等读音所代表的读音为第二层次。以下我们列出各点仙韵合口两个层次的读音,见表 10.2.3:

表 10.2.3

层次	常山	江山	开化	广丰	玉山	丽水	遂昌	庆元	云和
第一层次	—	œ	ɛ̃		yæ				
第二层次	(iŋ)uiŋ	yiŋ	yŋ	ioŋ	yiŋ	yŋ	yiŋ	yəŋ(əŋ)	yiŋ

从表 10.2.3 中可以看到,仅江山、开化、玉山保留第一层次读音,其他点均已失落。广丰先韵"荐"读"tsæ̃⁵",表示"稻草床垫",不同于其他读音,似与第一层次读音相似。玉山合口仙韵"转"读 yæ,而开口仙韵"颤鳝"也读

yæ,开口先韵"荐"读æ,或表明此层次读音有扩散趋势。与此相似的还有常山,常山的第一层次读音已被第二层次读音覆盖,另有先韵"咽""筅"读ŋ[①],均属第二层次。

常山合口元韵读音 oŋ 不同于主体层,如"园 hoŋ¹ | 远 hoŋ³",并以此为白读,主体层 yʌ̃ 为文读,可知 oŋ 要早于 yʌ̃。此读音见于上丽片常山、江山、开化、广丰、玉山、庆元等地,且仅限"园远"二字。先将各点读音列表10.2.4 如下:

表 10.2.4

例字	常山	江山	开化	广丰	玉山	丽水	遂昌	庆元	云和
园	hoŋ¹	kʰoŋ⁵	hoŋ¹	kʰoŋ¹	kʰoŋ¹	—	həŋ⁵	huɐŋ⁵	
远	hoŋ³	hoŋ³	hoŋ³	hoŋ³	hoŋ³			huɐŋ³[②]	

此读音与删摄合口"关"字合流,上文我们已经讨论了桓韵与删韵合口"关"字的合流层次,其读音为层次Ⅱ,其读音可参考表 10.1.6。桓韵、删韵合口及元韵合口这三个韵所具有的鼻尾读音,似乎也暗示了早期读音的分合关系。

综上所述,我们可以看到,山摄三四等韵与一二等韵具有层次对应关系。先韵"前"字读音读如阴声韵,对应一二等层次Ⅰ。桓韵与删韵合口"关"字读音属层次Ⅱ,因此上述"园远"读音对应层次Ⅱ。层次Ⅲ或层次Ⅳ与臻摄有千丝万缕的联系,如表 10.2.3 中所述仙韵合口的两个层次与之对应,而最后一个层次Ⅴ则是三四等诸韵合流的产物。

综上所述,我们把上丽片山摄三四等韵的层次总结如下,见表 10.2.5:

表 10.2.5

层次	常山	江山	开化	广丰	玉山	丽水	遂昌	庆元	云和
层次Ⅰ	ue	yɛ/uɛ	ue	uɐi	ø	—	yɤ	ye	
层次Ⅱ	oŋ	oŋ	oŋ	oŋ	oŋ			uɐŋ	
层次Ⅲ	—	œ̃	ɛ̃		yæ				
层次Ⅳ	(ɪŋ)uɪŋ	yiŋ	yŋ	ioŋ	yɪŋ	yŋ	yɪŋ	yəŋ(əŋ)	yɪŋ
层次Ⅴ	ie[yʌ̃]	ie[yɛ̃]	iɛ̃[yɛ̃]	iɛ[yɛ̃]	iɛ[yʌ̃]	ie[ye]	iɛ[yə̃]	iɛ̃/iɑ̃[yɛ̃]	ie[yɛ]

---

① 秋谷裕幸等(2000)认为常山的咸山摄三四等主要元音没有区别,而例外如"筅""咽"等读ŋ韵可能是古四等韵的残留。

② 庆元"远、园"白读为 huɐŋ,文读为 ɦyɛ̃,亦可证前者要早于后者。

10.2.2　瓯江片山摄三四等韵的读音层次

先将温州山摄三四等韵读音列表 10.2.6 如下：

表 10.2.6

仙韵开	元韵开	先韵开	仙韵合	元韵合	先韵合
i ei ø	i aŋ	i a ø	i y oŋ joŋ	y a ai	y

温州山摄三四等读音合流,开口读 i,如仙韵"篇 pʰi¹｜棉 mi²｜连 li²｜箭 tɕi⁵｜扇 ɕi⁵｜件 dʑi⁶｜",元韵"建 tɕi⁵｜健 dʑi⁶｜言 ni²｜献 ɕi⁵",先韵"片 pʰi⁵｜天 tʰi¹｜田 di²｜年 ni²｜莲 li²｜千 tɕʰi¹｜前 dʑi²｜肩 tɕi¹｜烟 ji¹"。元韵开口部分字也有读合口的,如"砚 jy⁶"。合口读 y,如仙韵合口"全 jy²｜旋 jy⁶｜传 dʑy²｜船 jy²｜权 dʑy²｜圆 jy²｜",部分读 i,如"恋 li⁶｜沿 ji²"。又如元韵"劝 tɕʰy⁵｜原 ŋy²｜元 ȵy²",又如先韵合口"县 jy⁶｜鹃 tɕy¹"。主体层部分开口字读如合口,部分合口字读如开口,与上丽片表现相同,属同一读音层次。温州山摄三四等 i(y)读音对应上丽片层次Ⅴ。

仙韵"便"字有两读,在"便宜"一词中既可读 ei,又可读 i。我们知道百年来温州话发生 i>ei 的音变,如麻韵三等字(具体参看第三章)。百年前温州话仙韵开口读 ie,如"件 dʑie⁶｜连 lie²｜仙 sie¹｜绵 mie²",说明百年来仙韵开口发生 ie>i 的音变,但现代温州话仙韵 i(大多数)没有发生与麻韵一样的 i>ei 的音变,音变的发生具有时效性,当仙韵完成 ie>i 的音变后,i>ei 的音变已完成。因此,仙韵没有发生大规模的裂化音变,仅"便"字出现 i>ei 的扩散变化。因此,ei 和 i 属同一层次。

仙韵还有 ø 读音,ø 读音只在"面"字,通常在"后面"一词中。ø 可以看成是 ue 的合音。前面谈到开口读如合口归为同一层次,而 e 或许是由 ie 脱落-i-介音所致,此读音在周边并未找到相关对应,我们认为可能是内部音变所致。因此,仙韵的 ei 和 ø 可看成是 i 的变体。

元韵还有一个 aŋ 读音,此读音仅在"掀"字。温州、永嘉、乐清、平阳均读 aŋ(iaŋ)。乐清"掀"字白读为 ɕʏ,文读为 aŋ。事实上,乐清 ɕʏ 读音在效摄而非仙韵,因此,ɕʏ 表"掀"义的本字可能另有他源。瓯江片各地"掀"和"欣"同音,因此,此读音可能是读半边的结果。此外,"掀"在《集韵》又有臻摄三等韵一读,而温州话臻摄三等韵读 aŋ。因此,此读音应排除在元韵的层次分析之外。

先韵另有两个读音：a 和 ø。前者 a 只在"研"字，白读为 ŋa²，文读为 ni²。白读与二等韵同，与"颜"同音。后者 ø 只在"边"字，在"后边"一词中，其音变大概与仙韵的"面"相同。

元韵合口 ai 只在"万俟"中的"万"上，"万俟"为鲜卑族复姓，《广韵》莫北切，为入声字，温州话德韵字"墨北脱夺"等均读 ai 韵，可见这个 ai 不是元韵的读音，因此，"万"的 ai 读音应排除。

仙韵合口"穿串捲卷员"读 oŋ(ioŋ)，与上丽片层次Ⅱ的层次关系特字相同，亦属层次Ⅳ。

综上所述，温州话山摄三四等韵有两个层次，分别对应上丽片层次Ⅳ和层次Ⅴ，永嘉、乐清、平阳均有与之对应的层次。从语音特点上看，瓯江片各方言第二层次为三四等韵合流，表 10.2.7 中我们列出了各点读音：

表 10. 2. 7

层次	温州	永嘉	乐清	平阳
第一层次（层次Ⅳ）①	oŋ(ioŋ)	ioŋ	oŋ(aŋ)②	ioŋ(oŋ)③
第二层次（层次Ⅴ）	i[y]	ie[y]	iɛ[yɛ]	ie[yø]

10.2.3　金衢片山摄三四等韵的读音层次

金衢片是咸山摄三四等韵有别最多的方言片之一。早在 20 世纪 60 年代就有报道金衢片义乌方言咸山摄三四等字的分别（金有景，1964），到了 80 年代，整个浙江省的三四等有别的方言点得到进一步揭示（金有景，1982），到了 90 年代初，已将此作为讨论吴闽关系的证据之一（张光宇，1993a）。总之，三四等有别是与《切韵》相当接近的音类格局，因此受到学界较大关注。

事实上，前文我们也已提出，三四等有别还是合流，是就语音特点而言的，因此所表现出来的是表层的，从深层次讲，它们是同一层次的，无论合流还是分立，均是方言内部音系运动的结果，属于同一层次上的内部调整。因此，对于层次而言，两者同等重要。也正因为如此，同片方言区内有的合流，有的分立，表象是丰富的，但实质是相同的，它们都属于同一读音层次，即对

---

① "第一层次"表示在瓯江片中的第一层次，括号中表示与上丽片对应的层次。
② 乐清"穿串"为 oŋ，"卷"为 aŋ，两者互补。
③ 平阳"串"为 ioŋ，"软"为 oŋ。

应上丽片层次Ⅴ。

　　就我们所要讨论的金衢片六个点的方言点而言,也是有分有合,三四等分立的如义乌、浦江、永康,合流的如兰溪、东阳、武义。以下我们列出各点层次Ⅴ读音,见表10.2.8:

表 10.2.8

层次	义乌	浦江	永康	兰溪	东阳	武义
层次Ⅴ	ie/ia[ye]	e(i)/iɔ[yi(e/i)]	ie/ia[ye]	i[yi]	i[iʊ]	ie[ye]

　　事实上,正如上丽片方言所表现的一样,金衢片三等韵也有一些读音变体。以义乌为例,如开口仙韵章组某些字读如合口,"善扇"等读为 ye,"便宜"的"便"有 ie 和 i 两读,可互读,无区别,义乌北部苏溪等地仙韵读 i,也可见 i 与 ie 之间是一种自然音变关系。"剪"字读四等 ia,是个例外。而仙韵合口多数读 ye,也有个别如"全旋"等读开口 ie。

　　三四等韵有别的,四等韵主要元音以后元音为主,且区别多在舌齿音声母后,其他声母后与三等韵无别。如义乌先韵舌齿音声母后读 ia,其他声母后读 ie,可见,ia 与 ie 读音互补。如果互补就意味着 ia 与 ie 这两个读音是因声母条件的不同而产生的分化,是属于同一个读音层次的。另外,三四等韵有别的主要指开口韵,其合口韵读音相同,如义乌合口三四等韵均为 ye。浦江仙韵开口唇音及舌齿音后读 e,牙喉音后读 i,先韵唇音后读 e,舌齿读iɔ,部分匣母、影母字也读 iɔ,其他读 i,合口韵均读 yi。

　　金衢片还有一个层次与瓯江片第一层次对应,即对应上丽片层次Ⅳ。层次关系特字以"穿捲"为主。如义乌"穿 tɕʰyen¹ | 捲 kən³",兰溪"捲kuəŋ³",东阳"穿 tsʰən¹ | 捲 kən³",武义"穿 tɕʰyŋ¹",永康"穿 tɕʰyŋ¹ | 捲kəŋ³",浦江"穿 tɕʰyen¹ | 捲 kən³"。

　　金衢片山摄三四等韵的两个层次与瓯江片对应,现总结如下,见表10.2.9:

表 10.2.9

层次	义乌	浦江	永康	兰溪	东阳	武义
第一层次(层次Ⅳ)①	ən(yen)	ən(yen)	yŋ(əŋ)	uəŋ	ən	yŋ
第二层次(层次Ⅴ)	ie/ia[ye]	e(i)/iɔ[yi(e/i)]	ie/ia[ye]	i[yi]	i[iʊ]	ie[ye]

---

　　① "第一层次"表示在金衢片的第一层次,括号中表示与上丽片对应的层次。

10.2.4 小 结

山摄三四等韵以上丽片层次最丰富,共有五个层次,前三个层次为上丽片独有,但分布也不均匀,上丽小片方言点前三个层次大多消失。瓯江片及金衢片只对应上丽片后两个层次:层次 Ⅳ 和层次 Ⅴ。层次 Ⅳ 的层次关系特字多为"穿串捲"等。

第11章　臻摄的读音层次及其演变

中古臻摄包括一等韵和三等韵,且开合分韵,即开口韵与合口韵的韵目代表字有异。同时,三等韵无论开合,各有重韵,共有痕、魂、真、殷、谆、文六个韵目。从南部吴语看来,表面上中古臻摄的重韵或开合分韵大多合流,层次也并不复杂,但我们需要从看似简单的特点中重新梳理出更本质的层次特点。

11.1　上丽片臻摄的读音层次

11.1.1　常山方言臻摄的读音层次

本节我们以常山方言为例讨论臻摄的读音层次,先列出常山方言臻摄常用读音,见表11.1.1:

表 11.1.1

痕韵开一	$\tilde{\Lambda}$	跟 $k\tilde{\Lambda}^1$,根 $k\tilde{\Lambda}^1$,痕 $\hbar\tilde{\Lambda}^2$,恨 $\hbar\tilde{\Lambda}^6$
	oŋ	吞 t^hoŋ^1,悬 k^hoŋ^3,垦 k^hoŋ^3,很 hoŋ^3,恩 oŋ^1
魂韵合一	$\tilde{\Lambda}$	本$_1$ p$\tilde{\Lambda}^3$,盆 b$\tilde{\Lambda}^2$
	u$\tilde{\Lambda}$	顿 tu$\tilde{\Lambda}^5$,钝 du$\tilde{\Lambda}^6$,嫩 nu$\tilde{\Lambda}^6$,村 ts^{h}u$\tilde{\Lambda}^1$,存 dzu$\tilde{\Lambda}^2$,滚 ku$\tilde{\Lambda}^3$,婚 hu$\tilde{\Lambda}^1$,浑 ɦu$\tilde{\Lambda}^2$
	oŋ	本$_2$ poŋ^3,喷 p^{h}oŋ^1,笨 boŋ^6,门 moŋ^2
真韵开三	$\tilde{\Lambda}$	新$_1$ s$\tilde{\Lambda}^1$,信$_1$ s$\tilde{\Lambda}^5$
	ıŋ	宾 pıŋ^1,新$_2$ sıŋ^1,信$_2$ sıŋ^5,陈 dzıŋ^2,衬 ts^{h}ıŋ^5,神 zıŋ^2,巾 kıŋ^1,银 ŋıŋ^2
	uıŋ	津 tsuıŋ^1,秦 dzuıŋ^2
	oŋ	尘 doŋ^2
殷韵开三	$\tilde{\Lambda}$	近 g$\tilde{\Lambda}^4$,隐 $\tilde{\Lambda}^3$
	ıŋ	斤 kıŋ^1,筋 kıŋ^1,勤 gıŋ^2,芹 gıŋ^2
谆韵合三	u$\tilde{\Lambda}$	遵 tsu$\tilde{\Lambda}^1$
	oŋ	笋 soŋ^3,榫 soŋ^3
	ıŋ	轮 lıŋ^2,唇 zıŋ^2
	uıŋ	俊 tsuıŋ^5,肫 uıŋ^1,准 tsuıŋ^3,春 ts^{h}uıŋ^1,闰 zuıŋ^6,匀 ɦuıŋ^2

续　表

文韵合三	$\tilde{\Lambda}$	分 $f\tilde{\Lambda}^1$，粉 $f\tilde{\Lambda}^3$，粪 $p\tilde{\Lambda}^5$，问$_1$ $m\tilde{\Lambda}^6$
	$u\tilde{\Lambda}$	荤 $hu\tilde{\Lambda}^1$
	oŋ	奋 foŋ^5，文 voŋ^2，蚊 moŋ^2，问$_2$ voŋ^6
	uɪŋ	君 tsuɪŋ^1，军 tsuɪŋ^1，群 dzuɪŋ^2，运 ɦuɪŋ^6，薰 suɪŋ^1

臻摄一等韵有开口痕韵和合口魂韵，虽为开合韵，但韵目代表字不同，可知《切韵》时期主元音未必完全相同。从表 11.1.1 中可知，常山痕、魂两韵主元音相同，下面我们分别讨论。

常山痕韵有两个层次读音：$\tilde{\Lambda}$ 和 oŋ。痕韵收字较少，且集中于牙喉音，$\tilde{\Lambda}$ 和 oŋ 在牙喉音后有对立，且这种对立重复出现，因此可将两者划为不同的层次。从读音所属文字上来看，$\tilde{\Lambda}$ 读音大多为口语常用字，而 oŋ 读音大多为非口语常用字，如"垦恳很"等均为 oŋ 韵，可见，$\tilde{\Lambda}$ 层次读音应早于 oŋ 层次读音。因此，我们将 $\tilde{\Lambda}$ 读音称为痕韵层次Ⅰ，oŋ 读音称为痕韵层次Ⅱ。

同时，我们也可以从其合口魂韵的读音中证明 $\tilde{\Lambda}$ 层次要早于 oŋ 层次。

常山魂韵有三个读音：$\tilde{\Lambda}$、$u\tilde{\Lambda}$ 和 oŋ。其中 $\tilde{\Lambda}$ 只出现在唇音，oŋ 也只出现在唇音后，两者在唇音声母后形成对立，$u\tilde{\Lambda}$ 出现在除唇音声母后的其他声母组。因此，$\tilde{\Lambda}$ 和 $u\tilde{\Lambda}$ 是互补的。可见，两者属同一层次，可用以下图示表示：

$$u\tilde{\Lambda} > \tilde{\Lambda}/唇音\_\_$$
$$\qquad > u\tilde{\Lambda}/其他声母\_\_$$

这与痕韵层次Ⅰ构成开合关系，因唇音不分开合口，因此，合口魂韵唇音声母后仍读 $\tilde{\Lambda}$。魂韵"本"有两读，一为 $\tilde{\Lambda}$，另一为 oŋ，前者为白读，后者在"日本"一词中，为文读，可知 $\tilde{\Lambda}$ 读音要早于 oŋ 读音。魂韵的 $u\tilde{\Lambda}(\tilde{\Lambda})$ 读音对应痕韵层次Ⅰ的 $\tilde{\Lambda}$，因此从魂韵的两个层次读音也能反证痕韵的 $\tilde{\Lambda}$ 要早于 oŋ。

综上所述，我们把常山痕、魂韵的层次总结如下，见表 11.1.2：

表 11.1.2

层次	痕韵	魂韵
层次Ⅰ	$\tilde{\Lambda}$	$u\tilde{\Lambda}(\tilde{\Lambda})$
层次Ⅱ	oŋ	oŋ

从表 11.1.2 我们可以清楚地看到，痕魂韵层次Ⅰ是开合韵关系，层次Ⅱ则合流。同时，魂韵层次Ⅰ与山摄桓韵层次Ⅳ读音相同。

再看三等韵，真韵有四个读音：ʌ̃、ɪŋ、uɪŋ 和 oŋ。殷韵只有见系字，有两个读音ʌ̃和 ɪŋ。真韵的 oŋ 读音只有"尘 doŋ²"字，"尘"属知组，此处声母读如定母，而真韵属三等韵，中古真韵的定母已腭化为澄母，"尘"属上古文部真韵，与一等痕韵构成同层异等的关系。由于常山"尘"字保留一等定母读音，其韵母读音也可看成读为痕韵，即属痕韵层次Ⅱ读音 oŋ。ɪŋ 和 uɪŋ 的差别仅在-u-介音，我们把同一韵里仅有开合区别的读音看成是同一层次。

"新信"两字有两个读音：ʌ̃和 ɪŋ。两者无音变关系，因此，ʌ̃与 ɪŋ(uɪŋ)属两个不同层次。"新旧"的"新"读ʌ̃，"新妇"的"新"读 ɪŋ；"相信"的"信"读ʌ̃，"寄信"的"信"读 ɪŋ。从词汇角度似乎无法区分两个层次读音的时间先后，因此需要借助其他证据来推断两者的先后关系。

事实上，我们在讨论深摄读音层次时指出，深摄与臻摄三等韵合流。因此，我们可以通过深摄的层次先后来反推三等真韵的时间先后。上丽片除丽水、云和两地的深摄只有一个层次外，其他点均与臻摄有两个层次的对应，如表 11.1.3 所示(表 11.1.3 转自表 9.2.4)：

表 11.1.3

层次	开化	常山	江山	广丰	玉山	丽水	遂昌	庆元	云和
层次Ⅰ	ɛ̃(yɛ̃)	yʌ̃	œ̃	yẽ	æ̃	—	ə̃(yə̃)	ã	—
层次Ⅱ	iŋ	ɪŋ	iŋ	eiŋ(iŋ)	iŋ	ɛiŋ(iŋ)	iŋ(əŋ,yiŋ)	iəŋ	əŋ(iŋ)

常山深摄只"深"字读层次Ⅰ，"深"为章母字，其主元音为ʌ̃，与臻摄"新信"主元音相同，为层次Ⅰ，深摄 ɪŋ 读音为层次Ⅱ，对应的臻摄 ɪŋ(uɪŋ)读音也应属层次Ⅱ。因此，真韵的ʌ̃读音层次应早于 ɪŋ(uɪŋ)读音层次。开口三等殷韵的两个读音ʌ̃和 ɪŋ 与真韵读音层次表现相同。

综上所述，我们把常山臻摄开口三等真、殷韵的层次总结如下，见表 11.1.4：

表 11.1.4

层次	真韵	殷韵
层次Ⅰ	ʌ̃	ʌ̃
层次Ⅱ	ɪŋ(uɪŋ)	ɪŋ

从表 11.1.4 中可看出，常山臻摄开口三等真韵和殷韵各有相同的两个层次。

最后看合口三等谆、文韵的读音。谆韵有四个读音：uʌ̃、ɪŋ、uɪŋ 和 oŋ。

u͂ʌ读音只有一字"遵",对应开口三等ʌ͂韵,属层次Ⅰ。读音 ɪŋ 和 uɪŋ 的区别仅在-u-介音。一般地说,同一韵里读音仅开合有别,可看成同一层次。事实上,开口读音 ɪŋ 在合口谆韵仅是少数字,正如合口读音 uɪŋ 对于开口真韵一样,也是少数。合口谆韵读音 uɪŋ 与开口真韵读音 ɪŋ 对应,构成开合关系,属层次Ⅱ。读音 oŋ 仅"笋榫"两字,此两字与真韵的"尘"字相同,读如一等韵,属层次Ⅱ。从周边方言看,此两字读音并不完全读如一等韵层次Ⅱ,也有的属层次Ⅰ,下文具体讨论。

文韵有四个读音:ʌ͂、u͂ʌ、oŋ 和 uɪŋ。其中读音ʌ͂和 oŋ 只出现在唇音声母后。我们知道,文韵唇音字发生轻唇化音变,其韵母读音也跟着合口一等魂韵变化。因此,文韵唇音字的层次读音与非唇音声母字不同,也就是说,文韵的ʌ͂和 oŋ 相当于魂韵的层次Ⅰ和层次Ⅱ。而 u͂ʌ 与 uɪŋ 读音才是合口三等韵的两个层次,对应开口三等真殷韵。

综上所述,我们把常山臻摄合口三等谆、文韵的层次总结如下,见表 11.1.5:

表 11. 1. 5

层次	谆韵	文韵(非唇音)
层次Ⅰ	u͂ʌ	u͂ʌ
层次Ⅱ	uɪŋ(ɪŋ)	uɪŋ

从表 11.1.5 我们可以看出,常山臻摄合口三等重韵谆韵和文韵各有相同的两个层次。结合表 11.1.4,我们可以得出以下结论,即臻摄谆、文韵为真、殷韵的合口韵,为更清楚地看出两者的关系,我们将表 11.1.4 和表 11.1.5 合到一起,如表 11.1.6 所示:

表 11. 1. 6

层次	真韵	殷韵	谆韵	文韵(非唇音)
层次Ⅰ	ʌ͂	ʌ͂	u͂ʌ	u͂ʌ
层次Ⅱ	ɪŋ(uɪŋ)	ɪŋ	uɪŋ(ɪŋ)	uɪŋ

"唐诗格律是真、谆、臻同用,文、殷独用;这平行于支、脂、之同用,微独用。慧琳的反切显示了,当微并入支、脂、之时,殷、文跟真、谆也相合并了。"(黄笑山,1995:185)这说明,中古时期真、谆韵读音相近,与文韵、殷韵主元音有一定差别,到了中古后期,殷文真谆四韵合并,常山方言真殷谆文四韵的两个层次读音正反映了这种音韵格局。当-m尾韵与-n尾韵的区别消失后,深摄与真、殷韵就合流了,并与谆、文(非唇音)韵构成开合关系。

11.1.2　上丽片其他方言的层次对应

通过对常山方言臻摄层次的讨论,知道各韵均有两个层次,我们以此为基础,找出上丽片其他方言的层次对应。先看一等痕、魂韵,我们将各点读音列表 11.1.7 如下:

表 11.1.7

层次	方言点	痕韵	魂韵
层次Ⅰ	常山	跟 kʌ̃¹,根 kʌ̃¹,痕 ɦʌ̃²	盆 bʌ̃²,存 dzuʌ̃²,滚 kuʌ̃³
	江山	根 kæ̃²,跟 kæ̃¹,恨 ɦæ̃⁶	盆 bæ̃²,顿 tæ̃⁵,村 tsʰæ̃¹,昆 kʰuæ̃¹,昏 huæ̃¹
	开化	吞 tʰuɑ̃¹,根 kɛ̃¹,痕 ɦɛ̃²	盆 bɛ̃²,顿 tuɑ̃⁵,村 tsʰuɑ̃¹,昏 huɑ̃¹,混 ɦuɑ̃⁶
	广丰	根 kæ̃²,痕 fæ̃²,恨 ɦæ̃⁶	本₁ puɐ̃³,顿 tuɐ̃⁵,村 tsʰuɐ̃¹,昏 huɐ̃¹,混 ɦuɐ̃⁶
	玉山	吞 tʰæ̃¹,根 kæ̃¹,痕 ɦæ̃²	盆 bæ̃²,顿 tuɐ̃⁵,村 tsʰɚ̃¹,昏 huɚ̃¹,混 ɦuɚ̃⁶
	丽水	吞 tʰuɛ¹,根₁kɛ¹,恩 ɛ¹	盆 bɛ²,钝 duɛ⁶,村 tsʰuɛ¹,婚 huɛ¹,魂 ɦuɛ²
	遂昌	吞 tʰə̃¹,根 kə̃¹,恩 ə̃¹	盆 bə̃²,顿 tə̃⁵,钝 də̃⁶,村 tsʰə̃¹,浑 ɦuə̃²
	庆元	吞 tʰã¹,根 kã¹,恩 ã¹	盆 pã²,顿 dã⁵,钝 tã⁶,村 tsʰã¹,昏 huã¹
	云和	吞 tʰuɛ¹,根 kɛ¹,恩 ɛ¹	盆 bɛ²,钝 duɛ⁶,村 tsʰuɛ¹,婚 huɛ¹,魂 ɦuɛ²
层次Ⅱ	常山	吞 tʰoŋ¹,恳 kʰoŋ³,垦 kʰoŋ³	本₂ poŋ³,喷 pʰoŋ¹,笨 boŋ⁶,门 moŋ²
	江山	吞 tʰəŋ¹	笨 boŋ⁶,门 moŋ²,闷 moŋ⁶
	开化	很 hoŋ³	笨 boŋ⁶,门 moŋ²,喷 pʰoŋ¹
	广丰	吞 tʰeiŋ¹	本₂ poŋ³,笨 boŋ⁶,棍 koŋ⁵
	玉山	—	笨 boŋ⁶,门 moŋ²
	丽水	根₂kɛiŋ¹,恳 kʰɛiŋ³,痕 ɦɛiŋ²	奔 pɛiŋ¹,顿 tɛiŋ⁵,蹲 tɛiŋ¹,滚 kuɛiŋ²,浑 ɦuɛiŋ²
	遂昌	很 hə̃ŋ³,恨 ɦə̃ŋ⁶	笨 bə̃ŋ⁶,门 mə̃ŋ²,滚 kuə̃ŋ³,困 kʰuə̃ŋ⁵
	庆元	很 hə̃ŋ³	门 mə̃ŋ²,滚 kuə̃ŋ³,困 kʰuə̃ŋ⁵
	云和	恳 kʰə̃ŋ³,啃 kʰə̃ŋ³,很 hə̃ŋ³	笨 bə̃ŋ⁶,门 mə̃ŋ²,顿 tə̃ŋ⁵,昆 kʰuə̃ŋ¹,昏 huə̃ŋ¹

上文我们提到,常山层次Ⅰ在痕魂韵里是开合关系,层次Ⅱ则两韵合流。先看各点痕魂韵层次Ⅰ的读音情况。江山痕韵读æ̃,魂韵除唇舌音读æ̃外,其他声母后均读为 uæ̃。

开化痕魂韵开合相混,痕韵牙喉音后读ɛ̃,舌音后读合口 uɑ̃,魂韵唇音读ɛ̃,其他声母则读为 uɑ̃,极少数牙喉音字读为 uɛ̃,为最初形式。事实上,开化桓韵的一个层次读音也是唇音后读ɛ̃,其他声母后读为 uɑ̃。可见 uɑ̃与ɛ̃是互补的,同时也可反证ɛ̃的合口为 uɑ̃。

广丰痕韵为æ̃,魂韵为uæ̃,两者为开合关系。玉山痕韵为æ̃,魂韵唇音为æ̃,其他声母后为uɔ̃,由于唇音不分开合口,因此魂韵唇音仍保留了开口痕韵æ̃的读音。丽水、云和两地痕魂韵读音相同且互补分布条件也相同,即痕韵牙喉音读ɛ,其他声母读uɛ;魂韵则唇音后读ɛ,其他声母后均读合口uɛ。遂昌痕韵读ɔ̃,魂韵仅牙喉音读合口uɔ̃,其他声母后读ɔ̃。庆元痕韵读ã,魂韵仅牙喉音读合口uã,其他声母后均读为ã。

再看各点层次Ⅱ读音,江山痕韵为əŋ,魂韵为oŋ。开化痕魂韵均读为oŋ。广丰痕韵读eiŋ,魂韵读oŋ,构成开合关系,表面上看,这种开合关系并非以-u-介音为标志。事实上,广丰臻摄三等开合韵也能见到这种开合读音,如真韵(开口韵)读eiŋ,谆韵(合口韵)则读为ioŋ。同时,真韵也有少数字读如合口ioŋ,如"津晋"等,与常山真韵读合口的字基本相同。由此可知,层次Ⅱ读音也并非完全合流,而是有一部分合流,也有一部分是开合关系。丽水痕韵读ɛiŋ,魂韵除牙喉音读uɛiŋ外,其他声母后均与痕韵相同,读ɛiŋ。遂昌、庆元、云和三地与丽水的音类关系相同。

综上所述,我们总结各点痕魂韵两个层次的对应情况,如表11.1.8所示:

表 11.1.8

古韵部	层次	常山	江山	开化	广丰	玉山	丽水	遂昌	庆元	云和
痕韵	层次Ⅰ	ʌ̃	æ̃	ɛ(uɑ̃)	æ̃	æ̃	ɛ(uɛ)	ɔ̃	ã	ɛ(uɛ)
	层次Ⅱ	oŋ	əŋ	oŋ	eiŋ	—	ɛiŋ	əŋ	əŋ	əŋ
魂韵	层次Ⅰ	uʌ̃(ʌ̃)	uæ̃(æ̃)	uɑ̃(ɛ,ɑ̃)	uæ̃	uɔ̃(æ̃)	uɛ(ɛ)	ɔ̃(uɔ̃)	ã(uã)	uɛ(ɛ)
	层次Ⅱ	oŋ	oŋ	oŋ	oŋ	oŋ	ɛiŋ(uɛiŋ)	əŋ(uəŋ)	əŋ(uəŋ)	əŋ(uəŋ)

再看三等韵在上丽片其他方言里的对应情况。三等韵有开有合又有重韵,韵类较多。按常山三等韵层次Ⅰ主元音与痕魂韵层次Ⅰ主元音相同的特点,再结合层次关系特字,我们先列出各点三等韵层次Ⅰ读音,如表11.1.9所示:

表 11.1.9

例字	江山	开化	广丰	玉山	丽水	遂昌	庆元	云和
阵真	dʑæ̃⁶	dʑyɛ̃⁶	dʑyɛ̃⁶	dʑyæ̃⁶	—	dʑyɔ̃⁶		
尘真	dæ̃²	dʑyɛ̃²	—	—	—	—	tã²	
银真	ŋæ̃²	ŋɛ̃²		ŋæ̃²				
斤殷	kæ̃¹	kɛ̃¹		kæ̃¹				
近殷	gæ̃⁴	gɛ̃⁶	gæ̃⁴	gæ̃⁴	gɛ⁴	gɔ̃⁴	kã⁴	

续　表

例字	江山	开化	广丰	玉山	丽水	遂昌	庆元	云和
遵精	tsuæ̃¹	tsuɑ̃¹	tsuɐ̃¹	tsuɔ̃¹	tsuɛ¹	tsɔ̃¹	—	tsuɛ¹
笋精	sæ̃³	sɛ̃³	—	—	—	—	—	—
粪文	pæ̃⁵	pɛ̃⁵	puɐ̃⁵	pæ̃⁵	pɛ⁵	pɔ̃⁵	ɓɑ̃⁵	pɛ⁵
荤文	huæ̃¹	huɑ̃¹	huɐ̃¹	huɔ̃¹	huɛ¹	huɔ̃¹	huɑ̃¹	huɛ¹
群文	—	dʑyɛ̃²	—	—	—	—	—	—

　　开口三等真殷韵的两个层次读音与深摄合流,根据此条线索,我们很容易就能确定臻摄三等韵读音所属层次。为更好地找出对应关系,我们仍先将表 9.2.4(深摄层次)转述如下(只列出层次Ⅰ读音),见表 11.1.10:

表 11.1.10

层次	开化	常山	江山	广丰	玉山	丽水	遂昌	庆元	云和
层次Ⅰ	ɛ̃(yɛ̃)	ỹʌ	œ̃	yẽ	æ̃	—	ɔ̃(yɔ̃)	ã	—

　　江山臻摄开口三等韵层次Ⅰ有两个主元音:œ̃和æ̃。前者只出现在开口韵,后者则开合口韵均有。读音œ̃多出现在知庄章声母后,且声母均腭化,如“陈 dʑœ̃² | 阵 dʑœ̃⁶ | 真 tɕœ̃¹ | 震 tɕœ̃⁵ | 神 ʑœ̃² | 身 ɕœ̃¹”,读音æ̃则多出现在精组声母后,且声母不腭化,如“新 sæ̃¹ | 信 sæ̃⁵ | 尘 dæ̃²”,从这个意义上讲,两者似乎是互补的。但这两个读音在见组声母下均能出现,如“银 ŋœ̃² | 斤 kœ̃¹ | 筋 kœ̃¹ | 勤 gœ̃²”,如“近 gæ̃⁴”,从这个意义上讲,两者似乎又是对立的。结合深摄层次Ⅰ读音(为œ̃),可知与臻摄对应的读音也应该是œ̃,那江山臻摄æ̃读音是另外一个层次吗?

　　我们认为,江山臻摄的œ̃和æ̃应属同一层次。其一,周边方言臻摄各韵未见有三个层次。其二,主元音 œ 的特点是圆唇,实为 ɛ 对应的圆唇读音,因此,若与齿音声母相配,则容易腭化,因而出现上文说的互补;而唇牙喉等塞音声母后也可以配圆唇元音,因而出现上文说的对立。我们倾向于认为这种对立不是真对立,而是音变。假设江山深臻摄读音原不合流,但又受到合流力量的影响,同时自身的音系结构又对这种合流产生排斥,从而造成江山臻摄三等韵目前的读音格局。其三,观察表 11.1.9 中“阵”字读音,开化、广丰、玉山、遂昌等地均有圆唇读音,区别在于有的与深摄合流,而有的还没有完全合流。合口韵则以æ̃为主元音,均为层次Ⅰ读音。

　　广丰的情况与江山类似,广丰深摄层次Ⅰ读音为 yẽ,与æ̃和 uẽ(两者为开合关系,即魂韵层次Ⅰ)均不同,实为同一层次。

开化开口三等韵知庄章声母后为 yɛ̃，其他声母后为 ɛ̃，与深摄合流，合口韵读音类似魂韵层次Ⅰ。玉山开口三等韵齿音声母后为 yæ̃，其他声母为 æ̃，合口为 uɑ̃。遂昌、庆元臻摄除合口韵外，与深摄合流。丽水、云和深摄已无层次Ⅰ读音，但在臻摄中仍有保留，与魂韵相同，兹不赘述。

综上所述，我们总结臻摄三等各韵层次Ⅰ读音如下，见表 11.1.11：

表 11.1.11

古韵部	常山	江山	开化	广丰	玉山	丽水	遂昌	庆元	云和
真韵	ʌ̃	æ̃(œ̃)	ɛ̃(yɛ̃)	yẽ	æ̃(yæ̃)	—	yə̃	ã	ɛ
殷韵	ʌ̃	æ̃(œ̃)	ɛ̃	æ̃	æ̃	ɛ	ə̃	ã	ɛ
谆韵	uʌ̃	æ̃(uæ̃)	ɛ̃(uɑ̃)	—	uə̃	uɛ	ə̃	—	uɛ
文韵（非唇音）	uʌ̃	uæ̃	uɑ̃	—	uə̃	uɛ	uə̃	uã	uɛ

臻摄三等韵层次Ⅱ与深摄相比，只是多了合口-u-介音，结合深摄读音，我们将层次Ⅱ读音总结如下，见表 11.1.12：

表 11.1.12

古韵部	常山	江山	开化	广丰	玉山	丽水	遂昌	庆元	云和
真韵	ɪŋ(uɪŋ)	iŋ(yiŋ)	iŋ(yiŋ)	eiŋ(ioŋ)	ɪŋ(yɪŋ)	ɛiŋ(iŋ)	iiŋ(yiŋ)	iəŋ(yəŋ)	iŋ(əŋ)
殷韵	ɪŋ	iŋ	iŋ	iŋ	ɪŋ	iŋ	iiŋ	iəŋ	iŋ
谆韵	uɪŋ(ɪŋ)	yiŋ(iŋ)	yiŋ(iŋ)	ioŋ(eiŋ)	yɪŋ	yŋ(iŋ)	yiŋ(iiŋ)	yəŋ	yɪŋ(əŋ)
文韵（非唇音）	uɪŋ	yiŋ	yiŋ	ioŋ	yɪŋ	yŋ	yiŋ(iiŋ)	yəŋ	yɪŋ

11.2　瓯江片臻摄的读音层次

瓯江片臻摄的层次表现与上丽片不同，我们以温州为例讨论瓯江片臻摄的读音层次，先列出温州臻摄常用读音，见表 11.2.1：

表 11.2.1

痕韵 开一	y	跟 ₁ky¹，根 ky¹
	ø	吞 ₂tʰø¹，痕 ₁ɦø²，恩 ø¹
	aŋ	吞 ₁tʰaŋ¹，跟 ₂kaŋ¹，恳 kʰaŋ³，垦 kʰaŋ³，痕 ₂ɦaŋ²
魂韵 合一	aŋ	本 paŋ³，门 maŋ²，墩 ₁taŋ¹，蹲 taŋ¹，昆 ₁kaŋ¹，浑 vaŋ²，温 ₁vaŋ¹
	ø	盆 bø²，墩 ₂tø¹，嫩 nø⁶，尊 tsø¹，村 tsʰø¹，孙 sø¹
	y	昆 ₂ky¹，昏 ɕy¹，魂 jy²，温 ₂y¹

续　表

真韵_{开三}	eŋ	宾 peŋ¹,新₁seŋ¹,申₁seŋ¹
	aŋ	津 tsaŋ¹,新₂saŋ¹,申₂saŋ¹,陈 dzaŋ²,真 tsaŋ¹,巾 tɕaŋ¹,因 jaŋ¹
殷韵_{开三}	aŋ	斤 tɕaŋ¹,筋 tɕaŋ¹,芹 dʑaŋ²,近 dʑaŋ⁴
谆韵_{合三}	eŋ	轮₁leŋ²
	aŋ	轮₂laŋ²
	oŋ	遵 tɕoŋ¹,俊 tɕoŋ⁵,笋 ɕoŋ³,准 tɕoŋ³,春 tɕʰoŋ¹,唇 joŋ²,均 tɕoŋ¹
文韵_{合三}	aŋ	分 faŋ¹,粪 paŋ⁵,蚊 maŋ²,问 maŋ⁶
	oŋ	军 tɕoŋ¹,群 dʑoŋ²,熏 ɕoŋ¹,云 joŋ²
	y	荤 ɕy¹

先看一等痕魂韵。开口痕韵 y 和 ø 均有与 aŋ 对立的读音,如"跟"有两读,y 和 aŋ,前者用在"脚下跟头"一词中,为白读,后者用在"跟踪"一词中,为文读。"痕"有两读,ø 和 aŋ,前者为白读,后者为文读。从这两例看,ø 和 y 为白读,aŋ 为文读。我们在讨论咸山摄层次时曾指出温州见组 ø 和 y 为同一层次读音,y 为 ø 的进一步高化音变,痕韵也同样适用。因此,温州痕韵有两个层次,ø(y)为层次Ⅰ,aŋ 为层次Ⅱ。

但"吞"字的读音有所不同,它有 ø 和 aŋ 两个读音,其中 aŋ 为白读,ø 为文读,文白关系与其他痕韵字正好相反。从全国范围来看,有的地方"吞"读开口,有的地方读合口,并没有统一的规律,我们选取各方言痕魂韵若干例字如下,见表 11.2.2:

表 11.2.2^①

例字	北京	济南	西安	太原	长沙	双峰	潮州	广州	梅县	南昌
吞_痕	tʰuən¹	tʰuẽ¹	tʰəŋ¹	tʰəŋ¹	tʰən¹	tʰæ̃¹	tʰuŋ¹	tʰɐn¹	tʰun¹	tʰɛn¹
根_痕	kən¹	kẽ¹	kẽ¹	kəŋ¹	kən¹	kæ̃¹	kɯŋ¹	kɐn¹	kɛn¹	kiɛn¹
顿_魂	tuən⁵	tuẽ⁵	tuẽ⁵	tuŋ⁵	tən⁵	tuan⁵	tuŋ⁵	tøn⁵	tun⁵	tən⁵

从表 11.2.2 可知,北京、济南、梅县等地"吞"字读如合口魂韵,太原、长沙、双峰、广州、南昌等地"吞"字读如开口痕韵。事实上,《广韵》里提到除吐根切外,还有汤门一切,前者属痕韵,后者属魂韵。上文提到的南部吴语上丽片多读如痕韵,而南部吴语金衢片多读如魂韵。因此,"吞"字读如开口或是合口并不统一,可以归为痕韵,也可以归为魂韵。从读音上看,温州的

---

① 表中读音选自《汉语方音字汇》(第二版)(2003:285—295)。

"吞"读如魂韵。

事实上,温州"吞"字读音的文白关系在魂韵中正相对应,而不与痕韵对应。

温州魂韵亦有三个读音:aŋ、ø 和 y。其中 ø 读音只出现在舌齿音声母后,y 读音只出现在牙喉音声母后,两者互补,属同一层次。读音 aŋ 与 ø(y) 在舌齿、牙喉音声母后均有对立,如表 11.2.3 所示:

表 11.2.3

古声母组	aŋ	ø(y)
舌齿	墩₁taŋ¹,蹲 taŋ¹	墩₂tø¹,嫩 nø⁶
牙喉	昆₁kaŋ¹,温₁vaŋ¹	昆₂ky¹,温₂y¹

同时,两者的对立大多在同一语素的两个读音上,如:"墩"白读为 aŋ,文读为 ø;"温"白读为 aŋ,文读为 y;"吞"白读为 aŋ,文读为 ø。这也可以看出,温州话"吞"归为魂韵更合适。

综上所述,温州话魂韵有两个层次,层次Ⅰ为 aŋ,层次Ⅱ为 ø(y)。痕、魂两韵读音相同,但文白关系正好相反,如表 11.2.4 所示:

表 11.2.4

读音	痕韵	魂韵
aŋ	文读	白读
ø(y)	白读	文读

温州痕、魂两韵相反的文白关系与上丽片不同,体现了不同的层次特点,其原因在于温州魂韵与桓韵合流,即魂韵与桓韵的其中两个层次(具体可参考山摄一章)读音相同。为更好地进行比较,我们列出魂、桓两韵读音,见表 11.2.5:

表 11.2.5

层次	桓韵	魂韵
层次Ⅰ	团₁daŋ²,暖₁naŋ⁴,管₁kaŋ³,丸₁vaŋ²	蹲 taŋ¹,昆₁kaŋ¹,浑 vaŋ²,温₁vaŋ¹
层次Ⅱ	团₂dø²,暖₂nø⁴,管₂ky³,丸₂jy²	墩₂tø¹,村 tsʰø¹,昆₂ky¹,温₂y¹

上丽片魂韵也有与桓韵相同的读音,但文白关系与温州桓、魂韵不同,我们以常山为例,列桓、魂韵读音数例如下①,见表 11.2.6:

---

① 常山桓韵有五个层次之多,此处与魂韵读音相同的层次为层次Ⅱ和Ⅳ,表格中所列层次Ⅰ和Ⅱ仅表示时间先后。

表 11.2.6

层次	桓韵	魂韵
层次Ⅰ	断 doŋ⁴,卵₁loŋ⁴,管₁koŋ³	本₁pʌ̃³,钝 duʌ̃⁶,滚 kuʌ̃³
层次Ⅱ	搬 pʌ̃¹,团 duʌ̃²,卵₂luʌ̃⁴,管₂kuʌ̃³	本₂poŋ³,笨 boŋ⁶,门 moŋ²

从表 11.2.4 和表 11.2.5 可以看到,上丽片的常山与瓯江片的温州在魂韵与桓韵两个层次的文白关系不同。同时也可以看到,温州魂韵与桓韵的关系比常山要密切。依上所述,我们将温州痕、魂韵的层次读音总结如下,见表 11.2.7：

表 11.2.7

层次	痕韵	魂韵
层次Ⅰ	ø(y)	aŋ
层次Ⅱ	aŋ	ø(y)

瓯江片其他三点均有与温州相同的层次读音,总结如下,见表 11.2.8：

表 11.2.8

古韵部	层次	永嘉	乐清	平阳
痕韵	层次Ⅰ	ø	e	ø
	层次Ⅱ	aŋ	aŋ	aŋ
魂韵	层次Ⅰ	aŋ	aŋ(uaŋ)	aŋ
	层次Ⅱ	ø(y)	ø(ɤ、uɤ)	ø(yø)

各点痕韵层次Ⅱ读音相同。层次Ⅰ永嘉、平阳均为 ø,乐清读为不圆唇的 e。魂韵层次Ⅰ读音基本相同,层次Ⅱ永嘉与温州读音条件一致。乐清条件变体较多,唇音后读ɤ,舌齿音后读 ø,牙喉音后读为 uɤ,共三个条件变体。平阳则唇舌齿后读 ø,牙喉音后读为 yø,与永嘉、温州相似。

再看温州臻摄三等韵的层次读音。真韵帮组、来母字读 eŋ,精、知、章组字后读 aŋ,见系字也读 aŋ(声母腭化),初看两者应互补。但"新"在"新鲜"(指鱼肉等菜)一词中 eŋ 为白读,aŋ 为文读。"申"在"申冤"一词中 eŋ 为白读,aŋ 为文读,即在齿音声母后有 eŋ 和 aŋ 的对立[①]。

---

① 查游汝杰、杨乾明编的《温州方言词典》(1998:319)中"申新"两字只有 aŋ 一读,如"新孀娘_{新娘}、新妇"等极常用的词都读 aŋ,无 eŋ 一读。又查秋谷裕幸、王莉(2008)利用百年前温州方言的《马可福音书》整理出温州话的同音字汇,"新申"只有 aŋ 一读。可见"新申"的 eŋ 异读不会是早期读音,郑张尚芳(2008:208)可能有误。

此外,从真韵 eŋ 读音收字来看,唇音声母字如"宾槟殡贫民闽敏悯"等及来母字"邻磷吝"等均非常用字,如果把 eŋ 读音看成是早期读音,那么这些字是无法进入早期层次读音行列的。其次,周边方言未见此读音对立。从词汇上看,"新申"的 eŋ 读音反而是比较新的读音。

因此,我们认为真韵的 aŋ 和 eŋ 读音不对立,而是互补的。

殷韵只有一种读音为 aŋ(声母腭化)。合口谆韵"轮"在"轮到、打火轮"词中白读为 eŋ,文读为 aŋ。查《温州方言词典》和《马可福音书》同音字汇,均不见"轮"的 eŋ 读音,与真韵情况相同,可能属误记。谆韵还有 oŋ 读音,属于合口三等韵。文韵唇音读 aŋ 并入魂韵,非唇音读为 oŋ,属合口三等韵。永嘉、乐清和平阳与温州读音相近,不赘述。综上所述,我们把瓯江片臻摄三等韵层次读音总结如下,见表 11.2.9:

表 11.2.9

古韵部	温州	永嘉	乐清	平阳
真韵	aŋ(eŋ)	aŋ(eŋ、iaŋ)	aŋ(eŋ)	aŋ(eŋ、iaŋ)
殷韵	aŋ	iaŋ	aŋ	iaŋ
谆韵	oŋ(eŋ)	ioŋ(aŋ)	oŋ(aŋ)	iøŋ(aŋ)
文韵(非唇音)	oŋ	ioŋ	oŋ	iøŋ

11.3 金衢片臻摄的读音层次

与上丽片和瓯江片相比,金衢片臻摄层次特点与上丽片接近,而不同于瓯江片。其区别主要在于痕、魂两韵的文白关系,瓯江片两者并不对应,上丽片及金衢片则对应。同时,金衢片臻摄层次不复杂,痕、魂两韵各有两个层次,与上丽片对应,有的点具有最新文读层,这是其他两片方言所不具备的。从地理上看,金衢片是南北吴语的中间地带,具有过渡性质。先看一等痕、魂韵两个层次的读音情况,见表 11.3.1:

表 11.3.1

层次	方言点	痕韵	魂韵
层次 I	义乌	吞 tʰuɯ¹	顿 duɯ⁵,钝 duɯ⁶,村 tsʰuɯ¹,寸 tsʰuɯ⁵,孙 suɯ¹
	兰溪	吞 tʰɤɯ¹	顿 tɤɯ⁵,钝 dɤɯ⁶,村 tsʰɤɯ¹,寸 tsʰɤɯ⁵,孙 sɤɯ¹
	东阳	吞 tʰɤ¹	顿 tɤ⁵,嫩 nɤ⁶,村 tsʰɤ¹,寸 tsʰɤ⁵,孙 sɤ¹

层次	方言点	痕韵	魂韵
	浦江	吞 tʰɯ¹	嫩 nu⁶, 村 tsʰɯ¹, 寸 tsʰɯ⁵, 孙 su¹
	武义	吞 tʰuɤ¹	嫩 nuɤ⁶, 钝 duɤ⁶, 村 tsʰuɤ¹, 寸 tsʰuɤ⁵, 孙 suɤ¹
	永康	吞 tʰuɤ¹	嫩 nuɤ⁶, 钝 duɤ⁶, 村 tsʰuɤ¹, 寸 tsʰuɤ⁵, 孙 suɤ¹
层次Ⅱ	义乌	根 kən¹, 跟 kən¹, 恨 fiən⁶	门 mən², 村 tsʰən¹, 孙 sən¹, 滚 kuən³, 浑 fiuən²
	兰溪	根 kəŋ¹, 跟 kəŋ¹, 恨 fiəŋ⁶	本 pəŋ³, 嫩 nəŋ⁶, 存 dzəŋ², 困 kʰuəŋ⁵, 昏 huəŋ¹
	东阳	根 kən¹, 跟 kən¹, 恨 fiən⁶	门 mən², 笨 bən⁶, 孙 sən¹, 滚 kuən³, 浑 fiuən²
	浦江	根 kən¹, 跟 kən¹, 恨 fiən⁶	门 mən², 笨 bən⁶, 孙 sən¹, 滚 kuən³, 浑 fiuən²
	武义	根 kəŋ¹, 跟 kəŋ¹, 恨 fiəŋ⁶	本 pəŋ³, 嫩 nəŋ⁶, 存 dzəŋ², 困 kʰuəŋ⁵, 昏 huəŋ¹
	永康	根 kəŋ¹, 跟 kəŋ¹, 恨 fiəŋ⁶	本 pəŋ³, 存 dzəŋ², 困 kʰuəŋ⁵, 昏 huəŋ¹

兰溪痕、魂两韵还有一个最新文读æ̃，如痕韵"悬 kæ̃³｜恩 æ̃¹｜奔 pæ̃¹"。兰溪城关话痕韵有两个层次：ɯɤ和æ̃。前者如"吞 tʰɯɤ¹"，后者如"根 kæ̃¹｜跟 kæ̃¹｜恨 fiæ̃⁶｜恩 æ̃¹"。因此我们推测，兰溪最新文读æ̃读音可能来自城关话。这一最新文读还没有扩散到其他点，因此，我们暂不讨论。

按表 11.3.1 各点痕、魂两韵读音，我们将金衢片各层次读音总结如下，见表 11.3.2：

表 11.3.2

古韵部	层次	义乌	兰溪	东阳	浦江	武义	永康
痕韵	层次Ⅰ	uɤ	ɤɯ	ɤ	ɯ	uɤ	uɤ
	层次Ⅱ	ən	əŋ	ən	ən	əŋ	əŋ
魂韵	层次Ⅰ	uɤ	ɤɯ	ɤ	ɯ	uɤ	uɤ
	层次Ⅱ	ən(uən)	əŋ(uəŋ)	ən(uən)	ən(uən)	əŋ(uəŋ)	əŋ(uəŋ)

再看三等韵的读音层次，义乌、浦江、永康、武义四地层次读音条件均相同。以义乌为例，真韵见系声母后读 iən，如"巾 tɕiən¹｜紧 tɕiən³｜银 n̠iən²｜引 iən³"，其他声母后读为 ən，如"宾 mən¹｜信 sən⁵｜珍 tsən¹｜陈 dzən²｜真 tsən¹"；殷韵只有见系字，因此只有读音 iən，如"斤 tɕiən¹｜芹 dʑiən²｜近 dʑiən⁴"。因此，开口三等真韵与殷韵只有一个层次 ən(iən)。合口谆韵精、知、章、见组声母后均读为 yən，如"俊 tɕyən⁵｜椿 tɕʰyən¹｜准 tɕyən³｜春 tɕʰyən¹｜均 tɕyən¹"，少数读为 ən，如"轮 lən²｜笋 sən³｜唇 zən²｜闰 zən⁶"，形成 ən 与 yən 的互补。文韵唇音与非唇音虽也构成 ən 与 yən 的互补，但其唇音由于发生轻唇化音变，已合流入魂韵的层次 ən，正好与文韵非唇音声

母同一层次。

东阳三等真韵知、章组声母后读 ən，其他声母后读 ien；殷韵只有见系字，与真韵层次相同，读为 ien。合口谆韵除见系外大部分读为 uən，少部分字如"轮顺纯"等读为开口 ən，与义乌等相似，见系声母后则读为 ien，与开口读音相同，因此为同一层次 uən(ən、ien)。文韵唇音为读 ən，唇音读入魂韵，非唇音读 ien。

兰溪三等真韵帮组、来母后读 ẽi，如"宾 pẽi¹｜贫 bẽi²｜邻 lẽi²"，精、知、庄、章、见组声母后均读为 ĩ，如"亲 tsʰĩ¹｜信 sĩ⁵｜陈 dʑĩ²｜真 tɕĩ¹｜巾 tɕĩ¹"，两者互补；殷韵只有见组字，均读为 ĩ。合口谆韵来母及部分精组字读为开口，如来母"轮 lẽi²"，精组如"笋 sĩ³｜榫 sĩ³"，其他声母后则读为合口 yĩ，如"肫 yĩ¹｜准 tɕyĩ³｜春 tɕʰyĩ¹｜匀 ɦyĩ²"，三个读音互补均为同一层次。文韵唇音读为 ən，如"分 fən¹｜坟 vən²"，非唇音为 yĩ，如"军 tɕyĩ¹｜云 ɦyĩ²"，从此例我们能更清楚地看到，文韵唇音与三等韵无关，无论开口还是合口三等韵，其读音均为鼻化元音，但文韵唇音读为 ən，实与魂韵相同，而与三等韵无关。

综上所述，我们把金衢片各点臻摄三等韵层次读音总结如下（各点均只有一个层次），见表 11.3.3：

表 11.3.3

古韵部	义乌	兰溪	东阳	浦江	武义	永康
真韵	ən(iən)	ĩ(ẽi)	ien(uən)	in(ən)	iŋ(əŋ)	iŋ(ŋ)
殷韵	iən	ĩ	ien	in	iŋ	iŋ
谆韵	yən(ən)	yĩ(ẽi、ĩ)	uən(ən、ien)	yən(ən)	yŋ(iŋ)	yŋ(iŋ)
文韵(非唇音)	yən	yĩ	ien	yən	yŋ	yŋ

11.4 小 结

通过对南部吴语臻摄读音层次的讨论，我们得出以下几点认识：

①南部吴语臻摄层次不复杂，但三片读音层次各有特点。上丽片臻摄各韵均有两个层次读音，而瓯江片和金衢片一等痕魂韵有两个层次，三等韵只有一个层次。

②在痕韵与魂韵两个层次读音中，上丽片与金衢片的层次对应关系一致，瓯江片表现出一定的差异，即瓯江片两韵的读音层次对应正好相反，其

原因在于瓯江片魂韵的两个层次读音与桓韵的其中两个层次读音合流,而桓韵的这两个层次读音与痕韵音同,但文白关系相反。上丽片及金衢片则痕、魂两韵文白关系一致。

③合口三等文韵唇音发生轻唇化音变,其韵母的层次读音已读如魂韵,与三等韵无关。尽管有些读音与非唇音声母后读音有互补关系,但实为"假互补",可看成是两个不同韵母的读音。

第 12 章　宕江两摄的读音层次及其演变

中古宕摄包括一等唐韵和三等阳韵,且各分开合,分韵清晰。上古来源单一,来源于阳部。

中古江摄只有开口二等江韵,上古来源于东、冬二部。《广韵》江韵独用,不与唐韵混同,后代韵图家把江摄独立为一个摄,表明《切韵》时期宕、江两摄主元音有所不同。但《切韵》时代也有人将宕、江同押。庾信诗文用韵里,江韵已不与冬、钟相押了,江韵独用只有一例,江、阳相押两次,觉、药、铎相押三次(李荣,1982b)。可见,宕、江两摄在后来的演变中慢慢合流。据周祖谟(1966:601)研究邵雍的"皇极经世书声音倡和图"可知,宋代汴洛实际语音已是"江韵当亦并入宕摄矣",到了《中原音韵》时代,江阳为一韵自不在话下。

从以上语音史的勾勒中,我们可以看到宕江两摄关系较为紧密,因此,本章我们讨论宕江两摄在南部吴语中的读音层次。

12.1　宕摄的读音层次

12.1.1　上丽片宕摄的读音层次

12.1.1.1　常山方言宕摄的读音层次

本节以常山方言为例讨论宕摄的读音层次,先列出常山方言宕摄各韵的常用读音,如表 12.1.1 所示:

表 12.1.1

唐韵_{开一}	iã	帮₁piã¹,忙₁miã²,榜 piã³
	õ	堂₁do²,葬 tso⁵,苍 tsʰõ¹,桑 sõ¹,缸 ko¹,杭 ɦõ²,笨 ɦõ²
	ã	帮₂pã¹,忙₂mã²,堂₂dã²,汤 tʰã¹,浪 lã⁶,苍₂tsʰã¹,抗 kʰã⁵
唐韵_{合一}	iõ	光₁tɕiõ¹,广₁tɕiõ³,黄₁ɦiõ²,荒₁ɕiõ¹,皇₁ɦiõ²
	õ̃	黄₂ɦõ̃²
	uã	光₂kuã¹,广₂kuã³,黄₃ɦuã²,荒₂huã¹,皇₂ɦuã²

续　表

阳韵开三	ʌ̃	量₁动词:~米 lʌ̃², 两₁数词:~个 lʌ̃⁴, 丈 dʌ̃⁴, 长~短 dʌ̃², 肠 dʌ̃², 装₁tʌ̃¹, 床 zʌ̃², 秧₁ʌ̃¹
	iõ	庄₁tiõ¹, 养 ɦiõ⁴
	õ	庄₂tsõ¹, 装₂tsõ¹, 壮 tsõ⁵, 状 zõ⁶, 霜 sõ¹, 菖 tsʰõ¹
	iã	量质~ liã⁶, 两量词,几两~ liã⁴, 长族~ tiã³, 抢 tɕʰiã³, 张 tiã¹, 厂 tɕʰiã³, 丈₂dʑiã⁴, 强 dʑiã², 秧₂iã¹, 养₂ɦiã⁴
阳韵合三	oŋ	纺₁pʰoŋ³, 网 moŋ⁴, 放₁poŋ⁵
	iã	方₁fiã¹, 芳₁fiã¹, 房₁viã², 防 viã², 望₁miã⁶
	iõ	狂 dʑiõ², 王₁ɦiõ²
	ã	方₂fã¹, 芳₂fã¹, 放₂fã⁵, 房₂vã², 纺₂fã³, 望₂vã⁶
	uã	筐 kʰuã¹, 况 huã⁵, 王₂ɦuã², 旺 uã⁵

先看唐韵,常山开口唐韵有 iã、õ 和 ã 三个读音,其中 iã 与 õ 均以 ã 为共同的文读。即 iã 与 ã、õ 与 ã 在同一个声母组后均有对立,这种对立在同一语素的两个不同读音中表现得极为明显,如表 12.1.2 所示:

表 12.1.2

古声母组	iã/õ	ã
唇音	帮₁piã¹, 忙₁miã², 榜 piã³	帮₂pã¹, 忙₂mã²
舌齿	堂₁dõ², 葬 tsõ⁵, 苍₁tsʰõ¹	堂₂dã², 汤 tʰã¹, 苍₂tsʰã¹
牙喉	缸 kõ¹, 杭 ɦõ²	抗 kʰã⁵

从表 12.1.2 可以清楚地看到,读音 õ 与 ã 在舌齿、牙喉声母组后有对立,可知两者应属两个不同层次的读音。同时,从"堂苍"等一字多音的表现看,读音 õ 与 ã 不仅是两个不同层次的读音,而且读音 õ 要早于读音 ã。

此外,只出现在唇音声母后的读音 iã 与 ã 也是对立的,且从"帮忙"等一字多音的表现来看,读音 iã 与 ã 不仅是两个不同层次,而且读音 iã 要早于 ã。

那么唇音 iã 读音与舌齿、牙喉音的 õ 读音是两个层次还是一个层次呢?如果单从互补分布的角度来看,读音 iã 只出现在唇音,而读音 õ 只出现在除唇音外的其他声母后,两个读音应该互补的。

我们认为这是"假互补",即唇音后的 iã 读音与舌齿、牙喉音后的 õ 读音属于两个不同的层次,主要原因在于两个互补读音差别较大。唇音后是 iã,其他声母后是 õ,前者有 -i- 介音,后者为后元音,从互补角度讲,唇音的条件不能产生与其他声母差别如此大的读音。

另外,从整个上丽片方言来看,上山小片的常山、开化、江山、广丰、玉山五个点开口唐韵唇音声母后均有 iã 读音,与之形成"假互补"的读音则各自有别,但均以 ã 读音为文读。丽水小片的丽水、遂昌、庆元、云和四点开口唐韵唇音声母后读音与舌齿、牙喉声母后读音无别。由此可见,两个小片的层次特点略有差异。我们先列出上山小片各点开口唐韵的读音,如表 12.1.3 所示:

表 12.1.3

古声母组	开化	江山	广丰	玉山
唇音	帮 piã¹,榜 piã³,忙 miã²	帮 piã¹,忙 miã²	帮 piã¹,忙 miã²	帮 piã¹,忙 miã²
舌齿	汤 tʰoŋ¹,浪 loŋ⁶,葬 tsoŋ⁵	汤 tʰã¹,葬 tsã⁵	汤 tʰcã¹,葬 tscã⁵	挡 tã³,葬 tsɒ̃⁵
牙喉	缸 koŋ¹,钢 koŋ¹,昂 ŋoŋ²	缸 kõ¹,杭 ɦcã⁵	缸 kcã¹,抗 kʰcã⁵	缸 kɒ̃¹,杭 ɦõ²

表 12.1.3 唇音后均读为 iã,与常山相同,但舌齿、牙喉声母后的读音则各不相同,且与唇音后读音相差较大。如开化唇音后为 iã,其他声母后为 oŋ,前者带 -i- 介音,主元音鼻化,后者带鼻韵尾且主元音为后元音,读音相差大。如果从互补角度看,仅以唇音/非唇音为条件无法解释这种音变的发生,但又找不到其他音变条件。因此,我们只能认为这是两个不同层次的读音,尽管以声母为条件分布,但这是一种"假互补",江山、广丰、玉山均是如此。

通常,我们把唇、牙喉声母归为一类,称为钝音,把舌齿声母归为一类,称为锐音。也就是说,唇音与牙喉音一般具有相同的音变方向,因为它们同属一个自然类。从这个意义上讲,唇音与舌齿、牙喉音后的读音差别,应当看成是由其他条件造成的差别,而这个条件就是接触造成的层次之别。常山方言与周边方言一样,开口唐韵有"假互补"的音类格局,也就是说,唇音后的 iã 与舌齿、牙喉音后的 õ 属两个不同的层次。

综上所述,常山开口唐韵有三个读音层次。

确定好层次数量后,我们需要确定各层次的时间先后。读音 iã 和 õ 均早于 ã 读音,这是很明确的,关键在于 iã 和 õ 的时间先后关系。两者除了"假互补"的音类格局外,并没有其他比较明确的关系表明两者的时间先后,因此需要借助周边方言的信息来确定。

上文我们提到,同属上丽片上山小片常山、开化、江山、广丰、玉山五地开口唐韵唇音后均读为 iã,而丽水小片丽水、遂昌、庆元、云和四地开口唐韵唇音后读音已与舌齿、牙喉合流。一方面,上山小片的层次有时要比丽水小片复杂,即上山小片所保留的层次读音有时要比丽水小片更古老。另一方面,一等开合韵读细音的往往代表着较早期的层次读音,如常山歌韵合口唇音读 ie。

此外,我们还可以在瓯江片方言中得到相关的证明,如温州方言开口唐韵唇音声母后有两个音类:iɛ 和 ɤu。其中 iɛ 是比 ɤu 更古老的读音,如"旁膀"两字均有 iɛ 和 ɤu 两读,在"横旁、旁边(偏旁)""肚膀骨"等常用词中为白读 iɛ,比 ɤu 读音更加古老。与常山等上山小片相比,其语音特点也相同,一个带-i-介音,一个为后元音。由上所述,常山方言 iã 读音层次要早于 õ 读音层次。

综上,常山方言开口唐韵共有三个层次,其中读音 ã 为文读层,前两个层次以唇音/非唇音为条件形成"假互补",以 iã 读音为早。现将常山方言三个层次按时间先后列表 12.1.4 如下:

表 12.1.4

层次Ⅰ	iã
层次Ⅱ	õ
层次Ⅲ	ã

合口唐韵只有见系字,常山合口唐韵有三个读音:iõ、õ 和 uã。其中 iõ 和 uã 构成一对文白关系,iõ 为白读,uã 为文读,这种文白关系可以从"光广荒皇"等一字两音中清楚地看到,其时间关系自然是 iõ 在前而 uã 在后。同时,uã 与开口唐韵层次Ⅲ的 ã 构成开合关系,两者同属层次Ⅲ。与开口唐韵相比,合口一等韵读音 iõ 对应开口层次Ⅰ的 iã 还是对应层次Ⅱ的 õ 呢? 合口 iõ 读音与开口层次Ⅱ的 õ 主元音相同,似乎很容易将其对应起来。

但事实并非如此,我们认为合口 iõ 读音对应开口层次Ⅰ读音 iã。理由在于,其一,开口 õ 对应的合口读音不会有-i-介音,因为合口不是产生-i-介音的条件,那么唯一的解释就是其开口读音本身就带有-i-介音。其二,上文提到,唇牙喉音与舌齿音属两个不同的自然类,前者称为钝音,后者称为锐音,同一自然类大多具有相同的音变过程,开口韵层次Ⅰ读音 iã 只在唇音,同属钝音的牙喉音已被层次Ⅱ读音 õ 覆盖。但合口韵 iõ 属牙喉音,与开口韵 iã 不仅都带-i-介音,而且同属一个自然类,因此两者关系接近。其三,可以从周边方言合口唐韵的读音中得到进一步证明,开口唐韵唇音声母后没有层次Ⅰ读音的丽水小片方言(丽水、遂昌、庆元、云和),合口唐韵也没有细音韵母,而具有层次Ⅰ读音的上山小片方言(常山、江山、开化、广丰)合口唐韵也具有与层次Ⅰ读音特点相同的细音韵母。我们把开口唐韵具有层次Ⅰ读音及合口唐韵细音韵母读音列表 12.1.5 如下:

表 12.1.5

古韵部	常山	江山	开化	广丰	玉山
唐韵开口(唇音)	iã	iã	iã	iã	iã
唐韵合口(牙喉音)	iõ	yã	yã	yã	õ

　　玉山唐韵合口(牙喉音)已经被其层次Ⅱ读音覆盖,没有与开口韵对应的层次Ⅰ读音,可以看成是丽水小片的过渡。如此,我们就能解释常山、江山、开化、广丰四点合口唐韵细音韵母产生的原因了。把处于不同地理位置的读音连接起来,能反映出其历史变化轨迹,这就是历史语言学上所说的"共时反映历时"。音变有两条不同的方向,一是-i-介音与合口-u-介音合并形成撮口-y-介音,另一是主元音在合口-u-介音的影响下发生后高化音变,即如以下图示所示:

$$^*\text{iuã} \begin{cases} \text{yã(江山、开化、广丰)} \\ \text{iõ(常山)} \end{cases}$$

　　常山合口唐韵还有õ读音,只"黄"一字,且只出现在"黄昏"一词中,表"晚上"义。广丰"黄"字除层次Ⅰ读音yã外,表"晚上"义的"黄昏"的"黄"读为iã,与yã相比,少了一个-u-介音,归为层次Ⅰ较为妥当。而常山"黄"的õ读音与唐韵开口相同,归为层次Ⅱ较合适。

　　综上所述,我们把常山唐韵(包括开合韵)的对应层次总结如下,见表 12.1.6:

表 12.1.6

层次Ⅰ	iã[iõ]
层次Ⅱ	õ
层次Ⅲ	ã[uã]

　　再看三等阳韵的层次情况。先看开口韵,通过表 12.1.1 可知,常山开口阳韵有四个读音:ʌ̃、iõ、õ和iã。其中读音ʌ̃和iã可以出现在任何声母组后,读音iõ和õ大部分出现在庄组声母后,读音ʌ̃在多个声母组后与iã存在对立,在庄组声母后与读音õ也存在对立,如表 12.1.7 所示:

表 12.1.7

古声母组	ᴧ̃	iã/õ
来母	量[动词:~米]lᴧ̃², 两[数词:~个]lᴧ̃⁴	良 liã², 粮 liã²
知组	肠 dᴧ̃², 丈 dᴧ̃⁴	场 dʑiã⁴, 张 tiã¹
庄组	装₁tᴧ̃¹, 床 zᴧ̃², 疮 tsʰᴧ̃¹	装₂tsõ¹, 壮 tsõ⁵, 霜 sõ¹
影母	秧₁ᴧ̃¹	秧₂iã¹

同时，从多个一字两音的例子中也可以看出这种对立，如"量两"有 ᴧ̃ 与 iã 的对立，"丈"有 ᴧ̃ 与 iã 的对立，表 12.1.7 中"秧"有 ᴧ̃ 与 iã 的对立，庄组的"装"有 ᴧ̃ 与 õ 的对立。可见，读音 ᴧ̃ 不仅与 iã 有对立，与 õ 也是对立的。我们注意到，读音 õ 或 iõ 多出现在庄组，而 iã 出现在其他声母，但非庄组字"菖养"也读 õ 或 iõ，那么，iã 和 õ 或 iõ 是同一层次还是两个不同层次？

我们认为看成同一层次比较妥当，但需要让庄组读音跳出三等韵的框子。我们知道，中古后期三等韵里的庄组声母字由于卷舌声母与-i-介音相拼产生的不协调结果，其中的-i-介音脱落，从而使三等韵里的庄组字与二等韵里的庄组字合流。也就是说，由于音变，三等韵里已无庄组字，全部都跑到二等韵里去了。江摄只有一个二等江韵，中古后期宕、江两摄关系密切，经研究，宋代汴洛实际语音已是"江韵当并入宕摄矣"（周祖谟，1966:601）。

我们先来看看常山江韵庄组字读音，如"窗 tsʰõ¹｜双 sõ¹"，其韵母读音为 õ，与阳韵庄组字完全同音，而南部吴语二等韵往往与一等韵是一类。从表 12.1.6 可以看到，一等唐韵层次 Ⅱ 读音为 õ，与江、阳韵庄组读音完全相同。因此，我们认为阳韵庄组读音 õ 应看成是唐韵或江韵层次 Ⅱ 读音。而"庄"的另一读音为"tiõ¹"，此读音在"做庄"一词中，而"做庄"实为"做桩"，《汉语大字典》（第二版）（2010:1364）解释为："旧时赌博头家称'做庄'，或称'做桩'，意取稳定不动。如：蹲桩；下桩。元关汉卿《谢天香》第三折：'我将这色数儿轻放在骰盆内……我可便做桩儿三个五。'""桩"属知母，知母读如端母，属保留古音，阳韵"庄"字属庄母字，未见其读如端母用例，可见"庄"字的 iõ 韵读音就是"桩"字。至于"养菖"两个非庄组字读 õ 大概是例外。庄组的这种关系，我们还可以从周边方言中得到进一步证实，如表 12.1.8 所示：

表 12.1.8

古韵部	江山	开化	广丰	玉山	丽水	遂昌	庆元	云和
阳韵庄组	iõ	ioŋ	ã̃õ	iõ	ioŋ(ŋõ)	ioŋ	iõ(õ)	iõ(õ)

续 表

古韵部	江山	开化	广丰	玉山	丽水	遂昌	庆元	云和
江韵庄组	iɔ̃	ioŋ	ɑ̃	iɑ̃	ioŋ	ioŋ	iɔ̃	iɔ̃
唐韵层次Ⅱ①	ɔ̃	oŋ	ɑ̃	ɔ̃	oŋ	oŋ	ɔ̃	ɔ̃

从表 12.1.8 我们可以看到,阳韵庄组、江韵庄组及唐韵层次Ⅱ三者主元音均相同。与常山所不同的是,常山阳韵庄组与江韵庄组均不带-i-介音,所以与唐韵层次Ⅱ读音完全同音,但其他点均带有-i-介音,似乎与前述矛盾。事实上,这应是各个不同方言内部演变情况不同所致,如丽水、庆元、云和等地阳韵庄组字既有-i-介音,也有脱落-i-介音的,可见演变并不彻底,而江山、开化、玉山等地则大多保留了-i-介音。以上各点阳韵庄组读音对应唐韵层次Ⅱ。

综上所述,常山开口阳韵有两个层次读音:ɑ̃和 iã(ɔ̃/iɔ̃)。

确定好层次数量后,第二步就需要我们判断各个不同层次之间的相对时间顺序。除了利用文白关系外,我们还可以通过一字两音所表现的词汇风格差异来判定孰先孰后,如"装"字有 ɑ̃与ɔ̃两个读音,前者为动词,如"装垃圾",后者用于"西装"一词中。从词汇的风格差异中可知 ɑ̃读音要早于ɔ̃读音,而 iɔ̃与ɔ̃为同一层次读音的变体,因此 ɑ̃读音层次早于ɔ̃(iɔ̃)读音。同时,"两长丈"等均以 ɑ̃读音为白读,以 iã读音为文读,可知 ɑ̃读音要早于 iã读音。而 iã读音与ɔ̃/iɔ̃读音互补分布,是同一个读音层次。因此,ɑ̃读音层要早于 iã(ɔ̃/iɔ̃)读音层。

综上所述,ɑ̃层次读音最早,iã(ɔ̃/iɔ̃)层次读音次之。我们把开口阳韵两个层次总结如下,见表 12.1.9:

表 12.1.9

层次Ⅰ	ɑ̃
层次Ⅱ	iã(ɔ̃/iɔ̃)

再看合口阳韵的层次情况,常山合口阳韵共有五个读音:oŋ、iã、ɑ̃、iɔ̃和 uɑ̃。其中前三个读音 oŋ、iã、ɑ̃只出现在唇音声母后,后两个读音 iɔ̃、uɑ̃只出现在牙喉音声母后。前文我们提到,发生轻唇化音变的合口三等韵,其唇音已与一等韵合流。

观察常山合口三等阳韵唇音声母后读音 iã和 ɑ̃,不仅与一等唐韵相同,

---

① 唐韵层次Ⅱ读音可参考下文表 12.1.15 和表 12.1.17 中所示。

其文白关系也相一致。如"方芳房望"等均有 iã 和 ã 两读,前者为白读,后者为文读,因此,阳韵唇音开口一等唐韵层次Ⅰ与层次Ⅲ对应。

非唇音声母后有 iõ 和 uã 两个读音,其中 iõ 读音为白读,uã 读音为文读,以"王"为例,前者用于"阎王"一词,后者用于姓氏,且 uã 读音多为非常用字,如"况枉旺"等,两者文白关系清晰。同时,我们发现,合口阳韵的文白关系与合口唐韵正相对应。由此可知,合口阳韵读音对应开口唐韵(包括开合)层次Ⅰ与层次Ⅲ读音,唇音对应开口韵,非唇音对应合口韵。为更清楚地表明上述对应关系,我们列表 12.1.10 如下:

表 12.1.10

读音	唐韵	阳韵合口
iã/ã	开口韵	唇音声母
iõ/uã	合口韵	牙喉音声母

但合口阳韵唇音声母还有一个读音 oŋ,此读音不见于唐韵,从音类分合关系看,读如曾摄一等、梗摄二等和通摄一等韵。由于周边其他方言此层次读音多数与读音 oŋ 相同,所辖韵类较多。而开化方言此层次读音为 əŋ,如"放 pəŋ⁵ | 网 məŋ⁶",与曾摄一等或梗摄二等同韵,而不与通摄同韵,如曾摄唇音字"朋 bəŋ²",梗摄二等唇音字"猛 məŋ³ | 彭 bəŋ²"。可见,各方言并不统一。

"纺"有两个读音 oŋ 和 ã,前者为白读,后者为文读,可知 oŋ 读音要早于 ã,但没有相应的文白异读来确定 oŋ 与 iã 的时间关系。我们注意到,韵母读音为 iã 的字,其声母均为轻唇音(鼻音除外),如表 12.1.1 中所示合口阳韵唇音字,周边方言亦是如此。因此我们推测,读音 oŋ 是在没有发生轻唇化音变之前,丢失-i-介音且保留后鼻尾,从而混入曾摄或梗摄读音,既然在轻唇化音变之前,那 oŋ 读音应早于 iã 读音。

综上所述,我们把常山合口阳韵的层次及其与唐韵的对应关系总结如下,见表 12.1.11:

表 12.1.11

层次Ⅰ	oŋ	读如曾摄一等或梗摄二等(唇音)	
层次Ⅱ	iã[iõ]	唇音[牙喉音]	唐韵层次Ⅰ
层次Ⅲ	ã[uã]	唇音[牙喉音]	唐韵层次Ⅲ

通过对常山宕摄层次的讨论,我们理清了唐、阳两韵各自读音所属层次及其对应关系。结合上述讨论,我们把常山宕摄各韵读音层次汇总如下,见表 12.1.12:

271

表 12.1.12①

层次	唐韵(开合口)	阳韵开口	阳韵合口
层次Ⅰ	iã[iõ]	ʌ̃	oŋ
层次Ⅱ	õ	iã(õ/iõ)	iã[iõ]
层次Ⅲ	ã[uã]	—	ã[uã]

值得注意的是,唐韵开口与阳韵合口唇音 iã、阳韵开口 iã 读音相同,在唐韵或阳韵却属不同层次。除了开口阳韵与唐韵无法明确其对应关系外,合口阳韵(层次Ⅰ除外)与唐韵可对应,如表 12.1.13 所示:

表 12.1.13

唐韵(开合口)	阳韵合口
层次Ⅰ	层次Ⅱ
层次Ⅱ	—
层次Ⅲ	层次Ⅲ

12.1.1.2 上丽片宕摄的读音对应

通过对常山方言宕摄唐、阳韵读音层次的讨论,我们可以顺着常山宕摄读音层次规律寻找其他方言的层次对应。

先看唐韵的对应情况,上文已经提到有关唐韵唇音声母后的读音差异,上山小片的江山、开化、广丰、玉山等地与常山有唐韵层次Ⅰ的对应,而丽水小片的丽水、遂昌、庆元、云和等地没有与常山唐韵层次Ⅰ的对应,表现出两个小片不同层次特点的差异。因此,我们需要分别讨论这两个小片的层次对应。以下我们列出上山小片江山、开化、广丰、玉山四点唐韵层次Ⅰ读音,如表 12.1.14 所示:

表 12.1.14

层次	古韵部	江山	开化	广丰	玉山
层次Ⅰ	唐开	iã	iã	iã	iã
	唐合	yã	yã	yã	—

玉山合口唐韵层次Ⅰ读音已被层次Ⅱ读音替代,可以看成是丽水小片的过渡。同时,上山小片开口唐韵与常山开口唐韵的另外两个层次也相对

应。从语音特点上看,层次 Ⅱ 为后元音,层次 Ⅲ 为前低元音。顺此特点,我们可以列出上山小片的江山、开化、广丰、玉山各点开口唐韵的层次 Ⅱ 和层次 Ⅲ 读音,如表 12.1.15 所示:

表 12.1.15

层次	江山	开化	广丰	玉山
层次 Ⅱ	ɔ̃	oŋ	ɑ̃ɔ	ɒ̃
层次 Ⅲ	ã	ã	ɑ̃ɔ	ã

广丰层次 Ⅱ 与层次 Ⅲ 合流。开口唐韵层次对应较统一,而合口唐韵则略有不同,四个点的合口唐韵第一层次对应较统一,第二层次则有分歧。江山、开化对应开口层次 Ⅲ,而广丰、玉山则对应层次 Ⅱ,各点合口唐韵的对应情况如表 12.1.16 所示:

表 12.1.16

层次	江山	开化	广丰	玉山
层次 Ⅱ	—	—	ɑ̃ɔ	ɒ̃
层次 Ⅲ	uã	uã		

丽水小片的丽水、遂昌、庆元、云和四点由于缺乏上山小片方言层次 Ⅰ 读音,因此其层次表现也略有不同。丽水小片各点开口唐韵均只有一个层次,其主元音特点为后元音,对应常山层次 Ⅱ,合口唐韵第一层次开合同韵对应层次 Ⅱ,第二层次则对应常山层次 Ⅲ,如表 12.1.17 所示:

表 12.1.17

古韵部	层次	丽水	遂昌	庆元	云和
唐开	层次 Ⅱ	ɔŋ	ɔŋ	ɔ̃	ɔ̃
唐合	层次 Ⅱ	ɔŋ	ɔŋ	ɔ̃	ɔ̃
	层次 Ⅲ	uã	uaŋ	uã	—

再看三等阳韵,常山阳韵开口有两个层次,阳韵合口有三个层次。整个上丽片方言阳韵均有与常山相同的层次表现。先比较阳韵开口的对应情况,常山阳韵开口层次 Ⅰ 收字为"量长肠装床秧"等,我们选取其中若干字,作为各点层次 Ⅰ 读音的代表字,如表 12.1.18 所示:

273

表 12.1.18

例字	江山	开化	广丰	玉山	丽水	遂昌	庆元	云和
长	$dæ̃^2$	$dɛ̃^2$	$dæ̃^2$	$dæ̃^2$	$dɛiŋ^2$	$də̃^2$	$tã^2$	$dɛ^2$
肠	$dæ̃^2$	$dɛ̃^2$	$dæ̃^2$	$dæ̃^2$	—	$də̃^2$	$tã^2$	—
装	—	—	$tæ̃^1$	$tæ̃^1$	—	—	—	—
疮	$tsʰæ̃^1$	$tsʰɛ̃^1$	—	$tsʰæ̃^1$	—	$tsʰə̃^1$	—	—
床	$zæ̃^2$	$zɛ̃^2$	—	$zæ̃^2$	—	—	—	—
秧	$æ̃^1$	—	—	—	—	$ə̃^1$	$ã^1$	—

各点均不同程度地保留了开口阳韵层次Ⅰ的读音,收字基本一致,丽水和云和收字最少,云和还有"酿"字也读为 ε,为相同层次读音。

上文我们提到上丽片阳韵庄组声母字的音变过程,实质与二等江韵合流,对应的是唐韵层次Ⅱ,从表 12.1.8 中可以清楚地看到这种对应的读音关系。

阳韵开口层次Ⅱ主元音均为 a,读音相近,如表 12.1.19 所示:

表 12.1.19

层次	阳韵	江山	开化	广丰	玉山	丽水	遂昌	庆元	云和
层次Ⅱ	阳韵开	$iã$	$iã$	$iã$	$iã$	$iã$	$iaŋ$	$iã$	$iã$

最后再看阳韵合口的层次对应情况,除第一层次读如曾摄一等或梗摄二等外,常山阳韵合口的第二与第三层次以唇音与牙喉音为条件相区别,分别对应唐韵开口与合口,我们可以用图 12.1.1 更清楚地表明这种关系:

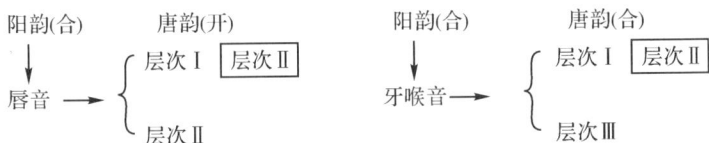

图 12.1.1

值得注意的是,丽水小片的丽水、遂昌、庆元、云和四点唐韵无层次Ⅰ读音,因此阳韵合口与唐韵的对应关系就与常山等上山小片有所不同,其与唐韵的对应就从层次Ⅰ变为层次Ⅱ了,即上图中加框的图示。由于层次对应不同,我们分别为两小片方言的层次对应列表,先列上山小片读音如下,见表 12.1.20:

表 12.1.20

层次	阳韵	江山	开化	广丰	玉山
唐开层次Ⅰ	阳唇	iɑ̃	iɑ̃	iɑ̃	iɑ̃
唐开层次Ⅱ	阳唇	ɔ̃	ã	ɑɔ̃	ɒ̃
唐合层次Ⅰ	阳牙喉	yã	yã	yã	—
唐合层次Ⅲ	阳牙喉	uã	uã	ɑɔ̃	—

玉山阳韵合口层次读音是上山小片与丽水小片的过渡,这从表12.1.20阳韵的牙喉音中表现出来,即玉山阳韵牙喉读音层次已经与丽水小片相同。以下我们列出丽水小片(包含丽水小片过源的玉山阳韵牙喉音)读音如下,见表12.1.21:

表 12.1.21

层次	阳韵	玉山	丽水	遂昌	庆元	云和
唐开层次Ⅱ	阳唇	—	ɔ̃ŋ	ɔ̃ŋ	ɔ̃	ɔ̃
阳合层次Ⅱ	阳牙喉	iɒ̃(ɔ̃)	iɔ̃ŋ(ɔ̃ŋ)	iɔ̃ŋ(ɔ̃ŋ)	ɕiɔ̃	iɔ̃(ɔ̃)
唐合层次Ⅲ	阳牙喉	—	uã	uaŋ	uã	uã

我们知道,丽水小片四个方言唐韵没有层次Ⅰ读音,但能在合口阳韵唇音声母字中发现层次Ⅰ读音的遗迹,如庆元合口阳韵唇音声母字大部分读层次Ⅱ读音ɔ̃,仅“网”字有一读音为iɑ̃,与阳韵开口层次Ⅱ读音相同。事实上,上山小片唐韵开口层次Ⅰ读音对应阳韵合口层次Ⅱ。考虑到丽水小片仅此字保留层次Ⅰ读音,我们暂时不为其另立层次,只是在此说明。

合口阳韵还有一个层次读音,其特点为读如曾摄一等或梗摄二等。同样地,上山小片诸方言均有与常山对应的读音,但丽水小片则基本已无此层次读音,仅庆元“放”字读为“ɓɔŋ⁵”。

综上所述,我们把上丽片各方言宕摄层次总结如下,见表12.1.22:

表 12.1.22

宕摄	层次	常山	江山	开化	广丰	玉山	丽水	遂昌	庆元	云和
唐韵	层次Ⅰ	iɑ̃[iɔ̃]	iɑ̃[yɑ̃]	iɑ̃[yɑ̃]	iɑ̃[yɑ̃]	iɑ̃	—	—	—	—
	层次Ⅱ	ɔ̃	ɔ̃	ɔ̃ŋ	ɑɔ̃	ɒ̃	ɔ̃ŋ	ɔ̃ŋ	ɔ̃	ɔ̃
	层次Ⅲ	ã[ua]	ã[ua]	ã[ua]	ɑɔ̃	ã	uã	uaŋ	uã	uã
阳开	层次Ⅰ	ʌ̃	æ̃	ɜ̃	æ̃	æ̃	ɛiŋ	ɔ̃	ã	ɛ
	层次Ⅱ	iɑ̃(ɔ̃/iɔ̃)	iɑ̃	iɑ̃	iɑ̃	iɑ̃	iɑ̃	iɑŋ	iɑ̃	iɑ̃

续　表

宕摄	层次	常山	江山	开化	广丰	玉山	丽水	遂昌	庆元	云和
阳合	层次Ⅰ	ɔŋ	ɔŋ	əŋ	ɔŋ	ɔŋ	—	—	ɔŋ	—
	层次Ⅱ	ia(io)	ia(ya)	ia(ya)	ia(ya)	ia	ɔŋ(ŋei)yɛ	əŋ(iɔŋ)yɛ	ɔ(iɔ)ɕ	ɔ(iɔ)ɕ
	层次Ⅲ	a(ua)	ɔ(ua)	a(ua)	ɔɔ	ɔ	—	uaŋ	uɔ̃	ua

注：丽水小片的丽水、遂昌、庆元、云和合口阳韵加□的读音与常山等上山小片读音层次不对应，其对应的是唐韵层次Ⅱ，特此说明。另外，庆元合口阳韵有一个读音为 iɑ，则与常山等阳韵合口层次Ⅱ对应。

各韵层次之间的对应关系则用表 12.1.23 表示：

表 12.1.23

唐韵（开合口）	阳韵合口	阳韵合口（丽水小片）
层次Ⅰ	层次Ⅱ	—
层次Ⅱ	—	层次Ⅰ
层次Ⅲ	层次Ⅲ	层次Ⅱ

12.1.2　瓯江片宕摄的读音层次

本节我们将以温州方言为例，讨论瓯江片宕摄各韵与上丽片的层次对应以及不同的层次特点。

先看开口唐韵，温州开口唐韵有 iɛ 和 uɔ 两个不同的读音，且两者存在对立，如"旁 biɛ²/buɔ² ｜ 膀 biɛ²/buɔ²"两字均有两个读音。其中 iɛ 为常用读音且只出现在唇音声母后，读音 uɔ 则可以出现在开口唐韵任何声母组后，如"帮 puɔ¹ ｜ 忙 muɔ² ｜ 烫 tʰuɔ⁵ ｜ 糖 duɔ² ｜ 浪 luɔ⁶ ｜ 苍 tsʰuɔ¹ ｜ 桑 suɔ¹ ｜ 钢 kuɔ¹ ｜ 杭 ɦuɔ²"。常山开口唐韵的两个层次读音的特点是：其一，层次Ⅰ读音只出现在唇音声母后，层次Ⅱ可以出现在任何声母组后；其二，层次Ⅰ读音带-i-介音，其主元音为前元音，而层次Ⅱ读音不带-i-介音，其主元音为后元音。温州开口唐韵的 iɛ 和 uɔ 与这两个特点正相符合，因此，温州开口唐韵 iɛ 和 uɔ 读音分别对应常山层次Ⅰ和层次Ⅱ。

唐韵合口只有 uɔ 读音，如"光 kuɔ¹ ｜ 广 kuɔ³ ｜ 荒 huɔ¹ ｜ 皇 ɦuɔ²"，对应开口层次Ⅱ，为开合同韵，此特点与丽水小片相同而异于上山小片，上山小片合口唐韵对应层次Ⅰ，为开合异韵（有-u-介音），而温州及丽水小片（包括玉山）唐韵合口对应层次Ⅱ，为开合同韵。

百年前温州唐韵（开合口）读音为 ɔ，开口韵如"刚 kɔ¹ ｜ 汤 tʰɔ¹ ｜ 桑 sɔ¹ ｜ 忙 mɔ² ｜ 旁 bɔ²"，合口韵如"光 kɔ¹ ｜ 荒 hɔ² ｜ 皇 ɦɔ²"，唐韵无论开合均

读为 ɔ,为开合同韵,对应层次Ⅱ。由此可见,百年来温州方言唐韵层次Ⅱ发生 ɔ>uɔ 的裂化音变。

再看三等阳韵,温州话阳韵开口有五个读音:i、iɛ、uɔ、yɔ 和 e。其中 i 读音是开口阳韵的主体层读音,收字最多。读音 uɔ 和 yɔ 只出现在庄组,而读音 iɛ 和 e 各只有一字读此音,以下我们分别讨论。

"两"有 i 和 iɛ 两读,指"斤两"时读 i,数词"两"则读为 iɛ。"厂"也有两读,分别为 i 和 e,指"茅棚厂、工厂"时读 e,指"草棚(厂儿)"时读 i,且声母也不同,读 e 时声母不腭化为 ts-,读 i 时声母腭化为 tɕ-。从这两例所属的词汇风格上看,并没有明显的文白关系,即这几个读音均是平时常用的。考察百年前温州阳韵开口读音,似乎可以寻找到一些线索,我们列出百年前温州话相关读音如表 12.1.24 所示(庄组读音另外讨论):

表 12. 1. 24

时间	强	乡	张	长	昌	枪	墙
百年前	dʑie²	ɕie¹	tsie¹	dʑie²	tsʰie¹	tsʰie¹	zie²
现代	dʑi²	ɕi¹	tɕi¹	dʑi²	tɕʰi¹	tɕʰi¹	ji²

从表 12.1.24 的读音对比中,我们可以得出以下两点认识:其一,百年前温州话开口阳韵分尖团,现代温州话则不分。表 12.1.24 中见组声母腭化,而精知章组声母均未腭化,两者有区别,现代温州话则全部腭化,没有区别。其二,百年来开口阳韵读音发生 ie>i 合音化音变(或叫高化)。事实上,温州话百年来开口三等韵发生性质不同的两类音变,一是阴声韵发生 i>ei 的前裂化音变,一是阳声韵往往发生 ie>i 的合音化音变。这两个音变并非毫无关系,可以看成是一种"推链"的变化,首先发生阳声韵 ie>i 的合音化音变,阴声韵中的 i 为了与阳声韵中的 i 相区别,迫使阴声韵的 i 发生 i>ei 前裂化音变,而这一"推链"音变也就是近百年的事。我们略举几例如下,见表 12.1.25:

表 12. 1. 25①

古韵部		百年前读音	现代读音
阴声韵	麻韵三等	蔗 tsi¹,车 tsʰi¹,借 tsi⁵,写 si⁵	蔗 tsei¹,车 tsʰei¹,借 tsei⁵,写 sei³
	蟹摄三等	制 tsi⁵,世 si⁵,祭 tsi⁵,弊 bi⁶	制 tsei⁵,世 sei⁵,祭 tsei⁵,弊 bei⁶
	止摄三等	池 dzi²,支 tsi¹,皮 bi²,肥 vi²	池 dzei²,支 tsei¹,皮 bei²,肥 vei²

① 事实上,凡是阴声韵百年前读为 i 韵的,现代均发生 i>ei 的前裂化音变,因此也包括有些读为 i 韵的四等韵,如齐韵,此处仅举例说明两者音变的不同性质,没有穷尽。

续　表

古韵部		百年前读音	现代读音
阳声韵	咸摄三等	钳 dʑie²,盐 ɦie²,闪 sie³,尖 tsie¹	钳 dʑi²,盐 ji²,闪 ɕi³,尖 tɕi¹
	山摄三等	件 dʑie⁶,延 ɦie²,仙 sie¹,绵 mie²	件 dʑi⁶,延 ji²,仙 ɕi¹,绵 mi²
	宕摄三等	强 dʑie²,香 ɕie¹,长 dʑie²,枪 tsʰie¹	强 dʑi²,香 ɕi¹,长 dʑi²,枪 tɕʰi¹

两个音变各自独立,并没有发生交叉或者重复。由于条件不同,在阳声韵韵母读音发生 ie>i 音变的同时,其声母发生了腭化音变,因此阳声韵的 i 没有继续裂化为 ei。

接着前面的讨论,我们认为,温州话里"两"的两个读音 i 和 ie 实为同一层次,读音 ie 应该是上述合音化音变过程中的残留①。"厂"的两个韵母读音"tsʰe³"和"tɕʰi³"也属同一层次,两者声母互补,亦可说明其韵母读音的互补本质。因此,读音 ie、e 与 i 都属于同一层次,其中 ie、e 是 ie>i 合音化音变过程中的残留。

庄组有两个读音 yɔ 和 uɔ,不少庄组字有两读 yɔ 和 uɔ,如"庄 tɕyɔ¹/tsuɔ¹ | 装 tɕyɔ¹/tsuɔ¹ | 妆 tɕyɔ¹/tsuɔ¹ | 壮 tɕyɔ⁵/tsuɔ⁵",有些只读为 yɔ,如"床 jyɔ² | 状 dʑyɔ⁶ | 霜 ɕyɔ¹ | 孀 ɕyɔ¹",有些只读为 uɔ,如"创 tsʰuɔ⁵ | 爽 suɔ³",上文我们已经讨论了常山等上丽片方言开口阳韵庄组字跑到二等江韵中去了,读音对应一等唐韵层次Ⅱ。

温州阳韵庄组读音也具有与上丽片方言相同的音类格局,即读如江韵庄组,如"窗 tɕʰyɔ¹ | 双 ɕyɔ¹"等,但阳韵庄组有 yɔ 和 uɔ 两个读音。上文我们提到,常山等上丽片阳韵庄组亦有两读,其差别仅在是否有-i-介音,温州庄组后的两个读音差别也在-i-介音,而这正是音变过程中的体现,因此我们也应该将其看成是同一个层次,对应唐韵层次Ⅱ。

我们之前讲到,庄组声母字在中古前期有二等韵也有三等韵,到了中古后期,由于庄组声母的卷舌特征使三等韵的-i-介音脱落,庄组在三等韵的字全都跑到二等韵中去了,从而与三等韵的章组形成互补,成为一个音位的两个变体。而从南部吴语各方言的读音情况看,二等韵与一等韵读音往往合流,三等韵与四等韵为另一类,这在我们之前的讨论中已有所反映。这也就是开口阳韵庄组读音对应一等唐韵层次Ⅱ的原因。而庄组的两个读音区别在于-i-介音,或许就是三等韵-i-介音的残留,也就是说,这属于在音变过程

---

①　现代温州话音系中无 ie 韵母,即百年前的 ie 相当于现代的 iɛ。e 韵母只与洪音相配,iɛ韵母与细音相配,主元音虽与前人记载不完全相同,但并不影响两者关系的判断。

中形成的对立,因此我们将其看成是同一个层次读音,对应唐韵层次Ⅱ。

温州合口阳韵有三个读音:uɔ、yɔ 和 aŋ。读音为 aŋ 的只有"忘"字,读为 maŋ⁶,对应常山合口阳韵层次Ⅰ,读如曾摄一等。读音 uɔ 只出现在唇音,而读音 yɔ 只出现在牙喉音,两者互补。上丽片阳韵合口读音以唇音/牙喉音为条件,其对应层次有所不同,如图 12.1.1 所示,即上山小片唇音与牙喉音均对应唐韵层次Ⅰ,而丽水小片由于没有唐韵层次Ⅰ读音,因此,其对应有所差异,即丽水小片唇音与牙喉音对应唐韵层次Ⅱ。温州虽然有与上山小片层次Ⅰ的对应,但阳韵合口唇音与牙喉音的对应关系却与上山小片不同,而与丽水小片相似,即唇音与牙喉音均对应唐韵层次Ⅱ。唇音由于发生轻唇化音变而丢失了-i-介音,牙喉音则保留-i-介音,使读音 uɔ+i>yɔ。

综上所述,我们把温州方言宕摄各韵层次总结如下,见表 12.1.26:

表 12.1.26

方言点	唐韵		阳韵开		阳韵合	
	层次Ⅰ	层次Ⅱ	层次Ⅰ	层次Ⅱ	层次Ⅰ	层次Ⅱ
温州	ɜi	uɔ[ɔu]	—	i(iɛ、e)/yɔ/ɔu	aŋ	yɔ/ɔy

为什么温州唐韵有与常山等上山小片相同的层次Ⅰ读音,而阳韵合口的层次对应却与丽水小片相同? 答案在于,温州唐韵层次Ⅰ读音已近消失,大部分均被层次Ⅱ读音覆盖,即层次Ⅱ读音比较强势,这从永嘉、平阳等其他瓯江片方言中也可得到证实。永嘉、平阳等地唐韵开口均无层次Ⅰ读音(乐清有所不同,下文将具体讨论),从这个意义上讲,瓯江片与丽水小片更接近。

永嘉、平阳宕摄与温州有层次对应,唐韵只对应层次Ⅱ读音,与层次Ⅱ特点相同,且均为开合同韵,其读音如表 12.1.27 所示:

表 12.1.27

层次	永嘉	平阳
唐韵层次Ⅱ	ɔ(uɔ)[ɔ]	o(uo)[o]

永嘉唐韵开口唇音声母读 uɔ,其他声母包括牙喉音声母后读 ɔ,两者互补。唐韵合口只有牙喉音声母读 ɔ,与唐韵开口读音相同,符合层次Ⅱ特点。平阳与永嘉读音相似且互补条件也相同。

平阳阳韵开口有三个读音:ie、yo 和 o。其中 yo 和 o 只出现在庄组声母后。上文我们提到庄组声母后的韵母读音由于音变而与二等江韵合流,且两个读音为同一层次。永嘉阳韵开口读音与平阳类似,亦有三个读音,iɛ、yɔ 和 ɔ,兹不赘述。

乐清开口唐韵唇音声母后有 a 与 o 两个读音,如"帮 pa¹│榜 pa³│旁 ba²│螃 ba²│蟒 ma⁴│忙 mo²│茫 mo²",严格意义上讲,a 和 o 只在唇鼻音声母后有对立,除"忙"字外,"蟒茫"均为非常用字,且"帮榜旁"只有 a 一读,因此,我们倾向于将两者看成互补。o 还可以出现在除唇音、齿音(塞音与塞擦音)外的其他声母后,如"当 to¹│汤 tʰo¹│糖 do²│狼 lo²│桑 so¹│糠 kʰo¹│航 ɦo²",齿音声母后的塞音及塞擦音声母发生腭化,其韵母读音为 io,如"葬 tɕio⁵│仓 tɕʰio¹│苍 tɕʰio¹",显然,o 和 io 是互补的。合口唐韵读 o,如"光 ko¹│荒 ho¹│黄 ɦo²"等,均对应层次 Ⅱ。

乐清开口阳韵读音变体的条件则相对较为复杂,共有七个读音:ɯ、iɯ①、yɯ、io、o、uɯ 和 ia。读音 ɯ 只出现在来母及精、知、章组的擦音声母后,细音 iɯ 出现在精、知、章组的塞音与塞擦音声母后。尽管这两个读音在精、章组声母后有对立,但两者仍是互补的,舌尖音只拼 ɯ,舌面音只拼 iɯ,如表 12.1.28 所示:

表 12.1.28

古声母组	ɯ	iɯ
来母	良 lɯ²,凉 lɯ²,量 lɯ²,亮 lɯ⁶	—
精组	墙 zɯ²,相 sɯ¹,想 sɯ³,像 zɯ⁴	将 tɕiɯ¹,奖 tɕiɯ³,枪 tɕʰiɯ¹,抢 tɕʰiɯ³
知组	—	张 tɕiɯ¹,长 dʑiɯ²,账 tɕiɯ⁵,肠 dʑiɯ²
章组	商 sɯ¹,伤 sɯ¹,勺 zɯ⁴,上 zɯ⁴	樟 tɕiɯ¹,昌 tɕʰiɯ¹,厂 tɕʰiɯ³,唱 tɕʰiɯ⁵

知组没有擦音声母字,因此无 ɯ 韵。同样地,这种互补关系在庄组声母中也有所反映,如 yɯ、uɯ 和 io、o 四个韵母读音只出现在庄组声母后,其中 yɯ 韵只出现在塞擦音声母后,而 uɯ 韵只出现在擦音声母后,如表 12.1.29 所示:

表 12.1.29

古声母组	uɯ	yɯ
庄组	床 zuɯ²,状 tsuɯ⁵,霜 suɯ¹,孀 suɯ¹	壮 tɕyɯ⁵,闯 tɕʰyɯ³

① 在处理乐清方言音系时,把腭化声母与非腭化声母的韵母读音处理为同一音位,如 tɕɯ 和 sɯ,这是根据互补原则将其归为一个音位。事实上,腭化声母后会自然地伴随一个腭化 -i 介音,为更好地比较读音演变,我们把阳韵腭化声母后的腭化介音补出。

io 和 o 也有这种互补关系,如表 12.1.30 所示:

表 12.1.30

古声母组	o	io
庄组	爽 so³	庄 tɕio¹,装 tɕio¹,疮 tɕʰio¹,创 tɕʰio⁵

因此,按主元音异同,可以把乐清庄组的四个读音分成两组,第一组为 uɯ 和 yɯ,第二组为 o 和 io。如表 12.1.30 所示,声母是否腭化与是否有-i-或-y-介音形成对应,即声母若是腭化的则韵母有-i-或-y-介音,声母若不腭化的,则韵母无-i-或-y-介音,这实际上也是一种互补的形式。

再看乐清江韵庄组读音,如"窗 tɕʰyɯ¹ | 双 suɯ¹"。从江韵庄组读音可知,阳韵庄组第一组读音与江韵相同,而第二组读音却与一等唐韵相同,这种现象在上丽片及瓯江片其他方言中均未出现。对此,我们认为,与江韵庄组读音相同的第一组读音 yɯ(uɯ)对应的是唐韵层次Ⅱ读音 o,这与我们之前讨论的相一致。但该组读音扩大到以 ɯ 为主元音的其他声母后,即表 12.1.28 中所提到的来母及精知章组声母后的韵母读音,与庄组第一组读音形成互补,可表示为 ɯ(iɯ、yɯ、uɯ)。

但第二组读音 o(io)与唐韵层次Ⅱ完全相同,这又符合温州等其他方言阳韵庄组读音与唐韵层次Ⅱ读音主元音相同的特点。从这里我们可以看到,乐清阳韵庄组读音受到两个不同方向音变的影响,一方面是三等韵 ɯ 类读音在庄组声母后的扩散,即乐清庄组声母的特点使得-i-介音未脱落,仍读三等韵 ɯ 类韵母读音。另一方面毕竟庄组声母不同于其他声母组,有的-i-介音脱落了,因此读如唐韵层次Ⅱ,这与周边其他方言相同。乐清江韵齿音声母亦读 ɯ 类韵母读音,可见与三等韵的关系较密切,这是不同于周边方言的特点。因此,我们认为庄组声母后的两组读音属同一层次,是不同的音变进程出现的两组不同读音。

见系声母后读 ia,声母均腭化,如"姜 tɕia¹ | 强 dʑia² | 仰 ȵia⁴ | 香 ɕia¹ | 阳 ʑia²"等,部分非见系字也有读 a 的,如"两"读为 la⁴,"让"读为 ȵia⁶,主元音对应唐韵层次Ⅰ。

合口阳韵以唇音与牙喉音为条件分化,乐清唇音"忘"字读为 maŋ⁶,对应温州层次Ⅰ,平阳、永嘉却无此层次读音。同时,乐清还有"网"字读 ma⁴,对应唐韵层次Ⅰ。其他唇音字则读为 o 韵,牙喉音为 io,对应层次Ⅱ。平阳、永嘉阳韵合口亦对应层次Ⅱ,永嘉唇音后读 ɐu 韵,与唐韵开口唇音读音相同,牙喉音后读为 yɤ(ɔ)韵。平阳唇音读为 ɔ,与唐韵唇音为 uo 略有不同,似乎没有完全合流,牙喉音后读为 yo(o)韵,均对应层次Ⅱ。

综上所述,我们把瓯江片各点宕摄各韵读音层次总结如下,见表 12.1.31:

表 12.1.31

古韵部	层次	温州	乐清	永嘉	平阳
唐韵	层次Ⅰ	iɛ	—	—	—
	层次Ⅱ	uɔ[ɤu]	o[o/a]	ɔ(ɤu)[ɔ]	o(uo)[o]
阳开	层次Ⅱ	i(iɛ,e)/yɔ[ɤu]	ɯ(yɯ)/o/io	iɛ(yɔ/ɔ)	ie(yo/o)
阳合	层次Ⅰ	aŋ	aŋ	—	—
	层次Ⅱ	yɔ/uɔ	io/o	yɔ/ɔ	yo/o

12.1.3 金衢片宕摄的读音层次

金衢片宕摄各韵的读音差异较大,主元音若为 ɑ,不论是否有鼻尾,其层次读音变体较少,反之则较多。同时,就具体读音而言,有的方言点不带鼻尾,有的方言点有后鼻尾,不尽相同。可以说,就宕摄读音而言,金衢片是南部吴语中读音差别最大的方言片。以下我们将以义乌方言为例讨论宕摄各韵的层次对应。

义乌唐韵开口有四个读音:ɯɤ、uɑ、ŋʷ 和 ɑŋ。其中读音 ɑŋ 为最新文读,其他三个读音为白读。ɯɤ 韵只出现在唇音声母后且只与鼻音声母相拼,如"帮 mɯɤ¹│忙 mɯɤ²",其他唇音声母字为文读 ɑŋ。舌齿及牙喉音声母后读为 ŋʷ,如"当 ŋʷ¹│汤 tʰŋʷ¹│浪 lŋʷ⁶│仓 tsʰŋʷ¹│桑 sŋʷ¹│糠 kʰŋʷ¹│囥 kʰŋʷ⁵│行银行ŋ̩⁶/ŋ̩⁶",此读音相对特殊,没有元音韵母,其实质为声化韵读音。我们知道,高元音是形成声化韵的条件之一。事实上,唐韵部分名词"儿化"后是有高元音 u 的。义乌"儿化"韵加"n"尾,有的还有变调,如"汤儿 tʰun¹│糖儿 dun²",根据义乌方言"儿化"后变韵规律(施俊 2014b:156),"儿化"韵母为"un",其原韵母的主元音为"u",即"u→un"。因此,我们推测舌齿及牙喉音声母后的声化韵原来的主元音应该为 u,由于鼻音 ŋ 把 u 同化了,元音 u 成为 ŋʷ 韵的伴随特征。

还有一个 uɑ 韵,只有"杭州"的"杭"字读为 ɦuɑ²,与唐韵合口读音相同,如"光 kuɑ¹│皇 ɦuɑ²│荒 huɑ¹"。我们认为唇音后的 ɯɤ 与牙喉音后的 uɑ 互补,我们构拟唇音非鼻音声母后的读音为 *uɑ,这样与牙喉音后的 uɑ 形成互补。

义乌牙喉音后无 *ɯɑ 只有 uɑ,说明古牙喉音声母是 ɯɑ>uɑ 的条件。那么唇音非鼻音声母后的白读音是什么呢? 我们或许可以从阳韵合口唇音声母字的读音中得到启示。

　　我们知道,阳韵合口唇音字由于轻唇化音变而失去-i-介音,从而与唐韵合流,义乌阳韵合口除 oŋ 韵对应常山层次 I 外,另有 ua 和 uɤ 读音,两者互补,鼻音声母后为 uɤ,非鼻音声母后为 ua,如表 12.1.32 所示:

表 12.1.32

今读声母条件	uɤ	ua
非鼻音声母	—	方 fua¹,放 fua⁵,房 vua²,防 vua²
鼻音声母	望 muɤ⁶,忘 muɤ⁶	—

　　从表 12.1.32 中可以看出,ua 和 uɤ 这两个读音变体是以鼻音/非鼻音声母为条件而加以区分的。同样地,虽然唐韵开口唇音字无 ua 白读,但也可以通过阳韵合口唇音字加以反推。

　　事实上,这种以鼻音与非鼻音声母来区别韵母读音变体的特点在东阳能看得更加清楚。东阳开口唐韵不论哪个声母组均读为 ʌ,如"帮 pʌ¹｜当 tʌ¹｜汤 tʰʌ¹｜浪 lʌ⁶｜仓 tsʰʌ¹｜桑 sʌ¹｜缸 kʌ¹｜杭 ɦʌ²",但"忙"字读为"mʊ²",ʌ 与 ʊ 韵以鼻音声母与非鼻音声母为条件形成互补,当然这种互补只在唇音声母后发生。同时,阳韵合口唇音字读音也表现出这种互补特点,即非鼻音声母读 ʌ 韵,鼻音声母读 ʊ 韵,如"方 fʌ¹｜放 fʌ⁵｜芳 fʌ¹｜房 vʌ²｜防 bʌ²"和"忘 mʊ⁶｜望 mʊ⁶"。

　　因此,义乌开口唐韵 uɤ 韵与 ua 韵为互补关系,属同一层次读音。那么 uɤ(ua)韵与 ŋʷ 韵是什么关系呢?两者读音不仅差别大,而且 uɤ(ua)韵中的变体之一 ua 读音与 ŋʷ 韵在见系声母下还形成对立,划为两个层次似乎较为合理。但我们认为,把 uɤ(ua)韵与 ŋʷ 韵视为互补关系,看成同一层次较合适。首先,周边方言均只有一个层次,与义乌较接近的东阳方言唐韵只有一个层次,对应常山层次 II。事实上,就义乌境内其他点来看,唐韵读音也不尽相同,义乌境内各点唐韵读音如表 12.1.33 所示:

表 12.1.33

古声母组	上社	上溪	义亭	苏溪
唇音	ɔ/uɤ	uɤ	o/uɤ	uɤ
非唇音	ɔ	aŋ	o	ŋʷ
阳韵_唇	ɔ/uɤ	aŋ/uɤ	ɔ/uɤ	ŋʷ/uɤ

　　从整个义乌来看,唐韵非唇音声母读音有的带鼻尾,有的则不带鼻尾读阴声韵,这些都是各自内部音系结构运动所致。反观义乌 uɤ(ua)韵与 ŋʷ

283

韵的关系,我们推测唇音声母后与 ŋʷ 韵相拼不符合义乌音系结构,使得唇音后的韵母读音走上了不同的音变之路。非唇音声母后由于 u 较早地被 ŋ 同化,ŋʷ 读音成为韵母继续保留。而 ɯɤ 由 u 裂化而来,*ɯ 韵与 ŋʷ 的主元音 u 只差一个圆唇特征。

其次,与常山唐韵唇音单独设立一个层次不同,最主要原因是周边方言即上山小片均有此对应,如果把义乌唇音后韵母读音单独设立一个层次,周边方言却无此对应,于事实恐不符。因此我们认为把 ɯɤ(ua)韵与 ŋʷ 韵看成是同一层次读音比较妥当。

唐韵合口只有见系字,韵母读音为 ua,对应层次Ⅱ。文读与开口 ɑŋ 对应为 uaŋ,这是受普通话影响而产生的最新文读。我们知道,唐韵开口层次Ⅱ读音有多个变体,即 ŋʷ(ua、ɯɤ),因此,与义乌唐韵读音相类似的苏溪,其合口读音就有不同的选择,如表 12.1.34 所示:

表 12. 1. 34

古韵部	义乌	苏溪
唐韵合口	ua	ŋʷ

再看三等阳韵,阳韵开口有四个读音:iɔ、ɯa、ŋʷ 和 ɑŋ。其中 ɑŋ 为最新文读。前三个韵母读音均依声母不同而互补,iɔ 只出现在娘母、日母及见系声母后,如"娘 ɲiɔ² | 让 ȵiɔ⁶ | 强 dʑiɔ² | 香 ɕiɔ¹ | 样 ɦiɔ⁶",ɯa 出现在来母、精知章组声母后,如"良 lɯa² | 将 tsɯa¹ | 枪 tsʰɯa¹ | 张 tsɯa¹ | 长 dzɯa² | 章 tsɯa¹ | 伤 sɯa¹",ŋʷ 只出现在庄组声母后,如"装 tsŋʷ¹ | 疮 tsʰŋʷ¹ | 床 zŋʷ² | 霜 sŋʷ¹",庄组的读音与唐韵一等相同,以上读音对应唐韵层次Ⅱ。

阳韵合口唇音声母后有 ɯɤ、ua 和 oŋ 三个读音,其中 oŋ 对应常山阳韵层次Ⅰ,而 ɯɤ 和 ua 韵为同一层次的变体,对应层次Ⅱ,上文已有所讨论,此不赘述。牙喉音声母后读 ua,亦为层次Ⅱ,与唇音声母后读音构成开合关系。

综上所述,我们把义乌方言宕摄各韵与常山的层次对应情况总结如下,见表 12.1.35:

表 12. 1. 35

方言点	唐韵		阳韵开		阳韵合	
	层次Ⅰ	层次Ⅱ	层次Ⅰ	层次Ⅱ	层次Ⅰ	层次Ⅱ
义乌	—	ŋʷ(ɯɤ/ua)	—	ɯa(iɔ/ŋʷ)	oŋ	ua(ɯɤ)/ua

与义乌相比,东阳读音变体相对较少。上文实际已对各韵做了简单的讨论,唐韵开合均读 ʌ 韵,对应层次Ⅱ。阳韵开口庄组读 ʌ 或 uʌ 韵,其他声母组后读 ʌ 韵,均对应层次Ⅱ。阳韵合口"网"字读 om 韵,对应层次Ⅰ,唇音与牙喉音均读为 ʌ 韵,与唐韵开口读音相同。

兰溪唐韵不论何种声母组均读为ã,合口读 uã韵,对应层次Ⅱ。阳韵开口读 iã韵,庄组为 yã韵,两者互补。阳韵合口唇音层次Ⅰ读音为 əŋ 韵,如"忘 məŋ⁶ ｜ 望 məŋ⁶",层次Ⅱ读音对应唐韵开口ã,牙喉音声母读 uã,对应唐韵合口。

浦江唐韵开合均读为 o 韵,开口阳韵为 io,庄组为 io 或 o 韵,合口阳韵唇音/牙喉音声母后均为 o 韵,与唐韵开合口对应,只有"忘"字读为 ʌ 韵,与 o 韵互补。永康与武义不仅读音相同,而且变体也相同,唐韵开口均读为 ɑŋ,合口为 uɑŋ,阳韵开口庄组读 yɑŋ,其他声母后读 iɑŋ,阳韵合口以唇音/牙喉音为条件对应唐韵开口与合口的 ɑŋ 和 uɑŋ 韵。

综上所述,我们把金衢片各点宕摄各韵层次对应总结如下,见表 12.1.36:

表 12.1.36

古韵部	层次	义乌	东阳	兰溪	浦江	永康	武义
唐韵	层次Ⅱ	ŋʷ(uɤ/uɑ)[uɑ]	ʌ(ʊ)[ʌ]	ã[uã]	o[o]	ɑŋ[uɑŋ]	ɑŋ[uɑŋ]
阳开	层次Ⅱ	uɑ(iə/ŋʷ)	iʌ(ʌ/uʌ)	iã(yã)	io(o)	iɑŋ(yɑŋ)	iɑŋ(yɑŋ)
阳合	层次Ⅰ	oŋ	om	əŋ	—	—	—
	层次Ⅱ	uɑ(uɤ)/uɑ	ʌ(ʊ)/ʌ	ã/uã	o(ʌ)/o	ɑŋ/uɑŋ	ɑŋ/uɑŋ

12.1.4　小　结

通过对南部吴语宕摄各韵的层次讨论,我们可以得出以下几点认识。

①上丽片的上山小片层次最为复杂。以唐韵为例,可分三个层次,其中层次Ⅰ只出现在唇音声母后,其特点是有-i-介音,主元音为前元音。层次Ⅱ的特点是后元音,各片其他方言均有此对应。有层次Ⅰ的方言,其合口亦对应层次Ⅰ,否则对应层次Ⅱ。上丽片阳韵均有两个层次,其中第一层次为瓯江、金衢片方言所无。阳韵合口以唇音/牙喉音为条件分别讨论,各片方言均有阳韵层次Ⅰ,即读如曾摄一等或梗摄二等,其层次时间应早于唐韵层次Ⅰ。

②阳韵合口以唇音/牙喉音为条件表现出不同的音类分合关系。除层次Ⅰ外,唇音声母读音与牙喉音声母后读音的关系可分为下列几类。一是

对应唐韵层次Ⅰ,如上山小片常山、江山、开化、广丰四点,其唇音与牙喉音读音关系分别为唐韵开合韵。二是对应唐韵层次Ⅱ,如丽水小片丽水、遂昌、庆元、云和,还包括玉山,其唇音与牙喉音读音关系为一等与三等韵的区别。三也是对应唐韵层次Ⅱ,但其关系为唇音读如唐韵,而牙喉音读如阳韵庄组,此为瓯江片各方言。四也是对应唐韵层次Ⅱ,其唇音与牙喉读音关系有的是对应唐韵开合韵,如义乌、兰溪、永康、武义,有的则是开合同韵,如东阳、浦江。

③乐清阳韵层次表现出了与其他瓯江片不同的特点,阳韵庄组读音受到两个不同方向音变的影响。一方面是三等韵 ɯ 类读音在庄组声母后的扩散,即乐清庄组声母的特点使得-i-介音没有脱落,仍读三等韵 ɯ 类韵母读音。另一方面,毕竟庄组声母不同于其他声母组,有的-i-介音脱落了。阳韵合口唇音有三个层次,除两个层次与周边相同外,还有一个读音对应的是唐韵层次Ⅰ。

12.2 江摄的读音层次

12.2.1 上丽片江摄的读音层次

我们以常山方言为例讨论江摄的读音层次,先列出常用读音如下,见表 12.2.1:

表 12.2.1

江韵	iã	棒₁biã⁴,江₂tɕiã¹,讲₂tɕiã³,腔 tɕʰiã¹
	ã	邦 pã¹,棒₂bã⁴,项 ɦã²
	õ	撞 dzõ⁶,窗 tsʰõ¹,双 sõ¹,江₁kõ¹,豇 kõ¹,讲₁kõ³
	iõ	桩 tiõ¹

常山江韵共有四个读音:iã、ã、õ和iõ。其中唇音声母后以 iã韵为白读,以ã为文读。如"棒"有两个读音 iã和ã,前者用于"牛樵棒"一词,后者用于"棒冰"一词,文白关系一目了然。同时,ã读音所属字均为非常用字,可见唇音声母后的 iã韵与ã韵为两个不同的层次,iã韵为白读层,ã韵为文读层。

读音 iã另有"江讲腔"等见组字,其中"江讲"等字以 õ韵为白读。我们知道,南部吴语见系二等韵腭化是北方官话影响所致,与非腭化读音形成文白两读。这里要注意的是,唇音后的 iã韵与见组后的 iã韵虽然同形,但性质不同,需要将两者分开。

读音õ可以出现在知组、庄组及见组声母后,见组的õ韵对应的文读是iã韵。读音iõ只有"桩"一字,此字与阳韵"庄"同音,我们认为与õ韵同一层次。综上所述,我们可以把江韵的几个读音试分层次,如表 12.2.2 所示:

表 12.2.2

iã(唇音)
õ(iõ)
iã(牙喉音)/ã(文读层)

层次 iã(唇音)与层次 õ(iõ)之间时间关系的确定首先需要解决两个问题。第一,层次 iã(唇音)只出现在唇音声母后,层次 õ(iõ)读音出现在知组、章组及见晓组声母后,从分布来看,两者应该是互补的,为什么要看成是两个层次? 第二,如果是两个不同的层次,哪个层次读音更早? 要解决这两个问题,我们需要和一等唐韵结合起来加以讨论。

我们知道,南部吴语各片方言一等韵与二等韵往往是一组,三等韵与四等韵为一组,同一组的具有相似的演变过程。同时,上文我们也有提到,宕、江两摄在中古时期就有合流趋势,因此把二等江韵与一等唐韵结合起来考察是很有必要的。对比江韵与唐韵读音,我们发现两者读音相同,层次读音完全对应,如表 12.2.3 所示:

表 12.2.3

层次	唐韵	江韵
层次 I	iã	iã(唇音)
层次 II	õ	õ(iõ)
层次 III	ã	iã(牙喉音)/ã

事实上,常山唐韵层次 I 的 iã 也只出现在唇音声母后,它与层次 II 的õ读音构成"假互补"。唐韵层次 III 的ã是层次 I 的文读,江韵层次 I 与唐韵完全对应。江韵层次 III 与唐韵相比,多了一个二等见系腭化后的韵母读音 iã,其主元音与唐韵层次 III 正相吻合,可见此层次必定是宕、江合流后的产物。

江韵层次 II 与唐韵相比,多了一个 iõ 读音变体,这个字来自知组"桩"字,读为 tiõ¹,与阳韵"庄"字同音。事实上,"庄"的 iõ 韵读音来自"做庄"一词,而"做庄"实为"做桩",《汉语大字典》(第二版)(2010:1364)解释为:"旧时赌博头家称'做庄',或称'做桩',意取稳定不动。如:蹲桩;下桩。元关汉卿《谢天香》第三折:'我将这色数儿轻放在骰盆内……我可便做桩儿三个五。'"而"桩"字属知母,知母读如端母,属保留古音,阳韵"庄"字属庄组字,未见其读如端母用例,可见"庄"字的 iõ 韵读音就是"桩"字,而阳韵 iõ 与 õ 同一层次。因此江韵层次Ⅱ与唐韵对应。江韵层次Ⅲ多了牙喉音后的 iã 韵,这是二等韵见系声母后腭化文读层,与唐韵的 ã 读音正相对应。

综上所述,常山江韵与唐韵一样,共分为三个层次,且三个层次读音一一对应。

上丽片其他方言江韵均与唐韵表现一致,因此,我们只要列出各点唐韵层次读音,就可以依此确定江韵各层次读音了,先将唐韵各层次读音转述如下,见表 12.2.4:

表 12.2.4(转自表 12.1.22)

层次	常山	江山	开化	广丰	玉山	丽水	遂昌	庆元	云和
唐韵层次Ⅰ	iã[iõ]	iã[yã]	iã[yã]	iã[yã]	iã	—	—	—	—
唐韵层次Ⅱ	õ	õ	oŋ	ɔõ	õ	ɔŋ	ɔŋ	õ	õ
唐韵层次Ⅲ	ã[uã]	ã[uã]	ã[uã]	ɔã	ã	uã	uaŋ	uã	

"[ ]"为唐韵合口读音,与江韵无关。从表 12.2.4 中我们可以看到,上丽片丽水小片没有层次Ⅰ读音,因此我们先讨论上山小片其他点江韵的读音。

江山江韵有三个读音:iã、ɔõ 和 õ。其中 iã 在唇音声母后对应层次Ⅰ,如"绑 piã³",而牙喉音的 iã 韵则对应层次Ⅲ,如"江 kiã¹ | 讲 kiã³ | 降 kiã⁵ | 腔 kʰiã¹"。牙喉音声母后的 iã 韵是文读音,其白读为 õ 韵,同时,唇音声母后也有 õ 韵,如"邦 põ¹ | 棒 bõ⁴",并与知组、庄组声母后的 ɕiõ 韵形成互补,如"桩 tiõ¹ | 撞 dʑiõ⁶ | 窗 tɕʰiõ¹ | 双 ɕiõ¹"。我们知道,江山阳韵层次Ⅱ读音 iõ 对应唐韵层次Ⅱ,以庄组字为主,我们认为庄组三等韵在后来的音变中均变为庄组二等韵,即庄组二等韵读音与庄组三等韵读音一致,因此江韵的 iõ 韵也是对应层次Ⅱ,即 õ(iõ)属层次Ⅱ。

开化江韵有五个读音:oŋ、ioŋ、iã、ã 和 uã。开化江韵没有与唐韵对应的层次Ⅰ读音,其唇音声母后的层次Ⅰ读音已被层次Ⅱ读音覆盖,如"蚌 boŋ⁶"。同时,牙喉音声母后读音亦对应层次Ⅱ,如"江 koŋ¹ | 豇 koŋ¹ | 讲 koŋ³ | 虹 koŋ⁵"。知、庄组声母后读音 ioŋ 亦对应层次Ⅱ,如"桩 tioŋ¹ | 撞 dʑioŋ⁶ | 窗 tɕʰioŋ¹ | 双 ɕioŋ¹",即 oŋ(ioŋ)为同一层次。出现在唇音及牙喉音后的 ã 韵,如"邦 pã¹ | 庞 bã² | 港 kã³ | 巷 ɦã⁶ | 项 ɦã⁶",庄组后的 uã 韵,如"窗 tsʰuã¹ | 双 suã¹",以及牙喉音后的 iã 韵,如"江 tɕiã¹ | 讲 tɕiã³ | 腔 tɕʰiã¹",对应层次Ⅲ。

广丰江韵只有两个读音,iã 和 ɔã,却对应三个层次。唇音 iã 韵对应层次

288

Ⅰ，如"绑 piã̰³"。唇音、齿音及牙喉音后为层次Ⅱ读音ɔ̃ɒ，如"邦 pɒ̃ã¹｜桩
tɒ̃ã¹｜撞 dzɒ̃ã⁶｜双 sɒ̃ã¹｜江 kɒ̃ã¹｜讲 kɒ̃ã³｜项 ɦɒ̃ã⁴"等。牙喉音后的 iã
韵对应的是层次Ⅲ，如"腔 tɕʰiã̰¹"。

玉山江韵有三个读音：ɒ̃、iɒ̃和 iã。玉山江韵没有与唐韵对应的层次Ⅰ
读音，牙喉音声母后的 iã 对应的是层次Ⅲ，如"腔 tɕʰiã̰¹"。ɒ̃和 iɒ̃韵则对应
层次Ⅱ，如"邦 pɒ̃¹｜棒 bɒ̃⁴｜窗 tsʰɒ̃¹｜双 ɕiɒ̃¹｜桩 tiɒ̃¹｜撞 dziɒ̃⁶｜江 kɒ̃¹｜
讲 kɒ̃³｜降 kɒ̃⁵"。虽然玉山舒声韵唇音声母后无层次Ⅰ，但其入声韵保留
有层次Ⅰ读音，如"剥 piɐʔ⁷｜雹 biɐʔ⁸"。

以上上山小片各点江韵与唐韵均有三个层次的对应关系。而丽水小片
各点唐韵均无层次Ⅰ读音，那么在江韵中是否也有类似的表现？

丽水江韵有四个读音：ɔŋ、iɔŋ、iã和ã。结合表 12.2.4，我们知道丽水唐
韵只有层次Ⅱ和层次Ⅲ，江韵亦是如此。从读音上看，ɔŋ和 iɔŋ 互补，对应
层次Ⅱ，如唇音声母字"邦 pɔŋ¹｜棒 bɔŋ⁴"，牙喉音声母字"江 kɔŋ¹｜讲
kɔŋ³｜降 kɔŋ⁵｜虹 ɦɔŋ²"等，知、庄组声母字"桩 tiɔŋ¹｜撞 dziɔŋ⁶｜双 ɕiɔŋ¹"。
唇音及牙喉音声母后分别是ã和 iã，对应的是层次Ⅲ。

遂昌江韵亦有四个读音：ɔŋ、iɔŋ、aŋ 和 iaŋ。与丽水完全相同，ɔŋ 和 iɔŋ
韵对应层次Ⅱ，aŋ 和 iaŋ 韵对应层次Ⅲ。

庆元江韵有三个读音：ɔ̃、iɔ̃和 iã。其中ɔ̃和 iɔ̃对应层次Ⅱ，iã韵只"腔"
一字，对应层次Ⅲ。

云和与庆元的对应情况相同。

综上所述，上丽片唐韵与江韵的层次完全对应，只要参照表 12.2.4 中
唐韵的层次读音，就可以知道江韵的层次读音了，三个层次均是宕、江两摄
合流后的产物。

综上所述，我们把各点江韵层次读音总结如下，见表 12.2.5：

表 12.2.5

层次	常山	江山	开化	广丰	玉山	丽水	遂昌	庆元	云和
江韵层次Ⅰ	ia	iã	—	iã	—	—	—	—	—
江韵层次Ⅱ	ɔ̃(iɔ̃)	ɔ̃(iɔ̃)	oŋ(ioŋ)	ɒ̃ɒ	ɒ̃	ɔŋ(iɔŋ)	ɔŋ(iɔŋ)	ɔ̃(iɔ̃)	ɔ̃(iɔ̃)
江韵层次Ⅲ	iã	iã	ia(uã,ã)	iã	iã	ã(iã)	aŋ(iaŋ)	iã	iã

12.2.2　瓯江片江韵的读音层次

上丽片宕江两摄的三个层次完全一致，瓯江片则略有不同。因江韵层
次与唐阳韵关系密切，因此，我们先列瓯江片各方言唐阳韵层次读音如下，
见表 12.2.6：

表 12.2.6(转自表 12.1.31)

古韵部	层次	温州	乐清	永嘉	平阳
唐韵	层次 I	iɛ	—	—	—
	层次 II	uɔ[ɔu]	o[a/o]	ɔ(uɔ)[ɔ]	o(uo)[o]
阳开	层次 II	i(iɛ、e)/yɔ/ɔu	ɯ(yɯ)/o/io	iɛ(yɔ/ɔ)	ie(yo/o)

温州江韵有四个读音:iɛ、i、ɔu 和 yɔ。其中 iɛ 读音不仅出现在唇音声母字,还出现在其他母字,可见这与唐韵 iɛ 读音出现的条件不同,而更接近于阳韵,如"蚌 biɛ⁴ │ 豇 kiɛ¹"。但又不同于阳韵,如"豇"的声母并不腭化,读的却是梗摄二等韵①,如"羹 kiɛ¹ │ 梗 kiɛ³ │ 坑 kʰiɛ¹",而百年前梗摄二等韵读的是 ɛ,发生了 ɛ→iɛ 的前裂化音变。由于这里的 i 介音是后起的,因此,腭化音变尚未发生。可见,"豇"不读如唐阳韵,读的是梗摄二等韵。据《集韵》,"蚌"尚有梗摄白猛一切,因此,温州江韵的 iɛ 读音并不真正属于江韵,而是梗摄二等韵。

正因为如此,尽管"豇"有两读,iɛ 和 ɔu,前者白读,后者文读,但并不构成两个层次。

读音 i 有"腔 tɕʰi¹ │ 降_{投降}ji²",百年前温州话"腔"读 ie,这表明百年来江韵有 ie→i 的合音化音变发生,对应的正是阳韵开口层次 II。

读音 ɔu 和 yɔ 互补,知、庄组声母后读 yɔ,其他声母后读 ɔu,如"邦 pɔu¹ │ 棒 buɔ⁴ │ 江 kuɔ¹ │ 豇 kuɔ¹ │ 讲 kuɔ³ │ 降 kuɔ⁵ │ 桩 tɕyɔ¹ │ 撞 dʑyɔ⁶ │ 窗 tɕʰyɔ¹ │ 双 ɕyɔ¹",两者属同一层次,对应的是唐韵层次 II。

乐清江韵有四个读音:a、o、yɯ 和 uɯ。其中与唐韵读音相同的是 a 和 o 韵,唇音声母后读 a 韵,牙喉音声母后读 o 韵,如"庞 ba² │ 棒 ba⁴ │ 蚌 ba⁴ │ 项 ɦo⁴ │ 巷 ɦo⁶",与唐韵一样是互补的,即 o(a)对应层次 II。由于江韵知、庄组读音与阳韵合流,因此其音位变体与阳韵庄组相同,即在塞擦音声母后读 yɯ,在擦音声母后读 uɯ,如"桩 tɕyɯ¹ │ 撞 dʑyɯ⁶ │ 窗 tɕʰyɯ¹ │ 双 suɯ¹",对应层次 II。

永嘉和平阳读音较相似。永嘉有四个读音:uɔ、yɔ、ɔ 和 iɛ。其中唇音声母后读为 uɔ 韵,如"棒 buɔ⁴ │ 庞 buɔ²",牙喉音声母后读为 ɔ 韵,如"江 kɔ¹ │ 讲 kɔ³ │ 巷 ɦɔ⁶",两者互补,与唐韵相同。知、庄组声母后为 yɔ 韵,如"桩 tɕyɔ¹ │ 撞 dʑyɔ⁶ │ 窗 tɕʰyɔ¹ │ 双 ɕyɔ¹",亦属层次 II。读音 iɛ 如"腔 tɕʰiɛ¹ │ 降

_____

① 这个 iɛ 韵在梗摄二等韵均不腭化,如"争 tsiɛ¹ │ 生 siɛ¹ │ 更_{五更} kiɛ¹"。而阳韵由 ie 合音化为 i 的声母是腭化的。

ɦiɛ²"，也属于层次Ⅱ，相当于唐韵与阳韵的对应。平阳亦有四个读音：ɔ、o、yo 和 ie。其中唇音后读 ɔ，牙喉音后读 o，如"棒 bɔ⁴｜江 ko¹｜讲 ko³"，与唐韵互补条件相同。知、庄组声母后读 yo 韵，如"桩 tɕyo¹｜撞 dʑyo⁶｜窗 tɕʰyo¹｜双 ɕyo¹"。"腔"读为 ie，与阳韵同，均属层次Ⅱ。

从以上论述可知，江韵只有一个层次，我们把瓯江片江韵层次读音总结如下，见表 12.2.7：

表 12. 2. 7

层次	温州	乐清	永嘉	平阳
层次Ⅱ	uɔ/yɔ/i	o/a/yɯ(ɯ)	uɔ(ɔ)、yɔ、iɜ	ɔ(o)、yo、ie

12.2.3　金衢片江韵的读音层次

先将金衢片各点唐韵及阳韵读音转述如下，见表 12.2.8：

表 12. 2. 8(转自表 12. 1. 36)

古韵部	层次	义乌	东阳	兰溪	浦江	永康	武义
唐韵	层次Ⅱ	ŋʷ(ɯɤ/ua)[ua]	ʌ(ʊ)[ʌ]	ã[uã]	o[o]	aŋ[uaŋ]	aŋ[uaŋ]
阳开	层次Ⅱ	ɯa(iɔ/ŋʷ)	iʌ(ʌ/uʌ)	iã(yã)	io(o)	iaŋ(yaŋ)	iaŋ(yaŋ)

义乌江韵有三个读音：ɯɤ、ciɔ 和 ŋʷ。ɯɤ 韵只在唇音声母后，如"胖 pʰɯɤ⁵"。ŋʷ 韵则出现在知、庄组及见晓组声母后，如"桩 tsŋʷ¹｜撞 dʑŋʷ⁶｜窗 tsʰŋʷ¹｜双 sŋʷ¹｜江 kŋʷ¹｜讲 kŋʷ³｜豇 kŋʷ¹"。牙喉音声母后读音与唐韵相同，而知、庄组声母后读音对应阳韵的庄组读音，两者同形，均对应层次Ⅱ。还有一个 iɔ 韵，只出现在江韵牙喉音后，如"江江湾：地名 tɕiɔ¹｜降 ɲiɔ²｜腔 tɕʰiɔ¹"，此读音读如阳韵，不论读如唐韵还是阳韵，对应的都是层次Ⅱ。

东阳江韵读音变体较少，只有三个读音：ʌ、iʌ 和 uʌ。帮组、知组、庄组及见晓组声母后均读为 ʌ 韵，庄组擦音声母有一个变体读音 uʌ，如"胖 pʰʌ⁵｜棒 bʌ⁴｜桩 tsʌ¹｜撞 dʑʌ⁶｜江 kʌ¹｜讲 kʌ³｜降 kʌ⁵｜双 suʌ¹"。唇音与牙喉音声母后读音与唐韵相同，知、庄组声母后读音对应阳韵庄组，两者变体相同，均对应层次Ⅱ。iʌ 韵为三等阳韵读音，如牙喉音声母后"腔 tɕʰiʌ¹｜降 ɦiʌ²｜巷 ɦiʌ⁶"，也是对应层次Ⅱ。

兰溪江韵也有三个读音：ã、yã 和 iã。唇音及牙喉音后读为 ã，知、庄组声母则为 yã，如"棒 bã⁴｜江 kã¹｜豇 kã¹｜讲 kã³｜降 kã⁵｜桩 tɕyã¹｜撞 dʑyã⁶｜双 ɕyã¹"，分别对应唐韵及阳韵层次Ⅱ。"腔"读 iã 韵，读如阳韵，也是对应层次Ⅱ。

浦江江韵仅有两个读音:o 和 io。唇音及牙喉音声母后读为 o 韵,对应唐韵层次Ⅱ,如"棒 bo⁴｜蚌 bo⁴｜江 ko¹｜讲 ko³｜降 ko⁵"。知、庄组及部分牙喉音声母后读 io 韵,如"桩 tɕio¹｜双 ɕio¹｜撞 dʑio⁶｜腔 tɕʰio¹｜降 ɦio²",均对应阳韵层次Ⅱ。

武义和永康江韵读音相同,只举武义一例。武义江韵有两个读音:aŋ 和 yaŋ。唇音及牙喉音声母后读 aŋ 韵,如"棒 baŋ⁴｜江 kaŋ¹｜讲 kaŋ³｜降 kaŋ⁵",知、庄组声母后为 yaŋ,如"桩 tɕyaŋ¹｜窗 tɕʰyaŋ¹｜撞 dʑyaŋ⁶｜双 ɕyaŋ¹",与阳韵庄组同音,以上均对应层次Ⅱ。

综上所述,我们把金衢片各点江韵读音层次总结如下,见表 12.2.9:

表 12.2.9

古韵部	层次	义乌	东阳	兰溪	浦江	永康	武义
江韵	层次Ⅱ	uɤ(ŋʷ)、iɔ	ʌ(uʌ)、iʌ	ã、yã、iã	o、io	aŋ、yaŋ	aŋ、yaŋ

12.2.4 小 结

通过对江韵的讨论,我们得出以下几点认识。

①南部吴语上丽片、瓯江片及金衢片江摄层次读音与宕摄相同。可见,宕、江两摄各层次读音在南部吴语均已合流。

②江摄与宕摄读音合流,有的读音读如唐韵,有的读音读如阳韵,可见江韵混合了唐韵与阳韵的读音。从这里更能说明宕、江两摄在南部吴语合流的语言事实。此时,音类分合的对比更能有效地反映出层次的特点,主要指牙喉音声母后有读音的对立,以义乌及温州话为例,义乌及温州话在牙喉音声母后各有两个读音,如表 12.2.10 所示:

表 12.2.10

方言点	读如唐韵	读如阳韵
温州	ɕu	i
义乌	ŋʷ	iɔ

换句话说就是,温州见系声母下有 ɕu 和 i 的对立,义乌见系声母下有 ŋʷ 和 iɔ 的对立。按通常层次分析方法认为,两者在同一声母组下有对立,应该看成是两个不同的层次。事实上,两对读音并无文白区别,均为日常口语常用读音。按对宕摄读音层次的讨论,读如唐韵与读如阳韵的读音均对

应层次Ⅱ,属同层异等的关系,不应把这种关系看成是两个层次。之所以会产生读如阳韵的读音,我们认为这是自身音变造成的,即江韵牙喉音部分字产生腭化音变,从而使这些字混同于阳韵读音。这个音变与普通话类似,普通话部分字没有发生腭化音变,如"港扛夯"等,使其读音与唐韵同,所以黄笑山(1995)把《切韵》时期的江韵主元音拟为*œ,不仅解释了庄组-u-介音的产生,而且也能解释牙喉音声母的腭化。

③江韵的庄组读音与阳韵庄组读音相同,这表明三等韵的庄组声母字与二等韵庄组声母字合流,其方向应该是三等韵字读如二等韵字,而南部吴语一等韵与二等韵为一类,这就是二等江韵与三等阳韵庄组声母与一等韵读音相同的原因所在。

第 13 章　曾摄的读音层次及其演变

中古曾摄包括一等登韵和三等蒸韵,且各分开合,但合口登韵与合口蒸韵收字少,基本可以忽略不计。因此,本章主要讨论开口一等登韵与三等蒸韵在南部吴语的读音层次。

13.1　上丽片曾摄的读音层次

13.1.1　常山方言曾摄的读音层次

我们先列出常山方言开口一等登韵及三等蒸韵的常用字读音,如表 13.1.1 所示:

表 13.1.1

登韵	${\tilde{\Lambda}}$	等₁ t$\tilde{\Lambda}$³,层 z$\tilde{\Lambda}$²
	ɪŋ	灯 tɪŋ¹,凳 tɪŋ⁵,藤 dɪŋ²
	oŋ	朋 boŋ²,等₂ toŋ³,腾 doŋ²,能 noŋ²,增 tsoŋ¹,肯 kʰoŋ³
蒸韵	ɪŋ	冰 pɪŋ¹,菱 lɪŋ²,惩 tsɪŋ³,证 tsɪŋ⁵,秤 tsʰɪŋ⁵,升 sɪŋ¹,兴 hɪŋ⁵
	uɪŋ	塍 zuɪŋ²

从表 13.1.1 中可以看出,常山方言登韵及蒸韵读音并不复杂,登韵有三个读音,蒸韵只有两个读音。

先看登韵,登韵有三个读音:${\tilde{\Lambda}}$、ɪŋ 和 oŋ。其中读音 ${\tilde{\Lambda}}$ 只有两字,一个"等"字,一个"层"字,前者属端组声母,后者属精组声母,虽然收字较少,却也占了登韵的两个主要声母组。读音 oŋ 可以出现在帮、端、精、见各个声母组后,与读音 ${\tilde{\Lambda}}$ 在端组及精组声母后形成对立,如表 13.1.2 所示:

表 13.1.2

古声母组	${\tilde{\Lambda}}$	oŋ
端组	等₁ t$\tilde{\Lambda}$³	等₂ toŋ³,腾 doŋ²
精组	层 z$\tilde{\Lambda}$²	增 tsoŋ¹

同时,"等"字有 ${\tilde{\Lambda}}$ 和 oŋ 两个读音的对立。因此,我们把读音 ${\tilde{\Lambda}}$ 和读音 oŋ 看成是两个不同的层次。读音 ɪŋ 只出现在端组声母后,与 ${\tilde{\Lambda}}$、oŋ 同在端组声

294

母后形成对立,因此,我们把 ŋ 与 ʌ̃、oŋ 都看成是不同的读音层次,即常山登韵有三个层次读音:ŋ、ʌ̃ 和 oŋ。

三等蒸韵有两个读音:ŋ 和 uŋ。其中 uŋ 读音只有一字"塍",与另一读音 ŋ 相比只多出一个-u-介音,我们认为读音 uŋ 不具备单独作为一个层次的条件,不仅在蒸韵无法找到其他更多的例证,而且在周边方言也没有出现类似以合口介音-u-为区别的层次读音。因此,我们认为常山蒸韵只有一个层次,读音 uŋ 应该是 ŋ 的变体。

综上所述,常山方言登韵有三个层次:ŋ、ʌ̃ 和 oŋ。蒸韵有一个层次 ŋ(uŋ)。

再看登韵三个层次的相对时间顺序。单从常山方言看,文白关系或一字多音所体现的信息过少,我们无法从各个层次读音中做出时间先后的判断。因此,我们需要借助周边方言曾摄的读音情况。我们发现,层次 ʌ̃ 读音读如桓韵、痕魂韵和阳韵等,如表 13.1.3 所示:

表 13.1.3

桓韵	痕魂韵	阳韵
搬 pʌ̃¹,伴 bʌ̃⁴,馒 mʌ̃²	跟 kʌ̃¹,痕 ɦʌ̃²,本 mʌ̃³	装 tʌ̃¹,长 dʌ̃²,量₁ lʌ̃²,床 zʌ̃²

就韵尾而言,中古时期的桓韵与痕、魂韵为一类,为前鼻音韵尾-n。阳韵与登、蒸韵为一类,为后鼻音韵尾-ŋ。登韵与阳韵属于后鼻音韵尾-ŋ 的一类。因此,我们可以先从具有同类韵尾的阳韵入手。事实上,上丽片曾摄均有读如阳韵层次Ⅰ的读音,如表 13.1.4 所示:

表 13.1.4

古韵部	常山	江山	开化	广丰	玉山	丽水	遂昌	庆元	云和
阳韵层次Ⅰ	ʌ̃	æ̃	ɛ̃	æ̃	æ̃	ɛiŋ	ə̃	ã	ɛ
登韵或蒸韵	ʌ̃	æ̃	ɛ̃	æ̃	æ̃	ɛiŋ	ə̃	ã	ɛ

表 13.1.4 显示,登韵或蒸韵有一个读音与阳韵层次Ⅰ读音相同,我们认为曾摄层次读音 ʌ̃ 读如阳韵层次Ⅰ。层次读音 ŋ 是一等登韵与三等蒸韵共同的读音,而层次读音 oŋ 只出现在登韵而不见于蒸韵。

顺着以上三条层次读音的特点,我们来看开化方言登韵的读音情况。开化登韵有三个读音:ɛ̃、ŋ 和 əŋ。从表 13.1.4 可知,读音 ɛ̃ 与阳韵层次Ⅰ同韵,如"层 zɛ̃² | 肯 kʰɛ̃³"。读音 ŋ 为登蒸同韵读音,如登韵"登 tŋ¹ | 灯 tŋ¹ | 等 tŋ³ | 凳 tŋ⁵ | 藤 dŋ²",蒸韵"陵 lŋ² | 甑 tɕŋ¹ | 证 tɕŋ⁵ | 称 tɕʰŋ¹ | 秤 tɕʰŋ⁵ | 升 ɕŋ¹ | 兴 ɕŋ⁵"。而读音 əŋ 只出现于一等登韵而不见于三等蒸韵,

如"朋 bəŋ² | 等 təŋ³ | 登 təŋ¹ | 腾 dəŋ² | 邓 dəŋ⁶ | 增 tsəŋ¹ | 僧 səŋ¹"等。因此,开化登韵的三个读音与常山对应,如表 13.1.5 所示:

表 13.1.5

常山	开化	特点
ʌ̃	ɛ̃	读如阳韵层次Ⅰ
ɪŋ(uɪŋ)	iŋ	一、三等同韵
oŋ	əŋ	只出现在一等韵

如果我们能够判定开化方言三个层次读音的时间先后顺序,那么我们自然可以推知常山三个层次读音的时间关系。开化登韵的"登等灯凳藤"等均有两个读音 iŋ 和 əŋ,其中以 iŋ 为白读,以 əŋ 为文读,因此,开化层次读音 iŋ 要早于读音 əŋ,即一、三等同韵的层次读音要早于只出现在一等韵的层次读音。这样就可以推知,常山方言的层次读音 ɪŋ(uɪŋ) 要早于层次读音 oŋ。

但开化和常山一样,无法判断读如阳韵的层次读音与其他层次读音之间的时间先后顺序。我们发现同属上山小片的玉山方言登韵读音可以解决这个问题。玉山登韵"灯藤"各有两种读音,一读为 ɪŋ 韵,一读为 æ̃ 韵,前者为白读,后者为文读,而白读 ɪŋ 韵属一、三等同韵读音,文读 æ̃ 韵为读如阳韵层次Ⅰ读音。因此,我们可以推知 ɪŋ 韵要早于 æ̃ 韵。

由上可以进一步推知,常山和开化的 ɪŋ(uɪŋ) 读音和 iŋ 读音要分别早于 ʌ̃ 读音和 ɛ̃ 读音,即常山 ɪŋ(uɪŋ) 读音要比 ʌ̃ 韵和 oŋ 韵都早,为层次Ⅰ,而 ʌ̃ 韵和 oŋ 韵的关系则可以通过常山"等"字两读音来判断,"等"字以 ʌ̃ 韵为常用读音,oŋ 韵读音不常用,因此,ʌ̃ 韵要早于 oŋ 韵。至此,常山和开化方言登韵的三个层次读音的时间先后顺序也就一目了然了,见表 13.1.6:

表 13.1.6

层次	常山	开化	特点
层次Ⅰ	ɪŋ(uɪŋ)	iŋ	一、三等同韵
层次Ⅱ	ʌ̃	ɛ̃	读如阳韵层次Ⅰ
层次Ⅲ	oŋ	əŋ	只出现在一等韵

13.1.2 上丽片其他方言的层次对应

通过对常山方言曾摄的层次讨论,我们知道一等登韵有三个层次,三等蒸韵只有一个层次,我们将以此为起点,讨论上丽片其他方言的层次对应情况。

江山登韵有 oŋ、əŋ、iŋ 和 æ̃四个读音。常山层次Ⅱ特点是读如阳韵层次Ⅰ，通过对照表 13.1.4，发现 æ̃读音与江山阳韵层次Ⅰ读音相同。因此，江山 æ̃对应常山层次Ⅱ，但收字差异较大，常山层次Ⅱ读音收字只有两个，而江山层次Ⅱ读音收字比常山多了好几倍，见表 13.1.7：

表 13.1.7

层次	常山	江山
层次Ⅱ	等 tʌ̃³，层 zʌ̃²	登 tæ̃¹，等 tæ̃³，腾 dæ̃²，邓 dæ̃⁶，能 næ̃²，增 tsæ̃¹，层 zæ̃²

层次Ⅲ读音只出现在一等韵，江山 oŋ 和 əŋ 两个读音均只见于登韵而不见于蒸韵，读音 oŋ 只出现在唇音声母，读音 əŋ 则出现在其他声母后，两者互补，如"朋 boŋ² ｜僧 səŋ² ｜肯 kʰəŋ³"。唇音声母具有[＋唇]特点，较易发生圆唇化音变，这两个读音属层次Ⅲ，即开化层次Ⅲ读音为 əŋ(oŋ)。同样地，与常山层次Ⅲ相比，收字也有所不同，我们把江山和常山层次Ⅲ所属字列表 13.1.8 如下：

表 13.1.8

层次	常山	江山
层次Ⅲ	朋 boŋ²，邓 doŋ⁶，能 noŋ¹，增 tsoŋ¹，肯 kʰoŋ³，恒 ɦoŋ²	朋 boŋ²，僧 səŋ²，肯 kʰəŋ³

从表 13.1.8 可以看出，常山层次Ⅲ收字比江山多，而常山层次Ⅱ收字要比江山少，此多彼少，可见两地这两个层次读音竞争情况不同。

再看江山 iŋ 韵，江山 iŋ 读音为一、三等同韵读音，如登韵"灯 tiŋ¹ ｜凳 tiŋ⁵ ｜藤 diŋ²"，与常山相比，所收字完全相同，从这一点我们也能看出，层次Ⅰ读音要比其他两个层次读音更稳定，层次关系特字更统一。

广丰登韵有三个读音：oŋ、æ̃和 eiŋ。其中 æ̃读音对应层次Ⅱ，收字与江山相仿。eiŋ 读音收字有"灯凳藤薛"，与常山、江山等层次Ⅰ关系特字相同，因此，eiŋ 韵对应层次Ⅰ。oŋ 读音对应层次Ⅲ，收字只剩下唇音声母后的两个字"崩 poŋ¹ ｜朋 boŋ²"。玉山登韵亦有三个读音：oŋ、æ̃和 iŋ。其中 iŋ 为层次Ⅰ，æ̃读音为层次Ⅱ，oŋ 读音为层次Ⅲ，与广丰类似。

丽水登韵只有 oŋ 和 ɛiŋ 两个读音，蒸韵有 iŋ 和 yŋ 两个读音。yŋ 读音仅"孕"一字，与 iŋ 读音区别在于合口，应看成同一层次。登韵和蒸韵没有同韵的读音，即没有层次Ⅰ读音，ɛiŋ 读音与阳韵层次Ⅰ读音相同，所以 ɛiŋ 读音对应层次Ⅱ。层次Ⅰ的关系特字"灯凳藤"等字在丽水均已读为层次Ⅱ。oŋ 读音对应层次Ⅲ，只有俩字"崩 poŋ¹ ｜朋 boŋ²"。

遂昌登韵有 oŋ、əŋ、iŋ 和 ə̃四个读音，互补条件与江山类似。oŋ 和 əŋ 读音互补,前者只出现在唇音,后者出现在其他声母后,如"崩 pəŋ¹｜朋 bəŋ²｜肯 kʰəŋ³",对应层次Ⅲ。iŋ读音收字有"灯 tiŋ¹｜凳 tiŋ⁵",且一、三等同韵,对应层次Ⅰ。对比表 13.1.4,ə̃读音与阳韵层次Ⅰ读音相同,按上文我们对此层次特点的讨论,此读音对应层次Ⅱ。

庆元登韵只有一个读音ã,对比表 13.1.4,我们知道此读音与阳韵层次Ⅰ读音相同,因此,庆元登韵ã读音对应层次Ⅱ,没有层次Ⅰ和层次Ⅱ读音。

云和登韵有两个读音:ɛ 和 əŋ。读音 ɛ 与阳韵层次Ⅰ读音相同。因此,此读音对应层次Ⅱ,əŋ读音则对应层次Ⅲ,没有层次Ⅰ读音。

综上所述,我们把各点登韵层次读音总结如下,见表 13.1.9:

表 13.1.9

层次	常山	江山	开化	广丰	玉山	丽水	遂昌	庆元	云和
层次Ⅰ	ɯŋ(uɯŋ)	iŋ	iŋ	eiŋ	ɯŋ	—	iɯŋ	—	—
层次Ⅱ	ʌ̃	æ̃	ɛ̃	æ̃	æ̃	ɛiŋ	ə̃	ã	ɛ
层次Ⅲ	oŋ	əŋ(ʯŋ)	ʯŋ	oŋ	oŋ	ʯŋ	əŋ(ʯŋ)		ʯŋ

从语音特点看,上丽片曾摄登韵层次Ⅰ主元音大多为细音,层次Ⅱ多为鼻化元音,而层次Ⅲ则多保留了后鼻音韵尾-ŋ。其中各点层次Ⅰ关系特字最统一。

还有一个问题需要解决,那就是,登韵层次Ⅰ特点是一、三等同韵,即一等韵与三等韵读音相同,而这个特点使其成为登韵时间最早的一个层次。那么,对于蒸韵而言,与登韵读音相同的这个读音是否也是时间层次最早的呢?恐怕未必。我们认为,上丽片各方言的登韵与蒸韵没有类似一等与三等的同层异等的关系,而是相对独立的两个韵。

上丽片有的方言蒸韵不止一个层次读音,如江山蒸韵有ã和 iŋ 两个读音,读音ã只有"冰"一字,且"冰"字有两读,以ã读音为白读,以 iŋ 读音为文读,尽管江山蒸韵无其他字读ã韵,但周边方言蒸韵均有此异读现象。如开化蒸韵字有三个不同读音:ɛ̃、ã和 iŋ。其中"冰"字读ɛ̃和ã韵,且以ɛ̃韵为白读,以ã韵为文读,其他字均读为 iŋ 韵。广丰"冰"字有æ̃和 eiŋ 两读,以æ̃韵为白读,以 eiŋ 韵为文读。遂昌"甑"字有两读,一为ə̃,另一为 iŋ,前者白读,后者文读。庆元"甑"字读为ã韵,与其他读音 ieŋ 不同。云和"蒸"字有两个读音,ɛ 和 iŋ,前者白读,后者文读。我们把以上有关蒸韵的读音列表 13.1.10 如下:

表 13.1.10

文白读	江山	开化	广丰	遂昌	庆元	云和
白读	ã	ɛ̃/ã	æ̃	ɔ̃	ã	ɛ
文读	iŋ	—	eiŋ	iiŋ	ieŋ	iŋ

　　就本地方言而论,白读要早于文读。对比表 13.1.9 发现,登韵里层次Ⅱ的读音在蒸韵里是白读,相反地,与登韵层次Ⅰ读音相同的在蒸韵里却是文读,时间关系刚好相反,这也说明登韵与蒸韵的关系并非一等与三等的关系,而是相对独立的两个韵。从语音史上看,曾摄在《切韵》时代登韵和蒸韵的主元音是不同的,所以两韵在当时并不押韵,而蒸韵是与真韵、侵韵平行的(黄笑山,1995)。由此看来,上丽片方言似乎保持了《切韵》时期的音类分合关系。

　　事实上,我们进一步发现,三等蒸韵与梗摄三等韵有类似的平行关系,如江山三等庚韵有三个读音,ã、uã 和 iŋ,其中唇音声母后有 ã 和 iŋ 韵的对立,如"柄 pã³ | 病 bã⁶ | 平 biŋ² | 苹 biŋ²",同时"惊"有 uã 和 iŋ 两读,uã 韵为白读,iŋ 韵为文读。我们认为唇音的 ã 读音与牙音的 uã 读音为同一层次,构成互补。如此,ã(uã)读音层比 iŋ 要早,这种关系与蒸韵正相符合。总之,登、蒸两韵虽然有相同读音,但时间关系正相反。

　　综上所述,我们把上丽片各方言曾摄登、蒸两韵层次总结如下,见表 13.1.11:

表 13.1.11

登韵	常山	江山	开化	广丰	玉山	丽水	遂昌	庆元	云和
层次Ⅰ	ɪŋ(uɪŋ)	iŋ	iŋ	eiŋ	iŋ	—	iiŋ	—	—
层次Ⅱ	ʌ̃	æ̃	ɛ̃	æ̃	æ̃	ɛiŋ	ɔ̃	ã	ɛ
层次Ⅲ	oŋ	əŋ(ʊŋ)	əŋ	oŋ	oŋ	oŋ	əŋ(ʊŋ)	—	əŋ
蒸韵	常山	江山	开化	广丰	玉山	丽水	遂昌	庆元	云和
层次Ⅰ	—	ã	ɛ̃/ã	æ̃	iŋ	ɔ̃	ã	ɛ
层次Ⅱ	ɪŋ(uɪŋ)	iŋ	iŋ	eiŋ	iŋ	iŋ	iiŋ	ieŋ	iŋ(ĩ)

13.2　瓯江片曾摄的读音层次

　　上丽片登、蒸韵读音层次的确定为南部吴语其他片方言层次的确定提供了参照,以下我们将以温州方言为例,讨论瓯江片曾摄的读音层次。我们先列出温州方言登、蒸韵的常用读音,如表 13.2.1 所示:

表 13.2.1

	oŋ	朋 boŋ², 崩 poŋ¹, 鹏 boŋ²
登韵	aŋ	登 taŋ¹, 灯 taŋ¹, 能 naŋ², 憎₂tsaŋ¹, 层 zaŋ², 肯 kʰaŋ³
	eŋ	憎₁tseŋ¹
蒸韵	eŋ	冰 peŋ¹, 陵 leŋ², 甑 tseŋ¹, 证 tseŋ⁵, 称 tsʰeŋ¹, 绳 zeŋ²
	(i)aŋ	凝 naŋ², 兴 ɕaŋ⁵, 应 jaŋ¹, 鹰 jaŋ¹, 孕 jaŋ⁶

温州登韵有 oŋ,aŋ 和 eŋ 三个读音。其中 oŋ 韵只出现于唇音声母后,aŋ 韵出现于其他声母后,两者在登韵是互补的,为一个层次。eŋ 韵只有"憎"一字,为白读,通常用于"嫌憎、得人憎"词中,"憎"的文读为 aŋ 韵,因此,eŋ 读音与 aŋ 读音在登韵里形成对立。我们认为应把 eŋ 读音与 aŋ(oŋ)读音看成是两个不同的层次,且 eŋ 读音要早于 aŋ(oŋ)读音。蒸韵只有 eŋ 和 (i)aŋ 两个读音,eŋ 出现在唇、齿音声母后,(i)aŋ 韵出现在牙喉音声母后且声母均腭化,两个读音互补,属于同一层次。因此,温州登韵有两个层次,蒸韵只有一个层次。

与上丽片相比,温州登、蒸韵的层次读音有同有异,相同的是均有一个登、蒸同韵的层次读音。所以,登韵的 eŋ 读音对应上丽片登韵层次Ⅰ,登韵第二个层次对应上丽片层次Ⅲ。蒸韵的 (i)aŋ 读音只出现在牙喉音声母后,是与 eŋ 韵互补的读音,因此,不是严格意义上的与登韵 aŋ 相同。

不同点在于,温州曾摄没有读如阳韵的读音,瓯江片宕摄唐、阳韵均没有鼻韵尾。参照语音史,我们知道,至迟到宋代,曾、梗两摄出现合流(周祖谟,1966;黄笑山,1995)。比较温州曾、梗两摄读音发现,蒸韵与梗摄三等韵合流,温州梗摄二等韵读音与三等韵不同,其韵母读音丢失鼻韵尾,走上了一条相对独立的音变道路。事实上,蒸韵与梗摄三等庚、清、青各韵合流,互补条件亦相同,如表 13.2.2 所示:

表 13.2.2

庚韵	兵 peŋ¹, 京 tɕaŋ¹, 迎 naŋ²
清韵	领 leŋ⁴, 精 tseŋ¹, 郑 dzeŋ⁶, 正 tseŋ¹, 轻 tɕʰaŋ¹, 赢 jaŋ²
青韵	萍 beŋ², 钉 teŋ¹, 灵 leŋ², 星 seŋ¹, 经 tɕaŋ¹, 形 jaŋ²

以上梗摄三等韵牙喉音声母后读 (i)aŋ 韵,其他声母后读 eŋ 韵,两者互补,属于同一层次,互补条件与蒸韵完全相同。可见,曾摄只有蒸韵与梗摄三等韵合流,这与官话语音史中所述的曾梗各韵合流不同,而就这一点而言,上丽片各方言也表现出了类似的特点。

瓯江片其他方言乐清、永嘉、平阳未发现登韵层次 I 读音。登韵层次 III、蒸韵与温州不仅层次相同,其互补条件也相同,我们把三点的读音列表 13.2.3 如下:

表 13.2.3

方言点	朋登	灯登	能登	层登	肯登	冰蒸	陵蒸	证蒸	称蒸	兴蒸	鹰蒸
永嘉	boŋ²	taŋ¹	naŋ²	zaŋ²	kʰaŋ³	peŋ¹	leŋ²	tɕieŋ⁵	tɕʰieŋ¹	ɕiaŋ⁵	iaŋ¹
平阳	boŋ²	taŋ¹	naŋ²	zaŋ²	kʰaŋ³	peŋ¹	leŋ²	tseŋ⁵	tsʰeŋ¹	ɕiaŋ⁵	iaŋ¹
乐清	boŋ²	taŋ¹	naŋ²	zaŋ²	kʰaŋ³	peŋ¹	leŋ²	tɕeŋ⁵	tɕʰeŋ¹	ɕaŋ⁵	iaŋ¹

永嘉、平阳、乐清登韵唇音声母后读 oŋ,其他声母后读 aŋ。蒸韵牙喉音声母后读(i)aŋ,其他声母后读(i)eŋ,永嘉、乐清的章组声母出现腭化,但其主元音均相同。

综上所述,对比上丽片,我们把瓯江片登、蒸韵的读音层次总结如下,见表 13.2.4:

表 13.2.4

古韵部	层次	温州	永嘉	平阳	乐清
登韵	层次 I	eŋ	—	—	—
	层次 III	aŋ(oŋ)	aŋ(oŋ)	aŋ(oŋ)	aŋ(oŋ、iaŋ)
蒸韵	层次 II	eŋ(aŋ)	ieŋ(eŋ、iaŋ)	eŋ(iaŋ)	ieŋ(eŋ、iaŋ)

13.3　金衢片曾摄的读音层次

金衢片各方言曾摄也没有读如阳韵的层次。金衢片各方言曾摄读音层次可分两类,一类是登韵具有与上丽片层次 I 对应的层次读音,如兰溪、永康,一类是登韵不具备层次 I 读音,如义乌、东阳、武义、浦江,以下我们分别讨论。

先看第一类,层次 I 特点是一、三等同韵,实质为一等登韵读如三等蒸韵。永康登韵有两个读音,iŋ 和 əŋ,蒸韵只有 iŋ 一个读音。可见,登韵的 iŋ 读音与蒸韵相同,对应层次 I。事实上,永康登韵的 iŋ 读音与 əŋ 读音在帮、端、精组前均有对立,如表 13.3.1 所示:

表 13.3.1

读音	帮组	端组	精组
iŋ	朋 biŋ²	等 niŋ³，灯 niŋ¹，藤 diŋ²	层 ziŋ²
əŋ	崩 pəŋ¹	邓 dəŋ⁶	增 tsəŋ¹，僧 səŋ¹

因此，永康登韵有 iŋ 和 əŋ 两个读音层次，且 iŋ 读音层次要早于 əŋ 读音层次。一方面，iŋ 层次读如蒸韵，符合上丽片层次Ⅰ的特点，而 əŋ 层次只在登韵出现，对应层次Ⅲ。另一方面，iŋ 层次读音所属字大多为常用字，而 əŋ 层次读音所属字则较不常用，所以，两者的时间关系应该是 iŋ 层次早于 əŋ 层次。

兰溪蒸韵有两个读音：ẽi 和 ĩ。这两个读音互补，ẽi 只出现在帮组、来母后，ĩ 出现在其他声母后，如表 13.3.2 所示：

表 13.3.2

冰	凭	陵	甑	蒸	秤	兴	鹰
pẽi¹	bẽi²	lẽi²	tɕĩ¹	tɕĩ¹	tɕʰĩ⁵	ɕĩ⁵	ĩ¹

因声母条件不同而互补，ẽi 和 ĩ 属于同一层次。登韵有两个读音，ĩ 和 əŋ，二者有对立，即原属精组的"憎"在"得农憎：讨人嫌"一词中读为 tsĩ¹，与其精组声母后读 əŋ 韵不同，这一表现与温州相似，蒸韵精组声母后也读 ĩ。可以说，登韵有读如蒸韵的读音。因此，我们把登韵的 ĩ 和 əŋ 看成是两个不同的层次，且 ĩ(ẽi)韵对应层次Ⅰ，əŋ 韵对应层次Ⅲ。

综上，我们先把第一类曾摄的读音层次总结如下，见表 13.3.3：

表 13.3.3

古韵部	层次	永康	兰溪
登韵	层次Ⅰ	iŋ	ĩ
	层次Ⅲ	əŋ	əŋ
蒸韵	层次Ⅱ	iŋ	ĩ(ẽi)

再看第二类。第二类没有登韵层次Ⅰ读音，包括义乌、东阳、武义、浦江四点，各点登韵均只有一个层次，对应上丽片登韵层次Ⅲ。如义乌登韵有两个变体：oŋ 和 ən。其中 oŋ 读音只在唇音声母后，如"朋 boŋ²"，读 ən 则在其他声母后，如"灯 nən¹｜等 nən³｜藤 dən²｜能 nən²｜增 tsən¹｜层 zən²｜肯 kʰən³"。与其他吴语方言一样，义乌白读只有一个鼻韵尾，随主元音的前后韵尾变化而变化，如唇音后主元音为 o，因此其鼻尾就变为后鼻尾-ŋ，其他

声母后鼻音尾为-n,反过来也可以证实义乌的元音-ə-倾向于[-后]特征。武义登韵所有声母后读为 əŋ,东阳和浦江均为 ən。

其次,各点蒸韵也只有一个层次。义乌蒸韵有两个读音 ən 和 iən,读音 ən 出现在非见系声母后,iən 出现在见系声母后,如"冰 mən¹ | 菱 lən² | 蒸 tsən¹ | 称 tsʰən¹ | 剩 zən⁶ | 兴 ɕiən⁵ | 鹰 iən¹",两者互补,属于同一层次。武义蒸韵各声母后均读为 iŋ,东阳为 ən,浦江为 in。事实上,在东阳、义乌两地,蒸韵还有一个最新文读层,这一层次读音是上丽片及瓯江片各方言所不具备的,如东阳"冰凌"等另有 ien 这一文读韵,义乌"冰凌"等也有 in 这一文读韵,这一最新文读音暂不讨论。

综上所述,我们把以上两类曾摄读音层次总结如下,见表 13.3.4:

表 13.3.4

古韵部	层次	永康	兰溪	义乌	东阳	武义	浦江
登韵	层次Ⅰ	iŋ	ĩ	—	—	—	—
	层次Ⅲ	əŋ	əŋ	ən(oŋ)	ən	əŋ	ən
蒸韵	层次Ⅱ	iŋ	ĩ(ẽi)	ən(nən)	ən	iŋ	in

13.4 小 结

通过对南部吴语曾摄各韵读音层次的讨论,我们可以得出以下结论。

① 南部吴语曾摄中的登韵与蒸韵是相互独立的两个韵。先说登韵,上丽片各方言登韵多有三个层次,其中层次Ⅰ特点为一、三等同韵,其主元音为细音。层次Ⅱ特点是读如阳韵层次Ⅰ。层次Ⅲ特点为登韵有而蒸韵无。瓯江片及金衢片登韵无层次Ⅱ读音,少数具有层次Ⅰ读音,大多无层次Ⅰ。

② 上丽片部分方言蒸韵有两个层次,有的读音与登韵相同,但时间关系正好相反,说明登、蒸韵走上了两条不同的发展道路。瓯江片及金衢片蒸韵只有一个层次,对应的是第二个层次。但金衢片少数方言蒸韵出现最新文读层,此层次读音受到当代普通话影响,为其他片方言所不具备。

③ 语音史上认为至迟宋代出现曾、梗两摄合流,南部吴语也出现曾、梗两摄合流现象,但更确切地讲,南部吴语是出现三等蒸韵与梗摄三等韵合流现象,曾摄一等登韵和梗摄二等韵只在上丽片出现合流。

第 14 章　梗摄的读音层次及其演变[①]

中古梗摄包括二等庚、耕韵,三等庚、清韵和四等青韵,且各分开合,但合口韵收字较少。李荣(1989b、1996)较早讨论梗摄字在方言中的读音,指出东南方言梗摄字普遍有文白两读,其中白读多为低元音 a,文读多是高元音。白读层次较早,文读是受曾梗不分的北方话影响后起的。"梗摄字南昌有成套的文白异读,温岭没有文白异读。温岭二等字的韵母跟南昌白读音相近,温岭三四等字的韵母跟南昌文读相近。"(李荣,1989b:421)李荣以温岭为例说明了吴语梗摄字读音的基本事实。本章具体讨论南部吴语梗摄各韵的读音层次及其演变,同时也将通过层次对应纠正瓯江片古牙喉音声母后的 iaŋ 为早期读音的错误观点。

14.1　上丽片梗摄的读音层次

14.1.1　开化方言梗摄的读音层次

本小节我们讨论开化方言梗摄各韵的读音层次,先列出开化方言梗摄各韵的常用字读音,见表 14.1.1:

表 14.1.1

庚二	əŋ	彭 bəŋ², 猛 məŋ³, 打₂təŋ³, 冷 ləŋ⁶, 撑 tsʰəŋ¹, 生₂səŋ¹, 省 səŋ³, 羹 kəŋ¹, 梗₂kəŋ³, 哽 kəŋ³
	iŋ	生₁ɕiŋ¹, 行 ziŋ², 杏 ziŋ⁶
	ã	盲 mã², 打₁tã³, 坑₁kʰã¹
	ɛ̃	更五更kɛ̃¹, 坑₂kʰɛ̃¹, 硬 ŋɛ̃⁶
	uɛ̃	梗₁kuɛ̃³
耕二	ɛ̃	睁 tɛ̃¹
	oŋ	棚 boŋ²
	əŋ	争 tsəŋ¹, 筝 tsəŋ¹, 耕 kəŋ¹, 耿 kəŋ³
	iŋ	萌 miŋ², 幸 ɕiŋ³, 樱 iŋ¹

---

① 本章内容曾以"论南部吴语梗摄的读音层次"为题发表在《语言科学》2020 年第 4 期。

庚三	ɛ̃	柄₁pɛ̃³，影₁ɛ̃³
	ã	柄₂pã³，病₁bã⁶，明₁mã²，映ã⁵
	uã	惊₁kuã¹
	iŋ	柄₃piŋ³，兵piŋ¹，病₂biŋ⁶，明₂miŋ²，京tɕiŋ¹，惊₂tɕiŋ¹，影₂iŋ³
清三	yɛ̃	精₁tɕyɛ̃¹
	iŋ	饼piŋ³，名miŋ²，令liŋ⁶，精₂tɕiŋ¹，井tɕiŋ³，清tɕʰiŋ¹，姓ɕiŋ⁵，正正月tɕiŋ¹，成dʑiŋ²，轻tɕʰiŋ¹，赢ɦiŋ²
	əŋ	清tsʰəŋ⁵
青四	iŋ	萍biŋ²，钉tiŋ¹，亭diŋ²，定diŋ⁶，灵liŋ²，星ɕiŋ¹，经tɕiŋ¹，形ɦiŋ²
	əŋ	暝məŋ²
合口	uɛ̃	横ɦuɛ̃²
	əŋ	兄₁həŋ¹
	oŋ	轰hoŋ¹，宏ɦoŋ²
	ioŋ	兄₂ɕioŋ¹，荣ɦioŋ²
	yŋ	永yŋ³，泳yŋ³，琼dʑyŋ²
	iŋ	营ɦiŋ²

　　二等庚韵有五个不同的韵母读音：əŋ、iŋ、ã、ɛ̃和 uɛ̃。其中ɛ̃和 uɛ̃读音主元音相同，只多一个-u-介音，且 uɛ̃读音只有一个"梗"字。李荣（1985：41）通过方言比较指出："'梗'当'茎'讲是合口，《切韵》没有收这个音，可以根据现代方言补充。"由此可知，"梗"字的 uɛ̃韵是庚韵合口读音，与开口ɛ̃韵构成开合关系，两者属于同一层次。另有"横横直"字为庚韵合口字，亦读 uɛ̃韵，与"梗"字同韵。因此，我们可以把二等庚韵综合为四个音类：əŋ、iŋ、ã、ɛ̃（uɛ̃）。

　　历史比较法告诉我们，如果不同的韵母读音不以声母或声调的不同为条件，即可以在相同的声母或声调条件下出现，那么，它们极可能具有层次关系，当然要先排除自然音变形成的读音对立，如支脂之韵和齐韵的 i 和 ie 的对立（施俊，2014a、2016a）。以上四个音类彼此没有互为音变的条件，且在不同声母组后又能形成对立。可见，它们是四个不同的读音层次。

　　我们可以从一字两音的线索中找到读音早晚的证据。"梗"字有两读，一为 uɛ̃韵，另一为 əŋ 韵，前者一般用于作"茎"讲的"菜梗"等词中，后者用于"桔梗"一词中。从常用程度来看，前者比后者更常用，因此我们把ɛ̃（uɛ̃）韵看成是比 əŋ 韵更早的层次读音。

"打"有两读:əŋ和ã。开化方言一般不说打,而说捶。不过"打"在打架一词里说"捶相打 dzɯe³¹ɕiã⁴⁴tã⁵³",可知"打"读ã。"打"的əŋ读音大概是从德冷切折合而来的,并不常用。因此,ã层次要早于əŋ层次。

再看iŋ和əŋ的时间关系,我们认为əŋ要早于iŋ。理由在于iŋ韵的"行杏"都是读字音,如"行"的iŋ读音在"行为"一词中,而这个词比较书面化,而əŋ读音的收字大多常用,因此,əŋ读音层要早于iŋ读音层。

"坑"字有两读:ã和ɛ̃。其中ã读音在"茅坑"(厕所义)一词中,ɛ̃读音在地名"音坑"一词中,可见,两者都是白读,孰先孰后无法直接判断。

光看庚二等韵的读音无法判断读音ã和ɛ̃(uɛ̃)的时间关系。因此,我们需借助于同时具有这两个读音的庚三等韵的"柄"字来说明两者的时间关系。"柄"字有三个读音ɛ̃、ã和iŋ,其中ɛ̃读音最常用,因此,ɛ̃要早于ã。事实上,从音类分合关系看,ɛ̃(uɛ̃)韵读如臻摄,如"根 kɛ̃¹ | 本 pɛ̃³ | 分 fɛ̃¹ | 笋 sɛ̃³ | 捆 kʰuɛ̃³",ã韵读如咸山摄一二等合流的层次读音,如"贪 tʰã¹ | 淡 dã⁶ | 杉 sã¹ | 担 tã¹ | 甘 kã¹ | 班 pã¹"。一般来说,中古韵母合流的越多,说明后期读音合并的可能性越大,因此,从这个意义上讲,我们认为ɛ̃(uɛ̃)要早于ã。

综上所述,我们把开化二等庚韵的四个层次按时间先后顺序总结如下,见表 14.1.2:

表 14.1.2

层次Ⅰ	ɛ̃(uɛ̃)
层次Ⅱ	ã
层次Ⅲ	əŋ
层次Ⅳ	iŋ

庚二等韵的各个层次的先后顺序也能从庚三等韵及周边方言的对应得到验证。三等庚韵有四个不同的韵母读音:ɛ̃、ã、uã和iŋ。从主元音上看,ã和uã的区别仅在合口-u-介音上,应属同一层次。事实上,"惊"与"梗"字一样,多读为合口,因此可以将两者归为一个音类ã(uã)。ɛ̃、ã(uã)和iŋ这三个韵母读音均可以在超过两个声母组后形成对立,因此可以将其看成是三个不同的层次。

我们可以通过一字两音的事实判断三个层次之间的时间先后关系。上文已经提到"柄"的ɛ̃要早于ã。"病明"均有两个读音ã和iŋ,其中以ã为常用读音,因此ã读音要早于iŋ。"影"有两个读音ɛ̃和iŋ,其中以ɛ̃为常用读音,因此ɛ̃要早于iŋ。与庚二等韵相比,庚三等韵只是少了əŋ读音层,其他层次读音均相同,可见,两者是有对应关系的。综上所述,我们把庚三等的这三个读音与庚二等的读音层次对应起来,列表 14.1.3 如下:

表 14.1.3

层次 Ⅰ	ɛ̃
层次 Ⅱ	ã(uã)
层次 Ⅳ	iŋ

二等耕韵有四个读音:ɛ̃、oŋ、əŋ 和 iŋ。对于耕韵的读音层次,可以参照二等庚韵的划分。与庚韵相比,没有ã读音即层次 Ⅱ 的对应。读音 oŋ 和 əŋ 不互补,尽管 oŋ 韵只有唇音的"棚"字,而 əŋ 韵出现在其他声母后。一方面,庚韵二等唇音声母后也读əŋ,与oŋ韵并不互补。另一方面,oŋ读音更像是文读,如耕韵合口"轰宏"等也读oŋ韵,又如庚三等韵的"兄"字白读为əŋ,文读为ioŋ,也可证明əŋ和oŋ是文白层次的关系。由此可知,əŋ韵对应层次 Ⅲ。此外,读音 oŋ 读如通摄,因庚二等没有读如通摄的层次,因此,我们暂先将其设为层次 Ⅴ。ɛ̃读音"静"字,根据读音,对应层次 Ⅰ。

清韵有三个不同的韵母读音:yɛ̃、əŋ 和 iŋ。参考三等庚韵读音的层次划分,即表 14.1.3,读音yɛ̃对应层次 Ⅰ,读音 iŋ 对应层次 Ⅳ,读音 əŋ 只"清"字,未在三等庚韵出现,对应二等庚韵层次 Ⅲ。同样地,四等青韵的两个读音 əŋ 和 iŋ 与清韵的对应情况相同。

合口韵读音收字较少,可按主元音归入相应的开口读音层次,兹不赘述。

综上所述,我们把开化梗摄各韵层次读音总结如下,见表 14.1.4:

表 14.1.4

层次	庚二	耕二	庚三	清	青
层次 Ⅰ	ɛ̃[uɛ̃]	ɛ̃	ɛ̃	yɛ̃	—
层次 Ⅱ	ã	—	ã[uã]	—	—
层次 Ⅲ	əŋ	əŋ	—	əŋ	əŋ
层次 Ⅳ	iŋ	—	iŋ	iŋ	iŋ
层次 Ⅴ	—	oŋ	—	—	—

从表 14.1.4 可以看到,除层次 Ⅱ 在三四等韵较难出现外,其他层次读音均可以出现在各个韵中,似乎这几个韵在开化方言里并无等的区别,洪细韵均可出现。这样的特点我们还能在上丽片其他方言中看到。

14.1.2 上丽片其他方言梗摄的层次对应

梗摄各韵在上丽片其他方言的层次对应并非完全一致,最明显的就是各层次收字数量不同,以下我们逐一讨论。

江山二等庚韵有四个不同的韵母读音:ã、uã、əŋ、iŋ。读音ã包括该韵的大部分字,是主体层读音,如"彭膨猛打撑生省更羹坑硬"等。uã读音仅"梗"字,上文我们已经提到"梗"字作"茎"讲一般读合口,实与ã读音构成开合关系,应看成同一层次。二等庚韵合口读uã的还有"矿横"两字,其中"横"在作地名"横头"讲时,还有yã韵一读,均可看成同一层次读音。从音类分合角度看,ã读音读如咸山摄一二等韵合流的层次读音,如"贪tʰã¹ | 淡dã⁴ | 杉sã¹ | 担tã¹ | 间kã¹ | 班pã¹",可见,江山的ã(uã、yã)对应的是开化的层次Ⅱ。əŋ读音仅"生"一字,在"落花生"一词中,对应开化层次Ⅲ。iŋ读音仅"行"一字,对应的是层次Ⅳ。

二等耕韵主要读ã和iŋ,前者如"争耕",对应层次Ⅱ,后者如"鹦樱莺"等,对应层次Ⅳ。三等庚韵有四个不同的韵母读音:æ̃、ã、uã和iŋ。æ̃韵只有一个"影"字,此读音读如臻摄,对应开化三等庚韵层次Ⅰ。ã和uã读音区别仅在-u-介音,ã韵如"柄病",uã韵如"惊",与开化层次Ⅱ读音完全对应。另有合口韵"兄"字读ã,为开口同韵,也属层次Ⅱ。读音iŋ为主体层,收字最多,对应层次Ⅳ。清韵和青韵均以iŋ为主体层读音,对应的是层次Ⅳ。另有清韵"清"字读æ̃韵,对应层次Ⅰ,青韵"暝"字读ã韵,对应层次Ⅱ。

综上所述,我们把江山梗摄各韵层次与开化的对应关系总结如下,见表14.1.5:

表 14.1.5

层次	庚二	耕二	庚三	清	青
层次Ⅰ	—	—	æ̃	æ̃	—
层次Ⅱ	ã[uã]	ã	ã[uã]	—	ã
层次Ⅲ	əŋ	—	—	—	—
层次Ⅳ	iŋ	iŋ	iŋ	iŋ	iŋ

常山二等庚韵有四个不同的韵母读音:ã、iŋ、uiŋ和oŋ。读音iŋ与三等韵相同且主元音为细音,此特点正对应开化层次Ⅳ,读音uiŋ为"梗"字,与"横"字一样均为合口庚韵二等字,与iŋ韵构成开合关系,属同一层次,该层次收字还包括"打撑省更坑硬行"等。读音oŋ读如通摄,对应的是层次Ⅴ,

收字如"彭猛生庚衡"等。读音ã仅"盲"一字，该读音读如咸山摄一二等韵合流后的层次读音，对应的是层次Ⅱ。

二等耕韵有两个韵母读音：ɪŋ和oŋ。前者如"绷橙争耕朡"等，后者如"棚争耕"，其中"争耕"以ɪŋ韵为白读，以oŋ韵为文读，分别对应层次Ⅳ和层次Ⅴ。

三等庚韵有四个读音：ã、ɪŋ、uɪŋ和ã。读音uɪŋ仅"惊"字，与合口字"永泳咏"等属同一层次。合口字"兄"则读如开口ɪŋ。ɪŋ和uɪŋ为同一层次，对应层次Ⅳ。"影"字有两个读音，白读为ã，文读为ɪŋ，可知读音ã要早于ɪŋ。"明"字有两读，白读为ã，文读为ɪŋ，可知读音ã要早于ɪŋ。从音类分合角度看，ã读如臻摄，如"根 gã¹｜本 pã³｜分 fã¹｜村 tsʰuã¹｜困 kʰuã⁵"等，对应的是层次Ⅰ。ã读如咸山摄一二等韵合流后的层次读音，如"贪 tʰã¹｜淡 dã⁴｜杉 sã¹｜担 tã¹｜间 kã¹｜班 pã¹"，对应的是层次Ⅱ。

清、青韵均以ɪŋ读音为主，对应层次Ⅳ。清韵"清"字读ã，对应的是层次Ⅰ。综上所述，我们把常山各韵与开化的层次对应关系总结如下，见表 14.1.6：

表 14.1.6

层次	庚二	耕二	庚三	清	青
层次Ⅰ	—	—	ã	ã	
层次Ⅱ	ã	—	ã	—	
层次Ⅳ	ɪŋ［uɪŋ］	ɪŋ	ɪŋ［uɪŋ］	ɪŋ	ɪŋ
层次Ⅴ	oŋ	oŋ	—	—	

玉山二等庚韵有三个层次读音：æ、ɒ和oŋ。æ韵收字有"冷庚哽更更好杏杏仁衡"等，ɒ韵包括"彭盲猛撑生省更五更羹硬杏单说"等。合口字均读开口，如"梗横矿"等均读ɒ。

从音类分合角度看，æ和ɒ这两个读音均没有明确的音类对应关系。因此，我们用一字两读的字音入手来确定两者的先后。ɒ韵的"杏"字能单说，"更"字用于"五更"一词，这两个字要比æ韵的"杏仁""更好"更常用，因此我们认为ɒ韵要早于æ韵。因此，ɒ对应的是层次Ⅰ。同样地，耕韵ɒ韵如"棚萌争筝耕"等对应层次Ⅰ，æ韵只有"耿"对应层次Ⅱ。oŋ韵如"棚"字读如通摄，对应层次Ⅴ，合口字"轰宏"等的oŋ韵也对应层次Ⅴ。

三等庚韵有三个不同的韵母读音：ɒ、æ和ɪŋ。ɒ韵包括"柄病惊"三个字，此三字均以ɪŋ为文读，可见ɒ韵早于ɪŋ韵。æ韵仅"影"字，也以ɪŋ读音为文读,可见,æ韵也早于iŋ韵。从二等庚韵读音可知,ɒ̃对应层次Ⅰ,æ对应层次Ⅱ。iŋ韵为三四等同韵,对应的是层次Ⅳ。清韵的"清"与青韵的"拎"读æ韵,对应层次Ⅱ,而青韵的"暝"字读ɒ̃韵对应层次Ⅰ。

综上所述,我们把玉山梗摄各韵的层次对应总结如下,见表14.1.7:

表 14.1.7

层次	庚二	耕二	庚三	清	青
层次 Ⅰ	ɒ̃	ɒ̃	ɒ̃	—	ɒ̃
层次 Ⅱ	æ	æ	æ	æ	æ
层次 Ⅳ	—	—	iŋ	iŋ	iŋ
层次 Ⅴ	oŋ	oŋ	—	—	—

广丰二等庚韵有三个读音:æ、uæ和a。读音a较特殊,仅"打"字,玉山读ai,读的均不是德冷切。事实上,赣语"打"的读音多读为都假切(李如龙、张双庆,1992:382),与普通话相同。因此,广丰、玉山"打"字读音可能是受赣语影响,按原则,我们把这个读音排除在层次分析之外。读音uæ为"梗"字,与æ构成开合关系。æ读音收字最多,如"彭盲猛冷生省更硬"等。

从音类分合角度看,读如咸山两摄一二等韵合流后的层次读音是ã,但二等庚韵只有æ无ã,且æ也不读如臻摄。因此,与玉山一样,广丰二等庚韵的æ也没有明确的音类对应关系。与玉山相比,广丰没有读音ɒ̃,因此,玉山的æ对应层次Ⅱ。合口字"横"读为uæ韵。耕韵有æ读音,如"绷棚橙争耕"等,合口字"轰宏"读为uæ韵,与二等庚韵一样,均属层次Ⅱ。

三等庚韵有四个不同的韵母读音:æ、uæ、eiŋ和iŋ。与二等庚、耕韵类似,æ与uæ韵为开合关系,属同一层次,如"柄病"读æ。合口"兄"读æ韵,开口"惊"则读如合口uæ韵,对应层次Ⅱ。读音eiŋ和iŋ互补,eiŋ韵只出现在唇音声母后,如"兵丙平评苹病明"等,iŋ韵只出现在牙喉音声母后,如"京惊景镜英影"等。从历时上看,唇音声母后eiŋ的主元音ei应该是从i裂化而来的。

我们还可以从文白读的差异中看出这两个读音的互补情况。如"病"字白读为æ韵,"惊"字白读为uæ韵,两字属同一层次。"病"的文读为eiŋ韵,"惊"的文读为iŋ韵,相同的白读应具有相同的文读,两韵因声母不同而有不同的韵母应看成是互补。这种互补性在清韵与青韵的读音中也有表现,且互补条件最完整。清韵eiŋ与iŋ以"非见系/见系"声母为条件,非见系声母后读eiŋ韵,如"饼名领晶精清姓郑正声成"等,见系声母后读iŋ韵,如"颈

轻婴赢"等。青韵 eiŋ 与 iŋ 互补条件与清韵相同。因此,三等庚韵 eiŋ 和 iŋ
对应的是层次Ⅳ。

另有"拎"与"暝"读æ̃韵,对应的是层次Ⅱ。

综上所述,我们把广丰梗摄各韵的读音层次总结如下,见表 14.1.8:

表 14.1.8

层次	庚二	耕二	庚三	清	青
层次Ⅱ	æ̃[uæ̃]	æ̃[uæ̃]	æ̃[uæ̃]	—	æ̃
层次Ⅳ	—	—	eiŋ(iŋ)	eiŋ(iŋ)	eiŋ(iŋ)

丽水二等庚韵主体层次读音为ã和 uã,两者为开合口关系,开口如"彭
盲猛打冷撑生省更坑硬杏"等字读ã韵,合口如"矿横梗"等字读 uã韵,此读
音读如咸山摄一二等韵合流后的层次读音,对应层次Ⅱ。另有 ɔŋ 读如通
摄,如"盲虻猛孟"等读 ɔŋ,对应的是层次Ⅴ。

同样地,二等耕韵以ã韵为主体层读音,如"棚争耕樱"等均读ã韵,对应
层次Ⅱ。三等庚韵有三个不同的韵母读音:ã、uã和 iŋ。ã韵有"柄"字,uã韵
有"惊"字,我们知道"惊"字与"梗"字一样,南部吴语各方言多读为合口韵,
因此两者为开合关系,对应层次Ⅱ。"影"读 iŋ 韵,对应层次Ⅳ。清韵与青
韵均读为 iŋ 韵,对应层次Ⅳ。青韵"暝"字读ã韵,对应层次Ⅱ。综上所述,
我们总结丽水梗摄各韵对应层次如下,见表 14.1.9:

表 14.1.9

层次	庚二	耕二	庚三	清	青
层次Ⅱ	ã[uã]	ã	ã[uã]	—	ã
层次Ⅳ	—	—	iŋ	iŋ	iŋ
层次Ⅴ	ɔŋ				

遂昌二等庚韵有五个不同的韵母读音:iŋ、aŋ、iaŋ、uaŋ 和ɘ̃。读音 iŋ 只
有"生"一字,在"生熟"一词中,主元音为细音且读如三等韵主体层。因此,
此读音对应层次Ⅳ。读音 iaŋ 为主体层读音,收字最多,包括"彭盲猛打撑
生生死省更三更羹坑硬"等,合口"梗"字读 uaŋ 韵,两者属同一层次,该读音与
咸山摄一二等合流层次主元音相同,对应层次Ⅱ。

读音 aŋ 收字包括"更三更行杏"等,其中"更"字表示"三更"义时 aŋ 与 iaŋ
可互换,事实上,aŋ 只出现在见系声母后,而 iaŋ 无声母条件的限制,可见,
aŋ 与 iaŋ 在见系声母后的对立可能是音变的结果。合口字"横"有 uaŋ 和

311

yaŋ 两读,从对应上看,开口的 aŋ 与 uaŋ 对应,iaŋ 与 yaŋ 对应,但 yaŋ 读音在遂昌话里只有"横"一个字,可见 yaŋ 这个音节的形成还受到另一个音变力量的制约,由于周边方言庚二等见系声母后没有层次读音的对立,且 aŋ 的出现有严格的声母条件,尽管仅据现有材料无法确定两者的音变关系,但我们还是倾向于暂将它们看成是同一层次的读音。

"生"有 iiŋ 和 iaŋ 两读,前者用于"生熟"一词,后者用于"生死"一词,从词汇上无法判断两个读音的常用程度。从层次对应的角度来看,iiŋ 对应层次Ⅳ,iaŋ 对应的是层次Ⅱ。读音ə̃只有"更"字,用于"更热"一词。同时,ə̃读如臻摄,可知ə̃对应的是层次Ⅰ。二等耕韵 aŋ 和 iaŋ 读音对应层次Ⅱ,如"棚争耕"读为 iaŋ 韵,"幸"读为 aŋ 韵。iiŋ 对应层次Ⅳ,如"莺樱"等字。

根据二等韵的读音层次,我们可以判断三等韵的对应情况。三等庚韵有四个不同的韵母读音:ə̃、iaŋ、uaŋ 和 iiŋ。ə̃读音只有"影"字,对应层次Ⅰ。读音 iaŋ 和 uaŋ 为同一层次,前者收字包括"柄明",后者为"惊"字,此字通常读如合口,对应层次Ⅱ。读音 iiŋ 则对应层次Ⅳ。从三等庚韵内部来看,也能看出三个层次读音的先后,如"明"以 iaŋ 为白读,以 iiŋ 为文读,"惊"以 uaŋ 为白读,以 iiŋ 为文读,而 iaŋ 与 uaŋ 为开合关系,可知 iaŋ(uaŋ)要早于 iiŋ 读音层。"影"以ə̃为白读,用于"影子"一词,以 iiŋ 为文读,用于"电影"一词,可知ə̃读音层要早于 iiŋ 读音层。清韵与青韵均以 iiŋ 为主体读音,对应的是层次Ⅳ,其中青韵"暝"字读 iaŋ,对应层次Ⅱ,综上所述,我们把遂昌梗摄各韵读音的层次对应总结如下,见表 14.1.10:

表 14.1.10

层次	庚二	耕二	庚三	清	青
层次Ⅰ	ə̃	—	ə̃	—	—
层次Ⅱ	iaŋ[uaŋ、yaŋ](aŋ)	iaŋ(aŋ)	iaŋ[uaŋ]	—	iaŋ
层次Ⅳ	iiŋ	iiŋ	iiŋ	iiŋ	iiŋ

庆元二等庚韵有ã和 uã两韵。ã读音为主体读音,收字包括大部分庚韵字,如"彭盲猛打冷争生更五更羹坑硬杏"等,合口"梗横"等读 uã韵。从读音上看,ã[uã]似乎对应层次Ⅱ,但问题在于ã读音并非读如咸山摄一二等韵合流的层次读音,符合此音类对应关系的是ɑ̃,即读音ɑ̃才对应层次Ⅱ。庆元ɑ̃读音在梗摄只有"明明天"字读ɑ̃,可见,层次Ⅱ读音在庆元几乎消失。事实上,ã读音读如臻摄,因此,对应的应该是层次Ⅰ。耕韵开合口分别读为ã和 uã两韵,ã韵包括"棚争耕幸挣"等字,也是对应层次Ⅰ。

三等庚韵有四个不同的读音：ã、ɪŋ、ieŋ 和 ĩ。ã读音包括"柄明影"三字，对应层次Ⅰ。读音 ɪŋ、ieŋ 和 ĩ这三个读音互补，ɪŋ 只出现在唇音声母后，如"兵丙平病命"等，ieŋ 读音只出现在牙喉音声母后，如"京警敬镜庆英"等，而读音 ĩ 只出现在疑母或日母后，三者因声母不同而出现的变体应属同一层次，这几个读音变体与清、青韵相同，对应层次Ⅳ。

事实上，从清韵和青韵的读音中更能看出层次Ⅳ的三种读音变体的条件。因为清、青韵各个声母组俱全，ɪŋ 韵出现在来母、帮组声母后，如"饼并名领令"等，ieŋ 韵出现在其他声母后，如"晶精井清性程正声成轻婴"等。青韵的变体条件则更具体，因为青韵字包括所有声母后，即 ɪŋ 韵出现在帮、端组、来母声母后，如"萍丁钉顶听厅停定灵"等，ieŋ 韵出现在其他声母后，如"青星醒形"等，ĩ 韵声母为疑母和日母，如"宁"。青韵的"暝"读ã，对应层次Ⅰ。综上所述，我们把庆元梗摄各韵层次总结如下，见表 14.1.11：

表 14.1.11

层次	庚二	耕二	庚三	清	青
层次Ⅰ	ã[uã]	ã[ua]	ã		ã
层次Ⅱ	—	—	ɑ̃		
层次Ⅳ	—	—	ieŋ(ɪŋ、ĩ)	ieŋ(ɪŋ、ĩ)	ieŋ(ɪŋ、ĩ)

通过对上丽片各点梗摄各韵读音层次的讨论，我们发现各点不仅读音层次数量差异较大，主体层读音的层次归属也各不相同，各个层次都有可能成为收字最多的主体层，这种情况在其他韵里是比较少见的。此外，除了层次Ⅳ是细音韵母外，其他四个层次均是洪音韵母，无论在二等韵还是三四等韵均能出现。

为更好地观察各点读音的层次对应，我们分别以庚二等韵与庚三等韵为代表举例，先看二等庚韵的对应，见表 14.1.12：

表 14.1.12

层次	开化	常山	江山	广丰	玉山	丽水	遂昌	庆元
层次Ⅰ	ɛ̃[uɛ̃]	—	—	—	ɒ̃	ã[uã]	ə̃	ã[uã]
层次Ⅱ	ã	ã	ã[uã]	æ̃[uæ̃]	æ̃	—	iaŋ[uaŋ、yaŋ](aŋ)	
层次Ⅲ	əŋ	—	əŋ					
层次Ⅳ	iŋ	ɪŋ[uɪŋ]	iŋ				iɪŋ	
层次Ⅴ	—	oŋ			oŋ	oŋ		

再看三等庚韵的对应,见表 14.1.13:

表 14.1.13

层次	开化	常山	江山	广丰	玉山	丽水	遂昌	庆元
层次 Ⅰ	ɛ̃	ʌ̃	æ̃	—	ɒ̃	—	ə̃	ã
层次 Ⅱ	ã[uã]	ã	ã[uã]	æ̃[uæ̃]	æ̃	ã[uã]	iaŋ[uaŋ]	ɑ̃
层次 Ⅲ	—	—	—	—	—	—	—	—
层次 Ⅳ	iŋ	ɪŋ[uiŋ]	iŋ	eiŋ(iŋ)	iŋ	iŋ	iiŋ	ieŋ(ɪŋ、ĩ)
层次 Ⅴ	—	oŋ	—	oŋ	—	—	—	—

从表 14.1.12 和表 14.1.13 我们可以看出,庚韵二等或是三等层次读音几乎是一致的,只是有的层次读音在二等庚韵消失了,在三等庚韵又出现了,或者相反。

14.2 瓯江片梗摄的读音层次

相比上丽片,瓯江片梗摄各韵的层次相对统一。本小节我们以温州话为主,讨论梗摄各韵的层次对应情况,先把温州梗摄各韵常用读音列表14.2.1 如下:

表 14.2.1

庚二	iɛ	盲 miɛ², 猛 miɛ⁴, 打 tiɛ³, 撑 tsʰiɛ¹, 省 siɛ³, 更五更 kiɛ¹, 硬 ŋiɛ⁶
	ɛ	亨 hɛ¹, 行 ɦɛ², 杏 ɛ³, 桁₁ ɦɛ²
	uɔ	虹 muɔ², 桁₂ ɦuɔ²
	iaŋ	梗 tɕiaŋ¹
耕二	iɛ	绷₁ piɛ¹, 棚₁ biɛ², 争 tsiɛ¹, 耕 kiɛ¹, 睁 tsiɛ¹
	ɛ	幸 ɦɛ⁴, 樱₁ ɛ¹, 莺₁ ɛ¹
	oŋ	绷₂ poŋ¹, 棚₂ boŋ²
	iaŋ	莺₂ jaŋ¹, 樱₂ jaŋ¹
庚三	eŋ	兵 meŋ¹, 平 beŋ², 明₂ meŋ², 病 beŋ⁶
	aŋ	明₁ maŋ²
	iaŋ	京 tɕiaŋ¹, 敬 tɕiaŋ⁵, 镜 tɕiaŋ⁵, 庆 tɕʰiaŋ⁵, 迎 ɲiaŋ², 英 jaŋ¹, 影 jaŋ³
清三	eŋ	饼 peŋ³, 名 meŋ², 领 leŋ⁴, 井 tseŋ³, 清 tsʰeŋ¹, 整 tseŋ³, 声 seŋ¹
	iaŋ	颈 tɕiaŋ³, 轻 tɕʰiaŋ¹, 婴 jaŋ¹, 赢 jaŋ²

青四	eŋ	萍 beŋ², 顶 teŋ³, 厅 tʰeŋ¹, 停 deŋ², 灵 leŋ², 青 tsʰeŋ¹, 星 seŋ¹
	aŋ	蜓 daŋ²
	iaŋ	宁 niaŋ², 经 tɕiaŋ¹, 形 jaŋ²
合口	iɛ	横 viɛ², 轰₁ fiɛ¹
	uɔ	矿 kʰuɔ⁵
	iaŋ	营 jaŋ², 萤 jaŋ²
	oŋ	轰₂ hoŋ¹, 宏 ɦoŋ²
	ioŋ	兄 ɕioŋ¹, 荣 joŋ², 永 joŋ³

二等庚韵有四个不同的韵母读音：iɛ、ɛ、uɔ 和 iaŋ。读音 iɛ 和 ɛ 互补，ɛ 出现在晓、匣、影母后，而 iɛ 则可出现在其他声母后，两者因声母组不同而出现分化。合口"横"字读如开口，韵母读为 iɛ，"横"是匣母字，按 iɛ 韵出现条件应为非匣母字才对，因"横"字声母已唇齿化为 v-，虽为古匣母字，但实际已不是该母读音，因此"横"的 iɛ 读音仍符合它出现的条件。

事实上，百年前二等庚韵主体层读音均读为 ɛ，如"更 kɛ¹｜坑 kʰɛ¹｜硬 ŋɛ⁶｜行 ɦɛ²｜撑 tsʰɛ¹｜生 sɛ¹｜烹 pʰɛ¹｜棚 bɛ²｜猛 mɛ⁴"，显然现代温州话二等庚韵 iɛ 读音的产生是后起的，是 ɛ 韵发生介音增生的音变，在少数声母后如晓、匣、影母后保留了原来的读音。

"桁"字在"桁条"一词中读 ɛ，文读为 uɔ，可见 ɛ 要早于 uɔ。uɔ 读如唐韵，与唇音声母后的"虻"字读 uɔ 韵相同，合口"矿"字开合同韵，也读为 uɔ 韵，这与唐韵开合口表现相同。"梗"字读为 iaŋ 韵，读如梗摄三等韵，对应层次 Ⅳ。从音类分合角度看，iɛ(ɛ)读音层读如效摄宵萧韵，uɔ 读如唐韵，这两个音类分合关系与上丽片梗摄各层次的音类分合均不相同。因此，我们尝试从音变的角度来看层次对应情况。

根据百年来温州话二等庚韵的变化，可知 iɛ 是由 ɛ 发生前裂化音变而来的，这是可以直接观察的历时变化。但历时材料相对缺乏，不过利用共时差异能反映历时变化的原理，也能观察音变的过程。

观察周边方言二等庚韵的读音，主要有两类，一类读的是低元音 a，如乐清、平阳、瑞安陶山等，一类是前半高元音 ɛ，如温州、永嘉等。一方面，温州话百年来发生较多的前高化音变(不含鼻尾的变化)，即后元音往往前化，如模韵 u>øy，咸开三四和山开三四曲 ie>i，山开一、山合一等曲 ye>y(刘镇发，2006)，即在温州话历史上后低元音往往发生前化音变。另一方面，在南方方言里，梗摄三四等字往往有文白异读，白读的主要元音比较低，文读的元音比较高(张光宇,1990),这一特点大概也适合于梗摄二等韵,因此,李荣(1996)曾设想古梗摄主要元音为a,为我国东南部吴、赣、客、粤、湘、闽、徽诸方言区共性之一。因此,温州话梗摄二等韵的ε大概是由a变来的,即a>ε,然后ε裂化为iε。上丽片各方言层次Ⅱ主元音多为a或其变体,因此,我们认为温州话的iε(ε)读音对应层次Ⅱ。

读音 uɔ 只"虻桁_x"两字,还有一个来自合口的"矿"字,读如唐韵,这与普通话的音类分合相同,我们认为此读音折合自普通话读音(非见系),与上丽片方言自然没有对应的层次。

二等耕韵主体层读音与庚韵相同,晓、匣、影母后读为ε,其他声母后读为iε,两韵互补,其音变过程也与庚韵相同。"莺樱鹦"等文读为iaŋ,也读如三等韵,其白读均为ε。"苇"字有两读:kiε¹和tɕiaŋ¹。前者白读,后者文读。白读 iε(ε)对应层次Ⅱ,iaŋ对应层次Ⅳ。

三等庚韵有三个不同的读音:eŋ、aŋ和iaŋ。清韵有两个读音:eŋ和iaŋ。青韵有三个读音:eŋ、aŋ和iaŋ。其中eŋ读音出现在非见系声母后,iaŋ读音只出现在见系声母后,aŋ读音有"明"和"蜓",在"明朝_{明天}"一词中读为白读aŋ,文读为eŋ。"蜓"白读为aŋ,文读为eŋ。从表面上看,aŋ读音只出现在非见系声母后,iaŋ读音出现在见系声母后,两者似乎是互补的。但我们认为,eŋ和iaŋ才是互补的两个读音,与曾摄蒸韵的读音互补条件相同,aŋ读音读如臻摄,对应层次Ⅰ,eŋ(iaŋ)对应层次Ⅳ。

学界通常认为,梗摄白读主元音为低元音,文读为高元音。张光宇(1990)以平阳方言为例,指出梗摄三四等韵早期读音只保留在古牙喉音声母后,原来就在于低元音a。我们认为这个iaŋ读音不是早期读音的保留,而是音变形成的历史误会。一方面,见系声母后的iaŋ是二三四等韵共同的读音,与上丽片对应的是层次Ⅳ。另一方面,我们把各点层次Ⅳ读音放在一起观察,如表14.2.2所示:

表 14. 2. 2

层次	开化	常山	江山	广丰	玉山	丽水	遂昌	庆元
层次Ⅳ	iŋ	ɪŋ[uɪŋ]	iŋ	eiŋ(iŋ)	ɪŋ	iŋ	iiŋ	ieŋ (ɪŋ、ĩ)

共时的地理分布能勾勒出此读音的历史演变过程,从表14.2.2可以看出,层次Ⅳ读音变体有两个方向的音变,一是前裂化,一是后裂化,如:

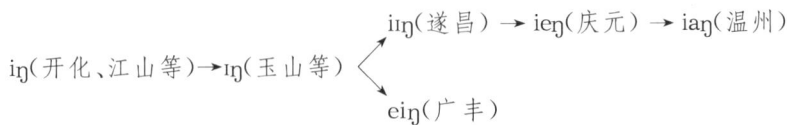

$$iiŋ(遂昌) \rightarrow ieŋ(庆元) \rightarrow iaŋ(温州)$$

$$iŋ(开化、江山等) \rightarrow ɪŋ(玉山等) \Big\langle$$

$$eiŋ(广丰)$$

温州的 iaŋ 就是后裂化后主元音进一步低元、显化的结果。而非见系声母后的 eŋ 原为 iŋ(秋谷裕幸、王莉,2008),可见,在非见系声母后 iŋ→eŋ,见系声母后则发生后裂化、低化、显化的音变。

综上所述,温州没有层次Ⅱ的对应,我们把梗摄各韵的层次读音总结如下,见表 14.2.3:

表 14. 2. 3

层次	庚二	耕二	庚三	清	青
层次Ⅰ	—	—	aŋ		aŋ
层次Ⅱ	iɛ(ɛ)	iɛ(ɛ)			
层次Ⅳ	iaŋ	iaŋ	eŋ(iaŋ)	eŋ(iaŋ)	eŋ(iaŋ)

瓯江片内部一致性高,乐清、永嘉、平阳三点与温州层次完全相同,读音变体条件也相仿,只是具体读音有异。

乐清二等庚韵主体层读音为 a,如"彭膨猛打冷生更五更羹"等均读为 a,塞擦音声母后读为 ia 韵,如"撑 tɕʰia¹",合口"梗横"均读为 ua。"横"读为"va²","横"为匣母字,v-声母为合口介音-u-唇化而来,因此与"梗"的 ua 韵同为合口读音,对应层次Ⅱ。

"盲虻"读为 o,读如唐韵。耕韵层次Ⅱ读音为 a 及其变体 ia,唇音及牙喉音声母后读 a,如"迸耕幸"等,塞擦音声母后读为 ia,如"争 tɕia¹│等 tɕia¹"。三等韵除"明"字读为 aŋ 对应层次Ⅲ,其他读音均对应层次Ⅳ。以清韵为例,见系声母后均读为 iaŋ 韵,其他声母后有 eŋ 韵和 ieŋ 韵。具体地说,帮组、来母以及精知庄章组声母的擦音声母后读为 eŋ 韵,精知庄章组声母的非擦音声母后读为 ieŋ 韵,其声母也发生腭化,如"精 tɕieŋ¹│井 tɕieŋ³│清 tɕʰieŋ¹│郑 dʑieŋ⁶│整 tɕieŋ³",与擦音声母形成互补,擦音声母不腭化,如"情 zeŋ²│静 zeŋ⁴│姓 seŋ⁵│声 seŋ¹│诚 zeŋ²"。综上所述,我们把乐清梗摄各韵层次读音总结如下,见表 14.2.4:

表 14. 2. 4

层次	庚二	耕二	庚三	清	青
层次Ⅰ	—	—	aŋ	—	
层次Ⅱ	a(ia)〔ua〕	a(ia)	—	—	
层次Ⅳ	iaŋ	iaŋ	eŋ(iaŋ)	eŋ(ieŋ、iaŋ)	eŋ(ieŋ、iaŋ)

永嘉二等庚、耕韵主体层读音为 ε 韵，开合同韵，对应层次 Ⅱ。三等韵层次 Ⅳ 的读音变体略有不同。以清韵为例，见系声母后均读为 iaŋ 韵，帮组及来母后读 eŋ 韵，齿音声母无论塞擦音和擦音均读为 ieŋ 韵，且声母腭化，如"精 tɕieŋ¹｜井 tɕieŋ³｜清 tɕʰieŋ¹｜静 ɦieŋ⁴｜姓 ɕieŋ⁵｜郑 dʑieŋ⁶｜整 tɕieŋ³｜声 ɕieŋ¹｜成 ɦieŋ²"。就齿音声母的腭化而言，温州全部不腭化，乐清、平阳部分腭化，永嘉全部腭化，可以勾勒出齿音声母腭化的地理分布过程。就发音方法而言，塞擦音先腭化，擦音后腭化。综上所述，我们总结永嘉梗摄各韵的层次如下，见表 14.2.5：

表 14.2.5

层次	庚二	耕二	庚三	清	青
层次 Ⅰ	ε	ε	—	—	—
层次 Ⅲ	—	—	aŋ	—	—
层次 Ⅳ	—	—	eŋ(iaŋ)	eŋ(ieŋ /iaŋ)	eŋ(ieŋ /iaŋ)

平阳梗摄读音与乐清完全相同，兹不赘述。

为更好地观察各点读音的层次对应，我们分别以庚二等韵与庚三等韵为代表举例，先看二等庚韵的对应，见表 14.2.6：

表 14.2.6

层次	温州	永嘉	平阳	乐清
层次 Ⅱ	iε(ε)	ε	a [ua]	a(ia)[ua]
层次 Ⅳ	iaŋ	iaŋ	iaŋ	iaŋ

再看三等庚韵的对应，见表 14.2.7：

表 14.2.7

层次	温州	永嘉	平阳	乐清
层次 Ⅰ	aŋ	—	aŋ	aŋ
层次 Ⅳ	eŋ(iaŋ)	eŋ(iaŋ)	eŋ(iaŋ)	eŋ(iaŋ)

从表 14.2.6 和表 14.2.7 可看出，瓯江片各方言没有层次 Ⅲ 的对应。层次 Ⅱ 只存在于二等韵，层次 Ⅰ 只存在于三等韵，这是与上丽片不同的地方。层次 Ⅰ 与层次 Ⅳ 主元音虽然都是 a，但属不同层次。

14.3　金衢片梗摄的读音层次

金衢片各方言梗摄读音异读较少,不存在类似上丽片主体层属不同层次的现象,主体层对应较一致。先看二等庚、耕韵主体层各点读音,如表14.3.1所示:

表 14.3.1

方言点	盲	猛	打	冷	撑	生	更五更	硬	争	耕	梗	横
义乌	mɑ²	mɑ⁴	nɑ³	lɑ⁴	tsʰɑ¹	sɑ¹	kɑ¹	ɦɑ⁶	tsɑ¹	kɑ¹	kuɑ³	ɦuɑ²
东阳	mɛ²	mɛ⁴	tɛ³	lɛ⁴	tsʰɛ¹	sɛ¹	kɛ¹	ŋɛ⁶	tsɛ¹	kɛ¹	kuɛ³	ɦuɛ²
浦江	mɛ²	mɛ⁴	nɛ³	lɛ⁴	tsʰɛ¹	sɛ¹	kɛ¹	ŋɛ⁶	tsɛ¹	kɛ¹	kuɛ³	ɦuɛ²
武义	mɑ²	mɑ⁴	nɑ³	lɑ⁴	tsʰɑ¹	sɑ¹	kɑ¹	ŋɑ⁶	tsɑ¹	kɑ¹	kuɑ³	ɦuɑ²
永康	mai²	mai⁴	nai³	lai⁴	tsʰai¹	sai¹	kai¹	ŋai⁶	tsai¹	kai¹	kuai³	ɦuai²
兰溪	mæ̃²	mæ̃⁴	tæ̃³	læ̃⁴	tɕʰiæ̃¹	ɕiæ̃¹	kæ̃¹	ŋæ̃⁶	tɕiæ̃¹	kæ̃¹	kuæ̃³	ɦuæ̃²

与瓯江片相同的是,以上读音无法从音类分合角度确定层次对应,我们暂将其归为层次Ⅱ。

三等庚韵有一个层次读如二等韵,这种分合关系与上丽片相同。主要是"柄"和"惊"两字,对应的是层次Ⅱ,现将各点此两字读音列表14.3.2如下:

表 14.3.2

例字	义乌	东阳	浦江	武义	永康	兰溪
柄	mɑ⁵	mɛ³	mɛ³	mɑ⁵	mai³	pæ̃⁵
惊怕	kuɑ¹	kuɛ¹	kuɛ¹	kuɑ¹	kuai¹	kuæ̃¹

三等韵读音均带鼻音尾,各点清、青韵读音表现相同,我们以三等清韵为例列表14.3.3如下:

表 14.3.3

方言点	饼	领	精	晴	侦	正正月	声	颈	轻
义乌	mən³	lən³	tsən¹	zən²	tsən¹	tsən¹	sən¹	tɕiən³	tɕʰiən¹
东阳	pən³	lən³	tsən¹	zən²	tsən¹	tsən¹	sən¹	kən³	kʰən¹
浦江	pin³	lin⁴	tsin¹	zin³	tsin¹	tsin¹	sin¹	tɕin³	tɕʰin¹
武义	miŋ³	liŋ⁴	tɕiŋ¹	ziŋ²	—	tɕiŋ¹	ɕiŋ¹	tɕiŋ³	tɕʰiŋ¹

续 表

方言点	饼	领	精	晴	侦	正正月	声	颈	轻
永康	miŋ³	liŋ⁴	tɕiŋ¹	ziŋ²	tɕiŋ¹	tɕiŋ¹	ɕiŋ¹	kiŋ³	kʰiŋ¹
兰溪	pẽi³	lẽi⁴	tsĩ¹	zĩ²	tɕĩ¹	tɕĩ¹	ɕĩ¹	tɕĩ³	tɕʰĩ¹

义乌清韵见系声母后读 iən，非见系声母后读 ən，两者互补。东阳、浦江、武义和永康等地各声母后韵母读音均相同，分别为 ən、in、iŋ 和 iŋ 韵。兰溪齿音及牙喉音声母后读 ĩ 韵，其他声母包括帮组及来母后读为 ẽi 韵，两者互补。以上读音对应的是层次Ⅳ。

综上所述，我们把金衢片各点梗摄二等韵的层次读音总结如下，见表 14.3.4：

表 14.3.4

层次	义乌	东阳	浦江	武义	永康	兰溪
层次Ⅱ	ɑ[ua]	ɛ[uɛ]	ɛ[uɛ]	ɑ[ua]	ai[uai]	æ(iæ)[uæ]

梗摄三等韵的层次读音如表 14.3.5 所示：

表 14.3.5

层次	义乌	东阳	浦江	武义	永康	兰溪
层次Ⅱ	ɑ[ua]	ɛ[uɛ]	ɛ[uɛ]	ɑ[ua]	ai[uai]	æ[uæ]
层次Ⅳ	ən(iən)	ən	in	iŋ	iŋ	ĩ(ẽi)

14.4 小 结

通过对南部吴语梗摄各韵读音层次对应的讨论，我们可以得到以下几点认识。

第一，与其他韵摄相比，梗摄读音层次在各方言的对应不平衡，其中以上丽片为最。一般地说，上丽片梗摄各韵层次最丰富，有五个之多（不过某韵没有同时具有五个层次的），当然内部也不平衡，瓯江片有三个层次，金衢片只有两个层次。从层次数量来看，符合上丽片最复杂、金衢片最简单的规律。

但上丽片内部极不平衡。除开化、常山有四个层次读音外，其他均有三个层次的对应，广丰、丽水却只有两个层次的对应。同时，层次对应也并非只有一种类型，如庚二等韵开化有四个层次，常山对应层次Ⅱ、Ⅳ、Ⅴ，江山对应层次Ⅱ、Ⅲ、Ⅳ，广丰对应层次Ⅱ，玉山对应层次Ⅰ、Ⅱ、Ⅴ，丽水对应层次Ⅰ、Ⅴ,遂昌对应层次Ⅰ、Ⅱ、Ⅳ,没有统一的模式。

这种散乱的模式还体现在主体层的对应上。梗摄二等韵的各个层次都有可能成为收字最多的主体层读音。可见,各个层次读音在方言中的竞争情况有所区别,这种情况在其他韵摄中较为少见①。我们列出上丽片各点庚二等韵读音如下,见表 14.4.1:

表 14.4.1

古韵部	开化	江山	常山	广丰	玉山	丽水	遂昌	庆元
庚二主体层读音	əŋ:Ⅲ	ã:Ⅱ	iŋ:Ⅳ	æ:Ⅱ	æ:Ⅱ	ã:Ⅱ	iaŋ:Ⅱ	ã:Ⅰ

如果以收字最多作为主体层读音的标志,那么,从表 14.4.1 可以看出,庚韵二等主体层读音所属的层次各不相同。对于上丽片而言,庚二等韵层次Ⅰ、Ⅱ、Ⅲ、Ⅳ均有可能成为主体层读音,比较而言,层次Ⅱ较多,可见,各个层次读音竞争情况不尽相同。由此可见,如果盲目进行读音比较,容易造成对应错乱的后果。如果把属不同层次的读音强行进行历史比较,其结论肯定是站不住脚的。只有同一层次的读音放在一起才能进行历史比较,其结论自然也较为可信。

与上丽片相比,瓯江片和金衢片内部相对较统一,兹不赘述。

第二,南部吴语梗摄三四等没有系统的文白异读,只是个别零星的对立。但瓯江片梗摄三四等韵古牙喉音声母后读 iaŋ,对此,张光宇(1990)在比较南北方言梗摄三四等的读音时指出,南方方言梗摄三四等一般都有文白异读的现象,白读的主要元音较低,文读的主要元音比较高,而北方话绝大多数没有文白异读,主要元音倾向于高元音。其中讨论吴语梗摄三四等韵的读音时,指出平阳话的前低主要元音只保存在古牙喉音声母后。也就是说,瓯江片的 iaŋ 与南方的白读平行。李荣(1989b:420)也指出"浙江方言中,只有瓯江片乐清等七处'轻'字读[tɕʰiaŋ],跟南昌相近"。

我们认为,瓯江片梗摄三四等韵古牙喉音声母后的 iaŋ 并不是早期读音的保留,与其他南方方言三四等韵白读并不平行。之所以会得出这样的结论,是基于读音比较而非层次比较。以下我们进一步说明。

李荣(1989)较早关注梗摄字在方言中的读音,在南昌、浏阳、耒阳、梅县、娄底、桃江、邵阳②等方言里,大多有成套的文白异读,而吴语温岭话没有文白异读。温岭二等字的韵母和南昌白读的音相近,读的是ã,温岭三四

---

① 这种不平衡在上丽片的覃谈韵的层次中也有所表现。

② 据文中所用材料,南昌、浏阳、耒阳属赣语,梅县是客家话,娄底、桃江、邵阳属湘语。

等字的韵母跟南昌文读相近,读的是 in。我们转录各点梗摄读音如下,见表 14.4.2:

表 14.4.2①

梗摄	南昌	浏阳	耒阳	梅县	娄底	桃江	邵阳
二等韵	aŋ/ɛn	aŋ/in(ən)	ɔ̃/ẽ	aŋ/ɛn	ɔ̃/ẽ	ɔŋ	ən
三四等韵	iaŋ/in	iaŋ(aŋ)/ in(ən)	iɔ̃/æ	iaŋ(aŋ)/in	iɔ̃/in	iɔŋ	in

从表 14.4.2 可以看出,除邵阳、桃江外,南昌、浏阳、耒阳、梅县、娄底等方言梗摄二等韵与三四等韵均有文白异读。而后李荣(1996)通过对东南各省梗摄字元音的研究,指出梗摄分文白读,白读层次较早,文读是受曾梗不分的北方话影响而后起的。

事实上,梗摄的 iaŋ 读音与曾摄蒸韵合流,此读音具有曾梗不分的特点,这也是层次Ⅳ的特点。我们举温州、平阳为例,如表 14.4.3 所示:

表 14.4.3

古韵摄	温州	平阳
曾摄蒸韵	冰 peŋ¹,陵 leŋ²,惩 dzeŋ²,蒸 tseŋ¹,绳 zeŋ²,兴 ɕiaŋ⁵,应 iaŋ⁵	冰 peŋ¹,陵 leŋ²,蒸 tseŋ¹,绳 zeŋ²,兴 ɕiaŋ⁵,应 iaŋ⁵
梗摄三四等	平 beŋ²,京 tɕiaŋ¹,名 meŋ²,领 leŋ⁴,精 tseŋ¹,整 tseŋ³,轻 tcʰiaŋ¹,赢 ɦiaŋ²	平 beŋ²,京 tɕiaŋ¹,名 meŋ²,领 leŋ⁴,精 tseŋ¹,整 tseŋ³,轻 tcʰiaŋ¹,赢 ɦiaŋ²

从表 14.4.3 可以看到,曾摄与梗摄三四等韵读音完全相同,iaŋ 都只出现在古牙喉音声母后,其他声母后读 eŋ,可见,两者是互补的。上文我们已经提到,eŋ(iaŋ)对应的是层次Ⅳ,该层次正是曾梗不分的读音。换句话说,iaŋ 只是与南昌白读样子长得像,但具有完全不同的性质。事实上,读音 iaŋ 只是音变形成的历史误会,完全不是早期读音的保留。我们把上丽片及瓯江片层次Ⅳ读音放在一起,可以更清楚地看到这一演变过程(如以下图示)。

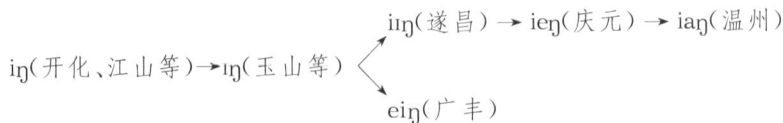

$$iŋ(开化、江山等) \rightarrow iŋ(玉山等) \begin{cases} iiŋ(遂昌) \rightarrow ieŋ(庆元) \rightarrow iaŋ(温州) \\ eiŋ(广丰) \end{cases}$$

① 表中韵母读音以"/"区分文白读,斜线左边为白读,右边为文读。有的白读有声母条件则以"()"标明。浏阳、邵阳方言原文较简单,因此,此两地材料分别据夏剑钦(1983)、鲍厚星(1989)。

对于温州话来说,梗摄三四等韵层次Ⅳ原为 iŋ。百年前温州话梗摄三四等韵非见系声母后为 iŋ(秋谷裕幸、王莉,2008),说明 iŋ→eŋ,而见系声母后的 iŋ 则发生后裂化、低化及进一步显化的音变,从而形成如今的 iaŋ。

因此,可以说,南部吴语梗摄三四等韵主体层已被曾梗不分的层次Ⅳ读音覆盖,瓯江片的 iaŋ 不是早期读音的保留,而是后来的音变。

第三,不仅开韵尾会裂化,鼻音尾的主元音也会裂化。高元音裂化是一种极常见的自然音变,在南部吴语止摄、齐韵等均有发生,且会形成读音的对立,让人误以为一种是文白异读(施俊,2014a、2016a)。通过上文的讨论,我们可以清楚地看到,具有鼻音韵尾主元音或是高元音,也会发生裂化音变,包括前裂化和后裂化,有的甚至低化。一般来说,具有鼻音尾的高元音(主元音)较难裂化,与开韵尾的高元音裂化会不同,不过,从语言事实来看,这种裂化确实存在,从温州梗摄四等青韵和曾摄三等蒸韵的读音变体中可以清楚地看到,至于与开韵尾的裂化有何区别还需要进一步研究。

第 15 章　通摄的读音层次及其演变

中古通摄只有合口韵,包括合口一等重韵东、冬韵和合口三等重韵东、钟韵,上古主要来自东、冬二部。本文讨论南部吴语通摄的读音层次及其演变。

15.1　上丽片通摄的读音层次

15.1.1　常山方言通摄的读音层次

本节我们以常山方言为例,讨论上丽片各方言通摄的读音,先列出常山方言通摄各韵常用读音如下,见表 15.1.1:

表 15.1.1

东一	oŋ	蓬 boŋ², 东 toŋ¹, 洞 doŋ⁶, 聋 loŋ², 粽 tsoŋ⁵, 空 kʰoŋ¹, 红 ɦoŋ²
冬一	ã	冬₁ tã¹, 农₁ nã²
	oŋ	冬₂ toŋ¹, 脓 noŋ², 宋 soŋ⁵, 宗 tsoŋ¹
	u	农₂ nu²
东三	ã	风₁ fã¹, 枫 fã¹, 虫₁ dã²
	oŋ	风₂ foŋ¹, 凤 voŋ⁶, 梦 moŋ⁶, 中 toŋ¹, 虫₂ dzoŋ², 铳 tsʰoŋ⁵, 弓 koŋ¹
	ioŋ	绒 ɦioŋ², 雄 ɦioŋ², 熊 ɦioŋ²
钟三	ã	封₁ fã¹, 蜂 fã¹, 缝 vã²
	iõ	浓₁ niõ², 龙₁ liõ², 供 tɕiõ¹, 凶₁ ɕiõ¹
	õ	松 zõ², 重擦上去 dzõ², 钟₁ tsõ¹
	oŋ	封₂ foŋ¹, 捧 pʰoŋ³, 龙₂ loŋ², 钟₂ tsoŋ¹, 重轻重 dzoŋ⁴, 恭 koŋ¹
	ioŋ	肿 ioŋ³, 种 ioŋ⁵, 舂 ioŋ¹, 胸 ɕioŋ¹, 凶₂ ɕioŋ¹, 容 ɦioŋ², 用 ɦioŋ⁶

从表 15.1.1 可以看出,一等东韵只有 oŋ 一个韵母读音,不存在层次问题。

一等冬韵有三个不同的韵母读音:ã、oŋ 和 u。读音 u 较特殊,读如阴声韵,只在"农忙假"一词中,该读音不见于其他例字,也不见于周边方言有通摄读如阴声韵的读音,因此我们认为"农忙假"一词中"农"的 u 读音可能是自身音变所致。表"人"义的"农"另有 ã 读音,此"农"字现通常写成"侬"。假设"农忙假"中"农"的 u 读音由 ã 变来,似乎无法解释鼻化成分的脱落,且由 a 变 u 跨度较大。事实上,冬韵另有 oŋ 读音,假设"农"的 u 读音由 oŋ 变来,则可以得到较好的解释,韵尾-ŋ 受到后字"忙"的鼻音声母-m 的影响而发生逆同化音变,而主元音 o>u 的高化音变也较容易发生,因此"农"的另一个读音 u 可能属于 oŋ 读音的变体。

"冬"有 ã 和 oŋ 两读,经过上文分析,"农"也可以认为有 ã 和 oŋ 两读,两者读音差别较大,音变可能性较小。ã 和 oŋ 的对立在合口三等东、钟韵中均有表现,如东三等韵"风"和"虫"字均有 ã 和 oŋ 两读,三等钟韵的"封"字也有 ã 和 oŋ 两读,且前者为白读,后者为文读,这两个读音能够反复出现说明这种对立不是偶然的,也不是个别现象。因此,我们认为冬韵的 ã 和 oŋ 读音构成两个不同的层次读音,且 ã 读音层次要早于 oŋ 读音层次,东三韵与钟韵的 ã 和 oŋ 读音同样如此。可以说,ã 和 oŋ 两个层次是常山通摄各韵(除东一韵外)的共有层次,且 ã 读音层次没有等的区别。

东三等韵还有 ioŋ 韵一读,该读音多出现在日母、影母等声母后,与 oŋ 读音出现的声母组大致互补,且三等韵本应带有-i-介音,因此,我们认为 oŋ 与 ioŋ 为同一层次读音。

事实上,这种互补关系在钟韵里表现得更加明显,钟韵共有五个不同的韵母读音:ã、iõ、õ、oŋ 和 ioŋ。读音 iõ 和 õ 主元音相同,只相差一个-i-介音,而两者也不在同一个声母组出现,读音 iõ 一般出现在泥母、来母及见、晓母声母后,读音 õ 则一般出现在齿音声母后,两者在不同的声母后构成互补,属于同一层次。东三韵的 oŋ 与 ioŋ 互补,钟韵的 oŋ 与 ioŋ 同样也互补,钟韵读音 ioŋ 多出现在章组、晓母及影母等声母后,章组声母 tɕ-脱落在浙西南方言中比较普遍(郑张尚芳,1995b),也就是说章组声母字相当于读如零声母,读音 oŋ 则多出现在帮组、精知组及来母等声母后。我们把这两组互补的韵母读音的条件总结如下,见表 15.1.2:

表 15.1.2

iõ(õ)	iõ 出现在泥、来母及见、晓母	õ 出现在精知章组
ioŋ(oŋ)	ioŋ 出现在章组、晓母及影母	oŋ 帮组、精知组及来母

比较两个细音变体的出现条件发现,细音声母一般不出现在齿音声母后,章组后的 ioŋ 声母已脱落,实读如影母。由此可见,在常山方言里通摄三等韵的这两个读音组互补是有普遍性的,而 õ 或 oŋ 读音变体则是由于声韵

不协调而丢失-i-介音。

由上分析，我们可知两个读音组 iõ(õ) 和 ioŋ(oŋ) 在各个声母组后均形成对立，是两个不同的层次读音。这种关系还能在一字两读中得到证实，如"龙"在"舞龙灯"一词中读为 iõ 韵，在"龙凤"一词中读为 oŋ 韵，且前者读音要比后者更常用。"凶"字在表示"病重"义时读为 iõ 韵，在"穷凶恶煞"一词中读为 ioŋ 韵。"钟"字在表示"庙里的钟"时读为 õ 韵，表示一般"钟表"义时读为 oŋ 韵。"松"在表示"松树"一词时读为 õ 韵，在"松柏树"连用时读为 oŋ 韵。"供"在表示"供养父母"义时读 iõ 韵。在"供给"一词中读为 oŋ 韵。从以上几例可以看出 iõ(õ) 韵要比 ioŋ(oŋ) 韵更常用，有的则以前者为白读，后者为文读，因此 iõ(õ) 和 ioŋ(oŋ) 不仅是两个不同的读音层次，而且 iõ(õ) 读音层要早于 ioŋ(oŋ) 读音层。

上文在冬韵及东三等韵已经证明 ã 读音层要早于 ioŋ(oŋ) 读音层，这两个层次之间的时间顺序在钟韵中也如此。iõ(õ) 读音层早于 ioŋ(oŋ) 读音层，ã 读音层也早于 ioŋ(oŋ) 读音层，那 iõ(õ) 读音层与 ã 读音层的关系如何？单从钟韵看，ã 读音只出现在非组（帮组）声母后。iõ(õ) 读音则可以出现在除非组（帮组）外的其他声母后，两者在钟韵是互补的，但 ã 读音并非仅出现在非组（帮组）声母后。冬韵有端组声母字读 ã 韵，如"冬农"等字均读为 ã 韵，合口三等东韵除非组（帮组）外还有知组声母字读 ã 韵，如澄母"虫"字读为 dã² 声母是澄母读如定母，保留的是上古声母读音。从以上几例看出，并非只有非组（帮组）声母读 ã 韵，端、知组声母后也有读为 ã 韵的字，因此，不能把 ã 与 iõ(õ) 看成是两个互补的读音，而应该是两个对立的读音层次。

这两个读音的对立在江山方言中也有表现，合口三等东韵有读 ã 或 ɔ(iɔ) 韵的，如知组声母后有这两个读音的对立，知母"中"字读 ɔ(iɔ) 韵，澄母"虫"字读为 ã 韵，在同一古声母组下有对立但无法解释音变的，一般看成是层次的差异。

据此，我们认为常山方言钟韵 ã 与 iõ(õ) 也应看成是两个不同的层次，但两个层次孰先孰后，方言中似乎缺乏足够的信息让我们做出判断。因此我们需要将语音史的材料作为铺证。"江、冬两韵上古同源，至《切韵》时关系仍然密切。《切韵》把江韵置于冬、钟之后，阳休之江、钟、冬合韵。"（黄笑山，1995：79）"《广韵》东冬钟江四韵在刘宋时代是完全通用的。……江韵独用的例子不多，在梁代和北齐的时候，大部分跟冬钟两韵合用，到北周陈隋之间，大部分跟阳唐两韵合用，这是很显著的变化。"（周祖谟，1988：173-174）甚至到了唐代江韵仍有与冬钟相押的（鲍明炜，1986）。对此，黄笑山（1995）认为唐代江与冬钟韵押韵可能有仿古因素或方言成分，江韵的实际读音与冬、钟韵有距离了。从以上语音史关于江韵与冬钟韵的分合关系中可以看出，早期冬钟韵读音与江韵读音相近，至少主元音相同和韵尾相同，只有这样才可能押韵。常山江韵唇音声母后读 iã 韵，与宕摄唐韵读音相同。事实上，江韵有 iõ 或 õ 韵，钟韵也有 iõ(õ) 韵，按江韵层次读音的分析，iã 韵为层次Ⅰ，õ 或 iõ 韵为层次Ⅱ。需要注意的是，钟韵与江韵的 iõ(õ) 韵读音相同，但互补的条件是不同的，因此我们不能说钟韵 iõ(õ) 韵读音读如江韵。ã 读音也是如此，从韵同就能押韵来看，通摄的 ã 韵与 iõ(õ) 韵均符合押韵的条件。因此，可以说通摄的 ã 韵与 iõ(õ) 韵均为较早时期的读音。参考江韵层次，常山方言钟韵 ã 为层次Ⅰ，iõ(õ) 为层次Ⅱ。

综上所述，我们把常山方言通摄各层次总结如下，见表 15.1.3：

表 15.1.3

层次Ⅰ	ã	冬、东三、钟韵
层次Ⅱ	iõ(õ)	钟韵
层次Ⅲ	ioŋ(oŋ)	通摄各韵

15.1.2　上丽片各方言通摄的层次对应

常山方言通摄有三个读音层次，其中有两个层次与江韵读音有关，代表的是《切韵》早期的读音，这两个层次在江山、玉山、庆元三点有较完整的对应，具体讨论如下。

江山冬韵和东三等韵有层次Ⅰ的对应，如冬韵的"冬农侬"和东三韵的"虫"字均读为 ã 韵，但东三韵的"风枫"和钟韵的"封蜂"等字均成为层次Ⅱ读音 õ 韵，这是与常山层次Ⅰ收字的不同之处，以下我们列出江山层次Ⅰ和层次Ⅱ的读音，见表 15.1.4：

表 15.1.4

层次Ⅰ	冬 tã¹，农 nã²，侬 nã²，虫 dã²
层次Ⅱ	风 fõ¹，枫 fõ¹，中 tiõ¹/tõ¹，蜂 fõ¹，封 fõ¹，缝 võ²，松 zõ²，浓 niõ²，龙 liõ²，重重阳 dʑiõ²，钟寺庙的钟 tiõ¹，供 kiõ¹

与常山相比，江山层次Ⅰ读音较少，层次Ⅱ读音较多。层次Ⅱ的"中"字有 iõ 和 õ 的对立，前者 iõ 读音在"中岗"地名中，后者 õ 读音在"中央"一词中，除此之外，iõ 和 õ 为互补分布，因此，我们不把层次Ⅱ的这两个读音看成是对立的，而是同一层次的两个读音变体。层次Ⅲ读音有 oŋ 和 ioŋ 两个读音变体，其中一等东、冬韵只有 oŋ 读音，如"蒙 moŋ² | 东 toŋ¹ | 痛 tʰoŋ⁵ | 聪

tsʰoŋ¹｜公 koŋ¹｜冬 toŋ¹｜宋 soŋ⁵"等,三等东、钟韵则有 oŋ 和 ioŋ 两个读音,如东韵"冯 voŋ²｜梦 moŋ⁶｜隆 loŋ²｜中 tioŋ¹｜忠 tɕioŋ¹｜冲 tɕʰioŋ¹｜充 tɕʰioŋ¹｜宫 kioŋ¹｜穷 gioŋ²｜雄 ɦioŋ²"等,钟韵"峰 foŋ¹｜从 dzoŋ²｜恭 koŋ²｜供 koŋ²｜重 轻重 dzioŋ⁴｜钟 一般的钟表 tɕioŋ¹｜肿 ioŋ³｜共 gioŋ⁶｜凶 ɕioŋ¹｜用 ɦioŋ⁶"等,三等韵本应读为有介音的 ioŋ 韵,由于主元音及韵尾均具有[+后]特征,因此-i-介音容易脱落。

玉山通摄有三个层次读音的对应,其中层次Ⅰ和层次Ⅱ的收字与江山大致相同,具体见表 15.1.5:

表 15.1.5

层次Ⅰ	冬 tã¹,农 nã²,侬 nã²,虫 dã²
层次Ⅱ	风 fɒ¹,枫 fɒ¹,铳 tɕʰiɒ⁵,蜂 fɒ¹,缝 vɒ²,松 zɒ²,浓 niɒ²,龙 liɒ²,重 dʑiɒ²,供 kiɒ¹

由表 15.1.5 可知,玉山层次Ⅰ收字与江山相同。"风枫蜂缝"等在常山属层次Ⅰ读音,而在玉山则归入层次Ⅱ,与江山同,可见层次Ⅰ读音在江山、玉山两地被层次Ⅱ读音覆盖。玉山江韵层次Ⅰ为 iã,层次Ⅱ为 ɒ̃,与通摄前两个层次的主元音相同。层次Ⅱ大致以唇音声母后读 ɒ,而其他声母后读 iɒ 为条件构成互补。层次Ⅲ读音有 oŋ 和 ioŋ 两个读音变体,不过在玉山方言中 ioŋ 读音保留得较为完整,三等韵大多没有脱落-i-介音,甚至连一等东韵也有读为 ioŋ 韵的,如一等东韵"栋 tioŋ⁵｜囱 tɕʰioŋ¹"两字读为 ioŋ 韵,其他一等韵包括东冬韵均读为 oŋ。一等东韵"栋囱"两字读 ioŋ 韵大概是受到三等韵读音的影响而发生的内部类推,"囱"字声母还发生了腭化音变,这与三等韵读音完全相同。三等东韵与钟韵均以唇音/非唇音为条件形成 oŋ 与 ioŋ 的互补,即唇音声母后读 oŋ 韵,如三等东韵"风丰冯梦"和三等钟韵的"封逢"等读为 oŋ 韵,三等东韵的"中忠冲终充宫穷熊"与钟韵的"重钟种肿共凶吃饱胸用"等均为 ioŋ 韵,两者同属层次Ⅲ。

庆元通摄也有与常山、江山和玉山相对应的三个层次读音,传统方言分区将庆元划为上丽片丽水小片,以区别于上丽片的上山小片。就层次数量而言,庆元与常山等上山小片方言一样具有相同的层次数量,尽管庆元宕、江摄韵母读音中并没有层次Ⅰ读音,反而在通摄中保留了层次Ⅰ读音,可见庆元宕、江摄层次Ⅰ读音被层次Ⅱ读音覆盖。庆元通摄仅钟韵"松树"的"松"字读为 ã 韵,此层次Ⅰ关系字与上山小片的常山、江山和玉山均不同,上山小片层次Ⅰ的层次关系特字在庆元均被层次Ⅲ读音覆盖。庆元层次Ⅱ读音为 iɒ,只在合口三等东、钟韵,如"中"在表示"中间"义时读为 iɒ 韵,钟韵大

部分字读为层次Ⅱ,如"浓龙从颂宠重钟肿种供恐共胸拥容用"等。层次Ⅲ
读音有 oŋ 和 ioŋ 两个变体,一等东、冬韵为 oŋ 韵,例外仅"栋烘"字读三等
ioŋ 韵,另外部分匣母字如"红洪鸿"等读如声化韵ŋ韵。我们知道,鼻音加上
高元音容易发生声化韵音变,庆元中古合口匣母字读为没有浊流的零声母,
我们认为早期庆元话匣母字应该是读为有浊流的声母,高元音带上浊流与
后鼻音韵尾相拼时发生声化韵音变,因此这三个字读如声化韵。

　　合口三等东韵层次Ⅲ读音 oŋ 和 ioŋ 韵大致互补,唇音声母及来母后读
为 oŋ 韵,其他声母后多读为 ioŋ 韵,如"风枫丰凤梦隆虫"读 oŋ 韵,"中忠冲
终众充铳宫弓"等读 ioŋ 韵。三等钟韵层次Ⅲ读音也有类似互补条件,唇音
及来母后读 oŋ 韵,如"封蜂捧缝"等读为 oŋ,章母字多读为 ioŋ,如"种肿春
重轻重"读为 ioŋ。

　　进一步观察庆元三等东韵与钟韵层次Ⅱ与层次Ⅲ的读音,我们可以发
现,两个层次读音所属字不完全对等,三等东韵仅"中中央"字读层次Ⅱ读音iɔ̃
韵,而三等钟韵却有如"浓龙从颂宠重钟肿种供恐共胸拥容用"等大部分字
读为层次Ⅱ读音iɔ̃韵,这自然也会引起两韵层次Ⅲ读音的不平衡,我们把这
种关系列表 15.1.6 如下:

表 15.1.6

层次	三等东韵	三等钟韵
层次Ⅱ	仅"中中央"字	大部分字
层次Ⅲ	大部分字	少数如"种肿春重轻重"等

　　这说明,三等东韵层次Ⅱ读音多被层次Ⅲ读音覆盖,而钟韵则保留了层
次Ⅱ的多数读音,这也反映了层次读音之间竞争的不平衡性。

　　云和与庆元类似,不同在于没有层次Ⅰ,只有层次Ⅱ和层次Ⅲ,但层次
Ⅱ只在钟韵,三等东韵层次Ⅱ读音已被层次Ⅲ全部覆盖,钟韵层次Ⅲ读音为
iɔ̃韵,包括"浓龙从松宠重种供共胸用"等。一等东、冬韵有 əŋ 和 oŋ 两个层
次Ⅲ的读音变体,其中唇音后读 əŋ 韵,其他声母后读 oŋ 韵,如"蓬蒙"等读
əŋ,"东董同铜洞笼葱公孔红冬宗宋"等读 oŋ,两者互补。这两个读音变体在
三等韵里同样有所表现,三等东韵唇音后读 əŋ,如"风枫丰凤梦"等,其他声
母后多读 ioŋ 韵,如"中忠虫冲铳充弓宫穷雄"等。钟韵唇音后读为 əŋ,如
"封蜂捧缝"等读为 əŋ 韵,零声母后多读为 ioŋ 韵,如"重轻重春容蓉"等读为
ioŋ,其他声母字读 oŋ,如"浓纵踪松供巩恐"等,这些字白读为层次Ⅱ读音
iɔ̃,oŋ 和 ioŋ 基本是互补的,属层次Ⅲ。

遂昌也有三个层次的对应,丽水小片层次Ⅰ的关系特字为"松松树"字,遂昌仅"松松树"字读为õ韵,属层次Ⅰ,与庆元相同。遂昌宕、江摄读音中没有层次Ⅰ,而在钟韵中有所保留。层次Ⅱ读音出现在三等东、钟韵,三等东韵有两个不同的韵母读音:əŋ和ioŋ。参考江韵层次Ⅱ读音为əŋ,可知ioŋ韵为东三等韵层次Ⅱ读音,尽管该读音与其他点通摄层次Ⅲ读音相近。根据前文讨论,一等东、冬韵均为层次Ⅲ而无层次Ⅱ读音,而遂昌一等东、冬韵读为əŋ韵。据此,我们也可以判断ioŋ读音属层次Ⅱ,如"中忠虫冲众铳穷熊雄"等均读为ioŋ韵,"风丰凤梦隆宫弓"等读əŋ韵,属层次Ⅲ。三等钟韵也有与东韵一样的两个韵母读音:əŋ和ioŋ。其中əŋ属层次Ⅲ,如"封锋踪松颂恭巩"等读əŋ韵,读音ioŋ属层次Ⅱ,如"浓龙从重宠钟种肿春供共胸容用"等读ioŋ韵。一等东、冬韵均读əŋ韵,属层次Ⅲ。

开化通摄虽有三个层次,但第二与第三层次开始相混并合流,以下我们具体讨论。开化宕、江摄层次Ⅰ读音开口为iã,合口为yã,通摄三等钟韵的"供供猪:养猪"字读为tɕyã¹,可知通摄此读音属层次Ⅰ。宕、江摄层次Ⅱ读音为oŋ韵,此读音与遂昌层次Ⅱ读音类似,但遂昌通摄第二与第三层次读音截然不混,而开化则开始合流,一等东韵有əŋ和oŋ两个不同的韵母读音,唇音、舌齿音及牙喉音声母后均读oŋ韵,如"蒙痛洞笼弄总粽囱公宫红"等,同时,舌齿音声母后也有读əŋ韵的,如"东董懂桶同痛童粽"等。一字两读的字有的以oŋ韵为常用读音,也有的以əŋ韵为常用读音,如"痛"以oŋ韵为常用读音,以əŋ韵为非常用读音,但"粽"却以əŋ韵为常用读音,以oŋ韵为非常用读音。冬韵也有əŋ和oŋ两个不同的韵母读音,"冬农脓侬"等读əŋ韵,"统宋宗"等读oŋ韵。在调查中发现,əŋ和oŋ两韵正处于相混的过程中,且一等东、冬韵与三等东、钟韵的变化并不同步,即一等韵既有əŋ又有oŋ,而三等韵只唇音声母后读əŋ韵,如钟韵"封蜂逢"等读əŋ韵,其他均读为oŋ或ioŋ韵。综合遂昌通摄层次及开化江韵层次,我们认为开化通摄ioŋ(oŋ)韵为层次Ⅱ读音,əŋ韵为层次Ⅲ读音,两个层次读音开始相混,其中层次Ⅱ读音开始占优势,原因在于ioŋ(oŋ)韵在周边方言属强势读音,因此开化通摄层次Ⅲ读音反而成为弱势而逐渐萎缩。

广丰和丽水只有层次Ⅲ的对应。广丰一等东韵有oŋ、ioŋ和ŋ̍三个不同的读音,如"蒙东桶同笼总空孔"等读为oŋ韵,"栋粽葱囱"等读为ioŋ韵,一等东韵的ioŋ读音大概受三等东韵的影响而产生,有些一字两读的字音以oŋ韵为常用读音,如"粽葱囱"等,部分匣母字读为声化韵ŋ̍,产生原因上文有所讨论,此不赘述。三等韵除唇音声母后读oŋ韵外,其他声母后均读为ioŋ

韵,两者基本呈互补分布。丽水与广丰相同,其层次读音为 ioŋ(oŋ)韵。

综上所述,我们把上丽片各点通摄层次读音总结如下,见表 15.1.7:

表 15.1.7

层次	常山	江山	开化	广丰	玉山	丽水	遂昌	庆元	云和
层次 Ⅰ	ã	ã	yã	—	ã	—	ə̃	ã	—
层次 Ⅱ	iõ(õ)	iɔ̃(ɔ̃)	ioŋ(oŋ)	—	iõ(õ)		ioɪ	iɔ̃	iɔ̃
层次 Ⅲ	ioŋ(oŋ)	ioŋ(oŋ)	əŋ	ioŋ(oŋ)	ioŋ(oŋ)	ioɪ(oɪ)	əŋ	ioŋ(oŋ)	ioŋ(oŋ)

通摄层次Ⅰ和层次Ⅱ体现的是《切韵》之前通摄与江韵通押的层次特点。从表 15.1.7 看,各点层次分布并不完全平衡,其中广丰、丽水均只有一个层次。从通摄层次特点看,上山小片及丽水小片均有三个层次对应的方言点,如常山、江山、玉山、遂昌和庆元等,就层次Ⅰ而言,差异在于,关系特字不同,常山、江山和玉山层次Ⅰ特字主要是"冬侬农虫"等,而遂昌和庆元仅有"松_{松树}"字,不仅收字不同,而且数量也有差异。

关于层次Ⅲ的两个读音变体 ioŋ 和 oŋ 韵,我们需要进一步说明。这两个读音变体在同一个古声母组后有对立,如江山钟韵见组声母后有 ioŋ 和 oŋ 的对立,如群母"共"字读 ioŋ 韵,而见母"供"字读 oŋ 韵,"恭"也读 oŋ 韵,是否需要将其看成是两个不同的层次?事实上,"供"字另有层次Ⅱ读音 iɔ̃韵,oŋ 韵是与 iɔ̃韵对立,而不是与 ioŋ 韵对立,同理"恭"字的 oŋ 韵也不与ioŋ 韵对立。又如"重钟"均有两个读音,一个为层次Ⅱ读音 iɔ̃,一个为层次Ⅲ读音 ioŋ,也不与 oŋ 韵对立,可见,ioŋ 和 oŋ 这两个变体尽管在古声母组后有对立,但这种对立并不是层次上的对立,看成互补更加合适。这一认识有助于我们理解同一个层次读音中两个变体之间的互补关系。

各点层次Ⅱ读音只出现在三等韵,有的只出现在钟韵而不见于东韵,如常山和云和;有的则既出现在钟韵又出现在东韵,如江山、开化、玉山、遂昌和庆元等。通常情况下,我们会把只出现在钟韵而不见于东韵的读音看成是两韵的鉴别韵或者叫区别韵,从层次角度来看则正好相反,层次Ⅱ读音既能出现在三等东韵又能出现在钟韵,有的方言点如常山、云和等地层次Ⅱ读音只出现在钟韵,说明两地层次Ⅲ读音覆盖了三等东韵的层次Ⅱ读音。

15.2　瓯江片通摄的读音层次

先讨论温州通摄的读音,我们先列出温州通摄各韵的常用读音,见表 15.2.1:

表 15.2.1

东一	aŋ	墰1尘土 baŋ²
	oŋ	蓬 boŋ²，墰2尘土 boŋ²，东 toŋ¹，痛 tʰoŋ⁵，铜 doŋ²，聋 loŋ²，粽 tsoŋ⁵ 空 kʰoŋ¹，红 ɦoŋ²
	ioŋ	囱 tɕʰioŋ¹
冬一	aŋ	侬 naŋ²，综1 tsaŋ¹
	oŋ	冬 toŋ¹，农 noŋ²，综2 tsoŋ⁵，宋 soŋ⁵，松放松 soŋ¹
东三	iɛ	隆1 liɛ²
	oŋ	风 hoŋ¹，冯 ɦoŋ²，梦 moŋ⁶，隆2 loŋ²
	ioŋ	中 tɕioŋ¹，虫 dʑioŋ²，终 tɕioŋ¹，铳 tɕʰioŋ⁵，弓 tɕioŋ¹，宫 tɕioŋ¹，雄 joŋ²
钟三	iɛ	垄 liɛ⁴，龙1 liɛ²
	iaŋ	凶 ɕiaŋ¹
	yɔ	浓1 nʑyɔ²，踪1 tɕyɔ¹，松松树 jyɔ²，纵1 tɕyɔ⁵，重轻重 dʑyɔ⁴，钟 tɕyɔ¹ 种 tɕyɔ⁵，舂 ɕyɔ¹，恭1 tɕyɔ¹，供1 tɕyɔ¹，共 dʑyɔ⁶，凶 ɕyɔ²，用 jyɔ⁶
	oŋ	封 hoŋ¹，缝 ɦoŋ²，浓2 noŋ²，龙2 loŋ²，踪2 tsoŋ，恭2 koŋ¹，供2 koŋ¹
	ioŋ	纵2 tɕioŋ⁵，宠 tɕʰioŋ³，盅 tɕioŋ¹，舂2 ɕioŋ¹，拥 joŋ¹

上文我们讨论了上丽片通摄各韵的三个层次，指出通摄层次Ⅰ和层次Ⅱ读音与江韵关系密切，反映的是《切韵》以前的音类分合关系，即通摄有两个层次读音与江韵的两个层次对应。也就是说，我们可以通过江韵的层次读音找到与通摄各韵相对应的层次读音。我们知道，温州江韵只有一个层次Ⅱ：uɔ/yɔ、i。这一层次读音有三个读音变体。与江韵不同的是，通摄有一个 iɛ 读音，这是江韵所没有的，如"隆垄龙"等均读为 iɛ 韵，均为来母字，似乎透露出声母条件的信息。读音 yɔ 只出现在其他声母后，两者可看成互补。从瓯江片其他方言可以更清楚地看到它们的互补关系，如表 15.2.2 所示：

表 15.2.2

方言点	浓娘	龙来	从邪	纵精	重澄	钟章	供见	壅影	用以
永嘉	—	lyə²	ɦyə²	tɕyə⁵	dʑyə²	tɕyə¹	tɕyə¹	yə¹	ɦyə⁶
平阳	nʑyo²	luo²	zyo²	tɕyo⁵	dʑyo²	tɕyo¹	tɕyo¹	yo¹	ɦyo⁶
乐清	nio²	luɯ²	zuɯ²	tɕyɯ⁵	dʑyɯ²	tɕyɯ¹	tɕio¹	io¹	zio⁶

永嘉有两个读音变体 yə 和 yɔ，平阳也有两个变体 uo 和 yo，乐清有三个变体 uɯ、yɯ 和 io。因此，温州的 iɛ 和 yɔ 也是互补的。

上丽片层次Ⅱ读音有的只出现在三等钟韵，有的出现在三等东韵和钟韵,温州层次Ⅱ读音只出现在钟韵,读音为 yɔ。我们知道,温州江韵与宕摄唐韵合流,江韵与唐韵层次Ⅱ均为 uɔ,唐韵合口韵同层次读音开合相同,也读为 uɔ,而合口三等钟韵多了一个 -i- 介音,于是就成为 yɔ。通摄层次Ⅲ读音各点一致性最强,上丽片各点几乎读音相同,温州也不例外,层次Ⅲ读音可以出现在通摄各韵,如一等东、冬韵均读为 oŋ,东韵"卤"字有读三等韵 ioŋ,其声母也发生腭化,上丽片各点"卤"字也多读为三等韵,我们不认为两者属于不同层次。三等东韵有层次Ⅲ的 oŋ 和 ioŋ 两个读音变体,其中 oŋ 只出现在非组及来母声母后,ioŋ 韵则出现在其他声母后,两者呈互补分布。钟韵的 oŋ 和 ioŋ 两个读音变体条件与东韵略有不同,除非组及来母声母后可以出现 oŋ 韵外,部分齿音及齿音声母及牙喉音后也能出现 oŋ 韵,原因在于这部分字还有一个层次Ⅱ读音,ioŋ 读音也可以出现在齿音或牙喉音声母后,但两者没有一字多音的对立。

　　顺便提一下三等韵非组声母发生 f＞h/_oŋ 的音变,这个音变的发生首要条件是声母已发生轻唇化音变,因为一等韵唇音声母在 oŋ 韵后并没有变成 h-。事实上,f-、h- 互变在各大方言中均有表现,如西南官话有的点古非组和晓组声母在单元音韵母全部读为 f,其余不混,有成都、大理、遵义、西昌、自贡等八点,这是 h- 变 f- 的例子。徽语绩溪话晓匣逢合口读 f-,这也是 h- 变 f- 的例子。吴语义乌话有的地方个别字发生 h- 变 f- 的音变,如"虎"读 fu³。湘语非组和晓匣合口韵字相混也是普遍现象,多读为 f-,这是 h- 变 f- 的例子。粤语非组和晓匣母合口一二等韵都读 f-,这也是 h- 变 f- 的例子。① 各个方言音变的条件多是合口或后高元音,同时也表明了这种互变的现实基础,在音理上两者均能得到合理解释。即使是瓯江片内部也有不同表现,如乐清、平阳与温州不同,保持不变仍读 f-,而永嘉与温州相同,由 f- 变 h-。因此,这种音变更多是受到自身音系结构的制约,而不是符合条件就能发生。正如历史语言学学者梅耶(1925、2008:93)指出:"普通历史语音学的公式所指出的只是一种可能性,而不是必然性。我们可以确定两个元音之间的辅音怎样容易起变化,但是这并不包含它一定起变化的意思。"

　　从表 15.2.1 中我们还发现两个读音:aŋ 和 iaŋ。如一等东韵的"塳"指"尘土"义,一等冬韵"农"指"人"义及"综"指"织机布线用件"义,均读为 aŋ 韵,三等钟韵的"凶"读为 iaŋ 韵,此读音不见于江韵。对此,郑张尚芳(2008)认为此读音受闽南音影响。如厦门方言通摄各韵常用字读音(只列白读音),见表 15.2.3:

① 以上各方言特点参见侯精一主编《现代汉语方言概论》(2002)。吴语义乌话为笔者调查材料。

表 15.2.3①

东	动	粽	侬	冬	梦	虫	缝	松
taŋ¹	taŋ⁴	tsaŋ⁵	naŋ²	taŋ¹	baŋ⁶	tʰaŋ²	paŋ²	saŋ¹

从共时的文白关系看,温州"凶"字以 iaŋ 为白读,以 yɔ 为文读,可知 aŋ (iaŋ)读音要早于 yɔ 读音。从音类分合的角度看,此读音与江韵无涉,由于古阳声韵今读在方言中演变速度不同,有的演变速度快,有的演变速度慢,因此,音类分合上就会不同。因此,我们只能借助于周边方言某些层次特字的读音来找对应,由于早期层次其特字往往较统一,所以,这种方法有时也能收到事半功倍的效果。上丽片层次Ⅰ主元音为 a,且读音多集中在"冬""侬""虫"等少数字里,我们认为,温州话的 aŋ(iaŋ)对应的是正是上丽片层次Ⅰ。显然此层次读音并非受到闽南音的影响,而是与闽南音共有的层次读音。由此亦可知,吴闽关系相当密切,只是南部吴语此层次读音收字不如闽语多。

综上所述,我们把温州方言通摄层次读音列表 15.2.4 如下:

表 15.2.4

层次	温州
层次Ⅰ	aŋ
层次Ⅱ	yɔ(iɛ)
层次Ⅲ	ioŋ(oŋ)

乐清、永嘉和平阳江韵均有层次Ⅰ的对应。如乐清有"塍尘土 侬"读 aŋ 韵,"凶"读 iaŋ 韵,收字与温州相同,平阳"侬"与"凶"分别读 aŋ 韵与 iaŋ 韵,永嘉"侬"字读 aŋ 韵。

温州层次Ⅱ读音主要出现在钟韵,乐清、永嘉及平阳也均是如此。各方言读音变体出现的条件可参考表 15.2.2。永嘉层次Ⅱ只有两个读音变体:yə 和 yɔ。前者只出现在来母,后者出现在其他声母。平阳层次Ⅱ也有两个读音变体:uo 和 yo。前者只出现在来母,后者可以出现在其他声母。乐清层次Ⅱ则有三个读音变体:io、ɯɯ 和 yɯ。io 韵可以出现在泥母及见系声母后;ɯɯ 韵可以出现在来母及精知章组中的擦音声母后,且声母不腭化,如"从 zɯɯ² | 诵 zɯɯ⁶ | 颂 zɯɯ⁶"等②;yɯ 韵可以出现在精知章组中的非擦音

----

① 以下字音选自谭邦君等编《厦门方言志》(1996)。

② "赎"为船母入声,读为 zou⁸,"束"为书母入声,读为 sou⁷,其他如"续"为邪母入声,读为 zou⁸,以上声母为擦音声母,均不腭化;而其他塞擦音声母是腭化的,如"烛"为章母入声,读为 tɕiou⁷,"足"为精母入声,读为 tɕiou⁷。这种以擦音/非擦音为条件的韵母分布同样体现在舒声韵上,此处用入声韵来说明这种条件的特殊性。

声母后,声母为腭化声母,如表 15.2.2 例字所示。为更清楚地表现各点层次Ⅱ的各读音变体,我们列出以下示意图:

$$
\text{永嘉层次Ⅱ读音}:\begin{cases} \text{yə/来母}\underline{\quad} \\ \text{yɔ/其他声母}\underline{\quad} \end{cases}
$$

$$
\text{平阳层次Ⅱ读音}:\begin{cases} \text{uo/来母}\underline{\quad} \\ \text{yo/其他声母} \end{cases}
$$

$$
\text{乐清层次Ⅱ读音}:\begin{cases} \text{io/来母及见系声母}\underline{\quad} \\ \text{uɯ/精知章组中的擦音声母}\underline{\quad} \\ \text{yɯ/精知章组中的非擦音声母}\underline{\quad} \end{cases}
$$

层次Ⅲ读音是一致性最高的层次读音,不仅分布大体相同,具体音值也相近,瓯江片四点该层次读音均有两个变体,oŋ 和 ioŋ,只是具体读音变体条件不同,以下分点讨论。

永嘉一等东、冬韵多读 oŋ 韵,只"肉"字读三等 ioŋ 韵,原因上文有所论述,此处不赘。三等东韵 oŋ 读音只出现非组及来母后,如"风 foŋ¹ ｜ 枫 foŋ¹ ｜ 丰 foŋ¹ ｜ 隆 loŋ²"等,ioŋ 读音可以出现在其他声母后,如"中 tɕioŋ¹ ｜ 忠 tɕioŋ¹ ｜ 充 tɕʰioŋ¹ ｜ 铳 tɕʰioŋ⁵ ｜ 弓 tɕioŋ¹ ｜ 躬 tɕioŋ¹ ｜ 穷 dʑioŋ² ｜ 熊 ɦioŋ²"。三等钟韵 oŋ 读音可以出现在非组、来母及部分精组字和见组字,如"峰 hoŋ¹ ｜ 缝 ɦoŋ² ｜ 垄 loŋ⁴ ｜ 浓 noŋ² ｜ 踪 tsoŋ¹ ｜ 巩 koŋ³"等,ioŋ 读音可以出现在少数齿音声母和影组声母后,如"宠 tɕʰioŋ³ ｜ 容 ɦioŋ² ｜ 蓉 ɦioŋ²"等。之所以在同一古声母组后有 oŋ、ioŋ 两个读音变体的对立,是因为两个读音变体均有一个层次Ⅱ的白读音。

平阳与永嘉类似,一等东、冬韵多读 oŋ 韵,只"肉"字读三等 ioŋ 韵。三等东韵与钟韵的两个读音变体条件相当,此处不赘。

最后看乐清,乐清与永嘉、平阳及温州层次Ⅲ的两个读音变体 oŋ、ioŋ 均有不同条件。一等东韵、冬韵 ioŋ 读音出现在精组中的塞音及塞擦音声母后,如"棕 tɕioŋ¹ ｜ 总 tɕioŋ³ ｜ 粽 tɕioŋ⁵ ｜ 葱 tɕʰioŋ¹ ｜ 宗 tɕioŋ¹ ｜ 综 tɕioŋ¹",oŋ 读音可以出现在精组中的擦音声母及其他声母后,如"篷 boŋ² ｜ 东 toŋ¹ ｜ 铜 doŋ² ｜ 聋 loŋ² ｜ 送 soŋ⁵ ｜ 公 koŋ¹ ｜ 红 ɦoŋ² ｜ 农 noŋ² ｜ 宋 soŋ⁵",塞音及塞擦音声母腭化且韵母为 ioŋ,这是与温州、平阳及永嘉不同之处。而三等东韵及钟韵两读音变体的条件分布与其他点基本相同。

综上所述,我们把瓯江片各点通摄层次读音总结如下,见表 15.2.5:

表 15.2.5

层次	温州	平阳	永嘉	乐清
层次 Ⅰ	aŋ(iaŋ)	aŋ(iaŋ)	aŋ	aŋ(iaŋ)
层次 Ⅱ	yɔ(iɛ)	yo(uo)	yɔ(yə)	yɯ(io、uɯ)
层次 Ⅲ	ioŋ(oŋ)	ioŋ(oŋ)	ioŋ(oŋ)	ioŋ(oŋ)

15.3 金衢片通摄的读音层次

相比于上丽片及瓯江片,金衢片各方言通摄只有两个层次,对应的是上丽片及瓯江片的层次Ⅱ及层次Ⅲ读音。与瓯江片一样,层次Ⅱ读音只出现在三等钟韵,但收字要远远少于上丽片及瓯江片方言各点,大多只有一个"春"字还保留着层次Ⅱ读音。我们知道,层次Ⅱ特点是与江韵读音相同,我们把各点江韵及通摄层次Ⅱ读音列表 15.3.1 如下(金衢片江韵只有一个层次):

表 15.3.1

例字及古韵部	兰溪	东阳	义乌	浦江	武义	永康
春	ɕyã¹	sʌ¹	sŋ^w¹	ɕio¹	ɕyɑŋ¹	ɕyɑŋ¹
重叠上去	dʑyã⁶	—	—	—	—	—
江韵①	yã	ʌ	ŋ^w	io	yɑŋ	yɑŋ

再看层次Ⅲ读音,一等东、冬韵均读洪音韵,即没有-i-介音,三等东、钟韵大多也读洪音韵,-i-介音大多脱落,只有少数字保留了三等韵的-i-介音②,收字也较一致。兰溪齿音声母多腭化,因此保留了相对较多的-i-介音。而各点通摄的读音差异又体现了金衢片各方言内部的不同音系结构特点,相比其他两片,一致性较弱。先列出各点常用读音如下,见表 15.3.2:

表 15.3.2

方言点	蒙	铜	粽	囱	空平	红	冬	侬	宋	风	梦	虫	铳
兰溪③	moŋ²	doŋ²	tsoŋ⁵	tsʰoŋ¹	kʰoŋ¹	ɦoŋ²	toŋ¹	noŋ²	soŋ⁵	foŋ¹	moŋ⁶	dʑioŋ²	tɕʰioŋ⁵

① 因金衢片江韵同一层次读音有多个变体,具体可参看 12.2.3 小节的讨论,为利于比较,此处只列出齿音声母后的读音变体。

② 晓、匣母及影、喻母除外,这四个声母后一般都有-i-介音,这里主要讲的是除这四个声母外的-i-介音保留问题。

③ 兰溪通摄唇音声母后有 əŋ(发音人 A)和 oŋ(发音人 B)两个不同的读音变体,这是两个不同发音人的变体,不属于层次的对立,事实上,发音人 A 其他声母后读为 oŋ 韵,与唇音声母后的 əŋ 韵互补,从这里可知,在发音人 A 的系统里 əŋ 与 oŋ 互补,属同一层次,这里只取其中一个发音人的 oŋ 读音。

方言点	蒙	铜	粽	囱	空平	红	冬	侬	宋	风	梦	虫	铳
东阳	mom²	dom²	tsom⁵	tsʰom¹	kʰom¹	ɦom²	tom¹	nom²	som⁵	fom¹	mom⁶	dʑom²	tsʰom⁵
义乌	moŋ²	doŋ²	tsoŋ⁵	tsʰoŋ¹	kʰoŋ¹	ɦioŋ²	noŋ¹	noŋ²	soŋ⁵	foŋ¹	moŋ⁶	dʑoŋ²	tsʰoŋ⁵
浦江	mən²	dən²	tsən⁵	tsʰən¹	kʰon¹	ɦion²	tən¹	nən²	sən⁵	fən¹	mən²	dʑion²	tɕʰion⁵
武义	moŋ²	doŋ²	tsoŋ⁵	tsʰoŋ¹	kʰoŋ¹	ɦioŋ²	noŋ¹	noŋ²	soŋ⁵	foŋ¹	moŋ⁶	dʑoŋ²	tsʰoŋ⁵
永康	moŋ²	doŋ²	tsoŋ⁵	tsʰoŋ¹	kʰoŋ¹	ɦioŋ²	noŋ¹	noŋ²	soŋ⁵	foŋ¹	moŋ⁶	dʑoŋ²	tsʰoŋ⁵

方言点	弓	穷	熊	捧	浓	松树	重叠	钟	种动	供	共	胸	用
兰溪	koŋ¹	dʑioŋ²	zioŋ²	pʰoŋ³	—	zoŋ²	dʑioŋ²	tɕioŋ¹	tɕioŋ⁵	tɕioŋ¹	dʑioŋ⁶	ɕioŋ¹	ɦioŋ⁶
东阳	tɕiom¹	dʑiom²	ɦiom²	pʰom³	n̩iom²	zom²	dʑom²	tsom¹	tsom⁵	tɕiom¹	dʑiom⁶	ɕiom¹	ɦiom⁶
义乌	koŋ¹	dʑioŋ²	ɦioŋ²	pʰoŋ³	ɦioŋ²	zoŋ²	dʑoŋ²	tsoŋ¹	tsoŋ⁵	tɕioŋ¹	dʑioŋ⁶	ɕioŋ¹	ɦioŋ⁶
浦江	kon¹	dʑion²	ɦion²	pʰən³	ɦion²	zən²	dʑion²	tɕion¹	tɕion⁵	tɕion¹	dʑion⁶	ɕion¹	ɦion⁶
武义	koŋ¹	dʑioŋ²	ɦioŋ⁵	pʰoŋ³	ɦioŋ²	zoŋ²	dʑoŋ²	tsoŋ¹	ioŋ⁵	tɕioŋ¹	dʑioŋ⁶	ɕioŋ¹	ɦioŋ⁶
永康	kioŋ¹	gioŋ²	ɦioŋ⁵	pʰoŋ³	ɦioŋ²	zoŋ²	dʑoŋ²	tsoŋ¹	tsoŋ⁵	kioŋ¹	gioŋ⁶	hioŋ¹	ɦioŋ⁶

从以上读音可以看出,各点一等韵均读洪音。三等韵有的保留了较多的-i-介音,有的保留得较少。我们将各点层次Ⅲ读音变体条件总结如下:一等韵浦江见系声母后读 ən 韵,其他声母后均读为 on 韵,其他点一等韵均读为 oŋ 韵,东阳读为 om,没有变体。三等韵的变体相对复杂,我们列表 15.3.3 具体说明:

表 15.3.3

方言点	条件
兰溪	非组及部分见组后读 oŋ 韵,其他声母后多读 ioŋ 韵
东阳	唇音及齿音后读 om 韵,其他声母后多读 iom 韵
义乌	唇音及齿音后读 oŋ 韵,晓组、影喻组及部分见组读 ioŋ 韵
浦江	非组及精组后读 ən 韵,其他声母后多读 ion 韵
武义	唇音及齿音后均读 oŋ 韵,晓组、影喻组及部分见组读 ioŋ 韵
永康	唇音及齿音后读 oŋ 韵,牙喉音后读 ioŋ 韵

一般来说,各点在见组(部分字)、晓组及影组声母后读有-i-介音的韵母读音,其他声母后一般脱落介音读洪音韵。除此之外,兰溪三等东、钟韵齿音声母腭化,从而保留了较多的-i-介音,永康由于见系声母(不腭化)能与细音韵相拼,因此保留了较多的-i-介音读音。见系声母(不腭化)不能与细音韵相拼的方言,其-i-介音要么脱落,韵母读如洪音,要么声母腭化使得-i-介音保留。因此,把洪细两韵看成互补是合适的,介音脱落的原因主要在于受

制于主元音及韵尾,如果两者都具备[+后]特征,那么,声母腭化的动力减弱,脱落-i-介音的可能性就增大,如义乌、武义、兰溪等。当然声母腭化的顺序是先齿音后牙音。

反过来说,如果主元音及韵尾并不是同时具备[+后]特征,那么,声母腭化的动力增强,脱落-i-介音的可能性就减少。如东阳和浦江两地读音可以清楚地说明这个问题,东阳和浦江有一个共同点,即主元音均是-o-,而韵尾鼻音均具有[—后]特征,东阳韵尾为-m,浦江韵尾为-n。正因为如此,东阳见系声母后均读为-iom 韵,保留了-i-介音;浦江齿音声母后发生腭化音变,从而保留了-i-介音。

有的点如义乌、兰溪及东阳等地的"供"或"共"有 oŋ 和 ioŋ 两读(东阳是 om 和 iom),我们不把它们看成是两个层次,主要是因为 oŋ(东阳为 om)韵在这几个字里并不常用且例子不多,同时,可以从上文看到 oŋ 和 ioŋ 韵基本是互补的,这正是与上丽片及瓯江片对应的层次读音。

综上所述,我们把金衢片各点通摄读音层次对应总结如下,见表 15.3.4:

表 15.3.4

层次	兰溪	东阳	义乌	浦江	武义	永康
层次 Ⅱ	yã	ʌ	ŋʷ	io	yaŋ	yɑŋ
层次 Ⅲ	ioŋ(oŋ)	iom(om)	ioŋ(oŋ)	ion(on)	ioŋ(oŋ)	ioŋ(oŋ)

15.4 小 结

通过对南部吴语通摄读音层次的讨论,我们得出以下几点认识:

①上丽片通摄可分为三个读音层次,其中前两个层次读音具有与江韵相同的主元音,其实质是与江韵两个层次对应,反映了《切韵》以前的音类分合特点。层次数量在上丽片内部也存在差异,有的点如常山、江山、玉山、遂昌、庆元等地三个层次读音俱全,有的点如广丰、丽水两地仅有一个层次,也有的如开化、云和两地有两个层次,可见通摄层次读音在上丽片表现较不平衡。

②瓯江片有与上丽片对应的三个层次,但层次 Ⅰ 的音类分合关系与上丽片不同。这大概是由于古阳声韵早期层次读音在各方言的演变速度不同,有的脱落鼻音读如阴声韵,有的保留鼻尾或带鼻化元音,这样,音类分合自然不同。因此,此时就只能通过比较层次特字在周边方言的读音来确定,

至少需要有相同主元音的层次特字。

　　③与上丽片和瓯江片相比,金衢片只有两个层次的对应,即层次Ⅱ与层次Ⅲ。同时,各点层次Ⅱ读音收字很少,大多只有"春"字。层次Ⅱ读音只出现在三等钟韵,上丽片则有的只出现在钟韵,有的同时出现在三等东韵与钟韵。

第 16 章　语音层次理论问题与入声问题

16.1　南部吴语语音层次特点及原因探讨

以上我们讨论了南部吴语上丽、瓯江、金衢三片方言十六摄的语音层次。为更直观地比较三片方言层次对应情况,特制表 16.1.1 如下(表格中的"/"表示不存在这一层次,"—"表示没有对应的层次):

表 16.1.1①

方言片		果	假	遇		蟹			止⑤	效	流		咸	深	山		臻	宕	江	曾⑧	梗⑨	通
				鱼	虞	②	③	④			侯	尤			⑥	⑦						
上丽片	上山小片 I	I	I	I	I	I	I	I	I	I	I	I	I	I	I	I	I	I	I	I	I	I
	II	II	II	II	II	II	II	II	II	II	II	II	II	II	II	II	II	II	II	II	II	II
	III	III	III	III	III	III	III	III			III	III	III	III	III	III	III	III	III	III	III	III
	IV	IV							IV	IV	IV	IV			IV							IV
	/	/							V							V						/
	丽水小片 I	I	—	I	I	I	I	I	I	I	I	I	I	I	I	I	I	I	I	I	I	I
	II	II	II	II	II	II	II	II	II	II	II	II	II	II	II		II	II	II	II	II	II
	III														III							
	IV	IV							IV	IV	IV	IV										IV
	/	/							V							V						/
瓯江片	I	I	—	I	I	I	I	I	I	I	I	I	I		I	I	I	I	I	I	I	I
	II	II	II	II	II	II	II	II	II	II	II	II	II		II	II	II	II	II	II	II	II
	III	III	III	III	III	III	III	III			III	III	III		III		III	III	III	III	III	III
	IV	IV							IV	IV	IV	IV										IV
	/	/							V							V						/
金衢片	I	—	I	I	I	I	I	I	I	I	I	I	I		I	I	I	I	I	I	I	I
	II	II	II	II	II	II	II	II	II	II	II	II	II		II	II	II	II	II	II	II	II
	III	III	III	III	III	III	III	III			III	III	III		III		III	III	III	III	III	III
	IV	IV							IV	IV	IV	IV										IV
	/	/							V							V						/

注:①因某些韵摄的读音层次较复杂,此表格仅近似表达层次对应情况,具体还需参看相关章节。②指哈灰泰三韵的读音层次,此三韵层次较复杂,具体请参看本文第五章。③指皆佳夬三韵的读音层次。④指齐韵的读音层次。⑤因止摄合口韵层次较零散,此处仅指开口支韵的层次。⑥指寒韵的读音层次。⑦指桓韵的读音层次。⑧指一等登韵的读音层次。⑨指二等庚韵的读音层次。

通过表 16.1.1 并结合相关讨论,我们尝试总结南部吴语上丽、瓯江及金衢三片方言层次对应的基本特点。

其一,语音层次对应的复杂性及不平衡性。

我们先离析出某个方言的语音层次,并不意味这个方言区的所有方言都会有与之对应的层次。语言演变除了内部因素外,还受到山川、河流等地理因素以及战争、移民等其他众多外部因素的影响,当然说话者的态度也会影响语言的变化。经过历代不同时期沉积在方言里的不同读音自然也就会体现出相应的复杂性及不平衡性。可以说,语音层次对应的不平衡性是由语音演变的复杂性导致的。

复杂性及不平衡性主要体现在两个方面。一方面,南部吴语三片方言体现层次对应复杂性最直观的表现就是不同韵摄层次数量的不平衡。以上山小片十六摄的层次数量为例,有的韵摄如虞韵、深臻摄等只有两个读音层次,有的韵摄如支韵、桓韵等多达五个读音层次。

另一方面,从三片方言层次比较来看,也表现出很大的复杂性及不平衡性。比如上山小片桓韵有五个层次,而丽水小片就只有四个层次的对应,上山小片第三和第四层次到了丽水小片合成一个层次了,到了瓯江片及金衢片就只有三个层次的对应了。又如梗摄二等韵上山小片有四个层次,到了丽水小片只有三个层次,瓯江片只有两个层次,金衢片却只有一个层次了。

此外,复杂性及不平衡性还表现在层次对应不按顺序减少。以梗摄为例,上山小片有四个层次,丽水小片有三个层次的对应,但对应的是第一、第三和第四层次,没了第二层次。又如果摄上山小片有四个层次的对应,丽水小片有三个层次的对应,但缺失的是第三层次。

其二,语音层次对应的规律性及离散性。

不管层次对应有多复杂有多不平衡,层次对应总能表现出一定的规律性。可以说,规律性是语音层次对应的主要特点。规律性表现在多个方面,从各韵的层次数量来说,上山小片数量最多,其次是丽水小片,再次是瓯江片,最少的是金衢片。如果摄上山小片有四个层次,丽水小片、瓯江片及金衢片均为三个层次。在南部吴语,没有哪片层次数量超过上山小片的。

从层次复杂性来说,上山小片最复杂,读音多,音变复杂,到了金衢片慢慢减少,不论某个韵层次多还是少,均是如此。较典型的就是止摄支韵的层次,上丽片支韵共有五个层次,有的层次读音还发生两个不同方向的音变,复杂性可想而知,而金衢片的支韵只有四个层次读音,没有发生类似上丽片的音变,复杂性就相对较弱。

又如,从上山小片到丽水小片再到瓯江片,最后到金衢片,层次数量是递减的。递减的顺序往往是从较古老的第一层次开始。以假摄为例,上山小片有三个层次,丽水小片、瓯江片及金衢片只有两个层次,对应的是第二和第三层次。又如咸摄上山小片有四个层次,丽水小片和瓯江片有三个层次的对应,但对应的是前三个层次,金衢片也有三个层次的对应,没有第一层次的对应,却又多了一个文读层。

各韵第一个层次往往是最古老的一个层次读音,上山小片每个韵都有这个层次读音,丽水小片三个韵摄没有此层读音,瓯江片五个韵摄没有此层读音,而金衢片达十个韵摄之多,可见金衢片较易丢失较早的层次读音。

这可以从由北到南的地理位置上清楚地看到变化的轨迹。曹志耘(2002a:191)曾用"冲刷"一词来描述强势语言由北至南持续的冲击。在地理位置上,越靠近北边的金衢片自然是首当其冲受到强势语言的影响。因此,不仅语音特点由北至南存古现象不断减少,层次特点也同样如此。

还有一个规律也非常值得我们重视。按传统分区方法,曹志耘(2002a:173)把丽水小片划为上丽片,与瓯江片及金衢片并列。通过层次比较的特点,我们发现丽水小片时而与上山小片相近,时而与瓯江片相似,处于两者的中间状态,可以说是上山小片及瓯江片的过渡小片。我们统计了丽水小片与上山小片和瓯江片的相似情况①,发现与上山小片相似的韵摄有三个,尤韵、深摄和曾摄,与瓯江片相似的韵摄有四个,果摄、咸摄、桓韵和梗摄(接近相似),两者相差无几,介于中间。当然由于丽水小片方言点较少,需要后续进一步研究。

语音层次的离散性是指各韵层次数量的不平衡。同一个方言或方言小片各韵的层次数量多寡不一。有的韵有五个层次,如上山小片的支韵和桓韵。有的韵有两个层次甚至只有一个层次,如上丽片、瓯江片及金衢片的虞韵只有两个层次。又如上丽片深摄有两个层次,瓯江及金衢片只有一个层次。可见,各韵的层次对应不是整齐划一的,而是参差不齐的,表现出离散性。我们不能说南部吴语韵母有几个层次,层次的数量是具体针对某个韵的,不能脱离具体的韵摄来谈南部吴语有几个语音层次。何大安(1993)利用文献从来源上为六朝吴语分析出四种层次:非汉语层、江东庶民层、江东文读层和北方士庶层。这与我们的层次概念有所不同。正如作者说:"我们所说的四种层次,则是一种历史语言学的观察。理论上说,一个语言社群中的不同语体,可以同属一个语言或方言系统;这个时候各语体间的差异可能在于词汇的选择,或是语用上不同风格的呈现。"(何大安,1993:872)又如,

---

① 统计时排除上丽片和瓯江片均相同的韵摄。

湖南道县(梅花)土话老派发音人的口音有两个层次,土话和官话,新派发音人有土话、西南官话和北京音三个层次(沈明、周建芳,2017)。观察其韵母系统,这里的层次实质是词汇层次,如 a 韵母土话包括"地飞刀好七"等,官话包括"芭~蕉杂~粮"等,显然与我们讲的语音层次也是不同的。

如果把各个层次加上音组(音值组合),我们就可以比较各个层次内不同点的读音了,可以非常直观地构拟层次内读音在地理上的演变路径。同时,可以为各个层次构拟相对的早期读音。构拟的结果将根据不同层次读音的相对时间序列综合而成。

事实上,由于层次读音的复杂性,表中的各层次读音无法全部用来直接用于构拟,原因在于有的层次读音不止一个音,本身就有可能是一个复杂的音组,有的是自然音变形成的层次读音汇总,有的是条件音变形成的读音汇总。因此,比较或构拟前首先要对这些音组进行重组,参考层次分析的过程。可以先比较同片的方言,再比较不同片。最后构拟出来的也是包含多个层次的复杂系统。当然这项工作非常繁杂,还需在今后的研究中进一步加强。音值汇总如表 16.1.2 所示(由于篇幅所限,表 16.1.2 不包括所有韵摄)。

层次分析法主要倾向于从语言接触的角度来重建语言演变的历史事实。本书就是通过层次分析法把语言中复杂的读音层次层层剥离。因此,读音层次的分析及其剥离便是本书所着重要讨论的问题。但从接触角度讨论读音,并不意味着便不理会自然音变所产生的读音叠置,比如我们讨论的止摄开口、齐韵以及模韵等高元音裂化音变而产生的读音叠置问题。因此,读音层次的研究需要仔细辨别层次与音变的复杂关系,合理分析各点同一层次的读音对应关系,只有这样,才能更好地进行方言语音比较。

张光宇(1990b)指出南方汉字音读,无论白读还是文读,其实都源自北方,只不过前者是随移民南来,后者是随文教广被而兴,因此,可以说,南方的白读反映较早的北方音读,南方的文读反映较晚的北方音读。当代科学也证实了这一推测,文波等(Wen etc.,2004)通过系统地对汉族群体的 Y 染色体和线粒体 DNA 多态性进行分析,发现汉文化向南扩散的格局符合人口扩张模式,大量的北方移民改变了中国南方的遗传构成。

当然,这种说法(张光宇,1990b)对文白读的界定不够准确,因为并不是所有的文白读都是接触引起的,音变也能形成文白读。文白读是从共时角度对同一语素两个读音对立的强行切分,即只要有对立就会自然地将其划分为文白两读。正因为文白读无法正确提示历时信息,而且文白读在历史的长河中会相互转化,新的文读会替代原来的文读,原来的文读就成为白读,如此周而复始,在语言中就会叠置了不止两个读音的层次。因此,无论

表 16.1.2

古韵摄	层次	常山	开化	江山	广丰	玉山	丽水	遂昌	云和	庆元	温州	乐清	永嘉	平阳	东阳	兰溪	义乌	武义	永康	浦江
		上丽片 上山小片					丽水小片				瓯江片				金衢片					
果摄	I	ui(i/ie/ye)	ui(ie/ye)	uE(ia/i/ye)	y(ie/i/ye)	uei(ie/i)	ei(uei)/i(ɿ)	ei	ei/i(ɿ)	ai(uai)	ai(i/ie)/ei	ai(uai)	ai	ai	—	—	—	—	—	—
	II	ε(uε)	ε(uε)	æ(uæ)	a(uɑ)	ai(uai)	uo	a(ɑ)	a(uɑ)	ɑ(uɑ)	a	e	a	a	ɑ	a	ɑ(ɔ)	ia	ia	ɔ
	III	ɑ	ɑ	ɒ	ɑ	ɑ	—	—	—	—	—	—	—	—	—	—	—	—	—	—
	IV	o	o	o	o uɒɤ	o	u(uo)	u	u(o)	o	u(o/ɤu/oy)	u(ou)	o(u)	u(o)	o	u(ɔ)	u(ɣɯ)on	ɔn	cn	m
假摄	I	ε[ie/ye]	ε(ie/yo)	æ(ε/ya)	ie(ye)	ai(ie/ye)	uo[uo]/yo	a(a)	o[o]/io	o[o]/ia	o(uɒ)/ei(i)	ɯ(ou/uu)/io/ei(i)	o(uo)/i	uo[uɑ]/ia	ɤa(uɑ)[uɑ]/ia	uɑ(uɑ/ɔ)/ia	uɒ[uɑ]/ia	uɑ[uɑ]/ia	ia(ia/io)/yo	[uɒ]/ia(io)
	II	a[uɑ]/uɒ(ye)/ui	ɔ[uɒ]/ie/ɔ	ɒ[uɑ]/em/(ei)	ɒ[uɑ]/ie	ɑ[uɑ]/ie	iɒ	ɑ[u]/[uɑ]/ia	iɒ[uɒ]	iɑ	ia	i(ɿ)	ia	ia	iɑ	iɑ	iɑ	iɑ	iɑ	ci/io
	III	io	iɒ	iɒ	iɒ	iɑ	iɒ	iɒ	iɒ	iɑ	ia	i(ɿ)	ia	ia	iɑ	iɑ	iɑ	iɑ	iɑ	ci/io
鱼韵	I	ia	ie(e/iə/u)	mɤ ie/ə/em/(ei)	mɤ ie/ə	et/em/ie	(ɔ)on	uɤ/y/yɤ	—	o	ei(ɿ)	ia[ua]	ei(u/ɿ)	a	uo	u	əu(i/ɿ)	uɑ	uɑ	ɔ
	II	uɒ(ə)/em/uŋ(ye)/yɒ	uɒ(yoyɤ/y)/ui	o(uɒ)/(yɛ)	o(yɛ)	(yɛ)/yen	ɤu(i/ɿ)/m(iɤ)	ɤ(ie)	i(ɿ)	ɤ(i/ie)	ɤu oy/ɿ/y/u	ou(y/u)	ɤy/u/e)yo	i(ɿ)	ou(i/ɿ)	ɤu(i/ɿ)	əu(i/ɿ)	w(ie/i)	m(i/ɿ)/ie	u(i/ɿ/m/l)
	III	uɒ(ye)	uɒ(ye)	—	—	—	u(ɿ/y)	—	u(y)	ɤ(ye)	—	—	ɥ	u(y)	u(ia/ɥ)	u(y)	—	u(y)n	u(y)	u(y)
模韵	I	iɯ	iɯ	iɯ	iɯ	me	ɤu(iɤ)	miu	—	iɯ	au	au	au	au	—	miɤɤ	me	y	—	ʌ(i/ɑ)
	II	uɒ(ye)	yo	yɔ	ye	ye	ɥ(y)	yɒ	y	ye	ɤu(ɿ/y/u)	y	ɥ(y/u)	y	y	y	y	y	y	y
咍韵	I	i	i	i	i	i	i(ɿ)	ei	i(ɿ)	ie(ɿ)	ei(ɿ)	i	i	i	e	u	e	—	l	ia
	II	e	e	ε	ɐi	ɐi	ε	—	a	ai	e	e(ie)	a	e	ɑ	e	e	ɑ	ei	a
	III	ε	ε	æ	a	ai	uɔ/ei	—	ɑ/ei	ɑ	a	—	—	—	—	a	ɑ	iɑ	iɑ	ɔ

344

续 表

| 古韵摄及层次 | | 上丽片 | | | | | | | | | 瓯江片 | | | | 金衢片 | | | | | |
| | | 上山小片 | | | | | 丽水小片 | | | | | | | | | | | | | |
		常山	开化	江山	广丰	王山	丽水	遂昌	云和	庆元	温州	乐清	永嘉	平阳	东阳	兰溪	义乌	武义	永康	浦江
齐韵	Ⅰ	e[ue]	e	E[e]	ɐi(uai)	ɐi(ʊai)	ei	ei	ei	ai	ai	ai	—	—	e	e	e	a	ei	—
	Ⅱ	i(ie)	i(ie)	i(ia)	i(ie)	i(ie)	i(ɿ)	i(ie)	i(ɿ)	i(ie)	ei(ɿ)	i	i(ei/ie)	i(ie)	i	i	i	ie(i)	ie(i)	i
支韵	Ⅰ	ɛ(ue)	ue	æ	a	ai	ɔu	a	ɑ	ɑ(uɑ)	a	ɛ	—	a	ɑ	a	ɔ	iɑ	ei	a
	Ⅱ	e(ue)	e[ue]	E[uE]	ɐi	ɐi	ɛ	ei	a	ai	e[ai]	e[ai]	ai	e[ai]	ɔ	e	e	ɑ	ei	a
	Ⅲ	i(ie/ə)	i(ie/ə)	i(iə/ə)	i(ie/ɿə)	i(ie/ə)	i/ɿ(ɿ)	i/ɿ(ie/ɿɣ)	i/ɿ(ɿ)	i(ie/ɿ)	i(ei/ɿ)	i(ɿ)	i(ei/ie)	i(ie)	i	i	i	i	i(ie)	i
	Ⅳ	ɿ	ui	o	e	e	—	iu	ɿ	—	u	ɿ	ɿ	ɿ	ɿ	ɿ	u	ɿ	ɿ	ɿ
	Ⅴ	en	on	m	ɣn	en	n	m,ɣn	—	ɣ(u)	u	—	—	—	ɣ	ɔei	ɣʌm/o	ɔn/ʌm	nu/uɒ	o/ɔi(ya)/y(i)m
效摄	Ⅰ	ɔ/mʌ,ɿ	ɔ/ɔ(uɔ)/yɔ	ɔi	ɔi(ɔ)/ɔ	ɑ	ei/e	mai	ɔɑi	ɒ/ɑi	ɜ/en/ie	①	②	③	ɣ	ɔei	ɑɔ	ɑu/ie	ɑu/ie	ei
	Ⅱ	ɔi/mʌ,ɿ	ɔi/ɱɛi	ɔi	ɔi	mai	ei	mai	ɔɑi	ɑi	ɣʌ	ɑu	ɑu	ɑɯ	nɔu	ɔi	noi	noi	noi	ɔi
	Ⅲ	mi/mʌ,ɿ	m	ei/mei	mai	mai	ei	mai	ne	mi	ɣʌ	au	ne	nɑ	n	ɔi	n	noi	nɔi	—
	Ⅳ	(me)mʌ	—	ma	(mi)mə	me	—	—	ne	(ɑ)ma	ɛ	ɣ	e	ɐ	me	m,ʌɣ	me	iɛ	me	v
侯韵	Ⅰ	mi	m	m	(mi)mə	me	ei	mʌ	ne	mi	ɣʌ	au	ne	nɑ	me	mʌ	me	no	me	v
	Ⅱ	mʌ,ɿ/mʌ	m	m	ʌn	en	mʌ	m,ʌɣn	n	u	ɣʌ	ɣ	e	nɑ	n	en²	n	en²	en²	i
	Ⅲ	(me)mʌ	—	ma	(mi)mə	me	—	—	ne	(ɑ)ma	ɛ	ɣ	e	ɐ	me	m,ʌɣ	me	no	me	ɛi

① 指 iɣ(ɣ)/a(ia)/iɣ(ɣ/ɯ)。

② 指 ɔ/ɔ(uɔ)/yɔ。

③ 指 œ/ɔ/yɵ。

续表

古韵摄及层次		上丽片									瓯江片					金衢片				
韵摄	层次	常山	开化	江山	广丰	玉山	丽水	遂昌	云和	庆元	温州	乐清	永嘉	平阳	东阳	兰溪	义乌	武义	永康	浦江
尤韵	I	u(ua/ye)	u(yo)	u(ya)	ye	u(ye)	—	u(yɤ)	—	ye	—	—	au(ieu)/ue	—	iau(au)/ne	iɤɯ(ɤɯ)/iau	iau(ieu)/ieu	iu(au)	iu(ue)	yi
	II	iɯ(i)	iuɯ(yo)	uɯ(iu)	iuɯ(eu)/uɯ	u(ye)	iɤɯ,yɤɯ(yu)	u(yɤ)/iuɯ	iuɯ(ue)	iu(ma)	au(ɤu)	au(iu)	au(ieu)/ue	①	iau(au)/ne	iɤɯ(ɤɯ)/iau	iau(ieu)/ieu	iu(au)	iu(ue)	yi
	III	iɤɯ(i)	iɤɯ	iɤɯ,ɤɯ(i)	iuɯ(eu)	mai	iɤɯ,yɤɯ(i)	iuɯ(yɤ)	iuɯ(oɔ)	iu(mi)	ie(ie)	ɤ	e(yo)	œ(yo)	ne	yɔ(iei)	iei(nei)	uɔ(nei)	iuɔ(nei)	o(ie)
咸摄	I	oŋ	oŋ	oŋ	iŋ	oŋ	ɛiŋ(iŋ)	əŋ	əŋ(iŋ)	əe	aŋ	aŋ	aŋ	aŋ	ɤ	ɤɯ	əŋ	oŋ	iŋ	m
	II	uʌ̃	uã	ɔ̃	uã	æ	uɔ(ɛ)	ɔ̃	uɔ(ɛ)	uã	ɔ̃	ɤ	ɔ̃	ø	ʌ	ɤɯ	ɔ	ɤɯ	ɤɯ	ɔ
	III	ã	ã	ɔ̃	ĩã	ã	ã	ɔ̃	ɔ̃	ã	aŋ	eŋ	e(ø)	ɔ	an(ien)	ãe(iẽ)	an(ian)	on	an(ian)	m
	IV	iẽ	iẽ	ĩã	ĩẽ	ĩã	ã	ã(yɔ)	ɔ̃	ã	aŋ	ɤ	a	aŋ	ien(ən)	ĩ(ẽi)	ən(ien)	an(ian)	iŋ(əŋ)	o
深摄	I	ĩ	ĩ	əŋ	eiŋ(iŋ)	əŋ	eiŋ(iŋ)	əŋ	dəŋ(iŋ)	dei	aŋ(eŋ)	aŋ(eŋ)	aŋ(eŋ)/iaŋ	aŋ/eŋ	ien(ən)	ĩ(ẽi)	ən(ien)	iŋ(ti)	iŋ(əŋ)	in(ən)
臻韵	I	o	əŋ	ɔ	uã	ɔ	ɛ	əŋ	ɛ	ã	y(ø)	uɤ(ɤ)	y(ø)	ø	ɤ	ɤɯ	ɔ	ɤɯ	ɤɯ	ɔ
	II	õŋ	õŋ	õŋ	eiŋ(oŋ)	õŋ	ĩŋ	əŋ	əe	deŋ(yɔ	y(ø)	uɤ(ɤ)/ɤ	y(ø)/i(ɤ)	yɔ(yɔ)	ʌ	ɤɯ	ɔ	on	iŋ(əŋ)	m
桓韵	I	o	oŋ	ɔ	uã	õŋ	ŋ	əŋ	ŋ	uã	aŋ	aŋ(eŋ)	aŋ	aŋ	ue	ɔ̃	ue	ɤe	ɤe	ue
	II	õ	ã	ɔ̃	ã	ã	ɔ̃	ã	ã	ã	a	ɛ	a	ɔ	v	ã	ɔ	on	ɔ	ɔ
	III	ã	ã	ã	ĩã	ã	əŋ	ã	ɛ̃n(ə̃	ã(uã	y(ɤ)	uɤ(ɤ,ʌ)	y(ø)/(ʌ)	yɔ(yɔ)	ʌ	ɤɯ	ɔ	ɤɯ	ʌɯ	ɔ
	IV	[yʌ̃]	[yɤ̃]	æ(uæ)/æ̃	u	æ(iĕ/yĕ)	[ye]	ĕ(yɤ)	[ye]	[ye]	y(ø)	uɤʌ	y(ø)/(ʌ)	ø	ue	ɤe	ue	ɤe	iŋ(əŋ)	ue
	V	a(uã)	ã(ua)	ɔ̃(uã)	ã(ua)	ã(ua)	ã(ua)	aŋ(uaŋ)	ã(uã)	ĩ(uĩ)	a	ə(æɛ)ɛ	a	ɔ	v	ã(ɔ̃)nĩ	ɔ	ɔ̃nĩ	ɔ̃nĩ	ɔ̃nĩ

① 指 au(iau/eu)。

续　表

上丽片（上山小片：常山、开化、江山、广丰、玉山；丽水小片：丽水、遂昌、云和、庆元）；瓯江片（温州、乐清、永嘉、平阳）；金衢片（东阳、兰溪、义乌、武义、永康、浦江）

古韵摄	层次	常山	开化	江山	广丰	玉山	丽水	遂昌	云和	庆元	温州	乐清	永嘉	平阳	东阳	兰溪	义乌	武义	永康	浦江
臻摄	Ⅰ	ʌ̃	ɛ(uɛ)	æ	æ	æ	ɛ(uɛ)	ə	ɛ(uɛ)	ã	ø(y)	e	ø	ø	ɣ	ɣɯ	ɯʌ	ɯʌ	ɣʌ	ɯ
	Ⅱ	oŋ	oŋ	əŋ	eiŋ	—	eiŋ	əŋ	əe	əe	aŋ	aŋ	aŋ	aŋ	ne	əŋ	ən	əe	əŋ	ən
江摄	Ⅰ	ĩa	—	ĩa	iã	ɒ̃	oŋ	oŋ(iaŋ)	ɔ̃(iɔ)	ɔ̃(iɔ)	uɔ/yɔ/i	o/a/yuɯ	uɔ/yɔ/ie	ɔ(o/yo)	ʌ(uʌ)/viʌ	ã/yã/iã	ɯʌ(ŋʷ)/io	aŋ/yaŋ	aŋ/yaŋ	o/io
	Ⅱ	õ(io)	oŋ(ioŋ)	ɔ̃(iɔ̃)	ɔ̃	—	—	—	—	—	—	—	—	—	—	—	—	—	—	—
	Ⅲ	ĩa	iã(uaã)	ĩa	iã	ĩa	a(ia)	aŋ(iaŋ)	iõ	iõ	—	—	—	—	ɛŋ	ĩ	—	—	iŋ	—
登韵摄	Ⅰ	lŋ[uŋ]	iŋ	lŋ	eiŋ	iŋ	eiŋ	iiŋ	ɛ	—	eŋ	aŋ(oŋ)	aŋ(oŋ)	eŋ(iaŋ)	—	—	—	—	—	—
	Ⅱ	ʌ̃	ɛ	æ	æ	æ	ɔ	ə̃	əe	ã	—	—	—	—	ən	əe	ən(oŋ)	əe	əe	—
	Ⅲ	oŋ	əe	əe(oŋ)	əe	oŋ	—	—	—	—	ie(ɛ)	—	—	—	—	—	—	—	—	en
庚二韵	Ⅰ	ã	ã	ã	—	ã̃	ã[ua]	—	—	—	aŋ(oŋ)	a(ia)ua	ɛ	a[a]	ɛ[ue]	æ[uæ]	ɑ[ua]	ɑ[ua]	ai[uai]	ɛ[ue]
	Ⅱ	ã	ɛ[ue]	ə̃[uã]	æ[uæ]	—	—	①	ɛ[ən]	a[ua]	—	—	—	—	—	—	—	—	—	—
	Ⅲ	—	əe	—	—	—	—	iiŋ	—	—	iaŋ	—	—	—	—	—	—	—	—	—
	Ⅳ	lŋ[uŋ]	iŋ	lŋ	—	—	—	—	—	—	—	—	—	—	—	—	—	—	—	—
通摄	Ⅰ	ĩõ(o)	yã	ɔ̃(iɔ̃)	—	—	oe	ə̃	iõ	ɔ̃	aŋ(iaŋ)	aŋ(iaŋ)	aŋ	aŋ(iaŋ)	ʌ	yã	ŋʷ	yaŋ	yoŋ	io
	Ⅱ	—	ioŋ(oŋ)	—	ioŋ(oŋ)	ioŋ(oŋ)	ioŋ(oŋ)	iəŋ	ion(oŋ)	ion(oŋ)	yɔ(ie)	②	yɔ(yə)	yo(on)	iom(om)	ioŋ(oŋ)	ion(oŋ)	ioŋ(oŋ)	ion(oŋ)	—
	Ⅲ	ioŋ(oŋ)	əe	ioŋ(oŋ)	—	—	—	əe	—	—	ion(oŋ)	ion(oŋ)	ion(oŋ)	ion(oŋ)	—	—	—	—	—	ion(on)

① 指 iaŋ(aŋ)〔uaŋ/yaŋ〕。

② 指 yuɯ(io/uɯ)。

是文读还是白读，都可能来自北方（部分底层除外），都可能随移民南来或受文教影响。

虽然如此，但这告诉我们南方汉字音读很大部分是语言接触引起的语言变化。

也正因为如此，国内许多学者提出了汉语方言的演变模型，比较有代表性的有陈保亚（2005）、沈钟伟（2007、2013）、潘悟云（2004a、2009a）、陈忠敏（2008）、王洪君（2009）、麦耘（2009）等。从他们的论述中，我们可以很清楚地看到，方言的形成特别是南方方言的形成过程非常复杂，各种变化交织，千丝万缕，有纵向的谱系树，也有横向的扩散波，有自身的变化，同时又会受到不同时期标准语的影响，虽然不同的学者侧重点有所差别，但有一点是共同的，即均认为中原权威方言①对南方方言的不断渗透与影响，使得南方方言成为既有方言自身演变又有互相接触这两种性质不同的过程的复杂综合体。

因语言接触而引发的语言演变机制可分为两类，一是借用（borrowing），一是转用引发的干扰（shift-induced interference）。借用最大的特点是以接触强度为衡量手段，强度越高，借用成分的种类也就越多，层次也就越高。

而转用引发的干扰是由抛弃受语以及不完善学习（imperfective learning）而引起的（Thomason & Kaufman，1988），相当于语言在转用过程中语言使用者将其母语特征带入其目标语之中。

这两种机制对我们理解不同社团接触所引起的语言的变化有很大的帮助。

潘悟云（2009a）指出吴语形成的历史是海口模式加上海模式。上海模式的特点是原住民具有文化强势，外来的移民人数虽多，也要接触原住民的语言。海口模式的特点是移民具有文化强势，他们的人数虽少，但语言强势使原住民接受他们的语言，在学习过程中产生中介语。潘悟云（2009a）的观点主要侧重于移民人数多寡并不能决定语言的形成。而两种模式的实质都是转用，上海模式的外来移民学习本地语是转用，海口模式也是转用，这两种模式都会形成中介语现象，区别就在于上海模式的中介语现象可能无法代表语言演变的方向，而海口模式可以。

麦耘（2009）指出粤语类型的汉语方言形成的历史轨迹在大模样上近似谱系树，细节上则往往呈网状，造成这种状况的，是汉语通语的波形扩散及

---

① 事实上，标准语的基础方言在不同的时代可能会发生变化，因此，中原权威方言是多个的。

其导致的区域性语言聚变。在初期,强势的是汉语,弱势的是原住民语言,这时是转用。当方言形成后,则以这种方言为基础,不断接受历代通语或其他源语言的影响,这时是借用。

可见,汉语方言形成的历史就是转用和借用两种机制的轮番上阵,不同时期这两种机制所起的作用也不同。

从南部吴语的形成过程看,这两种机制也同样起作用。据研究,今吴语地区的语言底层是古越语。据郑张尚芳(1998)考证,吴语初源来自古楚语,吴越地区在春秋时为吴国、越国领地,当时这些诸侯国的主体民族为百越人(属古侗台语族)。古越语重要文献《说苑·善说》所记的《越人拥楫歌》和《越绝书》所记的越王勾践动员对吴备战的《维甲令》,都是以汉字记音的越语材料。韦庆稳(1981、1982)对这两份材料做过初步探索,认为与侗台语相关。

古越语与汉语是两种不同的语言,经过融合,古越语的底层成分或多或少地存于后代活语言中。郑张尚芳(1990b)从《春秋左传》《汉书》中发现一些古吴越地名,具有侗台语的明显特征。在当今吴语里还可看到与普通话差异较大而与侗台语相同的特点,这些特点在语音、词汇和语法上均有表现,或许可看成是古越语的遗存成分。在语音方面,浙南的不少地方古帮、端母读的是先喉塞音 ʔb、ʔd(现在一般称之为内爆音),这类声母在壮侗语族语言中是最常见的声母(陈忠敏,1989;郑张尚芳,1988;曹志耘,2002a)。在语法方面,如侗台语修饰词组中,中心语在前,修饰语常在后。又如动物性别常加"公、母"类词等。

秦汉以后,汉语随着北方汉人南迁而进入今南部吴语地区。汉语进入古越语地区之后,必然会产生相互影响和融合,这个过程至少持续到三国甚至更晚。据潘悟云(1995)考证,三国以前,温州、处州方言的主要居民是百越人,《蜀志·许靖传》载靖与曹操书,自述从会稽"南至交州,经历东瓯、闽越之国,行经万里,不见汉地"。可见,当时古百越人是占了多数的。从今南部吴语地区的地域开拓历史来推断,南部吴语的雏形大概形成于三国时代。晋代以后,才逐渐发展成型(曹志耘,2002a)。从一些历史文献,如江东地区文人的诗赋押韵、反映南方方言的注疏材料以及《世说新语》等,均能看到早期吴语的成分。如《庄子·让王》成玄英疏:"农,人也,今江南唤人作农。"南朝乐府将其写成"侬",今天见于南部吴语、闽语等(潘悟云、陈忠敏,1995)。北方汉人大规模进入今南部吴语地区,最早的一次是西晋末年,最重要的一次是南宋时代。可以说,西晋末年的那次大移民基本奠定了南部吴语的面貌,而南宋时代的更大规模的移民则促进了南部吴语向中原汉语方向的演变(曹志耘,2002a)。

由于中原汉语在经济文化上具有权威性,因此,最初时,古百越人不得不学习中原汉语,这就是转用,转用过程自然会有母语造成的干扰,这个干扰就成为活语言里的底层遗留。由于转用过程自然产生的因不完善学习产生的干扰,就成为中介语,这个中介语就是汉语方言的雏形。从古代至今,转用一共发生过几次,大概无法很确切地知晓,也许与标准语中的基本方言转移有一定关系,需要进一步研究。不过,转用和借用并不是截然分开的两种机制,或许是某种机制占主要,另一种为次要。北方移民的大量南下,社会的不稳定也会造成语言上的不稳定,转用也许就是主要的。当社会处于稳定的状态,语言也会相对稳定,借用也许就是主要的。处于社会稳定期,方言从标准语中借用不同类型的词汇,其语音则会选择本方言中相近的音去替代,这个过程也比较复杂,涉及语言学习者的态度,哪些音相近,哪些音差别大,恐怕不是元音舌位图在书面上所能解决的,与音位结构有较大的关联。如果本方言中没有的音,有时就会直接从源语中借进来,于是在本方言中增加新的音位。只要存在接触与交流,这种词汇的借用就永远不会停歇,于是在方言中就会形成同一语素在不同词中具有多个读音的情况,这种情况古今应相同。

16.2 南部吴语语音层次理论及相关问题

我们讨论了南部吴语上丽片、瓯江片及金衢片各方言韵母的读音层次,以中古十六摄为纲,逐一分析各韵的层次归属,南部吴语独特的层次表现使我们对相关的理论问题有了重新认识,以下我们对相关问题做一初步探讨。

一、对“文白异读①是层次划分的利器”一语的重新思考

简单两分的文白关系实际上掩盖了纷繁复杂的层次关系。不过,通过这种文白关系在不同字音中的系联,能为我们快速确定各读音层次的时间先后提供便利。就本地方言而言,白读音总是早于文读音的,虽然在音变链中文读音可能要快于白读音,但是白读是本地的,文读是外来的,文白读之间不是演变关系,其时间先后是指在某个语言(方言)中存在的时间。如闽南话古阳声韵和入声韵的文白异读大致是:古阳声韵白读鼻化韵,入声韵白

---

① 关于文白异读的定义、性质及判定方法可参看陈忠敏(2003b)的讨论。诸家关于文白异读的观点可参考李蓝(2013)。

读喉塞尾,文读则保留-m/p、-n/t、-ŋ/k,文白关系与演变关系正好相反。

不过本地人的语感在文白读的判断上有时会出现错误,这是我们要非常注意的地方,即不能以能否单说或是否常用作为层次关系的标准,这和方言调查中单字调调值的确定通常以能单说作为标准不同。比如,常山方言"大"字有三个读音,按本地人的语感,其常用先后顺序为:大$_1$ do^6,大$_2$ dɛ^6,大$_3$ dɑ^6。因为第一个读音最常用,能单说,而后两个读音一般都在某些词中,"大$_2$"在"大蒜"一词中,"大$_3$"在"大家"一词中,也可以在"巨大"一词中,这是韵母的文白同形,暂不论及,下文讨论。从层次关系上看,时间的先后关系就不同了,"多"和"拖"的文白杂配形式告诉我们-ɛ 要早于-o,从语音史的演变看,-ɑ 早于-o,从周边方言关系看,-ɛ 先于-ɑ,这个我们下文讨论,其时间先后关系应是:大$_1$ dɛ^6,大$_2$ dɑ^6,大$_3$ do^6。由此可见,本地人的语感在判断韵母的层次的先后时只能是一个参考因素。

我们认为在运用这一原则(文白异读是层次划分的利器)时需要注意两点。一方面,文白异读是一种共时现象,是共时系统中的层次又音现象,这种现象往往带有人的主观性。权威方言进入土语音系时,往往以词汇的形式进入,由于不同语言或方言的音系存在差异,在借入时就会存在音位匹配的问题,由于文读音的引入会折合成本地音系中相近的读音,而这个过程一般通过词汇的借入而完成。一般情况下,一种语言或方言在处理借词的读音问题时有两种处理方法,一种是和所借语言或方言的读音相同,我们称之为"同音借入",另一种是用本族语中读音相近的音去替代借入词的读音,我们称之为"相似借入"。如武义话"大学"一词中"大"字的韵母为 ia,从词汇上看,这是一个较新的文化词,但读音却是读如《切韵》时期的读音,原因在于权威方言"大学"一词中的"大"字韵母为 a,与武义话歌韵 ia 读音最相近,因此选择 ia 作为"大学"一词"大"的韵母读音,这是一种相似借入。事实上,从音节角度看,南方方言以完全同音的形式借入较少见。比如义乌话"大学"一词中"大"的读音为 a,与权威方言相同,但其声母却是 ɗ-或 d-[①],而且其声调与权威方言也有所不同。韵母(特别是元音)是一个音节中较响亮的部分,往往最先进行匹配。因此,文读音的这种借入匹配实质上是带有主观性的,这个主观性会产生选择性问题,这就是为什么有相同来源的文读音却各不相同。我们通常认为文读是客观的,不是随意的,是就来源而言的,比如在某个共时层面的标准语是客观的,但借入不同方言的读音却又是不同的,这里就会有匹配选择的问题。

---

① 在"大学"一词中"大"字读内爆音声母 ɗ-,单念时读浊音声母 d-。

我们以开化、江山蟹摄二等见系字为例讨论这种文读音的借入。开化皆佳韵见系文读有两类，一类读 iɔ，如"佳介谐"等，一类读 ie，如"届谐械"等。前者读如麻韵二等喉牙音文读，即"佳＝家，介＝驾，谐＝霞"。事实上开化佳韵层次Ⅲ"佳韵读如麻韵"的主元音正读 ɔ，因此此读音实际读如麻韵文读，即读如现存的相近的文读。丽水佳韵文读亦为 iɔ，如"涯厓"等，与开化情况相同。后者文读 ie 则与普通话读音接近，可见是属于直接借自权威方言的读音，但这种借入之所以如此顺利，是因为 ie 读音本来就存在于开化的土语方言之中，是麻韵三等白读。

江山皆佳韵见系文读为 iæ，如"阶介界械解"等，与开化所不同的是，此文读既不是麻韵文读（麻韵二等文读为 iɒ），也不是原本就存在的读音。iæ 读音原本并不存在于江山话的土语音系之中，不过主元音 æ 是原本就存在于土语层音系中的。如：

æ	iæ	uæ	—

斜体 iæ 韵母是受权威方言影响而产生的新韵母，为了填补齐齿呼韵母的空格而产生的，没有超出原有的音系格局。这种相似匹配与发音人的语言态度或许有一定关系。

我们再以齐韵为例讨论文白同形时我们所坚持的观点。由于当代标准语齐韵读 i，于是有些读 i 的齐韵非口语常用字会被认为来自标准语，应将其看成是文读音，似乎还要分 i文 和 i白。王福堂（2003、2005）在讨论苏州方言歌韵读音时就把同一个读音分成文白的差异，如"多拖"有 əu文 和 ɒ白 两个读音，"大"有 əu白 和 ɒ文 两个读音，指出 ɒ白 和 ɒ文 分属两个不同的层次，同时说"有必要把这种不同的层次区分开来。根据分析，ɒ文 是借自异方言（官话）的层次，ɒ白 则是本方言原有的口语音，是在离散式音变中断后保留下来的古老读音"（王福堂，2005：50）。"但就性质来看，前者是语言接触造成的，后者是方言自身演变造成的，二者完全不同。"（王福堂，2005：50）瞿建慧（2010）认为这种借贷形式一般是拿本方言音系中与被借方最接近的音值去对译，没有超出本方言语音系统。这话本身是不错的，但认为"同一语音形式 æ 实际上有不同的文白异读归属"（瞿建慧，2011：292），因为它们分属异源层次和同源层次两个不同的层次，这一结论我们认为就值得商榷。

我们认为这种区分是没有必要的，而且也不符合语言实际。这一区分实际上是把词汇风格与语音层次混为一谈。我们讨论语音层次而不是词汇层次，如果按词汇的风格差异把同一读音根据标准语进行区分，实质是用词汇标准解决语音层次问题。我们知道，方言往往以词的形式从标准语借入，读音就会折合成本方言相同或相近的读音,如淳安威坪镇话[①]的"大"字有 uɐ 和 ɔ 两个读音,在"大学"这一较新词中,"大"字读 ɔ,此读音与"拖"(单念,拖来拖去)的 ɔ 读音相同,代表早期的读音层次。义乌话"大学"的"大"读 ɑ,与"拖"(单念,拖来拖去)的 ɑ 读音相同,代表的也是早期的读音层次。同样是"大学"这个较新的词,在威坪镇话里读的是 ɔ,在义乌话里读的是 ɑ,单纯从音值上看,两个读音是不同的,但显然两个方言的借入源是相同的。之所以不同,原因就在于淳安威坪镇话歌韵字本无 ɑ 类读音,所以在借入标准语"大学"一词时把"大"的韵母折合成较接近的 ɔ 读音,这个读音是威坪镇话歌韵自身就有的。虽然"大学"一词是从标准语借入的,但我们不能认为这个读音也是从标准语借来的,它是经过借入方言改造的,从这个角度看,这个读音仍属于同源层次,因此,没有必要区分 ɑ(白)和 ɑ(文),可以说"词是新词,但音是旧音"。更进一步说,至少有两类当前学界认为的文白异读应看成是同一层次的,一类是高元音裂化产生的读音对立,如 i 和 ie 或 u 和 uə 的读音对立(施俊,2014a),另一类则是同一语音形式因新旧词的差异而产生文白的不同。有了这样的一个认识后,我们就不需要担心齐韵一些非常用字的 i 读音的归属问题。

另一方面,正因为文白异读所具有的主观性,某些因音变形成的对立也会被"误看成"是文白异读。如常山话模韵有 u 和 uə 两个读音的对立,本部分把高元音裂化形成的对立看成是音变的结果,这种音变通过词汇扩散的形式进行,有的变了,有的还没有变,从而形成对立。我们知道,文白异读带有本地人的主观性,本地人的语感认为,这个裂化后的读音是更土的,是本地人的语音,而没有裂化的读音是外来的,不是本地语音,这是从本地优越感出发来谈本地语音的,这种具有主观性的偏见使得新读音 uə 是白读,而旧读 u 为文读。换句话说,音变也能引起文白读的对立。本地语感是从共时角度判断的,而语音是个历时的产物,因此本地语感在判断文白读上是有局限的。如果某个时期一个社团语言变化较大,就会出现年轻人与老年人对文白读看法不一致的状况,如杭州话。"如果把考察对象细化,纵观老中青三代,我们会发现语言态度显示出有趣的渐变趋势。相当一部分白读,老年人认为是外地口音,不是杭州话,故而不使用;中年人有争议,但在日常生活中使用自如;年轻人频繁使用,且认为白读才是杭州土话的发音。"(赵庸,2012:56)这说明本地人对语言的看法会随语言的变化(无论是接触造成的还是音变引起的)而变化,需要我们去辨别。

---

① 笔者调查。

当然方言混合也可能形成文白异读,如李蓝(2013)从方言混合的角度来解析北京话的文白异读,指出北京话文读音是山东方言的读音,白读音是河北方言的读音。这反映的实际上是不同来源的方言差别。这种情况相对特殊,在南部吴语里并没有普遍存在。

事实上,邻近方言之间的借用也会形成异读。从共时层面看,会产生类似文白异读现象。我们不把这类文白异读看成是读音层次的差别,因为这类异读影响的范围不大,一般只限于某片区域,无法与其他片方言建立对应关系。以温州麻三韵为例进一步来说明这个问题,温州话麻韵三等除了 ei 和 i 读音外,还有 o 和 a 两个读音。如"车"字,除 ei 读音外,还有 o 韵一读,游汝杰(1992)指出"'汽车、黄包车、裁缝车、脚踏车'中的'车'字,却读 tsʰo⁴⁴。这些现代诞生的新事物是从上海输入的,它们把'车'字的上海音 tsʰo⁵³也带进温州话,从而造成此字韵母读音的例外"。"卸"字除读 ei 读音外还有 a 韵一读,即在"装卸"和"卸货"中读 ça①,这个 a 读音也是近代从上海口语输入的(游汝杰,1992)。温州开埠以后,从上海而来的货轮的船主、船工多为上海人,温州籍搬运工经常听到上海人说"çia 下来",于是就在搬运业传开(潘悟云,2004a)。因此温州话麻三韵的 o 和 a 读音是从上海话借过来的。上海话麻三精组读 ia,章组读 o,如"卸"çia³⁵,"车"tsʰo⁵³②,也就是说,上海话麻三的 ia 和 o 读音是由于声母不同而发生的分化,两者是互补的,因此从上海话来讲,ia 和 o 属同一层次,与温州话 ei(i)层次对应。潘悟云(2004a)把这类借用看成是"方言口语借用"造成的层次。

我们认为,不管是借自中原标准语还是其他方言,从性质上说都属于外源性的,即由语言接触所引起的。但是这类借用所形成的读音的覆盖面没有权威官话来得深、来得广,无法与其他两片方言建立对应关系。本文讲的语音层次的来源主要是历代标准语,其覆盖面更广,影响更大,如能确切了解这类读音的源头,我们还是倾向于把它们剔除出语音层次的序列。

二、高元音裂化形成的对立是音变的结果而不是层次

我们把高元音裂化形成的对立看成是音变而不是层次基于以下理由。其一,高元音裂化可分为两种类型,一种是前裂化,一种是后裂化。朱晓农

---

① "温州 i-介各韵母除 iɛ 外都是辅音性短 i,只出现于 tç 组及零声母,u-介各韵母也只出现于零声母,因此,在声母另立 ʔ、'i、'u 三母),这样可省去一些韵母,使韵系更简洁。详见郑张尚芳《温州方言志》(2008:91)。事实上,赵元任(1934/1985)曾经说过"音位标音的多种可能性",这里只是音系的一种处理,因为和舌面音声母相拼,必会有一个腭介音。

② 上海话材料引自李荣主编,许宝华、陶寰编纂《上海方言词典》(1997)。

(2004)把前者称为"前显高裂化",指出这种裂化是出于显化,是从最大区别角度来说的,并引用 Stockwell(1978)的观点说明这是由"最佳滑音倾向于扩大滑动距离这么一条感知原理"引起的。同时,朱晓农(2004)把后一种称为"后显裂化",指出后裂化增生一个后滑音是与回归初始状态有关,并从两个方面定义"发音初始状态",一方面声带处于常态、松弛的状态,另一方面则是调音初始状态即嘴唇微开或微闭,舌位适中。同时,把高元音复化的原因归为"时间错配"(同时为了省力),即"维持高元音到后来稍一松劲而发声依然未停,就拖上一个向中央滑动的滑音,也就是回归发音的初始状态"(朱晓农,2004:449)。这两种裂化和人的发音特性有关,极容易发生,是一种非常自然的现象。

其二,王士元的词汇扩散理论告诉我们,"大部分(不必是全部)音韵变化的类型是语音上突变、词汇上渐变。跟 Bloomfield 的观念相反,词的语音变化是具体的、为人感知到的(即语音上是突变的)。但是这个变化在一个时间只能影响到部分词汇,而不是同性质的全部词汇(即词汇上是渐变的)"(William S-Y. Wang,1969)①。我们知道音变有两类,一类是因声母不同而出现的读音变体,这类音变我们能找到严格的声母条件,一般不会相混;另一类为类似高元音裂化这种自然音变,其发生缺乏语音条件,因此在所有声母后都有可能发生,从而形成对立。

三、音变的结果是创新,层次的结果是趋同

上一条指出"高元音裂化形成的对立是音变的结果而不是层次",正可以推出"音变的结果是创新而层次的结果是趋同"这一条。我们以上丽片(以常山为例)和瓯江片(以温州为例)模韵为例讨论这一推论。按4.1节有关"模韵的读音层次"所讨论的结果看,南部吴语上丽片、瓯江片和婺州片三片方言模韵只有一个层次的对应。常山模韵有 u 和 uə 两个读音变体,其中 uə 是由 u 裂化而来,两者属同一层次。常山模韵原读为 u,这是中古后期模韵的标准读音,也就是说,读音 u 是层次的结果,读音 uə 是常山自身的音变,这是创新,其结果就成为常山方言区别于其他方言的标志。从上丽片各方言读音中,我们也能看到这种区别,如表16.2.1所示:

---

① 关于词汇扩散理论可参见 William S-Y. Wang. *Competing Changes as a Cause of Residue*, Language, Vol. 45, No. 1,1969. 本段表述录自潘悟云《词汇扩散理论评价》,《温州师专学报》(社会科学版)(1985:56)。

表 16.2.1(转自表 4.1.6,与原表略有不同)

上山小片					丽水小片			
常山	开化	江山	广丰	玉山	丽水	遂昌	云和	庆元
uə(u)	uo(u)	uə(u)	uɣ(u、o)	uə(u)	u	uɣ(u)	u	uɣ(ɣ、u)

从表 16.2.1 我们可以看到,上山小片各方言均发生后裂化的创新音变,丽水小片只有丽水、云和两个点没有发生这种创新音变。可以说,读音 u 发生后裂化音变是上丽片方言的创新音变。

温州模韵有 øy、ɣu 和 u 三个不同的读音变体,其中 øy 和 ɣu 读音都是由 u 前裂化而来,它们都属于同一层次。这里的 u 读音是中古后期模韵的标准读音,是层次的结果,读音 øy 和 ɣu 是温州自身的音变,是创新。这种创新就成为温州地区方言区别于其他片方言的标志。从瓯江片其他方言中,我们能看到这种创新的一致性,如表 16.2.2 所示:

表 16.2.2(转自表 4.1.8,与原表略有不同)

瓯江片			
温州	乐清	平阳	永嘉
øy(ɣu、u)	y(ou、u)	y(u)	əy(ʮ、əu、u)

从表 16.2.2 我们可以看到,瓯江片各方言均发生前化或前裂化的创新音变。与上丽片相比,我们可以得出两点认识:第一,两片层次的结果都是 u,这是相同的;第二,两片的音变是不同的,上丽片是后裂化音变,瓯江片是前裂化音变,这是创新,这是不同的。金衢片各方言模韵均读 u,未发生音变。

从这里我们也可以进一步推论出:音变具有区域性,层次具有覆盖性。

根据这一推论,我们可以解决开口支、脂、之三韵的分合问题,从而提出与前人不同的研究结论。按 6.1 节有关"止摄开口的读音层次"看,止摄层次较多,这里我们只讨论层次Ⅲ。

前人多以支韵 ie 作为与脂之韵相区别的鉴别韵,如梅祖麟(2001)指出庆元、遂昌支韵有大量的 ie 韵字,而脂之韵只有少量的 ie 韵字,从而得出支与脂之有别的结论,并为支韵构拟为 *ie。秋谷裕幸(2002b)则从处衢方言支之脂三韵章组字读音出发,认为 ie 韵是区别三者的鉴别韵。按第二条规则"高元音裂化形成的对立是音变的结果而不是层次",我们的结论就与他们不同,我们认为支脂之三韵在这个层次上读音已合流,而支韵与脂之韵的区别是后来的音变产生的,之所以支韵的 ie 读音要多于脂之韵,是因为支韵的常用字读音要远远多于脂之韵。

我们可以用"音变的结果是创新,而层次的结果是趋同"这条推论来证明上述观点。常山支韵层次Ⅲ发生了如下音变:i读音走上了两个不同的音变方向。即:

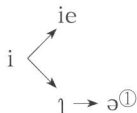

$$
i \begin{array}{l} \nearrow ie \\ \searrow \ \mathrm{l} \to \eth^① \end{array}
$$

i读音有一部分发生后裂化音变,另一部分则先舌尖化,再后裂化。前者若是齿音声母则往往腭化,后者若是齿音声母则仍读舌尖音。可见,此音变的发生是声母与韵母互相协调的结果。常山支韵由 i 音变而来的 ie 和 ə 读音是创新的结果。

整个上丽片方言均有与常山相同的读音变体,如表 16.2.3 所示:

表 16.2.3(转自表 6.1.4)

常山	江山	开化	广丰	玉山	丽水	遂昌	庆元	云和
i	i	i	i	i(ʅ)	i(ʅ)	i	i(ʅ)	
ie	iə	ie	ie	ie	—	ie	ie	—
ə	ə	ə	ʮə	ə	ʅ	ʅ	ʅ	ʅ

温州有与常山不同的创新音变。百年前温州话被传教士记录,我们可以利用这个材料更加清楚地观察到这一创新音变,而并不是什么鉴别韵。我们先来看百年前温州话支韵的读音表现,见表 16.2.4:

表 16.2.4(转自表 6.1.9)

寄	骑	技	戏	移	池	支	施	匙	离	皮	被
tɕi	dʑi	dʑi	ɕi	i	dʑi	tsi	sʅ	zi	li	bi	bi

百年前温州话支韵白读为i,文读为ʅ。现代温州话白读为ei,文读仍为ʅ,如"施"文读为sʅ¹,白读在"布施"一词中读音为sei⁵。"刺"在"刺刀"一词中读为文读,读tsʰʅ⁵,在"鱼刺"等词中为白读,读tsʰei⁵。"赐"在"赏赐、恩赐"等词中读sʅ⁵,平时白读为"sei⁷牛羊"。由此可见,现代温州话支韵白读

---

① ə实际读音为iə,实为ʅ的后裂化音变。

发生前裂化音变,由 i＞ei,如"皮被支池匙离"等字均裂化为 ei。

同时,古见溪群和晓母后的韵母发生舌尖化的音变过程,声母也由舌面音变成舌尖音了,如"寄 tsɿ⁵｜骑 dzɿ²｜技 dzɿ⁶｜戏 sɿ⁵"。更确切地说,声母发生了一个先舌叶化再舌尖化的音变过程。古疑母、影母仍读 i 韵,如"宜 ȵi²｜仪 ȵi²｜易 ɦi⁶",可以说,温州话支韵这一层次百年来的音变呈现出因声母不同而出现的互补关系。我们可以用下面的公式来表示这种互补:

$$i＞ei/帮组、泥母、精知章组\_\_$$
$$＞ɿ/见溪群母、晓母\_\_$$
$$＞i/疑母、影喻母\_\_$$

因此,温州支韵由 i 变来的 ei 和 ɿ 读音是创新的结果,是上丽片与瓯江片相区别的因素。

而婺州片各点仍读 i,没有发生创新音变。

四、相同的层次特征能反映不同的语音特征

我们从第三条进一步推论出:相同的层次特征能反映不同的语音特征。语音特征是共时[①]的,是表面的,层次特征是历时的,是深层的。我们在观察方言表面的语音特征的时候,需要看到更深层的层次特征,并把两者区分。一些学者提出支韵的 ie 或 ei 是区别脂之韵的标志,认为这代表《切韵》时期或古江东方言支韵与脂之韵区别的证据,这实际上是混淆了语音特征与层次特征。

以下我们以咸摄三、四等韵的分合为例讨论这条推论。自金有景在1964 年发表文章指出义乌话里咸、山两摄三四等字有区别后,这一点立即受到音韵学及方言学界的重视。一般认为,这反映的是《切韵》时期三、四等韵分立的格局,因此,可以说这一发现是重大的。

从读音层次角度看,三四等韵不论合流还是分立,都只有一个层次,而不是两个层次,三四等从分立到合流,是一个方言内部音系运动的结果。对立还是合流,可以说是语音特征,而不是层次特征。先看上丽片各方言的咸摄三四等韵的读音情况,如表 16.2.5 所示:

---

① 当然,所有的共时都是历时的结果,这里指的是我们所能见到的具体的语音特征。

表 16.2.5（转自表 9.1.22）

等	舒入	常山	江山	开化	广丰	玉山	丽水	遂昌	庆元	云和
三等	舒	iẽ	iẽ	iɛ̃	iẽ	iẽ	ie	iẽ	iɛ̃	ie
	入	iəʔ	iɛ	iɛʔ	iɐʔ	iɐʔ	ieʔ	ieʔ	ieʔ	ieʔ
四等	舒	iẽ	iẽ	iɛ̃	iẽ	iẽ	iẽ	iẽ	iɑ̃(iɛ̃)	ie
	入	iəʔ	iɛ	iɛʔ	iɐʔ	iɐʔ	ieʔ	ieʔ	iɑʔ(ieʔ)	ieʔ

从表 16.2.5 可以看到，上丽片各方言大部分咸摄三四等韵已合流，仅庆元仍有所区别。事实上，同一片方言里既有合流的也有分立的，这种差异显然不是层次形成的，应看成是各自音系运动所致。如瓯江片有的合流，有的分立。温州话已经完全合流，分立的如表 16.2.6 所示：

表 16.2.6（转自表 9.1.24）

例字	陶山瑞安	湖岭瑞安	昆阳平阳	蒲城苍南	玉壶文成	正岙洞头	乌牛永嘉	桥头永嘉
尖盐	tɕɪe¹	tɕɪe¹	tɕɪe¹	tsɪ¹	tɕɪe¹	tɕi¹	tɕi¹	tɕɪe¹
染盐	ȵɪe⁴	ȵɪe⁴	ȵɪe⁴	ȵɪ⁴	ȵɪe⁴	ȵi⁴	ȵɪe⁴	ȵɪe⁴
欠严	tɕʰie⁵	tɕʰie⁵	tɕʰie⁵	tsʰeɪ⁵	tɕʰie⁵	tɕʰi⁵	tɕʰie⁵	tɕʰie⁵
店添	tiæ⁵	tie⁵	tyœ⁵	teɪ⁵	tiæ⁵	tɪe⁵	tɪ⁵	tie⁵
甜添	diæ²	die²	dyœ²	deɪ²	diæ²	dɪe²	dɪ²	die²

同样地，金衢片也是有的合流，有的分立，并不是铁板一块，如表 16.2.7 所示：

表 16.2.7（转自表 9.1.25）

等	舒入	义乌	东阳	兰溪	浦江	武义	永康
三等	舒	ie(ye)	i	i	e(i)	ie	ie
	入	ie	iəʔ	ieʔ	i	ie	ie
四等	舒	iɑ	i	i	ɿ	ie	iɑ(ie)
	入	iɑ	iəʔ	ieʔ	iɑ(ɿ)	iɑ	iɑ(ie)

从表 16.2.7 可以看到，咸摄三四等的关系大致可分两类：第一类是完全合流，如东阳、兰溪两地；第二类是三四等有别。第二类三四等有别的又可分为两小类，一是完全不同，如义乌三四等、浦江三四等。义乌三等盐韵章组读 ye，如"蟾 dʑye⁶｜闪 ɕye³"等，其他声母后读 ie，两者互补；浦江三等盐韵非见系声母后读 e，见系声母后读 i，两者互补，四等舒声读 iɑ，入声见系

读iɔ,非见系读ia,互补。二是部分有别,如武义四等入声与三等相区别,舒声韵无别,永康则四等见系无别而非见系后有别。

我们知道,李荣为《切韵》四等韵构拟前元音e,认为四等韵的-i-介音为后起,这样就可以解释对音中四等对译洪音字,前元音容易增生-i-介音在音理上也容易解释,于是为诸家所采纳。因此当四等韵的-i-介音产生以后,三四等韵就有合流的趋势,而是否合流则需看各方言内部的音系结构运动。有的方言合流了,大概是受三等韵吸引,减少音类数量,达到简洁的目的;有的方言仍然分立,大概是由于两者为相区别而相互排斥,从以上相区别的四等韵读音来看,大多数分立的四等韵主元音为低元音a,直接由a增生-i-介音的情况往往也不多见,音理上也较难解释。我们把此四等韵在南部吴语的演变表示如下:

$$^*e > ie > iɛ > iæ > ia$$

从逻辑上看,四等韵产生-i-介音后,或迫使三等韵发生变化,四等韵不变,或三等韵不变,而四等韵发生变化。从南部吴语的实际情况来看,前者的情况较少,如表16.2.6中正呑一个点,三等韵进一步高化为i,而四等韵不变,为ie。但大多数属于后者,即四等韵的主元音低于三等韵。

无论是分立还是合流,均是一个层次,这是层次特征,是相同的;有的分立,有的合流,这是语音特征,是有差异的。

当然,仅知道是同一层次还不够,怎么合流、合流的机制也需要进一步探讨。以下我们以义乌山摄开口仙先韵为例来说明合流的过程。先列出义乌仙先韵读音,如表16.2.8所示:

表 16.2.8

古声母条件	仙韵	先韵
舌齿	ie	iɑ
唇牙喉	ie	ie

由表16.2.8可知,仙先两韵的对立只在舌齿音声母后。先韵舌齿音声母后读iɑ,唇牙喉声母后读ie,两者互补。这也说明ie和iɑ的互补分化是后来的变化。如果先韵早期读*ie,即仙韵和先韵相同,就需要解释为什么先韵舌齿变iɑ而仙韵仍读ie。其次,还需要解释为什么在舌齿音声母后导致元音低化。由于舌齿音声母具有[+舌前]特征,一般会引起元音高化的

音变,如中古以前支部、微部并入脂韵的均为舌齿音声母字。因此,先韵原读为 *ie 在解释演变上有诸多困难。

如果先韵早期为 *ia,说明先韵 ia 与仙韵的 ie 保持对立,这是《切韵》时期三四等韵分立的表现,尽管只在舌齿音声母后有对立。由于唇牙喉声母后发生 *ia>ie 的元音高化音变,三四等韵首先在唇牙喉声母后发生合流。金有景(1982)指出吴语区至少十九个县(市)[1]存在咸山两摄三四等读音上的区别,即使同一个县内也有差别。我们以山摄开口舒声韵为例,通过对这些资料的分析,大致归纳出合流的声母条件过程,如表 16.2.9 所示:

表 16.2.9[2]

古声母组	青田	浦江$_2$	义乌$_{继成}$	永康$_2$	温州$_1$	汤溪
帮组	＋	－	－	－	－	－
端组	＋	＋	＋	＋	±	－
精组	＋	＋	＋	＋	－	－
见组	＋	±	－	－	－	－
晓组	＋	＋	－	－	－	－
影组	＋	＋	＋	－	－	－

我们从表 16.2.9 可以清楚地看到四等先韵在不同的声母条件下逐渐合流的过程。青田和汤溪是完全有别和完全无别的代表,相当于起点和终点。从表 16.2.9 中可以看到,帮组声母字首先合流,接着见组声母字合流,如浦江$_2$,合流以词汇扩散的方式进行。接着晓组字合流,如义乌$_{继成}$。然后影组字合流,如永康$_2$。端组字最后合流,如温州$_1$。

各声母合流先后顺序排列如下:帮组＞见组＞晓组＞影组＞精组＞端组。其中帮、见、晓、影组又叫喉牙音声母,精、端组声母又叫舌齿音声母。总的来说,唇牙喉声母字先合流,舌齿音声母字后合流。从细化的角度看,唇牙喉声母和舌齿音声母字也有先后顺序,并不是同时合流。从以上的分析可以看出是有先后过程的。

---

① 随着调查材料的进一步丰富,应不止这个数。文中还提到闽语里这种现象也有比较多的分布。

② 表中"＋"表示三四等有别,"－"表示无别,"±"表示两种情况兼而有之,显示正在变化的过程。表中方言点据金有景(1982)。此表读音不包括入声韵。文中的方言点代表的是类型,并不意味着仅一个方言点属此种分类。

五、并不是所有因声母条件不同而出现的变体都是互补的

这一条也可以说是上一条的补充,说的也是要区分表面的语音特征和深层的层次特征。"并不是所有因声母条件不同而出现的变体都是互补的",有的是互补的,有些不是互补的,我们称之为"假互补",实质为层次关系。我们以咸摄一等重韵覃谈韵为例加以讨论。先看金衢片义乌覃谈韵的读音分布,如表 16.2.10 所示:

表 16.2.10

古声母组	覃韵	谈韵
非见系	ɯɤ	ɔ
见系	ɯɤ	ɯɤ

覃韵各声母下读 ɯɤ,只"耽"字读 ɔ。谈韵非见系声母后读 ɔ,见系声母后读 ɯɤ,表面上看,这是以见系/非见系为条件形成的互补,但我们认为这是"假互补"。从三个方面证明:第一,同属金衢片的兰溪话谈韵的"条件变体"读音差别较大,兰溪谈韵非见系声母后读 ã,见系声母后读 ɤɯ("鏨"字也读 ɤɯ,声母为精组)。就读音而言,一个是鼻化元音,一个是非鼻化元音,如果把这两个读音看成是因声母不同而引起的变体,似不可信,这是因为 ã 和 ɤɯ 读音属于两个不同的层次。事实上,非见系字"鏨"字也读 ɤɯ,也不是完全互补。

第二,上丽片江山方言覃谈韵两个读音各有对立,如表 16.2.11 和表 16.2.12 所示:

表 16.2.11(此表为覃韵,转引自表 9.1.2)

古声母组	ɔ̃	ã
端组	探 tʰɔ̃⁵,潭 dɔ̃²,罈 dɔ̃⁶	耽 tã¹,贪 tʰã¹,男 nã²,南 nã²
精组	簪 tsɔ̃¹,蚕 sɔ̃²	惨 tsʰã³,参 tsʰã¹

表 16.2.12(此表为谈韵,转引自表 9.1.3)

古声母组	ɔ̃	ã
端组	毯 tʰɔ̃³	担 tã¹,胆 tã³,淡 dã⁴,蓝 lã²
精组	鏨 zɔ̃⁴	暂 dzã⁴,三 sã¹
见组	甘 kɔ̃¹,柑 kɔ̃¹	敢 kã³,喊 hã³

由表 16.2.11 和表 16.2.12 可知,读音 ɔ̃ 和 ã 在覃谈韵均有对立,应该看成是两个不同的层次。

第三,不论是上丽片的对立还是金衢片的"假互补",它们的音类分合关系是相同的。义乌覃谈韵的 ɯɤ 是一、二等韵有别的读音,而 ɔ 是一、二等韵相混的读音,前者对应层次Ⅱ,后者对应层次Ⅲ。兰溪覃谈韵的 ɤɯ 是一、二等韵有别的读音,而 ã 是一、二等韵相混的读音,前者对应层次Ⅱ,后者对应层次Ⅲ。同样地,江山话 ɔ 是一、二等韵有别的读音,而 ã 是一、二等韵相混的读音,前者对应层次Ⅱ,后者对应层次Ⅲ。

因此,要通过方言语音层次比较,鉴别假互补。

六、某些由接触造成的读音对立也会被看成是自然音变

假设某村 A 某字读 ɑ,邻近村 B 读 ɔ,从层次对应上看,它们是同一层次的。由于是邻居村,村 A 与村 B 之间的交流自然也就相对频繁。如果村 A 的某个人从 B 点借了 ɔ 这个读音,由于借入是以词为单位的,就有可能与自己村 A 的 ɑ 读音形成叠置。从性质上来看,这当然是语言接触,可能会产生两个结果,一是这仅是个别现象,尚未波及其他人,二是这个现象波及了大多数人。对于村 A 这个点而言,我们把这种由接触造成的 ɑ 与 ɔ 的叠置看成是同一层次内部的。换句话说,自然音变有时可能是由接触造成的。判断的依据就是必须要通过与其他方言或同片方言的层次比较。

我们以义乌歌韵层次Ⅱ读音为例进一步说明。义乌歌韵层次Ⅱ有两个读音:ɑ 和 ɔ。从"蚁"字的读音来看,这一层读音应该对应的是 ɔ,而不是 ɑ。那么,这个 ɑ 是看成不同层次还是相同层次?从金衢片其他方言来看,此层读音只有一个对应,因此,应该只有一个层次,且对应的应该是 ɔ,ɑ 和 ɔ 的关系应该是义乌自身形成的。如果两者是音变关系,ɑ>ɔ 更加合理,不过"蚁"字在义乌往往读成儿化 ɦɛn⁶(实际发音中这个 ɔ 的开口度更小),其本音已不知,也就是说这个 ɔ 读音是否应该看成是读如歌韵的早期读音也需要打上问号。有两种推理叫供选择,第一,这层读音义乌原本读 ɑ,后来自身发生 ɑ>ɔ 的音变,"蚁"字大概也发生这样的音变,但这个音变并未扩散到每个词,在一些词中产生叠置,如"拖"单独作一个动词时,"萝"在"槽萝"一词中,都是读 ɑ,"拖"在"拖鞋"一词中,萝在"萝卜"一词中均读 ɔ。第二,这个 ɑ 借自义乌内部相邻或者早期接触较多的地方,而这两个读音正好是同一层次的,这种接触也只限于个别点,金衢片其他方言没有这种现象。再者,从"蚁"的读音"ɦɛn⁶"来看,有鼻音尾的元音相对于开音节的元音变化要慢,可见,ɔ 读音应该是更早期的读音。事实上,这两种假设我们都无法证实,但不管怎么说,我们认为这两个读音为同一层次。

七、要关注方言自身的历史

我们在进行方言历史比较时往往以《切韵》系标准语韵书作为历史比较的起点,这本身并无问题,因为需要有一个共同的标准作为参照,但如果我们把它们看成是各方言音变的起点,那就有问题了。事实上,这一认识早已为学界所弃。我们大概都承认这样的一个事实:汉语方言的共时系统是一个不断受到不同时期权威方言影响而成的复杂系统。对此,潘悟云(2004b)、陈忠敏(2008)和王洪君(2009)等学者做了详细的论述。也就是说方言不是由《切韵》发展而来的,而是受到不同时期类似《切韵》这样的权威方言的影响而形成的,方言中通过词汇形式叠置了不同时代的读音。换句话说,方言与《切韵》的音类有可能不会完全对应。比如我们把齐韵开口读如咍灰韵看成是此区域的共同保留,而形成的原因是早期本地区方言与标准语音系不对等造成的读音错位。我们可以尝试利用层次分析的方法来探索属于方言自身的历史。

同时,我们也认为,在没有方言文献记载的情况下,以《切韵》的音类分合关系作为判断读音层次的时间顺序可能会出现错误,如常山、开化三等祭韵和四等齐韵读音不对等,《切韵》时代标准语祭韵和齐韵读音不同,后来两韵合并,以此来判断两韵不同的读音代表早期读音层次,两韵合流的则代表后期读音层次。运用这种方法进行相对时间的划分虽然简便,但其逻辑起点是所有方言均与《切韵》的音类分合一致。事实上,即使是现代方言,同一小片内的音类分合都有可能不同,与常山、开化同属上山小片的江山话祭韵和齐韵读音均相同,但我们不能得出这样的结论:江山话齐韵或祭韵的读音均为三四等合流后的层次读音。

如果标准语和方言的音类分合关系不同,就会产生交叉关系,以金衢片兰溪方言寒桓韵为例,兰溪寒韵以舌齿/牙喉为条件分别为ã和ɣɯ,桓韵以唇舌齿/牙喉为条件分别为ɯɣ和uã,可用以下图示表示这样的关系:

寒韵　　舌齿音:ã ·····▶ 牙喉音:ɣɯ
桓韵　　唇舌齿音:ɯɣ ·····▶ 牙喉音:uã

如果把寒韵的两个读音看成是以舌齿/牙喉为条件的互补,即舌齿音后的读音是鼻化元音,牙喉音后的读音是非鼻化元音,显然这两种读音差别较大,因此,我们怀疑这其实是“假互补”,实际属于两个不同的读音层次。通过对比寒韵与桓韵的读音,我们发现,寒韵的舌齿音ã与桓韵的牙喉音uã一

开一合,也就是说,ã与uã是以舌齿/牙喉为条件互补,同时,寒韵的牙喉音
与桓韵的唇舌齿音读音相同,从表 10.1.26 可以看出,整个金衢片方言都具
有这样的音韵格局。我们可以把这种关系用下列图示表示:

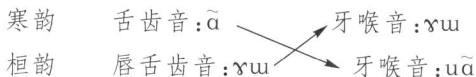

寒韵　　舌齿音:ã　　　　　　牙喉音:ɣɯ
桓韵　　唇舌齿音:ɣɯ　　　　牙喉音:uã

　　我们假设,这种错位是由标准语与方言不同的音系格局所致。有这样
一种可能,就是寒韵ã和桓韵 uã 形成互补关系,属于一个层次。寒韵ɣɯ与
桓韵ɣɯ 读音相同,属于另一个层次。

　　有一个问题需要注意,就是为什么会出现这种错位的层次读音,层次读
音是否也具有选择性?我们知道层次读音的出现是任意的,不会出现以声
母为条件造成的互补。对此,下文尝试从其他角度做出解释。我们认为南
部吴语(也许整个南方方言)寒桓韵音类分合关系或许与北方官话不同,从
我们对南部吴语三大片的讨论结果来看,它们早期很可能是按以下图示
排列:

　　①(寒韵)舌齿音:ɔ ⟶ (桓韵)牙喉音
　　②(桓韵)唇舌齿音:ɯɣ ⟶ (寒韵)牙喉音

　　上述排列①和②属各自同一层次,南部吴语普遍是这种排列,但由于北
方标准语寒桓韵是截然分开的,与南部吴语的音类分合关系不同,南部吴语
受到北方标准语影响后便发生错位,即:

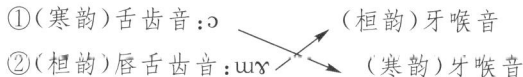

　　①(寒韵)舌齿音:ɔ　　　　　　(桓韵)牙喉音
　　②(桓韵)唇舌齿音:ɯɣ　　　　(寒韵)牙喉音

　　本来①和②各自只有一个层次,错位后,①和②就各自有两个层次了,
而且以声母为条件。这就是为什么寒桓韵的两个层次读音是"以声母为条
件而分韵"的。两个层次读音以声母为条件分韵实为"历史的误会",并不是
说层次读音也能有声母条件的限制,这一点是必须要注意的。

　　以上七点是就有关读音层次问题的初步思考与总结,事实上,南部吴语
层次丰富,所需要讨论的问题远不限于此,今后还需要进一步挖掘。本文对
如何进一步判断音变与层次的问题,还需要进一步努力,需要运用社会语言

学的方法,对共时的正在进行中的变异进行细致的观察,方能做出更好的判断。

16.3　吴语义乌方言入声的文白异读及其演变①

关于金衢片吴语入声的问题,除了单点的描写外,学界普遍的观点认为:吴语金衢片的古入声字分为文读和白读。其中文读带喉塞尾 ʔ,读短调;白读没有塞音尾,读长调,或自成入声调类,或并入其他调类(侯精一,2002)。方松熹(2002)认为义乌方言入声分为文读和白读,其中文读读短调带喉塞尾 ʔ,白读读长调。施俊(2012)利用九个点的材料分析义乌方言入声,也认为带喉塞尾读短调的为文读,其中一些常用字为早期文读,白读不带喉塞尾。以上诸家有一个共同点,即用语音表现形式(是否带喉塞尾读短调)作为判断文白读的标准。

通过对材料的补充及重新审视,我们发现有必要在此基础上做进一步讨论,本文将从共时和历时上揭示义乌方言入声的演变,提出不能仅靠舒促判断义乌方言乃至金衢片吴语入声的文白读的观点。

16.3.1　义乌方言入声的表现形式

根据入声字白读在中古韵摄中的语音表现,我们把义乌方言入声字分为甲乙两类②。甲类一般只有一种读音,离城区越远,喉塞尾保留越强,在地域上表现为不同的发展阶段。乙类部分有文白两读,白读没有喉塞尾,读舒声,韵母为相应的阴声韵,文读则与该点甲类表现相同。甲乙两类字在各韵摄的分布表现出一定的规律,下文将具体讨论。为行文方便,以下分别从入声韵和入声调两个方面描写甲乙两类字的读音。

16.3.1.1　入声韵

甲类字中古入声韵在义乌方言③中的表现见表 16.3.1:

---

① 本小节内容曾以"从共时和历时再论吴语义乌方言入声的演变"为题发表在《语言研究》2016 年第 4 期,收入本书时做了一定的修改。

② 本部分利用 10 个代表点的方言材料,增加了城区一个点。分别为赤岸镇乔亭村、佛堂镇继成村、义亭镇、上溪镇黄山村、下骆宅、廿三里镇上社村、苏溪镇胡宅村、大陈镇东联村、后宅寺前村及城区,以下简称乔亭、继成、义亭、黄山、下骆宅、上社、胡宅、东联、寺前、城区。

③ 甲乙两类字的划分以继成话读音为标准,下文举例的材料除非有说明,均为继成话材料。

表 16.3.1

中古入声韵尾	韵摄	代表字	乔亭	继成	义亭	黄山	上社	胡宅	东联	寺前	下骆宅	城区
-p	深	吸	ɕiəʔ	ɕiəʔ	ɕiəʔ	ɕiəʔ	ɕiəʔ	ɕiəʔ	ɕiəʔ	ɕiəˀ	ɕiəˀ	ɕiə
-t	山	夺	dəʔ	dəʔ	dəʔ	dəʔ	dəʔ	dəʔ	dəʔ	dəˀ	dəˀ	də
	臻	出	tɕʰyəʔ	tɕʰyəʔ	tɕʰyəʔ	tɕʰyəʔ	tɕʰyəʔ	tɕʰyəʔ	tɕʰyəʔ	tɕʰyəˀ	tɕʰyəˀ	tɕʰyə
-k	曾	刻	kʰəʔ	kʰəʔ	kʰəʔ	kʰəʔ	kʰəʔ	kʰəʔ	kʰəʔ	kʰəˀ	kʰəˀ	kʰə
	梗	激	tɕiəʔ	tɕiəʔ	tɕiəʔ	tɕiəʔ	tɕiəʔ	tɕiəʔ	tɕiəʔ	tɕiəˀ	tɕiəˀ	tɕiə

甲类字中古入声韵在乔亭、继成、义亭、黄山、上社、胡宅、东联等地有明显的喉塞尾,本文记为 -ʔ,在寺前、下骆宅等地喉塞尾较弱,本文记作 -ˀ,城区的喉塞尾则基本消失①。各地甲类字的韵母多为 ə(ʔ)、iə(ʔ)、uə(ʔ)、yə(ʔ)。

乙类字(白读)中古入声韵在义乌方言中的表现见表 16.3.2:

表 16.3.2

中古入声韵尾	韵摄	代表字	乔亭	继成	义亭	黄山	上社	胡宅	东联	寺前	下骆宅	城区
-p	咸	甲	kɔ	kɔ	kɔ	kau	kɔ	kɔ	kɔ	kɔ	kɔ	kɔ
	深	缉	tsʰai	tsʰai	tsʰai	tsʰai	tsʰai	tsʰai	tsʰai	tsʰai	tsʰai	tsʰai
-t	山	切	tsʰia	tsʰia	tsʰia	tsʰia	tsʰia	tsʰia	tsʰiəʔ	tsʰiɛ	tsʰiɛ	tsʰia
	臻	日	nai	nai	nai	nei	nai	nai	nai	nai	nai	nai
-k	宕江	脚	tɕiɔ	tɕiɔ	tɕiɔ	tɕiau	tɕiɔ	tɕiɔ	tɕiɔ	tɕiɔ	tɕiɔ	tɕiɔ
	曾	力	lai	lai	lai	lei	lai	lai	lai	lai	lai	lai
	梗	择	dza	dza	dza	dzai	dza	dzɤ	dzɤ	dzɤ	dzɤ	dzɤ
	通	玉	ȵiau	ȵiau	ȵiau	ȵiou	ȵiau	ȵiau	ȵiau	ȵiau	ȵiau	ȵiau

乙类字白读入声韵尾脱落,并入相应的阴声韵。

16.3.1.2　入声调

义乌方言较完整地维系着"四声八调"的调类系统,基本保持"阴高阳低"的调值格局。声调系统见表 16.3.3。

---

① 城区的喉塞尾在单念时基本消失,但在语流中有保留,特别是作为前字的时候,可见其共同的历史来源。

表 16.3.3

方言点	阴平	阳平	阴上	阳上	阴去	阳去	阴入甲	阴入乙	阳入甲	阳入乙	调类数
	高猪	穷平	好口	老买	唱盖	阵助	脱骨	黑发	夺掘	日毒	
乔亭	44	22	334	213	53	231	5	=阴上	2	=阳上	8
继成	44	22	334	213	53	231	5	=阴上	2	=阳上	8
义亭	44	22	334	213	53	231	5	=阴上	2	=阳上	8
黄山	44	213	334	312	53	231	5	=阴上	2	=阳上	8
上社	334	213	53	231	45	24	5	=阴平	2	=阳平	8
胡宅	334	213	53	231	53	24	5	=阴平	2	=阳平	8
东联	334	21	53	231	53	24	5	=阴平	2	213	8
寺前	334	213	53	231	45	24	5/=阴平	=阴平	2/312	312	9
下骆宅	334	213	534	312	45	24	5/=阴平	=阴平	2/=阳上	=阳上	8
城区	334	213	534	312	45	24	324	324	=阳上	=阳上	7

入声调值的促舒与入声韵尾的有无关系密切。甲类字在义乌各地多为ə(ʔ)、iə(ʔ)、uə(ʔ)、yə(ʔ)四个韵母,其区别在于带不带喉塞尾。乔亭、继成、义亭、黄山、上社、胡宅、东联甲类字有喉塞尾,入声调值为促声;寺前、下骆宅甲类字喉塞尾较弱,入声调值处于舒促之间;城区甲类字没有喉塞尾,入声调值为舒声。这是甲类字在义乌各地的共时分布,表现为不同的发展阶段。

从调类上看,保留喉塞尾的入声往往独立成调,没有喉塞尾的入声往往并入相应的舒声调。乔亭、继成、义亭、黄山、上社、胡宅、寺前、下骆宅甲类字有喉塞尾,因此有短促的入声调。乙类字可分四种类型:乔亭、继成、义亭、黄山的乙类字并入相应的阴平和阳平,我们称之为乔亭型;上社、胡宅的乙类字并入相应的阴上和阳上,我们称之为上社型;东联、寺前、下骆宅的乙类字中的阴入归阴平,阳入自成一调或归阳上,我们称之为混合型;城区没有喉塞尾,甲乙两类字均读舒声,阴入自成一调,阳入归入阳上,我们称之为城区型。

从调值上看,甲类字调值除城区外,均为短促调,比较一致①。乙类字的调值也是大同小异,除城区阴入是324外,其他均读334;阳入是213或312,乔亭、继成、义亭、东联、上社、胡宅读213,黄山、寺前、下骆宅、城区读312。由此我们推测它们在调值演变上有共同的轨迹,下面将详细讨论。

为清晰地总结上述讨论,我们从调值和调类两方面把义乌方言各地入声分别做表16.3.4和表16.3.5。

---

① 寺前、下骆宅甲类字调值略为延长,带有弱喉塞,在归类上我们仍把它们归到带喉塞一类,不归到城区一类。只是在说明演变时,将其作为一个阶段单独列出。

表 16.3.4

声母	入声类型		调值	方言点
清	阴入	阴入甲	5	乔亭、继成、义亭、黄山、上社、胡宅、东联、寺前、下骆宅
			324	城区
		阴入乙	334	乔亭、继成、义亭、黄山、上社、胡宅、东联、寺前、下骆宅
			324	城区
浊	阳入	阳入甲	2	乔亭、继成、义亭、黄山、上社、胡宅、东联、寺前、下骆宅
			312	城区
		阳入乙	213	乔亭、继成、义亭、上社、胡宅、东联
			312	黄山、寺前、下骆宅、城区

表 16.3.5

声母	入声类型	归并类型	方言点
清	阴入乙	归阴平	下骆宅、上社、胡宅、东联、寺前
		归阴上	乔亭、继成、义亭、黄山
		自成一类	城区
浊	阳入乙	归阳平	上社、胡宅
		归阳上	乔亭、继成、义亭、黄山、下骆宅
		自成一类	寺前、东联

16.3.2　义乌方言入声的演变

16.3.2.1　甲乙两类字的演变

一、甲类字的演变

通过观察不同地点甲类字喉塞尾的强弱程度,我们可以清楚地看到其历时演变的过程。甲类字在义乌各点的共时分布可见表 16.3.6。

表 16.3.6

入声韵尾	—ʔ	—ˀ	—ø
入声调	阴入 5、阳入 2	阴入 5/334、阳入 2/312	阴入 324、阳入 312
方言点	乔亭、继成、义亭、黄山、上社、胡宅、东联	寺前、下骆宅	城区

甲类字的共时分布所体现的历时演变也可分为三个阶段：第一阶段强喉塞尾，促声，各代表点离城区较远；第二阶段喉塞尾弱化，调值处于舒促之间，代表点离城区较近；第三阶段，失去喉塞尾，舒声，产生四个舒化韵母 ə、iə、uə、yə，以城区为代表。城区的演变要快于周边，由此可见一斑。

入声舒化是汉语演变的大势，义乌方言甲类字的共时分布所表现的历时演变为这一趋势提供了现实的例证。上文提到，甲类字在义乌各地的区别在于是否有喉塞尾，它们的主元音是相同的，都是-ə-、-iə-、-uə-、-yə-，这实际上是一种延长元音而逐渐脱落喉塞尾的舒化过程，即主元音保持不变，并慢慢延长，使得喉塞尾慢慢消失的过程。

促声的区别性特征是调值短促，因此元音-ə-、-iə-、-uə-、-yə-就成为促声的伴随性特征，-ʔ是促声的区别性特征，声门突然关闭，调值自然短促。如果喉头保持放松，声带振动到发声结束，调值延长，元音-ə-、-iə-、-uə-、-yə-就上升为音节的区别性特征，-ʔ的短促特征就降格为伴随性特征直至消失。义乌方言甲类字的演变正体现了这个过程，这就是"时长型"舒化(施俊,2012)。

在甲类字舒化的过程中，连读变调也起了一定的推动作用。据笔者调查，义乌方言单字调系统相同或相近的点，其两字组广用式变调也相同或相近①。继成话乙类字作后字时读为 334 或 213，甲类字作后字时可舒可促，延长后字不会引起辨义的困难，乔亭、义亭、黄山甲乙两类字作后字时的变化与继成话相同；寺前话两字组语音变调中，阴入作后字时一律变 334，阳入作后字时调值变化略为复杂，但一般都是舒化声调(具体另文讨论)；胡宅、下骆宅入声字作后字时变调基本与寺前同。由此可见，很多入声字在作为连调后字时会产生一个舒声的自由变体，这是喉塞尾脱落的一个重要原因。

总之，甲类入声字在义乌各地发展不平衡，大致体现了三个阶段。

二、乙类字的共时演变

部分乙类字有两种读音，如义乌继成话②：

文白读	刷	发~展	缺	日	律	织
白读	ɕyɑ³³⁴	fuɑ³³⁴	tɕʰyɑ³³⁴	nai²¹³	lai²¹³	tsai³³⁴
文读	ɕyəʔ⁵	fəʔ⁵	tɕʰyəʔ⁵	zəʔ²	liəʔ²	tsəʔ⁵

---

① 具体另文讨论。就单字调而言，以城区为界，大致可分为南北两片，南片阴上、阳上为 334、213，北片阴平、阳平为 334、213。南片乙类入声并入上声，北片乙类入声并入平声。

② 各地乙类字的韵摄分布差异不大，以某点为代表展开讨论不会影响结论。

促声读音多存在于某些新词,如印刷、发展、缺点、日光灯、律师、纺织等。一般地说,白读是本地的,文读是外来的,白读舒声属于自身的演变,文读促声受周边吴语的影响而产生,两者并存于共时语音系统中。以下我们讨论这类文读。

历史上发生过三次黄河流域汉人南迁的高潮,与浙江关系较大的当属"北宋靖康元年(1126 年)至南宋后期"①的一次移民高潮。南宋迁都临安,北人大批迁入,人口结构发生显著变化,据徐越(2005:109)考证,"断定当时临安城内基本上是北方移民,土著只占其中很小的一部分",这也是现代杭州话具备官话特征的最根本原因。明人郎瑛在《七修类稿》卷二十六"杭音"条说:

> 城中语音好于他郡,盖初皆汴人,扈宋南渡,遂家焉。故至今与汴音颇相似。如呼玉为玉(音御),呼一撤为一(音倚)撤,呼百零香为百(音摆)零香,兹皆汴音也。唯江干人言语躁动,为杭人之旧音。教谕张杰尝戏曰:"高宗南渡,止带一百(音摆)字来。"亦是谓也。

此段话表明,以汴洛方言为基础方言的中原雅音,其入声读舒声。随着北方大量移民南下,杭州话受到汴洛方言的影响,入声也读成舒声,如"一为倚,百为摆"等。此时,白读是促声,文读是舒声,竞争的结果似乎是文读战胜了白读,亦即郎瑛在文中所述:"故至今与汴音颇相似。"这种情况至少持续到明代。但从现代杭州话来看,入声有喉塞尾,合理的解释应该是受到周边吴语影响而产生的。

义乌方言乙类字的舒声读音是自身演变所致,和历史上杭州话的入声读舒声性质不同,但义乌方言乙类字促声读音和杭州话入声促化大概有相同的原因:受周边吴语影响。我们来看一下乙类字在周边吴语中的表现②,见表 16.3.7:

表 16.3.7

方言点	刷	发~展	缺	日	律	织
杭州	sɐʔ	fɐʔ	tɕʰyɪʔ	ʑɐ̱ʔ	liɪʔ	tsɐʔ
绍兴	sɘʔ	fʌʔ	tɕʰyoʔ	zɘʔ	liʔ	tsɘʔ

---

① 葛剑雄、吴松弟、曹树基,《中国移民史·第一卷》(1997:76)。
② 杭州、绍兴、诸暨的材料来自钱乃荣的《当代吴语研究》,兰溪的材料来自秋谷裕幸等著的《吴语兰溪东阳方言调查报告》。

续　表

方言点	刷	发~展	缺	日	律	织
诸暨	soʔ	fʌʔ	tɕʰioʔ	ziəʔ	lɐiʔ	tsəʔ
兰溪	ɕyɛʔ	fɑʔ	tɕʰyɛʔ	n̠ieʔ	lieʔ	tsieʔ

入声的短促读音在整个吴语地区分布很广,吴语太湖片、台州片、宣州片等大部分代表点的入声都带喉塞尾,可以说是吴语的强势读音。浙江的文化教育阶层似乎通行一种以杭州话为基础的"通语",当然每个地区表现有所不同,使用这种"通语"大致能相互通话,入声的短促读音是其特点之一,许多新词通过这种"通语"进入当地方言,形成文白夹杂的局面。义乌方言乙类字的文白读音就是这种局面的体现。

16.3.2.2　甲乙两类字的历时分化

我们先来看甲乙两类字的读音分布,见表 16.3.8。

表 16.3.8①

古韵摄		古阳声韵今读	甲类字在本摄入声字的比例	调查有效字总数
咸摄		阴声韵	14.5%	62
深摄		-n	88%	25
山摄		阴声韵	26%	100
臻摄		-n	75.9%	54
宕、江摄		-ŋ/阴声韵	20%	55
曾摄		-n	46.5%	43
梗摄	二等	阴声韵	16.1%	31
	三四等	-n	32%	34
通摄		-ŋ	9.6%	73

注:此表数据会因人而产生小差异,但总体趋势是相同的。

从表 16.3.8 可知,深、臻、曾、梗摄三四等古阳声韵今读为前鼻音韵尾,甲类字相对较多,这几个摄甲类字所占比逐渐减少,即深>臻>曾>梗摄三四等;咸、山、梗摄二等古阳声韵今读阴声韵,宕、江摄②和通摄古阳声韵今读为后鼻音韵尾,甲类字较少。即同韵系古阳声韵今读为-n尾的,甲类字所

---

①　此表调查以继成话为准。

②　宕摄一等端、精、见组和三等庄组古阳声韵今读-ŋ,江摄知、庄组古阳声韵今读-ŋ,其余读阴声韵。

占比例较大;同韵系古阳声韵今读阴声韵和-ŋ尾的,甲类字所占比例则较小。进一步观察继成话,我们可以发现,甲乙两类字的多寡与内外转有一定关系,传统上一般把有独立二等韵的摄称为外转摄,把没有独立二等韵的摄称为内转摄。观察表 16.3.8,咸、山、宕江(部分)、梗(二等)摄的甲类字所占比例较小,它们大致属于外转,甲类字较多的大致属于内转。

甲乙两类字的这种倾向性分布并非偶然,而是历史条件音变造成的。不同韵摄的古阳声韵和相应的入声韵演变速度有快有慢,从而造成今日义乌方言甲乙两类字的分布格局,即如表 16.3.8 所示甲类字的分布。乙类字入声韵与相应阳声韵的辅音尾均脱落,主要元音基本相同。我们先来看义乌继成话乙类字(白读)情况(表 16.3.9 中各字为举例性质,不标声调,下同)。

表 16.3.9

咸摄	耽 nɔ/搭 dɔ(开一覃合)	毯 tʰɔ/塔 tʰɔ(开一谈盍)	咸 ɦɔ/狭 ɦɔ(开二咸洽)
	岩 ɦɔ/甲 kɔ(开二衔狎)	尖 tsie 接 tsie(开三盐叶)	严 nie/业 n̠ie(开三严业)
	篾 dia/叠 dia(开四添帖)		
山摄	桿 kuɤ/割 kuɤ(开一寒曷)	颜 ɦɔ/瞎 hɔ(开二删辖)	棉 mie/灭 mie(开三仙薛)
	掀 ɕie/歇 ɕie(开三元月)	千 tsʰia/切 tsʰia(开四先屑)	款 kʰua/阔 kʰua(合一桓末)
	关 kua/刮 kua(合二删辖)	全 zie/雪 sie(合三仙薛)	原 n̠ye/月 n̠ye(合三元月)
	县 ɦye/血 ɕye(合四先屑)		
宕摄	想 suua/削 suua(开三阳药)	养 n̠iɔ/药 ɦiɔ(开三养药)	
梗摄二等	坑 kʰɑ/客 kʰɑ(开二庚陌)	耕 kɑ/隔 kɑ(开二耕麦)	

古阳声韵今读保留鼻尾的,相应的入声韵有的保留塞韵尾,有的演变成元音韵尾,演变以扩散方式进行。古阳声韵今读前鼻韵尾的,相应入声大多是甲类字,也有部分乙类字。表 16.3.10 列出深、臻、曾、梗摄三四等的乙类字读音。

表 16.3.10

古韵摄	乙类字读音举例			甲类字读音比例
深摄(-n)	绨 tsʰai(开三绨)			88%
臻摄(-n)	日 nai(合三质)	律 lai(合三术)		75.9%
曾摄(-n)	北 pai(开一德)	力 lai(开三职)	食 zai(开三职)	46.5%
梗摄(-n)三四等	惜 sai(开三昔)	踢 tʰai(开四锡)	锡 sai(开四锡)	32%

从表 16.3.9 我们可以进一步看出,咸摄、山摄、宕摄(部分)、梗摄二等古阳声韵今读阴声韵,其相应的入声韵也读阴声韵,变化一致。古阳声

韵今读按声母分韵的,其相应的入声韵也按声母分韵,如山摄开口四等读音,见表 16.3.11:

表 16.3.11

古声母条件	先韵	例字	屑韵	例字
唇、牙喉	ie	边扁片面/肩贤	ie	篾/结洁镮
舌齿	iɑ	天田千前年	iɑ	铁捏切截

如此严整的对应说明这些古阳声韵及相应的入声韵在某个历史时期可能具有相同的演变轨迹。我们推断它们经历了如下演变过程:

$$-vN① > -\tilde{v} > -v/v[-high,-back]$$
$$-vP > -vʔ > -v/v[-high,-back] \tag{1}$$

(1)表达式表示这些韵的鼻韵尾和塞韵尾脱落后(但不一定同时脱落),主要元音在某个历史时期合并,古阳声韵和对应入声韵的主要元音关系很密切,才会有这样的结果。我们从甲类字的语音形式上可以看到这种主要元音的对应,如表 16.3.12 所示:

表 16.3.12

深摄	寻 zən/习 zəʔ	人参 sən/涩 səʔ	深 sən/十 zəʔ
臻摄	亲 tsʰən/七 tsʰəʔ	衬 tsʰən/虱 səʔ	印 iən/一 iəʔ
	滚 kuən/骨 kuəʔ	门 mən/垡 bəʔ	春 tɕʰyən/出 tɕʰyəʔ
曾摄	肯 kʰən/刻 kʰəʔ		

从表 16.3.12 中我们推断深、臻摄阳声韵和相应的入声韵经历了如下的演变过程:

$$-vn > -vn$$
$$-vp/t > -vʔ \tag{2}$$

曾摄则经历了如下的演变过程:

---

① N 代表 m、n、ŋ;P 代表 p、t、k。

$$-v\eta > -vn/v[\text{-back}]$$
$$-vk > -v\text{?}$$

(2′)

鼻韵尾对应于喉塞尾，主要元音读音相同。研究表明："鼻尾的保留与消失的条件主要取决于韵母主要元音的开口度。开口度大的元音（低元音）后面的鼻尾容易消失，开口度小的元音（高元音）后面的鼻尾则往往得以保留。"（曹志耘，2002a：87）Matthew Y. Chen 和 S-Y. Wang（1975）列举了很多实验数据说明发前低元音时往往伴随软腭下降[①]。潘悟云（2008）则指出这种音变的发生与舌腭肌有关。

深臻曾梗三四等通等韵摄在中古时元音开口度相对较小，它们的鼻韵尾往往保留，其喉塞尾也往往保留。但问题的复杂性在于，这些韵摄的入声字也有读阴声韵的，如表 16.3.10 所示。仔细观察，我们发现如果古阳声韵保留的是前鼻音尾，其相应的元音韵尾就有[−后]特征，如果古阳声韵保留的是后鼻尾，其相应的元音韵尾就有[＋后]特征，即：

深臻曾梗三四等摄阳声韵尾	入声元音韵尾	宕通摄阳声韵尾	入声元音韵尾
后	−	−	＋	＋

我们推测它们经历了如下的演变过程：

$$-vn > -vn > -vn \qquad\qquad -v\eta > -v\eta > -v\eta$$
$$-vP > -v\text{?} > -vi > -v[\text{+low}]i \qquad -vk > -v\text{?} > -vu > -v[\text{+low}]u$$

(3)

由此可知，阳声韵尾的前后特征与相应的入声韵尾的前后特征一致，说明在义乌方言中，古阳声韵与相应的入声韵变化较一致。尽管有些今读保留鼻韵尾的古阳声韵，其相应的入声韵没有按规则（1）变化，但是其前后特征说明两者之间的变化相当统一。这就是"音段型"舒化（施俊，2012）。宕（一等）、江摄入声有 ɑu 韵和 ɔ 韵，我们认为其最初形式是-*ɑu，对应其阳声韵尾-ŋ，都具有[＋后]特征，其演变过程如下所示：

[①]　转引自潘悟云《吴语韵母系统主体层次的一致性》(2008)。

375

宕(一等)：ɑu＞ɑu/唇音声母后

　　　　　　＞ɔ/其他声母后

江摄：　　　ɑu＞ɔ/见系声母后

　　　　　　ɑu＞ɑu/其他声母后

我们从义乌黄山的材料中更能看出这种变化。义乌黄山的宕一等入声字均为 ɑu 韵，对应阳声韵-ɑŋ，韵尾亦都具备[＋后]特征，其演变过程如下：

宕(一等)：ɑu＞ɑu/所有声母后

江摄：　　　ɑu＞ɑu/见系声母后

　　　　　　＞ou/其他声母后

我们知道，音变具有时效性，超过一定时间，即使满足条件，音变也可能中断，从而出现剩余或例外。如果几个规则作用于同一个韵类，也会出现一些剩余或者例外，甲乙两类字语音形式的交叉可能反映出这样的音变结果。

综上所述，我们认为继成话甲乙两类字的交叉变化表明：

①鼻韵尾脱落，塞韵尾也脱落，元音合流。中古主元音较低且前，这是鼻尾和塞尾同时脱落的语音条件。即规则(1)所述。

②鼻韵尾保留，塞韵尾有的保留，有的脱落。塞韵尾的演变比鼻韵尾快，但同时也受制于鼻尾的演变。即规则(2)和规则(3)所述。中古主元音较高且后，鼻韵尾保留，塞尾有的脱落，有的保留。具体演变顺序如下：

鼻尾脱落的顺序：咸山梗二等—宕江—深臻曾梗四等通

塞尾脱落的顺序：咸山梗二等—通梗三四等曾江宕—深臻

综观整个南部吴语，这样的例子有很多。曹志耘(2002a)把规则(1)称为"阳入同变"现象，并推测这种现象表明"相应的古阳声韵和入声韵的辅音韵尾是同时丢失的"。而把规则(1)的变体(如义乌黄山阳入读音不同)称为"阳入异变"，它表明"相应的古阳声韵和入声韵的辅音韵尾是在不同时期丢失的"。一个方言内部有同变和异变现象，是对共时表现而言，"同变"表示辅音韵尾同时丢失，"异变"表示不同时期丢失，这只解释了"同变"和"异变"这两个词，并没有解释变化的原因。我们认为，在南部吴语的一些方言中，古阳声韵与对应入声韵的辅音韵尾关系相当紧密，这种紧密的特征(发音部位相同甚至发音方法也可能相同)使得辅音韵尾的脱落具有较强的同步性，从而导致主要元音合流。这种辅音韵尾的脱落应该以主要元音为条件，即无论是鼻尾还是塞尾的脱落都与主要元音有关。而塞尾的脱落又受制于鼻尾，如果塞尾脱落了，鼻尾没有脱落，则增生元音韵尾，其前后特征与鼻尾一致。所以我们认为，"同变"和"异变"应该属于同一种演变，只是变化快慢不同而已，演变以主要元音为条件。

16.3.2.3　调值的演变

一、乙类字的调值演变

乙类字的舒声读音是历时演变在今义乌方言中的体现。调值舒化应当发生在塞尾丢失之后。塞尾丢失，元音的延长就占了上风，如果原声调系统中有相同或相近的调值，就并入与它最接近的那个调值，如果没有，则保留单独的调类。遵循调值相似的原则，调类归并无统一模式，有的点归入平声，有的点归入上声，有的点自成一类，我们从表 16.3.4、表 16.3.5 中可以清楚地看到这一点。

二、甲类字的调值演变

甲类字读音也是历时演变在今义乌方言中的体现，但在地域上表现为不同的发展阶段，从表 16.3.6 中我们可以清楚地看到这种变化。塞尾从弱化到脱落，调值从短促到延长，这种在地域上的共时现象可以看成是同一方言的历时演变，与乙类字相比，甲类字在地域上的演变只是脱落了塞尾，元音没有变化，因为甲类字的共时变化没有受到鼻尾的限制。

16.3.2.4　文白竞争的过程

对于文白异读的性质，众多前辈学者有明确的界定。如王福堂(2003，2005)把语音层次分为同源层次和异源层次，指出异源层多从权威方言中以音类方式进入本方言的语音系统，并提出异源层次的来源可从本身的语音形式、借助文献材料和借助邻近方言的比较等三个方面寻找。陈忠敏(2003b，2007)认为文白异读"是一个方言里来源相同的语素由文言和口语的区别而造成的系统层次又音现象"。

乙类字的外来读音恰巧与甲类字的本地读音类似，这就给文白读的区分带来了一定的困难。本地人往往通过词汇来辨别，常用的就叫白读，不常用的就叫文读，这是有一定道理的。

《现代汉语方言概论》(侯精一，2002:78)指出吴语金衢片的古入声字分为文读和白读，"今文读带喉塞尾 ʔ，读入声短调；今白读没有塞音尾，读长调,或自成入声调类,或并入其他调类"。方松熹(2000)认为义乌方言入声分为文读和白读,其中文读读短调带喉塞尾 ʔ,白读读长调。同时指出[ə、iə、uə、yə]四个韵是入声白读时念长调、失去喉塞尾后出现的新韵。

上文我们已经证明了甲类字的 ə、iə、uə、yə 四个韵无论读长调还是短调都是白读,并无文白之分,而乙类字有文白之分。甲类字的促声读音与乙类字的促声读音属于不同的层次,我们不能将其混淆。我们认为金衢片古入声字不能以是否读短调来区分文白读,因为义乌方言中甲类字读短调的都是白读,都是老百姓口中常说的。考察整个金衢片方言,金华、武义、永康、浦江等地均有与义乌方言类似的情况,兰溪一些地方古入声今读带喉塞尾ʔ[①],从历史演变看,也不能一概而论,需要结合更多的语言材料进行细致分析。

部分乙类字有文白两读,处于竞争状态,并无条件可言。正如施俊(2012)所举"发、轭"两例,乙类字两种读音的竞争正在进行,文读音能否最终替换白读音还是未知之数,不过由于这种文读音与甲类字的白读音语音形式相同,想来人们对这种所谓的文读也不会陌生,因此两者将在不断地制衡中共存。

16.3.3 结 论

从历时上看,义乌方言甲乙两类入声字的不同语音表现是条件音变的结果,以中古韵摄为条件,深、臻、曾、梗(三四等)摄的甲类字较多,其他摄的乙类字较多。从共时上看,甲类字的喉塞尾在地域上表现出不同的发展阶段,离城区越远,喉塞尾保留越强,以城区为中心,向四周扩散。乙类字文读是权威吴语带来的,正好与甲类字的语音表现相同,但这两种读音属于不同历史层次,不能将两者混淆。乙类字舒声的调值各点相差不大,但调类归并没有统一模式,遵循调值相似的原则。

---

① 兰溪方言兰江镇话(城关)来自赵则玲、陶寰《兰溪方言语音的特点》(1999)。兰溪诸葛镇话来自秋谷裕幸、赵日新、太田斋、土止刚《吴语兰溪东阳方言调查报告》(2002:7),其中提到该方言"古入声韵,均带喉塞音韵尾[ʔ]",极少例外。不过,据笔者了解,在兰溪某些地方也有与义乌类似的现象,即存在乙类字的舒化读音,这也是历史音变造成的甲乙两类字的分化,因此说兰溪方言古入声韵均带喉塞尾并不十分准确,为此我们将另文进一步深入讨论。

16.4 南部吴语入声的演变①

入声包括两个方面:一是入声韵,一是入声调。两者相辅相成,互相补充。因此,入声的演变就会涉及入声韵和入声调的演变。众所周知,中古入声有两个特点,一是有塞音韵尾-p、-t、-k,一是时长短促,前者属于入声韵,后者则属于入声调。对于单字调而言,吴语典型的入声一是有喉塞尾-ʔ,一是时长短促,而在两字组前字位置喉塞尾消失,仅保留短时特征(袁丹,2014)。可见,对于吴语的入声而言,短时是最主要的区别特征②。南部吴语入声的短时特征逐渐消失,入声舒化趋势较为明显。本节我们来讨论南部吴语上丽片、瓯江片及婺州片入声的演变。

16.4.1 南部吴语入声调值和调类的演变

从语音特点来看,上丽片多数方言保留喉塞尾和短时特征,瓯江片喉塞尾和短时特征均消失,但入声作为独立声调并未并入舒声调中,而金衢片的情况略为复杂,有的点如兰溪城关话保留喉塞尾和短时特征,有的点入声内部又可分为两种情况,一部分保留喉塞和短时特征,一部分舒化并入舒声调中,有的点部分保留喉塞和短时特征,部分独立成调。因此,可以说,上丽片和瓯江片均保留了入声,而金衢片入声开始消失。我们先来看具体读音,见表 16.4.1。

表 16.4.1③

方言片	方言点	搭咸	急深	箧山	日臻	脚宕	桌江	力曾	客梗	木通
上丽片	常山	-ʔ	-ʔ	-ʔ	-ʔ	-ʔ	-ʔ	-ʔ	-ʔ	-ʔ
	江山	-ʔ	-ʔ	-ʔ	-ʔ	-ʔ	-ʔ	-ʔ	-ʔ	-ʔ
	开化	-ʔ	-ʔ	-ʔ	-ʔ	-ʔ	-ʔ	-ʔ	-ʔ	-ʔ

① 本小节内容曾以"论南部吴语入声的演变"为题发表在《汉语史学报》第十九辑,2018 年。

② 笔者在广州读研学习粤语,其中入声的习得是难点,往往用吴语里短促的特征去发粤语的入声,结果同学笑说这不是粤语,后来明白粤语入声的主要区别特征是塞尾,这属于韵,而用吴语的短促调的特征去发粤语入声自然贻笑大方,从这里也可以看出,短促是吴语入声凸显的区别性特征,塞尾是粤语入声凸显的区别性特征。可见,调和韵都是入声的表现形式,只是具体表现有主次之别。

③ 表格中例字为举例性质,实际情况可能更复杂,具体见下文讨论。本表只列入声表现的凸显特征,如-ʔ 表示入声有喉塞尾和短时特征(不意味着没有调值)。用数字表示调值,表明入声失去喉塞尾和短时特征,但未与舒声调合并,保留独立入声调。∅ 表示失去喉塞尾和短时特征,同时并入其他舒声调。

续　表

方言片	方言点	搭咸	急深	箧山	日臻	脚宕	桌江	力曾	客梗	木通
上丽片	广丰	-ʔ	-ʔ	-ʔ	-ʔ	-ʔ	-ʔ	-ʔ	-ʔ	-ʔ
	玉山	-ʔ	-ʔ	-ʔ	-ʔ	-ʔ	-ʔ	-ʔ	-ʔ	-ʔ
	丽水	-ʔ	-ʔ	-ʔ	-ʔ	-ʔ	-ʔ	-ʔ	-ʔ	-ʔ
	遂昌	-ʔ	-ʔ	-ʔ	-ʔ	-ʔ	-ʔ	-ʔ	-ʔ	-ʔ
	庆元	-ʔ	-ʔ	-ʔ	-ʔ	-ʔ	-ʔ	-ʔ	-ʔ	-ʔ
	云和	-ʔ	-ʔ	-ʔ	-ʔ	-ʔ	-ʔ	-ʔ	-ʔ	-ʔ
瓯江片	温州	313	313	212	212	313	313	212	313	212
	乐清	323	323	212	212	323	323	212	323	212
	永嘉	34	34	213	213	34	34	213	34	213
	平阳	24	24	213	213	24	24	213	24	213
金衢片	义乌	∅	-ʔ	∅	∅	∅	∅	∅	∅	∅
	东阳	-ʔ	-ʔ	-ʔ	-ʔ	-ʔ	-ʔ	-ʔ	-ʔ	-ʔ
	兰溪	-ʔ	-ʔ	-ʔ	-ʔ	-ʔ	-ʔ	-ʔ	-ʔ	-ʔ
	浦江	434	-ʔ	312	312	434	434	312	434	312
	永康	∅	-ʔ	∅	∅	∅	∅	∅	∅	∅
	武义	∅	-ʔ	∅	∅	∅	∅	∅	∅	∅

　　从表 16.4.1 可以清楚地看到,上丽片各方言均保留了喉塞尾,瓯江片各方言失去喉塞尾和短时特征,但入声独立成调。

　　从地域特点看,各片方言入声的演变具有一致性,即属于同一片内的方言点入声的演变比较一致,比如上丽片均保留喉塞尾,瓯江片均有独立入声调,金衢片入声则有短有长。

　　观察上丽片各方言点对入声调的描述发现,一般阴入用一个数字表示调值,而阳入用两个数字表示调值,并强调两个数字的阳入是短调。如常山阴入是 5,阳入是 34,并强调阳入 34 是个短调(曹志耘、秋谷裕幸、太田斋等,2000:76)。广丰阴入是 5,阳入是 23,并强调阳入 23 是个短调(秋谷裕幸,2001a:45)。开化阴入是 5,阳入是 24,并强调阳入 24 是个短调(曹志耘、秋谷裕幸、太田斋等,2000:46)。玉山阴入是 5,阳入是 23,并强调阳入 23 是个短调(同上:113)。遂昌阴入是 5,阳入是 23,并强调阳入 23 是个短调(同上:168)。庆元阴入是 5,阳入是 34,并强调阳入 34 是个短调(同上:221)。云和阴入是 5,阳入是 24,并强调阳入 24 是个短调(同上:193-194)。

为什么阴入调都用一个数字表示,而阳入调都用两个数字?也许有人认为这是调查人的习惯,其中并无有用的语言学信息。但这一习惯正反映出阴入与阳入虽同为短促,但时长确有区别的感知事实。无独有偶,北部吴语常熟话阴入是 5,阳入是 23,这是传统调值记法。袁丹(2014)利用实验语音学测量常熟话 8 个单字调的时长,其中阴入均值为 77ms,阳入为 104ms,可见,阳入是要比阴入长不少,当然这一假设还需要进一步的研究。①

既然阴入和阳入在调值上有区别,那么,在演化的进程上速度也会有所不同。徐越、朱晓农(2011)以孝丰方言为例,回答了这个问题。即阴入和阳入的演化进程中有快慢,并不是一致的,其中阳入字的演化要领先于阴入字,原因可能跟吴语中普遍存在的弛声音节有关,弛声是一种发声时声带较为松弛的发声态,所以阳入的喉塞尾不如阴入强烈。我们认为这一解释很有道理。由于吴语声母普遍保留着阴阳对立,而浊声母音节的语音实质是弛声,弛声发声时声带也振动,只是在声带闭合时留有缝隙,形成浊感。因此,阳入的喉闭就相对较弱,声门关闭不严就会造成漏气,反映在调值上时长就会拖长,慢慢走向舒化。

因此,阴入和阳入虽然都是喉塞尾,但在演化的速度上可能是不同的,阳入的舒化或许要快于阴入。②

再看瓯江片,郑张尚芳(2008)指出"温州入声单读是降升型舒调,但在连读调中作前字仍读短促调(21 或 1)",不过游汝杰(2007)认为温州方言入声在两字组前字位置是否长化,与两字组是否是成词词组有一定关系,成词两字组一般不长化,不成词两字组容易长化。袁丹(2014)通过录音材料说明温州入声在两字组前字时其时长正在长化的过程中。可见,入声在单字调里容易舒化,而连读调里的入声相对滞后,这些研究似乎表明只有单字调和连读调里的入声都舒化才是真正的舒化。不过,不管怎么说,瓯江片各方言入声都是独立成调,并未与舒声调合流。

金衢片情况略为复杂,除了东阳、兰溪全部具有喉塞尾外(东阳的喉塞

---

① 在保留短促入声的典型吴语(古全浊声母仍读浊声母,其语音实质为弛声)方言里,阴入倾向于较短促且较平的调值,阳入倾向于有调型变化的调值。从时长角度来看,有调型变化或调型变化较大的往往要长于调型变化较少的。因此,形成目前入声调值记录的习惯。当然这一说法需要实验语音学更多的证明。

② 阳入舒化快于阴入限于部分吴语,而皖南吴语就是阴入快于阳入。不过皖南吴语与核心区域的典型吴语在演化道路上出现差异也可能是其他因素的影响。皖南地区方言复杂,不同土著方言跟不同的移民方言互相交错、互相影响、互相融合(郑张尚芳,1986)。因此,皖南吴语入声舒化的类型或许更多。从音理上看,阴入与阳入具有不同的发声态,弛声由于声带不完全闭合,时长相对较长,舒化或许先于此。当然这也不是绝对的,若有其他因素影响,可能就会相反。

可能比较弱,下面讨论),其他点都是融合了多种情况。施俊(2012、2016b)通过对义乌境内十个方言点入声的考察,指出义乌的入声可分为甲乙两类,甲类只有一读,离城区越远,喉塞尾保留越强,在地域上表现为不同的发展阶段,乙类有文白两读,白读舒化,各点在调值上的表现相当一致,但调类归并各不相同,遵循调值相似原则。这一研究基本可以代表婺州片大部分方言入声的演变状况。

"婺州片的东阳阴入 45 和阳入 324 都是短调,但比其他吴语的入声稍微长一点"(秋谷裕幸、赵日新、太田斋等,2002:38),因此,韵母表有带喉塞尾入声韵的记录,但又说,古入声韵大致上带喉塞尾,也有一些古入声字不带。从描述上看出,东阳的入声其实是在舒化的过程中。金衢片方言的入声大多有两类,一类舒化,一类短促,舒化的有的并入舒声调,有的独立成调。施俊(2012、2016b)关于义乌境内十个方言点的论述可以清楚地看到这一复杂的状况。就白读而言,保留喉塞尾的往往在-ə-、-iə-、-uə-、-yə-四个韵母中,其他入声韵母则并入舒声韵,可见,入声舒化是以韵母为条件渐变的。

"入声字喉塞尾弱化、消失、调值拉长,并入其他舒声调类,是当代南部吴语和徽语语音演变的大趋势。"(曹志耘,2002c:444)官话方言入声的归向有很强的一致性,而南部吴语入声舒化后的归类则具有很强的个性。光义乌境内各地入声调类的归并就各不相同,有的归为阴上和阳上,有的归为阴平和阳平,有的则自成一调。浦江舒化的入声就自成一类,武义阴入舒声并入阴去,阳入舒声并入阳上,永康则分别并入阴上和阳上。与官话方言入声归并不同,南部吴语入声归并遵循的是"调值相似"的原则。

综上所述,我们把南部吴语入声调值的演变归纳如下:

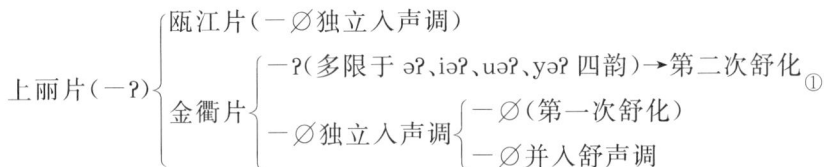

$$
\text{上丽片}(-?)\begin{cases}\text{瓯江片}(-\varnothing\text{独立入声调}) \\ \text{金衢片}\begin{cases}-?(\text{多限于 əʔ、iəʔ、uəʔ、yəʔ 四韵})\to\text{第二次舒化}① \\ -\varnothing\text{独立入声调}\begin{cases}-\varnothing(\text{第一次舒化}) \\ -\varnothing\text{并入舒声调}\end{cases}\end{cases}\end{cases}
$$

16.4.2 南部吴语入声韵的演变

南部吴语入声韵的演变既有"横向传递"所形成的读音对立,又有以韵摄为条件而形成的互补,可以说,音变与层次在南部吴语的共时层面存在交

---

① 金衢片的情况略为复杂,除极少数点读喉塞外,大多数有舒有促,总的来说,可能经历两次舒化,第一次舒化经"阳入同韵",剩余部分韵母如 əʔ、iəʔ、uəʔ、yəʔ 未舒化,有的点则进行第二次舒化,即剩余 əʔ、iəʔ、uəʔ、yəʔ 四个韵母舒化。

集。如金衢片有的方言短促与舒化的入声表现既有音变的结果，又有文白的差别。此外，"阳入同韵①"在南部吴语表现得淋漓尽致。以下我们具体讨论。

16.4.2.1 "阳入同韵"

曹志耘（2002a）指出南部吴语不少地点的古阳声韵和入声韵的辅音韵尾是同时丢失的，并将之称为"阳入同变"。也就是说，鼻音尾和塞音尾同时丢失，元音部分变得相同，这种现象在其他方言片较少见。事实上，"阳入同变"现象多发生在金衢片及瓯江片方言，因两地入声多舒化。不过，从严格意义上讲，"阳入同变"的结果应该仅指入声并入舒声的情况，如果有独立入声调类的，只是元音相同，看起来还不能算是完全相同。本小节我们将证明"阳入同变"的说法并不合理，因为古阳声韵和入声韵的辅音韵尾并不是同时丢失的，而是有先有后的，因此，称之为"阳入同韵"似更合理。

当然，古阳声韵与入声韵的元音相同，入声有独立调类，可以看成是"阳入同韵"的中间状况。因此，相对来说，金衢片是"阳入同韵"现象的高发地。

我们先举义乌②"阳入同韵"的读音如下，见表 16.4.2：

表 16.4.2

咸摄	耽 nɔ¹/搭 dɔ³（覃合）	毯 tʰɔ³/塔 tʰɔ³（谈盍）	咸 ɦɔ²/狭 ɦɔ⁴（咸洽）
	岩 ɦɔ²/甲 kɔ³（衔狎）	尖 ʨie¹/接 ʨie³（盐叶）	严 ȵie²/业 ȵie⁴（严业）
	箪 dia⁴/叠 dia⁴（添帖）		
山摄	桿 kɯɤ³/割 kɯɤ³（寒曷）	颜 ɦɔ²/瞎 hɔ¹（删辖）	棉 mie²/灭 mie⁴（仙薛）
	掀 ɕie¹/歇 ɕie³（元月）	千 tsʰia¹/切 tsʰia³（先屑）	款 kʰua²/阔 kʰua³（桓末）
	关 kua¹/刮 kua³（删辖）	全 zie²/雪 sie³（仙薛）	原 ȵye²/月 ȵye⁴（元月）
	县 ɦye⁶/血 ɕye³（先屑）		
宕摄	想 ɕua³/削 ɕua³（阳药）	养 ȵiɔ⁴/药 ɦiɔ⁴（养药）	
梗摄	坑 kʰa¹/客 kʰa³（庚陌）	耕 ka¹/隔 ka³（耕麦）	

因义乌话舒化入声字调值并入上声，因此，上表中如果古阳声韵字是上声的，那么对应的入声字与之完全同音，如"毯＝塔，箪＝叠，桿＝割，款＝

---

① 这个"韵"不包括辅音韵尾。
② 这里指的是义乌佛堂镇继成村话，为方便叙述，以下统称义乌话。义乌话入声白读分甲乙两类，甲类字带喉塞尾，读短调，乙类字不带喉塞尾，与舒声调合并。从共时语音特点看，"阳入同韵"只在部分乙类字发生。这里只列脱落鼻音韵尾的古阳声韵字读对应的入声韵读音，事实上乙类入声字舒化的还有一部分对应的是古阳声韵未脱落鼻尾的。表中为举例性质。

阆,想=削"等。这也表明古阳声韵与入声韵今读韵母已完全同音。

金华汤溪话是古阳声韵和入声韵全都丢失辅音尾的方言,咸深山臻宕江曾梗摄古阳声韵和入声韵今读元音相同。不过,汤溪话入声调并未完全合并,只是阳入=阳上=113,阴入 55 是独立入声调,因此,与义乌相比,只能算"同韵"一半。具体读音如表 16.4.3 所示:

表 16.4.3[转引自曹志耘(2002a:92),不包括通摄]

咸摄	蚕 zʏ²/杂 zʏ⁴(覃合)	毯 tʰo³/塔 tʰo³(谈盍)	岩 ɦuo²/鸭 uo⁷(衔狎)
	尖 tsie¹/接 tsie⁷(盐叶)	严 nie²/业 nie⁴(严业)	泛 fo⁵/法 fo⁷(凡乏)
	嫌 ɦie²/协 ɦie⁴(添帖)		
深摄	林 lei²/立 lei⁴(侵缉)	金 tɕiei¹/急 tɕiei⁷(侵缉)	
山摄	肝 kʏ¹/割 kʏ⁷(寒曷)	山 so¹/杀 so⁷(山黠)	惯 kuo⁵/刮 kuo⁷(删辖)
	件 dʑie⁴/杰 dʑie⁴(仙薛)	面 mie⁶/篾 mie⁴(先屑)	饭 vo⁶/罚 vo⁴(元月)
臻摄	印 iei⁵/一 iei⁷(真质)	均 tɕiei¹/桔 tɕiei⁷(谆术)	军 tɕiei¹/屈 kʰuei⁷(文物)
宕摄	汤 tʰo¹/托 tʰo³(唐铎)	广 kuo³/郭 kuo⁷(唐铎)	养 ɦio¹/药 ɦio⁴(阳药)
江摄	讲 kuo³/角 kuo⁷(江觉)		
曾摄	冰 mei¹/逼 pei⁷(蒸职)		
梗摄	坑 kʰa¹/客 kʰa⁷(庚陌)	争 tsa¹/责 tsa⁷(耕麦)	横 ɦua²/划 ɦua⁴(庚麦)
	丙 mei³/碧 pei⁷(庚陌)	姓 sei⁵/惜 sei⁷(清昔)	锭 dei⁴/敌 dei⁴(青锡)

从上表我们可以看出,虽然阴入字元音部分与对应的古阳声韵今读相同,但阴入仍保持独立入声调,而阳入字已完全并入对应的古阳声韵今读。从另一角度看,阴入和阳入的舒化速度不同,阳入合并而阴入独立,可知,阳入先于阴入舒化,这与上一小节的讨论正相契合。因此,我们可以把汤溪话看成是"阳入同韵"现象的中间状态。

我们知道,温州古入声今读均丢失喉塞尾,失去短时特征,保留独立入声调。同样也存在古阳声韵与入声韵元音相同的现象,具体见表 16.4.4:

表 16.4.4①

咸摄	耽 ta¹/答 ta⁷(覃合)	篮 la²/腊 la⁸(谈盍)	减 ka³/夹 ka⁷(咸洽)
	尖 tɕi¹/接 tɕi⁷(盐叶)	严 ni²/业 ni⁸(严业)	甜 di²/叠 di⁸(添帖)

---

① 温州古阳声韵与入声韵今读元音相同较少,尽管宕江梗三诸摄古阳声韵字丢失鼻音尾,但其入声字元音与之不完全相同,因此,我们未将其列入表中。

山摄	蛋 da^6/达 da^8（寒曷）	桿 ky^3/割 ky^7（寒曷）	联 li^2/裂 li^8（仙薛）
	献 ɕi^5/歇 ɕi^7（元月）	见 tɕi^5/结 tɕi^7（先屑）	
臻摄	钝 dø^6/突 dø^8（魂没）	昆 ky^1/骨 ky^7（魂没）	

温州古入声字读音没有一个是与古阳声韵读音相同的，因为古入声今读保留独立入声调。与汤溪话相比，温州显然是汤溪的前一站。

上丽片古入声韵具有喉塞尾和短时特征，是典型的吴语入声，不少方言古阳声韵还保留有鼻音特征，或鼻尾，或鼻化。从共时上看，当然不属于"阳入同韵"现象。不过，或许我们可以从历时角度看到"阳入同韵"现象的起点。我们以江山话为例，列出相应读音如下，见表 16.4.5：

表 16.4.5

咸摄	耽 ta̰^{1}/答 taʔ^7（覃合）	篮 la̰^{2}/腊 laʔ^8（谈盍）	陷 ɦa̰^{6}/狭 ɦaʔ^8（咸洽）
	监 ka̰^{1}/甲 kaʔ^7（衔狎）	尖 tɕiẽ^1/接 tɕiɛʔ^7（盐叶）	剑 kiɛ^5/劫 kiɛʔ^7（严业）
	点 tiẽ^3/跌 tiɛʔ^7（添帖）	范 fa̰^{6}/法 faʔ^7（凡乏）	
深摄	枕 tɕœ̰^{3}/汁 tɕœʔ^7（侵缉）	沈 ɕœ̰^{3}/十 ɕœʔ^8（侵缉）	
山摄	扮 pa̰^{5}/八 paʔ^7（山黠）	办 ba̰^{6}/拔 baʔ^8（山黠）	变 piẽ^5/鳖 piɛʔ^7（仙薛）
	面 miẽ^6/灭 miɛʔ^8（仙薛）	献 xiẽ^5/歇 xiɛʔ^7（元月）	天 tʰiẽ^1/铁 tʰiɛʔ^7（先屑）
	宽 kʰyẽ^1/阔 kʰyɛʔ^7（桓末）		
臻摄	陈 dzœ̰^{2}/侄 dzœʔ^8（真质）	神 ɕœ̰^{2}/实 ɕœʔ^8（真质）	
宕摄	烫 tʰa̰^{5}/托 tʰaʔ^7（唐铎）	浪 la̰^{6}/落 laʔ^8（唐铎）	量 liã^2/略 liaʔ^8（阳药）
	枪 tɕʰiã^1/鹊 tɕʰiaʔ^7（阳药）	姜 kiã^1/脚 kiaʔ^7（阳药）	慌 xyẽ^1/霍 xyɛʔ^7（唐铎）
梗摄	撑 tsʰa̰^{1}/拆 tsʰaʔ^7（庚陌）	羹 ka̰^{1}/格 kaʔ^7（庚陌）	耕 ka̰^{1}/隔 kaʔ^7（耕麦）

从上表可以看出，江山古阳声韵及对应的古入声韵今读主元音完全相同，尽管前者有鼻化成分，后者有喉塞尾。如果鼻化成分和喉塞尾均脱落，那么，就会与温州、汤溪或义乌等相同。曹志耘（2002a：94）设想"阳入同变"可能表明相应的古阳声韵和入声韵的辅音韵尾是同时丢失的。从江山话的读音表现来看，似乎确实如此。

但只要进一步细想，鼻化成分与塞尾不具有同时脱落的理据，因为两个是不同的成分，各自有不同的演变规律，因此，两者的脱落必然有先有后，至于是鼻音成分先脱落还是喉塞尾先脱落，理论上讲都有可能。

丽水话古阳声韵今读有三种情况：开韵尾、鼻化、后鼻音尾。我们从开

韵尾读音入手,如:感 kɛ³/鸽 kɛʔ⁷ | 敢 kɛ³/磕 kʰɛʔ⁵ | 尖 tɕie¹/接 tɕieʔ⁷ | 艳 ɦie⁶/叶 ɦieʔ⁸ | 点 tie³/跌 tieʔ⁷ | 变 pie⁵/鳖 pieʔ⁷ | 连 lie²/裂 lieʔ⁸ | 天 tʰie¹/铁 tʰieʔ⁷ | 坚 tɕie¹/结 tɕieʔ⁷ | 搬 pɛ¹/拨 pɛʔ⁷ | 满 mɛ⁴/末 mɛʔ⁸ | 泉 dʑye²/绝 dʑyeʔ⁸。从以上读音可以看到,鼻化成分丢失,而喉塞尾仍保留。事实上,丽水话中还有一部分鼻化和喉塞尾都有的读音,元音部分相同。可见在丽水话里,"阳入同变"先从脱落鼻音成分开始,喉塞尾脱落还没开始。云和话也有同样的现象,兹不赘述。

金衢片武义话①古咸山二摄和梗摄二等韵无鼻尾成分,但其对应的古入声韵部分字还保留喉塞尾,如:编 mie¹/鳖 pieʔ⁷ | 宣 ɕye¹/血 ɕyeʔ⁷ | 颜 ŋuɑ²/甲 kuɑʔ⁷ | 撑 tsʰa¹/拆 tsʰaʔ⁷ | 羹 ka¹/格 kaʔ⁷。从以上读音可以看出,鼻化成分丢失而喉塞尾仍保留。

综上所述,我们对"阳入同韵"的演变过程有了一个较为清晰的认识。古阳声韵尾和入声韵尾并不是同时丢失的,而是有先有后。就南部吴语而言,其过程或许是先脱落鼻音成分,再脱落喉塞尾。因此,如果把这一现象称为"阳入同变"显然容易引起误解,以为是同时脱落,但语言事实并不支撑这样的假设。因此,我们把这一现象称为"阳入同韵",说的是古阳声韵及入声韵的元音部分变得相同或相似,声调也完全并入舒声。事实上,这一过程可以看成是入声舒化的一般过程。从南部吴语看,演化可分为五个阶段,一是有鼻尾和塞尾,二是无鼻化成分但有塞尾,三是无喉塞但入声调均独立,四是无喉塞阳入并入但阴入独立,五是韵和调完全并入。可表示为:

鼻化＋喉塞—ʔ(上丽片大部分)→喉塞—ʔ(丽水、云和)→喉塞∅＋独立入声调(温州)

"阳入同韵"(义乌)← 阴入独立＋阳入舒化(汤溪)

16.4.2.2　入声韵的条件演化

上丽片入声韵均带喉塞尾,瓯江片入声韵全部舒化,仅保留入声调,婺州片入声韵有两类,一类舒化,一类带喉塞尾。比较而言,婺州片入声韵白读的这两类是有条件的,通过对这类条件的讨论,更能揭示入声演化的一般情况,因此,本小节我们以义乌话为例讨论婺州片入声韵的演化。

根据入声字白读在中古韵摄中的语音表现,我们把义乌方言入声字分

---

① 材料来自曹志耘等(2016)。武义话古入声今读较复杂,一部分读短促入声,一部分归阴去或阳上。此处我们举的例子为带喉塞尾的部分常用字与对应的古阳声韵今读。

为甲乙两类。甲类一般只有一种读音,离城区越远,喉塞尾保留越强,在地域上表现为不同的发展阶段。乙类部分有文白两读,白读没有喉塞尾,读舒声,韵母读为相应的阴声韵,文读则与该点甲类表现相同,本小节只讨论白读。甲乙两类字在各韵摄的分布表现出一定的规律,以下列出甲乙两类字的读音。

甲类字中古入声韵在义乌方言中的表现见表 16.4.6。

表 16. 4. 6

中古入声韵尾	韵摄	代表字	乔亭	继成	义亭	黄山	上社	胡宅	东联	寺前	下骆宅	城区
-p	深	吸	ɕiəʔ	ɕiəʔ	ɕiəʔ	ɕiəʔ	ɕiəʔ	ɕiəʔ	ɕiəʔ	ɕiəˀ	ɕiəˀ	ɕiə
-t	山	夺	dəʔ	dəʔ	dəʔ	dəʔ	dəʔ	dəʔ	dəʔ	dəˀ	dəˀ	də
	臻	出	tɕʰyəʔ	tɕʰyəʔ	tɕʰyəʔ	tɕʰyəʔ	tɕʰyəʔ	tɕʰyəʔ	tɕʰyəʔ	tɕʰyəˀ	tɕʰyəˀ	tɕʰyə
-k	曾	刻	kʰəʔ	kʰəʔ	kʰəʔ	kʰəʔ	kʰəʔ	kʰəʔ	kʰəʔ	kʰəˀ	kʰəˀ	kʰə
	梗	激	tɕiəʔ	tɕiəʔ	tɕiəʔ	tɕiəʔ	tɕiəʔ	tɕiəʔ	tɕiəʔ	tɕiəˀ	tɕiəˀ	tɕiə

甲类字中古入声韵在乔亭、继成、义亭、黄山、上社、胡宅、东联等地有明显的喉塞,本文记为-ʔ,在寺前、下骆宅等地喉塞尾较弱,本文记作-ˀ,城区的喉塞尾则基本消失。各地甲类字的韵母多为ə(ʔ)、iə(ʔ)、uə(ʔ)、yə(ʔ)。

乙类字(白读)中古入声韵在义乌方言中的表现见表 16.4.7。

表 16. 4. 7

中古入声韵尾	韵摄	代表字	乔亭	继成	义亭	黄山	上社	胡宅	东联	寺前	下骆宅	城区
-p	咸	甲	kɔ	kɔ	kɔ	kɔu	kɔ	kɔ	kɔ	kɔ	kɔ	kɔ
	深	缉	tsʰai	tsʰai	tsʰai	tsʰai	tsʰai	tsʰai	tsʰai	tsʰai	tsʰai	tsʰai
-t	山	切	tsʰia	tsʰia	tsʰia	tsʰia	tsʰia	tsʰia	tsʰiəʔ	tsʰiɛ	tsʰiɛ	tsʰia
	臻	日	nai	nai	naI	nei	nai	nai	nai	nai	nai	nai
-k	宕江	脚	tɕiɔ	tɕiɔ	tɕiɔ	tɕiau	tɕiɔ	tɕiɔ	tɕiɔ	tɕiɔ	tɕiɔ	tɕiɔ
	曾	力	lai	lai	lai	lei	lai	lai	lai	lai	lai	lai
	梗	择	dza	dza	dza	dzai	dza	dzɤ	dzɤ	dzɤ	dzɤ	dzɤ
	通	玉	ȵiau	ȵiau	ȵiau	ȵiou	ȵiau	ȵiau	ȵiau	ȵiau	ȵiau	ȵiau

乙类字白读入声韵尾脱落,并入相应的阴声韵。

再看甲乙两类字的韵摄分布,见表 16.4.8:

表 16.4.8

古韵摄		古阳声韵今读	甲类字在本摄入声字的比例	调查有效字总数
咸摄		阴声韵	14.5%	62
深摄		-n	88%	25
山摄		阴声韵	26%	100
臻摄		-n	75.9%	54
宕、江摄①		-ŋ/阴声韵	20%	55
曾摄		-n	46.5%	43
梗摄	二等	阴声韵	16.1%	31
	三四等	-n	32%	34
通摄		-ŋ	9.6%	73

从表 16.4.8 可知,深、臻、曾、梗摄三四等古阳声韵今读为前鼻音韵尾,甲类字相对较多,这几个摄甲类字占比逐渐减少,即深>臻>曾>梗摄三四等;咸、山、梗摄二等古阳声韵今读阴声韵,宕、江摄①和通摄古阳声韵今读为后鼻音韵尾,甲类字较少。即同韵系古阳声韵今读为-n 尾的,甲类字所占比例较大;同韵系古阳声韵今读阴声韵和-ŋ 尾的,甲类字所占比例则较小。进一步观察继成话我们可以发现,甲乙两类字的多寡与内外转有一定关系,传统上一般把有独立二等韵的摄称为外转摄,把没有独立二等韵的摄称为内转摄。观察表 16.4.8,咸、山、宕江(部分)、梗(二等)摄的甲类字所占比例较小,它们大致属于外转,甲类字较多的大致属于内转。

甲乙两类字的这种倾向性分布并非偶然,而是历史条件音变造成的。不同韵摄的古阳声韵和相应的入声韵演变速度有快有慢,从而造成今日义乌方言甲乙两类字的分布格局,即如上表所示。乙类字入声韵与相应阳声韵的辅音尾均脱落,主要元音基本相同,这是我们上一小节所说的"阳入同韵"。

事实上,金衢片其他方言大致上也如义乌一样分为甲乙两类字,一类舒化,一类保留喉塞尾,这是历史音变造成的互补。

16.4.3 小 结

本节从入声调和入声韵两个方面讨论南部吴语入声的演变。入声调值从喉塞到舒化,三片方言可以较好地诠释历史演变的过程。上丽片保留喉

---

① 宕摄一等端、精、见组和三等庄组古阳声韵今读-ŋ,江摄知、庄组古阳声韵今读-ŋ,其余读阴声韵。

塞尾和短时特征,瓯江片失去喉塞尾,但保留入声调值,金衢片入声一部分舒化,一部分保留喉塞。从金衢片方言可以看出,入声舒化遵循的是"调值相似"原则,与调类无关,因此,有的方言归上声,有的归平声,调值基本相同。从历时上看,舒化可能从阳入开始。

另外,入声韵的演变也从两个方面讨论,一是"阳入同韵"。前人认为古阳声韵和古入声韵同时丢失辅音韵尾,我们认为两者的演变有先后,不可能同时丢失。就南部吴语而言,鼻音成分应先于喉塞成分脱落。一是金衢片入声韵的条件演变。金衢片入声韵分为两类,一类喉塞,一类舒化,由于纵向和横向演变过程交织在一起,因此,喉塞与舒化两类读音演变的历史条件似乎变得有点模糊不清了。

参考文献

鲍厚星　1989　《湖南邵阳方言音系》,《方言》第 3 期。

包文朴　2004　《乐清方言词典》,中国广播电视出版社。

鲍明炜　1986　《初唐诗文的韵系》,选自《音韵学研究》第二辑,中华书局。

[美]布龙菲尔德(Bloomfield)　1985　《语言论》,袁家骅、赵世开、甘世福译,商务印书馆。

蔡　嵘　1999　《浙江乐清方言音系》,《方言》第 4 期。

蔡　嵘　2006　《浙江乐清方言音系再探》,《温州师范学院学报(哲学社会科学版)》第 3 期。

蔡勇飞　1984　《吴语的边界和南北分区》,《方言》第 1 期。

曹广顺　1994　《说助词"个"》,《古汉语研究》第 4 期。

曹小云　1996　《〈西游记〉中的人称代词前缀"是"》,《古汉语研究》第 4 期。

曹志耘　1996　《金华方言词典》,江苏教育出版社。

曹志耘　2001　《南部吴语的小称》,《语言研究》第 3 期。

曹志耘　2002a　《南部吴语语音研究》,商务印书馆。

曹志耘　2002b　《南部吴语语音的共性与差异》,丁邦新、张双庆编《闽语研究及其与周边方言的关系》,香港中文大学出版社。

曹志耘　2002c　《吴徽语入声演变的方式》,《中国语文》第 5 期。

曹志耘、秋谷裕幸、太田斋、赵日新　2000　《吴语处衢方言研究》,日本好文出版。

曹志耘、秋谷裕幸、黄晓东等　2016　《吴语婺州方言研究》,商务印书馆。

陈保亚　1996　《论语言接触与语言联盟——汉越(侗台)语源关系的解释》,语文出版社。

陈保亚　2005　《语言接触导致汉语方言分化的两种模式》,《北京大学学报(哲学社会科学版)》第 2 期。

陈承融　1979　《平阳方言记略》,《方言》第 1 期。

陈泽平　1998　《福州方言研究》,福建人民出版社。

陈忠敏　1989　《汉语、侗台语、东南亚诸语言先喉塞音对比研究》,《语言研究》第1期。

陈忠敏　1995　《作为古百越语底层形式的先喉塞音在今汉语南方方言里的表现和分布》,《民族语文》第3期。

陈忠敏　1996　《论北部吴语一种代词前缀"是"》,《语言研究》第2期。

陈忠敏　1999　《论苏州话人称代词的语源》,《中国语言学论丛》(第二辑),北京语言文化大学出版社。

陈忠敏　2002　《方言间的层次对应——以吴闽语虞韵读音为例》,收入《闽语研究及其与周边方言的关系》,丁邦新、张双庆编,香港中文大学出版社。

陈忠敏　2003a　《吴语及其邻近方言鱼韵的读音层次——兼论"金陵切韵"鱼韵的音值》,《语言学论丛》(第二十七辑),商务印书馆。

陈忠敏　2003b　《重论文白异读与语音层次》,《语言研究》第3期。

陈忠敏　2005a　《有关历史层次分析法的几个问题》,《汉语史学报》第五辑,上海教育出版社。

陈忠敏　2005b　《论语音层次的时间先后》,《语言研究集刊》(第二辑),上海辞书出版社。

陈忠敏　2006a　《吴语衢州片效摄的读音层次及其跟邻近方言的类型比较》,《东方语言学》第1辑,上海教育出版社。

陈忠敏　2006b　《论方言的语音对应——以闽语齐韵读音的对应为例》,《语言学论丛》第34辑,商务印书馆。

陈忠敏　2006c　《论闽南话齐韵的读音层次》,《山高水长:丁邦新先生七秩寿庆论文集》,"中央研究院"语言学研究所。

陈忠敏　2007　《语音层次的定义及其鉴定的方法》,丁邦新主编《历史层次与方言研究》,上海教育出版社。

陈忠敏　2008　《汉语演变的一中心多层次说及历史层次分析法》,《汉语史学报》第7辑,上海教育出版社。

陈忠敏　2013a　《历史比较法与汉语方言语音比较》,《语言科学》第5期。

陈忠敏　2013b　《汉语方言语音史研究与历史层次分析法》,中华书局。

陈忠敏　2015　《论160年前上海话声母[dʑ]/[z]变异——兼论北部吴语从邪澄崇船禅等母读音变异情况》,《方言》第4期。

陈忠敏　2016　《北部吴语从邪床禅读音——兼论汉语史观与研究方法》,第四届"音韵与方言"青年学者论坛论文。

戴黎刚 2005a 《闽语的历史层次及其演变》，复旦大学博士学位论文。

戴黎刚 2005b 《闽语果摄的历史层次及演变》，《语言研究》第2期。

戴黎刚 2007 《历史层次分析法——理论、方法及其存在的问题》，《当代语言学》第1期。

邓晓华、王士元 2003 《古闽、客方言的来源以及历史层次问题》，《古汉语研究》第2期。

丁锋 1995 《〈博雅音〉音系研究》，北京大学出版社。

丁邦新 1987 《论官话方言研究中的几个问题》，《历史语言研究所集刊》58.4。收入《丁邦新语言学论文集》，商务印书馆2008年。

丁邦新 1988 《吴语中的闽语成分》，《历史语言研究所集刊》59.1。收入《丁邦新语言学论文集》，商务印书馆2008年。

丁邦新 1998 《汉语方言分区的条件》，《丁邦新语言学论文集》，商务印书馆。

丁邦新 2007 《汉语方言层次的特点》，丁邦新主编《历史层次与方言研究》，上海教育出版社。

丁邦新 2012 《汉语方言中的历史层次》，《中国语文》第5期。

丁治民 2005 《宋代川籍诗人用韵中的歌豪通押新证》，《语文研究》第1期。

董楚平等 1998 《吴越文化志》，上海人民出版社。

董建交 2007 《明代官话语音演变研究》，复旦大学博士学位论文。

董同龢 1959 《四个闽南方言》，《历史语言研究所集刊》第三十本（下），729-1042。

董同龢 2001 《汉语音韵学》，中华书局。

范淑玲 2009 《日语上代、中古音韵与汉语中古音的比较研究》，山东大学博士学位论文。

方松熹 2000 《义乌方言研究》，浙江新闻出版局。

[法]梅耶（Meillet） 2008 《历史语言学中的比较方法》，岑麒祥译，世界图书出版公司。

冯蒸 1989 《中古果假二摄合流性质考略》，《古汉语研究》第4期。

冯爱珍 1993 《福清方言研究》，社会科学文献出版社。

傅国通等 1985 《浙江吴语分区》，浙江省语言学会。

傅国通等 1986 《吴语的分区（稿）》，《方言》第1期。

傅国通 2010 《方言丛稿》，中华书局。

［瑞典］高本汉 2003 《中国音韵学研究》，赵元任、罗常培、李方桂合译，商务印书馆。

顾　黔 1997 《通泰方言韵母研究》，《中国语文》第 3 期。

郭必之 2004 《从虞支两韵"特字"看粤方言跟古江东方言的联系》，《语言暨语言学》第五卷第三期。

葛剑雄、吴松弟、曹树基 1997 《中国移民史》（第一卷），福建人民出版社。

何大安 1993 《六朝吴语的层次》，《历史语言研究所集刊》第六十四本第四分。

何大安 2007 《语言史研究中的层次问题》，丁邦新主编《历史层次与方言研究》，上海教育出版社。

贺　巍 1996 《晋语舒声促化的类别》，《方言》第 1 期。

侯精一 2002 《现代汉语方言概论》，上海教育出版社。

黄典诚 1982 《闽南方音中的上古音残余》，《语言研究》第 2 期。

黄晓东 2007 《浙江临海方言音系》，《方言》第 1 期。

黄笑山 1995 《〈切韵〉和中唐——五代音位系统》，文津出版社。

黄笑山 2002 《中古二等韵介音和〈切韵〉元音数量》，《浙江大学学报》第 1 期。

黄笑山 2006 《中古-r-介音消失所引起的连锁变化》，《山高水长：丁邦新先生七秩寿庆论文集》，"中央研究院"语言学研究所。

蒋冰冰 2003 《吴语宣州片方言音韵研究》，华东师范大学出版社。

简启贤 2003 《晋代音注中的鱼部》，《古汉语研究》第 1 期。

金有景 1961 《江西广丰话效摄字的读音》，《中国语文》10、11 月号。

金有景 1964 《义乌话里咸山两摄三四等字的分别》，《中国语文》第 1 期。

金有景 1980 《义乌话里咸山两摄三四等字的分别》一文的补止，《中国语文》第 5 期。

金有景 1982 《关于浙江方言中咸山两摄三四等字的分别》，《语言研究》第 1 期。

李　蓝 2013 《文白异读的形成模式与北京话的文白异读》，《中国社会科学》第 9 期。

李　荣 1956 《切韵音系》，科学出版社。

李　荣 1982a 《语音演变规律的例外》，见《音韵存稿》，商务印书馆。

李　荣 1982b 《庚信诗文用韵研究》，见《音韵存稿》，商务印书馆。

李　荣　1983　《〈切韵〉与方言》,《方言》第 3 期。

李　荣　1985　《语文论衡》,商务印书馆。

李　荣　1989a　《汉语方言的分区》,《方言》第 4 期。

李　荣　1989b　《南昌温岭娄底三处梗摄字的韵母》,《中国语文》第 6 期。

李　荣　1996　《我国东南各省方言梗摄字的元音》,《方言》第 1 期。

李　荣　2012　《方言存稿》,商务印书馆。

李　香　2005　《日译吴音的读音层次与魏晋南北朝韵部的演变》,北京大学博士论文。

李范文　1994　《宋代西北方音:〈番汉合时掌中珠〉对音研究》,中国社会科学出版社。

李惠昌　1989　《遇摄韵在唐代的演变》,《汕头大学学报(人文科学版)》第 4 期。

李小凡　2005　《汉语方言分区方法再认识》,《方言》第 4 期。

李小凡　2011　《两广毗连地区汉语方言的归属》,《语文研究》第 1 期。

李小凡　2010　《论层次》,《中国语言学》第 4 辑,北京大学出版社。

李小凡　2012　《平话的归属和汉语方言归类》,《语言科学》第 5 期。

李如龙　1984　《自闽方言证四等韵无-i-说》,《音韵学研究》第一辑,中华书局。

李如龙　2002　《论闽语与吴语、客赣语的关系》,《闽语研究及其与周边方言的关系》,李邦新、张双庆主编,香港中文大学出版社。

李如龙、张双庆　1992　《客赣方言调查报告》,厦门大学出版社。

李新魁　1984　《近代汉语介音的发展》,《音韵学研究》第一辑,中华书局。

李新魁　1988　《宋代汉语韵母系统研究》,《语言研究》第 1 期。

林　亦　2004　《百年来的东南方音史研究》,南京大学出版社。

林晓晓　2010　《吴语路桥方言声母、声调的三套处理方案——以新桥镇语音为例》,《台州学院学报》第 2 期。

刘坚、江蓝生、白维国等编　1992　《近代汉语虚词研究》,语文出版社。

刘晓南　1997　《从宋代福建诗人用韵看历史上吴语对闽语的影响》,《古汉语研究》第 4 期。

刘晓南　1998　《宋代福建诗人用韵所反映的十到十三世纪的闽方言若干特点》,《语言研究》第 1 期。

刘晓南　2001　《宋代文士用韵与宋代通语及方言》,《古汉语研究》第

1 期。

刘镇发 2006 《温州方言在过去一世纪的元音推移》,《语言研究》第 6 期。

刘勋宁 2003 《文白异读与语音层次》,《语言教学与研究》第 4 期。

[苏联]龙果夫 1959 《八思巴字与古汉语》,唐虞译,罗常培校订,科学出版社。

鲁国尧 1989 《宋代福建词人用韵考》,吕叔湘等编《语言文字学术论文集:庆祝王力先生学术活动五十周年》,知识出版社。

鲁国尧 2002 《"颜之推谜题"及其半解》(上),《中国语文》第 6 期。

鲁国尧 2003 《"颜之推谜题"及其半解》(下),《中国语文》第 2 期。

陆志韦 1947 《古音说略》,《燕京学报》专号之二十,哈佛燕京学社。又,《陆志韦语文学著作集》(一),中华书局 1985 年。

罗常培 1930 《耶稣会士在音韵学上的贡献》,《历史语言研究所集刊》第一本第三分。

罗常培 1933 《释内外转》,《历史语言研究所集刊》第四本第二分。

罗常培 1961 《唐五代西北方音》,科学出版社。

罗常培、周祖谟 1958 《汉魏晋南北朝韵部演变研究》,科学出版社。

吕叔湘著,江蓝生补 1985 《近代汉语指代词》,学林出版社。

吕洪年 2007 《吴越先民图腾崇拜述略》,《东方博物》第 2 期。

李朝虹 2011 《"瓠"与"匏"辨》,《古汉语研究》第 2 期。

麦 耘 1992 《论重纽及〈切韵〉的介音系统》,《语言研究》第 2 期。

麦 耘 2009 《从粤语的产生和发展看汉语方言形成的模式》,《方言》第 3 期。

麦 耘 2013 《软腭辅音与硬腭过渡音的亲和性》,《方言》第 3 期。

麦 耘 2016 《从普适性自然演化的角度观察语言关系和语言变迁》,《中国方言学报》第六辑,商务印书馆。

梅祖麟 1999 《闽语、吴语和南朝江东方言之间的关系》,未刊。

梅祖麟 2001 《现代吴语和"支脂鱼虞,共为不韵"》,《中国语文》第 1 期。

梅祖麟 2012 《重纽在汉语方言的反映——兼论〈颜氏家训〉所论"奇"、"衹"之别》,《方言》第 2 期。

聂鸿音 1998 《回鹘文〈玄奘传〉中的汉字读音》,《民族语文》第 6 期。

[波兰]帕维尔·玛突来维切 2005 《吴语瓯江方言韵母演变研究》,北京语言大学博士论文。

潘悟云　1985　《词汇扩散理论评介》，《温州师专学报（社会科学版）》第 3 期。

潘悟云　1987　《越南语中的上古汉语借词层》，《温州师范学院学报（社会科学版）》第 3 期。

潘悟云、陈忠敏　1995　《释"侬"》，*Journal of Chinese Linguistics*，23（2）：129-147.

潘悟云　1995a　《"囡"所反映的吴语历史层次》，《语言研究》第 1 期。

潘悟云　1995b　《温、处方言和闽语》，《吴语与闽语的比较研究》（中国东南方言比较研究丛书，第一辑），上海教育出版社。

潘悟云　1999　《浙南吴语与闽语中鱼韵的历史层次》，第六届闽语方言国际研讨会论文。

潘悟云　2000　《汉语历史音韵学》，上海教育出版社。

潘悟云　2002　《吴语中麻韵与鱼韵的历史层次》，丁邦新、张双庆编《闽语研究及其与周边方言的关系》，香港中文大学出版社。

潘悟云　2004a　《汉语方言的历史层次及其类型》，石锋、沈钟伟编《乐在其中：王士元教授七十华诞庆祝文集》，南开大学出版社。

潘悟云　2004b　《汉语南方方言的特征及其人文背景》，《语言研究》第 4 期。

潘悟云　2004c　《语言接触与汉语南方方言的形成》，邹嘉彦、游汝杰主编《语言接触论集》，上海教育出版社。

潘悟云　2006a　《竞争性音变与历史层次》，《东方语言学》第 1 辑，上海教育出版社。

潘悟云　2006b　《音变规则是区分内源性层次的主要标准》，何大安、张洪年、潘悟云、吴福祥编《山高水长：丁邦新先生七秩寿庆论文集》，"中央研究院"语言学研究所。

潘悟云　2007　《历史层次分析的目标与内容》，丁邦新主编《历史层次与方言研究》，上海教育出版社。

潘悟云　2008　《吴语韵母系统的主体层次》，《东方语言学》第 3 辑，上海教育出版社。

潘悟云　2009a　《吴语形成的历史背景——兼论汉语南部方言的形成模式》，《方言》第 3 期。

潘悟云　2009b　《吴语鱼韵的历史层次》，《东方语言学》第 5 辑，上海教育出版社。

潘悟云　2010a　《历史层次分析的若干理论问题》，《语言研究》第 2 期。

潘悟云　2010b　《从地理视时还原历史真时》,《民族语文》第 1 期。

潘悟云、陶　寰　1999　《吴语的指代词》,《著名中年语言学家自选集:潘悟云卷》,安徽教育出版社。

潘悟云、朱晓农　1982　《汉越语和〈切韵〉唇音字》,《中华文史论丛增刊语言文字研究专辑》(上册),上海古籍出版社。

彭建国　2006　《湘语音韵历史层次研究》,上海师范大学博士学位论文。

彭建国　2007　《湘语侯韵的历史层次》,《语言科学》第 5 期。

平山久雄　1995　《中古汉语鱼韵的音值——兼论人称代词"你"的来源》,《中国语文》第 5 期。

平田昌司　1995　《日本吴音梗摄三四等字的读音》,选自《吴语和闽语的比较研究》,上海教育出版社。

钱　毅　2008　《宋代江浙诗韵研究》,扬州大学博士学位论文。

钱乃荣　1992　《当代吴语研究》,上海教育出版社。

钱乃荣　2002　《北部吴语的特征词》,选自《北部吴语研究》,上海大学出版社。

秋谷裕幸　1999a　《吴语处衢方言和瓯江方言里的覃谈二韵》,《开篇》第 19 辑,日本好文出版。

秋谷裕幸　1999b　《也谈吴语处衢方言中的闽语成分》,《语言研究》第 1 期。

秋谷裕幸　2000　《吴语处衢方言的东冬二韵——兼论处衢方言固有音韵层次的年代》,《中国语文》第 5 期。

秋谷裕幸　2001a　《吴语江山广丰方言研究》,日本爱媛大学法文学部综合政策学科。

秋谷裕幸　2001b　《吴语处衢片的咸山两摄三四等字》,《中国语文研究》第 1 期。

秋谷裕幸　2002a　《闽语和其他南方方言的齐韵开口字》,收入《闽语研究及其与周边方言的关系》,丁邦新、张双庆编,香港中文大学出版社。

秋谷裕幸　2002b　《早期吴语支脂之韵和鱼韵的历史层次》,《中国语文》第 5 期。

秋谷裕幸　2003　《吴语处衢方言(西北片)古音构拟》,日本好文出版。

秋谷裕幸、曹志耘　1998　《浙江庆元方言音系》,《方言》第 1 期。

秋谷裕幸、赵日新、太田斋、王正刚　2002　《吴语兰溪东阳方言调查报告》,日本学术振兴会平成 13—15 年度基盘研究(B)"历史文献データと野

外调查データの综合を目指した汉语方言史研究"研究报告。

秋谷裕幸、韩哲夫　2012　《历史比较法和层次分析法》,《语言学论丛》第 45 辑,商务印书馆。

秋谷裕幸、王莉　2008　《温州方言〈马可福音书〉的音系》,《中国语言学集刊》第二卷第二期。

秋谷裕幸、汪维辉　2015　《吴语中表示"左"的本字》,《语文研究》第 4 期。

乔全生　2014　《历史层次与方言史研究》,《汉语学报》第 2 期。

瞿建慧　2010　《规则借贷与音值借贷——从湘语辰溆片假摄文读看借贷的方式》,《语言研究》第 2 期。

瞿建慧　2011　《从湘语辰溆片蟹摄字看同一语音形式的文白异读》,《语言科学》第 3 期。

阮咏梅　2010　《台州方言在吴语中的内外关系》,《宁波大学学报》第 1 期。

(清)阮元　1980　《十三经注疏・毛诗正义》,中华书局影印本。

邵慧君　2004　《"侬"字称代演化轨迹探论》,《中国语文》第 1 期。

邵荣芬　1980　《〈切韵〉研究》,中国社会科学出版社。

邵荣芬　1982a　《古韵鱼侯两部在后汉时期的演变》,《中国语文》第 6 期。

邵荣芬　1982b　《古韵鱼侯两部在前汉时期的分合》,《中国语言学报》第 1 期。

邵荣芬　2008　《切韵研究》(校订本),中华书局。

沈明、周建芳　2017　《湖南道县(梅花)土话音系》,《方言》第 2 期。

沈钟伟　2007　《语言转换和方言底层》,丁邦新主编《历史层次与方言研究》,上海教育出版社。

施　俊　2009　《关于义乌方言"n"化元音时长的讨论》,《中国语文》第 6 期。

施　俊　2012　《浙江义乌方言入声舒化探析》,《方言》第 1 期。

施　俊　2013　《论婺州片吴语的第一人称代词——以义乌方言为例》,《中国语文》第 2 期。

施　俊　2014a　《论南部吴语支脂之韵的读音层次》,《中国语文》第 5 期。

施　俊　2014b　《义乌方言两字组连读变调》,《吴语研究》第七辑。

施　俊　2015　《义乌方言同音字汇》,《开篇》34 辑,日本好文出版。

施　俊　2016a　《论南部吴语齐韵的读音层次》，《语言科学》第 1 期。

施　俊　2016b　《从共时和历时再论吴语义乌方言入声的演变》，《语言研究》第 4 期。

施　俊　2018a　《论南部吴语入声的演变》，《汉语史学报》第十九辑，上海教育出版社。

施　俊　2018b　《论南部吴语果摄一等韵的读音层次》，《中文学术前沿》第十一辑，浙江大学出版社。

施　俊　2019a　《论南部吴语覃谈韵的读音层次》，《南开语言学刊》第 2 期。

施　俊　2019b　《论南部吴语蟹摄一等韵的读音层次》，《语言研究集刊》第二十四辑，上海辞书出版社。

施　俊　2020　《论南部吴语梗摄的读音层次》，《语言科学》第 4 期。

谭邦君等　1996　《厦门方言志》，北京语言学院出版社。

唐作藩　2011　《汉语语音史教程》，北京大学出版社。

陶　寰　2000　《吴闽语比较二则》，《语文论丛》第 6 辑，上海教育出版社。

陶　寰　2003　《吴语一等韵带介音研究——以侯韵为例》，《吴语研究——第二届国际吴方言学术研讨会论文集》，上海教育出版社。

汪化云　2009　《汉语方言文读的来源》，《中国语文研究》第 1 期。

汪荣宝　1923　《歌戈鱼虞模古读考》，《国学季刊》（北京）一卷二号。

王临惠　2006　《论山西临猗方言曾开一入声字韵母的文白异读》，《语文研究》第 3 期。

王　力　1936　《南北朝诗人用韵考》，《清华学报》第 3 期。

王　力　1948　《汉越语研究》，《岭南学报》第九卷第一期。

王　力　1957　《汉语史稿》，中华书局。

王　力　1982　《朱熹反切考》，《龙虫并雕斋文集》第三册，中华书局。

王　力　1987　《汉语语音史》，《王力文集》第十卷，山东教育出版社。

王福堂　2003　《汉语方言语音中的层次》，《语言学论丛》第 27 辑，商务印书馆。

王福堂　2005　《汉语方言语音的演变和层次（修订本）》，语文出版社。

王福堂　2008　《绍兴方言同音字汇》，《方言》第 1 期。

王福堂　2009　《文白异读和层次区分》，《语言研究》第 1 期。

王福堂　2011　《原始闽语构拟和历史比较法》，《语言学论丛》第 43 辑，商务印书馆。

王洪君　1991　《阳声韵在山西方言中的演变》，《语文研究》第 4 期。

王洪君　1992　《文白异读与叠置式音变》，《语言学论丛》第十七辑，商务印书馆。

王洪君　1999　《从开口一等重韵的现代反映形式看汉语方言的历史关系》，《语言研究》第 1 期。

王洪君　2002　《文白杂配与析层拟测》，何大安、张洪年、潘悟云、吴福祥编《山高水长：丁邦新先生七秩寿庆论文集》，"中央研究院"语言学研究所。

王洪君　2004　《也谈古吴方言覃谈寒桓四韵的关系》，《中国语文》第 4 期。

王洪君　2006a　《层次与演变阶段——苏州话文白异读析层拟测三例》，《语言暨语言学》第七卷第 1 期。

王洪君　2006b　《文白异读、音韵层次与历史语言学》，《北京大学学报（哲学社会科学版）》第 2 期。

王洪君　2009　《兼顾演变、推平和层次的汉语方言历史关系模型》，《方言》第 3 期。

王洪君　2012　《也谈闽北方言的浊弱化声母——兼论原始语构拟如何鉴别和处理借用成分以及平等混合造成的无条件分化》，《语言学论丛》第 46 辑，商务印书馆。

王洪君　2013　《历史语言学方法论与汉语方言音韵史个案研究》，商务印书馆。

王军虎　2004　《晋陕甘方言的"支微入鱼"现象和唐五代西北方音》，《中国语文》第 3 期。

韦庆稳　1981　《〈越人歌〉与壮语的关系试探》，《民族语文论集》，中国社会科学出版社。

韦庆稳　1982　《试论百越民族的语言》，《百越民族史论集》，中国社会科学出版社。

温振兴　2010　《近代汉语准前缀"是"的方言属性》，《宁夏大学学报》（人文社会科学版）第 1 期。

吴安其　2005　《温州话的韵母及其文白异读》，《南开语言学刊》第 1 期。

吴安其　2006　《温州话声母的文白读和中古声韵的构拟》，《南开语言学刊》第 1 期。

吴瑞文　2002　《论闽方言四等韵的三个层次》，《语言暨语言学》第

1 期。

　　吴瑞文　2004　《覃谈有别与现代方言》,《声韵论丛》第十三辑。

　　吴瑞文　2006　《吴闽方言音韵比较研究》,台湾政治大学博士学位论文。

　　吴式求　2010　《庆元方言研究》,浙江大学出版社。

　　萧泰芳　1993　《生父称谓字析解》,《山西大学学报》(哲学社会科学版)第 4 期。

　　夏剑钦　1983　《浏阳南乡方言记略》,《方言》第 1 期。

　　谢荣娥　2009　《秦汉楚方言区文献中的鱼部与侯部》,《云南民族大学学报》(哲社版)第 4 期。

　　徐　越　2007　《浙北杭嘉湖方言语音研究》,中国社会科学出版社。

　　徐　越、朱晓农　2011　《喉塞尾入声是怎么舒化的》,《中国语文》第 3 期。

　　徐通锵　2008　《历史语言学》,商务印书馆。

　　许宝华、潘悟云　1994　《释二等》,《音韵学研究》(第三辑),中华书局。

　　薛才德　2004　《汉语方言梗摄开口二等字和宕摄开口一等字的元音及其类型》,《南开语言学刊》第 2 期。

　　[越]严翠恒　2006　《汉越语的音韵特点》,《民族语文》第 5 期。

　　颜逸明　1994　《吴语概说》,华东师范大学出版社。

　　颜逸明　2000　《浙南瓯语》,华东师范大学出版社。

　　杨耐思　1981　《中原音韵音系》,中国社会科学出版社。

　　杨秀芳　2007　《论文白异读》,丁邦新主编《历史层次与方言研究》,上海教育出版社。

　　叶宝奎　2001　《明清官话音系》,厦门大学出版社。

　　游汝杰　1992　《汉语方言学导论》,上海教育出版社。

　　游汝杰　1995　《吴语里的人称代词》,《吴语与闽语的比较研究》(中国东南方言比较研究丛书,第一辑),上海教育出版社。

　　游汝杰　2000　《汉语方言学导论》(增订本),上海教育出版社。

　　游汝杰　2006　《上海话在吴语分区上的地位——兼论上海话的混合方言性质》,《方言》第 1 期。

　　游汝杰　2007　《温州话儿尾词的连读变调问题——与郑张尚芳先生商榷》,载《山高水长:庆祝丁邦新先生七秩寿庆论文集(下)》,"中央研究院"语言学研究所。

　　游汝杰　2008　《吴语元音的简约性问题》,选自《吴语研究——第四届国际吴方言学术研讨会论文集》,上海教育出版社。

游汝杰、杨乾明　1998　《温州方言词典》,江苏教育出版社。

俞　敏　2003　《后汉三国梵汉对音谱》,《俞敏语言学论文集》,商务印书馆。

袁碧霞　2010　《闽东方言韵母的历史层次》,浙江大学博士学位论文。

袁碧霞　2011　《闽东方言支韵的历史层次》,《语言科学》第 3 期。

袁　丹　2014　《吴语常熟、湖阳、温州方言入声字的语音变异》,《语言研究集刊》第十三辑,上海教育出版社。

庄初升　2002　《闽语平和方言中属于以母白读层的几个本字》,《语文研究》第 3 期。

张　琨　1971　《温州方言的音韵历史》,《"中研院"民族学研究所集刊》32 本。

张　琨　1983　《汉语方言中鼻音韵尾的消失》,《历史语言研究所集刊》第五十四本第一分。

张　琨　1987　《汉语音韵史中的方言差异》,《汉语音韵史论文集》,联经出版事业公司。

张光宇　1990a　《〈切韵〉纯四等韵的主要母音及相关问题》,《切韵与方言》,(台北)商务印书馆。

张光宇　1990b　《梗摄三四等字在汉字南方方言的发展》,《切韵与方言》,(台北)商务印书馆。

张光宇　1993a　《吴闽方言关系试论》,《中国语文》第 3 期。

张光宇　1993b　《汉语方言见系二等文白读的几种类型》,《语文研究》第 2 期。

张光宇　1994　《吴语在历史上的扩散运动》,《中国语文》第 6 期。

张光宇　1999　《东南方言关系综论》,《方言》第 1 期。

张光宇　2003　《比较法在中国》,《语言研究》第 4 期。

张光宇　2006a　《共同保留、共同创新与共同脱轨》,《语言研究》第 2 期。

张光宇　2006b　《汉语方言合口介音消失的阶段性》,《中国语文》第 4 期。

张光宇　2006c　《论汉语方言的层次分析》,《语言学论丛》第 33 辑,商务印书馆。

张光宇　2007　《论"深摄结构"及相关问题》,《语言研究》第 1 期。

赵　庸　2012　《杭州话白读系统的形成》,《语言研究》第 2 期。

张惠英　1995　《〈金瓶梅〉人称代词的特点》，《语言研究》第 1 期。

张令吾　1998　《宋代江浙诗人用韵研究》，南京大学博士学位论文。

照那思图　1980　《论八思巴字》，《民族语文》第 1 期。

张燕芬　2010　《现代方言中读鼻尾的古阴声韵字》，《方言》第 3 期。

赵　诚　1979　《中国古代韵书》，中华书局。

赵克刚　1994　《四等轻重论》，《音韵学研究》（第三辑），中华书局。

张美兰　2003　《〈祖堂集〉语法研究》，商务印书馆。

赵元任　1956　《现代吴语的研究》，科学出版社。

赵元任　1985　《赵元任语言学论文选》，叶蜚声译，伍铁平校，中国社会科学出版社。

赵元任　2002　《吴语对比的若干方面》，《赵元任语言学论文集》，商务印书馆。

郑　伟　2008　《太湖片吴语音韵演变研究》，复旦大学博士学位论文。

郑　伟　2009　《吴语太湖片果摄的演化模式与历史层次》，《语言科学》第 4 期。

郑　伟　2011a　《〈切韵〉寒韵字的演变特征与现代吴语》，《中国语文》第 4 期。

郑　伟　2011b　《吴语音韵史中白读音的保守与创新——以虞韵[ˈiu]、[ˈi]的两项变化为例》，《语言科学》第 1 期。

郑　伟　2013　《吴方言比较韵母研究》，商务印书馆。

郑　伟　2015　《中古以后麻佳同韵的类型及其性质》，《中国语文》第 3 期。

郑　伟　2017　《吴语虚词及其语法化研究》，上海教育出版社。

郑骅雄　1982　《金华方言的文白异读》，《杭州大学学报》增刊第 1 期。

郑张尚芳　1983　《温州方言歌韵读音的分化和历史层次》，《语言研究》第 2 期。

郑张尚芳　1986　《皖南方言的分区（稿）》，《方言》第 1 期。

郑张尚芳　1987　《吴语图》，中国社会科学院和澳大利亚人文科学院合编《中国语言地图集》，香港朗文出版（远东）有限公司。

郑张尚芳　1988　《浙南和上海方言中的紧喉浊塞音声母 ʔb、ʔd 初探》，《吴语论丛》，上海教育出版社。

郑张尚芳　1989　《温州话流摄一三等交替的特点》，《温州师范学院学报》第 4 期。

郑张尚芳　1990a　《方言中的舒声促化现象说略》，《语文研究》第 2 期。

郑张尚芳　1990b　《古吴越地名中的侗台语成分》,《民族语文》第6期。

郑张尚芳　1995a　《浙西南方言的 tɕ 声母脱落现象》,选自《吴语和闽语的比较研究》,《中国东南方言比较研究丛书(第一辑)》,上海教育出版社。

郑张尚芳　1995b　《温州方言近百年来的语音变化》,收录在徐云扬编的《吴语研究》,香港中文大学新亚书院。后又以"温州方言内部差异及近百年变化"为题作为《温州方言志》的第二章内容,原文有所修改。

郑张尚芳　2002a　《方言介音异常的成因及 e>ia,o>ua 音变》,《语言学论丛》第26辑,商务印书馆。

郑张尚芳　2002b　《闽语与浙南吴语的深层联系》,丁邦新、张双庆编《闽语研究及其与周边方言的关系》,香港中文大学出版社。

郑张尚芳　2003　《上古音系》,上海教育出版社。

郑张尚芳　2008　《温州方言志》,中华书局。

赵则玲、陶寰　1999　《兰溪方言语音的特点》,《浙江师范大学学报(社会科学版)》第6期。

周法高　1948a　《〈切韵〉鱼虞之音读及其流变》,《历史语言研究所集刊》第十三本。

周法高　1948b　《玄应反切考》,《历史语言研究所集刊》第二十本(上)。

周振鹤、游汝杰　2006　《方言与中国文化》,上海人民出版社。

周祖谟　1966　《宋代汴洛语音考》,《问学集》(下),中华书局。

周祖谟　1966a　《切韵和吴音》,《问学集》(上),中华书局。

周祖谟　1966b　《万象名义中之原本玉篇音系》,《问学集》(上),中华书局。

周祖谟　1988　《齐梁陈隋时期诗文韵部研究》,选自《周祖谟语言文史论集》,浙江古籍出版社。

周祖谟　1993　《周祖谟学术论著自选集》,北京师范学院出版社。

周长楫　1991　《厦门方言同音字汇》,《方言》第2期。

朱　红　2011　《基于语料库的汉语第一人称代词分析》,《古汉语研究》第1期。

朱晓农　2004　《汉语元音的高顶出位》,《中国语文》第5期。

朱晓农　2005　《元音大转移和元音高化链移》,《民族语文》第1期。

朱晓农、寸熙　2006　《试论清浊音变圈——兼论吴、闽语内爆音不出于侗台底层》,《民族语文》第3期。

朱晓农、寸熙　2007　《清浊音变圈:自然音变与泛时音变》,丁邦新主编《历史层次与方言研究》,上海教育出版社。

义乌县志编纂委员会　1987　《义乌县志》,浙江人民出版社。

中国社会科学院和澳大利亚人文科学院合编　1987　《中国语言地图集》,香港朗文出版(远东)有限公司。

中国社会科学院语言研究所　2006　《方言调查字表》(修订本),商务印书馆。

Carlos Gussenhoven & Haike Jacobs　1998　*Understanding Phonology*. Hodder Arnold Publication.

Larry Trask　1996　*Historical Linguistics*. Hodder Arnold Publication.

Jerry Norman(罗杰瑞)　1979　Chronological Strata in the Min Dialects,《方言》第 4 期。

Robert P. Stockwell　1978　Perseverance in the English Vowel Shift. In J. Fisiak(ed.). Recent Development in Historical Phonology. The Hague:Mouton:337-348.

Sarah Grey Thomason & Terrence Kaufman　1988　Language Contant,Greolization,and Genetic Linguistics. Berkeley and Los Angeles:University of California Press.

Wen Bo(文波),Li Hui(李光军),Lu Daru(卢大儒),et al.　2004　Genetic evidence supports demic diffusion of Han culture,*Nature*,vol. 431,Iss. 7006:302-305.

后　记

本书是在我博士学位论文的基础上修改而成的,也是这些年对南部吴语韵母读音层次思考的一个总结。自 2013 年 6 月我在浙江大学通过博士学位论文答辩,到 2018 年 12 月修改完稿,时间跨度将近六年。在这六年中,通过断断续续地修改,本书在行文、章节安排、重要观点等方面与原博士论文有了较大差异,有的章节甚至推倒重写,即便如此,书中的某些内容仍不尽如人意,可见,做学问不容易。

与方言结缘,大概始于儿时,不过当时仅仅是出于好奇,同一事物竟有读音、说法上的不同,不过,令人想不到的是现在我从事着与方言有关的教学研究工作。

我出生在浙江义乌的农村,大概在我五六岁时,被父亲带到兰溪与祖父母一起生活,我依稀记得祖父经常抱着我到街上到处逛,告诉我这个叫什么那个叫什么。小时候记性好,学得也快,过年回义乌老家的时候,认识的事物比同村的同龄人更多。读完三年幼儿园、五年小学,我在兰溪待了将近八年,能说一口标准的兰溪话①,这里已成为我的第二故乡。每到学期放假,父亲会来接我回义乌,那个时候觉得义乌话和兰溪话差别怎么会这么大,还嫌弃义乌话太土了。有时会不自觉地将二者放在一起比较,像“吃”最典型,兰溪话说“吃”,义乌话说“食”②,觉得前者洋气,后者太土。现在,我每年都会回兰溪,祭奠我的祖父母,尝尝这里的美食,像鸡子馃啊,每每回想,齿颊留香。当然,所有人都没想到我今天会从事与方言相关的教学研究工作,现在回想起来,或许就是小时候的这一段经历,冥冥之中让我和方言结下了不解之缘。

我的导师黄笑山教授说:语言学研究可分两类,一类是安乐椅,一类是留声机。前者以文献研究为主,后者则得去“田野”搜集材料,方言研究属于后者。方言研究不容易,一方面在于材料的获得不容易。记得为写硕士论文而做的方言调查,那是十二年前的夏天,我背着背包,里面有电脑、充电器、换洗衣物、生活用品等,手里拎着一个布包,布包里放着调查材料、笔记

---

① 兰溪市志办的一位老先生评价我的兰溪城里话说得很标准。
② 记不清当时是否知道义乌话里是“食”这个字。

本、纸笔等，顶着大太阳，步行前往陌生的村子，浑身都是汗，用手一摸脖子，手指上沾满了小颗粒，这些颗粒在太阳底下闪闪发亮，这是汗水的结晶。当时的场景还历历在目，现在回想起来，却是宝贵的经验财富。对外人来说，辛苦不言而喻，但在调查中发现一些新的语言现象时的喜悦与激动使我完全将疲惫抛之脑后了。当然，整理、分析调查来的语言材料也不容易，不过和田野调查相比，材料整理应该算很"轻松"了。

在攻读硕士学位时，对一字多音（或者叫作同语素多读音）现象充满好奇，比如义乌话里"拖"在不同的词里就有"ɑ、ɔ、ɤ"三个读音，为什么有的字有多个读音，有的字只有一个读音，这些读音之间的关系是什么，这些问题在读硕士期间不断地困扰着我。后来读了一些论文，有了一些思考，就想以读音层次作为今后博士论文的方向。南部吴语内部差异较大，语音层次复杂，这早已引起学者们的注意与重视，当时学界对南部吴语各片读音层次的研究还不够系统，因此，在与导师多次讨论的基础上，最终确立了以南部吴语韵母的读音层次为自己的博士论文题目。当时学界对金衢片吴语的调查还不够，出版的材料也比较少，因此，博士期间的方言调查主要集中在金衢片的几个点，重点调查了义乌、武义、永康、磐安、浦江等地，调查过程中得到了各地文化部门的帮助与支持，发音人不计得失的配合也让我感动。

首先要感谢的是导师黄笑山先生。先生学识渊博，待人和蔼，我能入黄门实属有幸。在论文撰写过程中，我每每有了一些新的观点与看法，便向老师汇报，老师会从不同角度向我提出疑问，或同意，或质疑，或建议，在讨论过程中往往又能产生新的思路，论证也会更加严密。讨论、交流是学术研究的重要方法之一。每次与先生讨论，都能有所收获，读博三年，短暂又充实。

还要感谢陈忠敏先生，没有陈先生的举荐，我是无法继续完成我的学业的。陈先生对我的论文也给予了较多关注，有时一句话就能令我茅塞顿开，他百忙之中还专门送我有关历史层次会议的论文集。

感谢汉语史研究中心的每一位先生，如方一新先生、汪维辉先生、池昌海先生、彭利贞先生、姚永铭先生等，各位先生对学术的执着追求令后辈钦佩。感谢秋谷裕幸先生远从日本惠赐大作于我。感谢张涌泉先生，先生与我是同乡，关心我的学术成长，于我更有知遇之恩。感谢曹志耘先生对我的厚爱，这几年有幸参加"语保"工作，获得了丰富的经验。感谢汪化云先生对本书稿的关注，并多次问询出版进度。

感谢国家社科后期资助五位匿名专家提出的宝贵修改意见，专家提出的修改意见均切中要害，准确深刻，具体详细。如果说本书具有一定的价值，专家提出的修改意见功不可没。

感谢我的师兄师姐、同学、师弟师妹对我的支持与帮助,姓名不一一细数,感谢与情谊铭记于心。感谢浙大出版社宋旭华老师和责编蔡圆圆老师为本书的出版付出了辛勤劳动,因为本书的音标、表格较多,给编辑、校对工作带来了不少困难。

2016 年 10 月,小女念念的出生给我们带来了极大的欢乐,我每每在案头看书写作时,她常常用稚嫩的声音叫着"爸爸,爸爸,一起玩吧",然后用她的小手扯着我的衣服,使我常常不得不中断手上的工作,又好气又好笑。感谢岳母陈琴女士在小女出生前后给予的支持与帮助,在较长一段时间里承担了繁重的家务劳动及照顾念念的重担。感谢妻子越佳在学业上的支持与生活上的帮助,使我能够有更多的时间阅读与写作。意想不到的是,2020年 8 月,二女出生了,我一边校对着书稿,一边看着她挥舞着小手,似乎也在修改着什么。最后还要感谢我的祖母,祖母在 2013 年初永远地离开了我们,但她的鼓励与支持伴我一生。

本书的出版得到了国家社科基金"南部吴语韵母读音层次比较研究"项目(编号:15FYY018)的资助,谨致谢忱。本书部分内容曾发表在语言学专业刊物上,我们在相应位置标出,收入本书时又做了不同程度的修改,特别是音标上的一些错误,都做了改正。

限于本人水平能力,书中定有不少错漏之处,热诚盼望学界各位专家提出批评、指正。

施　俊
2019 年夏至日
2020 年 9 月改